고대 중국의 통치메커니즘과 그 설계자들 2

상앙, 진시황, 한고조

고대 중국의 통치메커니즘과 그 설계자들 2

상앙, 진시황, 한고조

임중혁 지음

경인문화사

본서의 구성

　중국과 중국인을 한마디로 정의하거나 표현할 수 있는 단어가 있을까? 그것은 수사자의 갈기를 세는 것처럼 어려울 것이다. 어떤 국가와 민족은 장시간의 역사 발전 과정을 통해서 형성된 것이다. 그것은 작은 시냇물이 합쳐져 큰 강물을 이루는 것과 같다. 미시적인 것을 통해 전체를 설명하는 방법도 있기는 있다. 그것은 가느다란 시냇물 하나를 가지고 큰 강을 설명하려는 것처럼 어려운 문제라고 할 수 있다.

　현대 중국의 뿌리를 찾는 문제는 중요하다. 현대 중국인의 사고는 어떻게 형성되었을까? 중국인의 뇌리 속에 있는 통치 시스템과 사고방식은 어디에서 시작되었을까? 중국이라는 국가체제는 통일을 완성한 진시황에서 시작되었다고 보는 시각이 많다. 그러나 그러한 주장도 자세히 들여다보면 막연하다. 황제지배체제? 군현제? 이러한 용어는 일정 부분 중국을 설명할 수 있겠지만 그래도 미진한 느낌이 든다. 중국을 움직이는 원리는 무엇일까? 제도적 분석은 그러한 궁금증을 풀어나가는 방법일 것이다. 필자가 궁금해하는 것은 그러한 제도의 이면에 숨겨져 있는 지배자의 의지였다. 중국의 법률은 公布主義를 채택하고 있어서 지방의 촌로까지도 숙지하고 있었다. 법률에는 지배자의 의지가 표현되어 있고, 그것이 행정망을 통하여 지방의 구석구석까지 파고 들어가는 것이다. 이것은 漢 文帝 시기의 廷尉 張釋之가 "법이라고 하는 것은 천자가 천하와 함께 공유하는 것이다.(法者天子所與天下公共也)"라는 말에 잘 응축되어 있다. 법률에는 어떻게 국가를 지배할 것인지에 대한 지배자의 통치 철학이 포함되어 있다. 또한 장시간 습득한 통치의 기법이 법률로 농축되어 표현된 것이다.

고대 중국의 통치 원리를 분석함에 있어 『雲夢睡虎地秦律』, 『嶽麓書院藏秦簡』과 漢代의 『二年律令』은 매우 중요하다. 雲夢睡虎地 秦律에는 진시황이 중국을 통일할 당시의 제국 통치의 이념이 들어 있고, 그 일부는 이후 唐律에도 확인되듯이 중국 통치의 기본 뿌리가 되었다. 그 지배체제의 청사진을 만든 사람은 누구일까? 기원전 361년 경 魏나라에서 秦나라로 들어가는 젊은 사람이 있었다. 商鞅이었다. 『史記』 「商君列傳」을 보면, 그는 한편으로 魏에 대한 실망감과 배신감, 한편으로 秦에 대한 기대감과 자신감으로 교차했던 것으로 보인다. 그는 入秦 이후 秦孝公의 전폭적 지지를 받아 秦의 모든 제도를 개조하기 시작했다. 이것이 서쪽의 후진국 진나라를 시끄럽게 만든 商鞅變法이었다. 이 개혁은 중국 역사에 있어 진정 운명적인 것이었다. 이를 통해 고대 중국의 기본틀이 형성되기 시작했으니, 그는 어찌 보면 진시황보다도 중요한 인물이었다. 진나라는 상앙의 개혁 성공으로 신속히 강국으로 변모했다. 비록 상앙은 秦孝公 사망 후 비명에 죽었지만, 그가 런칭(launching)한 청사진은 폐기되지 않고 진시황의 통일제국의 기본틀을 구성하게 되었다. 뿐만 아니라 이 틀은 한제국에도 승계되었다.

본서는 주로 1970년대 중반부터 지하에서 출토하기 시작한 법률문서를 중심으로 분석했다. 필자는 연구자의 입장에서 2천년 이상 지하에 잠들어있던 진귀한 문서를 몇 번씩 만나는 행운을 만났다. 본서는 출토 율령 자료를 분석한 것이므로 正史를 통해서 파악하기 힘든 진한제국의 통치메커니즘을 파악하는데 도움이 될 수 있을 것이다. 법률문서는 무미건조한 내용들로 이루어졌기 때문에 이면에 숨겨져 있는 함의를 추출하는 작업은 어려웠다. 국가를 운용하는 메커니즘들은 표면에 노출되어 있는 것도 있지만, 파악하기 힘든 것도 있었다. 그런만큼 이 작업은 흥미진진한 것이었다.

『史記』에 보이는 상앙변법은 소략하게 서술되어 있으나, 출토 율령에 입각해보면 상앙이 구상한 秦國의 지배 체계는 톱니바퀴와 같이 맞물려 돌아가도록 의도된 것이었다. 그 통치 골격은 商鞅 - 秦始皇 - 漢高祖 - 蕭何의 4인의 인물들을 통해 이어져 내려왔다. 출토 율령에서 확인되는 진한의 지배형태는 군공작 신분제 - 형벌제도 - 토지제도 등이 상호 유기적으로 연결되어 있었다. 이러한 사항을 다룬 본서의 주제는 각기 독립된 병렬관계가 아니라 모두 商鞅 情神으로 "一以貫之" 된 그물망이었다. 현대인은 과거사람들의 통치 시스템이 발달하지 못하고 느슨할 것이라고 지레 짐작한다. 그러나 상앙이 만든 지배 시스템은 대단히 정교하게 연결된 컨베이어 시스템과도 같은 것이었다.

상앙이 살았던 시기는 전국 초기로서, 魏와 齊의 2강 체제 하에서 약육강식이 심화되면서 각국은 부국강병을 유일한 출구로 생각했다. 따라서 전투력을 강화하기 위해 군공을 세운 자에게 작위를 지급하는 군공작제를 만들었다. 작위 소지자에게는 전택을 지급하고 각종 혜택을 부여하였다. 모든 사회역량이 전투력을 강화하기 위해 투입되었고, 군공을 수립하면 혜택을 부여하는 군사경찰국가체제를 지향했던 것이다.

1. 秦漢의 통치이념

진한의 통치 이념이라는 대주제로 쓴 논문들은 모두 商鞅변법에서 의도한 제국 통치의 이념들이 망라되어 있다. 법가계열의 秦 律令을 漢제국이 승계한 과정, 그래서 한제국도 결국 자신들이 부정하려 했던 진제국의 통치방식을 승계했음을 규명하였다. 이러한 법가적 율령에 한제국 중기 儒家思想이 침투하는 과정 등을 밝히고 있다.

2. 秦漢 토지제도

토지 관련 논문들에서는 二十等軍功爵制와 토지제도가 밀접하게 연관되어 있음을 밝혀냈다. 「商君列傳」의 "明尊卑爵秩等級, 各以差次名田宅"에서 알 수 있듯이, 토지제도와 작제의 연결은 商鞅이 의도한 것이다. 놀라웠던 것은 『二年律令』에서 확인할 수 있었듯이, 지급된 토지가 상속되는 과정에서 아들들의 작위를 減爵시켜 절묘하게 국가로 환수시키는 메커니즘이었다. 이는 당시의 가족 숫자를 반영하여 만들어진 계획표였다. 그리고 필자의 「秦始皇 31年의 自實田」논문에서는 해결이 용이하지 않았던 "自實田"을 분석하여 진제국과 한제국의 토지제도를 연결하는 마지막 퍼즐을 분석하였다. 특히 중국 고대의 토지제도가 국유제인지 사유제인지를 밝혀내는 작업을 하였다.

3. 秦漢의 刑罰제도와 身分체제

필자는 商鞅 이후에 제정된 『睡虎地秦墓竹簡』, 『里耶秦簡』, 『嶽麓書院藏秦簡』, 『二年律令與奏讞書』에 근거하여 商鞅이 구현하려고 했던 형벌체계와 신분제도를 복원하고자 하였다. 특히 秦代 형법의 체계 속에서 秦代의 통치자들이 백성들을 어떻게 통제·관리하는지에 주안점을 두고 규명하였다. 秦漢의 法律은 결국 唐宋律 - 明律을 낳은 母法이라고 할 수 있는데, 그러한 母法의 최초 모습이 본서에 포함되어 있다.

필자는 진한의 형벌제도를 분석하기 위해 벌금형·속형·내형·육형·사형을 분석하였다. 秦代 형벌제도의 특징은 그것을 신분체제와 연결시키고 있다는 것이다. 『史記』에 언급된 商鞅변법에서는 여러 차례 軍功爵을 언급하여 그것이 秦代 신분체계에서 중요한 것임을 시사하고 있다. 작위를 가지고 있는 자도 범죄를 저지르면 형도의 신분으로 떨어지지지만, 2급작 上造 이상은 黥爲城旦舂에서 耐爲鬼薪白粲으로 감형된다. 즉, 肉刑에서 耐刑으로 감형되는 우면정책을 주는 것이다. 군공작은 신체를 손상하는 치욕적인 육형에서 벗어나게 하는 안전장치였다.

秦代의 모든 백성은 有爵者·無爵者·徒隷(刑徒)로 구분되어 있다. 『二年律令』에는 유작자든 죄수이든 軍功爵 신분이 士伍로 귀결되게 설계되어 있다. 아울러 庶人이라는 개념도 죄수(형도)에서 사면된 존재라는 매우 중요한 규정이 포함되어 있어서, 이는 전통적 庶人 개념과 차이가 있다. 진한시대에는 3개 무작자층(公卒·士伍·庶人)이 있다. 3개의 무작자층은 첫째, 유작자가 군공을 수립하지 못하여 작위가 0으로 떨어지는 公卒의 신분, 둘째 公卒의 자식들이 군공을 세우지 못해 떨어지는 士伍의 신분, 셋째 죄수가 사면을 통해 신분이 상승하는 庶人이다. 이것은 매우 치밀하게 작위와 군공을 연계하여 관리하는 신분체계이다. 형도의 신분으로 떨어진 자들도 군공을 수립하면 무작자인 庶人을 거쳐 士伍의 신분으로 회귀하는 체제로 형성되어 있었다.

4. 秦漢의 율법 제정

법제사 분야의 논문들은 東洋法制史에서 가장 중요한 律令의 개념들에 대해 밝힌 것들이다. 皇帝의 詔書가 律과 令으로 법제화되어 가는 과정, 律과 令의 차이는 무엇인지 등에 관한 것들을 담고 있다. 특히 嶽麓秦簡에 근거하여 秦令의 각종 내용들을 규명하였다. 嶽麓秦簡에 기록된 律의 경우는 제정시점과 제정자를 알 수 있는 정보가 모두 삭제되어있지만, 令의 경우는 정보가 남아있어 제정시점이 대부분 진시황 시기임을 확인할 수 있었다. 따라서 이 자료는 秦代의 율령 발전 과정을 파악할 수 있는 매우 좋은 자료라고 할 수 있다.

끝으로 본서의 제목을 『고대중국의 통치메커니즘과 그 설계자들』이라고 설정한 것에 대해 언급하고자 한다. 상앙이 설계한 국가 통치의 수단은 매우 많았다. 그 수단이라는 것은 백성들을 통제하고 조직할 수 있는 것이었다. 본서에서는 군공작 신분제 - 형벌제도 - 토지제도가 網狀形으로 짜여있는 제도를 고찰대상으로 했고, 이것들은 어느 하나라도 없으면 시스템이 기능하지 않게 설계되어 있었다. 이러한 시스템을 최초로 구상한 것은 천재 商鞅이겠지만, 그 후 수많은 사람들이 이것을 수정하고 보완한 것이다. 『嶽麓書院藏秦簡』과 『二年律令』의 법률 조항들을 보면 수많은 관리들이 현실 정치에서 획득한 지식들을 보완하여 다듬은 것이었다. 따라서 기본 설계자는 商鞅 - 秦始皇 - 漢高祖 - 蕭何 등이겠지만, 수많은 관리군들도 여기에 포함시킬 수 있다. 『嶽麓書院藏秦簡』을 보면, 秦 율령은 皇帝(秦始皇)와 수많은 관료들의 의견 교환을 통해 제정된 것이었다. 특히 율령의 제정에 참여한 內史와 郡太守 등이 그 설계자들이라고 할 수 있다. 따라서 독자들께서는 설계자를 찾는 수고를 할까봐 걱정되기도 한다.

율령들을 분석해보면 율령 제정과정에서 행정 현장의 아이디어가 반영된 것도 많이 보인다. 놀라운 것으로는 두 가지를 들 수 있다. 하나는 耐罪의 운용방식인데, 당시의 죄수들은 형기가 없는 무기형도였기 때문에 이 耐罪를 교묘하게 운용해 전체 인구에서 차지하는 刑徒와 編戶의 비율을 조절하였다. 耐罪 내부에는 형도의 숫자가 지나치게 증가하는 것을 방지하기 위한 설계가 내장되어 있었다. 그리고 秦漢律에서는 軍功을 수립하지 못하면 士伍로 신분이 하락하게 설계되어 있고, 형도들 역시 사면을 통해 역시 士伍로 승급하는 구도를 가지고 있었다. 즉, 士伍로 수렴하는 체제였다. 다른 하나는 『二年律令』戶律의 토지 지급 및 환수 규정이 바로 그러한 것이다. 특히 환수규정은 율령에 노출되어 있지 않지만, 자동적으로 토지가 국가에 환수되도록 설계되어 있다. 그것은 매우 정교한 수학공식과도 같은 것이다. 일견 무미건조하게 보이는 율령의 이면에 숨어있는 국가 통치의 방향은 매우 흥미로운 것이다.

x

목 차

본서의 구성

雲夢 睡虎地秦簡의 貲罰에 대하여

I. 서론

1975年 12月 湖北省 雲夢縣 睡虎地 12基의 秦墓中 11號 秦墓에서 1155簡(별도로 殘片이 80簡)에 달하는 대량의 秦代 竹簡이 출토되었음은 이미 주지의 사실이다.[1] 11號 秦墓는 4.16m×3m의 소규모 長方形 수혈 토갱묘이지만 그곳에서 출토된 竹簡은 지금까지 제한된 사료에 의존해왔던 秦漢史 硏究에 획기적 의미를 갖고 있었다. 秦簡은 지금까지 밝혀지지 않았던 새로운 역사적 사실들을 제공해 주었다는 점에서도 의의가 크지만, 기왕의 考古學的 遺物들에 의해 확인된 단편적인 여러 사실들을 어느 정도나마 종합할 수 있게 해주었다는 점에서 특히 의미가 있다고 할 수 있다.

睡虎地 11號 秦墓의 주인 喜가 생존했었던 戰國末期의 모습을 전해주는 秦簡은 秦의 對外軍事活動을 규명하는데도 귀중한 자료이다. 戰國末期는 東方六國과의 전쟁이 극에 달해 있던 시기였다. 따라서 秦律의 대부분은 동방육국과의 전쟁을 수행하는 과정 중에서 制定되고 增補된 것이었고 그 중에는 軍事的 目的을 위하여 제정된 律이 많다. 예를 들면 「編年記」 秦王政 16年條에는 "自占年"이라는 기사가 있다. 이것은 秦國內 男子들의 年齡을 신고시킨 것으로서, 有事時에 징발할 수 있

---

1) 睡虎地秦簡은 文物出版社에서 간행한 3가지 版本(1977年版, 1978年版, 1981年版)이 있으나 본고에서는 睡虎地秦墓竹簡整理小組, 『睡虎地秦墓竹簡』(北京: 文物出版社, 1978)을 이용하였다.

게끔 兵源을 파악하고자하는 목적을 가지고 있었다.

본고에서 고찰하고자 하는 貲甲·貲盾이라는 貲罰도 적국과의 전쟁을 수행하기 위해 제정된 군사목적의 律이었다.[2] 『睡虎地秦墓竹簡』에는 貲甲·貲盾 외에도 貲戍·貲徭가 보이고 있으나 이것들은 각각 3例·1例 밖에 보이지 않고 대부분은 貲甲·貲盾의 例이다. 따라서 본고의 고찰 대상은 주로 貲甲과 貲盾이 될 것이다. 『睡虎地秦墓竹簡』이 발견된 이래 貲罰에 관해서는 몇 편의 연구가 있으나 대체로 秦의 刑罰體系를 고찰하는 과정에서 조금 언급하는 정도에 머무르거나 貲罰만을 다룬 것이라고 하더라도 세밀한 분석이 결여되어 있다고 생각된다. 따라서 본고에서는 기존의 연구를 토대로 하여 첫째 貲罰이 발생하게 된 기원의 문제, 둘째 貲罰의 시행상 나타나는 문제점을 분석하고, 셋째 貲罰과 兵器生產과의 관계, 넷째 貲罰이 갖는 의미를 분석하고자 한다.

II. 貲罰의 기원

『睡虎地秦墓竹簡』에 보이는 貲盾·貲甲 등의 貲罰은 "貲, 有罪而被罰, 令繳納財物"이라고 한 해석대로 재물을 납부하게 하는 罰金刑이다.[3] 『睡虎地秦墓竹簡』에는 貲罰의 사례가 상당수 출현하고 있고 또 상세한 적용사례로 볼 때 秦律의 貲罰은 장기간에 걸쳐 발달해 온 것임을 알 수 있다. 罰金刑의 기원 문제는 이미 小島祐馬씨의 고전적인 연구에

---

2) 『睡虎地秦墓竹簡』에는 "貲盾", "貲甲"을 貲罰로 表現한 例는 없고 "貲罪"로 표현한 것이 1例 있을 뿐이다. 그러나 刑이라고 하는 것은 일반적으로 肉刑 이상을 의미하고, 또 罰에 대해서 『說文』에 "辠之小者, 从刀詈, 未以刀有所賊, 但持刀罵詈則應罰."이라고 하여 肉刑을 가하지 않는 것이 罰이라고 했으므로 편의상 "貲罰"이라는 용어를 사용하였다. [漢] 許慎(段玉裁 注), 『說文解字注(經韵樓臧版)』(臺北: 黎明文化事業公司, 1974), p.184.

3) 『睡虎地秦墓竹簡』, p.60.

의해 규명되어 있으므로 재차 언급할 여지는 거의 없다.[4] 그러나 小島씨의 연구는 오래 전에 발표된 것이어서 신출 자료에 의해 보충할 점도 있으므로 다시 음미해 보기로 한다. 貲罰의 祖型은 『尙書』의 「舜典」과 「呂刑」에서 찾아 볼 수 있는데 우선 「舜典」의 것을 摘記하면 다음과 같다.

> 1) (天을) 본떠 典刑을 만들고 五刑은 (의심스러우면) 용서하여 流罪로 하였다. (勤實하지 않은 官吏를 벌하는) 官刑은 鞭으로 때리고, (근면하지 않는 자를 벌하는) 敎刑은 扑하였다. 金錢을 내어 贖刑하는 것을 허락하고, 과실과 긴급한 행위(災)는 사면하지만 고의로 惡事를 거듭하는 자는 殺하였다. 삼가고, 삼가라. (죄인을) 벌줌에는 恤視하는 마음을 갖으라.[5]

이것은 舜이 皐陶에게 명하여 형벌을 제정하게 한 것을 史官이 기록한 것이라고 한다. 「舜典」의 기사에서 秦律의 貲罰과 관련이 있는 것은 "金作贖刑"이라는 부분이다. 여기에서 金이라는 것은 銅을 의미하는 것이라는 데에는 異論이 없지만, 贖刑해주는 대상에 대해서는 많은 異論이 있어 왔다. 그 예로 過失犯에 대한 容恕刑이라는 說, 鞭·扑의 일부에 대한 容恕刑이라는 說이 그러한 것들이다. 前者로 볼 경우에는 과실범을 사면한다는 "眚災肆赦"의 부분과 중복되고, 後者로 볼 경우에는 "金作贖刑"이 鞭·扑과 연결되는 것으로 되는데, 그러나 문맥상 이 문장들은 각각 독립된 개별적 사실들을 말하고 있으므로 이 부분만 연결시켜서 볼 수는 없다.[6] 따라서 "金作贖刑"은 小島씨가 논증한대로

---

4) 小島祐馬, 「經濟上より觀たる『尙書』の贖刑」(『支那學』 1-6, 1920).
5) [淸] 阮元, 『十三經注疏·尙書正義·舜典』(北京: 中華書局, 1979), p.128, "象以典刑, 流宥五刑, 鞭作官刑, 扑作敎刑, 金作贖刑, 眚災肆赦, 怙終賊刑, 欽哉欽哉, 惟刑之恤哉."

일반 犯罪 중 五刑에 들어가지 않는 小罪에 대해서만 科하는 벌금형으로 보는 것이 온당하다.[7] 이렇게 본다면 「舜典」의 贖刑은 일반적 의미의 贖刑, 즉 1차적으로 부과된 刑罰을 사면한 2차적 형벌이 아니라, 罪 그 자체를 재물로써 사면해주는 벌금형을 의미한다고 할 수 있다.

그런데 「舜典」의 贖刑制度는 舜이 실재 인물인지도 의문이려니와 舜의 시대에 화폐경제가 銅幣로써 벌금을 낼 정도로 발달해 있었는지도 의문이기 때문에 그대로 신빙하기는 어렵다. 「舜典」의 기사는 금속화폐의 통용이 발달한 시대에 작성되어 附會된 것으로 보아야 할 것이다.[8]

『尚書』에 보이는 또 다른 贖刑은 「呂刑(甫刑)」篇에 있는데 이를 인용하면 다음과 같다.

> 2) 五刑으로 판결한 죄가 의심스러우면 사면해야 하고, 五罰로 판결한 것이 의심스러우면 사면해야 한다. 정확하게 살피도록 하라! 衆人에게 진실을 확인해야 하고, 상세한 것을 조사해야 한다. 근거할 사실이 없으면 논죄할 수 없고, 하늘의 위엄과 같은 법률권위를 유지할 수 있다. 墨辟이 무죄로 의심스러우면 사면하고 그 벌은 百鍰이며, 그 범한 죄를 대조한다. 劓辟이 무죄로 의심스러우면 그 벌은 배(二百鍰)로 하며 그 범한 죄를 대조한다. 剕辟이 무죄로 의심스러우면 사면하고, 그 벌은 倍差(1.67배)로 하며, 그 범한 죄를 대조한다. 宮辟이 무죄로 의심스러우면 사면하고, 그 벌은 六百鍰이고, 그 범한 죄를 대조한다. 大辟이 무죄로 의심스러우면 사면하고, 그 벌은 千鍰으로 하며, 그 범한 죄를 대조한다. 墨罰은 천 가지 정도이며, 劓罰은 천 가지 정도이고, 剕罰의 종류는 오백 가지 정도이며, 宮罰의 종

---

6) 小島, 위의 논문, pp.11-12.
7) 같은 논문, p.12.
8) 같은 논문, pp.12-15.

류는 삼백 가지 정도이고, 大辟의 罰은 이백 가지 정도이며, 五刑의
종류는 삼천 가지 정도이다.[9]

『尚書』의 서문에 의하면 「呂刑」은 周 穆王의 司寇인 甫侯(呂氏)가 贖
刑을 천하에 포고하기 위하여 만든 것이라고 한다.[10] 서문에서는 「呂
刑」의 기사를 贖刑이라고 간주하고 있으나 실상 위의 기사도 「舜典」의
것과 마찬가지로 벌금형으로 해석되고 벌금은 銅으로 부과된 듯하다.
呂刑의 贖刑이 西周 중기인 穆王時代에 과연 실시되었을까 하는 문제
에 대해서 小島祐馬 같은 학자는 부정적 견해를 갖고 있다. 氏의 논점
의 요지는 "周 穆王時代에는 화폐경제가 충분히 성숙하지 못하여 매매
증여가 實物로써 행해졌으며, 화폐는 있었으나 銅幣는 아직 통용되지
못했으므로 「呂刑」의 벌금형은 금속화폐가 사회일반에 통용되는 春秋
末·戰國初에나 가야 시행될 수 있을 것"이라는 것이다.[11]

그러나 근년에 발견된 西周時代 「儌匜銘文」의 牧牛犯上案을 보면 小
島씨의 견해에 대해 의문을 갖지 않을 수 없다.

3) 三月 甲申日, 周王은 茅上宮에 있었는데, 伯揚父(法官)는 이에 (牧牛
를) 판결하였다: "牧牛, 아 너는 감히 너의 上司 儌를 爭訟하여, 너는
자신이 했던 서약을 위배했다. 지금 너는 반드시 재차 서약해야 한
다. 현재 專·洛·嗇·睦·關의 五人을 모두 돌려줘야 한다. 또한 너는
誓言해야 하며, 訟辭를 따라야 하고, 서약을 따라야 한다. 최초의 처

9) [淸] 阮元, 『十三經注疏·尚書正義·呂刑』, p.249, "五刑之疑有赦, 五罰之疑有赦,
其審克之!簡孚有眾, 惟貌有稽. 無簡不聽, 具嚴天威. 墨辟疑赦, 其罰百鍰, 閱實
其罪. 劓辟疑赦, 其罪惟倍, 閱實其罪. 剕辟疑赦, 其罰倍差, 閱實其罪. 宮辟疑赦,
其罰六百鍰, 閱實其罪. 大辟疑赦, 其罰千鍰, 閱實其罪. 墨罰之屬千. 劓罰之屬
千, 剕罰之屬五百, 宮罰之屬三百, 大辟之罰其屬二百. 五刑之屬三千."
10) 같은 책, p.247, "呂命穆王訓夏贖刑, 作呂刑."
11) 小島, 위의 논문, p.19.

벌은 본래 너를 鞭으로 1000대를 때려야 하고 黥䵝(墨刑)을 가해야
하고 일생동안 黑巾으로 蒙面해야 한다. 현재 大赦를 내려 鞭으로
500대를 때리고, 銅 300鋝의 罰로 바꾼다." 伯揚父는 이에 牧牛에게
서약을 시켰다. "지금 이후로 나는 대소사로 감히 당신을 소란하게
하지 않겠다." 伯揚父는 말했다. "師가 재차 너를 고발하면 너를 鞭
으로 1천대를 때리고 黥䵝하겠다." 牧牛는 서약했다. 伯揚父는 이에
관리 虩에게 고하고 册에 기록하게 했다. 牧牛는 서약을 하고 벌금
을 납부했다. 㑒는 이 판결로써 旅盉에 주조했다.[12]

이것은 1975年 陝西省 岐山縣 董家村에서 출토된 西周時代의 銅器에
있는 銘文으로서 범죄인에 대한 판결문이다. 판결문의 내용은 "牧牛!
너는 견책을 받고도 誣告하고, 너는 감히 너의 師를 소송하였다.…내
본래 마땅히 너를 鞭으로 1천 대를 때리고 墨刑을 가하고 아울러 墨巾
을 머리에 씌워야 한다. 지금 나는 너를 赦하여 의당 鞭으로 1천 대를
때리고 墨刑에 처하며 免職시켜야 한다. 지금 다시 너를 大赦하여 鞭
으로 5백 대를 때리고 銅 3백 鋝을 罰한다."는 것이었다. 이 銘文에서
는 사면의 대가로서 銅 3백 鋝을 부과하고 있음을 알 수 있는데 여기
서 주목해야 할 것은 鋝이라는 稱量單位이다.

周代의 靑銅彝器에는 鋝을 단위로 하여 銅貝의 중량을 계산해 사용
한 銘文이 보이고 있다.[13] 이것은 周代에 銅幣가 사용되고 있었던 증

---

12) 岐山縣文化館, 「陝西省岐山縣董家村西周銅器窖穴發掘簡報」(『文物』 1976-5), pp.31-
32, "唯三月既死覇(魄)甲申, 王才(在)葊上宮, 伯揚父迺(乃)餐(劾), 曰: 牧牛, 覾乃可
(苛)湛(勘), 女(汝)敢以乃師訟, 女(汝)上代先誓, 今女(汝)亦既又御誓, 尃、佫、嗇、
睦、關, 周亦玆五夫, 亦既御乃誓, 女(汝)亦既從辭從誓, 弋(式)可(苛), 我義(宜)便(鞭)
女(汝)千, 黥䵝女(汝), 今我赦女(汝), 義(宜)便(鞭)女(汝)千, 黜䵝女(汝), 今大赦女
(汝)便(鞭)女(汝)五百, 罰女(汝)三百寽(鋝), 伯揚父迺或吏(使)牧牛誓, 曰: 自今余敢
擾乃小大史(事), 乃師或以女(汝)告, 則到, 乃便(鞭)千、黥䵝. 牧牛則誓, 乃以告吏虩
吏曶于會, 牧牛辭誓成, 罰金, 㑒用乍(作)旅盉."

거이다. 이같은 금속화폐가 사용되기 시작한 것은 商代後期부터라고
할 수 있다. 1953년 安陽 大司空村 商代墓葬에서 3件의 銅幣가 발견된
것이 그 단적인 예라고 할 수 있다.[14] 周代로 되면 더욱 많은 금속화
폐가 출토되고 있다. 1932-33년에 河南省 濬縣 西周 衛墓群에서 3,472件
의 금속화폐가 출토된 것은 화폐경제가 발달해 있었음을 보여주는
것이다.[15] 또한 牧牛에게 銅 3백 鋝의 벌금을 부과한 董家村의 靑銅器
는 西周末期의 것이므로[16] 西周末期에 벌금형이 시행되고 있었던 것
은 분명한 듯하다.

　그러면 이같은 벌금형으로서 贖刑이 발생하게 된 동기는 무엇일
까? 여기에는 두 가지 상반된 견해가 대립되어 왔다. 하나는 今文家
및 古文家에 의해 주장되는 道德說로서 君主가 백성에 대한 哀矜惻怛
의 마음을 갖고 贖刑을 제정했다는 것이고, 다른 하나는 朱子學派가
주장하는 經濟目的說로서 재정상의 수입을 꾀할 필요에서 제정한 제
도라는 것이다.[17] 그런데 道德說은 行刑上 많은 불합리한 요소를 내포
하고 있어 비현실적이다. 예를 들어 「呂刑」에서와 같이 墨辟·劓辟·宮辟
등의 重罪를 벌금형으로 사면시키는 것은 범죄의 유발 및 증가요인이
될 뿐만 아니라 貧富에 의해 형벌에 차등을 두는 것은 公平을 상실한
조처라고 할 수 있다.[18] 따라서 벌금형과 같은 財産刑은 왕왕 道德性
이라는 美名을 쓰고 나타나지만 진실한 목적은 다른 곳, 즉 經濟的 目

---

13) 朱活, 『古錢新探』(濟南: 齊魯書社, 1984), p.7, "懋父迺罰得 古三百寽", "王錫金百
　　寽 禽用乍寶彝", "玆五夫 用百寽"
14) 같은 책, p.5.
15) 같은 책, p.7.
16) 唐蘭, 「陝西省岐山縣董家村新出西周重要銅器銘辭的譯文和注釋」(『文物』 1976-5),
　　p.55.
17) 小島, 위의 논문, p.22.
18) 『書傳·舜典』(서울: 景文社, 1981), p.48, 朱子注, "至呂刑, 乃有五等之罰, 疑穆王
　　始制之. 非法之正也. 蓋當刑而贖則失之輕, 疑赦而贖則失之輕. 疑赦而贖則失之
　　重. 且使富者幸免, 貧者受刑, 又非所以爲平也."

的에 있다고 보여진다. 齊 桓公과 管仲의 다음 대화는 벌금형의 목적
이 어디에 있었는가를 여실히 보여준다.

> 4) 桓公이 물었다. "무릇 軍令은 內政에 맡겨놓았는데, 齊國에 甲兵이
> 적은데 어찌하면 좋은가?" 管子가 답하였다. "죄를 가볍게 하여 甲兵
> 으로 넣게 합니다." 桓公이 말했다. "어떻게 하는가?" 管子가 답하였
> 다. "重罪를 犀甲 一戟으로 贖하고, 輕罪는 鞼盾 一戟으로 贖하며, 小
> 罪는 벌금으로 讁합니다. 의심스러운 죄는 사면합니다. 소송의 진
> 실을 찾으려면 3일 동안 금지하고 그 말을 살펴서 말이 움직이지
> 않아야 합니다. 소송에 坐된 것이 확정되면 十二矢로 합니다. 美金
> 으로써 劍戟을 주조하여 狗馬에 시험합니다. 惡金으로 鋤·夷·斤·斸
> 을 주조하여 땅에 시험을 합니다." 甲兵이 크게 풍족해졌다.[19]

『國語』「齊語」에 있는 이 기사는 『管子』에도 보이는데 齊國의 武備充
實을 도모하고자 하는 齊 桓公과 管仲의 대화이다. 管仲은 桓公에게 重
罪(死刑)는 犀甲 一戟으로, 輕罪(劓刖之屬)는 鞼盾 一戟으로, 小罪(五刑에
들어가지 않는 죄)는 金(銅)으로써 贖罪를 허락하고 訴訟에 敗訴한 자
는 矢一束을 부과하자고 건의하였다. 그리고 얻어진 銅으로 武器와 농
기구를 제조하게 하였다.

이 기사를 싣고 있는 『國語』와 『管子』는 후대에 저술된 것이므로 桓
公時에 이러한 정책이 실시되었는지는 단언할 수 없으나 贖刑制度가
軍事財政의 충실을 목적으로 하고 있다는 것만은 부정할 수 없다. 일

---

19) [淸] 董增齡, 『國語正義』(成都: 巴蜀書社, 1985), pp.582-585, "桓公問曰: '夫軍令則
寄諸內政矣, 齊國寡甲兵, 爲之若何?' 管子對曰: '輕過而移諸甲兵.' 桓公曰: '爲之
若何?' 管子對曰: '制重罪贖以犀甲一戟, 輕罪贖以鞼盾一戟, 小罪讁以金分, 宥間
罪. 索訟者三禁而不可上下, 坐成以束矢. 美金以鑄劍戟, 試諸狗馬; 惡金以鑄鋤
夷斤斸, 試諸壤土. 甲兵大足.'"

부 학자는 이것이 桓公시대가 아니라 후세 齊에서 행해진 정책을 桓公
시대에 附會한 것이라고 하는데, 비록 그렇다고 하더라도 齊의 무기조
달을 위한 贖刑制度가 秦律의 貲盾·貲甲에도 영향을 미쳤던 상관관계
는 충분히 상정할 수 있다. 이같은 점에서 보면 秦律은 魏 등 三晉의
律 이외에도 他國의 律을 모방·참작하여 성립된 것임을 알 수 있다.[20]

戰國時代의 문헌에는 贖刑 또는 벌금형의 사례가 많이 보이지는 않
으나 그것들이 군사상의 재정수요와 밀접한 관계를 갖고 있음은 분
명하다. 『韓非子』「外儲說右下」에는 "訾之人二甲", 『周禮』「秋官」職金에
는 "掌受士之金罰貨罰, 入于司兵"이라는 기록이 있는데, 모두 군사적 목
적과 관련이 있다. 『韓非子』의 기사는 人마다 二甲을 벌금으로 부과했
다는 것인데 甲이라고 하는 것은 갑옷을 가리킨다. 『周禮』의 기사는
職金이 兵器를 관장하는 司兵[21]에 벌금으로 징수한 地金과 貨幣를 납
입시킨다는 것이다. 이같은 『國語』『韓非子』『周禮』의 贖刑例에서 볼 때
贖刑制度는 군사상의 수요와 밀접한 연관을 갖고 출현한 것임을 알
수 있다. 또한 전국시대의 문헌에 贖刑의 사례가 어느 정도 출현하는
것으로 보아 贖刑은 戰國 각국에서 이미 보편화되어 있었던 듯하다.

III. 貲罰의 개념과 納付方法

1. 貲罰의 개념

前章에서 贖刑 또는 벌금형의 기원 문제를 살펴보았지만 사료의
불충분으로 인해 그 발달과정과 형벌체계 내에서의 위치 등은 명확

---

20) 黃盛璋, 「雲夢秦簡辨正」(『考古學報』 1979-1), p.13.
21) [淸] 阮元, 『十三經注疏·周禮注疏·夏官』, p.855, "司兵掌五兵五盾, 各辨其物, 與
其等, 以待軍事."

히 규명되지 않았다. 그러나 『睡虎地秦墓竹簡』에는 비교적 상세한 貲罰規定이 전하고 있어 貲罰의 개념·목적·대상·납부방법 등을 살필 수가 있다.

우선 秦律의 형벌체계상에서 貲罰이 어떠한 위치를 차지하고 있는가 하는 문제를 살펴보기로 한다. 『睡虎地秦墓竹簡』과 기타 문헌에 보이는 형벌은 크게 死刑·肉刑·徒刑·笞刑·完刑(髡·耐)·遷刑·貲·贖·廢·誶·收의 11종류로 구분할 수 있다. 이 형벌들의 등급을 설정하는 데에는 자료의 부족으로 異論이 많기는 하나, 『睡虎地秦墓竹簡』에서는 대체적으로 "刑罪以上", "耐以上", "貲盾以上"이라는 3가지 線에 의해서 구분짓고 있다. 여기서 "刑罪以上"의 "刑"이라고 하는 것은 肢體와 肌膚에 손상을 가하는 肉刑(黥刑)을 의미하였다.[22] 그리고 "耐"는 『禮記』「禮運」孔疏의 "古者犯罪以髡其鬚, 謂之耐罪"라는 설명에서 볼 때 범죄자의 鬚鬢을 깎는 象徵的 肉刑이었다.[23] 이로 볼 때 刑罪가 耐罪보다 중벌임을 알 수 있다. 한편 貲罰은 耐罪보다 가벼운 벌임은 다음 律文에서 확인할 수 있다.

> 5) ●軍에서 攻城의 논공행상을 새로이 논함에 있어, 城을 함락할 때 지각하여 戰場에 도착하지 않았는데도, 성을 포위하는 작전 중에 사망하였다고 보고하였으나, 그것이 허위일 경우, 허위로 보고한 자는 耐刑에 처하고, 소속부대의 敦(屯)長, 什이 알고도 보고하지 않을 경우는 貲一甲이다. 伍는 二甲이다. ●敦(屯)表律.[24]

---

22) 『漢書』 卷23 「刑法志」, p.1098, "夫刑至斷支體, 刻肌膚, 終身不息, 何其刑之痛而不德也."

23) 呂名中, 「秦律中的"貲"與"貲贖"」(『秦漢史論叢』 2, 1983), p.300. 司馬遷이 宮刑을 당한 후 任安에 보낸 편지에는 中國人의 전통적 형벌관이 보인다. 거기에는 腐刑·肉刑·耐刑·笞刑의 순으로 가볍다고 했는데 이로 볼 때 耐刑은 실제로는 肉刑이 될 수 있는 笞刑보다 중형으로 간주되고 있음을 알 수 있다(『漢書』 卷62 「司馬遷傳」, p.2732).

이 律文은 城을 공격할 때 戰場에 진입하지 않았는데도 작전 중 사망했다고 보고하면 主犯은 耐刑에, 連坐犯은 貲甲에 처할 것을 규정한 것이다. 主犯이 받은 罰은 당연히 連坐犯보다 중벌일 것이므로, 耐는 貲甲보다 重罰이 되는 것이다. 이로써 볼 때 貲罰은 秦의 刑罰等級上 가벼운 징벌에 속한다고 할 수 있다. 한편 貲罰의 下位에는 諄라고 하는 징벌이 있는데 『睡虎地秦墓竹簡』의 「效律」에는 貲罰과 諄의 等級關係를 보여주는 律文이 있다.

> ⑥ 물품의 숫자를 점검하여, 그 숫자가 규정된 액수를 초과하거나 부족한 경우, 그 값어치를 따져서 110전 이상에서 220전까지는 官嗇夫를 견책하고(諄), 220전을 초과하여 1100전까지는 嗇夫에게 貲一盾을 부과한다.[25]

이 律文은 會計上의 誤差에 따라서 官嗇夫에 각각 다른 처벌을 규정한 것이다. 오차가 110錢에서 220錢까지는 官嗇夫를 諄하고, 220錢에서 1,100錢까지는 嗇夫에게 貲一盾을 課했는데, 會計의 誤差額數를 비교해 보면 貲盾이 諄보다 重罰임을 알 수 있다. 여기에서 諄를 받은 자에게 어떤 제재를 가하는지에 대해 『睡虎地秦墓竹簡』에는 명확한 규정이 없으나 注釋에서는 "申斥", 즉 譴責의 의미로 해석하였다. 따라서 貲罰은 象徵的 肉刑인 "耐"와 譴責의 사이에 위치하는 것이 된다.

이상에서 秦의 형벌체계상 貲罰의 위치를 살펴보았는데 지금부터는 貲罰의 "貲"에 대한 의미를 분석해 본다. 秦律의 형벌 중에서 貲罰과 혼동하기 쉬운 것이 贖刑이다. 그러나 秦律에서는 兩者가 엄격히

---

24) 『睡虎地秦墓竹簡』, p.145, "●軍新論攻城, 城陷, 尚有棲未到戰所, 告曰戰圍以折亡, 叚(假)者, 耐; 敦(屯)長, 什伍智(知)弗告, 貲一甲; 伍二甲. ●敦(屯)表律."
25) 같은 책, p.115, "數而贏, 不備, 直(值)百一十錢以到二百廿錢, 諄官嗇夫; 過二百廿錢以到千一百錢, 貲嗇夫一盾;"

다른 것으로 구분되어 있다. 『睡虎地秦墓竹簡』「法律答問」의 다음 律文
은 바로 그 단적인 예라고 할 수 있다.

> 7) 자물쇠를 열려고 한 목적이 절도에 있었으나 열지 못하고 떠났거나
> 또는 열지 못하고 잡혔다면 모두 贖黥에 해당한다.

> 8) 자물쇠를 열려고 한 목적이 절도에 있지 않았는데 이미 열었다면
> 억지로 연 것으로 간주하고, 열지 못했다면 貲二甲에 해당한다.[26]

7)과 8)은 犯罪 의도의 有無로써 贖刑과 貲罰을 구분한 것이다. 즉,
7)은 자물쇠를 열고자 하는 目的이 절도에 있으면 비록 열지 못했을지
라도 체포되면 절도미수죄로서 贖黥으로 처벌하는 규정이다. 8)은 자
물쇠를 열려고 했으나 열지 못했다면 절도에 목적이 있지 않기 때문
에 貲二甲을 課한다는 규정이다. 이 律文에서 贖刑과 貲罰이 엄격히 구
분되어 사용되고 있음을 알 수 있었다. 秦律에서 兩者가 명확히 구분
되어 있는 사실은 秦律의 체계가 상당히 발전해 있었음을 증명해준
다. 兩者는 매우 유사하면서도 큰 차이점이 있는데 이를 알아보기 위
해서 우선 贖刑의 例를 들면 다음과 같다.

> 9) 葆子 이상의 신분이 노역으로 贖刑 이상에서 贖死에 이르는 죄를 갚
> 고자 하는 경우, 官府에서 노역에 복무하게 하고, 모두 감시하지 않
> 는다.[27]

> 10) ● 혹 贖遷의 죄를 지어 돈을 납부하고자 하면 하루에 8전씩으로

---

26) 같은 책, p.164, "抉之且欲有盜, 弗能啟即去, 若未啟而得, 當贖黥. 抉之非欲盜殿
(也), 已啟乃爲抉, 未啟當貲二甲."
27) 같은 책, p.84, "葆子以上居贖刑以上到贖死, 居於官府, 皆勿將司."

　　한다. 司空[28]

　　11) 敖童을 은닉하거나, 폐질자에 대한 신고를 정확하게 하지 않을 경
　　　　우, 典·老는 贖耐에 처한다.[29]

　　9)는 贖刑 이상에서 贖死까지를, 10)은 贖遷을 받은 자를, 11)은 贖耐
로 처벌한 사례이다. 『睡虎地秦墓竹簡』의 注釋者는 贖의 의미에 대하여
"贖, 繳納財物去贖死刑或肉刑等罪"[30]라고 하여 財物을 납부함으로써 死
刑 또는 肉刑 등의 罪를 사면해주는 것이라고 하였다. 즉, 그 犯罪行爲
에 대해서 본래 科해져야 할 형벌을 金品 납입으로 赦免해 주는 조치
이다.[31] 일부학자는 贖刑이 官吏·臣邦封君·公室貴族·上造 이상 有爵者
등의 특권층에만 허락되는 것이라고 주장하고 있으나,[32] 『睡虎地秦墓
竹簡』의 贖刑 사례를 조사해 보면 9例가 나오는데, 이중 5例만이 이른
바 특권층에 허락된 것이고 나머지는 일반민을 대상으로 한 것이므
로 그 주장을 그대로 따르기는 어렵다.
　　한편 貲罰은 경미한 범죄 또는 과실죄에 대해서 財産刑이나 勞役을
科하는 것이었다. 『睡虎地秦墓竹簡』에는 貲罰이 貲絡組·貲盾·貲甲·貲戍·
貲徭의 5가지가 있다.

　　12) 물품의 품질 검사에서 하등으로 평가되었을 경우 工師는 貲一甲,
　　　　丞 및 曹長은 貲一盾을 부과하며, 徒에게는 20가닥의 끈(絡組)을 납
　　　　부하게 한다.[33]

---

28) 같은 책, p.91, "●或贖䙝(遷), 欲入錢者, 日八錢. 司空."
29) 같은 책, p.143, "匿敖童, 及占癃(癃)不審, 典, 老贖耐."
30) 같은 책, p.60.
31) 黃展岳, 「雲夢秦律簡論」(『考古學報』 1980-1), p.15.
32) 『睡虎地秦墓竹簡』, pp.28, 41, 47, 56, 57, 76, 77, 103, 105.
33) 같은 책, p.136, "省殿, 貲工師一甲, 丞及曹長一盾, 徒絡組卄給."

　　13) 다른 사람의 桑葉을 몰래 땄는데, 장물의 값어치는 1전 미만이었다.
　　　　어떻게 논죄할 것인가? 貲繇(徭) 30일이다.[34]

　　14) 軍中에서 식량을 수령하지 말아야 함에도 수령한 자는 모두 貲二甲
　　　　이며, 면직하여 영원히 임용하지 않는다. 관리가 아니면 (貲)戍二歲
　　　　이다. 徒食·敦(屯)長·僕射가 고발하지 않으면 貲戍一歲이다.[35]

　　12)는 생산품의 考課가 殿(下等)을 받았을 때 工師는 貲一甲, 丞과 曹
長은 一盾, 徒(工人)는 絡組(甲札의 綵帶) 二十給의 罰을 규정한 것이다.
13)은 他人의 桑葉을 몰래 채집했을 때 그것이 一錢의 가치가 안될 경
우에는 貲繇三旬을, 14)는 軍中에서 食糧을 주고받은 자에게 貲戍의 罰
을 각각 규정한 것이다.

　　『睡虎地秦墓竹簡』의 注釋者는 貲罰에 대해서 "貲, 有罪而被罰令繳納財
物"[36]이라 하여 有罪者에게 財物을 납부시키는 罰이라고 하였다. 즉,
다시 말해서 貲는 죄를 범했을 때 재산상 불이익을 주는 財産刑이라
고 할 수 있다. 許愼의 『說文』에는 貲에 대해서 "貲, 小罰以財自贖也"라
고 하여 貲를 贖刑과 혼동하고 있으나,[37] 貲盾·貲甲 등은 어떤 형벌을
사면하는 조치가 아니라 그 자체가 刑罰名이다. 따라서 贖刑과 貲罰은
犯罪者에게 재산상의 不利益을 준다는 점에서는 같지만, 贖刑은 1次的
刑罰의 집행을 재산납부에 의해 중지하는 것이고 貲罰은 1차적 형벌
이 곧 재산납부라는 점에서 차이가 발생한다. 그런데 贖刑의 어의에
서 고려한다면 財物을 납부함으로써 罪를 사면해주는 것으로 판단되

---

34) 같은 책, p.154, "或盜采人桑葉, 臧(贓)不盈一錢, 可(何)論? 貲繇(徭)三旬."
35) 같은 책, pp.133-134, "不當稟軍中而稟者, 皆貲二甲, 法(廢); 非吏殹(也), 戍二歲;
　　徒食、敦(屯)長、僕射弗告, 貲戍一歲."
36) 같은 책, p.60.
37) [漢] 許愼(段玉裁 注), 『說文解字注(經韵樓臧版)』, p.285.

지만, 二年律令 등에는 貲罰(벌금형)보다 액수가 많은 재산형의 성격으로 변모해있었다.(본서의 贖刑 관련 논문 참조)

贖刑과 貲罰의 개념에 대해서 살펴보았는데 兩者의 구별이 처음부터 존재했다고는 생각되지 않는다. 『尚書』「舜典」의 "金作贖刑"이라는 것이 贖刑이라는 刑名을 갖고 있으나 실제적으로는 罰金刑인 것이 그 단적인 예이다. 兩者는 처음에 분화되지 않은 개념으로서 罪狀이 불분명하거나 罪를 사면해주고자 할 때 財物을 납부하게 하는 것이었다. 그 후 제후국 간의 치열한 전쟁이 지속되는 春秋戰國時代를 거치면서 軍備充實을 꾀하려는 의도에서 貲罰은 군사적 목적의 벌금으로 변모한 듯하다.

그러나 貲罰의 목적을 단순히 軍備의 충실이라는 측면에서만 고찰한다면 그것은 피상적인 고찰에 머무르는 것이 되고 말 것이다. 貲罰 제정의 이면에는 또 다른 목적이 내재하였는데 이것은 貲盾·貲甲 등의 시행과정을 고찰하는 과정에서 노정될 것이다. 이를 위해서는 貲盾·貲甲이 적용되는 경위와 대상을 조사해야한다. 『睡虎地秦墓竹簡』에 기재되어 있는 것은 전체 秦律의 일부에 불과하므로 이것만을 대상으로 貲盾·貲甲이 목적하는 바를 논하려하는 것은 무리가 있기는 하지만 적어도 그 목적의 일부만은 확인할 수 있다고 생각된다.

『睡虎地秦墓竹簡』의 貲盾·貲甲의 사례는 필자의 고찰에 의하면 79例가 보이고 있다. 이 사례의 산정에는 약간의 문제가 있으나 이를 대상과 위반규정에 따라 정리하면 다음과 같다.

[표 1] 貲盾·貲甲 사례

對象	違反規定	例 (面數)	소계	합계
官吏 및 軍	公器·食糧·皮革·度量衡管理·會計	113-114, 115, 116, 118, 120, 120, 121, 123, 125, 125, 136, 215, 215, 215, 216, 216	16	60
	官營手工業作坊(漆器·鑛山)의 管理	122, 136, 137, 137, 137, 138, 138, 139, 139	9	

對象	違反規定	例 (面數)	소계	합계
人	官營牧場(馬·牛·羊)의 管理規定	121, 132, 132, 141, 141, 141, 142, 142	8	
	軍隊의 훈련·근무규정	127, 127, 127, 131, 135, 140, 144, 145	8	
	軍需物資(軍糧·兵器)의 管理規定	131, 133, 133, 133, 133	5	
	기타 故意 및 과실에 의한 범법	68, 76, 127, 127, 129, 130, 147, 147, 148, 171, 176, 213-14, 191, 210	14	
一般民	告不審	167, 168-69	2	16
	기타 1例씩 보이는 것	143, 155, 164, 172, 184, 188, 190, 194, 206, 214, 219, 219, 224, 226	14	
刑徒	司寇가 110錢을 절도하고 자수했을 때	154	1	1
外國人	游士가 符없이 縣에 거주할 때	129-30	2	2
	邦客이 布吏하지 않고 교역했을 때	230-31		
合計				79

[표 1]은 貲罰의 적용대상에 따라서 크게 官吏·軍人의 조항과 一般民의 조항으로 구분되어 있다. [표 1]에서 알 수 있듯이 官吏·軍人에 대한 貲罰規定이 60例로 대다수를 차지하며(약 76%), 一般民에 대한 규정은 16例로서 적은 숫자에 불과하다(약 20%).

우선 官吏와 軍人들에 대한 貲罰의 例를 살펴보면, 가장 많은 貲罰의 例는 公器·食糧·皮革 등의 國家財產을 보관한 庫의 管理와 會計에 過失이 있을 때 부과된 것이다(16例). 例를 들어보면 倉庫가 漏水되어 禾粟이 부패했거나, 창고의 門間이 치밀하지 못해 門이 열렸을 때, 창고 바닥에 깐 풀 밑에 곡식이 일석 이상 있을 때, 倉庫에 쥐구멍이 3개 이상 있을 때, 창고에 보관중인 皮革이 손상되었거나, 公器에 표식을 하지 않고 표식과 帳簿가 불일치할 때, 회계상의 誤差가 220錢 이상일 때, 度量衡이 표준과 불일치할 때에 각각 貲罰을 부과하였다.

그 다음으로 많은 貲罰規定이 보이는 항목은 漆器·鑛山 등 官營手工業作坊의 管理에 관한 것이다(9例). 그 例를 들어보면 漆器·大車·鑛山 등의 手工業作坊의 제품이 규정에 미달하거나 考課에서 殿을 받았을 때, 제조 명령이 없는 제품을 생산했을 때, 土墻을 쌓는데 소용되는 檊木이 사용가능한데도 이를 사용불가라고 했을 때 각각 貲罰을 부과하였다. 官營牧場의 管理에서 발생한 과실에 貲罰을 부과한 예는 8例가 보이고 있다. 그 예를 들어보면 牛馬의 낙인이 잘못되었을 때, 驀馬(騎馬)의 調敎가 불량할 때, 乘車馬에 傷害를 입혔을 때, 駃騠(良馬)의 考課가 殿을 받았을 때, 牛·羊의 번식률이 기준에 미달할 때에 각각 貲罰을 부과하였다.

軍律에 관한 貲罰은 8個의 例가 보이고 있다. 그 例를 들어보면 戰爭時 임명된 代理의 嗇夫와 佐가 爵이 上造 以上인데 명령에 복종하지 않을 때, 士吏(軍官)와 發弩嗇夫의 임명이 律에 어긋나거나 發弩가 목표물을 명중시키지 못할 때, 卒을 弟子로 삼아서 軍役을 도피시킬 때, 전투장소에 도착하지 않은 자가 死亡으로 허위 보고된 것을 알면서도 보고하지 않을 때, 從軍者가 근무연수를 허위로 증가시킬 때에 각각 貲罰을 부과하였다.

위의 軍律과 밀접한 관련이 있는 것으로서는 軍糧·兵器 등 군수물자에 관한 律을 위반했을 때 부과되는 貲罰을 들 수 있다(5例). 그 例로는 군대가 수송하는 物資를 縣에서 탈취할 때, 軍中에서 食糧을 수령할 수 없는 자가 그것을 받았을 때, 軍人이 食糧을 매매할 때, 兵士에게 지급할 兵器의 수선상태가 불량할 때에 부과된 것을 들 수 있다.

이상에서 官吏와 軍人이 어떠한 경우에 貲罰을 받았는지를 살펴보았다. 그 규정들은 각종 물자를 보관했던 倉庫의 管理, 軍馬와 財政收入의 제공처인 관영목장의 管理, 兵器와 기타 수공업제품을 제작하는 관영수공업작방의 管理, 군사훈련과 군사물자에 관한 것이었다. 좀더

구체적으로 말한다면 貲罰은 재정 수입원이 되는 관영산업, 軍馬의 공
급원인 관영목장, 병기제조를 담당한 관영수공업 작방, 식량 등의 물
자를 보관한 倉庫 등 전국시대 국가들이 깊은 관심을 표명한 분야에
서 발생하기 쉬운 과실을 최소화시키는 것이 그 목적이었다.

한편 일반백성을 貲罰에 처한 사례는 官吏·軍人의 경우보다 훨씬
적은 16例에 불과하다. 그 사례도 類型化할 수 있는 것은 告不審의 2例
에 불과하고 나머지는 1例씩 밖에 보이지 않으므로 類型化하기 곤란
하다. 1例씩 보이는 貲罰을 들어보면 다음과 같다.

15) 百姓이 免老(60歲가 되어 徭役·兵役 의무가 면제된 것)할 수 없는데
    도 免老했거나, 응당 免老해야 하는데도 典老가 申告를 하지 않고
    詐僞를 하는 경우.

16) 一錢 미만의 재물을 훔친 甲이 乙의 家에 갔을 때 乙이 알고도 체포
    하지 않을 때.

17) 자물쇠를 열려고 한 목적이 절도에 있지 않으나 열지 못하고서 체
    포된 경우.

18) 타인이 20錢을 훔쳤다고 무고하고 나서 자신은 또 100錢을 훔쳤을 때.

19) 自殺한 자를 室人이 신고하지 않고 매장했을 때.

20) 무기를 갖고서 私鬪하여 傷人했을 때.

21) 타인의 小畜産이 室에 들어왔을 때 殳梃으로 죽였는데, 그 가격이
    250錢을 넘을 때.

22) 大道에서 사람이 賊殺당했는데도, 100보의 거리 내에서 구원하지
    않은 경우.

23) 官役에 복역중인 大夫가 도주한 경우.

24) 百姓이 채무로 인해 和意 또는 强制로 質人했을 경우.

25) 失火하여 里門·邦門을 태웠을 경우.

26) 奇祠(私祠)를 함부로 일으킨 경우.

27) 처와 이혼하고 등기부에 등재하지 않을 때.

28) 乘車에 여자를 탑승시킬 때.

　이상에서 살펴본 바와 같이 一般民에 설정된 貲罰의 事例는 매우 다양한 내용을 보여주고 있다. 그러나 貲罰이 군비충실을 의도한 형벌이라면 秦民의 대다수를 점유한 一般民에 대한 규정이 극히 적은 것은 이해하기 어렵다. 즉, 다시 말해서 貲罰의 事例는 대부분이 官吏·軍人에 관계된 것이고 一般民에 관한 것이 적은데 이것은 벌금수입의 감소를 의미하는 것이다. 따라서 벌금수입이 많으려면 一般民에 설정된 규정이 많아야 한다는 것은 상식에 속하므로 앞서의 [표 1]에서 貲罰사례를 대상별로 분류했을 때 산출된 비율은 받아들이기 어렵다.

　『睡虎地秦墓竹簡』의 貲罰이 墓主 喜에 의해서 취사선택되었기 때문에 [표 1]과 같은 결론이 도출된 것 같은데 이같은 추측은 1979년 12월 秦始皇陵 서쪽의 趙背戶村에서 발견된 秦刑徒墓의 墓誌文에서 확인할 수 있다. 墓誌文은 모두 18개인데 이중 貲罰에 관한 것은 다음과 같다.

29) 東武居貲上造慶忌

30) 東武東間居貲不更鴖

31) 博昌居此(貲)用里不更余

32) 揚民居貲大(教)

33) (楊)民居貲公士富

34) 揚民居貲武德公士契必

35) 平陰居貲北游公士縢

36) 闌陵居貲便里不更牙

37) …(居)貲□□不更□必[38]

---

38) 始皇陵秦俑坑考古發掘隊, 「秦始皇陵西側趙背戶村秦刑徒墓」(『文物』1982-3), pp.6-7.

이 墓誌文들은 秦始皇陵의 修築에 동원된 刑徒들의 墓에서 나온 것으로, 기록된 내용은 縣名·刑名·(里名)·爵名·人名으로 구성되어 있다. 墓誌文의 人物들은 32)를 제외하고는 모두 有爵者인데 1級 公士가 3例, 2級 上造가 1例, 4級 不更이 4例이다. 우선 전술한 [표 1]의 비율에 대한 의문을 해소하기 위해서는 "居貲", 즉 국가에 진 채무를 노역으로 상환하고 있는 이들의 신분에 대해서 살펴보아야 한다. 다시 말해서 刑徒墓의 有爵者들이 官位를 갖고 있었는가 여부에 관한 문제이다.

이들 有爵者들은 [표 1]에 貲罰이 주로 관리들에게 설정된 것처럼 官吏들일 수도 있다. 秦은 軍功을 중시하여 斬首一級을 획득한 자에게는 50石의 官을 주고 二級을 얻으면 100石의 官을 주었다.[39] 따라서 秦의 官吏들 가운데는 軍功者 출신이 포함되어 있었을 것이다. 이같은 斬首之功과 官爵之遷의 함수관계를 확대하여 古賀登은 公士는 50石, 上造는 100石, 簪褭는 150石, 不更은 200石, 大夫는 300石 등으로 고찰하고 있으나,[40] 秦의 軍功授官爵制가 이처럼 기계적으로 시행되었는지는 의문이다. 왜냐하면 『史記』에 기재되어 있는 斬首數字는 150만이 넘는데 首一級 참수에 50石의 官을 일일이 수여한다면 秦의 관료기구는 行政業務에 익숙치 못한 軍功者들로만 충당되고 말 것이다.[41] 秦이 有爵者에게 기계적으로 일일이 官職을 수여할 수 없다는 현실적 상황을 고려한다면 趙背戶村 刑徒墓의 有爵者들이 모두 관리라고 볼 수는 없다.

秦에서는 商鞅三器에서와 같이 鐓·升·戟에 大良造라는 爵位를 官名 대신 刻印하는 爵位 중시의 경향이 있어서 刑徒墓誌文의 有爵者들이 官名 대신 爵位를 사용하였을 수도 있기는 하다.[42] 그러나 秦의 銅器에

39) 周鍾靈 等, 『韓非子索引』(北京: 中華書局, 1982), p.842, 「定法」 "商君之法曰, 斬一首者爵一級, 欲爲官者爲五十石之官, 斬二首者爵二級, 欲爲官者爲百石之官, 官爵之遷斬首之功相稱也."

40) 古賀登, 「秦商鞅の軍制·軍功褒賞制と身分制」(『社會經濟史』 40-4, 1974), pp.49-50의 表 참조.

41) 黃留珠, 『秦漢仕進制度』(西安: 西北大學, 1985), p.25.

는 반드시 爵位만을 刻印한 것은 아니고 "十三年 相邦義之造 咸陽工帀
(師)田 工大人耆 工槻"라고 한 "相邦戈"와 같이 官名을 사용한 사례도 적
지 않다.[43] 그러므로 墓誌文에 보이는 居貲하고 있는 자들이 관직을
갖고 있었다면 官名을 사용할 수도 있었을 것이나, 아마도 관직을 갖
고 있지 않은 一般民이므로 爵位만을 기록했을 것이다.

이들이 一般民일 것이라는 추측은 『睡虎地秦墓竹簡』 「封診式」의 官
位에 있지 않은 자의 표기방식과 趙背戶村의 墓誌文의 표기방식이 동
일한 것에서 볼 때도 가능하다고 생각된다.

38) 封守 鄕某爰書: 以某縣丞某書, 封有鞫者某里士五(伍)甲…[44]

39) 盜自告 □□□爰書: 某里公士甲自告曰…[45]

40) 闌陵居貲便里不更牙[46]

38)·39)는 「封診式」의 기사이고, 40)은 조배호촌 형도묘의 묘지문이
다. 우선 38)·39)에서 관직에 있는 자는 관직과 인명을, 관직에 있지
않은 자는 里名·爵名·人名을 기록하고 있다. 이로 볼 때 앞에서 언급
한 바와 같이 官職에 있는 자는 직위를, 반대로 일반민은 작위를 사용
하고 있음을 알 수 있다.

한편 38)·39)와 40)을 비교해보면, 某里公士甲과 便里不更牙는 里名·
爵名·人名의 순서로 기록된 방식이 동일하다. 「封診式」의 某里 士伍甲
과 某里 公士甲은 모두 향리인 某里에 거주하는 일반민으로 생각되므
로 便里不更牙도 便里에 거주하는 일반민으로 생각된다. 따라서 趙背
戶村의 刑徒墓에서 출토된 墓誌文에 새겨진 居貲 중에 있는 자들은 모

42) 李學勤, 「戰國時代的秦國銅器」(『文物』 1957-8), p.38.
43) 같은 논문, p.39.
44) 『睡虎地秦墓竹簡』, p.249.
45) 같은 책, p.251.
46) 「秦始皇陵西側趙背戶村秦刑徒墓」(『文物』 1982-3), pp.6-7.

두 향리에서 거주하다가 貲罰을 받은 일반민들로 추측된다.

그렇다면 앞서 서술한 [표 1]에서 貲罰이 대부분 관리·군인만을 주요 대상으로 하고 있는 것처럼 도출된 결론은 문제가 있다고 생각된다. [표 1]과 같은 결론이 추출된 것은 墓主 喜가 安陸令史·鄢令史 등으로 근무하면서 자신과 관계있는 행정업무에 필요한 律만을 선택해 抄寫했기 때문인 것으로 생각된다.

지금까지 논의한 것을 종합하여 본다면 貲盾·貲甲의 貲罰은 齊桓公의 기사에서 확인되듯이 경제적 목적, 특히 군사재정의 확보라는 목적을 갖고 출현한 것이었다. 그러나 『睡虎地秦墓竹簡』의 貲罰 사례는 [표 1]에서 알 수 있듯이 秦民 中 소수에 불과한 官史를 대상으로 한 것이 대부분이었다. 이처럼 財政 확보라는 목적을 갖고서 출현한 貲罰의 규정이 秦民 中 다수를 점하는 일반민을 대상으로 하고 있지 않은 것은 본래의 의도와 상치되는 것이었다. 이같은 의문은 趙背戶村 秦刑徒墓의 居貲 中인 자들의 신분을 분석하여 貲罰이 대부분 일반민을 대상으로 부과되었다는 것을 확인한 결과 해소될 수 있었다. [표 1]처럼 『睡虎地秦墓竹簡』의 貲罰이 官吏에 편중되어 규정된 것은 묘 주인의 취사선택에서 비롯된 것으로 생각되고, 貲罰규정은 『睡虎地秦墓竹簡』에 기록된 것 이외에도 일반민을 대상으로 한 것이 상당수 존재했을 것으로 추정된다.

2. 貲罰의 納付方法

貲盾·貲甲의 징벌을 받은 자가 官府에 絡組·盾·甲을 現物로써 납부했었는지, 아니면 盾·甲을 貲罰의 계산단위로 해서 折算 錢納했었는지에 대해서는 현재 論者들 간에 의견이 분분하다. 현물납을 주장하는 논자들은 秦國 甲兵의 상당부분이 民間手工業에 의해 제조되고 있었으므로 甲·盾이 現物로 납부되었을 것이라고 주장하고 있다.[47] 반면에

折算해 錢納하였다는 학자들은 民間人에게 兵器製造를 위임한다는 것은 생각할 수도 없으며 만일 現物納을 허용한다면 製品의 규격·質面에서 일정하지 않을 것이므로 甲·盾으로 가치를 계산하여 錢納시켰다고 주장하였다.[48]

甲·盾의 납부방법이 現物納 혹은 錢納인지에 대해서 의견의 합치를 보지 못하고 있는 것은 『睡虎地秦墓竹簡』에 구체적인 납부방법이 명시되어 있지 않고 더욱이 『呂氏春秋』『韓非子』『戰國策』『周禮』 등 戰國時代의 문헌에 民間에서 兵器를 제작하거나 매매하는 사료가 보이기 때문이다. 그렇지만 이같은 戰國時代의 문헌에 의거하여 現物納을 주장한 논자들은 『睡虎地秦墓竹簡』의 律文을 좀더 세밀하게 분석하여 납부방법을 찾아내려는 노력이 결여되어 있다. 또한 錢納을 주장하는 논자들의 주장도 한두 사람을 제외하고는 이 점에 있어 예외가 아니므로 설득력이 결여되어 있다.

筆者는 이 문제를 해결하기 위하여 다시 한번 『睡虎地秦墓竹簡』을 검토하고 그 해답을 도출하고자 한다. 貲盾·貲甲이 現物納과 錢納 중에서 어느 방법을 택했는지를 간접적으로 시사해 주는 律로는 다음과 같은 것들이 있다.

> 41) 관부에 채무가 있거나 貲·贖의 판결을 받은 자가 다른 縣에 거주하는 경우, 즉시 거주하는 縣에 문서를 보내 받아내도록 한다.(金布律)[49]

---

47) 林劍鳴, 『秦史稿』(上海: 上海人民, 1981), p.290; 石子政, 「秦律貲罰甲盾與統一戰爭」(『中國史硏究』 1984-2), p.114; 『睡虎地秦律竹簡』, p.69 注 4.
48) 李成珪, 『中國古代帝國成立史硏究』, pp.216-217; 高敏, 『雲夢秦簡初探』(鄭州: 河南人民出版社, 1979), pp.87-88; 黃今言, 「秦代租賦徭役制度初探」(『秦漢史論叢』 1, 1981), p.80; 劉海年, 「秦律刑罰考析」, 『雲夢秦律硏究』(北京: 中華書局, 1981), p.195; 黃展岳, 「雲夢秦律簡論」(『考古學報』 1980-1), p.15.
49) 『睡虎地秦墓竹簡』, p.60, "有責(債)於公及貲, 贖者居它縣, 輒移居縣責之.(金布律)"

42) 유죄로 貲·贖을 받거나 관부에 채무가 있는 경우, 판결에 규정된 기일에 의거하여 묻도록 한다. 채무를 납입할 수 없거나 상환할 수 없으면, 판결에 규정된 날만큼 노역하도록 하고 하루 노역을 8전으로 계산한다.(司)[50]

43) 貲·贖·債務의 변제를 위해 관부의 노역에 복역하는 자가 혹 타인의 도움을 빌어 그와 함께 복역하고자 하는 경우 이를 허락한다. 이 경우 노동력을 빌려준 사람의 변경 수비의무를 면제해 줄 수는 없다. ●무릇 스스로 의복을 준비할 수 없는 경우 관부에서 의복을 지급하는데, 그 의복 비용을 노역으로 갚게 한다. 노역해야 할 일수를 모두 채우지 않은 상태에서 관부에 변제해야 할 돈의 일부를 납부하고자 할 경우 이를 허락한다.[51]

41)은 官府에 채무가 있거나 貲·贖을 받은 자가 다른 縣에 거주하면 文書를 발송하여 해당 縣에서 받게 한다는 것이다. 42)는 有罪로 인해 貲·贖을 받았거나 官府에 債務가 있을 때는 판결에 규정한 날짜로 그것을 묻고, 納入과 償還이 불가능하면 판결에 규정한 날짜로 복역하게 하는데 1日의 勞役은 8錢을 상환하는 것으로 계산한다는 규정이다. 43)은 貲·贖·債로 인해 勞役에 居하는 자가 규정일수가 다 차지 않았을 때 錢을 일부 納入하면 이를 허락한다는 규정이다.[52]

우선 위의 律文들은 金布律과 司(空)律임을 알 수 있다. 金布律은 官

---

50) 같은 책, p.84, "有罪以貲贖及有責(債)於公, 以其令日問之, 其弗能入及賞(償), 以令日居之, 日居八錢;(司)"

51) 같은 책, p.85, "居貲贖責(債)者, 或欲籍(藉)人與并居之, 許之, 毋除縣(徭)戍. ● 凡不能自衣者, 公衣之, 令居其衣如律然. 其日未備而被入錢者, 許之."

52) "被入錢"에 대해 주석에는 일부분의 納錢이라 했고, 『說文』에는 "被, 一曰析也."라고 한 것으로 보아 一部 納錢으로 해석해야 한다. [漢] 許慎(段玉裁 注), 『說文解字注(經韵樓藏版)』, p.245.

府의 金錢·布帛과 관련된 사항을 규정한 律이고,[53] 司空律은 土木工事를 주관한 司空에 관한 律이었으나 그 노동력에는 刑徒가 많았으므로 刑徒를 관장하는 律로 의미가 변하였다.[54] 따라서 貲·贖·債로 인해 官府에 채무가 있는 자는 錢·布에 관한 金布律로 취급하고, 변제불능시는 刑徒로서 司空律에 의해 처리되는 것이었다. 41)과 같이 貲로 인한 채무를 金布律로서 규정한 것은 貲盾·貲甲의 납부를 錢 또는 布로 했을 가능성을 시사해준다. 또한 秦律에서는 貲·贖·債가 항상 連稱되고 있는데, "或贖遷(遷), 欲入錢者, 日八錢"(贖遷을 錢으로 납입하려는 자는 하루에 8전이다.)[55]이라 하여 錢納이 확실한 贖과 함께 貲를 併記하고 있는 것은 貲 역시 錢納했을 가능성이 크다. 그리고 43)처럼 노역기간 중에 일부의 錢納을 허용한 것도 貲罰의 錢納 가능성을 시사해주고 있다.

그러나 이상의 律文들이 錢納의 완전한 증거가 될 수는 없다. 그러면 이번에는 錢納을 주장하는 論者들이 근거로 삼고 있는 「法律答問」의 기사를 들어보겠다.

44) 當貲盾, 沒錢五千而失之, 何論? 當誶.[56]

이것은 해석이 매우 난해하여 몇 가지 異見이 있다. 우선 『睡虎地秦墓竹簡』의 釋文에서는 "응당 罰盾인데 五千을 沒錢했으므로 판결이 不當하다. 어떻게 論處해야 하는가? 응당 誶에 처해야 한다."고 해석하였다. 이에 대해서 日本 中央大의 「釋註初稿」에서는 "貲盾에 當하여 錢五千을 沒收했는데 그것을 잃으면 어떻게 論하는가? 誶에 當한다."고 해

---

53) 『漢書』 卷78 「蕭望之傳」, p.3278, "師古曰 : 金布者, 令篇名也. 其上有府庫金錢布帛之事, 因以名篇. 令甲者, 其篇甲乙之次."
54) 『漢書』 卷19上 「百官公卿表」, p.730, "如淳曰 : 律, 司空主水及罪人. 賈誼曰『輸之司空, 編之徒官』."
55) 『睡虎地秦墓竹簡』, p.91.
56) 같은 책, p.171.

석하였다.[57] 『睡虎地秦墓竹簡』의 釋文과 中央大 注釋의 근본적 차이는 "失之"라는 부분에서 비롯되었다. "失之"를 前者는 "失刑", 즉 "판결의 잘못"이라는 의미로서 파악하였고, 後者는 "그것(錢)을 분실하면"의 의미로 파악하고 있다.

"失之"라는 字句는 이것 이외에는 보이지 않으므로 그 의미를 정확히 파악할 수 없다. 그러나 "失之"를 분실로 해석한다면 五千錢이나 되는 거금을 분실했는데도 가장 경미한 訾(견책)에 처한다는 것은 선뜻 이해하기 어렵다. "失之"를 『睡虎地秦墓竹簡』의 釋文에 따라서 "失刑"의 의미로 파악할 때, 『睡虎地秦墓竹簡』의 다른 失刑罪의 경우에 판결을 부당하게 한 자에 訾를 과한 예가 있는 것으로 보아 그 해석은 크게 모순되지 않는다.[58]

문제는 "當貲盾, 沒錢五千"이 왜 失刑罪가 될까 하는 점이다. 여기에는 두 가지 추측이 가능하다. 하나는 現物로 납부시켜야 했는데 錢을 沒收했기 때문이라는 추측이고, 다른 하나는 貲盾의 折錢價額은 몰수한 五千錢과 차이가 있으므로 잘못 판결했다는 추측이다.[59] 그러나 위의 「法律答問」의 기사만을 갖고서는 두 가지 해석이 모두 가능하므로 어떤 추측이 옳은가는 또 다른 전거를 필요로 한다. 「法律答問」의 다음 律文은 그러한 전거가 될 것이다.

> 45) "邦客(外國人)이 主人(秦人)과 싸울 때, 兵刃·몽둥이(殳梃)·주먹으로 秦人에게 상처를 입혔을 때 응당 布로써 擊한다." 무엇을 "擊"이라고 하는가? (피해자를) 위로하도록 布를 관부에 납부하도록 하는데, 마치 貲布와 마찬가지로 律에 따라 돈을 납입하게 한다.[60]

---

57) 秦簡講讀會, 「『雲夢睡虎地秦墓竹簡』釋註初稿承前 (4)」(『中央大大學院論究』 13-1, 1981), p.86.

58) 『睡虎地秦墓竹簡』, p.203, "甲賊傷人, 吏論以爲鬪傷人, 吏當論不當? 當訾."

59) 前者는 『睡虎地秦墓竹簡』 注釋者의 견해이고, 後者는 李成珪의 견해이다.

이것은 秦人과 싸워 傷害를 입힌 外國人에게 罰金으로 布를 납부케
했는데 "貲布"의 예처럼 錢으로 折納하게 한다는 내용이다. 여기서 주
목해야 할 부분은 "貲布"이다. 貲布는 『睡虎地秦墓竹簡』에 이 用例밖에
보이지 않지만, 貲盾·貲甲·貲戍·貲徭를 보통 貲罪·貲로 일괄해서 부르
는 것처럼[61] 貲罪를 받은 자가 그 벌금으로 내는 것을 貲布로 불렀던
것으로 추측된다.[62] 이 해석이 맞는다면 貲盾·貲甲 등의 貲罰은 布를
납부하는 것을 원칙으로 하고 "錢十一錢當一布, 其出入錢以當金·布, 以
律"이라는 折錢方法에 따라 부분적인 錢納을 한 것으로 된다.[63]

이로써 貲罰은 布 또는 錢으로 납부했음을 알 수 있고, "當貲盾, 沒
錢五千"에 대한 해석 중 後者, 즉 貲盾의 折錢價額이 몰수한 五千錢과
차이가 있으므로 失刑罪가 된다는 추측이 옳다고 할 수 있다. 그렇다
면 "當貲盾, 沒錢五千"이라는 律文은 다음과 같이 해석할 수 있다.

> 46) 貲盾에 當해서 그 상당한 價額을 布(또는 錢)로 받아야 하는데 沒錢
> 五千은 그에 상당한 價額이 아니므로 그것을 失刑으로 본다. 어떻
> 게 論하는가? 誶에 當한다.

그리고 이 경우 관리에 대한 문책 중 가장 가벼운 誶를 부과한 것
으로 보아 沒錢한 五千錢은 盾의 가격과 큰 차이가 나는 것 같지는 않
다는 견해가 있다.[64]

貲盾의 벌금이 五千錢에 근사한 것이라면 貲二盾의 벌금은 一萬錢

---

60) 『睡虎地秦墓竹簡』, p.189, "「邦客與主人鬪, 以兵刃, 投(殳)梃, 拳指傷人, 擊以布.」
可(何)謂「擊」? 擊布入公, 如貲布, 入齎錢如律."
61) 같은 책, p.204, "捕貲罪, 即端以劍及兵刃刺殺之…"; 같은 책, p.211, "貲罪, 不購."
62) 이 貲布에 대해서 布를 납부케 하는 벌금형으로 보는 견해도 있기는 하다.
栗勁, 『秦律通論』(濟南: 山東人民, 1985), p.291.
63) 『睡虎地秦墓竹簡』, p.56.
64) 李成珪, 위의 책, p.217.

정도일 것으로 추정할 수 있지만, 貲盾과 貲甲의 비율은 후일 嶽麓秦簡
의 출현에 의해서 입증되었듯이 옳은 견해는 아니며, 貲 1盾도 384전
이었다.[65] 그럼에도 堀毅씨가 一甲을 二萬錢, 二甲을 四萬錢이라고 한
것[66]은 그 개연성은 인정되나 어떠한 근거에 입각한 것인지는 알 수
없다.

　貲罰의 벌금을 상환하는 방법에는 上記의 錢納 이외에 "居貲"라고
하는 방법이 있었다. 이것은 국가에 대한 채무를 이행할 능력이 없을
때 勞役으로 상환케 한 것으로 『睡虎地秦墓竹簡』에는 비교적 상세한
규정이 있다. 예를 들면 居貲 중인 자의 日當은 8錢으로 계산한다는
규정, 官府의 公食을 먹는 자는 日當이 6錢이고 이때 식량은 남자에게
는 $\frac{1}{3}$斗를 여자에게는 $\frac{1}{4}$斗를 지급한다는 규정, 年齡이 많으면 貲罰勞
役을 타인으로 대체할 수 있으나, 手工業者 및 商賈는 타인으로 대체
할 수 없다는 규정, 1室에 2人 이상이 居貲함으로써 室을 돌볼 수 없을
경우는 1人을 내보내 교대로 복역케 한다는 규정, 貲罰을 받은 자는
播種·治苗時에 각각 20일씩 귀가할 수 있다는 규정 등이다.[67]

　수호지 진률이 출토했을 당시로서는 사료의 부족으로 수많은 억
측이 난무했다. 따라서 약 5천 전에 상당하는 것으로 貲盾을 이해했
고, 노역으로 상환할 경우 일당 8錢이므로 625일을 노역하는 것으로
이해했었다. 그런데 1년 365일중 播種·治苗時의 휴가 40일을 빼면 1년
의 노역일수는 325일에 불과하므로 5千錢의 노역은 1년 300일이 소요
되게 된다는 주장도 나오게 되었다.[68]

---

65) 嶽麓秦簡에 의하면 貲一盾의 벌금액은 384錢이고, 貲二盾은 768錢, 貲一甲은
　　1344錢이며, 貲一盾과 貲一甲의 비율은 1:3.5이다. 朱漢民·陳松長, 『嶽麓書院
　　藏秦簡(貳)』(上海: 上海辭書出版社, 2011), p.78.
66) 堀毅, 「秦漢刑名攷」, p.122.
67) 『睡虎地秦墓竹簡』, pp.84-89.
68) 若江賢三은 "貲一盾"이 1년의 노역형이라고 하였으나, 이를 구체적으로 논한
　　것은 아니다. 「秦漢時代の完刑について」(『愛媛大學法文學部論集』 13, 1980), p.99

IV. 貲罰과 兵器生產

前章에서 貲盾·貲甲의 벌금 납부방법과 액수에 관해서 고찰해 보았는데, 本章에서는 벌금으로 받은 錢·布를 이용해 兵器를 생산하는 과정에 대해서 살펴보고자 한다. 앞서 盾과 甲이 벌금징수의 계산단위에 불과하므로 징수된 벌금이 盾·甲의 제작에만 사용되지 않고 광범위하게 軍事費로 지출되었을 것이라는 추측을 제시했었지만 本章에서는 다만 그것이 盾·甲의 제작에만 사용된 것으로 보고 논의를 전개하고자 한다.

貲罰을 받은 자는 변제능력이 없어 勞役으로 변제하는 경우를 제외하고는 布와 錢으로 벌금을 납부하였는데, 이 벌금의 收納을 관장한 縣의 기구가 縣少內(府中)였다. 縣少內가 縣의 公金錢을 관장하는 기구로서 貲·贖·債로 인해 발생한 收納業務를 담당하고 있는 예는 『睡虎地秦墓竹簡』에 누차 보이고 있다.

47) "府中의 公金錢을 사적으로 차용하면 절도와 마찬가지로 논죄한다." ●무엇을 "府中"이라고 하는가? ●오직 縣의 少內만을 "府中"이라 하고, 그 밖의 것은 府中이라 하지 않는다.[69]

48) 관부에 채무가 있거나 貲·贖의 판결을 받은 자가 다른 縣에 거주하는 경우, 즉시 거주하는 縣에 문서를 보내 받아내도록 한다.[70]

49) 縣·都官의 물자점검과 회계과정에서 죄가 드러나 배상할 경우, 판

注15.

69) 『睡虎地秦墓竹簡』, p.165, "「府中公金錢私貸用之, 與盜同法.」 ●可(何)謂「府中」? ●唯縣少內爲「府中」, 其它不爲."

70) 같은 책, p.60, "有責(債)於公及貲、贖者居它縣, 輒移居縣責之."

결이 끝나면 嗇夫는 배상해야 할 錢의 액수를 그 官長과 휘하의 群吏에게 분담시키고, 사람 당 木券(參辨券)을 지급하여 少內에 납부하게 하고, 少內에서는 그것에 근거하여 배상금액을 거둔다.[71]

47)은 公金錢을 관장하는 기구가 府中이며, 府中은 縣少內만을 가리킨다는 것이고, 48)은 官에 채무가 있거나 貰·贖을 받은 자가 他縣에 거주할 때는 居住縣에 이관하여 받게 할 것을 규정하고 있다. 49)는 縣과 都官의 장부검사(效)와 會計調査(計)에 의해 有罪로 판명되어 배상의 책임이 있는 자에게서 少內가 그 배상을 받는다는 규정이다. 이로 볼 때 縣少內는 벌금을 포함한 각종 收入金을 징수하고 보관하는 기관임을 알 수 있다. 公金錢의 관리책임은 縣令과 縣丞이 맡아서 千錢을 一畚으로 하여 날인한 후 封緘하였으며, 지출 시에도 반드시 縣令·丞이 封印을 확인한 다음에야 사용할 수 있었다.[72]

貲罰에 의해 납입된 罰金은 公金錢의 출납을 감독하는 內史의 속관인 大內로부터 승인을 얻어 秦의 軍事費의 일부로서 武器製造에 사용되었을 것이다.[73] 秦이 武器를 생산하기 위해 설치한 工官은 靑銅武器의 銘文에서 볼 때 咸陽·櫟陽·雍 등 中心의 도시와 上郡·蜀郡·河東郡·隴西郡 등 군사적으로 중요한 변경의 郡에 광범위하게 설치되었다.[74] 武器를 생산하는 工官의 총책임자는 內史의 관할구역 내에서는 相邦이었고, 郡에서는 郡守였다. 郡의 屬縣에는 많은 工官이 설치되었는데 그

---

71) 같은 책, p.61, "縣、都官坐效、計以負貲(償)者, 已論, 嗇夫即以其直(値)錢分負其官長及冗吏, 而人與參辨券, 以效少內, 少內以收責之."
72) 같은 책, p.55.
73) 縣少內는 耕戰體制下에서 재정 부문중 公金出納을 주관하는 官府이고 그 公金은 大內에 의해 직접 감독되고 있었으므로[工藤元男, 「睡虎地秦墓竹簡に見える大內と少內 —秦の少府成立をめぐつて—」(『史觀』 105, 1981), pp.24-25.] 같은 계통을 통해서 무기 제조비용도 사용되었을 것으로 추측된다.
74) 李學勤, 「戰國時代的秦國銅器」(『文物』 1957-8), pp.39-40.

예로 軍事上 요충지인 上郡에는 廣衍(内蒙古 准格尔旗)·洛都·高奴(陝西 延川) 등의 屬縣에 工官이 설치되었다.[75] 縣에 工官이 설치되었다고 하더라도 縣令은 무기제조의 최고책임자는 될 수 없었으며, 縣令은 그 官嗇夫와 함께 中間責任者였고, 内史地域은 相邦, 郡은 郡守의 최종적 감독을 받았다. 縣令이 무기제조의 최종적 책임을 맡았던 예는 秦의 경우 邢令戈 외에는 보이지 않는다. 縣令이 무기제조의 책임을 지는 것은 三晋의 제도이다. 邢令戈에 縣令이 督造한 예가 보이는 것은 秦이 韓의 邢(河南 沁陽 서북)를 점령한 후 韓의 設備·制度를 계승한 것으로 보인다.[76]

이상은 銅戈에 있는 銘文을 통해 秦의 武器를 제조하는 工官의 所在地를 살펴 본 것이지만, 그것들은 모두 戈에 있는 銘文이고 盾·甲胄도 이러한 工官에서 제조되었는지는 알 수가 없다. 『周禮』「考工記」에는 "攻皮之工 函, 鮑, 韗, 韋, 裘"라 하여 官府의 甲을 생산하는 工官이 있었음을 보여주지만,[77] 戰國期 각국의 兵器作坊에서 甲·盾을 생산했던 遺址는 과문한 탓인지 보지 못했다. 戰國期 각국의 都城, 예를 들어 咸陽故城, 燕下都故城, 鄭韓故城 등의 手工業作坊遺址에서는 鑄鐵·鑄錢·燒陶·製骨器 등의 作坊과 함께 兵器作坊의 遺址가 보고되고 있으나,[78] 兵器作坊에서는 刀·戈·矛 등 鐵과 靑銅을 素材로 한 유물만 출토되고 盾·甲胄 등의 유물은 출토되지 않고 있다.[79] 兵器作坊으로부터 盾과 甲胄가

---

75) 吳榮曾, 「秦的官府手工業」, 『雲夢秦簡研究』(北京: 中華書局, 1981), p.42.

76) 李學勤, 위의 논문, p.40.

77) [淸] 阮元, 『十三經注疏·周禮·考工記』, p.906.

78) 吳梓林·郭長江, 「秦都咸陽故城遺址的調查和試掘」(『考古』 1962-6), pp.281-289; 劉慶柱, 「秦都咸陽幾個問題的初探」(『文物』 1976-11), pp.25-30; 李曉東·河北省文化局文物工作隊, 「河北易縣燕下都故城勘察和試掘」(『考古學報』 1965-1), pp.95-96; 河南省博物館新鄭工作站·新鄭縣文化館, 「河南新鄭鄭韓故城的鉆探和試掘」(『文物資料叢刊』 3, 1980), pp.60-63.

79) 楊泓에 의하면 燕下都 44號墓에서 鐵兜鍪가 1件 출토되었다. 이것은 鐵製이므로 燕下都의 兵器 作坊에서 제조되었을 것이나 兵器 作坊에서는 皮甲·楯

출토되지 않으므로 이곳에서 盾과 甲胄를 제조하지 않았을 것이라는 의문도 생기게 하지만 각종 문헌·竹簡文書·靑銅器銘文에 보이는 자료는 이러한 의구심을 불식시켜주고 있다.

시대가 前漢初의 것이기는 하지만 少府의 工官과 尙方에서 甲과 盾을 제조하고 있었음을 보여주는 기록이 있다.

> 50) 條侯의 아들은 아버지를 위해서 工官尙方에서 장례에 순장할 갑옷과 방패 5백 벌을 구입했다. 이것을 운반하기 위하여 고용된 사람들이 고통스러워했고, 돈을 주지도 않았다.[80]

이것은 景帝時 條侯 周亞夫의 아들이 父의 장례를 치를 때 工官과 尙方에서 甲楯 5백 벌을 구입했지만 그 비용을 지불하지 않았다는 것이다. 漢代에는 宮中에 필요한 諸 器物을 제조하는 官府를 少府에 설치했다. 그 官府에는 執金吾가 관장한 무기를 제조하는 考工, 御陵의 器物을 제작하는 東園匠, 天子御料의 器物을 제작하는 尙方이 있었다.[81] 周亞父의 기사에 보이는 工官은 아마도 考工室이었을 것으로 추측되며 甲楯 5백 벌의 대부분은 규모가 큰 考工室에서 제작되었을 것이고, 天子御料의 器物을 제작하는 尙方에서 제조한 甲楯은 얼마 안되었을 것이다.[82] 考工室과 尙方은 모두 秦制를 계승한 것이므로 秦에서도 宮中에 필요한 器物을 제작하는 동일한 官府가 존재했을 것이다.

은 출토되지 않다. 「中國古代的甲胄(上)」(『考古學報』 1976-1), pp.27-28.

80) 『史記』 卷57 「周勃世家」, p.2079, "條侯子爲父買工官尙方甲楯五百被可以葬者. 取庸苦之, 不予錢."

81) 『後漢書』 「百官志」, p.3581, "考工令一人 六百石 本注曰 主作兵器弓弩刀鎧之屬, 成則傳執金吾入武庫.";『漢書』 卷19上 「百官公卿表」, p.731, "師古曰 尙方主作禁器物";『後漢書』 「百官志」, p.3596, "尙方令一人 六百石 掌上手工作御刀劍諸好器物. 丞一人."

82) 鎌田重雄, 「尙方考」, 『石田博士頌壽記念東洋史論叢』(東京: 石田博士古稀記念事業会, 1965), p.163.

考工室·尙方 이외에 甲盾을 제작한 官府의 명칭은 敦煌 출토의 木簡에도 보이고 있다.

51) □刀一完鼻緣刀麗厲不砭砭. 神爵四年繕. 盾一完. 神爵元年寺工造(1573)[83]

이것은 宜帝의 神爵元年(B.C.61)에 寺工에서 盾을 제작했다는 것인데 寺工은 秦의 靑銅器 銘文上에 많이 보이는 관명이다. 寺工이 보이는 청동기 銘文으로는 다음과 같은 것을 들 수 있다.

52) 四年相邦呂工 寺工龍承, 可.[84]
53) 廿一年寺工獻 工上造但.[85]

52)는 1957年 長沙 左家塘에서 출토된 銅戈에 있는 銘文이며, 53)은 秦의 것으로 보이는 羊頭車飾에 있는 銘文이다. 이 銘文에 보이는 寺工은 大庭脩가 논증한 것처럼 中央에 설치된 工官으로 추측된다.[86]

이상에서 고찰한 것으로부터 考工室·尙方·寺工에서는 戈·矛·劍 등의 공격무기만이 아니라 방어용의 盾과 甲도 제작하였음을 알 수 있었다. 그렇지만 지금까지 고찰한 것은 中央에 설치되어 宮室用의 器物을 제작하는 工官에 한정된 것이었다. 地方의 郡縣에 설치된 工官하에서 생산하는 兵器 중에 甲盾이 포함되어 있음은 『銀雀山竹書』의 「庫法」에 보이는 다음 사료에서 알 수 있다.

---

83) 吳礽驤 等, 『敦煌漢簡釋文』(蘭州: 甘肅人民出版社, 1991), p.163; 大庭脩, 『秦漢法制史の研究』(東京: 創文社, 1982), p.509.
84) 張中一, 「長沙左家塘秦代木槨墓淸理簡報」(『考古』 1959-9), p.457.
85) 陝西省博物館, 「介紹陝西省收藏的幾件戰國時期的秦器」(『文物』 1966-1), p.8.
86) 大庭脩, 위의 책, p.55 注26; 같은 책, pp.508-510.

54) …三□ 밭의 풀 베는 여러 기물, 甲戟矢弩 및 방패·가죽신 등이 아
닌 것, 다른 물품은 비록 守禦의 도구는 아니더라도 庫에서 만들어
야 하는 바이니, 반드시…(840)

…□所以□邑恒器者, 반드시 嗇夫의 璽로써 잘 封璽해야 한다. 縣庫
器以帶…(842)

…□暑濕하여, 邑嗇夫와 庫嗇夫는 서로 공동으로(843)

循行한다. 腐毀가 일어났는데도【□□□□】몰랐다면 매우 큰 일이다.
기물이 완성되면 반드시 시험하고 보관한다. 기물을 시험하는 것
에는 원래 법이 있으니, 邑嗇夫와 兵官之吏·(844)

嗇夫·庫工師(上币)·庫吏【□□□】는 좋은 때 해야 한다.(845)[87]

『銀雀山竹書』는 裵錫圭씨의 견해에 의하면 戰國 齊의 作品으로 추정
되므로[88] 위에 인용한 사료가 秦의 사정을 반영한다고 볼 수는 없다.
그렇지만 앞서 齊의 律이 秦律에 영향을 미쳤던 것에서 추측할 때 齊
의 제도가 秦의 것과 전혀 무관한 것이라고는 생각되지 않는다.
No.840은 甲戟矢弩 및 방패·가죽신과 같은 것이 庫에서 제작된다는 것
을, No.842는 그 庫가 縣에 소속된 것임을, No.845는 庫에서 諸器物을
생산할 때 邑嗇夫·兵官·嗇夫·庫工師(上币)·庫吏 등이 관여하고 있음을
보여준다. 이로 볼 때 縣의 庫에서 각종 兵器를 제작하였음을 알 수
있다. 『睡虎地秦墓竹簡』의 「工律」에도 "公甲兵各以其官名刻久之(公甲兵에
는 각각 그 官名을 새긴다)"라는 기록이 있고, 縣에 庫嗇夫가 있어 병

---

87) 銀雀山漢墓竹簡整理小組,「銀雀山竹書《守法》,《守令》等十三篇」(『文物』1985-4),
p.31, " …三□田艾(刈)諸器, 非甲戟矢弩及兵橬韋韇(鞘)之事, 及它物唯(雖)非守
禦之具也, 然而庫之所爲也, 必…840 …□所以□邑恒器者, 必善封璽之以嗇夫之
璽. 縣庫器以帶…842 …□暑濕, 邑嗇夫與庫嗇夫相參843 循行之. 有生腐毀【□□
□□】弗知, 甚大事也. 器成必試乃藏. 試器固有法, 邑嗇夫與兵官之吏844嗇夫、庫
上币、庫吏【□□□】善時爲之845"
88) 裵錫圭,「嗇夫初探」,『雲夢秦簡硏究』, p.246.

기를 관리하고 있다.[89)]

　兵器를 제작하는 工官에 원활하게 원료를 공급하는 문제는 秦에 있어 중대한 문제였던 것으로 秦律은 이에 대해 비교적 상세한 규정을 남기고 있다. 이같은 문제는 秦만이 아니라 戰國 各國에 공통된 현상으로서 1957年 安徽省 壽縣에서 출토된 「鄂君啓金節」은 그 좋은 例이다. 이는 楚國内의 水路·陸路를 통행할 때의 免税通行證인데 그 銘文에 보면 "毋載金革電箭"이라고 하여 武器 또는 武器製造原料는 禁輸品目으로 간주하여 절대로 商團이 적재하거나 판매하지 못하게 하였다.[90)] 「鄂君啓金節」의 통행허가범위는 楚의 영역 내로 제한되었지만, 이같은 무기원료를 적재하지 못하게 한 것은 역시 外國으로의 반출을 우려한 때문인 듯하다. 『睡虎地秦墓竹簡』에는 武器반출의 금지를 보여주는 사료는 보이지 않으나 關所를 설치해 珠玉의 반출을 방지한 律文이 존재하므로 역시 武器의 반출을 금지했었을 것으로 추측된다. 그리고 秦이 무기의 원료가 되는 皮革·筋·角 등의 확보에 깊은 관심을 가졌음은 다음의 秦律에서 확인할 수 있다.

> 55) 백성의 개가 禁苑에 들어갔으나 짐승을 쫓아가지 않았거나 짐승을 잡지 않았을 경우 함부로 죽이지 않는다. 개가 짐승을 쫓아가거나 짐승을 잡은 경우 개를 죽인다. 경계지역으로 설정된 금지구역에서 개를 죽였을 경우, 그 개를 온전한 상태로 관부에 납입한다. 그밖의 禁苑에서 개를 죽인 경우 그 고기는 먹고 가죽만 관부에 납입한다. 田律[91)]

---

89) 『睡虎地秦墓竹簡』, p.71. 또한 p.134에 "稟卒兵, 不完繕, 丞、庫嗇夫、吏, 貲二甲, 廢"라고 있는데, 여기에 보이는 庫嗇夫는 縣에 속한 庫의 관리로 생각된다.

90) 郭沫若, 「關于鄂君啓節的研究」(『文物』 1958-4), p.5; 殷滌非·羅長銘, 「壽縣出土的"鄂君啓金節"」(『文物』 1958-4), p.10.

91) 『睡虎地秦墓竹簡』, p.26, "百姓犬入禁苑中而不追獸及捕獸者, 勿敢殺; 其追獸及捕獸者, 殺之. 河(呵)禁所殺犬, 皆完入公; 其它禁苑殺者, 食其肉而入皮. 田律"

56) 만일 수레를 끄는 데 관부 소유의 馬牛를 사용하다가 縣에서 죽었
　　을 경우, 縣에서는 이를 검사한 후 그 고기를 공동으로 판매하고,
　　그 筋·皮·角을 관부에 납입하고, 아울러 돈을 모두 관부에 납입한
　　다. 錢[92]

55)는 禁苑에 들어온 百姓의 개가 獸를 쫓거나 잡지 않으면 개를 죽
이지 않지만 呵禁所(특별경비지역)에서 죽인 개는 그대로 官에 납부하
고 기타 禁苑에서 죽인 것은 肉은 먹고 皮만 납부하라는 규정이다. 56)
은 官用의 牛馬가 某縣에서 죽었을 때는 그 肉은 매각하고 筋·皮·角은
납입하라는 규정이다.

　狗皮가 皮甲의 제작에 사용되지는 않았을 것이나, 牛·馬의 皮·角·筋
은 각종 兵器는 물론이고 기타 手工業의 原料로서 중요한 것이었다.
甲의 재료로 가장 많이 사용된 것이 牛皮이며, 弓弩에는 筋·角이 필수
적으로 사용되었고, 그 외에 刀劍의 자루와 戰車類의 각부의 결합에도
皮革이 사용되었다.[93] 이같은 광범위한 군사상의 용도로 볼 때 秦이
官營牧場을 경영한 것은 牛馬를 引車·軍馬·開墾 및 農耕 등의 용도에
사용하기도 하였겠지만, 軍事武器의 원료를 원활히 공급하고자 하는
데도 그 목적이 있었던 것이다. 그리고 『睡虎地秦墓竹簡』에는 확보된
皮革의 보관에 관한 규정도 있다.

57) 官府에 보관중인 皮革은 자주 햇볕과 바람을 쏘인다. 벌레가 갉아
　　먹어 구멍이 생겼을 경우, 官嗇夫에게 貲一甲을 부과한다.(效律)[94]

---

92) 같은 책, p.33, "其乘服公馬牛亡馬者而死縣, 縣診而雜買(賣)其肉, 即入其筋、革、
　　角, 及索入其賈(價)錢. 錢"
93) 吉田光邦, 「周禮考工記の一考察」, 『中國科學技術史論集』(東京: 日本放送出版協
　　會, 1972), p.152.
94) 『睡虎地秦墓竹簡』, p.120, "官府臧(藏)皮革, 數煬風之. 有蠹突者, 貲官嗇夫一甲.
　　(效律)"

58) 皮革·織物로 된 제품은 서로 補繕한다. 이미 補繕할 수 없을 정도가
　　되어서야 폐기한다.(金布)[95]

　　57)은 官府에 보관중인 皮革은 자주 햇볕과 바람에 건조시키고 만
약 벌레 먹어 구멍이 뚫리면 官嗇夫에 貲罰을 부과한다는 규정이다.
58)은 皮革·織物로 된 제품이 파괴되면 서로 보수하고, 수선할 수 없는
것은 처분한다는 규정이다.
　　이상과 같이 확보된 原料를 가지고 工官의 長인 工師는 丞·曹長·工·
工隸臣·工城旦으로 구성된 工官의 조직을 이용하여 제품을 생산하였
다. 이때 주의하여야 할 것은 당해연도의 생산계획에 있는 것과 중앙
의 생산허가가 있는 품목만을 생산해야 했으며,[96] 제품의 규격은 반
드시 일치해야 했다.[97] 工官은 생산된 제품에 이를 보유할 官名을 새
겨서 인도해야 했으며, 인도할 때는 장부에 생산연도를 기록하여 官
府 간의 재물 조사시 증빙자료로 삼았다.[98] 工官으로부터 인도된 甲兵
은 철저한 보관규정에 의거하여 관리되었다. 그 예로서 다음과 같은
律文을 들 수 있다.

59) 관부 소유의 무기에는 각각 그 관부의 이름을 새겨 넣고, 새겨 넣
　　을 수 없을 경우에는 적색(丹) 또는 흑색(鬃)으로 써넣는다.(工)[99]

60) 관부의 기물에 관부 이름을 새겨 넣지 않으면 官嗇夫에게 貲一盾을
　　부과한다.(效)[100]

---

95) 같은 책, p.65.
96) 같은 책, p.137.
97) 같은 책, p.87.
98) 같은 책, pp.58, 71.
99) 같은 책, p.71, "公甲兵各以其官名刻久之, 其不可刻久者, 以丹若鬃書之.(工)"
100) 같은 책, p.120, "公器不久刻者, 官嗇夫貲一盾.(效)"

61) 殳·戟·弩에 흑색과 적색의 도료를 서로 바꿔 칠할 경우, 규정 액수를 초과하거나 부족한 것을 처벌하는 법률이 아니라, 순서를 잘못 표기했을 때 처벌하는 법률에 의거하여 논죄한다.[101]

62) 갑옷의 미늘 수가 장부에 기록된 숫자를 초과하거나 부족한 상태인 경우, 초과 수량의 미늘은 납입하고, 부족한 미늘 수량은 변상시킨다.[102]

59)는 公甲兵에는 반드시 官名을 새기고, 새길 수 없는 것은 赤色 黑色의 漆로 官名을 기록해야 한다는 규정이다. 60)은 公器에 官名이 없을 때 官嗇夫를 벌한다는 규정이고, 61)은 殳·戟·弩에 黑色과 紅色을 서로 바꿔 칠했을 때 그 숫자의 過·不足을 처벌하는 법률이 아니라 순서를 잘못 표기한 律로 처리한다는 규정이다. 62)는 갑옷의 미늘수가 장부에 기록된 것보다 많으면 남는 것을 반납케 하고, 부족하면 부족분을 배상시킨다는 규정이다. 이러한 규정으로 볼 때 秦은 兵器에 官名과 番號를 기록하여 비록 보관중인 兵器의 숫자가 장부와 일치하더라도 기입된 官名과 番號가 다르면 책임을 추궁하는 방법을 통해 兵器를 관리했음을 알 수 있다.

官府가 보유한 兵器는 유사시에 耕戰之民에게 지급하였고 전쟁이 끝나면 환수하였는데, 여기에는 지급 환수의 규정이 있었다. 즉 百姓에게 兵器를 대여하고 환수할 때는 그 表識를 확인한다. 만약 表識이 없거나 他官名이 기록되어 있을 때는 이를 몰수하고 齎律로서 배상을 시켰다.[103] 秦은 이같이 貲罰로 벌금을 징수하여 부족한 兵器를 제조

---

101) 같은 책, pp.121-122, "殳、戟、弩, 鬃澼相易殹(也), 勿以爲贏, 不備, 以職(識)耳不當之律論之."
102) 같은 책, p.120, "甲旅札贏其籍及不備者, 入其贏旅衣札, 而責其不備旅衣札."
103) 같은 책, p.120, "公器不久刻者, 官嗇夫貲一盾.(效)"

하는 방법을 통해 징집된 民間의 耕戰之民에게 兵器를 지급하고 전투에 임할 수 있었던 것이다.

그런데 前章에서 잠깐 언급한 바와 같이 現物納을 주장하는 論者들이 근거로 내세우는 民間에서의 兵器製作의 사실을 秦의 兵器需給이라는 관점에서 어떻게 이해하여야 할까 하는 문제가 아직 미해결인 상태로 남아있다. 그래서 지금부터는 民間에서의 병기제작과 군수물자를 납품하는 軍納商人의 관계를 고찰해보자 한다.

교통과 수송능력에 한계가 있던 춘추시대만 해도 수공업 기술의 전파와 보급이 용이하지 않았으므로, 각종 수공업기술은 原料와 관련이 있는 특정지역에만 발달하는 局地性을 띠고 있었다.[104] 즉, "鄭의 刀, 宋의 斤, 魯의 削, 吳粵의 劍은 그 지역을 떠나면, 좋아질 수 없다. 地氣가 그렇게 만드는 것이다."[105]라고 한 것은 바로 그것을 반영한다. 또한 각종 수공업기술은 家傳의 비밀로 되어 父兄에서 子弟로만 전승되었기 때문에 일반인에게는 그 기술이 확대되지 않았다.[106] 그러나 경제의 발전과 빈번한 전쟁, 戰國 각국의 수공업 기능 보유자의 확보노력 등은 기술의 局地的 發展과 소수 기능인의 기술독점이라는 제약을 타파했고, 春秋末·戰國初에는 민영수공업이 흥기하여 점차 관영수공업과 대항할 수 있게 되었다.[107] 민영수공업의 발전은 관영수공업에 의해 제약을 받기도 했지만 관영수공업의 경험과 기술 생산 조직 등에 힘입은 바가 컸다.[108]

그러나 민영수공업은 鐵器·陶器·木器, 그리고 車輛 등 민간의 수요가 큰 부문에서 발전하였고, 본고에서 취급하는 兵器의 생산은 이에

---

104) 吳榮曾, 위의 논문, p.47.
105) [淸] 阮元, 『十三經注疏·周禮注疏·考工記』, p.906, "鄭之刀, 宋之斤, 魯之削, 吳粵之劍, 遷乎其地, 而弗能爲良, 地氣然也."
106) 傅築夫, 『中國封建社會經濟史(一)』(北京: 人民出版社, 1981), pp.241-242.
107) 吳榮曾, 위의 논문, p.51.
108) 曲英杰, 「工商食官辨析」(『中國史硏究』 1985-2), p.7.

해당되지 않는 것 같다. 실제로 戰國時代에 거부를 이룩한 郭縱·卓氏·
孔氏·猗頓 등은 冶鐵과 製鹽業者였고, 兵器를 제조하여 巨富를 이룬 자
는 보이지 않는다. 비록 전국시대에 전쟁의 빈발로 兵器의 수요가 많
았더라도 兵器의 공급은 대부분 官營手工業作坊에서 생산된 것으로 이
루어졌을 것이다. 그렇지만 甲·盾 정도의 제작기술은 민간에도 보급
되어 있었던 것 같으며, 이를 확인할 수 있는 사료도 적지 않다. 예를
들면 다음과 같다.

> (63) 邾나라의 옛 법에는 甲裳을 帛으로 連綴하였다. 公息忌가 邾의 군주
> 에 말했다. "끈(組)으로 連綴하는 것만 못합니다. 모름지기 갑옷이
> 견고한 것은 甲을 連綴한 縫隙을 채웠기 때문입니다. 지금은 縫隙
> 을 채웠는데도 힘을 받는 것은 반밖에 되지 않습니다. 장차 끈으로
> 하면 그렇지 않습니다. 縫隙이 채워지면 모두 힘을 받을 수 있습니
> 다." 邾나라 군주는 그렇다고 여기고 말했다. "장차 어찌해야 끈을
> 얻을 수 있겠는가?" 公息忌는 대답하였다. "군주가 사용하면 백성도
> 할 것입니다." 邾나라 군주가 말했다. "좋다." 명령을 내려, 官으로
> 하여금 甲을 만들 때는 반드시 끈으로써 하도록 했다. 公息忌는 자
> 신의 말이 행해질 것을 알고 집안으로 하여금 모두 끈을 만들게 했
> 다.[109]

> (64) 楚人 가운데 방패와 창을 파는 사람이 있었는데, 자랑하며 말하였다.
> "내 방패는 견고하여 어떤 물건도 뚫을 수 없다." 또한 창을 자랑하

---

109) [秦] 呂不韋(鄭夏賢 譯), 『呂氏春秋』(서울: 소명출판사, 2011), p.327, 「去尤」
"邾之故法, 爲甲裳以帛. 公息忌謂邾君曰: 「不若以組. 凡甲之所以爲固者, 以滿
竅也. 今竅滿矣, 而任力者半耳. 且組則不然, 竅滿則盡任力矣.」 邾君以爲然,
曰: 「將何所以得組也?」 公息忌對曰: 「上用之則民爲之矣.」 邾君曰: 「善.」 下令,
令官爲甲必以組. 公息忌知說之行也, 因令其家皆爲組."

며 말했다. "내 창의 예리함은 어떠한 것도 뚫리지 않음이 없다." 어떤 사람이 말했다. "당신의 창으로 당신의 방패를 찔러보면 어떻겠소?" 그 사람은 대답하지 못하였다. 무릇 뚫리지 않는 방패와 뚫지 못하는 것이 없는 창은 같은 세상에 있을 수 없는 것이다.[110]

63)은 公息忌가 邾君에게 甲裳을 제작할 때 帛보다는 組(絡組)가 牢度를 증강시킨다고 진언하여 民間에서 組를 제작케 한 것이다. 64)는 寓言的 性質의 일화이지만 시장에서 武器類를 매매하는 商人의 출현을 보여주는 것이다. 또한 『周禮』 「考工記」에는 "燕無函 … 燕之無函也. 非無函也, 夫人而能爲函也"라고 하여 燕에서는 모든 사람이 甲을 제작할 수 있는 능력을 보유하였다고 하는 기록이 있다. 이상의 사료는 兵器 중에서 甲·盾과 같이 비교적 제작이 용이한 것은 民間에서도 생산했다는 것을 보여주고 있다. 그렇지만 이상의 사료가 貲盾·貲甲의 現物納을 지지해주는 증거로는 될 수 없다. 왜냐하면 앞서 논증한 바와 같이 貲罰은 布·錢으로 납부되었기 때문이다. 民間에서 家內手工業을 통해 제작된 간단한 兵器類는 軍納商人들에 의해서 軍市라고 하는 매매 장소에서 교환되었던 것 같다. 즉 『商君書』에는 軍納商人의 상업활동이 보이고 있다.

65) 軍市에 명령하여 여자가 없도록 한다. 상인에 명령하여 스스로 鎧甲과 兵器를 공급하도록 하고, 그들로 하여금 전투동원 상황을 주의하게 한다. 또한 軍市로 하여금 식량을 사적으로 운송하지 않도록 하면, 간사한 사람들이 양식을 숨길 곳을 찾을 수 없게 된다. 몰래 양식을 운송한 자가 사적으로 숨길 수 없으면, 경박하고 나태

한 사람들이 軍市에서 활동할 수 없게 된다. 식량을 절도한 자들이 팔 곳이 없게 되면 경박하고 나태한 사람들이 軍市에서 활동하지 못하게 된다. 농민은 놀 수 없게 되고 국가의 양식은 낭비되지 않으며 황무지는 개간될 것이다.[111]

여기서 商人들로 하여금 武器類와 軍糧을 납품하여 전쟁에 대비케 하고 있음을 알 수 있다. 軍市는 이 밖에도 『漢書』 「馮唐傳」과 『後漢書』 「祭遵傳」에 그 기록이 보이며, 그 목적은 士卒들의 수요에 응하기 위하여 軍中에 정기적으로 개설된 것이었다. 軍納商人들은 국가에 軍市租를 납부하고 영업 행위를 했는데 매매된 것은 甲兵 등의 軍需品과 日用品이었다.[112]

한편 앞에서 살펴본 「楚鄂君啓金節」에 商人들에게 무기와 무기원료를 禁輸品目으로 규정하고 있는 것으로부터 역으로 당시에 武器를 판매하는 軍納商人의 존재를 충분히 상정할 수 있다. 이같이 군납을 정기적으로 행한 商人들은 납품할 武器類의 구입 거래선을 확보해야 했는데, 이는 당시 民間의 武器類 生産을 어느 정도 자극했을 것이며, 또한 국가는 부족한 軍需物資를 이들 軍納商人들로부터 보충했을 것이다.

111) [秦] 商鞅(張覺 譯), 『商君書全譯』(貴陽: 貴州人民出版社, 1993), p.24, 「墾令」 "令軍市無有女子, 而命其商, 令人自給甲兵, 使視軍興. 又使軍市無得私輸糧者, 則姦謀無所於伏. 盜輸糧者不私稽. 輕惰之民不游軍市, 盜糧者無所售. 送糧者不私, 輕惰之民不游軍市, 則農民不淫, 國粟不勞, 則草必墾矣." 容肇祖에 의하면 「墾令」은 秦昭王 末年에 이루어졌다고 하는데 이를 따르면 戰國末에 軍市가 존재했던 것으로 된다. 「商君書考證」(『燕京學報』 21), p.99 참조.
112) 加藤繁, 「漢代における國家財政と帝室財政との區別並に帝室財政一斑」, 『支那經濟史考證(上)』(東京: 東洋文庫, 1952), pp.58-59.

V. 貲罰의 意義

지금까지 貲罰에 관한 여러 가지 사항들을 고찰해 보았는데 끝으로 貲罰의 效果는 어떠했을까 하는 문제에 대해 살펴보고 싶다. 貲罰이라는 것은 『睡虎地秦墓竹簡』의 발견에 의해 그 상세한 내용이 확인된 것이므로 기존의 문헌사료로는 貲罰의 효과를 확인하기 어렵다. 따라서 이에 대한 고찰은 推論으로 일관될 수밖에 없을 것 같다. 貲罰이 갖는 의의 중에서 우선 언급해야 할 것은 戰國時代의 전쟁 와중에서 재정적 궁핍에 직면한 秦의 爲政者들에게 어느 정도 도움이 되었을 것이라는 것이다. 『史記』「秦始皇本紀」의 3年條에 보면 秦은 三晉과의 전쟁이 한창 치열했을 때, 蝗蟲과 疫疾로 재정적 곤궁에 처하자 이를 타개하기 위한 방편으로 納粟授爵의 방법을 사용하고 있다. 秦은 이러한 국내의 불황 하에서 대외전쟁을 수행해야 했으므로 거대한 군사비의 지출을 감당하기가 어려웠을 것이다.

戰國時代에 각국이 지출한 군사비의 규모에 대해서는 사료가 부족하여 알 수가 없다. 그렇지만 戰國時代 각국의 군사비 지출이 국가재정 중에서 어느 정도를 차지하는가 하는 것은 前漢末의 사료를 이용하여 유추해 볼 수 있다. 前漢時代에도 賦는 戰國時代와 마찬가지로 계속해서 軍事的 性質의 收取라는 성격을 띠고 있었다. 이것은 『漢書』「食貨志」에 "賦는 車馬甲兵과 병사의 군역에 공급되고, 府庫를 충실하게 하고 賜予하는 용도로 사용된다."는 기사에 잘 나타나 있다.[113] 따라서 賦가 군사적 용도에만 사용되었다고 가정하고[114] 賦와 稅(租)의 비율을 산출하면 前漢末의 군사비 지출이 전체 재정 중에서 차지하는 비율을 알 수 있을 것이다.

---

113) 『漢書』卷24上「食貨志」, p.1120, "賦共車馬甲兵士徒之役, 充實府庫賜予之用."
114) 秦漢間에는 賦와 租가 합일화 되면서 賦의 軍事的 支出이라는 의미가 점차 소멸되고 있다.

黃今言씨는 前漢末 平帝時(B.C.2년)의 재정규모를 산출했는데 그에
따르면 田租額은 약 55억 錢이고 賦斂은 약 72억 錢이었다. 이 산출방
법에는 약간의 문제가 있기는 하지만, 편의적으로 이를 援用하면 賦
가 전체 국가재정 중에서 차지하고 있는 비율이 56.6%나 되고 있음을
알 수 있다.[115] 前漢 平帝時期는 전쟁이 없던 시기이므로 전쟁이 빈발
한 戰國時代에 각국이 군사비로 지출한 액수는 平帝時의 56.6%보다 훨
씬 높았을 것임은 분명하다. 국가재정의 과반을 상회하는 과중한 군
사비의 지출이 요구된 戰國時代에 있어서 贖罰收入의 총액이 어느 정
도가 될지는 전혀 추측할 수 없으나 秦의 재정에 일조했음은 부정할
수 없을 것이다. 이러한 점때문에 里耶秦簡에서는 秦이 贖罰의 추징에
상당한 노력을 기울였음을 확인할 수 있다.

贖罰이 갖는 의의로서 두 번째로 들 수 있는 것은 國家財産의 보호
와 官吏의 근무기강 확립이었다. 刑罰은 罪에 대한 應報的 性格을 갖고
있지만 한편으로는 장래에 犯罪가 발생하지 않게 하려는 豫防的인 目
的도 있었다. 贖罰은 바로 後者의 目的刑主義의 표본이라고 할 수 있
다. 『睡虎地秦墓竹簡』 전체의 특색으로서 官府의 財物管理가 매우 중시
되고 있는데, 그중에서도 특히 倉庫의 관리, 官營手工業作坊의 管理, 官
營牧場의 管理가 큰 비중을 차지하고 있다.

우선 倉庫의 管理에 많은 贖罰 조항이 설정된 이유는 秦의 전투조
직이 商鞅의 耕戰制度에서 縣을 단위로 敵과 싸우는 체제로 조직되었
기 때문에 조세로 징수한 물자의 상당부분을 中央에 수송하지 않고
縣의 창고에 저장한 데에 있었다.[116] 따라서 縣의 창고에 보관된 각종

---

115) 黃今言, 「論兩漢的賦斂制度及其演變」(『秦漢史論叢』 2, 1983), p.106. 賦斂의 산
출에서 黃씨는 算賦를 恒常的인 稅目으로 간주했으나, 근년에 算賦 중 財産
에 과세하는 賦算은 임시로 과세된 것이라는 주장이 나왔다.[好並隆司, 「四
川郫縣犀浦出土의 東漢殘碑をめぐつて」(『史學硏究』 142, 1978)] 그리고 黃씨는
後漢의 租(稅)와 賦의 비율을 조사했는데, 和帝時 3 : 4, 安帝時 39 : 40, 順帝
時 23 : 30, 質帝時 23 : 29로서 항상 賦가 稅보다 많았다.

물자는 중시되었고 이를 관리하는 규정이 세밀했던 것이다.

또한 관영수공업작방의 수입은 조세수입·벌금수입과 아울러 國家 財政收入의 대종을 이루고 있었다.[117] 秦은 官營의 作坊에서 생산된 제품 중 일부를 민간에 매출하였으며, 그밖에도 官營牧場의 牛·馬·猪·鷄 등도 민간에 매각하여 재정수입을 얻었다.[118] 그런데 이러한 재정수입의 측면만이 아니라 官營牧場의 역할에서 중시해야 할 점은 이곳에서 軍馬를 양성하고 있다는 점일 것이다. 外國과의 전쟁을 계속적으로 수행하기 위해서는 官營牧場에서 우수한 驀馬(騎馬)가 飼育되어야 했으므로 이에 대해 貲罰 조항이 두어졌던 것이다.

貲罰은 이상과 같은 國家의 財産·官營産業의 보호와 관리를 의도한 것이었다. 그런데 貲罰 규정들은 식량창고에 쥐구멍이 3개 이상 있을 때 貲一盾을 부과한 예에서 알 수 있듯이 매우 세밀하고도 엄격한 것이 특징이다. 다시 말하면 貲罰은 사소한 過失에도 예외를 두지 않고 경제적 징벌을 가함으로써 발생 가능한 國家財産의 流失을 최소화하고자 하는데 그 목적이 있었다.

貲罰이 국가재산의 보호라는 소기의 목적을 달성하려면 그 경제적 제재의 정도가 관리들에게 부담이 갈 정도가 되지 않으면 안되었을 것이다. 嶽麓秦簡에 의하면, 貲一盾은 384錢이다. 粟一石은 30錢이므로 약 12.8石, 大褐은 한 벌에 60錢이므로 6.4벌, 1일 8전으로 계산되는 勞役으로는 48日에 해당하였다. 또한 약 384錢의 벌금을 秦의 하급관리의 봉록과 비교해보자. 秦의 官吏의 봉록이 얼마였는지 현재로서는 알 수 없으며 심지어는 前漢의 官俸에 관해서도 완전한 기록이 없다. 勞榦씨의 연구에 의하면 前漢의 百石史는 월봉으로 600錢을 받았는데,[119] 漢代의 곡가를 일석에 100錢으로 치면 이는 6石을 받은 것이 된

---

116) 古賀登, 『漢長安城と阡陌·縣鄕亭里制度』(東京: 雄山閣, 1980), p.163.

117) 李成珪, 위의 책, p.212.

118) 『睡虎地秦墓竹簡』, p.54.

다.[120] 이때 이 官吏의 가족이 5人이라고 가정하면 한 달에 소비하는 것은 8.5石이 되므로[121] 月 6石의 봉록은 생활비에도 부족하게 된다. 小史들은 봉록이 박하므로 百姓들을 侵漁하지 않을 수 없었는데 宣帝가 봉록의 50%를 증액한 것은 이러한 사정에서 기인하였다.[122] 만약 秦의 百石吏도 월봉 6석 정도의 봉록을 받았다고 가정하면 이것만으로는 貲罰의 벌금을 변제하기가 도저히 불가능했을 것이다. 그래서 貲罰을 받은 관리 중에서 변제불능인 자는 대개 勞役으로 상환했을 것이지만 다음의 「金布律」은 貲罰의 징수방법이 勞役 대신에 봉록을 減하는 방식을 사용하고 있음을 보여준다.

> 66) 官嗇夫가 면직되었다가 다시 嗇夫가 되었는데, 이전의 관직 재임시의 죄로 인한 貲·償 및 기타 채무를 빈곤하여 상환할 수 없으면, 그 봉록과 월별 식량을 감하여 배상하도록 하고 노역으로 배상하게 해서는 안된다. 金布[123]

이것은 파면되었다가 재임명된 官嗇夫가 前任時의 有罪로 발생한 貲償과 기타 채무를 갚지 못할 때에는 봉록을 감하여 月食으로 상환케하고 勞役에 복역하지 않게 한다는 규정이다. 이 규정이 官嗇夫 외의 官吏들에게도 적용되었는지는 알 수 없지만, 만약 적용되었다면 貲罰은 官吏들에게 있어 봉록을 감봉하는 처벌수단이었을 것이다.

---

119) 勞榦, 「關於漢代官俸的幾個推測」(『文史哲學報』 3期, 1951), p.15.

120) 韓復之, 「西漢物價的變動與經濟政策之關係」, 『漢史論集』(臺北: 文史哲出版社, 1980), p.46. 西漢末年의 곡가는 70-80錢이었다.

121) 양식 소비량은 大人이 한 달에 2石, 小人이 1.5石이다(『睡虎地秦墓竹簡』, p.49). 위의 계산은 大人이 2人, 小人이 3人이라고 가정한 것이다.

122) 『漢書』 卷8 「宣帝紀」, p.263, "吏不廉平則治道衰. 今小吏皆勤事, 而奉祿薄, 欲其毋侵漁百姓, 難矣. 其益吏百石以下奉十五."

123) 『睡虎地秦墓竹簡』, pp.62-63, "官嗇夫免, 復爲嗇夫, 而坐其故官以貲賞(償)及有它責(債), 貧竆毋(無)以賞(償)者, 稍減其秩, 月食以賞(償)之, 弗得居; 金布"

셋째로 貲罰의 의의로서 들 수 있는 것은 이율배반적인 것이 되겠지만, 貲罰은 "以吏爲師"를 표방한 秦의 官吏들에 대한 일종의 우대책이라고도 할 수 있다. 秦에서 官吏가 되는 방법에는 考試·推擧·軍功이 있었으므로[124] 官吏 중에는 軍功으로 入仕한 자가 적지 않았을 것이다. 秦에서 같은 죄를 범했더라도 有爵者와 無爵者를 구별해서 판결한 것도 軍功에 대한 特惠라고 할 수 있다.[125] 또 官吏들에게 不直罪를 제외하고는 비교적 가벼운 誶·貲를, 그리고 중벌일 때도 笞·徒刑을 부과한 것은 軍功을 세운 이들의 특권을 어느 정도 인정한 것으로 보인다. 秦의 형벌체계는 肉刑 위주였는데 만약 肉刑을 秦의 統治機構의 핵심인 官吏들에게까지 파급시키면 秦의 관료체제는 붕괴될 것이었다. 즉, 사소한 過失罪에도 墨刑과 같은 중벌을 가한다면 그 官吏는 영원히 官吏로서 재차 임용될 수 없게 될 것이다. 따라서 官吏들에게 肉刑 대신에 벌금을 부과한다는 것은 官吏들에게 規範을 覺醒시킨다는 장점 이외에도 계속해서 官吏들을 확보할 수 있는 장점이 있었을 것이다.

한편 貲罰은 趙背戶村 刑徒墓의 墓誌文에서 유추할 때 官吏보다는 일반민에 더 광범위하게 적용되었던 것으로 보이는데 그렇다면 秦이 貲罰을 일반민에 적용시킨 목적은 무엇일까? 趙背戶村 刑徒墓의 居貲 중인 자가 爵位와 倂稱되고 있는 것으로 볼 때 이들은 계속 自由民의 신분을 保持하고 있었다. 또한 居貲時 연령이 많으면 타인으로 대체시키고, 一室에 二人 이상이 居貲하면 교대로 勞役케 했으며, 농번기에는 歸農시켜 農業生産을 유지시켰다. 이같은 居貲 중인 자에 대한 배려는 秦이 국가의 근간을 이루는 일반민을 보호하기 위해 사소한 범죄를 범했을 때는 신분상의 하자가 있는 계층으로 만들지 않고 자유민의 신분을 유지시키려 했음을 알 수 있으며, 아울러 계속적인 農業生産을 가능케 하려 했음을 알 수 있다

---

124) 黃留珠, 위의 책, pp.52-55.
125) 『睡虎地秦墓竹簡』, p.178.

VI. 결론

『睡虎地秦墓竹簡』의 貲罰은 그 祖型을 『尚書』「呂刑」의 贖刑에서 찾아볼 수 있다. 『尚書』의 贖刑은 후대에 附會된 것이라고 하여 진위 여부가 의심되어 왔으나 西周末期의 靑銅器 銘文에 의하면 벌금형이 시행된 것은 분명하므로 『尚書』「呂刑」의 贖刑기록을 후대의 假託으로만 볼 수는 없다. 贖刑의 출현 동기는 道德的 측면에서 고찰되기도 한다. 사실상 미세한 과실죄에 肉刑과 같은 重刑을 부과할 수 없다는 행형상의 곤란을 염두에 둔다면 벌금형의 民에 대한 矜恤的 側面을 부정할 수만은 없다. 그렇다고 하더라도 벌금형의 경제적 목적도 결코 소홀히 할 수는 없다. 특히 『國語』「齊語」의 贖刑기사가 후대인이 齊 桓公에 가탁한 것이라고 해도 춘추전국시대의 벌금형이 경제적 재원의 획득을 목적하고 있었던 사실을 반영한다. 그리고 전국시대의 貲罰에 관한 자료들이 武器와 반드시 관련되어 있는 것으로 볼 때 貲罰은 경제적 목적 중에서도 軍備확보와 깊은 연관을 갖고 있었던 것이다. 다시 말해서 貲罰은 치열한 전쟁으로 재정적 어려움을 겪은 춘추전국시대 제후들에 의해 군사적 재원의 확보수단으로 전화되어 갔음을 의미한다.

秦律에서는 法律의 개념이 상당히 발달하여 『尚書』에서는 구분이 모호하던 贖刑과 罰金刑이 구분되어 사용되고 있다. 贖刑은 1차적으로 부과된 징벌을 재물의 납부에 의해 사면한다는 것이고, 罰金刑인 貲罰은 벌금의 부과 그 자체가 1차적 징벌이고 그에 의해 죄가 사면되는 것이다. 貲罰도 貲盾・貲甲이라는 武具와 관련된 刑罰名에서 알 수 있듯이 군사적 재원 확보의 수단으로 사용되고 있었다. 그러나 貲罰에는 군사적 재원의 확보라는 목적뿐만이 아니라 東方六國과의 항쟁에서 요구되는 관리들의 엄정한 근무기강을 확립하고 국가의 재정수입원의 보호, 군수물자의 관리에 철저를 기하고자 하는 목적도 내재하였다. 秦律에서는 국가재산·관영수공업작방·관영목장·군량·병기 등을 관리함에 있어서 과실을 범했을 때 貲罰을 부과하고 있다. 이러한 사항들은 국가재정수입과 전쟁 물자에 관한 것들이 대부분으로서 秦은 대외전쟁의 수행상 절대적으로 필요한 이들 물자들을 관리하는 데서 발생할 수 있는 과실을 최소화하고자 한 것이다. 貲罰에는 관리들의 철저한 근무이행을 촉구하기 위하여 가혹하리만치 세밀한 규정이 설정되어 있지만 그것은 秦律의 전체적인 경향이 엄격한 때문이고, 貲罰은 秦律의 형벌체계 내에서 비교적 경미한 형벌이라고 할 수 있다.

한편 『睡虎地秦墓竹簡』의 貲罰은 官吏·軍人들을 대상으로 한 것이 대부분이지만 이것은 被葬者인 喜가 자신과 관련 있는 것만을 취사선택했기 때문이고, 실제로는 趙背戶村 秦刑徒墓의 居貲 중인 자들은 모두가 일반민으로 추정되므로 貲罰은 『睡虎地秦墓竹簡』의 것 이외에도 일반민에 규정된 것이 상당수 있었으리라 생각된다.

貲甲·貲盾의 징벌을 받은 자에게서 實物로 甲·盾을 받는지 아니면 布·錢으로 받는지에 대해서는 異說이 많았으나 그것은 錢으로 받는 것이 확실하다. 貲盾의 벌금액은 후일 출토된 嶽麓秦簡의 자료에 의하면 384錢이고, 貲二盾은 768錢, 貲一甲은 1344錢으로 확인되었다. 이 문제는 다음 장의 「秦漢律의 벌금형」에서 다시 언급할 것이다. 官嗇夫에게는 勞役을 허락하지 않고 봉록을 감하여 납부시킨 것으로 볼 때 官吏들에게는 貲罰이 일종의 감봉 처분 효과를 갖고 있는 징벌이라고 할 수 있다.

貲罰의 벌금은 각종 公金錢을 관장하는 縣少內에 납입되고 內史의 속관인 大內의 승인을 얻어 秦의 軍事費의 일부로서 지출되었을 것이다. 秦에서 무기를 제조한 工官은 內史지역은 물론 郡에도 광범위하게 설치되었는데 이들 工官에서는 공격용 무기만이 아니라 甲·盾과 같은 방어용 무기도 생산하였다. 秦은 甲의 제작에 사용되는 皮革의 확보와 관리에 세심한 주의를 기울이고 있었다. 즉 官 소유의 牛馬가 죽었을 때는 반드시 피혁을 납입시켰고, 피혁을 보관할 때는 가끔 햇볕과 바람에 말려서 손상되지 않도록 하였다. 물론 皮革은 각종 수공업 원료로서도 사용되었지만 武器의 제조에는 필수적인 원료였다.

工官에서 생산된 甲·盾은 반드시 보유하고 있는 官府의 명칭과 무기번호를 기록하여 보관할 것이 요구되었다. 武器의 재물조사시에는 물론 무기의 숫자와 장부의 숫자가 일치하기도 하여야 하지만 숫자만 맞는다고 해서 되는 것은 아니고 무기에 기록된 일련번호가 장부와 일치하여야 했다. 그리고 이같이 제작 보관된 무기는 유사시에 일반백성에게 지급되었으며 환수할 때는 반드시 소속 관부의 명칭과 무기번호를 확인해야 했다. 한편 전국시대에는 민간에서도 각국과의 치열한 전쟁의 영향으로 무기 중에서 甲·盾과 같이 비교적 제작이 용이한 무기류는 제작이 가능하였다. 민간수공업자가 생산한 무기는 軍納商人들에 의해 軍市로 납품되어 부족한 군수물자의 보조적인 납부 통로로서의 역할을 하였다.

이상에서 秦의 貲盾·貲甲이라는 형벌을 통하여 秦의 군사비 조달의 문제를 고찰하였다. 貲盾 등의 貲罰이 秦의 군사재정에 어느 정도의 도움이 되었는지 하는 문제에 대해서는 사료의 불충분으로 확인할 방법은 없다. 그러나 秦의 대외전쟁 수행에 도움을 주었으리라는 것은 부정할 수 없으며, 貲罰을 통해서 官吏들의 과실로 발생하기 쉬운 국가재원의 낭비도 현저히 감소되었을 것이다.

秦漢律의 벌금형

Ⅰ. 서론

漢 文帝 13년의 형법개혁 이후 漢代의 법률은 死刑·勞役刑·財産刑이라는 3단계 체계로 명료하게 정리되었다.[1] 벌금형은 이러한 체계에 언급되지 않았으나 실은 "贖刑以下"라는 것에 포괄되어 있다고 생각된다. 전체 형벌체제 가운데서 벌금형은 그렇게 주목받는 것은 아니었다. 雲夢秦簡이 출토되었을 때에도 주된 관심은 城旦舂 등의 죄수가 과연 무기형도인지, 유기형도인지, 노비인지를 규명하는 데만 집중되었다. 그러나 전체 율령체계 속에서 벌금형이 일익을 담당하고 있는 이상 이에 대한 규명을 통해 형벌구도의 전체적 모습을 그려낼 수 있을 것이다. 雲夢秦律과 張家山漢律에 보면 벌금형이라는 것이 진한시대에 관리 및 일반백성들이 많이 저촉당하는 처벌이었음을 알 수 있다. 따라서 벌금형의 정확한 면모를 밝히는 것은 당시인들의 삶의 일부를 밝히는데 중요한 것일 수 있다. 1979년 진시황릉 부근 趙背戶村의 형도묘에서 출토된 貲罰을 받은 사람들의 유골은 당시 秦人들의 삶과 貲罰이 매우 밀접한 형벌이었음을 말해준다.[2]

秦律에 있어서의 벌금형은 貲罰이라는 이름으로 나타나고 있다. 필자는 雲夢秦簡에 보이는 貲罪의 대부분이 嗇夫, 令, 丞 등 관리에 대

---

1) 『後漢書』卷46 「陳寵列傳」, p.1554, "今律令死刑六百一十, 耐罪千六百九十八, 贖罪以下二千六百八十一, 溢於甫刑者千九百八十九, 其四百一十大辟, 千五百耐罪, 七十九贖罪."
2) 始皇陵秦俑坑考古發掘隊, 「秦始皇陵西側趙背戶村秦刑徒墓」(『文物』 1982-3), pp.6-7.

한 처벌이었음을 논증한 바 있는데, 당시에는 자료의 한계로 인해 규명하지 못한 문제들이 많았다.[3] 그후 張家山漢簡의 출토로 인해 과거 밝히지 못했던 문제를 규명할 수 있는 계기가 마련되었다.[4] 이년율령의 출현을 통해 秦律과 漢律의 밀접한 계승관계가 규명되고 있는데, 과거에 자벌과 벌금형이 계승관계에 있지 않다는 주장도 그러한 미해결 과제 가운데 하나였다.

藤田高夫는 秦律의 법체계 내에 벌금이라는 발상은 없었으며, 벌금형의 직접적인 유래를 秦律 밖에서 찾아야 한다는 견해를 제시하고 있다.[5] 즉, 秦律에는 벌금이라는 표현이 없고 대신에 貲甲·盾이라는 용어를 사용했으며, 漢律에는 黃金으로 표시된 벌금제도가 운용되고 있으므로, 양자는 연계되지 않는다는 것이다. 또한 冨谷至도 貲罰과 罰金刑은 별개의 계통이라고 하여 그 연속성을 부정하고 있다.[6] 그러나 漢律이 秦律을 모태로 하여 제정되었음은 주지의 사실인데, 벌금형의 부분에서만 秦律과의 연속성이 없다는 주장에는 선뜻 동의하기 어

---

3) 任仲爀, 「雲夢秦簡의 貲罰에 대하여」(『東洋史學硏究』 24, 1986).
4) 張家山二四七號漢墓竹簡整理小組, 『張家山漢墓竹簡[二四七號墓]』(北京: 文物出版社, 2001). 이에 대한 주석으로는 다음을 참조. 朱紅林, 『張家山漢簡《二年律令》集釋』(北京: 社會科學文獻出版社, 2005); 早稻田大學簡帛硏究會, 「張家山漢墓竹簡二四七號漢墓竹簡譯注·二年律令賊律譯注」(『長江流域文化硏究所年報』 創刊號, 2002); 早稻田大學簡帛硏究會, 「張家山漢墓竹簡二四七號漢墓竹簡譯注(二)·二年律令譯注(二)」(『長江流域文化硏究所年報』 2, 2003); 早稻田大學簡帛硏究會, 「張家山漢墓竹簡二四七號漢墓竹簡譯注(三)·二年律令譯注(三)秩律譯注1」(『長江流域文化硏究所年報』 3, 2005); 京都大學人文科學硏究所三國時代出土文字資料の硏究班, 「江陵張家山漢墓出土《二年律令》譯注稿 その(一)」(『東方學報』 76, 2004); 同硏究所, 「江陵張家山漢墓出土《二年律令》譯注稿 その(二)」(『東方學報』 77, 2005); 林炳德, 「江陵張家山漢墓出土《二年律令·賊律》集注釋」(『中國史硏究』 39, 2005).
5) 藤田高夫, 「秦漢罰金考」, 『前近代中國の刑罰』(京都: 京都大學人文科學硏究所, 1996), p.113.
6) 冨谷至, 『秦漢刑罰制度の硏究』(京都: 同朋社, 1998), pp.191-194. 罰金은 償金의 상대어로서 漢代부터 나타났다는 주장이다.

렵다. 비록 벌금이라는 용어를 사용치 않았지만 貲罰로 납부하는 甲盾 그 자체가 곧 벌금을 의미하는 것이기 때문에 단순한 용어상의 차이를 가지고 秦律에 벌금형이 없다고 볼 수는 없다. 『說文』에 "貲, 小罰以財自贖也."라고 있는 것은 바로 貲에 벌금의 의미가 내포되어 있는 것이다.[7] 필자는 연속성을 규명하는 단서는 秦律·漢律에서 110전 미만의 절도죄를 범했을 때 과형되는 貲罰·罰金의 내용을 비교함으로써 찾을 수 있다고 보았다. 사실 이 실마리는 이미 그 釋文이 발표되었던 龍崗 秦簡에 포함되어 있었으나 이제껏 그것을 간과해왔었다.

　貲罰의 납부방법에 대해서는 관련 규정이 보이지 않기 때문에 알 수 없으나, 二年律令에는 매년 10월의 황금 시세로 절산한 현금 납부를 허용하였으므로 벌금액은 매년 황금시세에 따라서 변동될 수 있었다. 그러나 里耶秦簡 및 居延漢簡의 벌금 집행기록들을 보면 황금의 시세로 절산하라는 二年律令의 내용이 空文에 불과한 것 같이 보인다. 지금까지는 자료의 부족과 명칭상의 애매함 때문에 貲一盾과 같은 자벌의 금액이 얼마인지를 알 수 있는 방법이 없었으나, 이 문제는 里耶秦簡의 출토로 명쾌하게 규명될 수 있게 되었다. 이같은 분석을 통해 貲罰의 가액이 규명되고 秦人들에게 주어지는 부담의 정도가 규명된다면, 秦律의 형벌체계에서 경미한 처벌인 貲罰이 전체 형벌 체계상에서 갖는 의미와 종신 노예인 徒隷들에 대한 비교가 가능하게 될 것이다.

　마지막으로 晉律에서의 형법체계의 정비와 관련해 贖刑·罰金刑의 가액과 적용사례를 분석하고자 한다. 晉律에서 벌금형과 속형이 체계적으로 정리되고 있는데, 秦漢律의 형벌구조상에서 벌금형과 속형은 "贖罪以下"로 묶여서 언급되고 실제로 명백한 개념의 구별 없이 중복된 채 사용되고 있었다. 秦漢律에서 비슷한 성질의 재산형인 贖刑과

---

7) [漢] 許愼(段玉裁 注), 『說文解字注(經韵樓臧版)』(臺北: 黎明文化事業公司, 1974), p.285.

罰金이 각각 독립적으로 존재하고 있는 사실은 구별할 필요가 있기 때문이다. 그럼에도 양자가 모호하게 섞여서 사용되는 것은 후일 晉律에서 개정되는 원인을 제공하는 것이다. 전체 율령체계 내에서 벌금형과 속형이 어떠한 형태로 존재하고 있는지의 문제는 별고에서 보다 구체적으로 다룰 예정이지만 여기에서도 그 대체적인 윤곽만은 언급하고자 한다.

2006년에 이 논문이 발표된 이후, 貲盾과 貲甲의 가격에 대한 자료가 포함된 『嶽麓書院藏秦簡(貳)』가 2011년에 출판되었다.[8] 여기에는 貲盾과 貲甲의 가격에 대한 자료가 포함되어 있다. 따라서 이 부분에 대한 설명을 추가하였다.

II. 110錢 미만의 貲罰

지금까지 秦律과 漢律의 전체 형벌체계를 알 수 있는 자료로서 많이 인용된 것이 아래의 자료이다. 다만 이 자료는 절도와 관련이 있는 일부 형벌만을 포함시킨 것이지, 형벌체계의 전체 모습을 보여주는 것이 아니라는 것을 염두에 두어야 한다.

> 1) 士伍 甲이 절도를 했는데 잡혔을 때의 장물가액이 660전을 넘었다. 관리가 가액을 조사하지 않고 국옥시에 가액을 재니 110전이어서 耐刑으로 처리하였다. 질문: 甲 및 吏는 어떻게 처리해야 하는가? 甲은 黥爲城旦이고, 吏는 失刑罪가 되는데, 만약 고의였다면 不直으로 처리한다.(士五(伍)甲盜, 以得時直(値)臧(贓), 臧(贓)直(値)過六百六十, 吏弗直(値), 其獄鞠乃直(値)臧(贓), 臧(贓)直(値)百一十, 以論耐, 問甲及吏

---

8) 朱漢民·陳松長, 『嶽麓書院藏秦簡(貳)』(上海: 上海辭書出版社, 2011).

可(何)論? 甲當黥爲城旦; 吏爲失刑罪, 或端爲, 爲不直.)[9]

2) 士伍 甲이 절도를 했는데 잡혔을 때의 장물가액이 110전이었다. 관
   리가 가액을 조사하지 않고 국옥시에 가액을 재니 장물가액이 660
   전을 넘어 갑을 黥爲城旦으로 처리하였다. 질문: 甲 및 吏는 어떻게
   처리해야 하는가? 甲은 耐爲隷臣에 처하고, 吏는 失刑罪가 된다. 갑
   에 죄가 있는데 관리가 알면서도 고의로 무겁게 하거나 가볍게 했
   다면 어떻게 처리하는가? 不直으로 처리한다.(土五(伍)甲盜, 以得時直
   (値)臧(贓), 臧(贓)直(値)百一十, 吏弗直(値), 獄鞠乃直(値)臧(贓), 臧(贓)直
   (値)過六百六十, 黥甲爲城旦, 問甲及吏可(何)論? 甲當耐爲隷臣, 吏爲失刑
   罪. 甲有罪, 吏智(知)而端重若輕之, 論可(何)殹(也)? 爲不直.)[10]

3) ●5인이 절도를 했는데 그 가액이 1전 이상이면 斬左止하고 黥以爲
   城旦으로 한다. 5인 미만이 절도한 가액이 660전을 초과하면 黥劓以
   爲城旦으로 한다. 660전 미만에서 220전까지는 黥爲城旦으로 한다.
   220전 미만에서 1전까지는 遷으로 한다. 求盜는 이를 준용한다.(●五
   人盜, 臧(贓)一錢以上, 斬左止, 有(又)黥以爲城旦; 不盈五人, 盜過六百六
   十錢, 黥劓以爲城旦; 不盈六百六十到二百廿錢, 黥爲城旦; 不盈二百廿以
   下到一錢, 遷之. 求盜比此.)[11]

4) 도둑질하여 취한 재물의 가치가 660전 이상이면 黥爲城旦舂이다. 660
   전에서 220전까지는 完爲城旦舂이다. 220전 미만에서 110전까지는 耐
   爲隷臣妾이다. 110전 미만에서 22전까지는 벌금 4량이다. 22전 미만
   에서 1전까지는 벌금 1량이다.(盜臧(贓)直(値)過六百六十錢, 黥爲城旦

---

 9) 睡虎地秦墓竹簡整理小組, 『睡虎地秦墓竹簡』(北京: 文物出版社, 1978), p.165.
10) 같은 책, p.166.
11) 같은 책, p.150.

春. 六百六十到二百卄錢, 完爲城旦春. 不盈二百卄到百一十錢, 耐爲隸臣
妾. 不盈百一十錢到卄二錢, 罰金四兩. 不盈卄二錢到一錢罰金一兩.)[12]

우선 『睡虎地秦墓竹簡』 1)과 2)를 보면, 장물가액이 660전 이상이면 黥爲城旦春에, 110전은 耐爲隸臣妾에 처벌한다는 것을 알 수 있는데, 이것은 잘 알려진 사실이다. 그런데 李均明은 3)에 의거하여 秦律에서 5인 미만이 660전에서 220전을 절도했을 때 黥爲城旦이고, 4)의 漢律은 동일한 금액을 절도했는데 完爲城旦春에 처하고 肉刑을 가하지 않았기 때문에 漢律이 秦律보다 경감되었다고 하였다.[13] 그런데 "5인 미만"이라는 규정이 共盜일 경우를 지칭하는 것이므로 개별적인 절도와 차이가 있다는 점을 고려해야 할 것이다. 즉, 개별적으로 절도한 경우는 完爲城旦春인 것이다. 李均明처럼 고찰한다면 660전 이상과 660전 미만에서 220전까지는 모두 黥爲城旦春이 되는데, 그렇다면 雲夢秦律에서 누차 660전 이상과 그 이하를 구별하고 있는 것은 의미가 없을 것이다. 또한 3)의 "220전 미만에서 1전까지는 遷으로 한다."는 규정을 보면 이 가액은 2)의 110전을 耐爲隸臣妾으로 한다는 것과도 어긋난다. 따라서 3)의 秦律은 加罪의 규정에 불과하며, 秦律에서도 660전 미만에서 220전은 完爲城旦春으로서 漢律과 차이가 없다고 보아야 한다.

그러나 110전 미만의 장물가액과 貲一盾 ~ 貲二甲까지의 관계에 대해서는 秦律에 자료가 부족하기 때문에 전혀 알 수가 없었다. 다만 冨谷至는 110전 미만의 장물가액에 대한 처벌을 아래의 [표 1]과 같이 추정하고 있다.[14]

---

12) 『張家山漢墓竹簡』, p.141.
13) 李均明, 「張家山漢簡所反映的適用刑罰原則」(『鄭州大學學報』 35-4, 2002), p.118.
14) 冨谷至, 위의 책, p.66.

[표 1] 冨谷至의 장물가액과 貲罰 관계

장물가액	貲罰
110전 미만 ~ 88전 이상	貲二甲
88전 미만 ~ 55전 이상	貲一甲
55전 미만 ~ 22전 이상	貲二盾
22전 미만	貲一盾

[표 1]에서 알 수 있듯이 冨谷至는 절도액에 의한 貲罰의 등급을 4 등급으로 나누고 있으나, 장물가액을 구분하고 있는 110전, 88전, 55전, 22전의 수치가 어떠한 과정을 통해 산출되었는지 언급하고 있지 않 다. 필자의 생각으로는 이 수치들이 10·8·5·2의 11배수인데, 冨谷至는 10에서 2까지 8등급을 3개로 나눈 것으로 생각된다. 그 차이를 임의대 로 20 : 30 : 30으로 설정한 것 같다. 그러나 필자의 고찰에 의하면 秦 律에는 이러한 주장을 뒷받침할만한 자료는 없다. 장물가액 110전 이 하에 어떠한 처벌이 내려지는지를 판단하는데 단서를 제공하는 것은 魯法이다.

> 5) ●과거에 魯法에서는 1전에서 20전까지의 절도는 罰金一兩이다. 절 도가액이 20전에서 100전까지는 罰金二兩이다. 100전에서 200전까지 는 白徒이다. 200전에서 1000전까지는 完爲倡이다.(●異時魯法, 盜一 錢到卄, 罰金一兩. 過卄到百, 罰金二兩. 過百到二百, 爲白徒. 過二百到 千, 完爲倡.)[15]

5)는 『江陵張家山漢簡』 「奏讞書」에 있는 자료로서 魯나라의 형벌체 계를 보여주는 자료이다. 춘추시대 魯의 관리 佐丁이 粟一斗(直三錢)를 훔쳤는데, 魯의 법령에 의하면 罰金一兩에 처해야 하는 것이 당연한 데, 柳下季는 이 조문을 따르지 않고 完爲倡(城旦舂에 해당)으로 처리

___

15) 『張家山漢墓竹簡』, p. 226.

한 사안을 심의한 문서이다. 魯法에서는 절도액이 1~20전까지는 罰金
一兩, 21~100전까지는 罰金二兩, 101~200전까지는 白徒, 201~1000전까지
는 完倡이다. 白徒는 秦律의 隸臣妾, 倡은 城旦에 해당하는 것이다.

일단 魯法에 보이는 내용과 위의 1)~4)의 자료를 합쳐서 장물의 가
액에 따라 부과된 형벌을 아래의 [표 2]와 같이 정리했다. 음영부분은
현재 자료가 없지만, 필자가 고찰한 결과를 미리 제시한 것이다.

[표 2] 절도금액에 따른 秦律과 이년율령의 형벌

魯法		秦律		二年律令	
贓價	형벌	贓價	형벌	贓價	형벌
		661전 이상	黥城旦舂	661전 이상	黥城旦舂
1000~201전	完倡(城旦)	660 미만~220전	完城旦舂	660 미만~220전	完城旦舂
		없음	鬼薪白粲	없음	鬼薪白粲
200~101전	白徒(隸臣妾)	220전 미만~110전	耐隸臣妾	220전 미만~110전	耐隸臣妾
		없음	司寇	없음	司寇
100~21전	罰金二兩	110전 미만~22전	貲二甲	110전 미만~22전	罰金四兩
20~1전	罰金一兩	22전 미만~1전	貲一盾	22전 미만~1전	罰金一兩

위의 [표 2]에서 지적해야 할 몇 가지 사항은 二年律令의 항목에 鬼
薪白粲·司寇·罰金二兩이 보이지 않는다는 점이다. 鬼薪白粲은 城旦舂에
처해진 자가 유작자일 경우 감형할 때 적용하는 보조적 형벌 단계이
기 때문이 굳이 형벌등급에 포함시킬 필요가 없었을 것이다. 이것은
鬼薪白粲이 형벌등급 내에서의 위치가 불완전함을 말해준다. [표 2]의
二年律令 항목에서 110전 미만~1전까지의 장물가액과 형벌의 관계를
보면, 상식적으로 耐隸臣妾의 바로 아래 단계인 司寇가 위치해야 할
것 같은데 이를 건너뛰고 곧바로 罰金으로 넘어갔다. 司寇가 생략된
이유는 司寇가 耐刑에 포함된 형벌 중에서 耐隸臣妾이 주형벌이기 때
문에 제외된 것으로 생각된다. 耐爲司寇가 부과된 사례보다는 耐隸臣
妾이 부과된 사례가 비교되지 않을 정도로 많은 것으로 보아 耐刑의

주된 형벌은 耐隷臣妾이다. 또한 소액의 절도에 司寇와 같은 徒刑보다
는 벌금형이 적합했다고 생각할 수도 있다.

흥미로운 것은 魯國의 형벌에서 100전 이하가 벌금으로 되어 있는
것과 二年律令에서 110전 미만이 罰金刑으로 되어 있는 것이 흡사하다
는 점이다. 다만 100전과 110전의 차이가 있을 뿐이다. 魯法과 二年律
令에서는 벌금형이 2개로 구분되어 있는데, 유독 秦律에서만 貲罰과
竊盜金額과의 관계가 분명하지 않다. 만약 秦律이 중원지역의 법률을
흡수했다면 魯國의 벌금을 2개로 구분하는 방식을 적용했을 가능성도
있다. 魯法은 십진법인 것을 제외하고는 秦律·二年律令의 형벌체계와
크게 다르지 않기 때문이다. 원래 秦國의 법률체계가 商鞅이 魏에서
수입한 중원지역의 형벌체계이기 때문일 것으로 생각되는데, 그것은
雲夢秦簡에 수록된 魏의 戶律과 奔命律에서 잘 입증된다. 이같은 증거
에서 볼 때 필자는 秦律이 중원의 법률의 영향을 받아 그 체제를 벌금
형에도 적용하는 과정에서, 독특하게 貲罰과 11진법을 채용했을 가능
성을 상정해 보았다. 貲罰이라고 하는 용어는 동방육국에서 수입되었
을 가능성이 높은데, 『國語』「齊語」에 管子가 桓公에게 답한 말 가운데
"制重罪贖以犀甲一戟, 輕罪贖以鞼盾一戟, 小罪讁以金分"이라고 한 것을
보면 齊國에서도 무기의 부족을 보충하기 위해 범죄자를 속형하며 甲
盾을 징수하는 제도가 있었음을 알 수 있다.[16] 『韓非子』「說二」에 秦昭
王이 병이 들자 牛를 매입하여 그의 쾌유를 기도한 백성에게 "訾之人
二甲", "罰二甲"이라는 처벌을 내린 고사를 본다면 秦國에서도 전국 중
기에 자벌제도가 실시되고 있었음을 알 수 있다.

秦律이 중원의 법률을 수입했고, 魯法과 二年律令 모두가 2단계의
벌금체계로 되어 있다는 점에서 필자는 秦律에서도 절도와 관련된 貲

---

16) 吳玉梅, 「出土簡帛所見楚, 秦, 漢用語比較(四則)」(『廣東教育學院學報』 25-1, 2005),
p.100.

罰이 2단계로 되어 있을 가능성이 있다고 생각한다. 龍崗秦簡에는 이
같은 추정을 뒷받침하는 자료가 있다.

> 6) 二百卅錢到百一十錢, 耐爲隷臣妾□▨(273)
>
> 7) 貲二甲, 不盈卅二錢到一錢, 貲一盾, 不盈一錢▨(275)[17]

위의 두 개의 죽간은 절도금액과 자벌의 상관관계를 보여주는데,
출토된 위치와 내용상으로 볼 때 서로 연결되어 있던 것으로 추정된
다. 7)에는 貲二甲과 貲一盾의 2개 貲罰만 보이고 중간에 貲一甲·貲二盾
등은 아예 포함되어 있지 않다. 6)에서는 220전 미만에서 110전까지의
절도금액이 耐爲隷臣妾이고, 7)에는 貲一盾이 22전 미만에서 1전까지로
나와 있기 때문에, 그 중간에 해당하는 110전 미만에서 22전까지는 貲
二甲에 해당하는 절도금액의 범위임을 알 수 있다. 110전 미만~22전의
중간이 구분되지 않음은 7)의 죽간에서 貲二甲과 貲一盾 사이를 구분
하는 아무런 자벌등급이 없기 때문이다. 이를 표로 설명하면 좀더 명
백하다.

[표 3] 龍崗秦簡의 절도액수와 貲罰

(6)			(7)	
220전~110전	□▨		22전 미만~1전	1전 미만
耐爲隷臣妾		貲二甲	貲一盾	▨

[표 3]처럼 6)·7)은 연결되어 있는데, 貲二甲의 액수가 110전 미만에
서 22전까지임을 명확하게 알 수 있다. 그 중간에 貲二盾과 貲一甲이
들어갈 여지가 없는 것은 7)이 하나의 죽간이기 때문이다. 결국 6)의
후반부의 "□▨"에 들어갈 내용은 "不盈百一十錢到卅二錢"일 것이다. 이

---

17) 劉信芳·梁柱, 『雲夢龍崗秦簡』(北京: 科學出版社, 1997), p.29.

분석에 잘못이 없다면 이제까지 雲夢秦簡에 자료가 없어 미궁에 빠졌던 문제가 龍崗秦簡의 자료에 의해 貲二甲(110전 미만~22전), 貲一盾(22전 미만~1전)의 2단계로 구분되어 있음을 알 수 있게 되었다. 이것은 필자가 앞에서 秦律이 魯法·二年律令과 상관성이 있다는 추정과 일치하는 것이라고 할 수 있다. 이같은 결론이 雲夢秦簡에서 이제껏 소홀히 다루어져왔던 「法律答問」의 貲二甲과 貲一盾의 자료들에서도 모순 없이 적용될 수 있는지 살펴보자.

> 8) 20전을 훔쳤다고 무고하고, 판결이 나지 않은 상태에서 또 다른 절도를 했다. 후에 발각되었는데, 장물의 가액을 합쳐서 논죄해야 할 것인가, 아니면 (별도로) 실제 범한 절도죄에 대해 처단하고, 또한 타인을 무고한 것을 논죄해야 하는가? 貲二甲一盾으로 한다.(誣人盜 直(値)卄, 未斷, 有(又)有它盜, 直(値)百, 乃後覺, 當并臧(贓)以論, 且行眞罪、有(又)以誣人論? 當貲二甲一盾.)[18]

무고	추가 범죄	㉠ 장물 합산(并臧以論)	㉡ 개별 계산
20전	절도100전	20 + 100=120전, 耐爲隸臣妾	20전=貲一盾, 100전=貲二甲 貲二甲一盾

8)의 「法律答問」의 내용은 타인이 20전을 절도했다고 무고하고, 계속해서 100전을 절도했을 때, ㉠무고와 절도의 액수를 합계하여 처벌하는 并臧以論으로 할 것인지, ㉡각각의 죄를 논죄하는 眞罪＋誣人의 방식으로 처리할 것인지 물은 것이다. 「法律答問」에서는 후자의 방식을 채택하여 貲二甲一盾으로 처리했다. 장물가액을 합쳐서 논하는 ㉠은 무고한 액수 20전과 절도한 액수 100전을 합한 120전의 죄목으로

---

18) 『睡虎地秦墓竹簡』, p.172.

처벌하는 것인데, 그 죄는 耐爲隷臣妾으로 된다. 그러나 「法律答問」에서는 이 방법 대신에 절도죄 100전은 貲二甲으로 판결하고, 20전의 무고죄는 貲一盾으로 처리하여 貲二甲一盾으로 결론을 내렸다. 여기에서도 절도시의 자벌은 일단 貲二甲과 貲一盾의 2종류만 나타났다는 것을 알 수 있다. 이 「法律答問」의 내용은 위에서 필자가 결론을 내린 貲二甲(110전 미만~22전), 貲一盾(22전 미만~1전)의 범주에 모순되지 않고 있다.

다음으로는 9)의 자료를 살펴보자.

9) ㉠ 110전을 훔쳤다고 타인을 고발하였다. 질문: 실제로는 100전을 훔쳤다. 고발한 자를 어떻게 논해야 하는가? 貲二甲에 해당한다. ㉡ 100전을 훔쳤는데 만약 고의로 10전을 절도금액에 추가하였다면, 고발한 자는 어찌 논해야 하는가? 貲一盾에 해당한다. ㉢ 貲一盾이 律에 맞는데, 그렇지만 廷行事에서는 不審으로 논해서 貲二甲에 처한다.(㉠ 告人盜百一十, 問盜百, 告者可(何)論? 當貲二甲. ㉡ 盜百, 卽端盜駕(加)十錢, 問告者可(何)論? 當貲一盾. ㉢ 貲一盾應律, 雖然, 廷行事以不審論, 貲二甲.)[19]

9)는 ㉠㉡㉢으로 구분해서 볼 수 있다. ㉠에서는 110전을 절도했다고 고발했는데 실제로는 100전을 절도한 경우로서, 이 때문에 고발한 자는 貲二甲에 처리한다는 내용이다. 여기에서의 貲二甲이라는 판결은 ㉢의 廷行事의 결론을 미리 앞에다 쓴 것이고, 그 판결과정을 ㉡㉢에서 부연 설명한 것이다. ㉡절도한 가액이 100전인데, 10전을 추가하여 고발하면(告盜加贓) 貲一盾이며 誣告에 해당한다. 이것은 무고한 죄를 대신 받는다는 원칙에 따라 처벌된다.(反其罪, 誣告反坐)[20] 告盜加贓한 10

---

19) 같은 책, p.167.
20) 告盜加贓, 誣告反坐의 용례로는 아래와 같은 것들이 더 있다. 『睡虎地秦墓竹

전 부분이 反其罪되므로 22전 미만~1전 사이에 해당되어 貲一盾의 처벌을 받는 것이다. "貲一盾이 律에 부합한다(貲一盾應律)"고 한 것은 이 산정법이 법률 규정에 맞는다는 의미이다. 이는 7)의 龍崗秦簡에서 분석한 22전 미만~1전이 貲一盾이었다는 것과도 일치하고 있다. ©그러나 廷行事에서는 告不審의 방식을 채택하여 貲二甲으로 판결했다. 告不審은 "고발을 정확하게 하지 않은 것"이라는 의미이다. ㉠의 貲二甲은 바로 告不審으로 판결한 결과이다.

©"廷行事에서는 不審으로 논해서 貲二甲에 처한다."고 한 不審의 금액은 얼마일까? 9)는 다음에 설명할 10)과 동일한 형식을 가지고 있으므로 참조할 필요가 있다. 10)에서 "其卅不審"이라고 하여 절도 금액 30전을 不審이라고 하였다. 따라서 9)에서도 절도 금액 100전이 告不審이 되어야 하며, 100전의 금액은 7)의 분석 결과에 의하면 貲二甲에 해당한다.[21] 정리한다면, 9)는 절도 금액 100전에 대한 告不審으로 처벌하는 방법, 10전을 무고한 죄로 처벌하는 2가지 방식이 있었다. 이 중 원칙적으로 후자를 적용하는 것이 맞지만(應律), 廷行事에서는 절도금액 100전의 告不審으로 판결하였다.

다음으로는 동일한 형식의 10)을 살펴보겠는데, 절도금액 50전도 貲二甲으로 처벌하는 것임을 증명할 수 있다.

> 10) 甲은 乙이 □□(80)전을 절도했다고 고발했다. 질문: 乙은 (실제로) 30전을 절도했다. 甲은 훔친 액수를 50전 더 보태서 乙을 무고했고, 그 30전은 不審이다. 질문: 甲은 처벌해야 하는가 하지 말아야 하는

簡』, p.170, "甲盜羊, 乙智(知), 卽端告曰甲盜牛, 問乙爲誣人, 且爲告不審? 當爲告盜駕(加)臧(贓)."; 같은 책, pp.170-171, "甲盜羊, 乙智(知)盜羊, 而不智(知)其羊數, 卽告吏曰盜三羊, 問乙可(何)論? 爲告盜駕(加)臧(贓)."; 같은 책, p.169, "甲告乙盜牛若賊傷人, 今乙不盜牛、不傷人, 問甲可(何)論? 端爲, 爲誣人; 不端, 爲告不審."

21) 冨谷至도 告不審의 대상을 110전으로 보고 있다. 冨谷至, 위의 책 pp.65-66.

가? 판례(廷行事)에는 貲二甲이다.(甲告乙盜直(値)□□, 問乙盜卅, 甲
誣駕(加)乙五十, 其卅不審, 問甲當論不當? 廷行事貲二甲.)[22]

갑은 을이 □□(80)전을 절도했다고 고발했으나, 실제로는 30전을
절도했다. 따라서 절도를 고발하면서 장물액수를 50전 증액한 것(告盜
加臧)이 되었고, 30전은 부정확하게 고발한 것이 되었다. "其卅不審"이
라는 표현으로 보면, 不審은 원래의 절도 금액을 대상으로 한 것이다.
원래 훔친 30전을 부정확하게 고발했다는 의미이다. 이어지는 질문에
서는 갑을 처벌해야 하는지를 묻고, 廷行事에 입각해 貲二甲에 처한다
는 결론을 내리고 있다. 그런데 廷行事의 결론을 도출하는 과정이 아
쉽게도 생략되어 있다.

廷行事의 貲二甲이라는 판결이 告盜加臧(50전)으로 처리해서 도출
된 것인지, 아니면 不審(30전)을 처리해서 도출된 것인지 알아보자. 앞
에서 살핀 바와 같이, 9)에서의 원칙은 告盜加臧을 적용하는 것이 맞
지만(應律), 원래의 절도가액인 100전에 대해 告不審으로 처리했다. 이
와 동일한 방식으로 10)도 논죄 과정을 유추할 수 있다. 즉, 50전의 告
盜加臧으로 처리하는 것이 맞지만(應律), 원래의 절도가액인 30전에
대해 告不審으로 처리했을 것이다. 50전의 告盜加臧에 대한 처벌은 7)
에 의하면 貲二甲이다. 그러나 告盜加臧으로 처벌하지 않고, 廷行事에
입각해 30전의 告不審으로 처벌하였는데 貲二甲이었다. 결국 誣告罪(50
전)나 告不審(30전)이나 모두 110전 미만~22전의 구간에 해당하고 貲二
甲의 처벌을 받는 것이었다.[23] 이상에서 고찰한 내용을 표로 정리하
면 아래와 같다.

---

22) 『睡虎地秦墓竹簡』, pp.168-169.
23) 위의 분석을 통해서 볼 때, 秦律 단계에서는 告不審을 1등급 감형하는 二年
律令의 원칙이 적용되지 않고 있다. 『張家山漢墓竹簡』, p.151, "告不審及有罪
先自告, 各減其罪一等."

	절도액	고발	告盜加贓		不審		廷行事: 최종판결
9)	100전	110전	10전	貲一盾(應律)	100전	貲二甲	貲二甲
10)	30전	80전	50전	貲二甲	30전	貲二甲	貲二甲

　지금까지 고찰한 「法律答問」의 내용은 절도액 1전~22전 미만은 貲一盾, 22전 이상~110전 미만은 貲二甲의 2단계로 구분되었다는 필자의 주장과 부합한다. 그리고 秦律의 貲一盾과 貲二甲의 2단계 구분법이 漢律의 罰金一兩과 罰金四兩으로 계승되었던 것이다. 때문에 110전 미만에서 1전까지를 貲二甲, 貲一甲, 貲二盾, 貲一盾의 4단계로 나누는 관점은 잘못되었음이 분명하다. 특히 冨谷至가 제시한 자벌과 장물가액의 상관관계는 秦簡 전체를 살펴보아도 뒷받침할만한 자료는 없다. 예컨대 88, 55전이 장물가액의 산출근거로 제시된 경우는 한번도 없다. 貲一甲과 貲二盾은 장물가액에 비정시킨 것이 원래 없었기 때문에 절도와 관련한 처벌로 나타나지 않는 것이다. 그러나 110전 이하의 장물가액을 논할 때만 貲一盾, 貲二甲의 2단계 貲罰이 사용되고, 그 밖의 벌금형을 논할 때는 貲一盾, 貲一甲, 貲二甲의 3단계 자벌이 사용되고 있음도 주지해야 한다.

　雲夢秦簡 등에 보이는 네 개의 貲罰인 貲一盾, 貲二盾, 貲一甲, 貲二甲 간의 관계에 대해서는 애매한 점이 있다. 秦簡에는 貲一盾의 2배 되는 처벌로 생각되는 貲二盾은 겨우 1례만 보일 뿐이다.[24] 실제로 雲夢秦律을 조사해보면 貲一盾 49례, 貲二盾 1례, 貲一甲 44례, 貲二甲 49례, 貲二甲一盾 1례가 보인다. 이같은 현격한 사용례의 차이 때문에 貲二盾의 존재 여부에 대해서 의문이 제기된다. 아울러 里耶秦簡에도 貲二盾은 한 차례도 확인되지 않는다. 그리고 조정의 요역 징발 기한인 期會에 늦은 날짜를 3~5일, 6~10일, 10일 이상의 3단계로 구분하고 각

---

24)『睡虎地秦墓竹簡』, p.141, "獵律. 傷乘輿馬, 夬(決)革一寸, 貲一盾; 二寸, 貲二盾; 過二寸, 貲一甲."

각 誶·貲一盾·貲一甲에 처하고 있는 사례에서 볼 때 貲二盾이 개입될
여지는 없으며,[25] 貲一盾의 2배가 貲一甲으로 나타나는 경우가 다수이
다. 그럼에도 불구하고 貲一盾의 두 배가 貲二盾이고, 그 두 배가 貲一
甲, 그 두 배가 貲二甲이라고 주장하는 견해도 있다. 그러나 貲二盾이
한 번만 출현하는 것은 그 존재 자체까지 부정할 수 없지만, 존재의
의의가 점차 감소되어 사라질 운명이었음을 말해주는 것이다. 貲二盾이
貲罰의 계통에서 빠지게 됨으로써 貲一盾의 2배가 貲一甲이라는 倍數
관계가 성립했던 것 같다. 만약 貲二盾이 없다면 貲一盾, 貲一甲, 貲二
甲의 등급으로 될 것이고, 그 비율은 1 : 2 : 4가 된다. 이것은 二年律令
에서의 罰金一兩, 二兩, 四兩과 비율이 일치한다.[26]

자벌과 벌금이 계승관계에 있었음을 증명하는 가장 좋은 방법은
동일한 내용을 규정한 율문을 비교하는 것이다. 우선 貲二甲이 罰金四
兩으로 전환되었음은 아래의 율령에서 확인할 수 있다. 아래의 자료
들은 雲夢秦律과 二年律令에서 동일한 사안을 법률로 규정한 것이다.

11) 관리로 임용될 수 없는 자를 保擧(보증 추천)하여 관리로 삼으면 貲
   二甲이다.(任法(廢)官者爲吏, 貲二甲.)[27]

12) 다른 사람을 保擧하여 관리로 삼았는데, 保擧된 사람이 청렴하지
   못하거나 임무를 제대로 수행하지 못해 면직되었다면, 보거한 사
   람 또한 면직한다. 保擧된 사람이 관리가 아니거나 황제를 직접 모
   시는 사람이 아니라면 벌금 4량에 변방 수자리 2년에 처한다.(有任

---

25) 같은 책, p.76, "御中發徵, 乏弗行, 貲二甲. 失期三日到五日, 誶; 六日到旬, 貲一
   盾; 過旬, 貲一甲."
26) 『張家山漢墓竹簡』, p.151, "贖死罪贖城旦舂, 贖城旦舂罪贖斬, 贖斬罪贖黥, 贖黥
   罪贖耐, 耐罪 ☒金四兩罪罰金二兩, 罰金二兩罪罰金一兩. 令丞, 令史或偏先自得
   之, 相除."
27) 『睡虎地秦墓竹簡』, p.127.

人以爲吏, 其所任不廉, 不勝任以免, 亦免任者. 其非吏及宦也, 罰金四兩,

戍邊二歲.)[28]

11)의 秦律과 12)의 二年律令은 완벽하게 동일하지 않지만, 다른 사
람을 관리로 保擧했으나 자격과 능력 등에 문제가 발견되면 保擧者에
게 책임을 추궁한다는 내용은 동일하다. 전자는 관리에 임명된 자가
하자가 있는 경우, 후자는 임무 수행이 불가능한 자라는 점에서 모두
관리임용에 결격사유가 있다. 이러한 사람을 保擧한 사람은 벌금형에
처해지는 것인데, 秦簡에는 貲二甲, 二年律令에는 罰金四兩, 戍邊二歲로
되어 있다. 이년율령에는 다만 戍邊二歲가 더 추가되어 처벌내용이
동일하다고 하기에는 미흡한 감이 든다. 그러나 아래의 조문은 양자
가 거의 동일한 내용을 기술하고 있다.

13) 백성이 빚을 졌을 때 감히 강제로 저당을 잡지 말라. 감히 사람을
   강제로 저당잡거나 저당을 잡히는 것에 동의한 자는 모두 貲二甲
   이다.(百姓有債, 勿敢擅强質, 擅强質及和受質者, 皆貲二甲.)[29]

14) 빚이 있다고 감히 사람을 강제로 저당 잡은 경우 벌금 4량에 처한
   다.(諸有債而敢强質者, 罰金四兩.)[30]

13)·14)는 채무를 이유로 채무자를 강제로 저당 잡은 경우 貲二甲과
罰金四兩을 부과한다는 내용이다. 두 조문을 보면 내용뿐만 아니라
사용된 용어가 거의 일치함을 알 수 있다. 이는 貲二甲과 罰金四兩이
동일한 벌금이라는 확증이며, 漢律은 秦律을 계승할 때 내용은 그대로

---

28) 『張家山漢墓竹簡』, p.161.
29) 『睡虎地秦墓竹簡』, p.214.
30) 『張家山漢墓竹簡』, p.158.

두고 단지 벌금용어만 개정했음을 말해준다. 아래의 율문은 대상이 약간 차이가 있어 비교하기가 용이하지는 않다.

15) 실화하여 里門을 태우면 貲一盾이고, 邑邦門을 태우면 貲一甲이다. (旄火延燔里門, 當貲一盾; 其邑邦門, 貲一甲.)[31]

16) 고의로 성·관부·현관의 물자를 불태우면 棄市이다. (고의로) 官舍·민가·적취물을 불태우면 黥爲城旦舂이다. 실수로 낸 불이 번져 그 것을 태우면 罰金 4兩이고 배상케 한다. 鄕部·官嗇夫·吏主者가 체포하지 못하면 금 각각 罰金 2兩이다.(賊燔城, 官府及縣官積寂(聚), 棄市. 燔寺舍, 民[室][屋][廬][舍], [積][寂](聚), [黥]爲城旦舂. 其失火延燔之, 罰金四兩, [責](債). 鄕部、官嗇夫、吏主者弗得, 罰金各二兩.)[32]

15)의 秦律은 실화하여 번져서 里門을 태운 경우이고, 16)의 이년율령의 경우도 실화하여 불이 번진 경우이다. 다만 秦律의 실화대상이 里門과 邑邦門이고, 二年律令의 실화대상은 官舍·民室屋廬舍·積聚物로서 서로 다르기 때문에 양자의 처벌은 동일한 것이 나올 수가 없다. 秦律에서 실화대상물이 里門과 邑邦門일 때 처벌은 각각 貲一盾과 貲一甲인데, 里門의 규모가 邑邦門보다 작았으므로 벌금도 더 경미한 貲一盾에 처한 것으로 생각된다. 秦律이 단순한 門, 즉 門樓인 것에 비해, 二年律令에서는 寺舍·民室屋廬舍·積聚物 등 건물의 규모도 크고 그 내부에 쌓아놓은 물건까지 포함되므로 秦律의 貲一甲보다 많은 벌금 4 량(貲二甲에 해당)이 규정되어 있다. 이렇게 고찰할 때에 두 조문의 내용은 완벽하게 일치하지는 않지만 나름대로 피해액에 따른 내용을 반영한 것으로 생각된다.

---

31) 『睡虎地秦墓竹簡』, p.219.
32) 『張家山漢墓竹簡』, p.134.

『龍崗秦簡』의 "侵食道、千(阡)陌、及斬(塹)人疇企(畦), 貲一甲.(120簡)"과 『張家山漢墓竹簡』의 "盜侵飮道千(阡)伯(陌)及塹土〈之〉, 罰金二兩(248簡)"의 내용은 완전히 동일하다.[33] 그 내용은 "공용도로와 阡陌을 불법으로 침식하거나 掘斷하게 되면 貲一甲(罰金二兩)이다."라는 것이다. 이것은 秦律의 貲一甲과 漢律의 罰金二兩이 계승관계임을 보여준다. 이미 앞에서 고찰한 바와 같이 110전 미만~22전은 貲二甲과 罰金四兩, 22전 미만~1전은 貲一盾과 罰金一兩으로 장물가액과 벌금액수가 일치했고, 지금 고찰한 13)·14)에서 貲二甲과 罰金四兩은 동일한 것임이 증명되었다. 또 秦律에는 "貲·贖·債"로 표현된 조항이 二年律令에는 "罰·贖·債"로 변경된 것은 秦律과 二年律令의 계승관계를 명확하게 보여준다.[34] 이렇게 용어에서 한 글자만 교체한 것은 벌금액수에 변화를 주었다기보다는 단지 용어의 수정에만 주안점을 두었다고 생각한다.

貲罰이라는 용어가 里耶秦簡(진시황 33년, B.C.214) 및 龍崗秦簡(진시황 27년, B.C.220 ~ 二世 3년, B.C.207)에 사용된 것으로 볼 때 그것은 秦帝國 최후까지 사용되었음을 알 수 있다.[35] 특히 龍崗秦簡은 陳勝의 난이 일어난 二世皇帝 원년(B.C.209) 이후의 것도 있기 때문에 貲罰 용어는 秦帝國과 명운을 함께 했다고 할 수 있다. 또한 里耶秦簡은 陳勝의 난으로 정국이 혼란할 때 우물에 폐기된 것으로 추정되고 있는데,[36] 이렇게 혼돈상태에 빠진 상황에서 법률개정은 불가능하다고 보

33) 中國文物研究所·湖北省文物考古研究所, 『龍崗秦簡』(北京: 中華書局, 2001), p.111; 『張家山漢墓竹簡』, p.166.
34) 『睡虎地秦墓竹簡』, p.84, "有罪以貲贖及有責(債)於公, 以其令日問之, 其弗能入及賞(償), 以令日居之, 日居八錢; 公食者, 日居六錢."; 『張家山漢墓竹簡』, p.190, "有罰、贖、責(債), 當入金, 欲以平賈(價)入錢, 及當受購、償而毋金, 及當出金、錢縣官而欲以除其罰、贖、責(債), 及爲人除者, 皆許之. 各以其二千石官治所縣十月金平賈(價)予錢, 爲除."
35) 『雲夢龍崗秦簡』, p.48.
36) 湖南省文物考古研究所, 「湖南龍山里耶戰國一秦代古城一號井發掘簡報」(『文物』 2003-1), p.18.

앉을 때 "벌금"용어로의 개정은 漢代에 들어가서 이루어졌을 것이다. 二年律令에는 貲의 용례가 단 1례밖에 없을 정도로 漢初에는 貲에서 罰金으로의 대체가 완벽하게 이루어졌다.[37]

漢初의 九章律이 제정된 시점은 한고조 2년으로서 전란의 와중이었다. 九章律과 二年律令의 同異에 대해서는 현재 논란이 진행 중인데,[38] 필자는 九章律이 高祖 2年 劉邦이 漢中에서 關中으로 진출하여 項羽와 격렬한 공방전을 벌이던 시기에 蕭何에 의해 제정되었다는 논지의 글을 발표한 적이 있었다.[39] 貲罰의 출현은 그 명칭에서 알 수 있듯이 군사적 수요와 관련이 있을 것이다. 초한전쟁 시기에도 군사 자금의 수요는 전국시대와 마찬가지였을 터인데도 이를 벌금으로 바꾼 것은 秦律의 군사적 어감을 배제하고 경제적 제재를 의미하는 용어로 바꾼 것이기 때문이기도 하고,[40] 盾·甲의 용어가 가지고 있는 비현실성, 즉 그러한 군용품을 백성들이 만들어 낼 수도 쉽게 구득할 수도 없었던 사정에서 기인한 것이기도 하다.

명칭이 벌금으로 변경된 이유와 漢律의 제정자인 蕭何, 그리고 魯法과의 관련성은 없을까? 九章律의 기초자인 蕭何가 沛縣의 刀筆吏로 근무할 때 이곳에서 가까운 魯지역의 법률에 사용된 벌금이라는 용어

---

37) 『張家山漢墓竹簡』, p.187, "乏徭及車牛當徭而乏之, 皆貲日十二錢, 又償乏徭日, 車☒."; 『晋書』 卷30 「刑法志」, p.925, "金布律有罰贖入責以呈黃金爲價."

38) 二年律令의 제정시점이 高祖 2년(B.C.205)인지 呂后 2년(B.C.186)인지에 대해서는 논란이 있는데, 이 문제에 대해서는 宮宅潔, 「張家山漢簡《二年律令》解題」, 「江陵張家山漢墓出土《二年律令》譯注稿その(一)」, pp.216-219; 曹旅寧, 『張家山漢律硏究』(北京: 中華書局, 2005), pp.1-12; 李振宏, 「蕭何"作律九章"說質疑」(『歷史硏究』 2005-3), p.179; 張建國, 「試析漢初"約法三章"的法律效力———兼談〈二年律令〉與蕭何的關系」(『法學硏究』 1996-1); 楊振紅, 「從《二年律令》的性質看漢代法典的編纂修修訂與律令關系(連載一)」, 簡帛网 2006-01-06 참조.

39) 任仲爀, 「漢初 九章律의 제정과 그 의미」, 『宋甲鎬敎授停年退任記念論文集』(서울: 동간행위원회, 1993), pp.33-40.

40) 朱紅林, 『張家山漢簡《二年律令》集釋』, p.240.

를 貲 대신 사용했을 수도 있다. 그러나 蕭何에게 魯法을 연구하여 漢 律제정에 응용할 능력과 시간적 여유는 없었을 것으로 생각된다. 앞 서 언급한 것처럼 전란 와중에 제정된 九章律은 충분한 시간적 여유 없이 만들어진 것이고, 蕭何는 법률을 연구할 정도로 뛰어난 능력의 소유자는 아니었다. 司馬遷의 蕭何에 대한 평가는 가혹하리만치 냉정 하다. 蕭何가 秦末 刀筆吏로 있을 때 그 능력이 변변치 못했다가, 한제 국이 흥한 것을 계기로 "日月의 末光"에 의지하여 (관중의) 열쇠나 지 킨 공로로 群臣 가운데 으뜸가는 자리를 차지했다는 것이다.[41] 여기 에서 司馬遷의 "日月의 末光"이라는 표현은 매우 의미심장하다. 즉 高 祖는 日月이고, 末光은 微物에 이르기까지 모든 사물에 가해지는 황제 의 은덕을 뜻한다. 그렇다면 蕭何를 변변치 못한 微物로서 은유적으 로 폄하했는지도 모른다.

司馬遷의 지적에 조금도 과장이 없다면 蕭何는 그야말로 법률지식 이나 조금 있었던 하급관리에 불과하며, 외국의 법률을 탐독하고 연 구할 정도의 능력자는 아닌 것으로 생각된다. 그가 오직 참조한 것은 관리로 근무할 때에 늘 가까이 두었던 秦律法典일 것이다. 이것은 후 일 魏律과 晋律 편찬에 참여한 쟁쟁한 법률가들과는 다르다. 그렇다 면 魯法에서 벌금형의 기원을 찾으려고 하는 시도는 필자의 지나친 추측일지도 모른다. 또한 魯法은 漢初에 이르면 이미 사멸된 것으로 추정된다. 「秦讞書」에 보이는 魯法의 白徒와 完倡에 대해서 지금(漢初) 의 隸臣妾과 城旦에 해당한다고 해설을 달은 것은 이미 魯法이 漢代의 관리들에게는 생경한 것이 되었다는 증거일 것이다.

그렇다면 魯法의 직접적인 영향을 받았을 가능성은 적어진다고 할 수 있다. 그것은 11진법을 폐지하고 10진법으로 환원한 것에서 해답

---

41) 『史記』 卷53 「蕭相國世家」, p.2020, "太史公曰：蕭相國何於秦時爲刀筆吏, 錄錄未 有奇節. 及漢興, 依日月之末光, 何謹守管籥, 因民之疾秦法, 順流與之更始. 淮陰 黥布等皆以誅滅, 而何之勳爛焉. 位冠群臣, 聲施後世, 與閎夭·散宜生等爭烈矣."

을 찾을 수 있지 않을까? 11진법을 사용하는 것은 秦律의 독특한 특징
이다. 秦律의 金布律에는 錢과 布의 비율이 11:1로 되어 있다.[42] 이것은
布가 교환수단으로 사용됨으로써 절도죄 가액의 산정기준도 22, 110,
660전과 같이 11진수로 된 것이다. 그러나 동방육국의 법률은 魯法만
이 아니라, 戰國 齊의 법률에서도 확인되듯이 10진법을 사용하고 있
다.[43] 10진법을 사용하던 舊 동방육국의 유민들은 秦帝國에 의해 익숙
하지 않은 秦律의 11진법을 억지로 사용하다가, 秦帝國 붕괴 후 재차
10진법으로 환원한 것으로 생각된다.[44] 10진법으로의 환원과 동일한
관점에서 沛·豊출신인 蕭何가 동방육국인들에게 친숙한 개념인 벌금
형이라는 용어를 사용했을 가능성도 있다고 생각된다.

III. 罰金의 현금납

이상에서 고찰한 바와 같이 漢律의 벌금형이 秦律의 貲罰을 계승한
것이 확실하므로 양자의 벌금가액은 비슷할 것으로 추정된다. 그러면

---

42) 『睡虎地秦墓竹簡』, p.56, "錢十一當一布. 其出入錢以當金、布, 以律. 金布."
43) 山東省 臨沂縣 출토의 『銀雀山漢簡』에 포함되어 있는 「守法守令篇」의 田法
은 戰國 齊의 법률인 것으로 추정된다. 銀雀山漢墓竹簡整理小組, 「銀雀山竹
書《守法》《守令》等十三篇」(『文物』 1985-4), p.35, "卒歲田入少入五十斗者, □之.
卒歲少入百斗者, 罰爲公人一歲, 卒歲少入二百斗者, 罰爲公人二歲, 出之之歲
[少入□百斗]□者, 以爲公人終身. 卒歲少入三百斗者, 黥刑以爲公人."
44) 다만 秦律의 흔적으로 보이는 11진수가 약간 남아 있기는 하다. 아래의 율
문에서는 55, 220과 같은 11진수가 보이고 있다. 『張家山漢墓竹簡』, pp.165-
166, "入頃芻稿, 頃入芻三石; 上郡地惡, 頃入二石; 稿皆二石. 令各入其歲所有,
毋入陳, 不從令者罰黃金四兩. 收入芻稿, 縣各度一歲用芻稿, 足其縣用, 其餘令
頃入五十五錢以當芻稿. 芻一石當十五錢, 稿一石當五錢."; 羅振玉, 『流沙墜簡 -
羅雪堂先生全集續編冊七』(北京: 文華出版公司, 1914), p.2841, "□當時賊燔補隨
城臧(贓)滿二百廿以不知何人芟覺種□."

貲一盾의 가액은 어느 정도 될까?

貲一盾을 5천 전으로 보고 貲二甲을 2만 전으로 추정하는 견해도 있는데,[45] 그 근거는 「法律答問」의 "當貲盾, 沒錢五千而失之, 何論? 當誶." 라는 것에 있었다.[46] 이것은 "貲一盾으로 처벌해야 하는데 5천 전의 몰수로 판결한 것이 재판상의 과실이라면 誶(견책)에 처한다"는 내용이다. 여기에서 5천 전이라는 숫자는 어쩌면 황금 반근의 가액을 의미하는 것이므로 황금의 가액에서 비롯된 액수일지도 모르겠다. 여하튼 필자도 5천 전을 몰수한 것이 가장 경미한 견책에 처해졌기 때문에 貲盾을 5천 전으로 보아도 무방할 것이라고 고찰했었다.[47] 당시로서는 근거할 자료가 없기 때문에 이와 같이 추정하였으나, 사실 貲盾을 5천 전으로 볼 근거는 박약하다. 최근 한 연구도 이 문제를 고찰하려고 했으나, 일본학자들의 貲二盾 = 貲一甲의 관계가 성립할 수 없다는 것 이외에는 별 소득이 없었다.[48] 그런데 이년율령에는 이러한 재판오류의 경중에 따라 처벌하는 규정이 있는 것으로 보아 이러한 견해는 재해석할 필요가 있다.

17) ㉠ 옥사를 鞫問함에 있어, 고의로 죄를 눈감아주거나, 죄의 경중을 고의로 증감시키거나, 診(조사), 報(판결보고)함에 있어 죄를 피하

---

45) 이러한 주장은 若江賢三, 「秦律贖刑制度(上・下)」(『愛媛大學法文學部論集 文學科編』 18・19, 1985・1986)에 처음 제시되었고, 많은 학자들이 이 견해를 수용하고 있다.(藤田高夫, 「秦漢罰金考」, p.113.) 藤田高夫도 貲一盾을 5천 전으로 추정하면서, "秦의 貲罪와 漢代의 벌금형의 관계에 대해서 漢代의 벌금금액은 半兩, 一兩, 二兩, 四兩, 八兩, 一斤, 二斤이라는 등비례를 이루고 있다. 이에 대해서 秦의 貲罪는 가령 貲一盾을 오천전으로 환산할 경우에 오천, 일만, 이만으로 되고 이것도 등비급수를 이루고 있다."고 주장한다. 또한 李成珪, 「秦・漢의 형벌체계의 再檢討」, (『東洋史學研究』 85, 2003), p.56.

46) 『睡虎地秦墓竹簡』, p.171.

47) 任仲爀, 「雲夢秦簡의 貲罰에 대하여」, pp.20-22.

48) 曹旅寧, 『張家山漢律研究』(北京: 中華書局, 2005), pp.229-230.

게 하려고 고의로 철저히 하지 않은 경우, (잘못 판결한 죄가) 死罪일 경우는 斬左止爲城旦으로 하고, 그 밖의 다른 경우는 각각 그 죄로써 논죄한다. ⓒ 繫城旦春에 처해져 관부 노역에 종사하면서 형기를 충당하는 경우 1년에 벌금 8량이다. 1년 미만인 경우에는 벌금 4량이다. □□□□는 (벌금이 □)兩이다. ⓒ 상금, 재산몰수, 손해배상은 각각 그 값으로써 부담한다. ⓔ 뇌물을 받은 경우에는 그 죄에 2등을 가중한다. 만약 臟罪 쪽이 무겁다면 무거운 쪽의 형벌로 논하고 또한 죄 2등을 가중한다. ⓜ 그것이 고의가 아니거나, 실수로 정확하게 하지 않은 것이면 贖罪로써 논한다. 戍 四歲 및 繫城旦春六歲 이상의 죄라면 벌금 4량이다. ⓗ 贖死, 贖城旦春, 鬼薪白粲, 贖斬宮, 贖劓黥 및 4년 미만의 戍, 6년 미만의 繫, 벌금 1근 이상의 죄라면 罰金二兩이다. ⓐ 3년 미만의 繫城旦春, 贖耐, 贖遷 및 벌금 1斤 미만 罪, 상금, 재산몰수, 부채배상, 관부노역으로 형기를 배상하는 죄라면 벌금 1량이다.(㉠ 鞠(鞫)獄故縱, 不直, 及診, 報, 辟故弗窮審者, 死罪, 斬左止(趾)爲城旦, 它各以其罪論之. ㉡ 其當戳(繫)城旦春, 作官府償日者, 罰歲金八兩; 不盈歲者, 罰金四兩. □□□□兩, ㉢ 購, 沒入, 負償, 各以其直(値)數負之. ㉣ 其受賕者, 駕(加)其罪二等. 所予臟(臟)罪重, 以重者論之, 亦駕(加)二等. ㉤ 其非故也, 而失不審各以其贖論之. 爵戍四歲[49] 及戳(繫)城旦春六歲以上罪, 罰金四兩. ㉥ 贖死, 贖城旦春, 鬼薪白粲, 贖斬宮, 贖劓黥, 戍不盈四歲, 戳(繫)不盈六歲, 及罰金一斤以上罪, 罰金二兩. ㉦ 戳(繫)不盈三歲, 贖耐, 贖遷, 及不盈一斤以下罪, 購, 沒入, 負償, 償日作縣官罪, 罰金一兩.)[50]

17)의 율문은 관리의 ㉠고의적 재판부정과 ㉤과실에 의한 재판 오

---

49) 釋文에서는 爵戍四歲의 爵을 衍字로 보고 있다. 이 글자가 들어가면 의미가 통하지 않는다.
50) 『張家山漢墓竹簡』, p.147.

류로 이분하여 설명하고 있다. ㉠에서 고의성이 있을 때 反坐에 의해
死刑은 斬左止爲城旦으로 처벌하고 나머지는 잘못 재판한 죄로써 각
각 벌을 준다. 그러나 ㉤에서 재판이 고의가 아니고 과실일 경우에는
贖罪로 처리하여 해당 관리의 처벌을 각각 벌금 4량·2량·1량으로 처
벌하고 있다. 17)의 내용을 정리하면 [표 4]와 같다.

[표 4] 재판 오류와 처벌

	처벌내용	잘못된 판결 내용
㉠	斬左止城旦	死罪
㉡	8兩	繫城旦舂, 作官府償日者(1년 이상)
㉢	4량	繫城旦舂, 作官府償日者(1년 미만)
㉣	4량	戌四歲, 繫城旦舂六歲以上罪
㉤	2량	贖死、贖城旦舂、鬼薪白粲、贖斬宮、贖劓黥、戌四歲미만, 繫城旦舂六歲미만, 罰金一斤以上罪
㉦	1량	繫城旦舂不盈三歲, 贖耐、贖遷、一斤以下罪、購、沒入、負償、償日作縣官罪

그렇다면 秦律의 "當貲盾, 沒錢五千而失之, 何論? 當諄"도 재판실수에
의한 것이므로 [표 4]에서 ㉣·㉤·㉦의 재판을 잘못한 경우에 속한다고
볼 수 있다. 그렇다면 어느 정도로 재판을 잘못한 레벨에 속할까? 앞서
고찰한대로 貲一盾과 罰金一兩(625전)은 같은 등급이다.[51] 임시적으로

---

51) 罰金一兩이 625전이라는 것은 뒤의 19)~22)의 예문에서 자세히 검증할 것이
다. 漢代의 황금 1斤을 1만 전으로 계산했을 때 1근은 16량이므로 1량은 625
전이 된다. 황금 1근이 1만 전이라는 자료는 『漢書』 卷24下 「食貨志」, p.1178,
"黃金一斤直萬錢, 朱提銀重八兩爲一流直一千五百八十, 它銀一流直千 是爲銀貨
二品."의 기록에 근거한 것이다. 그런데 황금 1근이 1만 전인지 여부에 대
해서는 계속 논의되고 있는 사항이나, 물가에 의해 변동되는 것이 당연하
다. 실제로 前漢 중기에 저술되었을 『九章算術』에는 1근의 가액이 6250전
또는 9800전으로 나와 있다.(『九章算術』, 6 「均輸篇」, "問金一斤值幾何? 答曰:
六千二百五十, 盈胸篇, 問人數, 金價各幾何? 答曰: 三十三人, 金價九千八百.")

양자의 금액을 동일한 것으로 간주했을 때 625전에 5천전을 몰수하게 되면 4375전(5000-625)을 과다 몰수한 과실죄를 범하게 된다. 이 액수는 ⓐ의 재판을 과실로 잘못한 것이 "不盈一斤以下罪"(1만 전 이하)에 해당하고, 그에 따른 처벌은 1량의 벌금이다. 그런데 秦律에서는 이를 "諄"로 판결했고, 이년율령에서는 1량에 해당하므로 차이가 존재한다. 이것은 秦律과 二年律令의 규정이 완전히 동일할 수 없기 때문에 이러한 차이가 존재하는 것이라고 추정된다. 또한 二年律令에는 諄라는 처벌조항도 존재하지 않는다. 염두에 두어야 할 것은 「法律答問」의 貲盾과 五千錢의 가액이 비슷하기 때문에 諄라는 판결이 나온 것이 아니라, 관리의 비고의적 재판오류에 대해 처벌을 내리는 법률 규정에 입각했기 때문에 나왔을 가능성이 있다는 것이다. 즉, 貲盾을 五千錢과 등치시키는 논리가 성립할 수 없는 것이다.

二年律令에 재판오류에 대한 처벌조항이 존재하고 있는 사실은 그 母法인 秦律에서도 故意, 非故意의 여부는 물론이고 판결의 오차 정도를 고려하는 규정이 존재했을 가능성을 말해준다. 이것은 效律의 물품을 점검하다가 발생한 오차에 따라 諄와 貲罰을 부과하는 조항에서 충분히 유추할 수 있다.[52] 또 앞서 예시한 1)·2)에서와 같이 失刑罪의 규정이 秦律에 존재하는 것으로 보아 二年律令과 동일한 규정이 존재했을 가능성이 높다고 생각된다. 다만 二年律令에 諄라는 단계가 없어 秦律과의 직접적 비교는 어렵지만, 법률의 변천과정에서 충분히 있을 수 있는 차이점이라고 할 수 있다.

이상에서 고찰한 바와 같이 貲一盾이 오천 전이라는 주장은 출발

그와 반대로 居延漢簡 등에 의하면 벌금형을 논할 때 그 가액은 황금 1근 = 1만전으로 고정되어 있다.

52) 『睡虎地秦墓竹簡』, pp.115-116, "數而贏、不備, 直(値)百一十錢以到二百卄錢, 諄官嗇夫; 過二百卄錢以到千一百錢, 貲嗇夫一盾; 過千一百錢以到二千二百錢, 貲官嗇夫一甲; 過二千二百錢以上, 貲官嗇夫二甲."

점에서 문제가 있다고 생각되며, 그에 근거해 산출된 貲一盾 5천전, 貲一甲 1만전, 貲二甲 2만전이라는 추정도 수용하기 곤란하다. 그러한 계산방법보다는 秦漢律에서 貲罰과 罰金이 계승관계에 있는 동일한 가액이라는 가정하에서 고찰해야 할 것이다. 그러면 그 문제를 이년율령의 가액을 검증하는 것에서 풀어나가기로 한다.

이 문제를 살피기 전에 필자는 지금까지 "罰金"이라는 용어를 모두 "黃金"으로 해석했는데, 二年律令에 사용된 벌금 단위가 과연 黃金인지 아니면 銅을 의미하는 것인지 잠시 살펴보자. 이 문제는 너무도 당연한 것으로 생각되겠지만, 율령조문 가운데 黃金과 金을 병기하고 있어 양자가 혹시 다른 것이 아닐까 하는 의문이 생길 수 있기 때문이다. 二年律令에는 "入頃芻槀, 頃入芻三石, 上郡地惡, 頃入二石. 槀皆二石. 令各入其歲所有, 毋入陳, 不從令者罰黃金四兩. (1頃마다 芻槀를 납입할 때는 1頃 당 芻는 3石을 납입하고, 上郡은 토지가 척박하니 1頃당 2石을 납입한다. 槀는 모두 2石이다. 각기 그 해의 수확을 납입하게 하고, 묵은 것을 납입하지 못하도록 하라. 令에 따르지 않는 자는 黃金四兩의 벌금이다. 240簡)", "도로가 무너져 다닐 수 없는 경우 해당 嗇夫와 담당 관리는 각각 黃金二兩의 벌금이다. 공용도로와 阡陌을 불법으로 침식하거나 掘斷하게 되면 罰金二兩이다.(248簡)"[53]의 조문에서 보이듯이 "罰黃金四兩"이라고 표기되어 있고, 같은 조문 내에 "黃金各二兩"과 "罰金二兩"이 사용되었다. 黃金과 罰金을 구별하여 사용하는 것에서 이년율령에 사용된 벌금이 銅을 단위로 했다는 견해가 있을 수도 있다.[54]

그러나 두 가지 점에서 "罰金"을 銅으로 볼 수 없다. 첫째는 漢律의

---

53) 『張家山漢墓竹簡』, pp.165-166, "入頃芻槀, 頃入芻三石, 上郡地惡, 頃入二石. 槀皆二石. 令各入其歲所有, 毋入陳, 不從令者罰黃金四兩.(240簡)", "道有陷敗不可行者, 罰其嗇夫·吏主者黃金各二兩. 盜侵飤道千(阡)伯(陌)及塹土〈之〉, 罰金二兩(248簡)"

54) 金이 반드시 "黃金"만을 지칭하는 것이 아니라는 주장은 錢劍夫, 『秦漢貨幣史稿』(武漢: 湖北人民, 1986) 참조.

벌금은 모두 황금가액으로 표시하라는 규정이 있다는 것이다.

> 18) 벌금·속죄·채무가 있어 (縣官에) 황금을 납입할 경우, 황금의 平價
> (評定價格)로 환산하여 錢을 납입하거나, 포상금·상을 받아야 하지
> 만 (縣官에) 황금이 없을 경우, 金·錢을 縣官에 납부하여 그 벌금·속
> 죄·채무를 변상하거나 다른 사람을 면제시키려고 한다면 모두 허
> 락한다. 각기 그 二千石官의 治所가 있는 縣의 10월 황금의 平價로
> 錢을 주거나 면제해 준다.(有罰、贖、責(債), 當入金, 欲以平賈(價)入錢,
> 及當受購, 償而毋金, 及當出金、錢縣官而欲以除其罰、贖、責(債), 及爲人
> 除者, 皆許之. 各以其二千石官治所縣十月金平賈(價)予錢, 爲除.[55]

이 조항에서 罰·贖·債務는 "金"으로 내라고 규정했는데, 이것은 二
年律令에 기록된 벌금액수들이 모두 黃金을 의미하는 것으로 생각된
다. 그 이유는 이 조문에서도 錢과 함께 병기된 金을 특별히 "黃金"으
로 표시하지 않고 있다. 錢은 銅으로 만드는 것인데, 또 그에 추가해
서 銅을 내라고 할 리는 없는 것이다. 결국 金이라고만 표시해도 "黃
金"을 지칭한다는 기본 인식이 깔려있는 것이다. 그리고 "漢代의 벌금
은 황금을 기준으로 했다"는 『晋書』 「刑法志」의 내용은 위의 벌금이 황
금가로 책정된 사실에 이론의 여지가 없음을 다시 한번 입증해주는
것이다.[56]

둘째, "金"을 銅으로 간주하고 二年律令의 모든 罰金 기록을 銅으로
볼 수도 있다는 주장이 있을 수 있다. 백보를 양보해서 벌금을 銅으로
낸다고 했을 때 銅 二兩을 벌금으로 내는 것이 벌금으로서의 의미가
있을지는 의문이다. 一兩의 무게는 약 15.6g, 四兩이 62.4g인데, 이 정도
의 銅을 실물로 받아보았자 재정상 도움이 되지 않거니와 벌금을 내

---

55) 『張家山漢墓竹簡』, p.190.
56) 『晋書』 卷30 「刑法志」, p.925, "金布律有罰贖入責以呈黃金爲價."

는 측에서도 별로 부담되지 않는다. 『居延漢簡』의 "☑期會, 皆坐辨其官事不辨, 論罰金各四兩, 直二千五百."의 罰金이 銅을 의미한다면,[57] 불과 銅 四兩의 가치가 2500전이나 나갈까 하는 의문이 생긴다. 銅 四兩 (62.4g)으로 만들 수 있는 武帝시기의 화폐 五銖錢(약 3.25g)은 약 19개에 불과하다. 五銖錢 19錢의 가치를 만들려고 2500錢의 가치에 해당하는 銅을 누가 사용하겠는가? 따라서 『居延漢簡』에 보이는 벌금은 절대 銅일 수가 없는 것이다. 또한 "道有陷敗不可行者, 罰其嗇夫·吏主者黃金各二兩. 盜侵飮道千(阡)伯(陌)及壍土〈之〉, 罰金二兩"(二年律令, 248簡)에 있는 嗇夫·吏主者가 받는 벌금이 黃金二兩으로 되어 있으나, 기타 자료에는 嗇夫·吏主者가 罰金二兩을 받은 사례가 매우 많다.[58] 대체로 罰金二兩은 嗇夫·吏主者가 감독의 책임을 질 때 받는 처벌인 것이다. 그런데 이곳에서만 유독 황금으로 벌금을 내라고 기술했다. 비록 같은 조문 내에서 黃金二兩과 罰金二兩을 사용했더라도 이것은 기록상에서 생긴 착오 정도로 보아야 할 것이다.

이처럼 벌금은 황금을 기준으로 한 것인데, 귀금속인 황금을 납부한다는 것은 납부자가 쉽게 구득할 수 있어야 하지만 실상은 그렇지 못했을 것이다. 따라서 벌금을 현금으로 折算하는 문제가 대두한다. 위에 언급한 18)은 罰·贖·債의 납입을 황금으로 하는 것이 원칙이지만 전납도 허용한다는 것, 각 지역마다 황금 가격에 차이가 있으므로 二千石官은 자신의 치소가 있는 곳의 10월달 黃金平價로 절산하라는 내용이다. 漢代에 황금을 표준으로 벌금가격을 산정한 사실은 앞서 언

---

57) 甘肅省考古文物研究所, 『居延新簡』(北京: 文物出版社, 1990), p.337.

58) 『張家山漢墓竹簡』, p.134, "賊燔城, 官府及縣官積取(聚), 棄市. (賊)燔寺舍, 民室屋廬舍、積取(聚)、黥爲城旦舂. 其失火延燔之, 罰金四兩, 責所燔. 鄕部、官嗇夫、吏主者弗得, 罰金各二兩."; 같은 책, pp.168-169, "市販匿不自占租, 坐所匿租臧爲盜, 没入其所販賣及賈錢縣官, 奪之、列. 列長、伍人弗告, 罰金各一斤. 嗇夫、吏主者弗得, 罰金各二兩."; 같은 책, p.153, "□□□發及鬪殺人而不得, 官嗇夫、士吏、吏部主者, 罰金各二兩, 尉、尉史各一兩."

급한 『晉書』 「刑法志」에서 확인된 사실이다. 황금을 上幣(기준화폐)로
삼고, 동전인 半兩錢을 下幣(보조화폐)로 하는 秦代의 화폐 정책이 漢
代의 二年律令 18)의 조문에서 확인된 것이다.[59] 황금은 이천석관의
치소가 있는 縣의 매년 10월의 가격으로 절산하라고 했으므로 그 가
격은 적어도 1년 단위로 변동됨을 알 수 있다.[60] 그러나 매년 10월의
황금 시장가격에 따라 罰·贖·債의 변화된 가격을 반영한다면 해마다
이를 계산해야 하는 번잡한 문제가 발생할 수 있다. 그러므로 율문의
규정을 따르지 않고 편의적으로 황금의 平價를 1근당 1만전으로 고정
시켜 놓았을 가능성이 높은데, 그것은 아래의 居延漢簡 자료에서 확인
할 수 있다.

19) ☒期會 皆坐辨其官事不辨, 論罰金各四兩, 直二千五百.(EPT 57:1)

20) ☒罰金二兩直千☒(227.13)

21) ☒□□□□當罰金二千五(231.115A)

22) ☒□□□亡人罰金五千(231.115B)[61]

19)에서는 罰金이 黃金四兩에 2500전이므로 1량은 625전이며, 1근(16
량)은 1만전에 해당한다. 20)의 벌금 2량에 "千☒"은 1량에 625전이라고
하는 19)의 내용에서 추정할 때 1250전일 것으로 추정된다. 21)의 벌금

59)『漢書』卷24下 「食貨志」, p.1152, "秦兼天下, 幣爲二等: 黃金以溢爲名, 上幣; 銅
　　錢質如周錢, 文曰「半兩」, 重如其文. 而珠玉龜貝銀錫之屬爲器飾寶臧, 不爲幣,
　　然各隨時而輕重無常."
60) 溫樂平, 「從張家山漢簡西漢初期平價制度」(『秦漢史論叢』9, 2004), p.464. 황금
　　과 동전의 교환비율에 대해서는 좀더 확실한 사료가 필요하다면서 결론을
　　유보하고 있다. 彭浩도 「關于《二年律令》"罰金"一詞注釋的補充說明」에서 漢
　　初 동전의 불안정 때문에 황금으로 벌금의 표준을 삼았고 황금의 가격은
　　변동되었다고 보았다.(『簡帛研究』網站 05-11-03)
61)『居延新簡』, p.337; 謝桂華, 『居延漢簡釋文合校』(北京: 文物出版社, 1987), pp.366,
　　379, 379.

2500전은 20)의 2배에 해당하는 벌금 4량의 금액이라고 할 수 있다. 22)
는 亡人의 벌금이 5000전인데, 이는 벌금 8량에 해당한다.

주목할 점은 4개 문서들이 모두 같은 해에 작성되었을 가능성이
희박한데도 모두 황금 1량의 가격이 625전에 고정되어 있다는 사실이
다. 즉, 최소한 몇 년에 걸쳐 작성되었을 것으로 생각되는 문서들이
모두 황금 1량 = 625전의 배수관계에 있는 것은 황금 1근 = 1만전이라
는 가액으로 고정되었기 때문일 것이다. 흥미로운 것은 21)·22)인데,
아예 황금 가액을 표시하지 않은 채 현금 가액만 표시하고 있는 점이
다. 이것은 벌금 부과를 황금으로 표시하는 원칙이 무너진 것은 아니
겠으나 농민들이 구득하기 쉬운 동전으로 표시된 것임을 말해준다.
현금 가액만으로 표기가 가능했다는 것은 관부에서 관행적으로 사용
해온 황금 대 동전의 교환가격이 있었을 것이다. 二年律令에 매년 10
월 歲首의 황금 平價로 罰·贖·債를 납부하라는 규정이 있더라도 일선
관부에서는 平價와는 무관한 고정 현금가로 납부가 이루어졌던 것이
다. 秦律에서도 이러한 현실적 필요에 의해 貲罰과 현금의 고정가액
이 존재한 증거가 보인다.

貲罰도 그 명칭에서 징수단위가 甲·盾으로 되어 있어 실물로 징수
하는 것처럼 보이지만 실물로 징수하지는 않았던 것 같다. 현실적으
로 그것이 쉽게 구득할 수 없는 군수품이라는 점에서 貲罰도 일정하
게 규정된 동전가액이 있었을 것 같다. 雲夢秦律에는 貲罰을 현금으로
징수한 기록은 없고, 다만 납부하지 못했을 때 노역으로 대신하도록
한 규정만 보인다.[62] 그러나 秦始皇 33년의 里耶秦簡에는 陽陵縣의 司
空이 洞庭郡에서 戍邊하는 자기 縣 소속의 守卒들에게 贖錢·貲餘錢·貲
錢의 추징을 요청한 기록에 그 액수가 현금으로 명시되어 있다.[63] 이

---

62) 『睡虎地秦墓竹簡』, p.84, "有罪以貲贖及有責(債)於公, 以其令日問之, 其弗能入
　　及貲(償), 以令日居之, 日居八錢; 公食者, 日居六錢."
63) 湖南省文物考古研究所, 「湖南龍山里耶戰國-秦代古城一號井發掘簡報」(『文物』

기록은 『睡虎地秦墓竹簡』의 金布律에 債·貲·贖을 납부하지 않은 자가
다른 현에 거주할 때는 그 현으로 이첩해서 징수하라고 규정한 것을
그대로 실시한 증거이다.[64] 사실 화폐 관련 법률을 규정한 金布律에
債·貲·贖의 징수와 관련된 내용이 기록되어 있는 것만으로도 화폐납
이었음을 알 수 있다.

　里耶秦簡에 보이는 貲餘錢은 자벌로 내야 할 벌금의 미납 부분을
뜻한다. 그 금액들은 아래의 [표 5]와 같은데, 1344전이 4회 보이는 것
을 제외하고는 1회씩 보이고 있다. 노역대가는 秦律에는 1일당 8전이
고, 二年律令에는 12전이었다.[65] 우선 里耶秦簡의 貲錢, 貲餘錢, 贖錢 액
수를 8전과 12전으로 나누어 복역기일을 계산해보면 대부분 정수로
나누어지고 있다. 다만 8전으로 貲錢을 나누었을 때 그 액수가 거의
나머지 없이 나누어진 것은 원래 1일 8전으로 나눌 수 있도록 의도된
금액임을 말해준다. 12전으로 나눈 것도 대체로 정수로 나누어진 것
은 12전으로 변경되었어도 큰 문제가 없었음을 말해주는 것이지만, 8
전으로 나누었을 때보다 잘 나누어지지 않는 것에서 보면 8전이 더
적합한 것으로 보인다. 그러나 진시황 말년 및 이세황제 원년, 이년에
해당하는 里耶秦簡의 기록은 雲夢秦簡과 시기가 일치하므로 하루 8전
으로 계산하는 것이 옳다고 생각된다.

　　2003-1), pp.19-33.
64)『睡虎地秦墓竹簡』, p.60, "有責(債)於公及貲、贖者居它縣, 輒移居縣責之. 公有責
　　(債)百姓未賞(償), 亦移其縣, 縣賞(償). 金布律."
65)『張家山漢墓竹簡』, p.187, "乏徭及車牛當徭而乏之, 皆貲日十二錢, 又償乏徭日,
　　車⊠." 二年律令에 보이는 乏徭시에 1일=12전은 漢律의 罰金一兩이 625전으
　　로 바뀜으로써 잘 맞지 않았을 것으로 추정된다.

[표 5] 貲錢과 노역일수

	貲餘錢/ 노역일수		貲錢 / 노역일수		贖錢 / 노역일수	
1일 8전	8064전	1008일	836전	104.5일	7680전	960일
	1728전	216일	384전	48일		
	852전	106.5일	2688전	336일		
			11211전	1401.375(3/8)일		
			1344전(4회)	168일		
1일 12전	8064전	672일	836전	69.6(70)일	7680전	640일
	1728전	144일	384전	32일		
	852전	71일	2688전	224일		
			11211전	934.25(1/4)일		
			1344전(4회)	112일		

필자는 『嶽麓書院藏秦簡(貳)』가 출판되기 전에 위의 자료에 근거하여 아래의 인용문과 같이 해석하였다. 이 때에 필자의 시각에 들어온 것은 672전과 1344전이었다. 그 중에서도 672전은 漢律의 罰金一兩 가액 625전과 근사치이므로 貲一盾의 가액일 것이라고 추정하였다.

그런데 [표 5]의 貲罰 금액들은 어떻게 산출되었을까? 만약에 漢代의 황금가액을 준용해서 貲一盾을 625전으로 한다면 貲一甲은 1250전, 貲二甲은 2500전이 되고, 위의 貲錢금액에는 이와 배수 관계에 있는 것들이 나타나야 한다. 그러나 625전과 배수 관계에 있는 숫자는 전혀 보이지 않는다. 아래의 [표 6]에서 알 수 있듯이 이들 貲錢과 관련이 있는 숫자는 672이고, 12개 사례 중에서 6개는 672전으로 나머지 없이 나누어지며, 나머지가 있는 것도 분수로 나눌 수 있다. 다만 836, 852, 11211전은 672전으로 나눈 나머지가 164, 180, 519전인데, 그것을 분수로 하면 각각 41/168, 153/224, 15/56이 된다. 이러한 3개의 수치가 어떻게 나왔는지는 의문이지만, 수차례 貲錢이 누적되는 등 복잡한 사정이 있을 듯하다. 貲餘錢인 8064전이 나머지 없이 672전으로 나누어지는 것을 보면, 貲餘錢이라는 용어에 납부하고 남은 것이라는 의미가 있어도 실제로는 한번도 貲錢을 납부하지 않았을 가능성도 있고, 672전과 배수관계에 있는 액수를 납부하고 남은 나머지일 가능성도 있다. 그리고 음영으로 표시한 숫자들은 672로 나누어지는 숫자들인데, 그것들의 나머지들의 분모가 7로 되어 있는 것도 앞으로 해결할 문제이다.

[표 6] 貲錢과 672전의 배수관계

		672 + 나머지	秦始皇 年.月.朔.日	陽陵縣 소속 里		
貲錢	384전	672×4/7	33.4.辛丑.丙午	下里		
	836전	672 + 672×164/672	33.3.辛未.戊戌	仁陽		
	1344전	672×2	33.4.辛丑.丙午	孝里	逆都	叔作	不明
	2688전	672×4	33.4.辛丑.戊申	褆陽		
	11211전	672×16 + 672×519/672	33.4.辛丑.戊申	褆陽		
貲餘錢	8064전	672×12	33.4.辛丑.丙午	宜居		
	1728전	672×2 + 672×4/7	33.3.辛未.戊戌	下里		
	852전	672 + 672×180/672	33.3.辛未.丁酉	谿里		
贖錢	7680전	672×11 + 672×3/7	33.3.辛未.戊戌	仁陽		

위의 분석과 같이 貲錢 등이 모두 672전과 배수관계에 있음이 분명한데, 貲一盾의 가액을 672전으로 해야 할지 아니면 4개의 사례가 보이는 1344전으로 해야 할지가 문제이다. 그런데 앞서 貲一盾과 罰金一兩이 같고 居延漢簡 자료에서 罰金一兩은 625전이라는 분석결과에 근거한다면 이에 근사한 672전이 貲一盾이라고 보아야 하는 것이 온당할 것 같다. 그렇다면 1344전은 貲一甲에 해당하고, 2688전은 貲二甲에 해당한다. 또한 황금 1근은 10752전으로서 漢代의 1만전과 거의 일치한다고 할 수 있다.

그러나 이후에 출간된 『嶽麓書院藏秦簡(貳)』의 자료를 검토한 결과, 이 주장은 전면적으로 수정되어야 했다. 이하 嶽麓秦簡의 자료를 예시해보겠다.

貲一甲은 錢으로 1344에 해당하고, 金 二兩一垂에 해당한다. 一盾은 金

二垂에 해당한다. 贖耐는 馬甲四이며, 錢으로 7680전이다.(贅一甲, 直(値)錢千三百卌四, 直(値)金二兩一垂. 一盾直(値)金二垂. 贖耐, 馬甲四, 錢七千六百八十.)(0957)

馬甲一은 金으로 三兩一垂에 해당하며, 錢으로 1920에 해당한다. 金 1銖는 錢24에 해당한다. 贖入馬甲十二는 錢으로 23040에 해당한다.(馬甲一, 金三兩一垂, 直(値)錢千九百廿. 金一朱(銖), 直(値)錢廿四. 贖入馬甲十二, 錢二萬三千卌.)(0970)

【廿四朱(銖)一】兩. (0646)[66]

于振波는 위의 자료에 근거하여 다음과 같이 분석하였다.[67]

　① 金1銖는 24錢이다.

　② 1甲 = 1344錢 = 金2兩1錘이다.

　③ 1銖 = 24錢이므로, 1甲 = 1344錢 = 56銖가 된다.

　④ 1甲 = 金2兩1錘 = 56銖

　⑤ 1兩 = 24銖이므로 56銖는 2兩8銖. 따라서 1甲 = 金2兩1錘 = 56銖 = 2兩8銖

　⑥ 따라서 1錘 = 8銖이다.

　⑦ 또한 0957簡에 의하면, 1甲은 1344錢이다.

　⑧ 1盾 = 2錘 = 2×8銖 = 2×8×24錢 = 384錢

　결국 1甲 = 1344錢, 1盾 = 384錢이다.

조금 복잡한 계산법이지만, ⑦⑧의 부분에서 알 수 있듯이 1甲은 1344전, 1盾은 384전이라는 결론을 도출할 수 있었다. 이에 입각하여

---

66) 『嶽麓書院藏秦簡(貳)』, pp.76, 78.
67) 于振波, 「秦律中的甲盾比價及相關問題」(『史學集刊』 2010-5), pp.37-39.

[표 7]에서는 秦律의 貲一盾, 二盾, 一甲, 二甲과 二年律令의 罰金 1량, 2량, 4량의 관계를 정리해 볼 수 있다. 필자는 앞에서 睡虎地秦簡에 보이는 貲罰의 출현 빈도가 貲一盾 49례, 貲二盾 1례, 貲一甲 44례, 貲二甲 49례였음을 언급했는데, 이례적으로 貲二盾의 출현빈도가 적은 것은 거의 사용되지 않았다는 증거이다. 이러한 이유에서 貲二盾이 도태되고 貲一盾, 貲一甲, 貲二甲 위주로 사용되다가, 二年律令에서 罰金 1량, 2량, 4량으로 연계되어진 것이라고 생각한다.

貲罰과 罰金의 가액상 비율 문제인데, 貲一盾, 貲一甲, 貲二甲의 가액 비율이 1 : 3.5 : 7에서 罰金 1량, 2량, 4량의 1 : 2 : 4로 조정되었다. 가액상의 비율은 분명 차이가 존재하지만, 전체 금액상의 문제는 크게 문제가 없었던 것으로 생각된다. 즉, 貲一盾 384전과 벌금 1량 625전은 가액상 근접했다고 할 수 없지만, 나머지 貲一甲 1344와 벌금 2량 1250, 貲二甲 2688과 벌금 4량 2500의 가액은 근접해 있다. 林炳德은 벌금 1량의 가액을 625전으로 한 것은 貲一盾과 貲二盾의 중간 액수인 貲1.5盾인 576전과 가깝기 때문이라고 했지만,[68] 벌금형은 漢代 황금가액 1근 = 16량 = 10000전의 기본 원칙에서 1량 = 10000/16량 = 625전의 가액이 산출된 것이다.

里耶秦簡의 貲甲에는 貲1·2·3·4·5·6·7·14甲이 확인되었다.[69] 이것들은 甲으로만 되어 있는 것으로 보아, 馬甲과는 다른 것으로 생각된다.

---

68) 임병덕 교수는 벌금1량의 가액을 625전으로 한 것은 貲一盾의 가액 384전과 貲二盾의 768전을 합한 1152전을 2로 나눈 576전과 근사치이기 때문이라고 주장하였다. 이는 貲1.5盾에 맞추어 벌금1량의 가액을 정한 것이라는 주장이다. 林炳德, 「秦에서 漢으로의 罰金刑과 贖刑의 變化와 그 性格」(『東洋史學研究』134, 2016), pp.121-122; 林炳德, 「『嶽麓秦簡』과 中國古代法制史의 諸問題」(『法史學研究』54, 2016), p.27.

69) 陳偉, 『里耶秦簡牘校釋(一)』(武漢: 武漢大學出版社, 2012), p.89, "令佐敢貲七甲 (8-149)"; 같은 책, p.131, "鄉守履貲十四甲. ☑ Ⅰ 鄉佐就貲一甲. ☑ Ⅱ 鄉佐□貲六甲. ☑Ⅲ(8-300)"

이것을 貲一甲의 배수로 계산하여 정리하면 다음과 같다. 표에서 알 수 있듯이 貲十四甲 18816은 馬四甲의 7680보다 금액이 크기 때문에, 馬甲과 동일한 계열로 보기는 곤란하다.

[표 7] 嶽麓秦簡(貳)과 里耶秦簡의 가액과 漢律과의 비교

	秦律			漢律		
	金	錢	비율	罰金	錢	비율
馬十二甲	960銖	23,040	60			
馬四甲	320銖	7680	20			
馬一甲	800銖	1920	5			
貲十四甲		18816				
貲七甲		9408				
貲六甲		8064				
貲四甲		5376				
貲三甲		4032				
貲二甲	112銖	2688	7	四兩	2500	4
貲一甲	56銖	1344	3.5	二兩	1250	2
貲二盾	32銖	768	2			
貲一盾	16銖	384	1	一兩	625	1

이에 근거하여 이전에 분석했던 [표 6]을 [표 8]과 같이 새롭게 분석할 수 있다. 다만 836전, 852전, 11211전은 명확하게 무엇인지 알 수가 없다.

[표 8] 里耶秦簡의 貲錢 재분석

	384전	貲一盾
貲錢	836전	?
	1344전	貲一甲
	2688전	貲二甲
	11211전	?
貲餘錢	8064전	貲六甲
	1728전	貲一甲 + 貲一盾
	852전	?
贖錢	7680전	馬甲四

이에 근거한다면, 앞선 [표 6]에서는 각 자벌금액의 명칭이 무엇이 었는지 정확하게 알 수 없었지만, 『嶽麓書院藏秦簡(貳)』의 자료를 활용 하면 3개의 사례를 제외하고는 그 자벌의 액수가 구체적으로 어떤 단 위였는지를 명확히 할 수 있게 되었다.

앞서 언급한 것처럼 貲一盾이 5천전이라면, 漢代의 罰金一兩이 625 전이므로 벌금부담은 漢律이 秦律에 비해 1/8로 감소한 것이 되고, 또 관부에서의 노역가액을 1일 8錢에서 12錢으로 인상한 것을 반영하면 부담은 더욱 줄어들어 1/12로 된다는 견해가 있다.[70] 새로운 漢왕조의 창출을 위해 내린 시혜조치로 대폭적인 경감을 했다는 주장도 물론 제시될 수 있다. 그러나 그것을 인정하기에는 벌금 경감의 폭이 너무 크며, 벌금보다 더 중요한 문제인 徒隸 등의 무기노역 등은 전혀 개정 되지 않았기 때문이다. 시혜조치를 내렸다면 오히려 徒隸해방의 문제 등이 우선적으로 고려되어야 했을 것이다. 따라서 秦漢의 왕조교체 과 정에서 유독 벌금형만 천지개벽한 것처럼 大變했을 것으로는 생각되 지 않는다. 그러나 嶽麓秦簡의 貲錢을 분석한 결과 이 견해는 따르기 어렵다. 貲一盾은 384전에 불과했고, 二年律令에서는 625전으로 오히려 올랐으나, 貲一甲 1344전과 罰金二兩 1250전, 貲二甲 2688전과 벌금4량 2500전은 대동소이하여 충격적 변화는 없었다고 할 수 있다.

한편 납부방법에 있어서 秦代의 貲錢, 貲餘錢, 贖錢도 이년율령의 규정에서처럼 매년 10월의 黃金平價로 계산하여 납부하였을까? 居延漢 簡에 黃金平價 대신 직접 현금가액으로 벌금을 책정했고, 罰金一兩의 가액이 625전으로 고정된 것과 마찬가지로 秦代의 貲罰금액이 고정되 었을 가능성은 없을까? 특별히 그렇게 생각되는 이유로서 貲一盾의 384전이라는 숫자가 貲·贖·債 체납자의 노역 시 1일 노동 값어치인 8 전과 12전으로 환산 가능한 숫자라는 것을 들 수 있다. 384전은 8전으

---

70) 李成珪, 위의 논문, pp.67-68.

로 계산하면 48일의 요역으로, 乏徭 시의 12전으로 계산하면 32일의 요역으로 된다. 8전과의 관련성으로 인해 貲一盾의 가액을 384전이 아닌 다른 숫자로 바꿀 경우, 노역으로 대체 시 나머지가 발생하고 그 처리는 머리 아픈 문제로 등장할 수 있었을 것이다. 1일 = 8전이라는 노역비율이 바뀌면 몰라도 계속 이 숫자가 사용되는 한 384전에 변동이 없었을 것이며, 乏徭 시에 1일의 노역대가를 12전으로 바꾼 것도 384전과의 관계를 고려한 때문이었을지도 모른다.

貲罰의 처벌이 어떤 정도의 강도였을까를 본다면, 자벌 중에서 가장 가벼운 貲一盾 384錢조차도 48일 동안 관부에서 노역해야 하기 때문에 결코 가벼운 처벌이라고 할 수는 없다. 秦律의 司空律에서는 貲·贖·債로 복역하고 있는 자들에게 농번기에 귀가를 허락하고 있기는 하지만, 居貲의 기간 동안 가사를 돌볼 수 없는 어려움이 있었을 것이며,[71] 농번기에 귀가를 허락한다는 조항도 1979년 진시황릉 주변의 趙背戶村에서 발견된 居貲들의 본적지와의 거리를 고려할 때 실제로는 지켜지지 않았을 가능성이 있다. 趙背戶村 출토의 瓦文에서 본다면 이들은 山東·河南·江蘇·河北출신으로 居貲하기 위해 진시황릉 건설에 동원되었다가 사망했던 것인데, 노역장소와의 거리가 매우 멀다.[72] 중앙의 요역 징발에 6일~10일 늦었을 경우 貲一盾의 처벌을 받는데, 그 대가로 48일의 노역이 기다리고 있었던 것이다.[73] 또한 里耶秦簡에 陽陵縣 소속의 형도 관리 책임자인 司空이 洞庭郡의 어느 縣에선가 戍邊하고 있을 자기 소속 縣 출신의 貲·贖·債 체납자들의 재산정도를 조사하고 洞庭郡에 그 징수를 독촉한 문서를 본다면 秦帝國이 어느 정도로 이 문제에 대해 철저하게 임했는지 알 수 있다.

---

71) 『睡虎地秦墓竹簡』, p.88, "居貲贖責(債)者歸田農, 種時, 治苗時各二旬. 司空."
72) 始皇陵秦俑坑考古發掘隊, 「秦始皇陵西側趙背戶村秦刑徒墓」(『文物』 1982-3), pp.6-7.
73) 『睡虎地秦墓竹簡』, p.76, "御中發徵, 乏弗行, 貲二甲. 失期三日到五日, 誶; 六日到旬, 貲一盾; 過旬, 貲一甲."

里耶秦簡에 秦始皇 27년 洞庭郡 太守 禮가 예하의 縣에 보낸 문서에서 언급한 令에는 군수물자를 수송할 때의 원칙이 보이고 있다. 농번기에는 黔首 대신 城旦舂 등의 형도와 貲·贖·債의 채무가 있는 자들을 우선 징발한다는 원칙이다.[74] 농번기에 모두가 바쁘다면 黔首와 居貲 복역자 가운데 居貲 복역자가 군수물자 수송 등에 우선적으로 동원되는 것은 당연하였다. 또 한 집에 2인 이상이 居貲하여 그 집안일을 돌볼 수 없을 때는 한 사람을 내보내 번갈아가며 요역에 종사하게 한 율문이 있는 것으로 보아서 한 집에 여러 명이 居貲하는 경우도 존재했던 모양이다.[75]

이처럼 벌금형이 전체 형벌체계에서 차지하는 위치는 낮은 것이었으나 그 부담은 결코 무시할 수 없는 것이었다. 때문에 자벌을 납부하지 못하는 秦民들이 최종적으로 해결할 수 있는 방법은 법률등급에서 벌금보다도 가벼운 笞刑이었다.

> 23) 郵人의 문서이송은 하루 낮밤에 200리를 가야한다. 문서이송이 규정보다 半日 늦었다면 笞 50이다. 半日에서 하루까지는 笞 100이다. 하루를 경과하면 罰金二兩이다.(郵人行書, 一日一夜行二百里. 不中程半日, 笞五十; 過半日至盈一日, 笞百; 過一日, 罰金二兩.)[76]

郵人의 문서 전달은 24시간 동안에 2백리를 가도록 규정되어있는데, 그 기준에 半日 정도 미달하면 笞 50대를 때리고, 半日에서 1일 늦은 자는 笞 100을, 1일을 넘게 늦은 자는 罰金二兩에 처한다. 이 규정에

---

74) 湖南省文物考古研究所,「湘西里耶秦代簡牘選釋」(『中國歷史文物』 2003-1), p.20, "令曰: 傳送委輸, 必先悉行城旦舂、隷臣妾、居貲贖責(債). 急事不可留, 乃興繇. …田時也, 不欲興黔首."

75) 『睡虎地秦墓竹簡』, p.85, "一室二人以上居貲贖責(債)而莫見其室者, 出其一人, 令相爲兼居之."

76) 『張家山漢墓竹簡』, p.170.

서 보면 笞 50, 笞 100, 罰金二兩의 순서로 중벌이라는 것을 알 수 있다. 상식적으로 신체에 가해지는 태형보다는 벌금형이 더 가벼울 것으로 생각되지만, 벌금이 당시인들에게는 더 무거운 형벌로 간주되었던 것이다. 이러한 형벌관념은 木索箠楚 → 髠鉗刑 → 肉刑 → 腐刑의 순서로 언급한 司馬遷의 견해와 대체로 일치한다고 생각된다.[77] 司馬遷의 언급에서는 비록 벌금형이 언급되어 있지 않으나 태형이 가장 가벼운 처벌임은 공통된다.

그렇다면 秦人들은 장시간의 노역에 동원되기보다는 태형을 택할 수 있었을까? 결론부터 말한다면 불가능했을 것으로 추정된다. 二年律令에는 비율이 명확하지 않지만 笞刑을 罰金一兩으로 대신하기를 요청하면 허락한다는 규정은 있으나,[78] 그 반대로 벌금을 태형으로 대신한다는 규정은 확인되지 않는다. 국가에서는 태형을 때리는 것보다 벌금의 징수나 노역동원이 유리했다는 점에서 이를 허용하지 않았을 것이며, 이는 里耶秦簡에 동원된 수많은 居貲의 사례에서 입증된다. 秦律에는 기물을 손괴한 城旦舂을 1전당 태형 10대를 때린 경우가 있기는 하였다.[79] 그러나 1전당 태형 10대의 환산방법에 따르면 貲一盾(384전)은 태형 3840대에 해당한다. 어마어마한 태형의 숫자에서 볼 때 집행시 사망하는 등 현실적으로 시행이 불가능했을 것으로 보인다. 따라서 관부의 기물을 손괴한 城旦舂에게 1전마다 태형 10대를 때리는 규정은 재산이 몰수되어 배상능력이 없는 城旦舂의 부주의를 징

---

77) 『漢書』 卷62 「司馬遷傳」, pp.2732-2733, "太上不辱先, 其次不辱身, 其次不辱理色, 其次不辱辭令, 其次詘體受辱, 其次易服受辱, 其次關木索被箠楚受辱, 其次鬄毛髮嬰金鐵受辱, 其次毀肌膚斷支體受辱, 最下腐刑, 極矣."
78) 『張家山漢墓竹簡』, p.146, "吏, 民有罪當笞, 謁罰金一兩以當笞者, 許之. 有罪年不盈十歲, 除. 其殺人, 完爲城旦舂."
79) 『睡虎地秦墓竹簡』, p.90, "城旦舂毀折瓦器, 鐵器, 木器, 爲大車折轅, 輒治(笞)之. 直(値)一錢, 治(笞)十; 直(値)廿錢以上, 孰(熟)治(笞)之, 出其器. 弗輒治(笞), 吏主者負其半. 司空."

치하는 수단으로서 나온 것에 불과하다고 생각된다.

Ⅳ. 벌금형의 체계화

앞에서 장물가액에 따른 벌금형이 秦律에서는 貲一盾·貲二甲, 二年律令에서는 罰金一兩·罰金四兩으로 각각 2개씩 있었음을 알 수 있었다. 그런데 전체 벌금의 종류가 2종류만 존재한 것은 아니었다. 이년율령에는 절도 이외의 범죄에 대해 罰金八兩·罰金一斤·二兩이 부과된 사례,[80] 居延漢簡에는 罰金半兩·一兩·二兩의 사례,[81] 景帝의 조서에 罰金二斤의 사례가 보인다.[82] 이를 종합한다면 漢代의 벌금은 0.5兩·1량·2량·4량·8량·16량(1斤)·32량(2斤)의 7개인데, 이년율령에 확인된 벌금이 4개에 불과한 것은 漢律의 일부만이 출토했기 때문일 것이다.

---

80) 『張家山漢墓竹簡』, p.147, "鞫(鞫)獄故縱·不直, 及診·報·辟故弗窮審者, 死罪, 斬左止爲城旦, 它各以其罪論之. 其當繫城旦春, 作官府償(賞)日者, 罰歲金八兩; 不盈歲者, 罰金四兩."; 같은 책, p.147, "爵戍四歲及繫城旦春六歲以上罪, 罰金四兩. 贖死·贖城旦春·鬼薪白粲·贖斬宮·贖劓黥·戍不盈四歲·繫不盈六歲·及罰金一斤以上罪, 罰金二兩."; 같은 책, p.134, "賊燔城·官府及縣官積取(聚), 棄市. (賊)燔寺舍·民室屋廬舍·積取(聚), 黥爲城旦春. 其失火延燔之, 罰金四兩, 責所燔. 鄉部·官嗇夫·吏主者弗得, 罰金各二兩."; 같은 책, pp.168-169, "市販匿不自占租, 坐所匿租贓爲盜, 沒入其所販賣及賈錢縣官, 奪之列. 列長·伍人不告, 罰金各一斤. 嗇夫·吏主者弗得, 罰金各二兩. 諸詐給人以有取, 及有販賣買賣而詐給人, 皆坐贓與盜同法, 罪耐以下又遷之. 有能捕若詞吏, 吏捕得一人, 爲除戍二歲; 欲除它人者 許之."

81) 『居延新簡』, p.554, "不中程, 百里罰金半兩, 過百里至二百里一兩, 過二百里二兩."(EPS 4. T2: 8B).

82) 『漢書』卷5「景帝紀」, p.140, "秋七月, 詔曰: 吏受所監臨, 以飲食免, 重; 受財物, 賤買貴賣, 論輕. 廷尉與丞相更議著令. 廷尉信謹與丞相議曰: 吏及諸有秩受其官屬所監·所治·所行·所將, 其與飲食計償費, 勿論. 它物, 若買故賤, 賣故貴, 皆坐贓爲盜, 沒入贓縣官. 吏遷徒免得, 受其故官屬所將監治送財物, 奪爵爲士伍, 免之. 無爵, 罰金二斤, 令沒入所受. 有能捕告, 畀其所受贓."

이렇게 확인된 7개의 벌금은 贖刑과 구별되지 않고 사용되고 있었던 것 같다. 비록 魏律·晉律에서 보이는 것처럼 贖刑과 罰金刑이 구별되어 있기 때문에 양자는 성격이 다른 형벌이라고 생각할 수도 있다. 『尚書』「堯典」의 "金作贖刑"이라는 기록에서 銅으로 贖罪한 기록이 나오는 것처럼 속형은 그 유래가 오래되었다. 法制史를 연구하는 학자들도 대부분 贖刑과 罰金을 같은 것으로 보지 않으나, 그 구별이 용이하지 않아서 沈家本도 양자를 통용되는 것으로 보고 있다.[83] 그 구별이 漢代에 시작되고 있다고 보는 견해도 있으나,[84] 명칭의 구별처럼 적용에 있어서까지 양자가 명확하게 구분되는 것일까?

『晉書』「刑法志」에는 故, 失, 謾, 詐, 不敬, 鬪, 戲, 賊, 過失 등 까다로운 20개의 법률용어를 정의한 明法掾 張斐의 글이 남아 있다. 故는 알면서도 범하는 것, 失은 옳다고 생각한 행위지만 결과는 범법하게 된 것, 謾은 윗사람을 기만한 것, 鬪는 쟁송하다가 서로 공격하는 것, 戲는 사이가 좋은 두 사람이 서로 상처를 입힌 것, 賊은 중대한 이유 없이 상대방을 참살하거나 부상을 입히는 것, 過失은 의도하지 않았으나 잘못해서 범법하게 된 것들이다.[85] 또한 人家 및 사람들이 오가는 길을 향해 활을 쏘는 것은 過失로 볼 수 없고, 도성의 사람들 사이로 말을 달려 살인하는 것은 賊으로 간주해야 한다는 법해석들도 있다. 이렇게 張斐의 분석에서처럼 면밀한 법률적 해석 논리가 존재했다면 贖과 罰金에 대한 적용논리도 당연히 엄격하지 않았을까?

그렇다면 속형과 벌금의 적용논리는 어떠한 것이었을까? 고의적 범죄는 무겁게 처벌하고, 과실 범죄는 가볍게 처리하는 "故意從重, 過失從輕"이 바로 그 적용논리였다.[86] 그러한 조문들을 예시하면 다음

83) 沈家本, 『歷代刑法考』(北京: 中華書局 1985), p.330.
84) 李雪山, 「師 鼎銘與西周法制」(『殷都學刊』 1997-1), p.24.
85) 『晉書』 卷30 「刑法志」, pp.928-929.
86) 李均明, 「張家山漢簡所反映的適用刑罰原則」(『鄭州大學學報』 35-4, 2002), p.120.

과 같다.

24) 囚律에 사람의 죄를 擧劾한 것이 정확하지 않으면 고발한 죄의 반
   으로 贖한다.(●囚律, 劾人不審爲失, 以其贖半論之.)[87]

25) 사람의 죄를 고발한 것이 정확하지 않으면 失이다. 가벼운 죄인데
   고의로 무거운 죄로 擧劾했다면 不直이다.(劾人不審, 爲失; 其輕罪也
   而故以重罪劾之, 爲不直.)[88]

26) 뇌물을 받은 자는 그 죄를 2등 가중한다. 장물을 준 죄가 무겁다면
   무거운 것으로 논하고 역시 2등을 가중한다. 그것이 고의가 아니거
   나, 실수로 정확하게 하지 않은 것이면 贖으로써 논한다.(其受賕者,
   駕其罪二等. 所予臧罪重, 以重者論之, 亦駕二等. 其非故也, 而失不審,
   各以其贖論之.)[89]

위의 3개의 율문들은 모두 贖刑이 失不審의 경우에 적용됨을 규정
하고 있다. 애석하게도 벌금의 경우는 적용 원칙이 명시되어 있지 않
지만, 아래의 경우를 보면 짐작할 수 있다.

27) (…을) 잘못하여 그 숫자를 증감시키거나 오탈자가 있으면 罰金一
   兩이다. 그 사안이 실행가능하면 논하지 않는다.(□□□而誤多少其
   實, 及誤脫字, 罰金一兩. 誤, 其事可行者, 勿論.)[90]

---

87) 胡平生·張德芳, 『敦煌懸泉漢簡釋粹』(上海: 上海古籍出版社, 2001), p.17, I 0112①: 1.
88) 『張家山漢墓竹簡』, p.149.
89) 같은 책, p.147.
90) 같은 책, p.136.

28) 무릇 상서 및 상언에 속임이 있을 때는 完爲城旦舂이다. 잘못하여
    정확하게 하지 않은 것이라면 罰金四兩이다.(諸上書及有言也而謾,
    完爲城旦舂. 其誤不審, 罰金四兩.)[91]

27)은 아마도 문서기록을 잘못하여 숫자를 증감시키거나 脫字가
있을 때, 28)은 상서 및 상언에 의도하지 않은 잘못이 있을 경우에 罰
金을 부과한 사례이다. 특히 후자의 경우에 故意에는 完爲城旦舂의 徒
刑에 처하고, 誤不審의 경우에는 罰金四兩에 처함으로써 양자의 처벌
이 천양지차로 차이난다. 이것은 위의 "故意從重, 過失從輕"의 원칙이
반영된 것이며, 여기에서도 벌금은 贖刑과 마찬가지로 不審의 경우에
적용되는 것임을 알 수 있다. 결국 誤不審 또는 失不審의 경우에 贖刑
과 罰金 모두가 적용된다는 것은 양자의 적용이 엄격하게 구분되지
않음을 말해준다. 이 문제를 해결하기 위해 필자는 秦律과 二年律令에
벌금형과 속형이 동시에 나타나는 사례를 검토해보고자 한다.

29) "자물쇠를 억지로 열면(抉籥), 贖黥이다." "자물쇠를 억지로 연다는
    것(抉籥)"은 무엇인가? 자물쇠를 억지로 열은 사람이 이미 열었어
    야 연 것으로 간주하는 것인지, 아니면 열지 못했는데도 연 것으로
    간주하는 것인지? 열려고 하다가 열지 못하고 그 자리를 떠났는데
    당일에 잡혔다면 어떻게 논해야 하는가? 자물쇠를 열려고 한 목적
    이 절도에 있었으나 열지 못하고 떠났거나 또는 열지 못하고 잡혔
    다면 모두 贖黥에 해당한다. 열려고 한 목적이 절도에 있지 않았는
    데 이미 열었다면 억지로 연 것으로 간주하고, 열지 못했다면 貲二
    甲에 해당한다.(「抉籥(鑰), 贖黥.」 可(何)謂「抉籥(鑰)」? 抉籥(鑰)者已抉
    啓之乃爲抉, 且未啓亦爲抉? 抉之弗能啓即去, 一日而得, 論皆可(何)殹

---

91) 같은 책, p.135.

(也)? 抶之且欲有盜, 弗能啟即去, 若未啟而得, 當贖黥. 抶之非欲盜殿
(也), 已啟乃爲抶, 未啟當貲二甲.)[92]

30) 船人이 사람을 건네주다가 물에 빠뜨려서 익사시킨 경우 耐刑에 처
하고, 船嗇夫·吏主者(담당관리)는 贖耐이다. 馬牛를 익사시키거나
사람을 상하게 하였을 경우 船人은 贖耐이고, 船嗇夫·官吏는 贖遷이
다. 곡식이나 다른 물건을 못쓰게 했거나 망실했을 경우 피해액의
반을 내게 하는데, 船人이 (배상액의) 반을 부담한다. 舳艫(船頭 노
젓는 자)는 2를 부담하고, 徒는 1을 부담한다. 줄로 묶어두어야 할
것을 잃어버렸을 경우 모두 부담시키고 舳艫가 2를 부담하고 徒가
1을 부담한다. 船嗇夫·官吏는 각각 罰金四兩을 부과한다. 사람을 물
에 빠뜨려 익사시키거나 부상을 입히거나, 馬牛를 살해하였거나,
곡식이나 다른 물건을 망실한 경우 (이미 처벌을 받았으므로) 배상
시키지 않는다.(船人渡人而流殺人, 耐之, 船嗇夫·吏主者贖耐. 其殺馬
牛及傷人, 船人贖耐, 船嗇夫·吏贖遷. 其敗亡粟米它物, 出其半, 以半負
船人, 舳艫負二, 徒負一; 其可紐繫(繫)而亡之, 盡負之, 舳艫亦負二, 徒負
一, 罰船嗇夫·吏金各四兩. 流殺傷人, 殺馬牛, 有亡粟米它物者, 不負.)[93]

31) 아버지의 偏妻, 부모의 남자형제의 처, 조부모의 형제, 남편 부모의
형제, 남편의 형제를 때리거나 처의 부모를 때린 경우 모두 贖耐이
다. 이러한 사람들을 모욕하거나 욕하면 罰金四兩이다.(毆父偏妻·
父母男子同産之妻·泰父母之同産·及夫父母同産·夫之同産, 若毆妻之父
母, 皆贖耐. 其詈詬詈之, 罰金四兩.)[94]

---

92) 『睡虎地秦墓竹簡』, p.164.
93) 『張家山漢墓竹簡』, p.134.
94) 같은 책, p.140.

32) 불법으로 동전을 주조하거나, 이에 협조한 경우 棄市에 처한다. 동
거자가 이를 고발하지 않으면 贖耐이다. 正典·田典·伍人이 고발하
지 않으면 罰金四兩이다. 그중 일부를 고발했다면 모두 죄를 면해
준다. 尉·尉史·鄕部官嗇夫·士吏·部主者가 잡지 못했다면 罰金四兩
이다.(盜鑄錢及佐者, 棄市. 同居不告, 贖耐. 正典, 田典, 伍人不告, 罰金
四兩. 或頗告, 皆相除. 尉, 尉史, 鄕部官嗇夫, 士吏, 部主者弗得, 罰金四
兩.)[95]

33) 戍邊에 복역해야 하는데 이미 명령서를 받고도 도망쳐 가지 않은
것이 7일이거나, 戍邊하다가 부당하게 근무지를 떠나거나 도망한
것이 1일에서 7일까지는 贖耐에, 7일 이상이면 耐爲隸臣에, 3개월을
넘으면 完爲城旦에 처한다.(當戍, 已受令而逋不行盈七日, 若戍盜去署
及亡盈一日到七日, 贖耐; 過七日, 耐爲隸臣; 過三月, 完爲城旦.)[96]

34) 御史가 말하기를, 塞를 넘어가거나 關門을 함부로 출입할 경우, 그
것을 논죄하는 令이 없었습니다. 塞의 나루와 관문을 함부로 출입
하는 경우 黥爲城旦舂으로 처벌하고, 塞를 넘어갈 경우 斬左止爲城
旦으로 처벌하며, 해당 관리가 잡지 못한 경우는 贖耐로 처벌하고,
令·丞·令史는 罰金四兩으로 처벌하기를 청합니다. 그 사정을 알면
서도 출입시키거나, 다른 사람의 符傳을 빌려주어 함부로 출입하
게 한 자는 같은 죄로 처벌합니다.(御史言: 越塞闌關, 論未有令, 請闌
出入塞之津關, 黥爲城旦舂; 越塞, 斬左止爲城旦; 吏卒主者弗得, 贖耐;
令, 丞, 令史罰金四兩. 知其情而出入之, 及假予人符傳, 令以闌出入者,
與同罪.)[97]

---

95) 같은 책, p.160.
96) 같은 책, p.186.
97) 같은 책, p.205.

이상에서 제시한 것들을 분석해보자. 29)는 贖黥과 貲二甲의 차이점을 알 수 있는 자료이다. 贖黥은 절도 의사가 있으나 자물쇠를 열지 못했을 때에 부과되고, 貲二甲은 절도 의사가 없었으나 열었을 때에 부과된다. 따라서 절도 의사의 유무에 의해서 贖黥과 貲二甲이 구별되고 있으므로 여기에서 贖黥이 贖刑의 원래 목적에 부합해서 과형된 것인지, 아니면 量刑의 등급기준에 따라 부과된 것인지 판단하기는 쉽지 않다.

30)은 선박 운행시의 사고에 관한 규정으로, 船人이 승객과 馬牛를 살상했을 경우는 각각 耐刑·贖耐에 처해지고, 감독책임을 지닌 관리는 船人보다 죄가 "일등 감해진" 贖耐와 贖遷에 처해진다. 선적화물을 잃어버린 경우에는 船人에게 그 배상을 청구하고, 감독책임을 가진 관리에게는 罰金四兩이 부과된다. 이 경우에 형벌은 耐刑 → 贖耐 → 罰金四兩의 순서로 되어 있는데, 이같은 구별은 다른 것에 있는 것이 아니라 책임소재에 따라서 漢律의 형벌순위를 기계적으로 적용한 것에 불과하다.

31)에서 아버지의 偏妻 등에 대한 구타는 贖耐에 처하고, 모욕·욕설을 했을 경우는 罰金四兩이다. 그 차이는 구타와 욕설에 있을 뿐이고 양자를 적용하는 특별한 의미는 보이지 않으며, 역시 형벌등급에서 앞뒤의 순서에 있는 贖耐와 罰金四兩이 적용되었던 것이다.

32)의 조문에서는 錢을 盜鑄하거나 그에 가담한 자는 棄市에 처하고, 동거자가 그 사실을 고발하지 않으면 贖耐에 처하고, 正典·田典·伍人이 고발하지 않으면 罰金四兩에 처한다. 여기에서 同居者와 正典 등은 범죄사실을 不告한 것에 의해 처벌을 받은 것인데, 그 처벌인 贖耐와 罰金四兩은 "同居"와 "同伍"의 차이에 불과하다. 그렇다면 贖耐와 罰金은 양자의 형벌에 담긴 고유한 의미보다는 단순한 형벌등급을 의미하는 것으로 보인다.

33)의 조문에서는 변경 수자리에 가지 않고 도망한 것을 처벌하고

있는데, 贖耐·耐爲隷臣·完爲城旦은 모두 도망간 기간의 차이에서 비롯된 것이며, 贖耐가 특별히 贖刑의 원칙에 입각해 부과된 것은 아니다.

34)에서도 앞의 예들과 동일하다. 변경의 나루와 관문을 함부로 출입한 경우는 黥爲城旦春에 처하고, 변경을 넘어간 경우는 더 무거운 斬左止爲城旦에 처하며, 해당 책임관리로서 이를 잡지 못하면 贖耐에, 감독자인 令·丞·令史는 罰金四兩에 처하고 있다. 贖耐와 罰金四兩은 그 내용상 원래의 贖刑과 罰金에 있어야 할 의미를 전혀 반영하지 못하고 있으며, 일선 책임자와 감독자의 구별에 불과했던 것이다. 이상의 贖刑과 罰金刑의 적용사례에서는 그 형벌 고유의 의미가 무엇인지를 확인할 수 없었으며, 오히려 아래 35)의 조문에 보이는 형벌등급에 근거해서 기계적으로 적용했다고 생각된다.

35) 다른 사람을 死罪로써 誣告하면 黥爲城旦春에 처하고, 다른 것은 모두 그 죄로써 反坐시킨다. 고발한 것이 정확하지 않았거나 죄를 저지르고 먼저 자수하면 각각 그 죄 일등급을 감해준다. 死罪는 黥爲城旦春으로, 城旦春罪는 完爲城旦春으로, 完爲城旦春罪는 ⬚로… ⬚ 鬼薪白粲 및 府罪는 耐爲隷臣妾으로, 耐爲隷臣妾罪는 耐爲司寇로, 司寇·遷及黥(顔)頯罪는 贖耐로, 贖耐罪는 罰金四兩으로, 贖死罪는 贖城旦春으로, 贖城旦春罪는 贖斬으로, 贖斬罪는 贖黥으로, 贖黥罪는 贖耐로, 耐罪는… ⬚金四兩罪는 罰金二兩으로, 罰金二兩罪는 罰金一兩으로 한다.(誣告人以死罪, 黥爲城旦春, 它各反其罪. 告不審及有罪先自告, 各減其罪一等, 死罪黥爲城旦春, 城旦春罪完爲城旦春, 完爲城旦春罪⬚ ⬚ 鬼薪白粲及府罪耐爲隷臣妾, 耐爲隷臣妾罪 耐爲司寇, 司寇, 遷及黥(顔)頯罪贖耐, 贖耐罪罰金四兩, 贖死罪贖城旦春, 贖城旦春罪贖斬, 贖斬罪贖黥, 贖黥罪贖耐, 耐罪 ⬚金四兩罪罰金二兩, 罰金二兩罪罰金一兩.)[98]

---

98) 같은 책, p.151.

복잡해 보이는 35)의 조문을 정리하면 아래와 같다.

㉠ 死罪 → 黥爲城旦舂 → 完爲城旦舂 → 鬼薪白粲, 腐罪 → 耐爲隸臣妾 → 耐
爲司寇 → 司寇·遷·黥顔頯罪 → 贖耐(12량) → 罰金四兩(4량)

㉡ 贖死罪(40량) → 贖城旦舂(24량) → 贖斬·腐(20량) → 贖劓·黥(16량) → 贖
耐(12량) → 罰金四兩(4량) → 罰金二兩(2량) → 罰金一兩(1량)

㉠과 ㉡이 별도의 계통이라는 것은 괄호 안에 쓰여 있는 황금의 액
수를 보면 쉽게 알 수 있다. ㉡의 직전에 4량과 40량을 가로지르는 단
절선은 2개의 계통이 한 조문에 기록되어 있음을 말해준다. ㉠은 二年
律令의 전체 형벌등급이며, ㉡은 속형과 벌금만을 기록한 것이다. 앞
에서 고찰한 29)~34)의 자료들에서 알 수 있듯이 속형과 벌금은 이러
한 형벌계통에 입각해 기계적으로 적용되었다고 생각된다. 벌금과 속
형이 어떤 경우에 적용되는지 자세한 원칙은 알 수 없지만, 30)의 사
례에서 알 수 있듯이 책임당사자인 船人이 耐刑을 받으면 감독책임을
지닌 官吏는 일등급 가벼운 贖耐에, 船人이 贖耐에 처해지면 감독책임
자는 贖遷에 처해지며, 선적화물의 변제가 船人에게 추구되면 감독책
임 관리에게는 罰金四兩이 부과되는 방식으로 耐刑 → 贖耐 → 贖遷 → 罰
金四兩의 등급을 적용했다고 할 수 있다. 속형과 벌금의 구별은 다른
것에 있는 것이 아니라 책임소재에 따라서 漢律의 형벌순위를 기계적
으로 적용한 것에 불과하다.

이처럼 贖刑과 罰金刑은 그 구별이 현격하게 드러나는 것은 아니었
다.[99] 그 결과 『晋書』「刑法志」에는 속형과 벌금형의 적용원칙을 "贖罰
은 과오에 대해 징계하는 것",[100] "贖失은 봄철에 태양이 골고루 비추

---

99) 속형과 벌금형의 문제에 대해서는 林炳德, 「張家山漢簡 二年律令의 刑罰制
    度(Ⅰ)-肉刑과 罰金刑·贖刑」(『中國史研究』 19, 2002), p.30 참조.
100) 『晋書』 卷30 「刑法志」, p.931, "贖罰者誤之誡."

는 것과 같이 범인들에게 자신의 과실을 회개하게 한다"고 모호하게
언급하고 있다.[101] 여기에서 贖罰은 贖刑과 罰金으로 생각되는데, 그
것은 하나의 범주로서 통합되어있다. 이렇게 애매한 개념 때문에 晋·
梁·陳律에는 모두 벌금이 존재하지만, 北朝律에서 宋律에 이르기까지
는 벌금이 없다.[102] 唐律에는 벌금이 없어지고 贖銅만 남게 되었으나
元代에는 官人이 公罪를 범했을 때 罰贖이 있었다.[103] 이처럼 양자가
뒤섞여서 구별되지 않는 것은 속형에 벌금형적 성격과 換刑的 성격이
혼재되어 있기 때문인데, 이것은 별고에서 고찰하기로 한다.

이상에서 고찰한 바와 같이 벌금형과 속형은 내용상 큰 차이를 보
이지 않고 가액상으로도 중복되고 있기 때문에 체계적으로 정리할
필요성이 등장하였다. [표 9]에서 二年律令의 속형과 벌금형의 액수를
보면 8량에서 32량까지의 부분이 중복된다.

[표 9] 贖刑과 罰金의 가액

	文獻 및 居延漢簡	二年律令			晋律	
贖刑		贖死	金二斤八兩	40兩	贖死	3二兩
		贖城旦舂·鬼薪白粲	金一斤八兩	24兩	贖五歲	28兩
		贖斬(斬左止)·腐(腐)	金一斤四兩	20兩	贖四歲	24兩
		贖劓·黥	金一斤	16兩	贖三歲	20兩
		贖耐	金十二兩	12兩	贖二歲	16兩
		贖遷	金八兩	8兩		
罰金	罰金二斤			32兩	罰金	12兩
	罰金一斤	罰金一斤		16兩	罰金	8兩
	罰金八兩			8兩	罰金	4兩
	罰金四兩	罰金四兩	四兩	4兩	罰金	2兩

101)『晋書』卷30「刑法志」, p.931, "贖失者是春陽悔吝之疵之."
102) 李甲孚,『中國法制史』(臺北: 聯經出版事業公司, 1988), p.195.
103)『元史』卷102「刑法志(名例/贖刑附)」, p.2609, "諸牧民官, 公罪之輕者, 許罰贖.";
　　　『元史』卷103「刑法志(職制下)」, p.2632, "諸累過不悛, 年七十以上, 應罰贖者, 仍減
　　　等科決."

文獻 및 居延漢簡	二年律令			晋律	
罰金二兩	罰金二兩	二兩	2兩	罰金	1兩
	罰金一兩	一兩	1兩		
罰金半兩					

　　원래 8량을 넘는 벌금부터는 贖刑으로 전환되어야 할 것으로 생각될 수 있지만, 각각 병존하고 있다. 예를 들어 罰金一斤은 贖剮·黥과 가액이 동일하다. 또한 罰金二斤도 속형의 범주에 속하는 가액인데, 罰金二斤이라는 기록이 다수 출현하는 것으로 보아 그 존재까지 의심할 필요는 없는 것 같다. 특히 如淳은 그 인용근거를 律이라고 밝히고 있으며,[104] 『三國志』에도 "依律罰金二斤"이라는 법률근거를 제시하고 있는 것으로 보아 三國時代까지는 이렇게 贖刑가액과 중복된 漢代의 벌금형을 유지한 것으로 보인다.[105] 이것은 漢代의 속형과 벌금형이 그 금액상에서 정리되지 않고 혼란스럽게 사용된 것이라고 할 수 있다. 그러나 실제의 운용상에서는 크게 혼란되지 않았던 것 같다. 즉, 二年律令에 출현하는 벌금은 八兩 1회, 四兩 37회, 二兩 21회, 一兩 12회 나타나고 있는데, 주로 四, 二, 一兩 위주로 운용되고 있음을 말한다.[106] 벌금 8량이 거의 사용되지 않은 것은 바로 贖遷의 가액과 중복되기 때문인 것으로 생각된다. 贖遷도 율령상에는 사용회수가 많지 않고 34)의 율문에서 보이는 것처럼 罰金四兩에서 贖遷을 건너뛰고 직

---

104) 『漢書』 卷7 「昭帝紀」, p.224, "如淳曰: 律, 諸當占租者家長身各以其物占, 占不以實, 家長不身自書, 皆罰金二斤, 沒入所不自占物及賈錢縣官也."

105) 『三國志』 卷12 「魏書/鮑勛傳」, p.386, "帝從壽春還, 屯陳留郡界. 太守孫邕見, 出過勛. 時營壘未成, 但立標埒, 邕邪行不從正道, 軍營令史劉曜欲推之, 勛以塹壘未成, 解止不擧. 大軍遂洛陽, 曜有罪, 勛奏絀遣, 而曜密表勛私解邕事. 詔曰: 勛指鹿作馬, 收付廷尉. 廷尉法議: 正刑五歲. 三官駮: 依律罰金二斤."

106) 이것은 앞에서 고찰한 貲罰이 貲一盾 49례, 貲二盾 1례, 貲一甲 44례, 貲二甲 49례, 貲二甲一盾 1례가 보이는 것과 비교할 때 벌금 체계상에서 변화가 일어난 것 같은데, 이는 贖刑과의 관련성을 고찰할 때 살펴볼 과제로 남겨둔다.

접 贖耐(12兩)로 연결되는 경우가 대부분이다.

이렇게 운용의 묘를 살리기는 했지만, 그 복잡성과 중복은 개선의 여지가 있었다. 때문에 漢代의 벌금형은 魏律에서 6개로 축소되었다가 晉律에서 다시 5개로 정리되었다.[107] 晉律에서 벌금형의 원칙은 벌금간 차액이 四兩을 초과할 수 없다는 것인데, 이년율령의 벌금간 차액이 四兩씩 체감하고 있는 것을 계승한 것으로 생각된다.[108] 이렇게 해서 晉律의 벌금이 1·2·4·8·12兩으로 속형과 금액이 중복되지 않고 계열화된 것은 복잡한 漢律의 벌금을 정리한 것이라고 할 수 있다.[109] 현존 기록에서는 晉律에서의 속형과 벌금형이 어떠한 개념으로 구별되어 사용되었는지는 고찰할 방법이 없으나, 전체 형벌체계에서 이를 정리한 것은 晉律이 보다 발전된 형태임을 말해주는 것이다.

V. 결론

필자는 秦律과 漢律의 연속성이라는 점을 고찰하기 위해 벌금형의 문제를 가지고 고찰을 해왔다. 秦律의 법체계 내에는 벌금이라는 발상은 없었으며, 벌금형의 직접적인 유래를 秦律 밖에서 찾아야 한다는 주장이 있지만, 고찰 결과 양자는 계승관계에 있음이 증명되었다.

魯法과 二年律令에는 각각 절도가액이 100전과 110전 미만일 경우의 처벌내용이 규정되어 있으나, 秦律에는 貲罰과 竊盜額數의 관계가

---

107) [唐] 李林甫, 『唐六典』 卷6 「尙書刑部」(北京: 中華書局, 1992), p.181; 『晉書』 卷30 「刑法志」, p.925, "(魏律) 改漢舊律不行於魏者皆除之, 更依古義制爲五刑. 其死刑有三, 髡刑有四, 完刑·作刑各三, 贖刑十一, 罰金六, 雜抵罪七, 凡三十七名, 以爲律首."; 藤田高夫, 「秦漢罰金考」, p.105.

108) 『晉書』 卷30 「刑法志」, p.929, "刑等不過一歲, 金等不過四兩."

109) 『唐六典』, p.181, "(晉律)贖死, 金二斤; 贖五歲刑, 金一斤十二兩; 四歲·三歲·二歲各以四兩爲差. 又有雜抵罪罰金十二兩·八兩·四兩·二兩·一兩之差."

명시되어 있지 않았다. 그러나 龍崗秦簡의 자료에 의하면 貲二甲이 110전 미만~22전의 절도액을 처벌하고, 貲一盾은 22전 미만~1전을 처벌하는 것임을 알 수 있었다. 이같은 결론을 雲夢秦簡 「法律答問」의 자료에 적용해보면 모두 모순없이 해결된다. 秦律의 이같은 절도의 처벌방식은 二年律令에 그대로 계승되어 罰金四兩은 110전 미만~22전, 罰金一兩은 22전 미만~1전까지로 된다. 이 논증과정에서 힌트가 된 100전 미만의 절도액을 구분하는 魯法의 원칙이 秦律에서 약간 변화된 형태로 나타나는 것을 본다면 秦律이 어떤 형태로든 東方六國 법률의 영향을 받았음을 알 수 있다. 秦律에서는 중원법률의 100전을 110전으로 바꾸고 벌금용어를 貲盾·貲甲으로 바꾼 것이다. 다만 貲盾이라는 용어도 齊國에서 贖罪의 대상물로 犀甲一戟·鞼盾一戟을 징수했던 방식과 깊은 관련이 있을 것으로 생각된다.

貲罰의 단계는 원래 貲一盾·貲二盾·貲一甲·貲二甲의 4단계였지만, 점차 貲二盾이 탈락한 3단계로 정리되어 갔다는 결론을 도출할 수 있었다. 그렇게 되면 貲一盾(1)·貲一甲(3,5)·貲二甲(7)의 등급은 罰金一·二·四兩으로 되어 차이를 보이지만, 貲一盾과 罰金一兩이 금액 차이를 보이는 것을 제외하고는 나머지 二兩과 四兩은 가액이 근사치를 보이고 있다. 또한 동일한 내용을 규정한 秦律과 二年律令의 법률조문을 대조한 결과, 명칭만 貲二甲에서 罰金四兩으로 변경되었음을 알 수 있었다. 결국 二年律令에서는 벌금형으로 대체하는 과정에서 벌금액수는 그대로 두고 단지 형벌명칭의 변화에만 주안점을 두었다고 생각한다. 秦律이 제정되던 시기에 군사적 수요에서 貲甲·貲盾 등으로 부과하던 것이 군사적 성격의 의미가 탈색되면서 벌금형으로 명칭이 바뀐 것으로 생각된다.

貲罰 가액의 문제에 관해서는 과거 貲一盾이 5천전에 가까울 것으로 추정했었지만, 그 추정은 출발점에서 문제가 있었다고 생각된다. 그보다는 貲罰과 罰金이 계승관계에 있기 때문에 동일한 가액이라는

전제하에서 접근해야 할 것이다. 漢代의 罰金一兩은 貲一盾을 계승한 것이기 때문에 전자가 625전인데 후자를 5천전으로 본다면 秦代에 비해 벌금의 부담이 1/8로 줄어드는 것인데, 秦漢의 왕조교체 과정에서 법률내용이 이처럼 크게 개정되었을 것으로는 생각되지 않는다. 새로운 왕조의 창출이라는 점에서 施惠的 조치로 이러한 대폭적인 개정을 했다고 할 수도 있지만 그 같은 추측을 받아들이기에는 너무나도 액수의 차이가 크다.

雲夢秦簡에는 貲罰의 납부방법에 대해 노역으로 대신한다는 기록이 있을 뿐 현금징수 여부에 대해서는 언급이 없었다. 이 문제는 秦始皇 33년에 작성된 里耶秦簡이 출토함으로써 명확하게 해결할 수 있었다. 또한 『嶽麓書院藏秦簡(貳)』에 근거하면 貲一盾은 384전임이 명확하다. 里耶秦簡에 보이는 貲錢들이 대부분 384전의 배수로 되어 있는 것은 이것과 관련이 있다. 384전이라는 숫자는 秦代의 관부노역가액인 1일 8전과 밀접한 관련을 가지고 있다. 즉 384전은 48일의 노역으로 계산될 수 있다. 貲一盾의 가액인 384전과 罰金一兩의 가액인 625전은 액수상 큰 차이를 보이지만, 나머지 貲一甲(1344)과 벌금 2량은 1250전, 貲二甲(2688)과 벌금 4량(2500)은 큰 차이가 없다는 점에서 二年律令의 법률개정으로 인한 충격이 거의 없었다고 할 수 있다.

貲一盾의 가액인 384전은 秦律에 규정한 1일 노동 값어치 8전과의 관련 때문에 고정되었을 것으로 생각된다. 즉, 貲一盾을 384전이 아닌 다른 숫자로 했을 경우 노역으로 환산하는 과정에서 자투리 숫자가 필연적으로 발생한다. 자투리 숫자에 대한 처리는 형도문제를 전담하는 司空들의 두통거리로 등장할 수 있기 때문에 貲一盾 = 384전의 관계는 계속 준수되었을 것이다. 만약에 1일 = 8전이라는 비율이 바뀌면 몰라도 8전이라는 숫자가 고수되는 한 384전은 바뀌지 않았을 것이다. 二年律令에서 乏徭시 1일의 노역대가를 다른 숫자 대신 12전으로 바꾼 것도 384전과의 관계(32일의 노역)를 고려한 것이었다.

秦律과 마찬가지로 이년율령에서도 현금으로 징수할 때 그 벌금가액을 고정시켰을 것으로 생각된다. 이년율령의 조문에는 원칙적으로 매년 10월의 황금 시세에 따라 현금으로 납부하게 하였으므로 벌금액은 매년 변동될 수 있었다. 그러나 실제로 居延漢簡의 벌금 징수기록들을 보면 율문의 내용이 空文에 불과하다는 것을 알 수 있었다. 벌금가액은 편의적으로 황금1량 = 625전으로 고정시켜 놓았을 뿐만 아니라, 아예 황금가액 대신 현금으로만 표시하고 있다. 현재 확인된 居延漢簡의 모든 벌금가액은 625전과 배수관계를 가지고 있으므로 황금 1근(16량)은 1만전으로 고정시킨 것이며, 이는 『漢書』「食貨志」의 기록과 일치하고 있다.

貲一盾은 1일 8전의 노역으로 환산할 때 48일간 복역해야 하는 노역형이라고 바꿔 말할 수 있다. 秦律의 司空律에서는 貲·贖·債로 복역하고 있는 자들에게 농번기에 귀농을 허락하고 있기는 하지만, 이 조항도 실제로는 空文에 불과할 가능성이 높았다. 里耶秦簡의 군수물자를 수송할 때의 원칙을 규정한 令에는 농번기에 黔首 대신 城旦春 등의 형도와 貲·贖·債의 채무가 있는 자들을 우선 징발한다고 규정하고 있다. 농번기에 모두가 바쁘다면 黔首와 居貲 복역자 가운데 居貲 복역자가 군수물자 수송 등에 우선적으로 동원되었을 것이다. 秦始皇陵 주변의 趙背戶村에서 발견된 유골들은 바로 貲罰에 의해 노역에 종사했던 인물들이기 때문에 居貲라고 하는 것은 노역 도중에 사망할 수도 있는 고역이라고 할 수 있다. 또한 국가는 貲·贖·債 체납자들의 재산정도를 조사하고 그 납부를 독촉할 정도로 철저하게 관리했다. 재산이 없는 자들은 貲·贖·債를 태형으로 대신하고 싶겠지만 그것은 율령에서 허락하지 않은 것 같다. 秦律에는 태형을 벌금으로 대체하는 것을 허락하는 율문이 보이기는 하나, 그 반대의 규정은 확인되지 않는다. 국가에서는 재정차원에서 현금으로 징수하거나, 그것이 여의치 않을 때는 노역동원이 유리했다는 점에서 노역으로 전환시켰을 것인데, 이는 里耶秦簡에서 잘 입증된다.

전체 형벌체계에서 살펴본 漢代의 벌금제도는 속형과 중복되는 등 체계화되지 못한 상태였다. 秦漢律에서는 벌금형과 속형이 "贖罪以下"로 묶여서 언급되고, 양자 모두 과실범죄에 적용된다는 공통점을 가지고 있다. 이것은 속형과 벌금의 용도가 크게 다르지 않다는 것을 말해준다. 그럼에도 불구하고 계속해서 병존하고 있는 사실은 구별을 필요로 하기 때문일지도 모른다는 가정에서 그 사용례를 살펴보았으나, 贖刑과 罰金刑은 그 형벌에 고유의 의미가 반영되지는 않았다. 단지 책임의 소재에 따라서 耐刑 → 贖耐 → 罰金四兩의 형벌등급을 기계적으로 적용했다고 생각된다. 이같은 중복의 문제 때문에 7개였던 漢代의 벌금은 晋律에서 5개로 정리되었다.

秦漢律의 贖刑*

I. 서론

　　雲夢秦簡 출토 이후 신분형 문제에 관심이 집중된 이유는 秦 후기 예속신분의 성격이 秦帝國의 신분질서 및 官府 노동력 확보책과 깊은 관련을 가지고 있기 때문이었다. 雲夢秦簡 및 문헌자료의 영성한 자료에서 기인한 신분형 논쟁은 최근 二年律令과 里耶秦簡의 석문이 발표되면서 종지부를 찍게 되었고, 隷臣妾·鬼薪白粲·城旦春의 徒隷는 무기형도일 뿐만 아니라 관노비로 결론을 내릴 수 있게 되었다. 그러한 점에서 秦代에 범죄로 인해 노비가 된 자들이라는 의미인 徒隷의 호칭이 문헌자료에 사용된 것은 매우 타당한 것임을 알 수 있게 되었다. 즉, 拘禁되어 복역하는 형도라는 의미의 徒와 노예의 의미인 隷가 결합된 徒隷는 秦代 예속신분의 특징을 가장 함축적으로 표현한 용어였던 것이다. 이와 아울러서 秦漢律의 전체적인 모습을 파악하고자 한다면 肉刑·身分刑과 함께 형벌체계를 형성하고 있는 재산형에 대한 분석은 반드시 필요하다.

　　재산형에는 속형과 벌금형이 있는데, 양자는 성격상 큰 차이를 노정하지 않음에도 계속 구별된 상태로 존재하고 있다. 沈家本은 일찍이 유사한 속성의 贖刑과 罰金刑을 별개로 운용한 이유에 대해 양자가 원래 상이한 내원을 가지고 출발했기 때문이라고 지적하고 있다.[1]

---

* 본 연구는 숙명여자대학교 2006년도 교내연구비 지원에 의해 수행되었음.
　1) 沈家本, 『中國歷代刑法考』(北京: 中華書局, 1985), p.330.

즉, 『說文』에 의하면 罰은 범법한 죄 가운데 가벼운 것에 부과하는 성격을 가지고 있고, 贖은 "貿", 즉 재물과 형벌을 교환한다는 성격을 가지고 있으므로, 양자는 판이한 성격으로 출발한 것이다. 그렇지만 양자 모두 가벼운 범죄에 부과하는 유사한 성격 때문에 통용한다는 인식이 秦漢律의 저변에 깔려 있다.[2]

贖刑에 관한 연구는 雲夢秦簡 및 二年律令 출토 이전에도 주목할 만한 것이 있었으나,[3] 자료의 한계로 인해 잘못 이해된 부분도 있으며, 전체 형벌 체계 차원에서 속형의 위치를 비정할 필요도 생겼다. 이러한 점에서 아래의 몇 가지 점에 주목하고자 한다.

첫째, 秦律의 속형은 正刑체계에서 제외되고 있다는 점이다. 그러나 속형은 二年律令에 들어오면 비교적 정비된 체계를 가지고 등장하고 있다. 이러한 점에 유의하면서 秦律과 二年律令에서의 贖刑 내용을 분석함으로써 贖刑의 변화과정을 규명할 것이다.

둘째, 이년율령의 형벌계통에는 罰金刑-贖耐 - 司寇로 이어지는 사례가 많은데, 贖刑 중에서도 贖耐만이 사용되는 것은 그것이 속형을

---

2) [漢] 許愼(段玉裁 注), 『說文解字注(經韵樓臧版)』(臺北: 黎明文化事業公司, 1974), p.184, "罰, 辠之小者. 從刀從詈. 未以刀有所賊, 但持刀罵詈, 則應罰."; 같은 책, p.284, "贖, 貿也."
3) 贖刑 관련 논문으로는 아래의 것들이 주목된다. 八重津洋平, 「漢代贖刑考」(『法と政治』 10-4, 1959); 八重津洋平, 「魏晉南北朝の贖刑制度」(『法と政治』 14-4, 1964); 若江賢三, 「秦律における贖刑制度(上)」(『愛媛大學法文學部論集·文學科編』 18, 1985); 角谷常子, 「秦漢時代の贖刑」, 『前近代中國の刑罰』(京都: 京都大學人文科學硏究所, 1996); 冨谷至, 『秦漢刑罰制度の硏究』(京都: 同朋社, 1998); 張建國, 「論西漢初期的贖」(『政法論壇』 20-5, 2002); 高葉靑, 「漢代的罰金和贖刑」(『南都學壇』 24-6, 2004); 孫劍偉, 「漢代贖罪問題考述」(『北京大學硏究生學志』 2, 2006); 栗勁, 『秦律通論』(濟南: 山東人民出版社, 1985); 曹旅寧, 「張家山漢律贖刑考辨」(『華南師範大學學報』 1, 2006). 贖刑의 연구사에 대해서는 若江賢三의 pp.81-83을 참조하기 바라며, 八重津洋平의 연구는 雲夢秦簡 및 二年律令 출토 이전의 연구임에도 매우 뛰어난 것이며, 冨谷과 角谷의 논문은 속형의 개념을 정립한 점에서 주목된다.

대표하는 것임을 말해준다. 그처럼 贖耐만이 보이는 이유를 형벌의
구조와 관련시켜 분석하고자 한다.

셋째는 속형의 형태를 분석하는 것이다. 속형의 종류는 내용과 형
식에 따라 두 가지 형태로 나눌 수 있다. 이를 편의상 A타입과 B타입
으로 구분하여 설명하면, A타입은 원래 죄수에게 1차로 판결을 내린
후 재물을 납입하면 감형하거나 방면해주는 것이며, B타입은 아예 처
음부터 1차형으로 贖刑을 부과하여 소정의 贖金을 납입하게 하고, 2차
형으로 감면하는 것은 없는 형태이다. 이러한 속형의 개념이 정립되
어야만 簡帛자료와 문헌자료의 속형사례를 정확히 파악할 수 있을 것
이다.

넷째는 속형이 피형자에게 어느 정도의 재산적 부담을 주었는지
의 문제를 살펴볼 것이다. 이 문제는 재산형에 함께 속한 벌금형과
관련시켜 고찰해야 한다. 贖金의 납부가 곤란하면 官府에서의 노동으
로 대체하는데, 그 노역일수를 徒隸들의 종신노역과 비교하면 속형의
부담정도가 명확해질 것이다.

다섯째, 秦漢律의 복잡한 贖刑과 罰金刑의 체계는 정리할 필요성이
대두되었는데, 晉律에서는 기존의 노역형에 "贖"을 붙여 표현하던 형
태(贖城旦舂)에서 年數에 "贖"을 붙이는 형태(贖四歲)로 개정하였다. 그
러한 年數형태를 취하게 되는 이유, 年數의 산정이 속형가액과 어떠한
관계를 갖는지 살펴보기로 하겠다.

Ⅱ. 秦漢律의 贖刑원칙

雲夢秦簡에 보이는 속형사례는 전모를 파악하기 어려울 정도로 그
출현사례가 적다. 唐律에서 속형은 官爵을 가지고 있어 특권을 향유

한 자, 연령(70세 이상, 15세 이하)과 신체조건(폐질자)으로 인하여 형사책임을 부담하지 않는 자, 과실범죄, 그리고 유죄를 확정할 수 없는 疑罪의 경우에 적용하고 있다.[4] 秦律에서도 자료가 충분하지 않아 완벽하지는 않지만 唐律과 유사한 원칙을 확인할 수 있다.

1) 무엇을 "贖鬼薪鋈足"이라고 하는가? 무엇을 "贖宮"이라고 하는가? ● 臣邦眞戎君長이 上造以上의 爵位를 가지고 있으면, 有罪일 때 응당 贖한다. 예컨대 群盜를 했다면, 贖鬼薪鋈足으로 판결한다. 만약에 腐罪라면, 贖宮으로 판결한다. 그밖에 群盜와 같은 죄 역시 이에 준하여 처리한다.[5]

2) "眞臣邦君公이 有罪일 때, 응당 耐罪以上으로 판결되면, 贖으로 한다." 무엇을 "眞"이라고 하는가? 秦에 臣屬된 소수민족의 부모가 낳은 자식 및 기타의 國(邦)에서 출생한 것을 "眞"이라고 한다. ●무엇을 "夏子"라고 하는가? ●부친은 秦에 臣屬한 소수민족이고, 모친은 秦人인 경우 그 아들을 "夏子"라고 칭한다.[6]

1)은 유작자가 속형을 적용받는 사례이다. 臣邦眞戎君長(秦에 예속된 순수 소수민족 혈통의 군장)이 죄를 지었을 때 2급 上造 이상의 작위가 있으면 속면을 허용한다는 것인데, 眞은 순수한 소수민족의 혈통을 가리킨다. 이들이 群盜행위를 했을 경우 贖鬼薪鋈足에 판결하고,

---

4) 張晋藩, 『中國法制通史4(隋唐)』(北京: 法律出版社, 1999), p.213; 八重津洋平, 위의 논문(1959), p.95; 角谷常子, 위의 논문, p.67.
5) 睡虎地秦墓竹簡整理小組, 『睡虎地秦墓竹簡』(北京: 文物出版社, 1978), p.200, "可(何)謂「贖鬼薪鋈足」? 可(何)謂「贖宮」? ●臣邦眞戎君長, 爵當上造以上, 有罪當贖者, 其爲群盜, 令贖鬼薪鋈足; 其有府(腐)罪, 【贖】宮. 其它罪比群盜者亦如此."
6) 같은 책, p.227, "「眞臣邦君公有罪, 致耐罪以上, 令贖」何謂「眞」? 臣邦父母産子及産它邦而是謂「眞」 ●何謂「夏子」? ●臣邦父, 秦母謂也."

腐罪를 지었을 경우 贖宮에 처한다. 群盜행위는 加罪처벌을 받아서 절
도금액이 1전 이상만 되더라도 斬左止 + 黥以爲城旦에 처하는 것이 원
칙인데,[7] 이를 贖鬼薪鋈足으로 감형하는 것은 臣邦眞戎君長이 上造 이
상의 작위를 보유했기 때문이다. 上造 이상의 작위 소지자는 黥城旦春
을 耐鬼薪白粲으로 감형받는 특권을 가지고 있다.[8]

2)는 특수신분에 관한 예이다. 秦에 예속한 소수민족의 眞臣邦君公
이 "耐罪以上"의 죄를 지으면 贖을 허락하는 것인데, "耐罪以上"이라는
것은 秦漢律에서 신분형과 재산형을 구별하는 중요한 경계선이다. 이
렇게 종신 형도로의 전락을 면하게 해주는 족 족장이라는 특수신분
은 형벌의 감면 조건임을 알 수 있다. 이밖에도 특권층에 대한 속형
의 사례로는 종실후손인 內公孫이 無爵인 경우 公士에 준해서 贖耐로
처리한 것을 들 수 있다.[9] 이처럼 秦律의 속형은 특권신분을 가진 자,
上造 이상의 작위소지자, 종실의 자손 등 신분적 특권을 가진 자의 감
형 수단으로 사용되었다.[10]

漢律에서 속형은 과실범죄에 적용된 경우도 있다. 後漢의 馬融은
"金作贖刑"에 대해 주석하면서 선의에 의한 행위였지만 결과가 범죄
로 되었을 때 贖罪를 부과한다고 하였다.[11] 前漢 武帝시기에 張湯 등
이 "범죄사실을 인지하고도 擧劾하지 않으면 범죄자와 同罪로 처벌하

---

7) 같은 책, p.150, "害盜別徼而盜, 駕(加)罪之. ●可(何)謂駕(加)罪? ●五人盜, 臧 (贓)一錢以上, 斬左止, 有(又)黥以爲城旦."
8) 같은 책, p.130, "●有爲故秦人出, 削籍, 上造以上爲鬼薪, 公士以下刑爲城旦.";
張家山二四七號漢墓竹簡整理小組, 『張家山漢墓竹簡[二四七號墓]』(北京: 文物出
版社, 2001), p.145, "上造·上造妻以上, 及內公孫、外公孫、內公耳玄孫有罪, 其當
刑及當爲城旦春者, 耐以爲鬼薪白粲."
9) 『睡虎地秦墓竹簡』, p.231, "內公孫無爵者當贖刑, 得比公士贖耐不得? 得比焉."
10) 角谷常子, 위의 논문, p.69.
11) 『史記』卷1「五帝本紀」, p.24, "象以典刑, 流宥五刑, 鞭作官刑, 撲作敎刑, 金作贖
刑. 眚災過, 赦; 怙終賊, 刑. 欽哉, 欽哉, 惟刑之靜哉!」集解馬融曰:「金, 黃金也.
意善功惡, 使出金贖罪, 坐不戒愼者."

고, 실수로 擧刻하지 않으면 贖으로 논한다. 보지도 알지도 못하면 연좌되지 않는다."라고 한 것도 "失"이라는 범죄내용의 과실적인 특성 때문에 贖刑이 과형된 것이다.[12] 이러한 속형원칙이 실제의 秦律에서도 나타나는지 확인해보자.

3) 隸臣이 2인의 동일 伍의 丁壯으로 贖할 것을 요청하면, 허락한다. 1인의 壯年으로 免老에 해당하는 연로한 隸臣, 키가 五尺 以下의 小隸臣 및 隸妾을 贖하고자 한다면, 허락한다. 贖하는 것은 모두 男子로써 해야 하고, 그 贖한 사람은 隸臣으로 삼는다. 刺繡技藝가 있거나 의복을 제작하는 여자는 贖을 허락하지 않는다. 원래의 호적이 변방의 縣에 있는 자는 속면 후 호적(數)을 원래의 縣으로 재차 돌려놓는다.[13]

4) 敖童을 은닉하거나, 폐질의 신고가 불확실하면 里典과 伍老는 贖耐이다. ●百姓이 免老에 해당하지 않거나, 免老에 이르렀을 때 사실(情)로써 하지 않고, 감히 詐偽행위를 하는 경우 貲二甲이다. 里典과 伍老가 고하지 않으면 각각 貲一甲이며, 伍人은 戶마다 一盾이고, 모두 遷한다.[14]

5) 甲이 乙을 보내서 도둑질을 하도록 모의했다. 어느 날, 乙이 가서 도둑질을 하려고 했으나, 도착하기 전에 체포되면, 모두 贖黥이다.[15]

---

12) 『晋書』 卷30 「刑法志」, p.923, "見知而故不擧刻, 各與同罪, 失不擧刻, 各以贖論, 其不見不知, 不坐也."
13) 『睡虎地秦墓竹簡』, pp.53-54, "隸臣欲以人丁粼者二人贖, 許之. 其老當免老、小高五尺以下及隸妾欲以丁粼者一人贖, 許之. 贖者皆以男子, 以其贖爲隸臣. 女子操旣紅及服者, 不得贖. 邊縣者, 復數其縣."
14) 같은 책, p.143, "匿敖童, 及占癃不審, 典、老贖耐. ●百姓不當老, 至老時不用請, 敢爲酢(詐)僞者, 貲二甲; 典、老弗告, 貲各一甲; 伍人, 戶一盾, 皆遷之."

6) "자물쇠를 억지로 열면(抉籥), 贖黥이다." "자물쇠를 억지로 연다는 것(抉籥)"은 무엇인가? 자물쇠를 억지로 열은 사람이 이미 열었어야 연 것으로 간주하는 것인지, 아니면 열지 못했는데도 연 것으로 간주하는 것인지? 열려고 하다가 열지 못하고 그 자리를 떠났는데 당일에 잡혔다면 어떻게 논해야 하는가? 자물쇠를 열려고 한 목적이 절도에 있었으나 열지 못하고 떠났거나 또는 열지 못하고 잡혔다면 모두 贖黥에 해당한다. 열려고 한 목적이 절도에 있지 않았는데 이미 열었다면 억지로 연 것으로 간주하고, 열지 못했다면 貲二甲에 해당한다.[16]

7) "사사로이 封을 옮기면 贖耐에 처한다." 무엇을 "封"이라고 하는가? "封"은 田地의 阡陌이다. 1頃(1百畝)의 田界를 "封"이라고 하는가, "封" 이라고 하지 않는가? 사사로이 (田界를) 옮기면 贖耐인데, 너무 무겁지 않은가? "封"으로 간주하며, 너무 무겁지는 않다.[17]

8) "나쁜 사람을 들이면, 贖耐이다." 지금 나쁜 사람을 들였는데, 그 사람이 나쁜 짓을 하기 전에 잡혔다면 어찌 논처해야 하는가? 免罪한다.[18]

3)은 隸臣妾을 壯丁 2인으로 대체하면 속면을 허락하는 것인데, 贖은 이미 처벌을 받아 隸臣妾이 된 자를 다른 사람으로 "대체"한다는 의미로 사용되었다. 4)는 傅律의 규정으로서 傅籍에 등록해야 할 敖童

---

15) 같은 책, p.152, "甲謀遣乙盜, 一日, 乙且往盜, 未到, 得, 皆贖黥."
16) 같은 책, p.164, "「抉籥(鑰), 贖黥.」可(何)謂「抉籥(鑰).」? 抉籥(鑰)者已抉啓之乃爲抉, 且未啓亦爲抉? 抉之弗能啓卽去, 一日而得, 論皆可(何)殹(也)? 抉之且欲有盜, 弗能啓卽去, 若未啓而得, 當贖黥. 抉之非欲盜殹(也), 已啓乃爲抉, 未啓當貲二甲."
17) 같은 책, p.178, "「盜徙封, 贖耐.」可(何)如爲「封」? 「封」卽田千佰. 頃半(畔)「封」殹(也), 且非是? 而盜徙之, 贖耐, 可(何)重也? 是, 不重."
18) 같은 책, p.179, "「內(納)奸, 贖耐.」今內(納)人, 人未蝕奸而得, 可(何)論? 除."

을 은닉하거나 신체불구자의 신고를 정확하게 하지 않을 때에 里典·伍老를 贖耐로 처벌하는 규정이다. 5)는 도적질을 교사한 자와 이를 실행에 옮기려한 자가 미수에 그치고 잡혔을 때 贖黥에 처하는 규정이다. 6)은 절도의 목적에서 자물쇠를 열려고 하다가 열지 못하고 돌아간 경우, 또는 아직 열지 못한 상태에서 잡혔을 때에 贖黥을 부과한 것이다. 7)토지의 경계를 사사로이 옮겼을 때 贖耐를 부과하며, 8)간악한 인물을 집안에 들여놓았을 때 贖耐를 부과하였다.

이를 정리해보면 3)에서의 贖은 대체의 의미로 사용되었고, 5-8)은 모두 고의적 범죄에 해당한다. 4)의 경우도 里典의 고의적 범죄였던 것 같다. 연령을 신고하는 自占은 백성 스스로 신고하는 것이 원칙이었지만,[19] 傅籍에 등록해야 할 敖童을 은닉하고, 廢疾者의 신고를 하는 것은 里典의 책임이었기 때문에 이 조항은 里典 등의 고의적 행위로 생각된다.[20] 현재의 사료에 입각할 때 秦律에서 "失不擧劾, 各以贖論"과 같은 漢律의 과실에 속형을 적용하는 원칙을 확인하기 곤란하다.[21] 결국 秦律의 속형은 이민족 추장과 유작자 등의 특수신분 등에 적용되었으나 대부분 고의적 범죄에 부과되었고, 이 점은 비고의적 범죄에 적용된 唐律의 속형과 다른 점이다.

---

19) 『張家山漢墓竹簡』, p.168, "市販匿不自占租, 坐所匿租臧爲盜, 沒入其所販賣及賈錢縣官, 奪之列. 列長, 伍人弗告, 罰金各一斤."; 같은 책, p.177, "民皆自占年. 小未能自占, 而毋父母, 同産爲占者, 吏以□比定其年. 自占, 占子, 同産年, 不以實三歲以上, 皆耐."

20) 臧知非, 「秦漢"傅籍"制度與社會結構的變遷」(『人文雜誌·蘇州大學社會學院』 1, 2005), p.112; 張榮强, 「《二年律令》與漢代課役身分」(『中國史研究』 2, 2005), p.27. 이 글들에서는 敖童이 傅의 연령에 도달했을 때 里典·伍老가 숨기고 보고하지 않으면 처벌을 받는다고 해석하고 있다. 秦律의 敖童관련 조항은 『張家山漢墓竹簡』, p.182, "當傅, 高不盈六尺二寸以下, 及天烏者, 以爲罷癃."을 보면 傅의 시점에 신장·폐질자를 里典·伍老가 판단하는 것임을 알 수 있다.

21) 若江賢三은 贖刑이 과실에 적용되었다고 주장했으나, 제시한 것은 貲罰사례이므로 적절한 예증이 아니다.(若江賢三, 위의 논문, pp.85-86.)

그러나 二年律令에서는 과실범죄에 부과한다는 속형 본연의 원칙
에 충실한 법률조항이 다수 확인된다. 과실 또는 희롱하다가 살인했
을 때, 부모가 자식과 노비를 毆笞한 것으로 인해 죽었을 때, 諸吏가
縣官의 일로 城旦春·鬼薪白粲에 태형을 가한 것이 원인이 되어 20일 내
에 사망했을 때(辜死)에는 모두 贖死를 내리고 있다.[22] 이것은 이년율
령이 고의가 아니거나 실수로 정확하게 하지 않은 경우는 속형으로
처리하라는 원칙을 적용한 것이다.[23] 이처럼 二年律令에 있어 속형의
적용원칙 및 사례가 秦律에 비해서 명확하게 나타나는 것으로 보아
속형의 체계가 秦律에 비해 정비된 것으로 보인다. 또한 父母를 賊殺
傷·謀殺·毆詈하거나, 父母가 자식을 不孝라고 고발했을 경우는 爵으로
贖할 수 없다고 규정한 것은 확실히 爵位에 의해 속형하는 원칙이 존
재했음을 보여준다고 할 수 있다.[24] 그러나 二年律令에서도 모든 속형
이 과실범죄에만 적용된 것은 아니며, 형벌 등급에 입각하여 기계적
으로 적용되고 있는 사례도 다수 출현하는 것으로 보아 속형 적용의
원칙이 정립되었다고 보기에는 애매한 점이 있다.[25]

---

22) 『張家山漢墓竹簡』, p.137, "賊殺人, 鬪而殺人, 棄市. 其過失及戲而殺人, 贖死; 傷
    人, 除."; 같은 책, p.139, "父母毆笞子及奴婢, 子及奴婢以毆笞辜死, 令贖死."; 같
    은 책, p.140, "諸吏以縣官事笞城旦春·鬼薪白粲, 以辜死, 令贖死." 張建國은 속
    형이 과실 때문이 아니라, 부모와 아들의 관계라는 특수신분 때문에 적용
    되었으며, 많은 율문에서 속형은 과실과 고의 등 動機문제와 무관하다고
    주장한다. 張建國, 위의 논문, p.38. 그러나 이 조문들에서 辜死라는 점이 언
    급된 것은 살해에 목적이 있지 않은 점을 참작한 것이라고 보아야 한다.
23) 『張家山漢墓竹簡』, p.147, "其非故也, 而失不審, 各以其贖論之."
24) 같은 책, p.139, "賊殺傷父母, 牧殺父母, 歐〈毆〉詈父母, 父母告子不孝, 其妻子爲
    收者, 皆棄, 令毋得以爵償, 免除及贖." 다만 이 경우 棄市 및 收人에 해당하는
    처벌을 재물 등으로 贖하는 것이므로 A타입의 贖刑이며, B타입이 아니다.
25) 任仲爀, 「秦漢律의 벌금형」(『中國古中世史研究』 15, 2006), pp.35-45.

Ⅲ. 秦漢律에서 속형의 위치

二年律令의 석문 발표 이전에는 秦簡의 자료를 토대로 노역형에는 속형이 적용되지 않는다는 주장과 贖刑이 秦律의 正刑체계 내에 위치하지 못했다는 주장이 있었다.[26] 栗勁은 秦律에서 贖耐·贖黥·贖遷이 비교적 많이 시행되었고, 그밖에 贖死·贖宮·贖鬼薪鋈足은 단지 葆子·上造 이상과 臣邦眞戎君長에만 적용되고, 贖城旦舂·贖鬼薪白粲·贖司寇·贖候가 보이지 않은 것은 勞役刑에 贖刑을 허락하지 않은 증거로 보았다.[27] 이것은 耐刑·肉刑의 신체형에는 속형을 허락하지만 勞役刑에는 속형을 불허한다는 관점이다. 그는 城旦舂을 贖刑하면 贖城旦舂이 되고, 鬼薪白粲을 속하면 贖鬼薪白粲으로 된다는 시각에서 이 문제를 보고 있는 것이다. 그러나 이년율령의 자료에 의하면 城旦舂과 贖城旦舂이 모두 존재하지만, 城旦舂을 속면하면 贖城旦舂으로 되는 상관관계가 없다.[28]

한편 秦律에 "贖刑以上到贖死"라고 하여 별도의 체계를 가진 듯이 보이는 贖刑이 正刑의 체계에서 제외된 것처럼 보이는 것은 二年律令이 출토되면서 그 이유가 판명되었다.[29] 角谷常子는 贖刑이 정형체계에서 확인되지 않는다는 지적을 하였으나, 그 이유를 분석한 것은 아니었다. 그는 死罪 → 刑罪 → 耐罪 → 贖罪 → 貲罪라는 체계에서 贖罪를 제외시켜야 된다고 주장했다. 그 근거로 절도금액에 의해 결정된 量

---

26) 전자는 栗勁, 후자는 角谷常子가 대표적이다.

27) 栗勁은 『睡虎地秦墓竹簡』에는 徒刑을 贖한 사례가 없다는 입장에서 贖鬼薪鋈足도 鋈足에 대한 贖이지 鬼薪에 대한 것이 아니라고 보았다. 栗勁, 위의 책, pp.281-293.

28) 冨谷至는 秦律에서 절도죄의 최고 등급은 黥城旦이고, 장물가치를 확정할 수 없을 때는 贖黥을 적용한다고 주장했고(冨谷至, 위의 책, p.72.), 角谷常子 역시 "量刑不能"일 때에 贖黥을 적용한다고 보았다. 따라서 贖黥과 黥의 관계는 무관하지 않다고 보았다.(위의 논문, p.75.)

29) 『睡虎地秦墓竹簡』, p.85, "葆子以上居贖刑以上到贖死, 居於官府, 皆勿將司."

刑에 贖刑이 제외된 刑罪 → 耐罪 → 貲罪의 체계가 보이고, 貲罪와 耐罪 사이에 贖罪의 존재를 부정하는 2개의 사료가 있다는 것이다.[30]

> 9) 珠玉을 邦關으로 몰래 반출하거나 외국인(客)에게 매매한 것은 珠玉을 內史에 바쳐야 하고, 內史는 참작하여 상을 주어야 한다. ●어떻게 상을 주는가? 만약에 체포된 사람이 耐罪以上이면, 기타 죄인을 체포한 것과 같이 상을 준다. 貲罪의 경우에는 상을 주지 않는다.[31]

> 10) 甲이 이사를 하고, 이사한 호적을 吏에게 요청했지만, 吏가 이를 거절하고 호적을 개정해주지 않았다. 만약 지금 甲이 耐와 貲罪가 있다면, 吏를 어찌 논처해야 하는가? 甲의 죄가 耐以上이면, 貲二甲에 해당한다.[32]

이 「法律答問」에서는 "耐罪以上"과 "貲罪"의 형벌구분 기준이 설정되어 있으나, 그 중간에 위치해야 할 贖刑은 생략되어 있다. 즉, 9)는 珠玉을 국경너머로 반출하거나 외국인에게 판매한 자의 죄가 "耐罪以上"이면 (잡은 자에게) 상금을 주고 "貲罪"이면 상금을 주지 않는다는 규정인데, 贖耐만 제외되어 있다. 10)은 호적변경을 신청한 甲이 "耐 또는 貲罪"를 지었는지 여부에 따라서 호적변경을 거부한 관리의 처벌이 달라지고 있다. 角谷常子는 "耐、貲罪"는 분명히 耐罪 또는 貲罪의 의미인데, 중간에 존재해야 할 贖刑이 없으므로 死罪에서 貲罪에 이르는 형벌체계 내에서 贖刑이 배제되었다고 보았다.[33] 이밖에도 秦律자

---

30) 角谷常子, 위의 논문, p.73.
31) 『睡虎地秦墓竹簡』, p.211, "盜出珠玉邦關及賣於客者, 上珠玉內史, 內史材予購. ●何以購之? 其耐罪以上, 購如捕它罪人. 貲罪, 不購."
32) 같은 책, pp.213-214, "甲徙居, 徙數謁吏, 吏環, 弗爲更籍, 今甲有耐、貲罪, 問吏可(何)論? 耐以上, 當貲二甲."
33) 角谷常子, 위의 논문, p.74.

료에는 속형의 正刑的 지위에 대해 회의를 품게 하는 자료가 더 있다.

11) ●軍에서 攻城의 논공행상을 새로이 논함에 있어, 城을 함락할 때 지각하여 戰場에 도착하지 않았는데도, 성을 포위하는 작전 중에 사망하였다고 보고하였으나, 그것이 허위일 경우, 허위로 보고한 자는 耐刑에 처하고, 소속부대의 敦(屯)長·什이 알고도 보고하지 않을 경우는 貲一甲이다. 伍는 二甲이다. ●敦(屯)表律.[34]

12) 司寇가 110錢을 절도하고 먼저 죄를 自告하면, 어떻게 논처하는가? 耐爲隸臣에 해당한다. 혹은 貲二甲이다.[35]

13) 大夫 甲이 鬼薪을 채찍으로 때려 鬼薪이 도망하였는데, 甲을 어떻게 논처하는가? 응당 官府에 복역하면서 도망한 자가 체포되는 것을 기다려야 한다. ●지금 甲이 복역하다가 또 도망하여 1개월 만에 체포되었다면 어떻게 논처해야 하는가? 貲一盾에 해당하고 재차 복역해야 한다. 복역하다가 또 도망하여 1년만에 체포되었다면 어떻게 논처하는가? 耐刑에 처한다.[36]

11)에서 전투 장소에 진입하지도 않았는데 진입하여 사망했다고 허위 보고한 자는 耐刑에, 그 감독자에 속하는 사람은 貲一甲에, 같은 伍에 속한 사람은 貲二甲에 처한다. 이 사안의 처벌은 耐刑 → 貲二甲 → 貲一甲의 순서로 되어 있지만 속형은 제외되어 있다. 12)의 자료에도

---

34) 『睡虎地秦墓竹簡』, p.145, "●軍新論攻城, 城陷, 尚有棲未到戰所, 告曰戰圍以折亡, 叚(假)者, 耐; 敦(屯)長、什伍智(知)弗告, 貲一甲; 伍二甲. ●敦(屯)表律."
35) 같은 책, p.154, "司寇盜百一十錢, 先自告, 可(何)論? 當耐爲隸臣, 或曰貲二甲."
36) 같은 책, p.206, "大夫甲堅鬼薪, 鬼薪亡, 問甲可(何)論? 當從事官府, 須亡者得. ●今甲從事, 有(又)去亡, 一月得, 可(何)論? 當貲一盾, 復從事. 從事有(又)亡, 卒歲得, 可(何)論? 當耐."

司寇가 110전을 훔치고 자수했을 때 감형하는 순서에서 贖刑이 제외되어 있다. 二年律令에 의하면, 司寇가 110전을 절도한 것은 耐罪를 범한 것이 되어 耐爲隷臣妾의 처벌을 받게 규정되어 있다.[37] 이때 先自告했음에도 耐爲隷臣妾으로 처벌해야 한다는 견해가 있는 반면에, 先自告를 반영하여 貲二甲으로 처벌해야 한다고 하는 견해가 맞서 있다. 한 가지 사안에 대해 耐爲隷臣과 貲二甲으로 결론이 대립된 이유는 先自告의 반영여부에 異見이 있기 때문이다. 先自告를 인정하여 1등급 감형할 때 耐爲隷臣과 貲二甲의 중간에 贖刑의 단계가 존재했다면 贖耐로 되었을 것이나, 貲二甲으로 되어 있으므로 贖刑이 형벌등급에서 제외되어 있음을 알 수 있다. 13)의 조문에서도 耐刑에서 貲罰로 건너뛰고 중간에 속형이 없다. 大夫 甲이 鬼薪을 때려 도망하게 한 죄로 관부에서 종사했는데, 1개월 동안 도망쳤다가 체포되어 貲一盾에 처해졌고, 재차 종사하다가 도망쳐 1년 만에 또다시 체포되어 耐에 처해졌다. 이때에도 貲一盾에서 耐로 가는 중간단계에 贖刑이 없다는 것을 알 수 있다.

이상의 秦律의 사례들은 모두 貲罰에서 직접 耐刑으로 이행하고 중간에 贖刑을 거치지 않고 있다. 그렇다면 이러한 사례들로부터 秦律에서는 量刑시 속형을 잘 사용하지 않는다고 결론을 내릴 수 있다. 그러나 속형은 貲罰과 耐刑 사이에서 제외된 듯 보이기도 하지만, 앞서의 4)-8)에서 속형은 개별 사안들에 대해 부과되고 있다. 특히 7)의 贖黥의 경우는 절도 의사가 있어 자물쇠를 열은 경우이고, 貲二甲은 절도 의사가 없는 상태에서 자물쇠를 열은 경우이다. 따라서 절도 의사의 유무에 의해서 贖黥과 貲二甲인지가 구별된 것이다. 이것은 贖黥과 貲二甲이 量刑의 등급기준에 따라 함께 부과된 것이며, 贖刑이 정규형벌체

---

37) 『張家山漢墓竹簡』, p.147, "有罪當耐, 其法不名耐者, 庶人以上耐爲司寇, 司寇耐爲隷臣妾."

계의 하나로서 기능하는 것처럼 보인다. 이것을 "耐, 貲罪" 사이에서 贖
刑이 생략된 것과 비교하면 적용원칙이 일관성을 보이지 못하고 있다.

二年律令에서도 秦律에서와 마찬가지로 贖刑이 耐刑 → 罰金刑 사이
에 항상 위치한 것은 아닌 듯하다. 아래의 율문은 그러한 예이다.

> 14) 고의로 성·관부·현관의 물자를 불태우면 棄市이다. (고의로) 官舍·
> 민가·적취물을 불태우면 黥爲城旦舂이다. 실수로 낸 불이 번져 그
> 것을 태우면 罰金四兩이고 배상케 한다. 鄕部·官嗇夫·吏主者가 체
> 포하지 못하면 각각 罰金二兩이다.[38]

> 15) 上書 및 上言을 할 때 고의로 속였으면 完爲城旦舂이고, 실수로 不
> 審일 경우는 罰金四兩이다.[39]

14)에서 고의로 城·官府 및 縣官의 積聚物을 방화했을 때는 棄市에,
고의로 寺舍·民室屋廬舍·積聚物을 방화했을 때는 黥爲城旦舂에, 그것이
실화일 경우는 罰金四兩으로 처리한다. 속형은 비고의적인 범죄에 대
해 과해지는 원칙을 가지고 있으므로, 실화의 경우는 당연히 속형으
로 처리했어야 할 것으로 생각되지만 속형보다 가벼운 罰金四兩으로
처리하고 있다. 15)에서 上書 및 上言을 할 때 고의로 속였으면 完爲城
旦舂이고, 誤不審일 경우는 罰金四兩에 처하고 있는데, 여기에서도 完
爲城旦舂과 罰金四兩 사이에 속형은 보이지 않고 있다. 이처럼 二年律
令에서도 贖刑은 그 지위가 안정되어 있지 않다. 물론 여기에서 耐刑
도 보이지 않고 있으므로 贖刑이 언급되지 않은 것은 큰 문제가 아닐

38) 같은 책, p.134, "賊燔城、官府及縣官積冣(聚), 棄市. (賊)燔寺舍、民室屋廬舍、積
冣(聚), 黥爲城旦舂. 其失火延燔之, 罰金四兩, 責所燔. 鄕部、官嗇夫、吏主者弗
得, 罰金各二兩."
39) 같은 책, p.135, "諸上書及有言也而謾, 完爲城旦舂. 其誤不審, 罰金四兩."

지도 모른다. 그러나 동일한 내용을 규정하고 있는 秦律과 二年律令의 율문내용을 보면 유독 贖刑만 생략되어 있다.

> 16) 바늘·긴바늘·송곳을 가지고 싸우거나, 바늘·긴바늘·송곳으로 다른 사람에게 상처를 입혔을 때 각각 어떻게 논하는가? 싸웠으면 貲二甲에 해당하고, 상해를 입혔다면 黥爲城旦에 해당한다.[40]

> 17) 싸움을 하는데 칼날이나 금철의 예리한 것, 추·몽둥이 등을 가지고 사람을 상하게 하면 모두 完爲城旦舂이다. 이러한 물건을 사용하지 않고서 사람의 한쪽 눈을 멀게 하거나 사지·치아·손가락을 부러뜨리고, 뼈를 탈구시키거나 코나 귀를 찢어버리면 耐에 처한다. 상처를 내지 않았지만 낮은 작위를 가진 자가 높은 작위를 가진 자를 때린 경우 罰金四兩이다. 같은 작위에 있는 자나 낮은 작위에 있는 자를 때렸으면 罰金二兩이다. 그 중 멍이 들게 하거나 ..... 한 경우는 벌금 4량이다.[41]

위의 秦律과 二年律令은 거의 동일한 내용을 규정하고 있다. 16)의 秦律에서는 흉기를 가지고 타인과 싸우면 貲二甲, 상해를 입히면 黥爲城旦이라는 2개의 처벌이 있다. 이것에 흉기를 사용치 않고 다른 사람의 신체 일부에 상해를 입혔을 때 耐刑에 처하는 것을 보완하면[42]

---

40) 『睡虎地秦墓竹簡』, p.188, "鬪以箴(針)、鈹、錐, 若箴(針)、鈹、錐傷人, 各可(何)論? 鬪, 當貲二甲; 賊, 當黥爲城旦."

41) 『張家山漢墓竹簡』, p.138, "鬪而以刃及金鐵銳、錘、椎傷人, 皆完爲城旦舂. 其非用此物而(毆)人, 折枳、齒、指, 胅體, 斷決鼻、耳者, 耐. 其毋傷也, 下爵毆上爵, 罰金四兩. 毆同死〈列〉以下, 罰金二兩; 其有痍痏及□, 罰金四兩."

42) 『睡虎地秦墓竹簡』, p.185, "妻悍, 夫毆治之, 決其耳, 若折肢指、胅體, 問夫何論? 當耐."; 같은 책, p.185, "律曰:「鬪決人耳, 耐.」"; 같은 책, pp.186-187, "或鬪, 嚙斷人鼻若耳若指若唇, 論各可(何)毆(也)? 議皆當耐."

黥爲城旦 → 耐刑 → 貲二甲의 순서가 된다. 여기에서도 역시 속형은 제
외되어 있다. 17)의 二年律令의 형벌체계 역시 完城旦舂 → 耐 → 罰金四
兩 → 罰金二兩이므로 贖刑이 생략되어 있는데, 16)의 秦律의 내용을 계
승한 때문일 것으로 생각된다. 결국 양자의 순서는 모두 黥爲城旦舂
(完城旦舂) → 耐 → 貲二甲(罰金四兩)이고, 贖刑이 제외되어 있음을 알 수
있다.

그러나 二年律令에 "贖刑以下"라는 형벌의 구분개념이 등장한 것은
贖刑의 위상에 변화가 있었음을 의미한다. 즉, 秦律의 耐罪와 貲罪로
구분했던 구분선이 二年律令에서는 耐罪와 贖刑으로 바뀐 것이다. 후
한시대에도 死罪·耐刑·贖刑의 3단계로 되어 있는데,[43] 벌금형을 속형
의 범주에 포섭시킨 二年律令의 개념을 승계한 것이다. 그럼에도 불
구하고 二年律令에서 贖刑이 科刑시에 잘 드러나지 않는 것은 나름대
로의 이유가 있을 것이다. 그것은 아래의 율문에서 확인할 수 있다.

> 18) ① 다른 사람을 死罪로써 誣告하면, 黥爲城旦舂으로 처벌한다. 다른
>   것은 각각 그 (무고한) 罪로 처벌한다(反其罪). 고발이 정확하지 않
>   은 告不審 및 有罪시에 먼저 자수하는 先自告의 경우는 각각 그 罪
>   를 一等 감한다. 死罪는 黥爲城旦舂으로, 城旦舂罪는 完爲城旦舂으
>   로, 完爲城旦舂罪는 ▨ ▨鬼薪白粲 및 腐罪는 耐爲隷臣妾으로, 耐爲隷
>   臣妾罪는 耐爲司寇로, 司寇·遷 및 黥顔頯罪는 贖耐로, 贖耐罪는 罰金
>   四兩으로, ②贖死罪는 贖城旦舂으로, 贖城旦舂罪는 贖斬으로, 贖斬罪
>   는 贖黥으로, 贖黥罪는 贖耐로, 耐罪 ▨金四兩罪는 罰金二兩으로, 罰
>   金二兩罪는 罰金一兩으로 감한다.[44]

43) 『後漢書』 卷46 「陳寵列傳」, p.1554, "今律令死刑六百一十, 耐罪千六百九十八, 贖
    罪以下二千六百八十一, 溢於甫刑者千九百八十九, 其四百一十大辟, 千五百耐
    罪, 七十九贖罪."
44) 『張家山漢墓竹簡』, p.151, "①誣告人以死罪, 黥爲城旦舂; 它各反其罪. 告不審及

19) 贖死의 가액은 金二斤八兩이다. 贖城旦春·鬼薪白粲은 金一斤八兩이다. 贖斬·府(腐)는 金一斤四兩이다. 贖劓·黥은 金一斤이다. 贖耐는 金十二兩이다. 贖遷은 金八兩이다.[45]

18)은 고발한 내용이 정확하지 않거나(告不審), 죄를 짓고 먼저 자수를 한 경우(有罪先自告)에 1등급씩 감형하는데, 그 감형순서를 연쇄적으로 규정하고 있어 형벌의 서열을 완벽하게 보여주고 있다. 이를 통해 과거 문헌사료에서 형벌의 서열을 알 수 없어 명확하게 이해되지 않았던 "減一等"의 의미가 명확해졌다. 이를 정리하면 다음과 같다.

18′) ① 死罪 → 黥爲城旦春 → 完爲城旦春 → 鬼薪白粲, 腐罪 → 耐爲隸臣妾 → 耐爲司寇 → 司寇·遷·黥顏頯罪 → 贖耐(12량) → 罰金四兩(4량) ② 贖死罪(40량) → 贖城旦春(24량) → 贖斬, 腐(20량) → 贖劓, 黥(16량) → 贖耐(12량) → 罰金四兩(4량) → 罰金二兩(2량) → 罰金一兩(1량)

19′) 贖死 → 贖城旦春, 鬼薪白粲 → 贖斬, 府(腐) → 贖劓, 黥 → 贖耐 → 贖遷

여기에서는 앞에서 논증한 秦律과 二年律令의 사례들에서 贖刑이 正刑에서 제외된 것과 달리 贖耐가 엄연히 포함되어 있음을 알 수 있다. 18′)을 보면 ①과 ② 사이에 단절이 있음을 알 수 있다. ①에서는 감형 순서가 벌금 4량까지 내려왔다가 ②에서 贖死罪(40량)로 다시 올라가고 있는데, 이것은 계통상 다른 두 가지 조합을 결합한 결과라고

有罪先自告, 各減其罪一等, 死罪黥爲城旦春, 城旦春罪完爲城旦春, 完爲城旦春罪☐ ☐鬼薪白粲及腐罪耐爲隸臣妾, 耐爲隸臣妾罪耐爲司寇, 司寇·遷及黥顏頯罪贖耐, 贖耐罪罰金四兩, ②贖死罪贖城旦春, 贖城旦春罪贖斬, 贖斬罪贖黥, 贖黥罪贖耐, 耐罪 ☐金四兩罪罰金二兩, 罰金二兩罪罰金一兩."
45) 같은 책, p.150, "贖死, 金二斤八兩. 贖城旦春, 鬼薪白粲, 金一斤八兩. 贖斬, 府(腐), 金一斤四兩. 贖劓, 黥, 金一斤. 贖耐, 金十二兩. 贖遷, 金八兩."

생각된다. 조합 ②를 독립적으로 표현한 것이 바로 19')이다.

①의 전체 형벌계통에 贖耐(12량)만 포함된 것은 그것이 贖刑 전체를 대표하는 것이기 때문으로 생각된다. 또한 贖耐 이외의 속형들이 ②에서 별도로 언급된 것은 모든 贖刑들이 포함된다면 너무 복잡해질 우려 때문인 것으로 생각된다. 二年律令에서 처음으로 "贖刑以下"의 구분개념을 사용함으로써 그 위상을 격상시켰음에도 불구하고 贖刑이 자주 나타나지 않는 의문은 아래의 표에서 해소될 수 있다.

[표 1] 이년율령의 형벌등급

死刑 및 徒刑 계열	재산형 계열		
A 계열	B 계열		C 계열
死罪			
黥城旦舂			
完城旦舂	贖死罪 金二斤八兩(40兩)		
鬼薪白粲·腐罪	贖城旦舂, 鬼薪白粲 一斤八兩(24兩)		
耐爲隸臣妾	贖斬 贖腐 一斤四兩(20兩)		
耐爲司寇·遷·黥顏頯	贖劓 贖黥 一斤(16兩)		罰金二斤(32兩)
	贖耐 十二兩(12兩)		罰金一斤(16兩)
	贖遷 八兩(8兩)		罰金八兩(8兩)
			罰金 四兩(4兩)
			罰金 二兩(2兩)
			罰金 一兩(1兩)

표에서 보면, 徒刑(A계열), 속형(B계열), 벌금형(C계열)으로 나뉘어 있음을 알 수 있다. 표의 음영부분이 18)·19)에서 正刑에 포함된 것이다. B계열에서는 贖耐 十二兩만이 포함되었다. C계열의 罰金一兩에서 시작된 벌금형은 B계열의 贖耐로 이어지는데, 속형의 6등급 중에서 贖耐만이 계통에 포함되었다. 벌금형은 속형과의 중복을 피하기 위해 벌금 1, 2, 4량 위주로 운용하고,[46] 벌금 8량 대신 贖遷을 사용했지만

[표 2]에서 보듯이 이것도 자주 사용한 것은 아니다. 이처럼 속형을 正刑계통에 포함시키지 않아도 형벌 운영에 무리가 없다고 생각한 때문인지 주로 A와 C계열로 운영함으로써 贖刑이 계열에서 제외된 것처럼 보이게 되었다. 즉, 18)-①에서 알 수 있듯이, 贖耐에서 耐爲司寇로 이동하고, 贖死 ~ 贖劓贖黥은 생략되어 있다. 그러나 어떤 사안의 경우는 개별적으로 贖死에서 贖遷까지를 과형하는 경우도 있었다. 다만 모든 속형이 균등하게 사용된 것이 아님은 아래의 표에서 확인된다.

[표 2] 秦律과 二年律令의 속형 용례

	雲夢秦律		二年律令	
	횟수	백분율	횟수	백분율
贖死	2	5.26	6	9.83
贖城旦舂			6	9.83
贖鬼薪白粲			2	3.27
贖鬼薪鋈足	2	5.26		
贖斬			5	8.19
贖腐(宮)	2	5.26	2	3.27
贖劓			2	3.27
贖黥	6	15.78	7	11.47
贖耐	5	13.15	19	31.14
贖遷	1	2.63	3	4.91
일반적 贖罪	20	52.63	9	14.75
합계	18	100	52	100

각 항목의 백분율을 보면 雲夢秦律에서는 贖黥과 贖耐가 가장 많이 나타나며, 二年律令에서는 贖死·贖城旦舂·贖黥·贖耐가 많이 보이고 있다. 雲夢秦簡에서의 사용빈도 13%인 贖耐는 二年律令에서 31%로 크게 증가하고 있다. 이처럼 二年律令에 贖耐가 빈출한 것은 "贖罪以下"의 개념을 출현시키는데 영향을 미쳤다고 생각된다. 동시에 아래의 율문에 보이는 것처럼 이년율령에서는 다른 형벌들과의 상관관계가 자주

---

46) 任仲爀, 위의 논문, p.44.

보이고 있다.[47]

20) 아버지의 첩의 부모, 남자형제의 처, 조부모의 형제, 남편의 부모의
　　형제, 남편의 형제를 때리거나 처의 부모를 때린 경우 모두 贖耐이
　　다. 이러한 사람들을 욕설하면 벌금 4량이다.[48]

21) 女子가 磔 또는 要斬에 해당하는 자는 棄市이다. 斬爲城旦者는 黥爲
　　舂으로, 贖斬者는 贖黥으로, 耐者는 贖耐로 한다.[49]

22) 女子가 이미 도망으로 坐되어 贖耐를 받았는데, 후일 재차 도망하
　　여 贖耐로 판결되면 耐以爲隷妾으로 처벌한다. 司寇·隱官이 도망한
　　죄가 隷臣以上이면, 노역하는 관부로 輸한다.[50]

23) 부정하게 鑄錢하거나 도운 자는 棄市이다. 同居한 자가 고하지 않
　　으면 贖耐이다. 正典·田典·伍人이 고하지 않으면 罰金四兩이다. 혹
　　약간이라도 고발했다면 모두 서로 죄를 제해준다. 尉·尉史·鄕部官
　　嗇夫·士吏·部主者가 체포하지 못하면 罰金四兩이다.[51]

24) 戍에 해당하는데, 이미 명령을 받고 도망하여 가지 않은 것이 七日

---

47) 雲夢秦律에서는 贖耐가 다른 형벌과 함께 사용된 것은 앞서 예로 들은 6)의
　　율문 뿐이다.
48) 『張家山漢墓竹簡』, p.140, “毆父偏妻父母·男子同産之妻·泰父母之同産, 及夫父
　　母同産·夫之同産, 若毆妻之父母, 皆贖耐. 其奊詢詈之, 罰金四兩.”
49) 같은 책, p.146, “女子當磔若要斬者, 棄市. 當斬爲城旦者黥爲舂, 當贖斬者贖黥,
　　當耐者贖耐.”
50) 같은 책, p.154, “女子已坐亡贖耐, 後復亡當贖耐者, 耐以爲隷妾. 司寇·隱官坐亡
　　罪隷臣以上, 輸作所官.”
51) 같은 책, p.160, “盜鑄錢及佐者, 棄市. 同居不告, 贖耐. 正典·田典·伍人不告, 罰
　　金四兩. 或頗告, 皆相除. 尉·尉史·鄕部官嗇夫·士吏·部主者弗得, 罰金四兩.”

이거나, 또는 戍하다가 몰래 근무지를 떠나거나 도망한 것이 一日에서 七日이면, 贖耐이다. 七日이 넘으면, 耐爲隷臣이다. 三月을 경과하면, 完爲城旦이다.52)

25) 一·御史가 말하기를, 塞를 넘어가거나 關門을 함부로 출입할 경우, 그것을 논죄하는 令이 없었습니다. 塞의 나루와 관문을 함부로 출입하는 경우 黥爲城旦舂으로 처벌하고, 塞를 넘어갈 경우 斬左止爲城旦으로 처벌하며, 해당 관리가 잡지 못한 경우는 贖耐로 처벌하고, 令·丞·令史는 罰金四兩으로 처벌하기를 청합니다. 그 사정을 알면서도 출입시키거나, 다른 사람의 符傳을 빌려주어 함부로 출입하게 한 자는 같은 죄로 처벌합니다.53)

20)은 "아버지의 첩의 부모, 남자형제의 처, 조부모의 형제, 남편의 부모의 형제, 남편의 형제를 때리거나 처의 부모를 때린 경우 모두 贖耐이다. 이러한 사람들을 욕설하면 벌금 4량이다."라는 내용인데, 贖耐와 罰金四兩은 구타와 욕설의 차이를 반영하고 있다. 특히 贖耐와 罰金四兩이 함께 등장하는 것이 이채로운데, 이는 18)의 자료에 보이는 형벌서열을 반영하고 있다. 그렇다면 이것은 내형→속형→벌금형의 순서로 체계화된 것을 반영하고, 贖耐가 형벌등급의 하나로서 輕刑에 적용되었다고 생각된다.

21)의 율문도 贖耐가 하나의 등급으로 위치하고 있다. 여자의 경우 한 등급씩 감형될 때 마지막 단계에서 耐者는 贖耐로 감형되고 있다.

52) 같은 책, p.186, "當戍, 已受令而逋不行盈七日, 若戍盜去署及亡盈一日到七日, 贖耐; 過七日, 耐爲隷臣; 過三月, 完爲城旦."
53) 같은 책, p.205, "一·御史言: 越塞闌關, 論未有令, 請闌出入塞之津關, 黥爲城旦舂; 越塞, 斬左止爲城旦; 吏卒主者弗得, 贖耐; 令·丞·令史罰金四兩. 知其情而出入之, 及假予人符傳, 令以闌出入者, 與同罪."

이 율문도 18)의 정형등급에서 보았던 형벌의 한 등급으로서 贖耐가
기능하고 있음을 보여준다. 22)에서는 여자가 도망하여 贖耐의 죄를 2
번 반복해서 범하면 耐以爲隷妾에 처해지는데, 이는 贖耐와 耐隷臣妾
의 상관관계가 형성되어 있음을 보여준다.

23) 盜鑄錢 및 그 가담자는 棄市이며, 동거자가 고발하지 않았을 때
는 贖耐이며, 正典·田典·伍人이 고발하지 않았을 때는 罰金四兩으로 처
벌하고 있다. 여기에서 贖耐와 罰金四兩의 차이는 동거와 비동거의 차
이에서 비롯되었다. 그렇다면 속내와 벌금은 양자의 형벌명에 담긴 고
유한 의미는 반영되지 않고 단순히 형벌등급을 반영할 뿐이다. 어쨌든
이 조문에서도 贖耐 → 罰金四兩으로 이어지는 형벌계통이 확인된다.

24) 戍의 명령을 받고도 7일 동안 가지 않았거나, 갔어도 근무지를
1-7일 무단이탈하면 贖耐에 처하고, 7일을 경과하면 耐爲隷臣에, 3개월
을 경과하면 完爲城旦에 처한다는 내용이다. 贖耐 → 耐爲隷臣妾 → 完爲
城旦의 등급은 戍의 불이행 기일의 다소에서 비롯되었다. 이것도 과
실, 유작자에게 부과한다는 속형의 원칙과는 무관하며, 贖耐 → 耐爲隷
臣 → 完爲城旦으로 이어지는 형벌의 한 등급으로 기능할 뿐이다.

25)는 국경을 허락 없이 넘은 자에게 부과한 처벌이다. 塞의 津關
을 함부로 출입한 경우 黥爲城旦春에 처하고, 塞를 넘은 경우는 斬左止
爲城旦에 처하고, 이를 책임져야 할 吏卒이 잡지 못하면 贖耐에 처하
고, 그 상급자인 令·丞·令史는 罰金四兩에 처한다. 여기에서도 斬左止
爲城旦 → 黥爲城旦春 → 贖耐 → 罰金四兩의 순서가 나타나지만, 贖刑이
부과되어야 할 특별한 이유를 발견할 수는 없었고, 단지 앞서 언급한
二年律令의 형벌등급에 입각해서 부과된 것이다.[54]

이상에서 贖刑은 일회성이라고 보기에는 곤란할 정도로 二年律令
에 자주 등장하며, 耐 → 贖耐 → 罰金四兩이라는 계보가 확립되어 있음

---

54) 같은 책, p.151.

을 보여준다. 이것은 贖黥과 贖耐의 부과 사례가 극히 적은 秦律과 대
조를 이루고 있다. 이와 같이 형벌계통에서 贖耐가 자리를 잡은 것은
二年律令의 단계에 들어와서라고 생각된다.

IV. 贖刑의 形態

贖刑에는 正刑과 代替刑의 두 가지 개념이 존재했다. 冨谷至는 秦律
속형은 원래 주어진 형벌을 다른 형벌로써 대체한다는 의미(A타입)가
아니고, 그 자체가 범죄에 대해서 科刑된 것이었다고 주장한다(B타
입).[55] 즉, A타입의 대체형(換刑)은 贖刑에 포함시키지 않고 있다. 角谷
常子는 속형은 "범죄에 대응하여 규정된 형"을 어떤 이유로 재화를 내
는 것으로 바꾼 것인데, 그 "어떤 이유"가 1)범죄 내용의 특성에 유래
하는 것, 2)그것과 전혀 관계없는 사항(예를 들면 신분이 높은 것 등)
에 유래하는 것으로 분류하고, 전자는 "규정된 형"으로서, 후자는 "은
혜적 조치"로서의 성격을 갖게 된다고 하였다.[56] 冨谷至가 A타입을 제
외시킨 반면, 角谷常子는 A, B타입 모두를 속형에 포함시켰다. 이상의
내용을 정의한다면, 1차형으로 받은 형벌을 재물의 납부에 의해 2차
형으로 換刑하거나 완전히 免刑해주는 A타입, 1차형으로서 贖刑(贖黥,
贖城旦舂, 贖耐 등)이라는 형벌을 받는 正刑의 B타입이 있다.

그러나 冨谷至의 견해와 달리, 秦律에도 A타입과 B타입의 속형이 모

---

55) 冨谷至, 위의 책, pp.69-74. 冨谷至는 代替刑 또는 換刑이라는 것은 원래 적용해
　　야 할 正刑이 우선 존재하고, 어떤 이유와 참작의 여지가 있어 正刑보다 가벼
　　운 별개의 형벌을 대체 적용하는 성격으로 정의했다. 그는 秦律에서 속형은
　　범죄사실에 대한 代替刑의 기능보다는 正刑으로 기능했다고 보고 있다. 林炳
　　德도 冨谷至와 비슷한 견해를 제시하고 있다. 林炳德, 「張家山漢簡 二年律令의
　　刑罰制度(I)-肉刑과 罰金刑·贖刑」(『中國史研究』 19, 2002), p.33.
56) 角谷常子, 위의 논문, p.75.

두 존재하였다. 앞서 제시했던 秦律의 속형 1), 2)는 官爵에 적용하는 唐律의 속형 원칙과도 일치하기 때문에 속형으로 간주하는 데에는 문제가 없다. 일반인의 群盜 범죄는 원래 斬左止 + 黥爲城旦의 형벌에 처하는 것이 원칙인데 "上造의 작위에 의해" 贖鬼薪鋈足으로 감형되었고, 腐罪는 贖宮으로 감형되었기 때문에 대체형이라고 할 수 있다. 다만 반드시 언급해야 할 것은 속형의 A, B타입 모두가 속형의 범주에 포함되지만, 형벌계통상 正刑으로 기재된 것은 B타입이었다는 사실이다.

二年律令에는 A타입이 어떻게 나타나는지 살펴보자. 이년율령에는 소수민족 君長사례가 확인되지 않는다. 그리고 秦律의 隸臣을 人丁鄰者(동일 伍의 丁壯) 二人으로 贖하는 것, 작위를 반납하고 예신으로 된 부모를 贖하는 것은 二年律令에도 부모를 贖買하는 유사한 규정이 있는 것으로 보아 계승관계가 엿보인다.[57] 또한 盜鑄錢한 자를 체포하고 받은 작위로 死罪·城旦舂·鬼薪白粲·隸臣妾·收人·司空(司寇의 잘못)을 대체하는 것도 A타입의 속형이라고 할 수 있다.[58] 이 사례들을 제외하고는 二年律令에 A타입의 속형은 보이지 않는 것으로 보아 율령에 많이 규정되어 있지 않음을 알 수 있다. A타입의 속형은 非정형적인 것으로서, 주로 임시적으로 황제에 의해 집행되고 있으며 오히려 문헌사료에 많이 보이고 있다. 冨谷至가 속형에서 A타입의 속형을 제외한 것이 이러한 전후사정을 고려했는지는 알 수 없으나, 속형 A타입은 정규형벌에 규정된 것이 아니었다.[59] 따라서 二年律令에 규정된

---

57) 『睡虎地秦墓竹簡』, pp.53-54, "隸臣欲以人丁鄰者二人贖, 許之."; 같은 책, p.93, "欲歸爵二級以免親父母爲隸臣妾者一人, 及隸臣斬首爲公士, 謁歸公士而免故妻隸妾一人者, 許之, 免以爲庶人."; 『張家山漢墓竹簡』, p.192, "有贖買其親者, 以爲庶人, 勿得奴婢."

58) 『張家山漢墓竹簡』, p.160, "捕盜鑄錢及佐者死罪一人, 予爵一級. 其欲以免除罪人者, 許之. 捕一人, 免除死罪一人, 若城旦舂·鬼薪白粲二人, 隸臣妾·收人·司空三人以爲庶人."

59) 八重津洋平은 贖刑(대체형을 의미)을 換刑으로서 크게 형벌체계 속에 포함

대부분의 사례는 B타입의 속형사례이다.

> 26) 사람을 賊殺하거나, 싸우다가 殺人하면, 棄市이다. 만약 過失 및 장
>   난치다가 殺人하면, 贖死이다. 사람을 다치게 하면 면죄한다.[60]

> 27) 父母가 자식과 노비를 毆笞하였다. 자식 및 노비가 毆笞로 인하여
>   사망했다면 贖死로 처벌한다.[61]

> 28) 吏가 縣官의 노역 시 城旦春·鬼薪白粲을 笞打한 것이 원인이 되어
>   죽었다면 贖死로 처벌한다.[62]

세 개 율문의 공통점은 비고의적 살인의 경우 사형 대신에 贖死를
인정했다는 것에 있다. 26)에서 보면 賊殺과 鬪殺의 경우는 棄市이지
만, 過失殺 및 戲殺의 경우는 贖死에 처하는데, 후술할 것처럼 死刑과
贖死는 대체형의 관계에 있지 않다. 27)은 父母와 노예주가 자식과 노
예를 구타하여 그 후유증으로 사망하였을 경우 贖死를 허용하는 것이
다. 秦律의 "자식을 擅殺하면 黥爲城旦春에 처한다."[63]는 擅殺과 비고
의적 毆笞로 인한 사망은 다르다. 秦律의 규정은 아들·노비를 함부로
죽인 "擅殺"이므로 黥爲城旦春에 처한 것이며, 이년율령의 27)은 살해
하려는 의도에서 아들 및 노비에게 태형을 가한 것이 아니므로 양자

시키는 것에 이론은 없지만, 속형의 본질을 명확하게 파악하기 위해서는
五刑 등의 중심적 형벌 체계의 외측에 위치해야 할 것으로 파악하고 있는
데, 이것은 매우 정확한 견해이다. 八重津洋平, 위의 논문(1964), p.29.
60) 『張家山漢墓竹簡』, p.137, "賊殺人·鬪而殺人, 棄市. 其過失及戲而殺人, 贖死. 傷
    人, 除."
61) 같은 책, p.139, "父母毆笞子及奴婢, 子及奴婢以毆笞辜死, 令贖死."
62) 같은 책, p.140, "諸吏以縣官事笞城旦春·鬼薪白粲, 以辜死, 令贖死."
63) 『睡虎地秦墓竹簡』, p.181, "擅殺子, 黥爲城旦春. 其子新生而有怪物其身及不全而
    殺之, 勿罪."

의 처벌이 다를 수밖에 없다. 또한 28)의 諸吏가 縣官의 노역으로 城旦
舂·鬼薪白粲에게 태형을 가하다가 辜死한 경우처럼 비고의적인 사고
등에 贖死를 인정하였다.

여기에서 엄밀히 말한다면 城旦舂과 贖城旦舂이 대체형의 관계가
아닌 것처럼 死刑과 贖死는 대체형의 관계가 아니다. 즉 27)과 28)은 死
刑을 贖死로 바꾸는 A타입이 아니라 원래부터 贖死로 규정된 B타입으
로 볼 수 있는데, 왜냐하면 과실살인은 贖死로 한다는 26)의 규정을
적용하여 처음부터 贖死가 규정된 것이다. 그런데 당시인의 관념에서
는 율령에 기록된 B타입이 전형적인 속형으로 간주되었을 것처럼 생
각되지만 실은 정반대였다. 前漢 元帝 시기 貢禹의 언급을 살펴보면
漢代人들에게 진정한 속형으로서 인식된 것은 오히려 A타입이고, 二
年律令에 규정된 贖刑들은 단지 벌금형과 동일한 경죄에 불과했다.

29) 孝文皇帝 때에는 청렴결백을 귀하게 여기고, 탐오를 천하게 여겼
다. 賈人贅婿 및 吏가 부정하게 재물을 얻은 죄에 연루된 자는 모두
禁錮에 처해 吏가 될 수 없게 하였다. 선한 자에게 賞을 내리고 악
한 자에 벌을 내렸으며, 親戚에 편들지 않으며, 罪가 분명해진 자는
자신이 받을 벌에 복종해야 하며, 죄가 의심되는 것은 가벼운 것을
따르며, 贖罪之法이 없었다. 그러므로 금지를 명하면 즉시 금지되
었고, 海內가 크게 교화되어, 天下의 斷獄이 四百인 것은 형법을 사
용하지 않은 것과 다름이 없었다. 武帝가 처음 天下에 황제로 임했
을 때, …… 씀씀이가 부족하자 權宜的인 변화를 시행하였다. 犯法
者로 하여금 贖罪하게 했고, 곡물을 납입한 자는 吏에 보임하였다.
이로써 天下가 奢侈하게 되고, 官은 어지러워졌고 民은 빈곤해졌으
며, 盜賊이 널리 일어났고, 亡命者가 많아졌다. …… 지금 훌륭한 정
치를 일으키고, 태평을 이루고자 한다면, 마땅히 贖罪之法을 폐지
해야 한다.[64]

貢禹는 文帝시기에 贖罪之法이 없었으나, 武帝시기에 들어와서 범법자에게 속죄를 허용했다고 주장하고 있다. 呂后시기의 이년율령에 분명히 贖刑이 존재함에도 이를 속형의 범주에서 제외시킨 것은 貢禹의 속형관념을 말해준다. 貢禹의 관념에는 1차형을 받고 入錢하여 다른 형으로 대체하는 A타입만 속형의 범주에 포함된다. 貢禹가 속형이라고 간주한 형태는 "入錢하고 다른 형벌로 換刑"하는 것이었다. 아래의 것들은 貢禹가 武帝시기에 처음 제정되었다고 생각한 속형의 사례들로 생각된다.

> 30) (天漢四年) 가을 9월에 死罪囚로 하여금 贖錢 50만전을 납입하게 하고 사형에서 일등급을 감하였다.[65]

> 31) (太始二年) 가을, 가뭄이 들었다. 9월에 死罪囚를 모집하여 贖錢 50만전을 납입하게 하고 사형에서 일등급을 감하였다.[66]

> 32) 新畤侯 趙弟 ... 太始三年에 太常의 鞠獄이 不實한 것에 좌되었다. 백만전을 납입하여 사형을 속면받아 完爲城旦으로 되었다.[67]

30)은 武帝 天漢四年(B.C.97)에 사죄자에게 속전 50만전을 내게 하고 일등급을 감형하고 있으며, 31)은 太始二年(B.C.95)에 天漢四年의 것을 재차 시행하여 흉노전쟁에서 야기된 재정문제의 해결을 시도한 것으로 보인다. 32)는 太始三年(B.C.94) 新畤侯 趙弟가 백만전을 납입하고 사

---

64) 『漢書』卷72「貢禹傳」, p.3077.
65) 『漢書』卷6「武帝紀」, p.205, "(天漢四年) 秋九月, 令死罪入贖錢五十萬減死一等."
66) 『漢書』卷6「武帝紀」, p.206, "(太始二年) 秋, 旱. 九月, 募死罪入贖錢五十萬減死一等."
67) 『漢書』卷17「景武昭宣元成功臣表」, p.661, "新畤侯趙弟 ... 太始三年, 坐爲太常鞠獄不實, 入錢百萬贖死, 而完爲城旦."

형에서 完爲城旦으로 감형되었다. 文帝의 형법개혁 이후에는 사형을 1
등 감형하면 髡鉗城旦舂으로 되는 것인데, 여기에서는 完爲城旦으로 감
형되고 있다. 50만전을 납입할 경우 사형에서 1등을 감형해 髡鉗城旦舂
이 되지만, 100만전을 납입하였으므로 재차 감일등하여 完爲城旦이 된
것으로 보인다. 이러한 속형은 원래 과형된 正刑을 入錢에 의해 다른
형벌로 감형하는 A타입 속형(換刑)이라고 할 수 있다.[68] 그러나 이 보
다 앞선 惠帝시기에도 속형 조치가 내려진 적이 있기 때문에 貢禹의
주장처럼 武帝시기에 처음으로 A타입의 속형이 나온 것은 아니다. 惠
帝시기에 이미 死罪者에게 三十級의 작을 매입하게 하여 면죄시키고
있는데,[69] 이는 二年律令의 贖死와는 다른 A타입의 속형이다. 應劭에
의하면 1급당 2000전이므로 贖死는 30급의 買爵에 6만전이 필요하다.[70]
이 금액은 漢初 二年律令과 武帝시기 淮南王 모반사건의 B타입 贖死가
액인 金二斤八兩(2만5천전)과 다르므로 A타입이 분명하다.[71] 貢禹가 속
형을 "재물로써 바꾼 것"으로 이해한 것은 『說文』의 "貿"의 방식으로 이
해한 것이고, 『說文』의 "범법한 죄 가운데 가벼운 것이 벌금"이라는 관

---

68) 角谷常子, 위의 논문, p.85. 角谷常子는 贖死하여 完爲城旦으로 되는 사료가
　　많이 보이는 것에 근거하여 贖死 = 完爲城旦이라고 간주하였으나, 文帝의
　　형법개혁 이후에 死刑 다음의 형벌은 髡鉗城旦이다. 한편 錢劍夫는 무제 시
　　기의 속전 50만전은 전국시대의 속금 100금, 50금을 계승한 것으로 보았다.
　　錢劍夫, 『秦漢貨幣史稿』(武漢: 湖北人民出版社, 1986), p.180 注 38.
69) 『漢書』 卷2 「惠帝紀」, p.88, "民有罪, 得買爵三十級以免死罪. 應劭曰: 一級直錢
　　二千, 凡爲六萬, 若今贖罪入三十疋縑矣."
70) 應劭의 계산은 二年律令의 爵位가격과는 차이가 있다. 二年律令에 爵1급의
　　가격은 황금 1근으로 추정되므로(『張家山漢墓竹簡』, p.185, "諸當賜受爵, 而不
　　當拜爵者, 級予萬錢.") 惠帝시기의 免死罪는 30근(30만전)이 되어, 二年律令의
　　贖死 2근8량과 동일하지 않다. 孫劍偉, 「漢代贖罪問題考述」(『北京大學研究生
　　學志』 2, 2006), p.74 참조.
71) 『史記』 卷118 「淮南衡山列傳」, pp.3093-3094, "而論國吏二百石以上及比者, 宗室
　　近幸臣不在法中者, 不能相敎, 當皆免官削爵爲士伍, 毋得宦爲吏. 其非吏, 他贖
　　死金二斤八兩."

점에서 B타입의 속형과 벌금은 큰 차이가 없으므로 B타입 속형을 속형으로 간주하지 않은 것이다.

같은 武帝시기의 贖死 금액인데도 큰 차이가 나는 것은 종류가 다르기 때문이라고 생각된다. 元狩元年(B.C.122) 회남왕 사건의 贖死가 金二斤八兩(2만5천전)이고, 武帝 天漢·太始시기(B.C.97-94)의 贖死가 50만전, 100만전인 것은 명백히 다른 것이다. A타입의 贖死는 거금을 납입해도 즉각 서인으로 풀려나지 못하고 髡鉗城旦舂 또는 完城旦舂으로 감형된 후 소정 형기를 복역해야만 서인의 신분을 획득할 수 있다는 것에 그 특징이 있다. B타입의 속형은 소정의 속형금액을 납입하면 신분변화 없이 해결된다는 점에서 A타입과 차이점이 있다. 이러한 사실은 아래의 "入財贖完爲城旦"의 끊어 읽기에서도 잘 증명된다. 『史記』와 『漢書』의 속형 사례는 끊어 읽기에 유의할 것들이 많다. 특히 贖完爲城旦과 贖城旦舂이 유사하지만 의미가 전혀 다르다는 것이다.

> 33) 元鼎二年에 侯 (曹)宗이 嗣하였다. 二十四年, 征和二年에 中人과 姦하고, 宮掖門에 闌入하였다. 財物을 납입하고 贖하여 完爲城旦이 되었다(入財贖完爲城旦).[72]

平陽侯 曹宗은 궁중의 女官인 中人과 간통한 죄와 궁궐에 난입한 죄로 "入財贖完爲城旦"의 처벌을 받았다. 여기에서 "入財贖完爲城旦"의 처벌은 "入財贖, 完爲城旦"과 "入財, 贖完爲城旦"의 두 가지 방법 가운데 어떻게 읽어야 할까? 간통죄는 完爲城旦舂의 처벌을 받는 것이고,[73] 宮掖門에 闌入한 죄는 完城旦의 처벌을 받은 사례도 있지만,[74] 宮掖門

---

72) 『漢書』 卷16 「高惠高后文功臣表」, p.532, "元鼎二年, 侯(曹)宗嗣, 二十四年, 征和二年, 坐與中人姦, 闌入宮掖門, 入財贖完爲城旦."
73) 『張家山漢墓竹簡』, p.159, "諸與人妻和奸, 及其所與皆完爲城旦舂. 其吏也, 以强奸論之."

은 궁궐 정문 양옆에 있는 작은 문인 掖門을 가리키는 것으로, 이곳에 난입한 죄는 황제의 殿中을 침입하여 사형죄가 내려진 充國의 경우와 동일하다.[75] 그렇다면 平陽侯 曹宗의 경우는 간통에 의한 완성단과 궁궐난입에 의한 사형죄가 경합하고 있다. 두 개의 죄가 경합하면 무거운 죄로 처벌하는 흡수주의에 의거하여 사형으로 처벌했는데,[76] 이 사형죄를 "入財하고 贖하여, 完爲城旦이 된 것"이다. 반면에 이년율령의 B타입의 속형은 "贖城旦舂(一斤八兩)"이라고 밝히고 있어 曹宗의 "贖完爲城旦"과는 명칭부터 다르다. B타입의 속형에는 贖完爲城旦이라는 형명이 없다. 따라서 위의 曹宗의 문장은 "入財贖, 完爲城旦"으로 읽어야 한다. 또한 아래 사료의 贖爲城旦도 속형의 B타입인 贖城旦舂이 아니라, "贖하여 城旦으로 삼았다"는 의미(A타입)로 해석해야 한다.

> 34) 文成侯가 봉해진 지 16년에 卒했고, 아들 不疑가 이어서 봉해졌다. 10年에 門大夫 吉과 함께 故楚內史를 謀殺한 것에 坐되어 사형의 처벌을 받았으나 贖하여 城旦이 되었고(當死, 贖爲城旦), 國이 폐지되었다.[77]

> 35) 高后三年에 侯 不疑가 이어받았다. 十年, 孝文五年에 門大夫와 함께 故楚內史를 죽인 것에 坐되어, 贖爲城旦으로 되었다.[78]

---

74) 衛伉은 궁궐에 난입한 죄로 完爲城旦에 처해졌다. 작위를 가지고 있기는 했지만, 여기에서는 贖했다는 기록 없이 完城旦에 처해지고 있다. 그러나 궁궐에 난입한 죄가 贖하지 않고 完爲城旦에 처해졌다는 것은 이해하기 어렵다. 『漢書』 卷18 「外戚恩澤侯表」, p.686, "宜春侯(衛)伉, 五年四月丁未以靑功封, 元鼎元年坐矯制不害免, 太初元年嗣侯, 五年闌入宮, 完爲城旦."

75) 『漢書』 卷97上 「外戚傳」, pp.3958-3959, "又桀妻父所幸充國爲太醫監, 闌入殿中, 下獄當死. 冬月且盡, 蓋主爲充國入馬二十匹贖罪, 乃得減死論."

76) 『張家山漢墓竹簡』, p.148, "一人有數☒罪殹, 以其重罪罪之."

77) 『史記』 卷55 「留侯世家」, p.2048, "文成立十六年卒, 子不疑代立. 十年, 坐與門大夫吉謀殺故楚內史, 當死, 贖爲城旦, 國除."

34)와 35)는 文成侯 張不疑의 살인사건이 『史記』와 『漢書』에 각각 기술된 것이다. 34)의 『史記』에서 張不疑는 門大夫와 모의하여 故楚內史를 죽인 벌로 贖爲城旦에 처해졌다. 謀殺은 二年律令에 의하면 棄市에 처하고, 미수에 그쳐도 黥爲城旦舂에 처하는 중죄에 해당한다.[79] 35)의 『漢書』에는 "當死(사형에 해당한다)"가 생략되어 있지만, 34)의 『史記』에는 張不疑의 원래 판결이 사형임을 밝히고 있어 살인을 저지른 것이 확실하다. 속형은 본래 가벼운 범죄에 적용하도록 되어 있고,[80] "고의가 아니고, 실수로 정확하게 하지 않은 것이면 贖罪로써 논한다."고 하는 二年律令의 贖刑 원칙에 의해 B타입의 贖死는 과실에 의한 살인일 경우에 과형되었다.[81] 그러므로 張不疑가 謀殺의 죄를 범해 속형되어 贖爲城旦이 된 것은 B타입의 贖城旦舂과는 범행동기부터 다른 것이었다. 이년율령에 B타입의 贖城旦舂의 처벌을 받은 자의 죄목은 田宅과 符傳을 사기한 죄에 불과하다.[82] 따라서 "贖爲城旦"은 死罪入贖錢에 의해서 "贖하여, 城旦으로 삼은" 것이라고 해석해야 한다. 위에서 고찰한 문헌자료의 贖爲城旦, 贖爲完城旦은 대부분 중대범죄로 거금을 내고 사형을 면제받은 A타입의 속형이며, 二年律令에 보이는 B타입의 속형은 그야말로 미미한 경범죄에 걸려 벌금을 낸 것으로 이해해도 좋다. 지금까지의 고찰을 바탕으로 후한의 속형기록이 과연 A타입 또는 B타입의 어느 경우에 해당하는지 확인할 필요가 있다.

---

78) 『漢書』 卷16 「高惠高后文功臣表」, p.540, "高后三年, 侯不疑嗣, 十年, 孝文五年, 坐與門大夫殺故楚內史, 贖爲城旦."
79) 『張家山漢墓竹簡』, p.137, "賊殺人, 及與謀者, 皆棄市. 未殺, 黥爲城旦舂."; 같은 책, p.137, "謀賊殺, 傷人, 未殺, 黥爲城旦舂."
80) 『漢書』 卷78 「蕭望之傳」, p.3277, "甫刑之罰, 小過赦, 薄罪贖, 有金選之品, 所從來久矣, 何賊之所生?"
81) 『張家山漢墓竹簡』, p.147, "其非故也, 而失不審, 各以其贖論之."
82) 같은 책, p.176, p.207. 縣官에 반납해야 할 田宅을 거짓으로 戶를 대신한 자에게 贖城旦을 부과하거나, 다른 사람의 符傳을 거짓으로 받아서 塞의 津關을 출입했거나, 出入하지 않았더라도 체포되면 贖城旦舂에 처하고 있다.

36) 十二月 甲寅, 詔로 말하였다: "바야흐로 春耕의 시절이라 사람들은
씨뿌리고 양잠에 바쁘다. 有司에 명령을 내리니 농사의 절기에 순
응하고 번거롭게 하지 않도록 힘쓰라. 天下의 참수죄(殊死) 以下로
서 亡命하고 있는 자는 속형하는 것을 허락하도록 한다.(聽得贖論)
死罪는 縑二十匹을 납부하고, 右趾에서 髡鉗城旦舂은 十匹을 납부하
고, 完城旦舂에서 司寇作은 三匹을 납부한다. 범죄가 발각되지 않은
자 가운데 조서가 이르기 전에 먼저 자수한 자는 반을 납부하여 贖
한다."[83]

36)은 後漢 明帝시대에 時氣에 순응하고자 속면 조서를 내린 것인
데, 도망한 사형수 이하의 죄수에게 贖刑을 허락하고 비단을 납부하
게 하고 있다. 일단 도망친 범죄자들에게 보이는 右趾·髡鉗城旦舂·完
城旦舂·司寇作의 형명은 이년율령의 贖刑항목에 없는 것들이며, 특히
司寇作은 앞서 예시한 18)예문의 B타입 속형 항목에 보이지 않는 점에
서 B타입의 속형이 아니라고 할 수 있다. 즉, 贖刑의 범주에 贖耐는 존
재해도 贖司寇作은 존재하지 않는다는 점에서 위의 司寇作은 일반 徒
刑인 것이다.

지금까지의 고찰을 종합한다면 秦漢代에는 A타입과 B타입의 속형
이 병존했다. 원래는 二年律令에 규정된 贖刑에 입각해 실시되어야 하
지만, 『漢書』 등 문헌사료에는 오히려 A타입의 贖刑이 주로 남아 있다.
A타입의 속형은 정형계통에 포함되지 않은 것으로서, 주로 국가의 재
정부족 등을 해결하거나, 천하에 황제 사면조령을 내릴 때 실시된 것
이었다. 특히 재정적자를 해결하기 위한 贖死의 경우는 일반인들이

---

83) 『後漢書』 卷2 「顯宗孝明帝紀」, p.98, "十二月甲寅, 詔曰: 「方春戒節, 人以耕桑.
其勑有司務順時氣, 使無煩擾. 天下亡命殊死以下, 聽得贖論: 死罪入縑二十匹,
右趾至髡鉗城旦舂十匹, 完城旦舂至司寇作三匹. 其未發覺, 詔書到先自告者, 半
入贖.」"

도저히 감당하기 어려울 정도의 거액이었다. B타입의 속형이 문헌자
료에 남아있지 않은 것은 지금으로 말하면 경범죄 정도에 해당하는
사항들을 굳이 역사기록에 남길 필요가 없었기 때문이다.

V. 贖刑의 價額

근년 출토된 里耶秦簡에는 貲罰이 11회, 贖刑이 1회 보이고 있어 속
형의 위상을 알 수 있다. 貲錢보다 贖錢을 부과 받은 사례가 훨씬 적게
보이는 것은 秦律에 贖刑 규정이 많지 않고, 贖刑보다 貲罰을 더 많이
적용한 결과일 것이다. 貲罰보다 贖刑의 사용례가 적은 것은 [표 1] 이
년율령의 형벌등급에서 많이 사용되지 않은 것을 반영하는 것이다.

과거 貲罰의 가액에 대해서는 논쟁이 있어왔으나, 최근 『嶽麓書院
藏秦簡(貳)』의 새로운 자료에 의해 貲一甲은 1344전, 貲一盾은 384전임
이 확인되었다.[84) 그리고 里耶秦簡의 貲甲에는 貲1·2·3·4·5·6·7·14甲이
확인되었고,[85) 이에 입각하여 아래에 [표 3]의 貲罰가액을 산출하였다.

반면에 贖刑은 秦代에 많이 사용되지도 않았고, 그 가액도 명확하
지 않았다. 그런데 『嶽麓書院藏秦簡(貳)』에 贖死와 贖耐의 2개 사례가
확인되고,[86) 里耶秦簡에 贖遷의 가액을 추정할 수 있는 "起贖遷當從事

---

84) 于振波, 「秦律中的甲盾比價及相關問題」(『史學集刊』 2010-5), pp.37-39; 湖南省文
物考古研究所, 「湘西里耶秦代簡牘選釋」(『中國歷史文物』 1, 2003), pp.8-25.

85) 陳偉, 『里耶秦簡牘校釋(一)』(武漢: 武漢大學出版社, 2012), p.89, "令佐叡貲七甲
(8-149)"; 같은 책, p.131, "鄕守履貲十四甲. ☑Ⅰ 鄕佐就貲一甲. ☑Ⅱ 鄕佐□貲
六甲. ☑Ⅲ(8-300)"

86) 『嶽麓書院藏秦簡(貳)』, p.78, "(81)貲一甲直(值)錢千參百卌四, 直(值)金二兩一垂,
一盾直(值)金二垂. 贖耐, 馬甲四, 錢七千六百八十. 0957, (83)馬甲一, 金參兩一
垂, 直(值)錢千九百卄, 金一朱(銖)直(值)錢卄四, 贖死, 馬甲十二, 錢二萬參千卌.
0970"

縣官二歲爲錢(9-97)"이라는 자료가 확인되었다.[87] 이에 의하면 贖耐는
馬甲四 = 7680錢이며, 贖死는 馬甲十二 = 23040錢이다. 그 배수에서 계산
하면 馬甲一은 1920전이 된다.

贖死	馬甲12	23040錢
贖耐	馬甲4	7680錢
(贖遷?)	馬甲3	5760錢
	馬甲1	1920錢

罰罰계통의 貲盾과 貲甲은 각각 384전과 1344전을 단위로 하는 반
면, 贖刑은 馬를 붙여서 馬甲이라고 하였다. 따라서 양자는 계통이 다
른 것으로 생각된다. 흥미로운 것은 贖刑의 표현방식이 馬甲인 것이
다. 馬甲이 貲盾·貲甲 등의 벌금형과 확연히 구분되는 명칭을 사용한
것은 贖刑임을 표현하기 위한 것으로 생각된다.

『嶽麓書院藏秦簡(貳)』와 『里耶秦簡牘校釋(二)』의 자료에 근거하여 贖
刑의 가액과 그에 상응하는 贖刑의 형명을 분석하기로 한다.

가) 馬甲3(5760)은 贖遷의 가액이라고 생각된다. 그 단서는 "起贖遷當
從事縣官二歲爲錢(9-97)"에서 찾을 수 있다. "起"가 贖遷의 처벌을 받아서
縣官에서 2년 동안 從事하는 것을 錢으로 내게 한 것이다. 다만 贖遷의
가액은 표시되지 않았다. "起"는 從事縣官二歲를 하루 8전 또는 公食을
먹을 때 6전으로 노역하여 贖遷의 가액을 납입해야 한다. 贖遷의 2년
노역 가액 360(1년 일수)×2년×8전 = 5760전은 놀랍게도 馬甲3의 가액
5760전과 일치한다.[88] 따라서 5760전이라는 수치는 하루의 노역 8전과

---

87) 陳偉, 『里耶秦簡牘校釋(二)』(武漢: 武漢大學出版社, 2018), p.67.

88) 戴奕純, 「秦代贖遷金額考」 http://www.bsm.org.cn/show_article.php?id=3296#_ednref7
　　戴奕純은 里耶秦簡 "起贖遷當從事縣官二歲爲錢(9-97)"의 刻齒가 41??으로 나오는
　　것에 대해서 刻齒와 簡面數値가 일치하지 않는 사례로 보고 있다. 戴奕純은
　　贖遷의 가액은 5760錢이 옳으며 馬三甲에 해당한다고 보았다. 里耶秦簡의 整理者
　　는 簡牘의 刻齒數量을 "右側刻齒爲'四千一百', 以下殘斷"이라고 서술하였다. 刻齒

관련하여 도출된 것이고, 馬甲3 = 5760 = 贖遷의 결론을 내릴 수 있다.

나) 馬甲1의 1920전은 하루 8전씩으로 계산하면 240일(8개월)의 노역 금액인 것이다. 그런데 1년은 360일×8전 = 2880전인데, [표 3]에서 알 수 있듯이 馬甲1은 1920, 馬甲2는 3840이므로 贖刑에서 2880전이라는 가액은 존재하지 않는다. 따라서 贖刑에서 1년 단위는 존재하지 않는다. 贖刑은 2년(24개월), 그 아래에 16개월·8개월의 단위만 존재하는 것이다. 실제의 秦律집행 과정에서도 贖刑은 贖遷(馬甲3 = 5760전)에서 시작된다. 贖遷의 아래에는 贖刑의 명칭이 확인되지 않는데, 그럼에도 馬甲2와 馬甲1을 둔 것은 그 아래에 상응하는 속형의 명칭이 있었을지도 모른다.

다) 二年律令의 贖刑은 ① 贖死, ② 贖城旦舂·鬼薪白粲, ③ 贖斬·贖腐, ④ 贖劓·贖黥, ⑤ 贖耐, ⑥ 贖遷의 6단계로 구성되어 있다. 이것이 秦律의 속형단계와 동일하다면, 秦律의 속형은 모두 12개이므로, 나머지 6개의 단계는 일대일로 비정되는 속형이 없었을 것이다.

[표 3] 秦律과 二年律令의 貲錢, 贖錢

秦律		金	錢	비율	二年律令	金	錢
馬十二甲	贖死	960銖(40兩)	23040	60	贖死	金二斤八兩(40兩) 960銖	25000
馬十一甲		880銖	21120	55			
馬十甲		800銖	19200	50			
馬九甲		720銖	17280	45			
馬八甲		640銖	15360	40			
馬七甲		560銖(23.3兩)	13440	35	贖城旦舂, 鬼薪白粲	一斤八兩(24兩) 576銖	15000
馬六甲		480銖(20兩)	11520	30	贖斬贖腐	一斤四兩(20兩) 480銖	12500
馬五甲		400銖(16.7兩)	9600	25	贖劓贖黥	一斤(16兩) 384銖	10000
馬四甲	贖耐	320銖(13.3兩)	7680	20	贖耐	十二兩(12兩)288銖	7500
馬三甲	贖遷	240銖(10兩)	5760	15	贖遷	八兩(8兩) 192銖	5000
馬二甲		160銖	3840	10			

의 數量은 簡面文字의 錢數에 대응한다고 하지만, 41??의 숫자는 簡面과 일치하지 않는다. 張春龍、[日]大川俊隆、[日]籾山明, 「里耶秦簡刻齒簡研究――兼論嶽麓秦簡〈數〉中的未解讀簡」(『文物』 2015-3).

秦律	金	錢	비율	二年律令	金	錢
馬一甲	80銖	1920	5			
貲十四甲	784銖	18816	49			
貲七甲	392銖	9408	24.5			
貲六甲	336銖	8064	21			
貲五甲	280銖	6720	17.5	罰金二斤	(32兩)768銖	
貲四甲	224銖	5376	14	罰金一斤	(16兩) 384銖	
貲三甲	168銖	4032	10.5	罰金八兩	(8兩) 192銖	
貲二甲	112銖	2688	7	罰金四兩	(4兩) 96銖	2500
貲一甲	56銖	1344	3.5	罰金二兩	(2兩) 48銖	1250
貲二盾	32銖	768	2			
貲一盾	16銖	384	1	罰金一兩	(1兩) 24銖	625

이상과 같이 秦律의 속형을 분석하였다면, 이제 漢初 二年律令과 비교해보자. 秦律의 馬甲3과 二年律令의 贖遷은 각각 5760, 5000으로서 가액이 근접한다. 馬甲4와 贖耐도 7680과 7500이고, 馬甲12와 贖死는 23040과 25000으로서 역시 근접해 있다. 따라서 二年律令은 秦律의 贖刑 가액을 대체로 준용한 것으로 생각된다. 그밖에 馬甲5~7까지도 대체로 가액이 근사해있다고 생각된다. 漢律에서 황금가액을 기초로 벌금·속형 가액을 변화시켰음에도 대체로 가액이 근접해있다는 것은 놀라운 점이다.

秦律에서 贖刑가액을 "1일의 노역가 8전"에 기초해 도출했다면, 二年律令에서의 벌금과 속형의 금액은 "황금 가격 1근 1만량"을 기준으로 변화되었다. 秦律의 貲一盾이 二年律令에서는 罰金一兩으로 바뀌고, 그 액수에도 변화가 있었다.[89] 사실 秦律의 貲一盾 가액 384전이 1일의 노역 가액인 8로 나누어지는 것으로 보아 노역 가액과 관계되는 것을 추정할 수 있다. 그러한 기준이 二年律令에서는 황금 가격으로 변동되는 것이다.

『管子』에 황금 1斤이 1만전으로 나타나고, 王莽시기 "黃金重一斤, 直

---

89) 秦律의 貲一盾은 384전을 단위로 하고, 漢律은 625전을 단위로 하여 액수상 차이가 크다.

錢萬"이라고 하여 황금 1근의 가격이 1만전인 것으로 보아 전국시대
부터 황금 일근의 가격이 만전이라는 것은 그다지 문제가 없어 보인
다.[90] 그러나 물가변동을 고려하지 않고 황금가격을 1근 = 1만전으로
고정시키는 것은 현실을 무시한 것일 수밖에 없다. 우선 張家山漢簡의
문서 중 하나로 출토된 『算數書』에는 금값이 1근에 5040전으로 나와
있고,[91] 전한 중엽에 저술되었을 『九章算術』에는 1근의 가액이 6250전
또는 9800전으로 나타나는 것이 그러한 예이다.[92] 따라서 罰·贖·債를
錢으로 납입할 때 각 郡의 10월 黃金의 平價로 환산하라는 이년율령의
규정은 황금과 동전의 교환비율 변동을 전제로 한 것이다. 황금가격
의 등락을 고려하여 漢律에는 속형·벌금형의 액수를 황금가로 일관되
게 표시하고 있다.

그러나 居延漢簡의 몇 개 문서에는 罰金一兩이 625전으로 고정되어
있는데, 이 문서들이 같은 해에 작성되었을 가능성이 희박함에도 황
금가격이 1근 = 1만전으로 고정되어 있는 것은 매년 10월의 황금가격
으로 속전 가액을 절납하라는 이년율령의 규정과 배치된 증거라고
할 수 있다.[93] 居延漢簡의 황금일근을 1만전으로 고정시키는 관행은

90) 藤田高夫, 「秦漢罰金考」, 『前近代中國の刑罰』(京都: 京都大學人文科學硏究所, 1996), p.106; 『漢書』 卷24下 「食貨志」, pp.1177-1178, "(王)莽即真, 以爲書「劉」字有金刀, 乃罷錯刀、契刀及五銖錢, 而更作金、銀、龜、貝、錢、布之品, 名曰「寶貨」. … 黃金一斤, 直萬錢."; 『管子』(東京: 冨山房, 1972), 卷23 「揆度篇」, p.14, "桓公問於管子曰: 陰山之馬, 具駕者千乘, 馬之平賈萬也, 金之平賈萬也. 吾有伏金千金, 爲此奈何?"

91) 『張家山漢墓竹簡』, p.255, "金賈(價)兩三百一十五錢." 따라서 1근 = 16량 = 16×315 = 5040전.

92) 李繼閔, 『九章算術校證』(西安: 西北科學技術出版社, 1993), 卷6 「均輸篇」, p.347, "問金一斤值幾何? 答曰: 六千二百五十."; 같은 책, 卷7 「盈不足篇」, pp.386-387, "問人數, 金價各幾何? 答曰: 三十三人, 金價九千八百."

93) 謝桂華 等, 『居延漢簡釋文合校』(北京: 文物出版社, 1987), p.366, "◪罰金二兩直千◪(227.13)"; 같은 책, p.379, "◪□□□□當罰金二千五(231.115A) ◪□□□亡人罰金五千(231.115B)" 이 문서들은 1량 = 625전, 16량 = 1근 = 1만전의 증거이

시장가격의 변동을 연동시킬 때 황금가격이 수시로 변동하여 법률적
용에 애로가 많았기 때문에 출현한 것으로 생각된다. 漢律에 罰金一兩
의 가액을 625전으로 한 것은 황금 1근(10000전)이 16兩과 관련된 것이
다.(10000÷16=625) 황금1근 = 1만전을 적용해 二年律令의 벌금과 속형
의 가액을 환산하면 아래의 표와 같다.

罰金과 贖金을 재력이 없어 내지 못했을 때는 雲夢秦律과 里耶秦簡
에 보이는 것처럼 노역으로 "居貲贖債"를 해야 했다. 貲一盾은 1일 8전
의 노역으로 복역하면 84일을 관부에서 노역에 복역해야 했다.[94] 사
소한 貲一盾도 이 정도의 기일을 복역해야 했는데, 貲一盾의 12배에
해당하는 贖耐의 경우 居贖, 즉 노역으로 변제할 경우 그 보다 훨씬
많은 1008일을 복역해야 했다.

[표 4] 二年律令의 속형가액

형명	황금	錢	÷1일8전 = 日(年)
贖死罪	金二斤八兩(40兩)	25000	3125(8.5)
贖城旦舂, 鬼薪白粲	一斤八兩(24兩)	15000	1875(5.1)
贖斬 贖腐	一斤四兩(20兩)	12500	1562.5(4.2)
贖劓 贖黥	一斤(16兩)	10000	1250(3.4)
贖耐	十二兩(12兩)	7500	937.5(2.5)
贖遷	八兩(8兩)	5000	625(1.7)
罰金 四兩	(4兩)	2500	312.5(0.8)
罰金 二兩	(2兩)	1250	156.25(0.4)
罰金 一兩	(1兩)	625	78.125(0.2)

그런데 이러한 속형이 어느 정도의 재산적 부담을 주는지는 漢代
물가와 비교해보면 쉽사리 알 수 있다. 前·後漢 奴婢의 價格은 일반적

다. 溫樂平 등은 二年律令 428簡의 규정에만 근거하여 매년 10월의 平價를
적용했을 것이라고 보았으나 居延漢簡의 자료에 벌금1량의 황금가격을 625
전 단위로 되어 있는 것은 주목하지 못하고 있다. 溫樂平·程宇昌, 「從張家山
漢簡看西漢初期平價制度」(『江西師範大學學報』 36-6, 2003), p.75 참조.
94) 任仲爀, 위의 논문, p.32.

으로 2-3만전인데 贖死와 비슷한 가액이다. 馬 1필은 1만전 정도이므로 贖黥과 비슷한 가액이며,[95] 5천전의 贖遷은 畝당 4천전 정도 하는 중급 토지 정도에 해당하는 처벌이다.[96] 秦律의 형도의 관부 노역은 하루 8전이므로 1개월이면 240전이 된다.[97] 漢代의 傭工價는 內地지역에서 200-1000전 정도이므로, 秦律의 형도 1개월 노역 가치 240전은 漢代의 임금 가운데서 비교적 싼 임금으로 계산한 것이다.[98] 속형 중 가장 빈번하게 사용된 贖耐는 漢代의 가장 싼 임금(월 200전)으로 계산하면 37.5개월의 노동에 해당한다.

이상에서 고찰한 漢初 二年律令의 贖死 가액은 武帝 元狩 元年(B.C. 122)의 淮南·衡山王의 모반사건 시에도 金二斤八兩으로 그대로 준수되고 있었다.[99] 금액상으로 이러한 B타입의 贖刑가액은 武帝시기의 "買爵免死", "入錢免贖" 등 A타입의 속형이 거액이었던 것과 큰 차이가 있다. 예를 들어 武帝시기 隆慮公主가 아들 昭平君을 위하여 미리 예납한 死罪의 속전 金千斤과 錢千萬(합계 2천만전)은 二年律令의 "贖死 金二斤八兩"과 비교할 수 없을 정도의 거액이다.[100] 이 액수는 이년율령의 규정과는 완전히 다르며, A타입의 속전들은 일정하게 고정된 액수가 아니므로 그때마다 정해진 임의적 액수로 생각된다. 이처럼 武帝시기

---

95) 中國社會科學院考古研究所, 『居延漢簡甲乙編』(北京: 中華書局, 1980), p.158, "共平宣馬直十千, 令宣償宗, 宣立以□錢千六百付宗.(229·2)"; 『居延漢簡釋文合校』, p.55, "第廿三候長趙佣責居延騎士常池馬錢九千五百移居延收責重.(35.4)"

96) 중급의 토지는 畝당 1천~3,4천전이다. 黃今言, 『秦漢商品經濟研究』(北京: 人民出版社, 2005), pp.221-282.

97) 『睡虎地秦墓竹簡』, p.91, "●或贖遷 欲入錢者 日八錢."; 같은 책, p.84, "有罪以貲贖及有債於公, 以其令日問之, 其弗能入及償, 以令日居之. 日居八錢. 公食者, 日居六錢."

98) 徐揚杰, 「漢簡中所見物價考釋」(『中華文史論叢』 19, 1981), pp.185-192. 1개월의 傭工價는 서북변경은 4~7백전, 內地는 2백~1천전 정도이다.

99) 『史記』 卷118 「淮南衡山列傳」, p.3094, "其非吏, 他贖死金二斤八兩."

100) 『漢書』 卷65 「東方朔傳」, p.2851, "久之, 隆慮公主子昭平君尙帝女夷安公主, 隆慮主病困, 以金千斤錢千萬爲昭平君豫贖死罪, 上許之."

속형액수가 2종류 있다는 사실은 앞장에서 고찰한 속형의 A, B타입에 대한 필자의 주장을 입증해주는 증거이다.

이러한 A·B타입의 속형 금액과 관련하여 고찰해야 할 것이 『居延新簡』의 "罪人得入錢贖品"이다. 이것은 형벌을 贖하기 위해 납입해야 하는 곡물·금전의 대조표의 일부이다.

> 37) 大司農臣延奏罪人得入錢贖品(EPT56.35)
> 贖完城旦舂六百石 直錢四萬(EPT56.36)
> 髡鉗城旦舂九百石 直錢六萬(EPT56.37)[101]

이 문서는 大司農 延이라는 인물이 상주한 "罪人得入錢贖品"인데, 『漢書』「百官公卿表」의 宣帝 五鳳 원년(B.C.57)에 大司農으로 재직했던 延과 동일인으로 추정된다.[102] 이와 비슷한 시기인 宣帝 神爵 元年(B.C.61)에 京兆尹 張敞이 西羌과의 전쟁에 필요한 식량을 확보하기 위해 서북 8郡 지역에 곡물을 납입시킨 죄수를 사면하자고 주청한 일이 있었다.[103] 張敞의 주장은 논란 끝에 실행에 옮겨지지 않았지만, 居延이 속한 張掖郡은 서북 8군에 속하고, "罪人得入錢贖品"이 張敞의 상언이 있은 지 4년 후인 B.C.57년의 기록이므로 張敞의 논의와 모종의 관련이 있었을 것으로 생각된다.[104]

宣帝시기 西羌이 반란을 일으켜 재정이 부족하자, 京兆尹 張敞은 불법으로 受財하는 것, 殺人 및 사면할 수 없는 犯法을 제외하고는 八郡에서 모든 죄를 入穀하여 贖罪할 수 있도록 上書했다. 蕭望之는 이에 반대하였다. 백성에게 곡물을 납입해 贖罪하도록 한다면 부자는 살고

---

101) 甘肅省考古文物研究所, 『居延新簡』(北京: 文物出版社, 1990), pp.308-309.
102) 角谷常子, 위의 논문, p.91; 『漢書』 卷19下 「百官公卿表」, p.808.
103) 『漢書』 卷78 「蕭望之傳」, pp.3275-3278.
104) 角谷常子, 위의 논문, pp.90-91.

가난한 자만 죽으며, 빈자와 부자가 형벌을 달리하고 법이 하나의 원칙을 갖지 못한다고 반대론을 폈다.

張敞은 『尙書』「呂刑」을 근거로 蕭望之 등의 속형 불가론을 재차 반박하면서, "小過는 사면하고, 薄罪는 贖하는 金選之品이 오래 전부터 있어왔다."고 주장하였다. 이때 張敞이 武帝시의 漢律규정(회남왕 사건시 贖死규정을 적용한 사례)을 근거로 蕭望之를 논박하지 않은 것은 이상하지만, 유가들을 설복하기 위해 『尙書』에서 근거를 제시한 것으로 생각된다.[105] 그러면 전국적으로 시행된 이년율령의 규정과 비교하기 위해서 "罪人得入錢贖品"이 居延지역에서만 시행된 것인지 살펴볼 필요가 있다.

여기에서 贖品의 品은 品式, 程과 같은 율령의 시행세칙으로 생각된다.[106] 1974年 居延 甲渠候官 유지의 第16號 房基內에서 발견된 17매의 塞上蓬火品約은 居延都尉府에서 발포한 것으로, 居延都尉府 예하의 甲渠候官, 殄北候官, 三十井候官의 3개 候官塞에만 적용되는 것이었다. 그러나 蓬火品約의 경우는 중앙까지 敵情을 전달해야 하는 속성상 통일성이 요구되는 것이었다. 이러한 品約을 지방의 郡과 都尉의 단위에서도 제정할 수 있기 때문에 지방 실정에 따라 달라질 수 있었다.[107] 그러나 어떤 品은 전국적 규모로 시행되었음을 宣帝의 「漏法令甲第六常符漏品」에서 알 수 있다. 前漢 宣帝시기에 동지와 하지 사이의 180여 일의 晝夜의 차를 20刻으로 나누고, 9일마다 1刻씩 가감하는 漏法을 만

105) 『漢書』 卷78 「蕭望之傳」, p.3277, "今因此令贖, 其便明甚, 何化之所亂? 甫刑之罰, 小過赦, 薄罪贖, 有金選之品, 所從來久矣. 何賊之所生?"
106) 『漢書』 卷67 「梅福傳」, p.2917, "叔孫通遍秦歸漢, 制作儀品.";『廣雅 釋詁四』. "品, 式也";『後漢書』 卷46 「陳忠列傳」, p.1567, "程, 品式也. 謂彊盜發, 貶黜令長, 各有科條, 故曰程也.";『漢書』 卷81 「孔光傳」, pp.3353-3354, "(孔)光以高第爲尙書, 觀故事品式, 數歲明習漢制及法令."
107) 初師賓, 「居延烽火考述」, 『漢簡研究文集』(蘭州: 甘肅人民出版社, 1984), pp.335-398; 吳礽驤, 「漢代烽火制度探索」, 『漢簡研究文集』, pp.228-229.

들었는데, 이것이 甲令에 常符漏品으로 編著되어 있었다.[108] 이 品은 전 제국의 시각을 통일적으로 조정하는 것이므로 전국적으로 시행된 것이었다. 또한 지방관이 만든 品이더라도 중앙의 법령과의 모순을 초래해서는 곤란했다. 潁川 태수로 부임한 韓延壽는 이 지역의 告訐하는 풍속으로 인해 원수가 된 사람들이 많은 것을 교화시키려고 古禮에 입각하여 "嫁娶喪祭儀品"을 제정했는데, 국가의 법령과 충돌하지 않게 하였다고 한다.[109] 이처럼 品은 지방에서 실시한 것이라도 제국 율령과의 조화와 통일성이 요구되었다. "大司農臣延奏罪人得入錢贖品" 도 중앙의 九卿인 大司農이 상주하여 제정한 중앙정부 차원의 贖品으로서 전국의 죄수를 대상으로 納穀하게 한 것으로 생각된다.

　　"罪人得入錢贖品"은 비록 전국의 죄수를 대상으로 내린 속품이지만, 이년율령의 규정과는 명칭상 차이가 있다. "罪人得入錢贖品"은 徒刑인 完城旦舂과 髡鉗城旦舂 등의 기결수를 속면시키는 A타입이며, 이년율령의 속형항목에는 贖城旦舂이 있을 뿐 完城旦舂과 髡鉗城旦舂은 아예 없다. 또한 "罪人得入錢贖品"은 곡물가격과 贖錢價를 고정하고 있으므로 역시 금액을 고정시킨 이년율령의 속형과 일치되어야 함에도 불구하고 양자의 가액에 차이가 나는 것은 원래 종류가 다른 것이기 때문이다.

[표 5] 二年律令, 居延漢簡, 晋律의 속형가액 비교

二年律令(呂后2년 B.C.186)		武帝(元狩元年 B.C.122)	居延漢簡(宣帝 五鳳원년 B.C.57)		晋律(泰始4년 A.D.268)	
			穀	錢		
贖死罪	2斤8兩	25000	2斤8兩		贖死	2斤
			贖髡鉗城旦舂 九百石	60000		

108) 『後漢書』 志2 「律曆中」, pp.3032-3033; 『隋書』 卷19 「天文上」, pp.526-527.
109) 『漢書』 卷76 「韓延壽傳」, p.3210, "潁川多豪彊, 難治 …… 延壽欲更改之, 教以禮讓 …… 因與議定嫁娶喪祭儀品, 略依古禮, 不得過法."

二年律令(呂后2년 B.C.186)		武帝(元狩元年 B.C.122)	居延漢簡(宣帝 五鳳원년 B.C.57)			晋律(泰始4年 A.D.268)	
				穀	錢		
贖城旦春, 鬼薪白粲	1斤8兩	15000	贖完城旦春	六百石	40000	贖5歲刑	1斤12兩
贖斬 贖腐	1斤4兩	12500				贖4歲刑	1斤8兩
贖劓 贖黥	1斤	10000				贖3歲刑	1斤4兩
贖耐	12兩	7500				贖2歲刑	1斤
贖遷	8兩	5000					

[표 5]에서 알 수 있듯이 B타입의 贖死금액은 이년율령 시기인 呂后 2년(B.C. 186)에서 武帝 元狩 원년(B.C.122), 西晋 泰始 4年(A.D.268)까지 2 근 전후로 안정되어 있다. 후술할 것처럼 泰始 4년의 贖死도 속형 간 의 금액을 4량으로 조절한 결과 2근이 되었을 뿐이며, 2근8량에서 크 게 벗어나지 않았다. 그러나 宣帝시기의 "罪人得入錢贖品"의 가액은 이 년율령의 贖錢과 다르다. 즉, 贖髡鉗城旦春은 6만전(황금 6斤), 贖完城旦 春은 4만전(황금 4斤 = 64량)으로 이년율령의 贖城旦春(황금 1근8량 = 24량)에 비해 약 2.7배나 높은 가액이다. 더구나 贖髡鉗城旦春은 그보 다 더 무거운 贖死가 二年律令에서 2만5천전인데 비해 6만전에 달하고 있다. 따라서 이같은 "罪人得入錢贖品"은 晋律까지 고정되어 있는 속형 의 가액과 종류가 다르며, 徒刑을 대상으로 속형한 것이다. 율령에 규 정된 속형이 존재함에도 이러한 별개의 속품을 운영하고 있는 이유 는 張敞의 언급에서 보이듯이 정부의 군비조달 차원에서 제정한 것으 로 추정된다.

다음으로 고찰할 후한시대의 속형 사례는 황금단위로 표시된 二年 律令의 속형과 달리 비단으로 표시되었다. 贖刑을 入縑한 사례는 後漢 明帝 때 처음 보이고 있다. 왕망정권에서의 빈번한 화폐개혁으로 신 용을 상실한 정부발행 화폐는 민간에 통용되지 못하고 대신 縑이 통 용되었는데, 후한시대에도 이를 계승하여 縑으로 속형 가액을 표시한 것이다.[110] 아래의 자료는 바로 贖刑의 入縑 사례들이다.

38) 死罪는 비단 20匹을 납입하고, 右趾에서 髡鉗城旦舂까지는 10匹, 完
城旦舂에서 司寇作까지는 3匹을 납입한다. 발각되지 않았으나, 詔書
가 도달하기 전에 먼저 自告한 자는 반액을 들여서 贖한다.[111]

39) 死罪는 비단 40匹을 납입하고, 右趾에서 髡鉗城旦舂까지는 10匹, 完
城旦舂에서 司寇까지는 5匹을 납입한다. 범죄가 발각되지 않았으
나, 詔書가 도달한 날에 自告한 자는 반액을 들여서 贖한다.[112]

40) 死罪는 비단 30匹을 납입하고, 右趾에서 髡鉗城旦舂까지는 10匹, 完
城旦舂에서 司寇까지는 5匹을 납입한다. 吏人의 범죄가 발각되지
않았으나, 詔書가 도달하여 自告한 자는 반액을 들여서 贖한다.[113]

41) 死罪는 비단 20匹을 납입하고, 右趾에서 髡鉗城旦舂까지는 10匹, 完
城旦舂에서 司寇까지는 3匹을 납입한다. 吏人의 죄가 발각되지 않
았으나, 詔書가 도달하여 自告한 자는 반액을 들여서 贖한다.[114]

42) 死罪는 비단 20匹을 납입하고, 右趾에서 髡鉗城旦舂까지는 7匹, 完城
旦舂에서 司寇까지는 3匹을 납입한다. 吏民의 범죄가 발각되지 않

110) 錢劍夫, 위의 책, pp.148-163.
111) 『後漢書』 卷2 「顯宗孝明帝紀」, p.98, "死罪入縑二十匹, 右趾至髡鉗城旦舂十匹,
完城旦舂至司寇作三匹. 其未發覺, 詔書到先自告者, 半入贖."
112) 『後漢書』 卷2 「顯宗孝明帝紀」, p.118, "死罪縑四十匹, 右趾至髡鉗城旦舂十匹,
完城旦至司寇五匹; 犯罪未發覺, 詔書到日自告者, 半入贖."
113) 『後漢書』 卷2 「顯宗孝明帝紀」, p.123, "死罪縑三十匹, 右趾至髡鉗城旦舂十匹,
完城旦至司寇五匹; 吏人犯罪未發覺, 詔書到自告者, 半入贖."
114) 『後漢書』 卷3 「肅宗孝章帝紀」, p.143, "死罪入縑二十匹, 右趾至髡鉗城旦舂十
匹, 完城旦至司寇三匹, 吏人有罪未發覺, 詔書到自告者, 半入贖."

앉으나, 詔書가 도달하여 自告한 자는 반액을 들여서 贖한다.[115]

위의 자료들은 범죄를 저지르고 도망한 망명자들에게 비단을 납
부하게 하고 그 죄를 사면해주는 조서의 일부이다. 이 자료들은 앞서
언급했던 宣帝시기의 "罪人得入錢贖品"과 마찬가지로 A타입의 贖刑이
다. 入縑을 통해 사면한 죄수들의 형명은 모두 實刑 계통의 노역형이
고 원래부터 속형을 규정한 B타입 속형의 명칭과는 다르다. 錢劍夫는
위의 자료를 아래와 같이 정리하고 있다.[116]

[표 6] 錢劍夫의 後漢入縑 가액 분석

황제	연도	死罪		右趾~髡鉗城旦舂		完城旦~司寇	
		縑(匹)	折錢	縑(匹)	折錢	縑(匹)	折錢
明帝	즉위초	20	12360	10	6180	3	1854
	永平15년	40	24720	10	6180	5	3090
	永平18년	30	18540	10	6180	5	3090
章帝	建初7년	20	12360	10	6180	3	1854
	章和원년	20	12360	7	4320	3	1854

속전 가액은 시기마다 약간씩 변하고 있는데, 死罪는 30필, 右趾~髡
鉗城旦舂은 10필, 完城旦~司寇는 3필이 많으므로 대표적인 속형 가액으
로 일단 간주하였다.[117] 그런데 贖刑의 대상은 형벌 하나만이 특정된

---

115) 『後漢書』 卷3 「肅宗孝章帝紀」, p.157, "死罪縑二十匹, 右趾至髡鉗城旦舂七匹,
    完城旦至司寇三匹; 吏民犯罪未發覺, 詔書到自告者, 半入贖." 七匹은 十匹의
    誤寫일 가능성이 크다.

116) 錢劍夫, 위의 책, p.161.

117) 錢劍夫, 위의 책, p.162. 錢劍夫에 의하면 후한 말에 속죄(贖死)의 縑은 30필이
    제도로 확립된 것 같다. 30필이 당시에 贖死의 금액이라는 것은 楚王 英이
    자신의 죄를 속면받기 위해 바친 "黃縑白紈三十匹"에서도 알 수 있다.(『後漢
    書』 卷42 「光武十王列傳(楚王英)」, pp.1428-1429.) 沈家本과 程樹德은 後漢 永初
    이래에 縑의 匹數를 기록하지 않은 것은 이미 定制化되었기 때문이며, 應劭가
    말한 贖罪 30필이 그것이라고 하였다. 八重津洋平, 위의 논문(1959), p.102.

것이 아니라 "完城旦에서 司寇까지"라고 한 것처럼 몇 개의 형벌을 함께 아우르고 있다. 이 점에서도 각각의 속형마다 금액이 규정된 이년율령의 것과는 차이가 있다.

일단 비단의 가격을 계산해서 속형의 가격을 산정해보자. 居延漢簡에는 縑一匹 가격이 1440전, 618전, 800전, 550전 등으로 다양하게 보이므로 縑 1필당 가격을 산출하기란 용이하지 않다.[118] 품질, 지역, 시기 등에 따라 비단가격이 천차만별인 것은 오히려 당연하다. 錢劍夫가 1필을 618전으로 계산하여 추산한 永平 18년의 贖死 30필의 액수 18540전은 二年律令의 속사 금액 25000전과 차이가 크므로 양자는 다른 종류로 판단된다.([표 6] 참조) 다음으로 1440전을 적용해서 계산한 贖死의 금액 43200전은 이년율령의 贖死의 가격 25000전과 비교해도 역시 금액의 차이가 크다.([표 7] 참조) 어떤 비단가격을 적용하더라도 이년율령의 속형금액과 차이가 있다. 시간적 차이가 있어서 후한의 속형 가액과 이년율령의 그것을 비교하는 것에 의문이 제기될 수도 있지만 [표 5]에서 고찰한 바와 같이, 二年律令과 晉律의 贖死 금액이 2근 전후로 고정되어 있기 때문에 이년율령의 속형 가액은 晉律에서 개정할 때까지 변화가 없었다고 할 수 있다. 따라서 후한의 贖刑은 율령에 기록된 것이 아니라, 皇帝가 죄수들에게 은혜를 베푸는 차원에서 임시로 발포된 속형인 것이다.

---

118) 『居延漢簡釋文合校』, p.348, "呑遠燧卒夏收, 自言責代胡燧長張赦之, 赦之買收縑一丈直錢三百六十.(217.15, 217.19)"; 같은 책, p.266, "賣縑一直錢八百約至□☑.(163.3)"; 吳礽驤 等, 『敦煌漢簡釋文』(蘭州: 甘肅人民出版社, 1991), p.210, "任城國冗父縑一匹幅廣二尺二寸長四丈, 重廿五兩, 直錢六百一十八.(TH 1970A)"; 李均明·何雙全, 『散見簡牘合輯』(北京: 文物出版社, 1990), p.106, "又取縑二匹直錢於一百於輿.(1095)"

[표 7] 二年律令과 後漢律의 속형 비교

이년율령의 속형			후한의 속형			
贖死	金二斤八兩	25000전	1필		550~1440전	618전
			贖死罪	30匹	16500~43200전	12360전
			贖右趾~髡鉗城旦舂	10匹	5500~14400전	6180전
贖城旦舂、鬼薪白粲	金一斤八兩	15000전	贖完城旦舂~司寇作	3匹	1650~4320전	1854전
贖斬、府(腐)	金一斤四兩	12500전				
贖劓、黥	金一斤	10000전				
贖耐	金十二兩	7500전				
贖遷	金八兩	5000전				

필자는 縑의 여러 가격을 대입하여 후한시대의 속형의 가격을 검토한 결과, 入縑한 후한의 속형은 A타입이며, 이년율령과 晉律의 B타입의 속형가액과는 맞지 않는다는 결론을 내렸다. A타입의 속형은 율령에 규정된 것이 아니므로 액수가 고정된 것이 아니고 상황에 따라서 변했다. 예를 들어 武帝시기에 隆慮公主가 2천만전의 속금을 낸 것은 二年律令의 규정과도 다르고 후한시대에 비해서도 훨씬 많은 액수라고 할 수 있다. 후한시대의 죄수들에게 縑을 납부하게 한 속전도 율령에 책정된 B타입의 것은 아니다. 사료 상에는 이렇게 황제의 은사를 통해 죄수를 사면하는 것만 드러나 있기 때문에 양자가 병존하는 것을 알 수 없었다. A타입이 황제의 통치행위와 관련된 임의적 恩赦 조치 등과 관련되어 있고, B타입은 正刑 계통상의 輕刑에 적용되고 문헌사료에 잘 나타나지 않는 특성이 있었다. 후대의 晉律에서 개정의 대상이 된 것은 당연히 율령에 규정된 正刑 계통의 B타입 贖刑이었다. 다음으로는 晉律의 속형을 통해서 漢律과 晉律의 상관성, 계승관계에 대해 살펴보고자 한다.

VI. 晋律의 贖刑 개정

二年律令과 晋律 사이에는 속형의 명칭에 커다란 변화가 있었다. 즉, 이년율령에는 贖城旦舂과 같이 노역형명에 "贖"을 붙였지만, 晋律에서는 贖死·贖五歲·贖四歲·贖三歲·贖二歲와 같이 年數에 "贖"을 붙인 형태이다. 이처럼 贖刑에 五 ～ 二歲라는 年數가 포함된 것은 이전까지 보이지 않던 새로운 형태이다. 속형에 年數를 포함시킨 것은 文帝의 형법개혁에 의해 무기형이 유기형으로 바뀌면서 城旦舂·鬼薪白粲 등의 형명에 형기가 명확히 나타나지 않은 것과 관련이 있었을 것이다. 즉, 漢文帝 당시에는 큰 문제가 아니었을지 몰라도, 시간이 경과하면서 秦律의 刑名에 익숙하지 않은 사람들에게 그것이 몇 년 형인지 모르는 상황이 나타났을 것이다. 이같은 혼란은 贖刑에 있어서도 동일하였을 것이다. 贖城旦舂, 贖鬼薪白粲 등이 과연 몇 년의 속형에 해당하는지 불명확하고, 형명 간의 서열도 알 수 없는 점 때문에 혼란을 느낄 수밖에 없다. 따라서 城旦舂의 명칭을 형기가 명시된 髡鉗五歲刑 등과 같이 개정하고, 이와 병행해서 贖城旦舂 등도 年數가 포함된 贖五歲와 같이 개정한 것이다.

속형의 명칭과 가액산정 방법에 대해 현재로서는 확실하게 알 수 있는 방법이 없다. 다만 아래의 [표 8]을 통해 贖刑의 개정과정을 다음과 같이 추론할 수 있다. 우선 漢律의 贖死가 2근8량에서 晋律의 2근으로 줄어든 경위는 벌금 4량부터 각 단계의 차액을 4량으로 설정하면서 4·8·12·16·20·24·28로 증가하다가 贖死에 이르면 32량(2근)이 된 것이다. 결과적으로 漢律의 贖死 2근8량보다 부담이 감소된 것인데, 각 단계의 차이가 4량을 초과할 수 없도록 한 것은 벌금부담을 줄이려는 寬刑의 목적이 내포되어 있었다.[119] 그런데 贖城旦舂이 贖5歲로 전환

---

119) 『晋書』卷30 「刑法志」, p.929, "刑等不過一歲, 金等不過四兩."

되는 것은 다음과 같은 과정을 거쳤을 것 같다. 우선 徒刑을 2세~5세까지로 개정하고, 속형도 年數가 포함된 徒刑 이름에 贖을 기계적으로 붙였을 것이다. 또한 贖刑이 贖二歲부터 시작하는 것은 徒刑에 一歲가 없으므로 二歲부터 속형을 시작했던 것으로 생각된다.

또한 贖二歲 등에 보이는 속형 기간의 산정은 속형금액을 노역으로 대체했을 때의 기간을 그대로 贖○歲로 했을 가능성도 있다. 西晉 시기의 1일 노역가치를 알 수 있는 자료가 없으므로 秦律과 二年律令의 형도 노역대가를 대입해보면 다음과 같다.[120]

[표 8] 二年律令과 晉律의 속형 복역일수

二年律令		8전(日/年)	12전(日/年)	晉律		
贖死	二斤八兩(25000전)	3125/8.56	2083.3/5.7	贖死	二斤	32兩
贖城旦春, 鬼薪白粲	一斤八兩(15000전)	1875/5.13	1250/3.42	贖五歲	一斤十二兩	28兩
贖斬、府(腐)	一斤四兩(12500전)	1562.5/4.28	1041.6/2.85	贖四歲	一斤八兩	24兩
贖劓、黥	一斤(10000전)	1250/3.42	833.3/2.28	贖三歲	一斤四兩	20兩
贖耐	十二兩(7500전)	937.5/2.56	625/1.71	贖二歲	一斤	16兩
贖遷	八兩(5000전)	625/1.71	416.6/1.14			
罰金二斤 *	二斤(32兩)			罰金	12兩	
罰金一斤	一斤(16兩)			罰金	8兩	
罰金八兩 *	八兩			罰金	4兩	
罰金四兩	四兩			罰金	2兩	
罰金二兩	二兩			罰金	1兩	
罰金一兩	一兩					
罰金半兩 *	半兩					

*는 이년율령에 없고 문헌자료에 보이는 것

[표 8]에서 贖城旦春 이하 贖刑의 금액을 8전으로 나눈 것은 5.13년,

120) 앞에서 고찰한 것처럼 秦律에서 형도의 한 달 임금은 240전인데, 이를 漢代 傭工의 월 임금 200~1000전과 비교하면 그 중 가장 낮은 액수에 비견된다.

4.28년, 3.42년, 2.56년이 되며, 12전으로 환산한 것은 3.42년, 2.85년, 2.28년, 1.71년이다. 전자의 소수점 이하 부분을 생략하면 5년, 4년, 3년, 2년이 되고, 이것은 晋律의 속형연수와 대체로 일치하는 것을 알 수 있다. 이같이 노역으로 대체했을 때의 속형의 기간을 晋律에서 각각 贖5歲, 贖4歲, 贖3歲, 贖2歲로 환산되었을 가능성도 있지 않을까?

이와 함께 속형의 A·B타입에서 B타입이 벌금형적 성격을 가지고 있는 것도 속형 개정 이유라고 할 수 있다. 벌금형과 속형은 구분하기 곤란한 성격을 가지고 있고, 형벌등급에 따라 기계적으로 속형과 벌금형을 부과했다. 또한 [표 1]에서 지적했듯이 양자는 액수에서 중복된 부분도 있었다. 이를 위해 현실적으로 부과하는 데는 7개의 벌금 중에서 1·2·4량 위주로 부과하고, 벌금 8량은 贖遷(8량)과 중복되므로 거의 사용하지 않는 방법을 채택하고 있다. 贖遷도 사용회수가 많지 않고 罰金四兩에서 贖遷을 건너뛰고 직접 贖耐(12兩)로 연결되는 경우가 대부분이다. 이같은 형벌체계의 중복은 벌금형과 속형이 서로 무계획적으로 설정되었거나, 계통이 다른 벌금형과 속형이 秦律 상에서 모두 채택된 결과 중복된 형태로 나타난 것 같다. 운영의 묘를 가지고 복잡한 이 문제를 해결할 수 없기 때문에 漢代의 벌금형은 魏律에서 6개로 축소되었다가 晋律에서 다시 5개로 정리되었다.[121]

이때 흥미로운 것은 『唐六典』의 晋律 개정원칙을 언급한 내용 중에 "罰金一兩以上爲贖罪"라는 기록인데, 벌금을 속형의 범주에 포함시켜 死罪, 耐罪와 함께 3단계로 정리하고 있다. 이러한 형벌구분의 개념은 후한시대만이 아니라 二年律令의 "贖罪以下"라는 개념의 출현까지 소

---

121) [唐] 李林甫, 『唐六典』 卷6 「尙書刑部」(北京: 中華書局, 1992), p.181, "魏武爲相, 造甲子科條 …… 其大辟有三, 髡刑有四, 完刑, 作刑各三, 贖刑十一, 罰金六, 雜抵罪七, 凡三十七名. 晋氏受命 …… 贖死, 金二斤; 贖五歲刑, 金一斤十二兩; 四歲, 三歲, 二歲各以四兩爲差. 又有雜抵罪罰金十二兩, 八兩, 四兩, 二兩, 一兩之差. 棄市以上爲死罪, 二歲刑以上爲耐罪, 罰金一兩以上爲贖罪."

급할 수 있다.[122] 晉律에서는 속형과 벌금형이 모두 B타입의 특징을 구비하고 있으므로 속형의 범주로 포괄한 것이다. 晉律은 이년율령의 벌금 간 차액 4兩을 계승하여 속형·벌금형의 등급간 차액이 4兩을 초과할 수 없도록 하였는데, 이때 속형과 벌금형을 함께 조정한 것은 양자의 성격이 유사함을 말해주는 것이다. 다만 晉律에서 벌금은 1·2·4·8·12兩으로 정리하고, 속형은 1근(16량) 이상에 배치함으로써, 양자의 금액을 중복되지 않게 계열화하였다.

Ⅶ. 결론

필자는 秦漢律의 전체적인 모습을 파악하려면 재산형에 대한 분석이 필요하다는 관점에서 속형의 문제를 다루었다. 주요한 고찰대상은 秦律의 속형이 貲罰(벌금형)에 가려져 정형체계에서 제외되고 있는 점, 속형의 형태문제, 속형의 가액문제, 晉律로의 개정문제였다.

秦律의 贖刑원칙은 사례가 많지 않아 전모를 파악하기에는 어려움이 있었지만, 唐律의 속형원칙의 雛形的인 형태가 확인되었다. 그 구체적인 것은 특권신분을 가진 자, 上造 이상의 작위소지자, 종실의 자손 등 신분적 특권을 가진 자의 감형수단으로 사용되었다. 그러나 고의적 범죄에 속형을 부과하는 사례가 많은 점은 秦律의 속형이 아직 체계적 이론을 갖추지 못한 것이라고 생각된다. 그러나 二年律令에서는 속형 본연의 원칙에 입각하여 과실범죄에 적용하는 사례가 많이 보인다. 秦律의 贖刑은 正刑체계 내에 위치하지 못한 점이 인정된다. 秦律의 사례들은 모두 貲罰에서 직접 耐刑으로 이행하고 중간에 贖刑

---

122) 『後漢書』 卷46 「陳寵列傳」, p.1554, "今律令死刑六百一十, 耐罪千六百九十八, 贖罪以下二千六百八十一, 溢於甫刑者千九百八十九, 其四百一十大辟, 千五百耐罪, 七十九贖罪."

을 거치지 않고 있으므로 秦律에서는 量刑時 속형을 잘 사용하지 않
는다고 할 수 있다. 秦律과 마찬가지로 二年律令에서도 贖刑이 耐刑 →
罰金刑 사이에 항상 위치한 것은 아니었고, 그 지위가 안정되어 있지
않다.

그런데 二年律令에는 "贖刑以下"라는 형벌의 카테고리 구분개념이
새롭게 등장하고 있다. 이것은 二年律令에서 贖刑의 위상이 변화했음
을 의미한다. 이년율령에는 贖刑이 일회성이라고 보기에는 곤란할 정
도로 자주 등장하며, 耐 → 贖耐(12량) → 罰金四兩이라는 계보가 확립되
어 있었다.

贖刑에는 正刑과 代替刑의 두 가지 개념이 존재했다. 1차형으로 받
은 형벌을 재물의 납부에 의해 2차형으로 換刑하거나 완전히 免刑해
주는 것이며(A타입), 1차형으로서 贖刑(贖黥, 贖城旦舂, 贖耐 등)이라는
형벌을 받는 正刑이 있다(B타입). 秦律과 二年律令, 문헌사료를 모두
검토한 결과 A타입은 정규 형벌체계에는 없는 것이었다. A타입의 속
형은 非정형적인 것으로서, 주로 임시적으로 황제에 의해 실행되고
있으며 오히려 문헌사료에 많이 보이고 있다.[123]

그러나 漢代人들에게 진정한 속형으로서 인식된 것은 오히려 율령
에 규정되지 않은 A타입이었다. 대체형만을 속형이라고 간주한 사례
는 漢代人들이 속형을 "貿"로 보는 관점을 가지고 있으며, 속형 B타입
과 벌금은 단지 경미한 범죄에 부과하는 형벌이고 양자 간에 차별성
이 없는 것으로 인식했음을 말해준다. 그러나 晋律에서 개정의 대상
이 된 것은 당연히 正刑인 B타입 贖刑이었다.

二年律令과 晋律 사이에는 속형의 명칭에 커다란 변화가 있었다.
즉, 이년율령에는 贖城旦舂과 같이 노역형명에 "贖"을 붙였지만, 晋律

---

123) 八重津洋平은 律에 규정된 法定의 贖刑과 천자의 조서에 의해 발포되는
　　 우발적·임시적 贖刑의 두 종류가 있다고 보았다. 八重津洋平, 위의 논문
　　 (1959), p. 122.

에서는 贖死, 贖五歲, 贖四歲, 贖三歲, 贖二歲와 같이 年數에 "贖"을 붙인 형태이다. 文帝의 형법개혁 이후 秦律의 刑名을 모르는 새로운 세대에게 城旦舂이 몇 년 형인지 모르는 상황이 나타났을 것으로 추정된다. 따라서 城旦舂의 명칭을 형기를 알 수 있도록 髡鉗五歲刑 등과 같이 변경하게 되었다. 이것은 속형의 경우도 마찬가지로서, 贖城旦舂이라고 한다면 그 액수와 기간이 불분명하여 속형의 명칭도 개정하게 되었다.

晋律의 속형 가액 산정은 벌금과 속형의 각 단계를 4량으로 설정하면서 4·8·12·16·20·24·28로 증가하다가 贖死에 이르면 32량(2근)이 된 것이다. 결과적으로 漢律의 贖死 2근8량보다 부담이 감소되었다. 따라서 贖城旦舂이 贖五歲로 그대로 전환된 것이 아니다.

이와 함께 벌금형과의 중복도 속형의 개정이유가 되었다고 생각된다. 속형에 내재하는 벌금형적 성격 때문에 항상 벌금형과 중복될 여지가 있었는데, 이년율령에서는 중복되지 않도록 벌금에서는 罰金四兩까지만 활용하고, 그 다음부터는 속형의 단계로 넘어갔다. 즉, 7개의 벌금 중에서 1·2·4량 위주로 부과하고, 벌금 8량은 贖遷과 중복되므로 거의 사용하지 않는 방법을 채택하고 있다. 그러나 운영의 묘를 가지고 복잡한 이 문제를 해결할 수 없기 때문에 漢代의 벌금형은 魏律에서 6개로 축소되었다가 晋律에서 다시 5개로 정리되었다. 晋律에서는 벌금을 속형의 범주에 포함시켜 死罪·耐罪와 함께 3단계 형벌체계로 정리하고 있으나, 실상 이 형태는 二年律令 시기부터 나온 것이었다.

秦代 죄수 형기와 漢文帝의 형법개혁

I. 서론

　현재의 관점에서 볼 때, 죄수에 형기가 없어 바깥 세상의 밝은 빛을 볼 수 있는 기회가 오지 않는다면 견딜 수 있을까? 이러한 상식에서 秦帝國 시기 죄수에게 형기가 없었다면 믿을 수 있겠는가? 이하에서는 이 믿을 수 없는 주제를 고찰할 것이다.

　漢 文帝 13年 齊의 太倉令 淳于公[1]의 딸 緹縈의 상소에 의해 제기된 肉刑폐지 논의는 오랜 기간 동안 中國 고대 형법사에서 논쟁의 대상이 되어왔다. 이같은 논쟁은 睡虎地秦律의 출현으로 더욱 가열되어 秦律과 漢律의 異同을 파악하여 秦漢 兩帝國의 차이점을 비교분석하려는 시도도 있었고, 또한 순수히 法制史研究의 관점에서 각종 刑制의 변화과정을 검토하려는 시도도 있었다. 이 중에서도 관심의 초점이 된 부분은 秦律에 보이는 隷臣妾의 성격 문제이다. 隷臣妾은 雲夢秦律이 출토되기 이전 『漢書』 「刑法志」에 처음 보일 뿐, 秦制를 기록하였다는 衛宏의 『漢舊儀』에도 보이지 않는다. 이처럼 隷臣妾 관련 자료가 부족하기 때문에 淸末의 저명한 法制史學者 沈家本조차도 秦代에 이 刑名이 없었다고 추정했는데,[2] 이것은 타 분야보다도 古代史 분야의 연구가

---

1) 淳于公에 관해서는 『史記』 卷105 「倉公列傳」에 자세한 기록이 있다. 姓은 淳于이고 이름은 意이다. 醫方術에 뛰어났으며, 스승인 陽慶으로부터 黃帝·扁鵲의 脈書를 전수받아 치료에 종사했으나, 어떤 자가 그를 고발하여 長安으로 압송되게 되었다.
2) 沈家本, 『歷代刑法考』(北京: 中華書局, 1985), p.297.

사료적 제약을 더 많이 받고 있는 단적인 예이다.

그러나 막상 雲夢秦律이 출토하자 그 안에 포함된 隷臣妾 사료가 전체 秦律에서 차지하는 分量과 秦社會 내부에서 가지는 중요성은 상상 이상의 것이었으므로, 秦漢史 연구자들의 관심이 쏠리는 것은 당연하였다. 특히 肉刑 논의에 가려서 빛을 보지 못했던 罪囚들의 刑期·身分規定·勞役 등이 관심의 대상으로 부각되었다. 지금까지 발표된 隷臣妾 연구는 秦簡 및 이용 가능한 모든 문헌사료를 동원하였으므로, 그 연구 결과는 도달 가능한 한계수준에 이르렀다고 할 수 있다. 隷臣妾 연구는 실상 제한된 사료를 이용하기 때문에 현재 발표된 연구들의 논쟁점의 차이라고 하는 것도 이 사료들을 어떻게 해석하는가 하는 분석방법상의 차이에 불과하다고 할 수 있다. 雲夢秦律에는 隷臣妾을 비롯한 隷屬身分에 관한 상충된 사료가 혼재되어 있고, 또한 刑期를 알 수 있는 사료가 전무한 상태이기 때문에 이에 대해서는 수많은 논고가 발표되었다. 가히 운몽진률 가운데 최고의 핵심주제라고 할 수 있다.

일단 세세한 점을 고려하지 않는다면, 예신첩의 성격에 대한 여러 학설들은 다음의 다섯 가지로 분류된다.

첫째는 隷臣妾을 官奴婢로 간주하는 설이다. 이 설은 隷臣妾만을 無期의 官奴婢로 보고, 기타의 城旦舂·鬼薪白粲 등은 有期의 刑徒라고 주장하고 있다.[3] 이 입장에서는 본인의 범죄에 의한 隷臣妾만이 아니라 捕虜가 되어 隷臣妾으로 된 자까지도 官奴婢로 간주하고 있다.([표 1])

둘째는 隷臣妾을 순수하게 刑徒로 보는 설로서, 이것은 다시 有期刑徒說([표 2])과 無期刑徒說([표 3])로 대별된다. 이 경우는 서양의 古典的 奴隷觀의 카테고리에 隷臣妾을 代入한 결과, 그 범주에 맞지 않기 때

---

3) 宮長爲·宋敏, 「"隷臣妾"是秦的官奴婢」(『中國史研究』 1982-1), p.121. 이들은 "城旦舂的刑徒"라고 하여 城旦을 형도로 간주하고 있다.

문에 刑徒로 간주하는 것이다. 특히 前者는 雲夢秦律에 보이는 "繫城旦六歲"라는 사료에 근거해 城旦의 형기를 六歲라 보고, 이보다 輕刑인 隷臣妾은 당연히 有期의 刑徒라고 주장하는 說이다.

셋째는 隷臣妾이 刑徒이지만 노예이기도 하다는 설인데, 이 說에서는 隷臣妾 등이 個人의 범죄로 刑徒의 신분에 떨어졌지만, 이들이 처한 위치는 奴隷의 그것과 하등의 차이가 없기 때문에 궁극적으로 이들은 노예라고 주장하고 있다.([표 4])

넷째는, 노예신분에 떨어뜨리기 위한 身分刑이라는 설로서, 隷臣妾만이 아니라 기타 城旦舂 등도 無期刑이라고 하는 것이 일반적이다. 籾山明이나 冨谷至는 隷臣妾의 刑을 身分刑·名譽刑이라 부르고 다른 勞役刑과 구별할 것을 주장하나, 城旦舂 등은 무기이며 "沒官者의 탯줄이 남은 형벌"[4])이라고 했다.([표 5])

다섯째는 隷臣妾을 刑徒 隷臣妾과 官奴婢 隷臣妾으로 구분하는 隷臣妾二分說이다. 이 설에서는 ①사회범죄에 의해 형성된 刑徒 隷臣妾과, ②매매·전쟁포로, 소수민족지역에서 약탈한 노예, 罪囚가족, 奴隷主가 범죄를 속면하기 위하여 국가에 납입한 노예, 국가노예의 자녀, 戰死

---

4) 籾山明은 隷臣妾을 勞役刑이라 부르는 것에 의문을 제기하고, 爵制秩序에서의 배제 그 자체를 목적으로 설치된 신분형이라 부르고 있다. 즉, 秦代의 隷臣妾은 漢代와 달리 勞役刑으로 파악할 수 없고, 신분형·명예형으로서 서인보다 1단계 강등시킨, 즉 서인질서에서 배제하는 효과를 수반한 형벌이라고 고찰하였다. 그의 문제의식은 다음과 같은 점에서 시작되고 있다. 첫째, 隷臣妾이 公事·總冗이 있어야 노역에 종사하는 것은 隷臣妾이 노역 종사를 절대적 조건으로 하지 않는 것이며, 둘째, 隷臣妾의 신분이 그 아들에게도 계승되는데, 이것은 勞役刑에는 있을 수 없는 것이고, 셋째, 贖免규정의 존재는 신분의 상승·회복을 전제로 한다는 것이다.[籾山明, 「秦の隷屬身分とその起源」(『史林』 65-6, 1982), pp.797-798]. 冨谷至도 隷臣妾을 勞役刑이 아니라 身分刑의 범주에 속한 것으로 이해하고 있으며「秦漢の勞役刑」(『東方學報·京都』 55, 1983), p.130], 錢大群도 隷臣妾은 徒刑과 身分刑의 복합이라고 이해하였다.[「談"隷臣妾"與秦代的刑罰制度」(『法學研究』 1983-5), p.57.]

者의 遺子에게 爵이 수여되었으나 죽지 않고 돌아온 자 등으로 이루
어진 官奴婢 隷臣妾으로 분류하고 있다.[5] 이 설은 전반적으로 隷臣妾
= 刑徒說을 지지하는 입장에 서있으나, 隷臣妾이 가지고 있는 官奴婢的
성격을 설명하기 어려우므로, 사회범죄에 의해 隷臣妾化한 것을 제외
한 나머지를 官奴婢 隷臣妾으로 보는 妙案을 내고 있다.([표 6]) 이상의
논점을 表로 정리하면 다음과 같다.

[표 1] 순수 관노비설(城旦 등은 無期 또는 有期의 형도)

성명	隷臣妾	城旦 外	典 據
高 敏	官奴婢	刑徒(有期) 城旦:6歲	「從出土《秦律》看秦的奴隷制殘餘」, 『雲夢秦簡初探』 1979.
	官奴婢	언급 없음	「關于《秦律》中的"隷臣妾"問題質疑」, 『雲夢秦簡初探』 1979.
宋 敏	官奴婢	언급 없음	「雲夢秦簡—奴隷制社會的新證」, 『東北師大學報』 1980-4.
唐贊功	官奴婢	언급 없음	「雲夢秦簡官私奴隷問題試探」, 『中華文史論叢』 1981-3.
于豪亮	官奴婢	刑徒(무기)	「秦簡中的奴隷」, 『雲夢秦簡研究』 1981.
	官奴婢	刑徒(무기)	「西漢對法律的改革」, 『中國史研究』 1982-2.
宮長爲· 宋 敏	官奴婢	刑徒	「"隷臣妾"是秦的官奴婢」, 『中國史研究』 1982-1.
蘇誠鑑	官奴婢	언급 없음	「秦"隷臣妾"爲官奴隷說」, 『江淮論壇』 1982-1.
高 敏· 劉漢東	官奴婢	刑徒(有期)	「秦簡"隷臣妾"確爲奴隷說---兼與林劍鳴先生商榷─」, 『學術月刊』 1984-9.
李成珪	官奴婢	城旦:官奴 鬼薪:官奴 기타:刑徒	「秦의 身分秩序構造」, 『東洋史學研究』 23, 1986.
黃展岳	官奴婢	刑徒 城旦:4~5년	「雲夢秦律簡論」, 『考古學報』 1980-1.

5) 楊劍虹, 「"隷臣妾"簡論」(『考古與文物』 1983-2), p.90. 또한 錢大群은 隷臣妾을
   범죄로 처벌된 刑徒隷臣妾, 범죄와 무관한 官奴隷臣妾으로 분류하였다.
   錢大群, 「再談"隷臣妾"與秦代的刑罰制度」(『法學研究』 1985-6), p.74.

성명	隷臣妾	城旦 外	典 據
		鬼薪白粲:3년, 司寇:3년	

[표 2] 有期刑徒說

성명	隷臣妾	城旦 外	典 據
陳玉璟	刑徒	刑徒 城旦: 6년	「秦漢"徒"爲奴隷說質疑」, 『安徽師大學報』 1979-2.
林劍鳴	刑徒	刑徒	「"隷臣妾"辨」, 『中國史研究』 1980-2.
	刑徒	刑徒	「論漢代"奴婢"不是奴隷」, 『學術月刊』 1982-2.
	刑徒	刑徒	「三辨"隷臣妾"--兼談歷史研究中的方法論問題」, 『學術月刊』 1985-9.
	刑徒	刑徒	「"隷臣妾"并非奴隷」, 『歷史論叢』 3, 1983.
杜正勝	刑徒	刑徒	「從肉刑到徒刑」, 『食貨』 15-5·6, 1985.
	刑徒	城旦: 6년	「古代刑獄雜考」, 『中國史新論--傅樂成敎授紀念 論文集』, 學生書局, 1985.
若江賢三	언급 없음	刑徒 城旦: 6년	「文帝による肉刑除去の改革」, 『東洋學術研究』 17-6, 1978.
	刑徒(4년)	刑徒	「秦漢時代の勞役刑--とくに隷臣妾の刑期につ いて」, 『筑波大東洋史論(東アジア史硏究會)』 1, 1980.
	刑徒(4년)	刑徒 城旦: 4년 鬼薪: 4년 司寇: 4년	「秦漢時代の「完」刑について--漢書刑法志解讀 への一試論--」, 『愛媛大學法文學部論集』 13, 1980.
	刑徒(4년)	刑城旦: 6년 完城旦: 4년	「秦律における贖刑制度(上·下)」, 『愛媛大學法文學部論集』 18·19, 1985.

[표 3] 無期刑徒說

성명	隷臣妾	城旦 外	典 據
堀敏一	刑徒(무기, 세습)	언급 없음	「雲夢秦簡にみえる奴隷身分」, 『東洋法史の探 究--島田正郎博士頌壽記念論集』, 汲古書院, 1987.

성명	隷臣妾	城旦 外	典 據
張傳漢	刑徒	언급 없음	「略論秦代隷臣妾的身分問題」,『遼寧大學學報』 1985-4.
栗 勁	刑徒(무기)	刑徒(무기)	『秦律通論』, 山東人民, 1985.
王占通·栗勁	刑徒(무기)	刑徒(무기)	「"隷臣妾"是帶有奴隷殘餘屬性的刑徒」, 『法學研究』1984-3.
滋賀秀三	刑徒(무기)	刑徒(무기)	「前漢文帝の刑制改革をめぐって」, 『東方學』 79, 1990.

[표 4] 刑徒=實際 奴隷說

성명	隷臣妾	城旦 外	典 據
張金光	刑徒 실제 官奴婢	刑徒(무기)	「關于秦刑徒的幾個問題」,『中華文史論叢』 1985-1.
高 恒	刑徒(無期) 실제 官奴婢	刑徒(무기)	「秦律中"隷臣妾"問題的探討」,『文物』1977-7.
	刑徒(無期) 실제 官奴婢	刑徒(무기) 城旦: 무기 鬼薪: 무기	「秦律中的刑徒及其刑期問題」,『法學研究』 1983-6.

[표 5] 身分刑說

성명	隷臣妾	城旦 外	典 據
冨谷至	身分刑 刑徒(무기)	刑徒(무기)	「秦漢の勞役刑」,『東方學報(京都)』55, 1983.
	刑徒(무기)	刑徒(무기)	「ふたつの刑徒墓」, 『中國貴族制社會の研究』, 1987.
籾山明	身分刑(무기)	城旦(무기)	「秦の隷屬身分とその起源」,『史林』65-6, 1982.
崔德卿	身分刑	有期刑徒(不定期刑)	「隷臣妾의 신분과 그 存在形態」,『釜大史學』 10, 1986.
申聖坤	隷臣妾 그 자체 신분	有期刑徒	「'隷臣妾'身分에 대한 試論的 考察」,『서울大 東洋史學科論集』9, 1985.

[표 6] 隷臣妾二分說(刑徒 隷臣妾, 官奴婢 隷臣妾)

성명	隷臣妾	城旦 外	典 據
劉海年	刑徒(3년) 일부: 官奴婢	刑徒:城旦: 5~6년, 鬼薪: 4년, 隷臣妾:	「秦律刑罰考析」,『雲夢秦簡研究』, 1981

성명	隷臣妾	城旦 外	典　據
	일부: 刑徒	3년, 司寇: 2년, 候: 1년	
	刑徒(有期) 일부: 官奴婢 일부: 刑徒	刑徒 城旦: 5년	「關于中國歲刑的起源---兼談秦刑徒的刑期和隷臣妾的身分(上)(下)」, 『法學研究』 1985-5,6.
楊劍虹	刑徒(유기) 官奴婢	----	「"隷臣妾"簡論」, 『考古與文物』 1983-2.
錢大群	罪隷 刑徒 官奴婢	罪隷 城旦: 종신 鬼薪: 종신	「談"隷臣妾"與秦代的刑罰制度」, 『法學研究』 1983-5.
			「再談"隷臣妾"與秦代的刑罰制度」, 『法學研究』 1985-6.
吳榮曾	刑徒 官奴婢	刑徒 城旦: 6년	「胥靡試探」, 『中國史研究』 1980-3.
李　力	刑徒 官奴婢		「亦談"隷臣妾"與秦代的刑罰制度」, 『法學研究』1984-3.
	刑徒(有期)	刑徒 城旦: 6년	「秦刑徒刑期辨正」, 『史學月刊』 1985-3.
林炳德	隷臣妾:官奴婢, 耐(刑)爲隷臣:刑徒	鬼薪:刑徒	「中國古代奴婢와 刑徒」, 『忠北史學』 3, 1990.

이상에서 隷臣妾을 비롯한 隷屬身分의 성격을 논의한 각종의 연구들을 表로 정리했는데, 그것들은 다시 無期刑徒說, 有期刑徒說, 官奴婢說의 3가지로 축약할 수 있다. 우선적으로 해결해야 할 것은 이들 刑名에 刑期가 존재했는가 하는 문제일 것이고, 이 문제가 해결된 후에 이들의 성격 규명이 시도되어야 할 것이다.

우선 文帝의 형법개혁을 중심으로 秦代의 죄수들에 과연 형기가 존재했는지에 관하여 고찰하기로 하고, 城旦舂·隷臣妾을 비롯한 죄수들의 성격에 대한 규정은 별도의 장에서 미루기로 한다. Ⅱ장에서는 『睡虎地秦墓竹簡』에 근거하여 有期刑說과 無期刑說의 논의전개 및 그 판단의 適否를 고찰하기로 하고, Ⅲ장에서는 『漢書』 「刑法志」의 기사를

재분석하여 그 자체로도 형기의 존재유무를 규명할 수 있음을 증명
할 것이다. Ⅳ장에서는 秦代 죄수가 庶人의 신분을 회복할 수 있는 수
단인 赦가 秦代 죄수의 형기와 어떠한 관련성을 갖는지 고찰하겠다.

Ⅱ. 秦代 죄수의 刑期

1. 有期刑說과 無期刑說의 근거

秦代 隸屬身分을 분석함에 있어 가장 중요한 문제는 이들에게 刑期
가 존재했느냐 하는 것이다. 먼저 有期刑說에서는 "當耐爲隸臣, 以司寇
誣人, 何論? 當耐爲隸臣, 又繫城旦六歲"[6])에 근거해 "繫城旦六歲"가 城旦의
형기를 나타내는 것이라고 논증하였다.[7] "繫城旦六歲" 이외에 "備繫日
"[8]의 "繫日"이 刑期를 지칭한다고 주장하는 견해도 존재한다.[9] 한편
위의 논거를 인정하지 않고 별도의 각도에서 有期刑을 주장하는 견해
도 있다. 예컨대 劉海年은 『睡虎地秦墓竹簡』에 형기가 기록되어 있지
않지만, 우리가 현재 刑期를 알 수 없는 것과 달리, 당시에 있어서는
각종 徒刑의 형기가 이미 習俗化되어 일일이 그 형기를 기록할 필요가
없었으므로 『睡虎地秦墓竹簡』의 법률조문 가운데 刑期가 기록되지 않
은 것은 이상할 것이 없다고 주장하였다.[10] 다시 말해서 『睡虎地秦墓

6) 睡虎地秦墓竹簡整理小組, 『睡虎地秦墓竹簡』(北京: 文物出版社, 1978), p.202.
7) 若江賢三, 「秦漢時代の勞役刑--とくに隸臣妾の刑期について」(『筑波大東洋史
論[東アジア史研究會]』 1, 1980), p.5. 杜正勝 역시 "繫城旦六歲"에 근거해 城旦
을 6년형으로 보고 있다.[「古代刑獄雜考」, 『中國史新論–傅樂成敎授紀念論文
集』(臺北: 學生書局, 1985), p.39.] 李力도 만약 鬼薪과 隸臣이 무기형이라면
여기에 城旦六歲를 추가하는 것이 무슨 의미가 있겠는가 하고 반문하고 있
다.[「秦刑徒刑期辨正」(『史學月刊』 1985-3), p.18.]
8) 『睡虎地秦墓竹簡』, p.208.
9) 楊劍虹, 「"隸臣妾"簡論」, pp.89-90.

竹簡』에는 有期刑을 증명할 만한 자료가 전혀 보이지 않지만 당시인
에게는 주지적 사실이므로 특별히 刑名마다 刑期를 기록할 필요가 없
었다는 주장이다.

그러나 無期刑說을 주장하는 張金光은 城旦의 형기를 六歲로 이해
하고 있는 주장에 대해, "繫城旦六歲"는 城旦刑徒의 대열에 拘繫되어
있다는 의미, 즉 임시로 성단의 노역에 拘繫된 것이므로, 성단의 노역
기간이 6년은 아니라고 비판하였다.[11] 그리고 『睡虎地秦墓竹簡』에 형
기에 관한 기록이 전혀 없다는 것, 文帝 13년의 詔書에 "有年而免"이라
는 기록으로 볼 때 文帝시기에 와서야 처음으로 有期刑이 채택된 것
이며 秦의 刑徒는 無期刑이었을 것이라고 주장하였다.[12] 또한 免老의
연령에 달한 자가 城旦에 복역하는 "杖城旦"의 존재는 城旦이 無期刑임
을 보여주는 것이며, 官府에서 일반민의 노비를 사들여 城旦으로 삼을
경우, 城旦이 6년의 有期刑이라면 6년만에 방면해야 하는데 이를 高價
를 주고 살 필요가 있겠느냐며 城旦의 有期刑說을 부정하였다. 籾山明
도 대체로 이와 비슷한 견해를 피력하며, 秦律에는 勞役刑에 있어 일
정기간이 경과하면 노역에서 해방된다는 刑期의 관념은 아직 존재하
지 않았다고 주장하였다.[13] 한편 栗勁은 『睡虎地秦墓竹簡』에 刑名이
100회 이상 보이지만, 각 종류의 徒刑의 형기에 대해서는 어떠한 정식
의 규정도 보이지 않는 것은 徒刑에 형기가 없다는 鐵證이라고 주장
하였다.[14]

---

10) 劉海年, 「關于中國歲刑的起源--兼談秦刑徒的刑期和隸臣妾的身分(上)--」(『法學
    研究』 1985-5), p.71.
11) 張金光, 「關于秦刑徒的幾個問題」(『中華文史論叢』 1985-1), p.35.
12) 張金光은 刑徒의 無期說을 9개 항목에 걸쳐 증명하고 있으나, 그의 논문의
    「定性分析」의 항목에서는 刑徒를 사회지위·정치신분·생산분배의 측면에서
    볼 때 관노비의 성격이 강하다고 결론지었다. 위의 논문, pp.38-42.
13) 籾山明, 「秦の隸屬身分とその起源」(『史林』 65-6, 1982), p.18.
14) 栗勁, 『秦律通論』(濟南: 山東人民出版社, 1985), p.278.

한편 刑期의 측면에서 官奴婢說 주장자의 논증방법은 無期刑說 주장자의 그것과 완전히 일치하는데, 이는 無期刑徒와 노비의 복역기간이 終身이라는 점에서 공통점이 있기 때문이다. 官奴婢說에서는 곧바로 隷臣妾=官奴婢라고 주장하는 견해도 있는 반면, 隷臣妾=官奴婢라고 주장하지 않고 중간에 하나의 단계를 설정하는 견해도 있다. 즉, 『睡虎地秦墓竹簡』에 刑徒의 刑期에 관하여 언급이 없는 것은 秦代의 刑徒가 無期刑이었다는 사실의 간접적 증거라고 할 수 있으며, 이들 刑徒의 복역 상태는 官奴婢와 다름없었다고 주장한다.[15]

2. 有期刑說에 대한 의문

각 說에서 주장하는 것처럼 隷臣妾의 刑期를 규명함에 있어 有期刑에 관한 자료와 無期刑에 관한 자료, 그리고 官奴婢에 관한 자료가 각각 존재하는데, 이같이 상호 모순되는 사료를 어떻게 이해하여야 할까? 먼저 秦의 刑期를 有期刑으로 간주하는 설에서 유력한 논거로 삼고있는 "繫城旦六歲"는 3例가 확인되고 있다.

> 1) 葆子獄未斷而誣告人, 其罪當刑爲隷臣, 勿刑, 行其耐, 又繫城旦六歲.
> 2) 葆子獄未斷而誣【告人, 其罪】當刑鬼薪, 勿刑, 行其耐, 又繫城旦六歲.
> 3) 當耐爲隷臣, 以司寇誣人, 何論? 當耐爲隷臣, 又繫城旦六歲.[16]

1)과 2)는 葆子(任子)가 재판의 심리 중에 있으면서 타인을 誣告했을 때 그 죄는 刑爲隷臣 또는 刑鬼薪에 해당하나, 그 (肉)刑 대신 耐刑을 가하고 또한 여기에 "繫城旦六歲"를 附加하라는 것이다. 3)은 죄를 지어 그 처벌이 耐爲隷臣에 해당하는 자가 또다시 타인을 司寇로 무고

---

15) 高恒, 「秦律中"隷臣妾"問題的探討」(『文物』 1977-7), p.44.
16) 『睡虎地秦墓竹簡』, pp.198, 199, 202.

했을 경우 본래의 처벌인 耐爲隷臣 외에도 "繫城旦六歲"를 附加하여 처벌한다는 것이다. 이에 근거하여 有期刑을 주장하는 논자들은 "繫城旦六歲"를 城旦의 형기가 六年인 것으로 많이 이해했으나,[17] 위의 조문은 耐刑이 本刑이며, 附加刑으로서 繫城旦六歲를 가한 것이다.[18]

위의 3개 조문에 공통적으로 보이는 誣告罪의 두 가지 원칙을 확인해보면 "繫城旦六歲"를 有期刑의 자료로 이용하는 것이 잘못된 것임을 알 수 있다. 誣告罪의 원칙은 첫째, 자신이 받은 本刑보다 重罪로써 상대를 무고하면, "誣告反坐"의 원칙에 의해 誣告한 바로 그 重罪로써 처벌받고, 둘째 자신이 받은 本刑보다 輕罪로써 상대를 무고하면, 이때는 "誣告反坐"의 원칙이 적용되지 않고 본래 자신이 받은 重刑을 적용하되 타인을 誣告했기 때문에 가중처벌로서 +α하는데, +α가 바로 "繫城旦六歲"이다. 위의 조문은 특권층인 葆子의 誣告시 肉刑 대신 耐刑으로 대체하고, 肉刑과 함께 내려진 勞役刑(隷臣 및 鬼薪)은 그대로 적용하되, 誣告의 가중처벌적 의미에서 城旦六歲를 새로이 추가한 것이다. "繫城旦六歲"는 +α한 소위 加罰勞動이기 때문에 정식 형벌로서의 城旦刑과는 엄밀히 구별되어야 할 것이다.[19] 그밖에 有期刑의 전거로서 아래의 조문이 자주 이용되지만, 이것 역시 有期刑의 유력한 증거가 되지는 못한다.

4) 人奴擅殺子, 城旦黥之, 畀主.[20]

---

17) 若江賢三, 「秦漢時代の勞役刑」, p.5.
18) 籾山明, 위의 논문, pp.27-30. 張金光과 張政烺 역시 籾山明과 동일한 견해를 보이고 있다. 또한 繫는 本刑이 아니라 임시로 城旦의 노역에 拘繫된 것을 의미하였다.[張金光, 위의 논문, p.36; 張政烺, 「秦律"葆者"釋義」(『文史』 9, 1980), p.4.] 冨谷至는 이것이 본래 6歲刑이 아님을 증명한 것이며, 이것은 본래의 刑에 城旦 6歲를 추가한 附加刑으로 이해하여야 한다고 하였다. 冨谷至, 「秦漢の勞役刑」(『東方學報(京都)』 55, 1983), p.125.
19) 籾山明, 위의 논문, pp.28-29.
20) 『睡虎地秦墓竹簡』, p.183.

5) 人臣甲謀遣人妾乙盜主牛, 賣, 把錢偕邦亡, 出徼, 得, 論各何也? 當城旦黥
之, 各畀主.[21]

전자는 人奴가 아들을 擅殺했을 때 城旦黥刑에 처해 主人에 인도하며, 후자는 人臣 甲이 人妾 乙을 사주하여 主人의 牛를 훔쳐 매각한 錢을 가지고 함께 국경을 넘어 도주하다가 변경의 塞에서 체포되었을 때 城旦黥刑에 처해지고 각각 主人에게 인도된다는 것이다. 有期刑說에서는, 만약 城旦이 無期刑이거나 종신의 官奴婢라면 主人에게 반환되는 것은 불가능하기 때문에 有期의 勞役刑일 수밖에 없다고 주장하였다.

그러나 관점을 달리하여 城旦의 처벌을 받은 人奴(臣)가 주인에게 반환되고 있는 것으로 보아 위 조문의 城旦이 官奴婢(또는 無期刑徒)로서의 정식 刑名인 城旦과 다른 종류일 가능성도 배제할 수 없다. 즉, 앞에 말한 刑名으로서의 城旦 이외에 별도의 有期勞役을 하는 城旦이 존재했을 가능성이 있다. 즉, 司空律의 "①隷臣妾, 城旦舂之司寇, 居貲贖債繫城旦舂者, 勿責衣食; ②其與城旦舂作者, 衣食之如城旦舂."에는 두 종류의 城旦舂이 보인다.[22] 이 조문은 "①隷臣妾, 城旦舂이 司寇로 된 자 가운데 貲贖債에 노역하거나 繫城旦舂인 자는 衣食을 징수하지 말고, ②그들이 城旦舂과 함께 노역하는 자는 城旦舂과 같은 衣食을 지급하라."는 뜻이다.[23] 즉, ①의 "繫"되어 城旦舂의 노역에 복역하는 자와 ②의 "정식" 형명으로서의 城旦舂이다. 여기에서 "繫"는 구금되어 있다는 뜻으로 사용되고 있다.

이상에서 분석한 바와 같이, 城旦의 종류에는 첫째, 최초부터 城旦

---

21) 같은 책, p.152.
22) 같은 책, p.87.
23) 이 해석은 陳偉의 견해를 참조한 것이다. 陳偉, 『秦簡牘合集(壹:上) 睡虎地秦墓竹簡』(武漢: 武漢大學出版社, 2014), pp.152-153.

의 처벌을 받아 복역하는 자, 둘째, 앞의 예문처럼 다른 刑에 부가해 6년간 有期限의 노역에 복역하는 城旦이 된 자가 있다.[24] 이 예문의 경우는 결과적으로 앞서 고찰한 "繫城旦○歲"의 의미와 동일한 것으로서, ○歲의 기간이 끝나면 主人에게 반환된 것으로 생각된다. 이것은 城旦이 반드시 刑名으로서만 사용되는 것이 아니고, 그 종사하는 노역의 종류를 의미할 수도 있음을 보여주는 것이다. 이것은 노비에 대한 주인의 소유권을 국가가 인정한 家罪에 해당하는 것이다. 따라서 국가는 人奴를 국가의 노예 또는 형도로 삼을 수 없고 일정기간 동안 城旦노역에 종사시킨 후 본래의 주인에게 돌려준 것이다.

실제로 아래 두 개의 秦律을 보면 "城旦"이 刑名으로서만이 아니고, 有期限의 勞役으로서의 城旦을 의미하기도 했다.

> 6) 隸臣妾이 繫城旦舂으로 있다가 도망을 갔다. 이미 도주했지만 아직 논죄가 이루어지지 않은 상태에서 자수하였을 경우, 笞 50에 해당하고, 繫日을 채워야 한다.(隸臣妾繫(繫)城旦舂, 去亡, 已奔, 未論而自出, 當治(笞)五十, 備繫(繫)日.)[25]

위의 조항을 보면, 隸臣妾이 모종의 이유로 城旦舂의 노역에 복역하고 있는데, 이것은 "備繫日"이라고 하여 복역기일이 명시되어 있다. 일반적으로 "繫城旦舂"하면 "繫日"이 확정되어 있는 것이 보통이다. 여기에는 "備繫日"이라 했기 때문에 이 城旦舂의 복역기일이 만료되면 다시 隸臣妾으로 복역했을 것으로 생각된다. 또다른 예를 들어보자.

> 7) 公士 이하의 신분으로 贖刑罪·贖死罪를 노역으로 변제하려고 하는 자가 城旦舂에 복역하는 경우 그들에게 赭衣를 입지 않게 하고, 枸

---

24) 冨谷至, 「秦漢の勞役刑」, p.123.
25) 『睡虎地秦墓竹簡』, p.208.

櫝(목제의 칼)과 欙(목 묶는 흑색 끈), 杕(족쇄)를 채우지 않도록 한다.(公士以下居贖刑罪、死罪者, 居於城旦舂, 毋赤其衣, 勿枸櫝欙杕.)[26]

위의 예문은 贖刑을 규정한 司空律로서, 속전이 없어 성단용의 노역에 복역하는 경우에 赭衣와 형구를 채우지 않는다는 내용이다. 여기에서 居는 "刑役에 종사함"을 의미하는 것이다. 따라서 "居于城旦舂"의 城旦舂은 刑名으로서의 城旦舂과는 달리 贖刑을 끝마칠 때까지 일정기간 城旦舂이라는 노역에 복역하는 것이다.[27] 이같이 볼 때 城旦은 刑名인 동시에 노역의 성질(특히 축성 및 이에 준하는 중노동)을 표시하는 용어이기도 했다. "繫城旦", "居于城旦"의 城旦은 복역자의 신분에 변화를 초래하는 것은 아니며, 일정한 복역 기간도 있었고 신분으로서의 城旦과는 그 처우도 달랐다.[28]

한편 위에서 고찰한 바와 같이 限時的 노역으로서의 城旦은 각기 다른 두 개의 법률형식, 즉 "繫城旦○歲"와 "當城旦黥之, 各畀主"로 나타나고 있다. 이같은 법조문의 형식 차이가 城旦의 내용에도 차이를 만드는 것일까 하는 문제를 아래의 秦律을 통해 확인해보자.

> 8) 개인의 奴妾이 城旦舂의 노역에 繫되어 복역할 때, 관부에서 의식을 대여해줬는데 노역 일수를 채우지 못하고 죽었다면 장부에서 의식 비용을 말소한다. 司空(人奴妾毄(繫)城旦舂, 貣(貸)衣食公, 日未備而死者, 出其衣食. 司空)[29]

---

26) 같은 책, p.84.
27) 또한 人奴妾이 城旦의 노역에 종사하는 경우도 존재한다. 이 조문의 城旦은 모두 刑名이 아니고, 일정기간 刑名으로서의 城旦과 동등한 노역에 복역한 것이다. 『睡虎地秦墓竹簡』, p.84, "人奴妾居贖賞債于城旦, 皆赤其衣, 枸櫝欙杕, 將司之. 其或亡之, 有罪"; 같은 책, p.87, "人奴妾繫城旦舂, 貸衣食公. 日未備而死者, 出其衣食. 司空."
28) 李成珪, 「秦의 身分秩序構造」(『東洋史學研究』 23, 1986), pp.52-53.

9) 개인의 人臣 甲이 개인의 人妾 乙과 모의하여 주인의 소를 훔치게 하고, 훔친 소를 매각하여 돈을 가지고 둘이 함께 徼를 나가다가 체포되었다. 이들을 각각 어떻게 논죄하는가? 城旦黥之에 처하여 각각 주인에게 넘긴다.(人臣甲謀遣人妾乙盜主牛, 買(賣), 把錢借邦亡, 出徼, 得, 論各可(何)殹(也)? 當城旦黥之, 各畀主.)[30]

　전자는 人奴妾이 城旦舂에 繫(구금)되어 있는 경우이고, 후자는 人臣이 他人에게 主人의 牛의 절도를 교사한 죄로 "當城旦黥之, 各畀主"된 경우이다. 양자의 法條文 형식은 "繫城旦○歲"와 "當城旦黥之"라고 되어 있어 분명한 차이를 보이고 있다. 전자는 "日未備而死者"라고 되어 있는 것으로 보아 "繫城旦舂"되어 있는 것은 분명히 복역기일이 존재함을 알 수 있다. 한편 후자의 城旦에 처해졌음에도 主人에 반환되었다는 것은 그 복역기일이 限時的이었음을 말해준다. 따라서 양자는 법문상의 字句는 틀리지만 한시적 기간을 가지고 있다는 점에서는 동일하다. 그러나 정식 刑名으로서의 城旦은 "刑爲城旦", "黥爲城旦"과 같이 "肉刑 + (爲) + 勞役刑"의 형태를 가지고 있는데, 이같은 형식을 사용한 경우 형기 6년을 가진 경우는 없다. 따라서 "繫", "居"를 사용하는지, "肉刑 + (爲) + 勞役刑"을 사용하는지에 따라 "한시적 노역형"과 "정식 노역형"의 차이가 발생하는 것으로 생각된다. 따라서 "爲"는 "以爲"의 의미, 즉 "삼는다"라는 의미가 있어 신분의 변화를 초래하는 형식일 가능성이 있다.

　다음으로 勞役刑의 有期刑說을 지지해줄 수 있는 사료로 아래의 사료를 들 수 있는데, 이것은 有期刑說을 지지해주는 결정적 사료가 될 것으로 보이지만, 자세히 살펴보면 이것은 勞役刑에 관한 것이 아니라 贖刑의 기사이다.

29) 『睡虎地秦墓竹簡』, p.87.
30) 같은 책, p.152.

10) 有罪로 인해 貲罰·贖罪를 받거나 公室에 채무가 있는 자는 그 판결일까지 채무이행을 촉구하고, 당사자가 罰金·贖金을 납입하지 못하거나 상환하지 못할 경우는 판결일로부터 노역하게 하는데, 하루에 八錢으로 계산한다. 公食을 먹은 자는 하루 노역을 六錢으로 계산한다. 官府에서 노역하며 公食을 먹은 자는 男子는 1/3斗씩, 女子는 1/4斗씩 지급한다. 公士 이하로서 贖刑罪와 贖死罪에 복역하는 자가 城旦舂에 복역하면 赤衣를 입히지 말고 枸櫝欙杕도 채우지 않는다. 鬼薪白粲, 群下吏毋耐者(관리에게 넘겨진 자 중에 耐刑이 아닌 자), 人奴妾으로서 城旦에 복역하며 贖貲債를 상환하고자 하는 자는 모두 赤衣를 입히고 枸櫝欙杕를 채우고 감시하며, 만약에 도주하면 有罪가 된다. (중략) ① ●스스로 의복을 준비하지 못하는 자는 公에서 의복을 급여하고 법률규정에 의거하여 그 의복의 값을 상환하도록 한다. 노역일수가 차지 않았으나 일부분을 현금으로 상환하고자 하는 자는 그것을 허락한다. ② 日數로서 受刑을 하나 스스로 衣食을 준비하지 못하는 자도 역시 노역으로 상환하게 한다.[31]

위의 예문에서 중요한 부분은 ①②의 부분이라고 할 수 있다. 확실히 ②의 사료는 ①을 설명한 부분과 달리, "以日當刑"하는 有期徒刑을 의미하는 것으로 보인다. 또한 "凡不能自衣者"에는 "凡"字가 있어 ②"以日當刑而不能自衣食者, 亦衣食而令居之"의 "亦"과 대칭된 것으로 보아, ②는 ①과 다른 有期의 徒刑을 지칭한 것이 아닐까하는 추측을 가능케 한다. 이것은 양자가 서로 구별할 필요가 있었기 때문일까? 雲夢秦簡

---

31) 같은 책, pp.84-85, "有罪以貲贖及有債于公, 以其令日問之, 其弗能入及償, 以令日居之. 日居八錢; 公食者, 日居六錢. 居官府公食者, 男子參, 女子四. 公士以下居贖刑罪, 死罪者, 居于城旦舂, 毋赤其衣, 勿枸櫝欙杕. 鬼薪白粲, 群下吏毋耐者, 人奴妾居贖貲債于城旦, 皆赤其衣, 枸櫝欙杕, 將司之; 其或亡之, 有罪. … ①●凡不能自衣者, 公衣之, 令居其衣如律然. 其日未備而被入錢者, 許之. ②以日當刑而不能自衣食者, 亦衣食而令居之. 司"

의 주석에서는 ②의 "以日當刑"의 日을 노역일수로 해석하였다.[32] 그렇다면 日이 "刑期의 日數"를 의미하는 것으로 고찰해도 될 것인지? 만약 이같은 추측이 옳다면 雲夢秦律에서는 徒刑에 刑期가 있다는 것으로 될 것이다.

그러나 "凡"과 "亦"字에 주목하여 "以日當刑而不能自衣食者"를 徒刑囚에 대한 규정으로 추정하는 것은, 이 부분이 전체적으로 "有罪로 貲罰·贖罪를 받거나 公室에 채무가 있는 자"에 대한 기술이기 때문에, 갑자기 徒刑에 관한 기술이 나오는 것은 자연스럽지 못하다. 다시 말해서 이 전체의 조항은 모두 "有罪로 官府에 채무변제의 의무가 있는 자"에 관한 것으로만 구성되어 있으므로 贖刑 등이 아닌 기타 徒刑에 관한 조항이 여기에 삽입되어 있는 것은 전체의 문맥상 어색하다고 할 수 있다.[33] 또한 『睡虎地秦墓竹簡』에 사용되는 刑은 일반적으로 肉刑을 의미하기는 하지만,[34] "以日當刑"은 贖刑의 금액을 노동으로 변제하는 것을 의미한다.

堀毅가 주장하는 有期刑說은 貲罰의 가격을 통해 隷臣妾과 城旦舂의 형기를 산출해내는 독특한 것이다. 贖刑시에 貲盾은 5천 전에 상당하며,[35] 2盾은 1만전, 1甲은 4盾(2만전), 2甲은 8盾(4만전)에 해당되며, 居

---

32) 같은 책, p.87, "以勞役日數代替受刑而不能自備衣食的, 也給予衣食而叫他以勞役抵償."

33) 朱紹侯 역시 이 조문을 "居贖刑罪犯人"에 대한 규정으로 파악하고 있다. 同氏, 『軍功爵制研究』(上海: 上海人民, 1990), p.196 참조.

34) 『睡虎地秦墓竹簡』의 "刑"이 肉刑을 지칭하는 것임은 이미 일반적인 정설이다. 滋賀秀三은 예컨대 "刑"字는 『睡虎地秦墓竹簡』에서 肉刑의 총칭 또는 보통 縣의 代名으로서 사용되고 있으며, "刑" 즉 肉刑을 수반하지 않은 城旦舂을 칭하여 특히 完城旦舂이라고 한다고 하였다.[滋賀秀三, 「前漢文帝の刑制改革をめぐって」(『東方學』 79, 1990), p.40] 또한 冨谷至 역시 刑은 신체에 결손을 준다는 뜻이고, "刑○○"의 刑은 肉刑이라는 의미로 해석해도 잘못이 없을 것이라 했다.(「秦漢の勞役刑」, p.11) 기타 若江賢三, 「文帝における肉刑除去の改革」(『東洋學術研究』 17-6, 1978), p.118 참조.

35) 이 주장의 논거는 "當貲盾, 沒錢五千錢而失之, 何論? 當誶."이다.

作은 하루에 8錢이므로 隸臣妾(4만전)은 약 15년에 해당하고, 完城旦(8
만전)은 30년의 형기에 해당한다고 주장한다.[36] 또한 耐爲隸臣과 貲二
甲이 같거나 유사한 정도의 처벌이라면,[37] 貲二甲을 금전으로 환산했
을 때 4萬錢 정도이며 1日 8錢으로 계산하면 5000일(약 15년)의 형기에
불과한데 이를 평생 동안 隸臣妾으로 있게 한 것은 불합리하므로, 隸
臣妾은 有期刑徒라는 것이 그 주요한 요점이다.

　그러나 이같은 주장은 다음과 같은 몇 가지 점에서 불합리하다.
첫째로 "當貲盾, 沒錢五千錢而失之"의 "當貲盾"과 "沒錢五千錢"을 같게
보는 것은 그 판결이 잘못되어 사법관리가 견책을 받고 있다는 점에
서 무리라고 생각된다. 둘째, 一甲이 四盾과 같다는 주장과, 完城旦을
8만전으로 추정하는 것은 堀毅 개인의 주관적 추측에 불과하고 『睡虎
地秦墓竹簡』에는 이를 지지할만한 어떠한 근거도 없다. 셋째, "司寇盜
百一十錢"에 대한 판결은 "當耐爲隸臣"과 "貲二甲"의 두 가지로서, 양자
는 본래 서로 동일한 것이 아닌데도 堀毅가 이를 도리어 동등한 것으
로 이해한 것은 중대한 오류이다. 다시 말해서 "當耐爲隸臣"의 판결에
대해 "或曰, 貲二甲"이라고 한 것은 전자의 판결에 타당성이 없거나 異
見이 있어 나온 것이기 때문에 兩者를 동일시하는 것은 옳지 않다.[38]

　有期刑說의 또다른 논거는 "城旦의 노역에 3년 복역하면 司寇로 면
해준다."라는 것이다.[39] 이 규정은 司寇와 隸臣妾만이 城旦을 감시할

---

36) 堀毅, 「秦漢刑名攷」(『早稻田大學大學院文學研究科紀要·別冊』 4集, 1977), p.122.

37) 『睡虎地秦墓竹簡』, p.154, "司寇盜百一十錢, 先自告, 何論? 當耐爲隸臣, 或曰 貲
二甲."

38) 張家山 奏讞書의 〈案例 2〉에는 項羽의 楚에서 도망해 漢에 항복했으나 名數
에 기록하지 않은 奴婢 媚를 다시 체포한 노비의 주인 祿이 官府에 소송을
제기한 사건이 기록되어 있다. 이때 吏는 "黥媚顏頯, 畀祿"이라고 판결했으
나 "或曰"에서는 "當爲庶人"이라고 판결하고 있어 현격한 반대입장을 보이
고 있다. 따라서 堀毅가 "當耐爲隸臣"과 "或曰 貲二甲"의 2개 판결의 경중이
비슷한 것으로 보는 것은 옳지 않다. 江陵張家山漢簡整理小組, 「江陵張家山
漢簡《奏讞書》釋文(一)」(『文物』 1993-8期), p.22.

수 있는 자격이 있는데, 만약 司寇가 부족할 경우 城旦으로서 3년 이상 복역한 자를 (城旦)司寇로 삼아 城旦을 감시시키는 것이다. 그러나 城旦이 城旦司寇·司寇로 되었어도 司寇가 有期刑에 일정기간 복역하다가 석방된다는 증거는 없다. 따라서 이것만을 가지고 有期刑 또는 無期刑의 판별을 하기에는 사료가 너무 박약하다. 또한 有期刑의 관념이 보이는 것으로는 『周禮』 「司圜」의 규정을 들 수 있다.

> 11) 회개할 수 있는 자는 上罪의 경우 3년 만에 풀어주고, 中罪의 경우 2년 만에 풀어주고, 下罪의 경우 1년 만에 풀어준다.[40)]

이 규정을 보면 다만 能改者라는 단서가 붙어있기는 하지만 上罪는 3年, 中罪는 3年, 下罪는 1年만에 석방한다는 것인데, 그렇다면 『周禮』에는 유기형의 관념이 존재했었다는 것으로 설명할 수 있다. 그러나 『周禮』에는 官奴婢 사료로서 이용되고 있는 "奴, 古之罪人也"라는 사료도 있기 때문에 앞서 예로 들은 『周禮』의 사료를 가지고 有期刑이 존재한다고 속단할 수는 없다. 이처럼 하나의 『周禮』 내에 상호 모순하는 사료가 존재하므로, 어느 한쪽 사료만을 절대적으로 신빙해서는 안될 것이다. 또한 주의할 것은 "能改者"라는 단서인데, 그것은 服刑 중에 悔改한 자만을 赦免의 대상으로 한정한 것으로 생각된다. 그렇다면 이 사료는 有期刑의 사료라기보다 贖免규정에 속하는 것이므로, 徒刑에 대한 刑期를 지칭하는 것은 아니다.

아래 夏侯嬰의 사료는 黥布의 사례와 함께 秦末의 형벌 기록을 전해주고 있다.[41)]

---

39) 『睡虎地秦墓竹簡』, p.89, "司寇不足, 免城旦勞三歲以上者, 以爲城旦司寇. 司空."
39) 『睡虎地秦墓竹簡』, p.89, "司寇不足, 免城旦勞三歲以上者, 以爲城旦司寇. 司空."
40) 『十三經注疏·周禮注疏·司圜』(北京: 中華書局, 1979), p.882, "能改者上罪三年而舍, 中罪二年而舍, 下罪一年而舍."
41) 楊劍虹은 이 사료를 有期刑의 결정적 증거로 제시하고 있다.(「"隸臣妾"簡論」,

12) 高祖가 장난을 치다가 夏侯嬰에게 상처를 입혔는데, 어떤 사람이 高
祖를 고발하였다. 高祖는 당시 亭長의 직에 있었으므로 사람을 다치
게 한 것은 무겁게 처벌될 수 있었다. 그래서 夏侯嬰에게 고의로 상
해를 입힌 것이 아니라고 보고했다. 夏侯嬰도 고조를 위해 이를 입
증하였다. 후일 재판이 뒤집혀져서 夏侯嬰은 위증죄로 1년 여 동안
구금되고 수백 대를 맞았으나 끝내 高祖를 벗어나게 했다.[42]

有期刑論者들은 이 기사를 夏侯嬰이 구속되었다가 형기가 끝나 풀
려났다고 이해하고 있다. 秦末 布衣 시의 高祖가 장난을 치다가 夏侯嬰
에게 부상을 입힌 범행으로 관부에 고발당했기 때문에, 당시 亭長이
었던 高祖는 중벌을 받아야 했다. 이에 夏侯嬰은 高祖의 무죄를 증언
했으나 移獄되어 재심을 받고 일년 정도 구금되어 곤장 수백 대를 맞
았으나, 고조가 고의로 상해를 입힌 것이 아님을 주장하여 끝내 고조
를 풀려나게 했다는 것이다. 그러나 위의 문장만 가지고 夏侯嬰이 확
정된 처벌(예컨대 城旦舂, 鬼薪白粲, 隸臣妾, 司寇, 候)을 받았는지조차
확인하기 곤란하다. 또한 夏侯嬰이 "繫"된 것은 구금되어 취조를 받은
정도의 의미이며, 그가 끝내 高祖의 죄를 자백하지 않았으므로 그의
有罪가 입증된 것은 아니다. 따라서 이 사료를 有期刑의 자료로 삼기
는 곤란하다.

필자는 秦律에 有期刑이 존재하지 않은 것으로 일단 결론을 내렸는
데, 비록 그렇더라도 山東의 齊國의 법률에 有期刑의 관념이 확인되고
있다는 점을 반드시 언급해 두어야 할 것이다.

13) 1년 동안 토지에 (賦가) 田당 50斗가 적은 것은 그것을 □한다. 1년

---

p.90.)
42) 『漢書』 卷41 「夏侯嬰傳」, p.2076, "高祖戲而傷(夏侯)嬰, 人有告高祖, 高祖時爲亭長,
重坐傷人, 告故不傷嬰, 嬰證之. 移獄覆, 嬰坐高祖繫歲餘, 掠笞數百, 終脫高祖."

동안 100두가 적은 것은 罰로 公人 1歲이다. 1년 동안 200斗가 적은
것은 罰로 公人2歲이다. □斗가 적게 들어오는 것은(出之之歲【少入】
□者) 종신토록 公人으로 삼는다. 1년 동안 300斗가 적은 것은 黥刑
에 처하고 公人으로 삼는다.(941-942簡)[43]

이것은 山東省 臨沂縣 출토의 『銀雀山漢簡』에 포함되어 있는 「守法
守令篇」의 田法으로서 田에서 산출되는 곡식의 국가납입이 규정에 미
달한 자에게 公人(刑徒)[44]으로서 각각 一歲·二歲·終身·黥刑의 처벌을
규정한 것이다. 이 「守法守令篇」은 출토지점 및 함께 출토한 『孫臏兵法』
등에 반영된 문화적 면모로 볼 때 戰國 齊의 법률인 것으로 추정되므
로,[45] 齊에는 有期刑의 관념과 無期刑의 관념이 동시에 존재했던 것으
로 생각된다.[46] 이 사실로 유추해 볼 때 秦律에도 勞役刑에 어느 한쪽

---

43) 銀雀山漢墓竹簡整理小組, 「銀雀山竹書《守法》《守令》等十三篇」(『文物』 1985-4),
    p.35, "卒歲田入少入五十斗者, □之. 卒歲少入百斗者, 罰爲公人一歲. 卒歲少入
    二百斗者, 罰爲公人二歲. 出之之歲【少入□百斗】□者, 以爲公人終身. 卒歲少入
    三百斗者, 黥刑以爲公人.(941-942簡)"
44) 公人은 公家에서 노역에 종사하는 자의 의미로 해석되는데, 吳九龍은 이를
    官奴婢의 한 종류로 보고 있다. 同氏, 「銀雀山漢簡齊國法律考析」(『史學集刊』
    1984-4), p.18 참조. 그러나 刑期가 정해져 있다면 형도로 보아야 할 것이다.
45) 楊作龍, 「銀雀山竹書《田法》芻議」(『洛陽師專學報(豫)』, 1987), pp.57-61. 양작룡
    은 銀雀山漢簡이 漢文帝시기에서 武帝초기에 書寫되어진 것으로 추정되지
    만, 그 著作年代는 前漢皇帝의 이름을 避諱하지 않은 사실과 秦에서는 商鞅
    變法시 法을 律로 개칭했음에도 「守法」 등에서는 계속 法이라고 한 사실로
    보아 商鞅變法 이전의 것이라고 고찰하였다. 또한 歲首를 周正에 따라 11月
    에 둔 것이 秦漢의 10月 歲首와는 다르므로 그 내용은 戰國時代의 것으로
    추정된다. 吳九龍, 『銀雀山漢簡釋文』(北京: 文物出版社, 1985), pp.13-18; 同氏,
    「銀雀山漢簡齊國法律考析」(『史學集刊』 1984-4), pp.14-15 참조.
46) 『史記』 卷128 「龜策列傳」, p.3242에는 "繫者重罪不出, 輕罪環出"이라는 기록이
    있다. 구속된 자 중에서 중죄는 석방되지 못하고, 경죄는 석방되어 돌아온
    다는 내용이다. 이것으로 보아 輕罪는 형기가 있었을 것으로 파악할 수도
    있으나, "輕罪環出"의 環出은 『睡虎地秦墓竹簡』, p.195에 "免老告人以爲不孝,
    謁殺, 當不環之不? 不當環, 亟執勿失."의 環과 같은 의미로 생각되므로 형기

의 형기만 존재했던 것으로 파악해서는 안될 가능성을 시사하기도
하지만, 秦律과 齊律의 상관관계가 입증되지 않은 상태에서 齊律로 秦
律을 유추하기는 곤란하다. 그렇지만 유기형을 가지고 있던 戰國시대
의 齊律과 후일 漢文帝 때 유기형 채택에 계기를 제공한 淳于公이 齊
지역출신이라는 것을 관련시켜 본다면 어떤 시사점을 얻을 수 있다
고 생각된다. 즉, 齊지역에 존재했던 유기형 관념이 秦律을 계승한 漢
律에 영향을 끼쳤을 가능성이 매우 높다.[47)]

Ⅲ. 漢文帝 13년 詔書

Ⅱ장에서는 隷臣妾 등이 有期刑이 아님을 확인해 보았는데, 그렇다
면 일단 無期刑일 가능성이 높아졌다고 할 수 있다. 秦代의 형도가 無
期刑임을 주장한 논자들은 『睡虎地秦墓竹簡』에 刑徒의 형기에 관한 자
료가 全無한 것은 오히려 당연하다고 보았다. 이같은 주장은 일면 타
당성이 있어 보이지만, 無期刑說의 정당성을 뒷받침할 수 있는 적극적

를 의미하는 것과는 다르다고 생각된다. "環"에 대해 秦簡整理小組는 "環은
原으로 읽는데, 관대히 용서하여 從輕하는 것이다. 古時에는 사형을 판결할
때 三宥의 手續이 있었는데 『周禮』 「司刺」에 보인다. 『三國志』 「張魯傳」에
'犯法者, 三原然後乃行刑.'이라고 한 것이 참고가 된다."라고 주석하였다. 즉,
이것은 형기의 문제와 관련된 것이 아니라, 不識·過失·遺忘등에 대해서 관
대하게 처리함을 의미하는 것이므로 관점이 다르다.(『晋書』 卷30 「刑法志」,
p.917, "一宥曰不識, 再宥曰過失, 三宥曰遺忘.") 또한 『日書』의 no.771 "爲嗇夫
久, 以繫不免.", no.773 "祠祀哥樂以生子子死, 亡者得, 不得必死, 繫久不已, 不可
又爲也."라는 기록은 嗇夫가 되었으나 오랫동안 구속되어 석방되지 못한다
는 내용과 오랫동안 구금되는 것이 계속된다는 내용으로 되어있어 「龜策列
傳」과 대조적인 내용을 보이고 있다.[雲夢睡虎地秦墓編寫組, 『雲夢睡虎地秦
墓』(北京: 文物出版社, 1981), 圖版 119.]
47) 陳乃華, 「論齊國法制對漢制的影響」(『中國史硏究』 1997-2), p.40.

인 논리를 갖춘 것은 아니라고 할 수 있다.

그러한 의미에서 아래에 거론하는 『漢書』「刑法志」의 文帝 13年 肉刑 폐지의 기사는 秦代의 刑期가 無期였다는 것을 증명하는데 적절한 사료이다. 이 가운데 주목할 부분은 밑줄친 부분이다. 과거에는 B)의 ③④중에서 肉刑과 관련된 ③의 "其除肉刑, 有以易之"만이 중시되었으나, 雲夢秦律의 출토 이후에는 형기와 관련이 있는 ④의 "及令罪人各以輕重, 不亡逃, 有年而免, 具爲令"의 부분에 관심이 집중되었다.(분석 필요상 원문과 해석을 표시함)

14) A) (文帝) 즉위 13년에 齊 太倉令 淳于公이 죄를 지어 刑에 처해지게 되어 詔獄으로 체포되어 長安에 구금되게 되었다. 淳于公은 아들이 없고 딸만 다섯이었는데 문서를 받고 체포되려고 할 때 딸들을 꾸짖었다. "자식을 낳을 때 사내아이를 낳지 않으면 급할 때 도움이 안된다!" 그 작은 딸 緹縈은 슬피 울면서 아버지를 따라 장안에 도착하여 상서하였다. "妾의 아비는 吏로 근무하면서 齊 일대에서 모두 청렴과 공평함을 칭송받았으나, ① 지금 법에 연좌되어 (肉)刑을 받게 되었습니다. 妾은, 죽은 자는 다시 살아날 수 없고, (肉)刑을 받은 자는 잘린 신체가 다시 붙을 수 없으며, ② 후일 개과천선하려 해도 방법이 없음을 슬프게 생각합니다. 원컨대 妾을 官婢로 몰수하여 대신 아비의 刑罪를 속형함으로써 새로운 생활을 할 수 있도록 하여주십시오." (「文帝」即位十三年, 齊太倉令淳于公 有罪當刑, 詔獄逮繫長安. 淳于公無男, 有五女, 當行會逮, 罵其女曰: 「生子不生男, 緩急非有益(也)!」 其少女緹縈, 自傷悲泣, 乃隨其父至長安, 上書曰: 「妾父爲吏, 齊中皆稱其廉平, ① 今坐法當刑, 妾傷夫死者不可復生, 刑者不可復屬, ② 雖後欲改過自新, 其道亡繇也. 妾願沒入爲官婢, 以贖父刑罪, 使得自新.」)

B) 문서가 천자에게 상주되자, 천자는 그 뜻을 애처로이 여겨 드디
어 令을 내려 말하였다. "御史에게 制詔한다. 듣건대 有虞氏의 시
절에는 특별한 衣冠과 색다른 章服으로써 모욕됨을 표시했음에
도 民들이 범하지 않았으니 그 얼마나 통치가 잘 된 것이랴! 지
금 법에는 肉刑이 셋이나 있음에도 범죄가 그치지 않으니 그 잘
못이 어디에 있는 것인가? 짐이 박덕한 때문인지, 아니면 가르침
이 밝지 않은 때문일 것이다! 나는 매우 자괴감을 느낀다. … ①
지금 사람들이 범죄를 저질렀을 때 교화하지 않고 刑을 가하고,
② 혹 개과천선하려해도 방법이 없음을 짐은 매우 애석하게 생
각한다. 무릇 형벌이 支體를 자르고, 肌膚에 새겨서 죽을 때까지
고통이 그치지 않으니, 어찌 형벌이 이렇게 고통스럽고 부덕한
것인가! 어찌 民의 부모라는 뜻과 부합하겠는가? ③ 肉刑을 폐지
하고 다른 형벌로 바꾸도록 하라. 죄인을 각각 (범죄의) 경중에
따라 형벌을 정하고, (형기 내에) 도망하지 않은 범인을 복역기
간 만료 후 (서인으로) 사면하도록 하라. 令으로 제정하라."(書奏
天子, 天子憐悲其意, 遂下令曰: 「制詔御史: 蓋聞有虞氏之時, 畫衣冠
異章服以爲僇, 而民弗犯, 何治之至也!今法有肉刑三, 而姦不止, 其咎
安在? 非乃朕德之薄, 而教不明與! 吾甚自愧. … ① 今人有過, 教未施
而刑已加焉, ② 或欲改行爲善, 而道亡繇至, 朕甚憐之, 夫刑至斷支體,
刻肌膚, 終身不息, 何其刑之痛而不德也! 豈稱爲民父母之意哉? ③ 其
除肉刑, 有以易之; 及令罪人各以輕重, 不亡逃, 有年而免, 具爲令.」)

C) 丞相 張蒼·御史大夫 馮敬이 상주하여 말했다. "肉刑이 범죄를 금
지하기 위한 것임은 유래한 바가 오래되었습니다. ① 陛下께서는
聖明한 조서를 내리시어 萬民이 한번 (肉)刑을 받으면 종신토록
고통이 끝나지 않는 것과 ② 罪人이 개과천선하려해도 방법이 없
음을 애처로이 여기셨습니다. 아! 폐하의 큰 덕은 臣 등이 미치

지 못할 바입니다. 臣은 삼가 律을 논의했고 확정할 것을 청합니다. ③ 무릇 完의 판결을 받은 자는 完爲城旦舂으로 합니다. 黥의 판결을 받은 자는 髡鉗爲城旦舂으로 합니다. 劓의 판결을 받은 자는 笞三百으로 합니다. 斬左止에 해당하는 것은 笞五百으로 합니다. 斬右止 및 殺人하고 먼저 자수한 것, 吏가 뇌물을 받고 법을 왜곡하는 것, 관부의 재물을 지키는 자가 절도하는 것, 이미 논죄 후에 재차 笞罪를 범한 자는 모두 棄市로 합니다. ④ 罪人의 재판이 이미 끝난 후에, 完爲城旦舂은 3歲 복역 후 鬼薪白粲으로 합니다. 鬼薪白粲은 1歲 복역 후에 隷臣妾으로 합니다. 隷臣妾은 1歲 복역 후에 免하여 庶人으로 합니다. 隷臣妾은 2歲 복역 후에 司寇로 합니다. 司寇는 1歲 복역하고, 作如司寇는 2歲 복역 후에 모두 사면하여 庶人으로 삼습니다. ⑤ 그 도망자 및 有罪 耐以上은 이 令을 적용하지 않습니다. 前令의 刑城旦舂이 1歲 복역 후 禁錮가 아닌 자는 完爲城旦舂이 歲數로써 사면하는 것처럼 免刑합니다. 臣은 죽음을 무릅쓰고 請합니다."(丞相張蒼、御史大夫馮敬奏言:「肉刑所以禁姦, 所由來者久矣. ①陛下下明詔, 憐萬民之一有過被刑者終身不息, ②及罪人欲改行爲善而道亡繇至, 於盛德, 臣等所不及也. 臣謹議請定律曰: ③諸當完者, 完爲城旦舂; 當黥者, 髡鉗爲城旦舂; 當劓者, 笞三百; 當斬左止者, 笞五百; 當斬右止, 及殺人先自告, 及吏坐受賕枉法, 守縣官財物而卽盜之, 已論命復有笞罪者, 皆棄市. ④罪人獄已決, 完爲城旦舂, 滿三歲爲鬼薪白粲. 鬼薪白粲一歲, 爲隷臣妾. 隷臣妾一歲, 免爲庶人. 隷臣妾滿二歲, 爲司寇. 司寇一歲, 及作如司寇二歲, 皆免爲庶人. ⑤其亡逃及有罪耐以上, 不用此令. 前令之刑城旦舂歲而非禁錮者, 如完爲城旦舂歲數以免. 臣昧死請」)

D) 制曰:「可.」로 윤허하였다. 이후에 겉으로는 형을 경감한다고 했으나, 안으로는 실제로 사람을 죽이는 것이었다. 斬右止者는 사형으로 하였고, 斬左止者는 笞五百으로 하였고, 劓로 된 자는 笞

三百으로 하였으나 대부분 목숨을 잃었다.(制曰:「可.」 是後, 外有
輕刑之名, 內實殺人. 斬右止者又當死. 斬左止者笞五百, 當劓者笞三
百, 率多死.)[48]

위의 예문에서 A) B) C)의 ①은 肉刑과, ②는 刑期와 관련이 있다. 먼
저 A)부분의 緹縈이 부친 淳于公의 육형을 속면시키고자 한 상서에서
"①今坐法當刑. 妾傷夫死者不可復生, 刑者不可復屬, ②雖後欲改過自新, 其
道亡繇也."의 부분은 각각 ①과 ②의 2부분으로 나누어 고찰할 수 있다.
먼저 양자의 관계는, ①死刑을 받아 죽은 자는 다시 살아날 수 없고,
肉刑을 받아 손상된 신체 부위는 다시 몸에 붙을 수 없어 ②비록 후일
개과천선하려 해도 그 방법이 없다고 해석되므로, ①이 원인 ②가 결
과의 "因果關係"를 가지고 있다.

그러나 B)의 구절에서 ①③이 肉刑에 대해, ②④는 刑期의 문제에 대
해 언급하고 있음을 알 수 있다. 우선 ①②의 관계에서 ②가 刑期에 대
한 언급이라고 보고 싶으나, 아직 그렇게 단정하는 것은 속단이라고
생각된다. 즉, ①의 "今人有過, 敎未施而刑已加焉"은 일반적으로 肉刑 이
상의 형벌을 지칭하고 있는 것으로 생각되고, ②의 "或欲改行爲善, 而道
亡繇至"는 肉刑 이상의 형벌을 받았기 때문에 "改過自新"이 불가능했다
는 해석도 가능하므로, ②가 刑期와 관련이 있다고 단언하기는 이르
다. 그러나 아래의 ③④를 보면 ②가 刑期의 문제에 대해 언급한 것임
을 알 수 있다. ③"其除肉刑, 有以易之"는 肉刑을 폐지하고 다른 형벌로
대체할 것을, ④"及令罪人各以輕重, 不亡逃, 有年而免. 具爲令."은 도망치
지 않은 죄수에 한해 죄의 경중에 따라 형기가 만료되면 免시키라, 즉
庶人으로 하라는 내용이다.[49] 다시 말해 ④의 刑期제정의 문제가 ③의

---

48) 『漢書』 卷23 「刑法志」, pp.1097-1099.
49) 이 사료의 "不亡逃, 有年而免"을 內田智雄은 "不亡逃有年而免"으로 읽고 "일
정 年數 동안 도망하지 않고 복역한다면"으로 해석하여 "도망하지 않은 年

肉刑폐지와 함께 구체적으로 명시되어 있음을 알 수 있다. 또한 刑期가 이 詔書에 의해 최초로 확립되었음은 文帝의 조서에 "具爲令"이라는 文言에서 알 수 있다. "具爲令"은 법령제정을 지칭하는 매우 중요한 전문용어로서, 기존 律에 적용할 수 있는 관련 法條文이 없어 新令의 제정을 명령할 때 사용되는 것이 원칙이므로,[50] 刑徒의 형기는 文帝 이전에 없었다는 것으로 된다.

文帝의 법령제정을 명령한 詔書에 의해 丞相 張蒼과 御史大夫 馮敬이 올린 상서(C)에서 보면, ① "陛下下明詔, 憐萬民之一有過被刑者終身不息"은 肉刑 受刑者를 언급한 것이고, ② "及罪人欲改行爲善而道亡繇至"가 刑期의 문제를 언급한 것이라는 것은 이 언급 바로 아래(C의 후반부)에 肉刑폐지와 刑期의 제정문제가 언급되어 있는 사실로부터도 알 수 있다. 즉, C)의 ③은 肉刑을 폐지하고 完刑 및 笞刑으로 대체한 사실을, ④는 城旦春·鬼薪白粲·隷臣妾·司寇 등의 刑期를 有期로 개정한 사실에서, 文帝의 詔書가 肉刑폐지와 刑期개정을 함께 명령한 것임을 알 수 있다. 따라서 위에 인용한 『漢書』「刑法志」의 기록은 수미일관되게 肉刑폐지와 刑期제정의 두 가지 사항을 언급하고 있는 형식으로 구성되어 있음을 인식해야 한다.

이상과 같은 『漢書』「刑法志」의 검토 결과 緹縈은 단지 부친의 肉刑贖免을 의도했던 것이나, 文帝의 刑法改革은 肉刑폐지로 그치지 않고 각종 刑徒의 "改行爲善", "改過自新"을 위해 無期刑을 폐지하고 有期刑으로 개정하는 데까지 진전되었던 것을 확인할 수 있었다. 또한 父親의 형기가 有期라면 緹縈은 그 父親을 대신해 服刑하면 그만이지, 몰적되어 終身의 官奴婢가 될 이유가 없었을 것이다.[51] 秦漢계통의 無期刑은 앞서 언급한 『銀雀山漢簡』에 보이는 것처럼 有期刑의 전통을 가진 齊

數"로 한정하고 있다.[同氏, 『譯注中國歷代刑法志』(東京: 創文社, 1964), p.30.]
50) 大庭脩, 『秦漢法制史の硏究』(東京: 創文社, 1982), pp.226-231.
51) 張金光, 위의 논문, p.39.

출신의 淳于公과 그의 딸 緹縈에게 받아들이기 어려웠을 것이다.

그런데 이상과 같은 결론이 도출되는데 있어 하나의 장애가 되며, 또한 해독하기 어려운 부분은 C)⑤의 "前令之刑城旦春歲而非禁錮者, 如完爲城旦春歲數以免"이다. 아래에 소개하는 李力씨처럼, 이 부분에 근거해 漢文帝가 "除肉刑"의 詔令을 반포하기 이전에도 刑徒城旦春 등이 有期刑이었다고 주장하는 견해가 있기 때문이다. 이 부분이 형기와 관련성이 있다는 것에 주목한 사람은 많지 않으나, 기존의 논고 가운데 참고가 될만한 것을 아래에 예시하였다.

① 李奇: 文帝가 이 令을 제정하기 전에 刑을 받은 자[52]

② 內田智雄: 城旦春으로서 몇 년인가 복역하고 있으면서 禁錮刑이 아닌 자[53]

③ 鎌田重雄: 文帝가 改正令을 만들기 전에 刑徒로 되어 있던 者로서 5년형인 髡鉗城旦에 복역한 것이 1년을 경과한 자는 禁錮가 아닌 경우에 한해 4년형인 完城旦으로 하고 數歲를 경과한 자는 면하여 庶人으로 한다.[54]

---

52) 『漢書』 卷23 「刑法志」, p.1100, "李奇曰 : 爲文帝作此令之前有刑者."
53) 內田智雄, 위의 책, pp.31-32. 그러나 p.33의 注 15에서는 본문과 분명히 모순되는 다음과 같은 언급이 있다. 즉, "노역형이 끝나도 禁錮刑이 해제되지 않으면 형을 면제받아 서인으로 될 수 없다. 어쨌든 禁錮刑은 城旦春 같은 노역형과는 刑의 성질을 달리하는 것이므로 특별히 여기에서 '禁錮刑이 아닌 자'라고 특기했을 것"이라 한 것에서 "노역형이 끝나도"라고 한 것은 歲를 분명히 有期刑으로 이해한 것이다. 이것은 본문의 "몇년인가 복역하고 있으면서"라는 언급과 모순되고 있는 것으로 보아, 이 부분에 대한 內田智雄의 해석은 일관된 이해가 결여되었다.
54) 鎌田重雄, 「漢代の禁錮」, 『秦漢政治制度の研究』(東京: 日本學術振興會, 1962), pp.502-503. 鎌田重雄은 「刑法志」의 원문과 다르게 "前令之刑, 城旦春五歲而非

④ 辛子牛: 이 令이 頒行되기 以前에 이미 "城旦春"의 勞役에 1년 복역한
　자로서 다만 禁錮를 받지 않은 자는 "完爲城旦春"과 同等한 減免年數
　를 準用하여 處理한다.[55]

⑤ 滋賀秀三: "歲而非禁錮者"의 "歲"는 "一歲"의 의미임에 틀림없다. 이러
　한 곳에서 "一"을 생략하는 것은 漢文에 흔히 있는 語法이다. 즉 이
　러한 자는 판결을 받은 때부터 起算하여 일년 복역하면 禁錮가 아닌
　한 …… 왜 여기에서 금고를 말한 것일까는 해석되지 않지만 …… 일
　반적으로는 完城旦春과 같은 年數, 즉 4년으로 방면한다는 것이고,
　합계하여 5년의 형기라는 것으로 된다.[56]

⑥ 若江賢三: 지금까지의 법에 의해 刑城旦春을 선고받고 복역한 것이
　1년인 자는 금고형에 처해져 있는 자를 제외하고, 完城旦春과 마찬
　가지로 4년 후에 刑期를 종료시켜 서인으로 하라.[57]

⑦ 李力: 漢文帝 이전에 刑徒城旦春 등의 형기가 무기한이었다면, "前令
　之刑城旦春歲"를 어떻게 해석하겠는가? "前令之刑城旦春歲"는 刑徒城
　旦春 등의 有期刑的 형벌제도가 漢文帝시기에 시작되지 않았음을 증
　명해준다. 漢文帝가 "除肉刑"의 詔令을 반포하기 이전에 刑徒는 형기
　가 존재하였고, 다만 구체적으로 몇 년인지는 알 수 없다.[58]

禁錮者, 如完爲城旦春, 歲數以免"이라고 인용하였다. 城旦春과 歲 사이에
"五"字가 들어있기 때문에 원문의 본의와 어긋나고, 주장도 전혀 다른 방향
으로 전개되었다.
55) 辛子牛, 『漢書刑法志注釋』(北京: 群衆出版社, 1984), p.41, "在本令頒行之前已服'城旦
　春'勞役一年, 但未受禁錮的可準用'完爲城旦春'者同等的減免年數的辦法處理."
56) 滋賀秀三, 위의 논문, p.43.
57) 若江賢三, 「秦漢時代の勞役刑—とくに隸臣妾の刑期について」, p.5. 또한 同氏,
　「秦律における贖刑制度(上)」, p.91 참조.
58) 李力, 「秦刑徒刑期辨正」(『史學月刊』 1985-3), p.18.

이상의 해석 가운데, ①~③은 『睡虎地秦墓竹簡』 출토 이전에, ④~⑦은 『睡虎地秦墓竹簡』 출토 이후에 발표된 견해이다. 다만 ⑥과 ⑦은, 다른 견해들이(①제외) 모두 刑城旦春의 형기를 無期刑으로 보고 있는데 반해, 秦刑徒의 有期刑說을 주장하고 있다. 또한 ②~⑥은 "歲"를 비록 1年 또는 數年으로 다르게 해석했지만, "刑期"가 아니라 刑城旦春의 처벌을 받고 "복역한 기간"으로 이해하고 있다.

특히 秦刑徒의 有期刑說을 지지하는 ⑦의 李力은 이 예문의 내용을 "도망한 자와 耐罪 이상의 자에게는 이 有期刑의 令을 적용하지 않으며, 前令의 刑城旦春의 처벌을 받은 자로서 그 형기(歲)가 있고 禁錮가 아닌 者는 完爲城旦春의 歲數로써 免하여 庶人으로 하라."고 하여 歲를 "刑城旦春의 服役年限"으로 해석했는데, 이에 따른다면 肉刑폐지 이전의 前令에는 刑期가 존재했었던 것으로 된다.

그런데 李力과 같이 "歲"를 有期刑의 服役年限으로 이해하여 文帝의 肉刑폐지 이전에도 有期刑이 존재했다고 이해한다면, 이것은 A) B) C) 의 문장에 文帝가 無期刑을 폐지하고 有期刑으로 개정하라고 한 내용과 모순되며, 또한 晁錯가 肉刑폐지 2년 후인 文帝 15年 9月 賢良能直言極諫者의 選擧에서 文帝의 업적을 칭송하여 "罪人有期, 後宮出嫁"라고 한 것과도 모순된다.[59]

필자의 견해로는, 文帝가 동일 詔書 내에서 과거의 無期刑을 폐지하고 有期刑으로 대체하라는 조서를 내리고, 동시에 개혁 이전에 有期刑이었던 것을 재차 有期刑으로 바꾸라는 명령은 내리지 않았을 것으로 생각된다. 그래야만 동일 詔書 내에서의 모순도 해소되고, 또한 晁錯의 文帝 칭송도 모순 없이 해결될 것으로 생각된다. 따라서 文帝의 무기형을 유기형으로 개혁하라는 조서와 晁錯의 칭송이 일치하는 한,

---

59) 『漢書』 卷49 「晁錯傳」, p.2296. 晁錯는 文帝 15년의 對策에서 "罪人有期"라고 분명히 밝혔기 때문에 文帝의 업적 중에 罪人의 형기를 규정한 것이 존재했음을 알 수 있다.

丞相 張蒼의 上奏에 보이는 "前令之刑城旦舂歲而非禁錮者"의 "歲"는 刑期를 의미하는 것이 아니라고 생각된다.

그러면 이 "歲"를 어떻게 이해해야 할까? "刑城旦舂에 복역한 지 1년이 경과한 것"이라고 해석한 ③④⑤⑥ 중에서도 특히 滋賀秀三의 주장이 가장 설득력이 있다고 생각된다. 그는 "歲而非禁錮者"의 "歲"는 "一歲"의 의미임에 틀림없으며, 이러한 곳에서 "一"을 생략하는 것은 漢文에 흔히 있는 語法이라고 했는데,[60] 실제로 이러한 用法이 존재하는지를 확인해보자.

15) 天下一歲決獄幾何?[61]

16) 其後歲餘, 騫所遣使通大夏之屬者皆頗與其人俱來[62]

17) 其後漢將歲以數萬騎出擊胡.[63]

18) 嬰坐高祖繫歲餘, 掠笞數百, 終以是脫高祖.[64]

19) 其大率, 歲一周天[65]

20) 歲三百六十六日, 以閏月正四時[66]

21) 其後河東守番係言「漕從山東西 歲百餘萬石 更砥柱之限 敗亡甚多 而亦煩費」[67]

22) 斷獄歲以千萬數[68]

이상의 例에서 "一歲"라는 용법은 1)의 하나밖에 예시하지 않았지

60) 滋賀秀三, 위의 논문, p.5.
61) 『史記』 卷56 「陳丞相世家(王陵)」, p.2061.
62) 『史記』 卷123 「大宛列傳」, p.3169.
63) 『史記』 卷30 「平準書」, p.1421.
64) 『史記』 卷95 「夏侯嬰列傳」, p.2664.
65) 『史記』 卷27 「天官書」, p.1323.
66) 『史記』 卷1 「五帝本紀」, p.17.
67) 『史記』 卷29 「河渠書」, p.1410.
68) 『漢書』 卷24上 「食貨志」, p.1137.

만, "歲"라고만 쓰는 용법보다 보편화된 記述法이다. 그러나 "歲"라고
만 사용해도 그것이 일년을 지칭하는 것임은 나머지 2)~7)의 例에서
확인할 수 있다. 따라서 "歲而非禁錮者"의 "歲"를 "一歲"의 의미로 해석
해도 큰 무리가 없음을 알 수 있다. 이상과 같이 해석해야만 晁錯의
文帝 칭송에 보이는 언급, 즉 "罪人有期"와도 모순되지 않을 것이다.[69]

그렇다면 우리는 이 詔書에 "前令之刑城旦春歲而非禁錮者, 如完爲城
旦春歲數以免"의 단서조항이 삽입된 이유를 고찰해보아야 한다. 앞서
14)에서 예로들은 『漢書』 「刑法志」의 C)를 다음과 같이 분류제목을 붙
여보고자 한다.

개정 이유: 丞相張蒼, 御史大夫馮敬奏言:「肉刑所以禁姦, 所由來者久矣. ①陛
下下明詔, 憐萬民之一有過被刑者終身不息, ②及罪人欲改行爲善而道亡繇至, 於
盛德, 臣等所不及也.

기존 육형의 대체형: 臣謹議請定律曰: ③諸當完者, 完爲城旦春; 當黥者,
髡鉗爲城旦春; 當劓者, 笞三百; 當斬左止者, 笞五百; 當斬右止, 及殺人先自告,
及吏坐受賕枉法, 守縣官財物而卽盜之, 已論命復有笞罪者, 皆棄市.

신분형 대체의 형기 신설: ④罪人獄己決, 完爲城旦春, 滿三歲爲鬼薪白粲.
鬼薪白粲一歲, 爲隸臣妾. 隸臣妾一歲, 免爲庶人. (鬼薪白粲滿三歲爲隸臣妾, 隸
臣妾一歲, 免爲庶人.)[70] 隸臣妾滿二歲, 爲司寇. 司寇一歲, 及作如司寇二歲, 皆

---

69) 劉海年은 中國의 有期刑이 漢 文帝의 改制에서 시작된 것이 아니라 그 이전
戰國時代에 대량으로 적용되었다고 고찰하였다. 특히 이 부분의 해석에 대
해, 景帝의 부친에 대한 칭송에는 유기형에 대한 언급이 없으므로 有期刑
은 文帝가 개혁한 것이 아니며, 이같은 이유에서 晁錯의 "罪人有期"에 대한
언급도 다시 고찰할 필요가 있다고 주장하였다. 그러나 晁錯의 對策에서
보이는 "罪人有期"에 대한 그의 분석은 설득력을 결여하고 있다. 同氏, 「關
于中國歲刑的起源(下)」(『法學研究』 1985-6), p.73 참조.

免爲庶人.

예외조항: ⑤<u>其亡逃及有罪耐以上, 不用此令</u>. ⑥<u>前令之刑城旦舂歲而非禁</u>
<u>錮者, 如完爲城旦舂歲數以免</u>. 臣昧死請.」 制曰:「可.」

우선 文帝의 형법개혁 이전에 秦漢律의 형도는 육형(또는 耐刑) +
신분형의 형태로 표시되어 있다. 예컨대, 黥 + 城旦舂과 같은 것이다.
C)의 조서는 그에 입각하여 육형 부분에 대한 개정 ③, 신분 부분에 형
기 개념을 추가한 ④로 구성되어 있다. ③의 "기존 육형의 대체형 신
설"은 기존의 肉刑을 폐지하고, 完刑 및 笞刑 등으로 대체하는 조항이
다. 이것에 대해서 ④의 "신분형 대체의 형기 신설"은 재판이 끝나고
복역해야 할 죄수들의 복역 기간을 설정한 것이다. 여기에는 完爲城旦
舂 이하의 설정만이 보이는데, 黥爲城旦舂 以上의 형벌이 폐지되었기
때문이다. 바로 아래의 ⑤의 "예외조항"에서 "亡逃"와 "有罪耐以上"은
위의 개혁조치의 적용에서 제외시키고 있다. 亡逃의 경우는 현재 도
주하여 은닉해 있기 때문에 起訴중지의 상태이므로 이같은 은택에서
제외되고, "有罪耐以上"이 조서에서 배제된 이유는 정확히 알기 어렵
지만 "耐罪 이상의 중죄는 사면에서 제외시키는, 秦漢律의 상투어와
관련이 있을 가능성도 있다.[71]

---

70) 이 부분은 刑法志에 본래 없던 것이나 張建國의 고찰에 근거하여 보충한
것임. 張建國,『帝制時代的中國法』(北京: 法律出版社, 1999), p.198.

71) 林炳德은 完刑과 耐刑간에 형벌의 경중 차이를 부정하고 있다. 즉 "完爲城
旦과 耐爲隷臣의 형벌 경중 차이는 完과 耐의 차이에 비중이 있는 것이 아
니라 城旦과 隷臣이라고 하는 노역형의 차이에 의한 것으로 이해해야 할
것이며, 完刑과 耐刑의 내용상 차이점은 원래부터 거의 없었다."고 보았다.
[「秦·漢시기의 耐·完·黥·刑」(『忠北史學』9, 1997), pp.90-91.] 그러나 이러한 방
식으로 본다면 본문에서 예로 들은 文帝의 조서에서 完刑과 耐刑을 확연히
구분 짓고 있는 것과『漢書』등에 자주 보이는 "刑者及有罪耐以上, 不用此
令"(『漢書』卷4「文帝紀」, p.113.)과 같은 단서조항을 이해할 길이 없다. 秦漢

한편 기결수 가운데 이미 耐刑과 肉刑을 받아 복역 중인 자는, 이 신설 조항에 의거해 육형도 받지 않고 일정기간 복역하면 석방될 자와 비교할 때 공평하지 않게 된다. 따라서 "예외조항" ⑥에서는 이 조서가 나오기 이전에 복역하던 죄수들에게 緩和조치를 취하는 단서조항인 "前令之刑城旦舂歲而非禁錮者, 如完爲城旦舂歲數以免"이 필요했던 것이다. 그것은 기결수에 대해 개정 전의 법령인 "前令에 의해 刑城旦舂의 처벌을 받은 자 가운데 1년 이상 복역한 자이면서 禁錮가 아닌 자에 대해서는 完爲城旦舂과 같이 歲數로써 방면하라."는 처리규정을 援用한다는 것이다.

"前令之刑城旦舂歲而非禁錮者, 如完爲城旦舂歲數以免"에서 필요조건은 1년이고, 충분조건은 금고형이 아닌 자이다. 1년 복역했으나 금고인 경우는 이 조항의 적용을 받을 수 없는 것이다. 이 조치에 의해서 기존에 육형을 받은 대다수의 죄수들은 새로운 형기의 적용을 받아 석방되었다. 이것에는 漢代 내내 고수하려했던 禁錮·贓罪를 이 조치의 수혜대상에서 제외시키려한 흔적이 역력하다.[72] 다시 말해서 文帝가 이 조서를 내리기 이전에 刑城旦舂의 처벌을 받은 자에게도 개정된 刑期(完城旦舂은 개정된 형기로 4년)를 적용시켜야 하는데, 만약 刑城旦舂의 판결을 받은 자가 이미 복역한 기간이 極小, 예컨대 1년 미만의 자라면 거의 복역하지 않은 것이 되므로 이 규정의 적용에서 제외시

律에서 耐罪 이상을 무거운 처벌로 간주하고 있음은 "珠玉을 훔쳐 국경을 넘으려고 하는 범인을 체포한 사람에게 지급하는 현상금은 범인이 耐罪 이상이라야만 지급하고, 貲罪의 경우에는 지급하지 않는 규정"에 잘 나타나 있다.(『睡虎地秦墓竹簡』, p.211.) 竊盜의 경우, 耐刑은 110전에서 220전 미만을 훔쳤을 때 적용되고, 黥刑은 660전 이상을 훔쳤을 때 적용받는다.[『睡虎地秦墓竹簡』, pp.165-166 및 劉信芳·梁柱, 『雲夢龍崗秦簡』(北京: 科學出版社, 1997), p.29, "二百廿錢到百一十錢耐爲隷臣妾."]

72) 『漢書』 卷72 「貢禹傳」, p.3077, "孝文皇帝時, 貴廉絜, 賤貪汙, 賈人贅壻及吏坐贓者皆禁錮不得爲吏, 賞善罰惡, 不阿親戚, 罪白者伏其誅, 疑者以與民, 亡贖罪之法, 故令行禁止, 海內大化, 天下斷獄四百, 與刑錯亡異."

졌다. "刑城旦舂"은 黥爲城旦舂을 의미하는데, 秦律에서 贓物가격이 최고한도인 660전을 초과하거나 관리의 절도 및 群盜와 같이 죄질이 나쁜 경우에 가하는 刑이므로 중형에 해당한다. 특히 관리의 절도는 禁錮가 항상 수반되며 본래 秦漢律에서는 "當刑者刑"하고 贖刑을 불허했던 것이기 때문에,[73] 복역기간이 짧은 자들조차 곧바로 석방하기는 곤란했을 것이다.

이상에서 언급한 바를 종합한다면 "前令之刑城旦舂歲而非禁錮者"의 규정은 "이 개정법이 나오기 이전에 刑城旦舂의 판결을 받은 자로서 1년 복역하고 禁錮가 아닌 자"로 해석된다. 따라서 이 부분의 해석은 李力의 이해와 달리 文帝의 형법개혁 이전에는 형기가 없었던 것으로 되는 것이다.[74] 다만 한 가지 문제는 계속 남게 되는데, 이 조처에서 기존에 耐刑을 받고 복역하는 자의 처리문제만이 빠져있다는 것이다. 이것이 앞서 언급한 鬼薪白粲의 형기가 빠진 것처럼 錯簡 또는 抄寫의

---

73) 관리의 절도는 秦律에 가중처벌이 규정되어, 群盜의 경우처럼 黥爲城旦을 부과하게 되어 있다.(『睡虎地秦墓竹簡』, p.150) 江陵張家山漢簡整理小組, 「江陵張家山漢簡《奏讞書》釋文」(『文物』1993-8), p.24, 〈案例 15〉 "律: 盜臧(贓)直(値)過六百六十錢, 黥爲城旦; 令: 吏盜, 當刑者刑,毋得以爵減免贖, 以此當恢." 〈案例 15〉는 관리의 竊盜를 다룬 내용이다. 600석의 官秩과 左庶長의 작위를 가지고 있는 醴陽縣令 恢가 縣官米 263석 8두를 절도해 매각하여 金 6근3량, 錢 15,050을 받았는데, 이것은 장물의 가치가 660전을 넘은 것이다. 이 경우 律에는 黥爲城旦이 되고, 令에는 관리가 절도하여 刑의 판결을 받으면 반드시 刑에 처하고 작위로 면속될 수 없게 규정되어 있다. 이것은 관리의 贓罪라는 점에서 秦律에 가중처벌 하도록 규정되어 있다. 〈案例 15〉에는 禁錮가 언급되어 있지 않지만 당연히 들어가 있어야 한다고 생각된다. 즉, 〈案例 14〉보다 이것이 重刑인데다, 漢代에 관리의 贓罪에는 반드시 禁錮가 적용되고 있기 때문이다.

74) 滋賀秀三은 "旣決囚에 新法을 적용하는 데 起算點을 정해두지 않으면 현장에서의 처리는 혼란을 일으킨다. 또한 역으로 만약 이 一句節에 기결수에 대한 起算點을 특별히 정한 의미가 없다고 한다면 무엇 때문에 이 一句가 있는 것일까 해석되지 않게 된다. 불필요한 단어는 아닐 것"이라고 고찰하였다. 同氏, 위의 논문, 注 17 참조.

오류에 의한 것인지는 알 수 없다.

IV. 秦代 형도와 赦

지금까지 고찰한 바와 같이 적어도 城旦春·隷臣妾은 文帝 이전까지 형기가 없었다. 그렇다면 이들의 석방은 완전히 불가능했던 것일까? 불가능하지 않았다는 것이 우선 일차적인 결론이다. 그 방법은 모두 공권력 쪽에서 부여하는 은혜이기는 하겠지만, 하나는 군주권의 不定期的인 恩赦조치에 의한 것이고, 다른 하나는 법령에 규정되어 있는 贖刑에 의한 것이다. 우선 아래의 「封診式」의 사료는 秦代에 형기가 없었던 죄수들이 어떠한 방식으로 석방되었는지를 보여준다.

> 23) 有鞫(죄인 심문) : 감히 某縣의 책임자에게 고합니다. 男子 某가 심문을 받고 진술하기를, "(나는) 士伍이고, 某里에 거주하고 있습니다." 청컨대 이 사람의 성명·신분·貫籍, 그리고 그가 일찍이 어떤 죄를 범했는지, 어떠한 죄를 사면 받았는지를 조사하여 확정하고, 또는 숨겨진 다른 문제가 있는지를 조사하여 사정을 잘 아는 사람을 파견하여 律에 입각해 (재산과 사람을) 차압·구류하도록 하고, 이송해야 할 문서는 모두 보고하도록 해주기를 바랍니다. 삼가 책임자에게 보고합니다.(有鞫 敢告某縣主: 男子某有鞫, 辭曰: "士五(伍), 居某里." 可定名事里, 所坐論云可(何), 可(何)罪赦, 或覆問毋(無)有, 遣識者以律封守, 當騰, 騰皆爲報, 敢告主.)[75]

이 有鞫의 「封診式」은 被疑者의 原籍地인 某縣의 책임자에게 被疑者

---

75) 『睡虎地秦墓竹簡』, pp.247-248.

의 前科기록을 조사시키고 身柄·財産 등의 이동을 금지시킨 것이다. 그 구체적인 내용은 "男子 某가 鞫問을 받았는데 그가 '士伍이며 某里에 거주한다'고 하니, 그의 姓名·身分·貫籍을 확인하고 과거 어떤 죄를 지었고 사면되었는지, 또한 재차 숨겨진 다른 문제가 있는지를 조사하고 사정을 잘 아는 자를 파견해 律에 의거, 封守하고 문서를 모두 보고하라."는 것이다.

"何罪赦"의 부분에 대해서 혹자는 赦를 "舍", 즉 "釋", "放"의 의미로 해석하여 秦代의 刑徒에 형기가 있는 것으로 이해하고 있으나,[76] 그같은 주장은 문제가 있다고 생각된다. 『說文』에서 赦와 音義가 같다고 한 舍는 비록 앞에서 언급한 『周禮』에서는 석방의 의미로 해석되고 있으나, 『睡虎地秦墓竹簡』 및 『史記』『漢書』에서는 赦를 형기가 만료되어 석방된 의미로 해석하고 있는 예는 확인할 수 없고, 오히려 赦는 군주 및 황제의 특별 사면의 의미로 사용되고 있다.[77]

秦律에 형기가 있었다면, 前科犯에 대한 前科 조회시 응당 어떤 죄에 의해 구금되었다가 형기만료 후 석방되었는가를 조회했을 것이나, 「封診式」에 보이는 기타 몇 개의 身元照會에서도 그러한 기록은 보이지 않고 특별사면에 의한 석방만이 언급된 것은 秦律에 형기가 존재하지 않음을 보여주는 것이다. "群盜가 사면되어 庶人이 되었는데, 형구를 착용한 刑罪 이상의 죄수를 인솔하던 중에 죄수가 도망하면 옛날 죄로 논죄하여 斬左止爲城旦에 처하고, 후일 자신이 도망간 죄수를 체

---

76) 劉海年, 위의 논문(下), p.69. 그는 赦가 본래 釋放의 뜻을 가지고 있으며, 당시 사회에서는 형기가 차면 석방하는데, 이같은 사람은 庶民이지 罪隷가 아니라고 이해하였다. 『說文』의 "赦, 段玉裁注: 赦與舍音義同", "舍, 釋也." 段注 "釋者 解也. 按, 經傳多假舍爲之."에 근거하여 『說文』에서는 赦와 舍의 音義가 同一하고, 그 舍는 釋의 의미로 해석되므로, 赦 = 舍 = 釋의 관계를 가지고 있다고 이해했다.

77) 俞成國, 「漢代의 赦免制度」(『法史學研究』 18집, 1997)에 赦免의 의미가 잘 설명되어 있다.

포하였을 경우 이를 '隱官에 처한다.'"[78]는 조문은 群盜의 경우 加重처벌이 적용되어 "斬左止爲城旦"이 부과되는데, 이러한 중형조차 庶人으로 사면했음을 보여준다.[79] 실제의 재판 문서인 『嶽麓書院藏秦簡(參)』 「奏讞狀」에는 秦代 죄수들의 赦免에 의한 해방 기록이 보인다. 「奏讞狀」 "○三 猩、敫知盜分贓案"에는 "猩이 黥城旦의 처벌을 받았다가, 戊午의 사면에 의해 庶人"의 신분으로 해방되었다.[80] 이것은 「封診式」의 身元照會가 사실임을 보여주는 증거이다.

아래의 『史記』 기사는 中國 통일 후 秦始皇의 각박한 법치정책을 비판한 것인데, 여기에도 秦의 刑徒에게 赦免이 주요한 석방수단임을 시사해준다.

24) 始皇이 五行終始의 순환 순서를 추산하여, 周朝는 火德을 얻었는데, 秦朝가 周德을 대신하기 위해서는 반드시 周德이 이길 수 없는 德을 얻어야 한다고 생각했다. 현재는 水德이 시작하는 때이므로, 歲首를 바꾸고, 朝覲慶賀하는 것은 모두 10월 초하루부터 행한다. 衣服·符節·깃발은 모두 흑색을 귀하게 여긴다. 數는 六을 단위로 하고, 符·法冠은 모두 六寸으로 정한다. 수레의 폭은 六尺으로 하고, 六尺을 1步로 하며, 수레는 六馬로 끈다. 황하의 이름을 德水로 바꿔 水德의 개시를 표시한다. 흉포하고 엄혹한 정치에 의해 모든 사

---

78) 『睡虎地秦墓竹簡』, p.205, "群盜赦爲庶人, 將盜械因刑罪以上, 亡, 以故罪論. 斬左止爲城旦, 後自捕所亡, 是謂處隱官." 城旦의 처벌을 받은 群盜가 사면되는 위의 조문은 城旦의 신분회복이 불가능했다고 파악한 李成珪의 주장과 相馳된다.

79) 『睡虎地秦墓竹簡』, p.150, "●何謂"加罪"? ●五人盜, 贓一錢以上, 斬左止, 又黥以爲城旦."

80) 朱漢民·陳松長, 『嶽麓書院藏秦簡(參)』(上海: 上海辭書出版社, 2013), p.119, "○三 猩、敫知盜分贓案 ●廿(二十)三年四月, 江陵丞文敢讞(讞)之: 廿(二十)三[二]年九月庚子, 令下, 劾: 掾(錄)江陵獄: 上造敫、士五(伍) (044正) 猩智(知)人盜叔冢, 分臧(贓). 得. 敫當耐鬼薪, 猩黥城旦. 遝戊午赦(赦), 爲庶人."

안은 모두 법에 의해 결정되고, 가혹하고 仁恩과 和義가 없어지고 난 연후에야 五德의 數에 부합한다고 생각하였다. 이에 법을 엄준하게 하였고, 오래도록 사면하지 않았다.[81]

이것은 秦始皇의 정치가 深刻하고 仁恩이 없으며 모든 것을 法에 의거해 처리했는데, 이 때문에 法이 각박해지고 오래도록 복역한 자도 사면되지 않았다는 것이다. 이것은 역으로 말한다면 죄수는 단지 赦免令에 의해서만 석방되고 있음을 시사해주는 것이다.[82] 이같은 사면은 수감된 죄수들에게 포괄적으로 적용되는 방법이며, 군주권에 의해서 자의적으로 행해진 것이다. "이에 법을 엄준하게 하였고, 오래도록 사면하지 않았다."의 시점은 진시황이 26년 통일 이후 모든 것을 법가적인 것으로 바꾼 이후의 조치로 보인다. 따라서 진시황 시기 내내 사면이 없었던 것은 아니라고 보인다.

이상에서 언급한대로 秦의 赦免제도는 栗勁의 언급과 같이 秦律의 無期刑徒를 終身刑에서 不定期刑으로 전환시킨 것으로 된다. 즉, 부정기적으로 사면이 내려짐으로써 무기형은 종신토록 복역하는 것이 아니라, 刑期가 일정하지 않은 不定期刑으로 바뀌게 되었던 것이다. 이것은 사실상 漢代에도 동일한데 漢代에는 평균 2.5년 정도마다 한번씩 사면령이 내려지므로,[83] 刑期를 제대로 채우고 나오는 자가 드물었을

---

81) 『史記』卷6「秦始皇本紀」, pp.237-238, "始皇推終始五德之傳, 以爲周得火德, 秦代周德, 從所不勝. 方今水德之始, 改年始, 朝賀皆自十月朔. 衣服旄旌節旗皆上黑. 數以六爲紀, 符·法冠皆六寸, 而輿六尺, 六尺爲步, 乘六馬. 更名河曰德水, 以爲水德之始. 剛毅戾深, 事皆決於法, 刻削毋仁恩和義, 然後合五德之數. 於是急法, 久者不赦."

82) 張金光은 또한 戰國말 秦人의 손으로 기록된 것으로 생각되는 『墨子』「號令篇」의 "能捕得謀反賣城踰城(歸)敵者, 以令爲除死罪二人, 城旦四人."이라는 기사를 들고, 死罪二人이 城旦四人과 같으므로 城旦은 無期가 된다고 고찰하였는데, 개연성은 인정되지만 설득력 있는 주장은 되지 못한다. 張金光, 위의 논문, p.35 참조.

것이고, 刑期가 有名無實해졌을 것이다.[84] 사실상 漢代의 재위년수와
赦免令이 내려진 관계를 보면 이같은 관점은 설득력이 있을 것이다.
이같은 형기의 유명무실화를 방지하기 위해 사면령에는 제한규정을
두고 있는데, 앞서 언급한 「奏讞書」에는 물론이고, 『漢書』 등의 문헌사
료에도 耐罪이상에는 이같은 사면령이 적용되지 않는 경우도 있었고,
특별히 지역을 한정시키는 경우도 있었다.[85] 그러나 後漢에는 매년
赦免令이 내려짐으로써 형벌의 효과를 감소시키는 폐단이 야기되었
으므로, 崔寔은 10년에 한 번씩으로 赦免을 감소시켜야 한다고 주장하

---

83) 赦免과 刑期의 관계(徐天麟, 『西漢會要』, pp.715-722), 괄호안의 숫자는 董念
清, 「論中國古代的赦免制度」(『蘭州大學學報』 1996-3), p.96에 의한 것임.

皇帝	在位	回數	平均年數
高祖	12年	9	1.3年
惠帝	7年	1	7年
呂后	8年	3	2.7年
文帝	23年	4	5.8年
景帝	16年	5(6)	3.2年
武帝	55年	18	3.1年
昭帝	13年	7	1.9年
宣帝	25年	10(11)	2.5年
元帝	15年	10	1.5年
成帝	26年	9	2.9年
哀帝	6年	4	1.5年
平帝	5年	4	1.3年
합계	211年	84(86)	2.5(2.4)年

84) 滋賀秀三은 冨谷至의 주장이 가장 설득력 있다고 평가하였다. 冨谷至는 無
期(終身)라 정의하기보다 不定期刑이라고 정의하는 것이 실정에 가깝다는
견해를 제시하였다. 滋賀秀三, 위의 논문, p.39 참조.

85) 栗勁, 위의 책, p.279. 모든 죄수들이 사면된 것은 아니고, 死刑 및 謀反大逆
과 같이 사면받을 수 없는 경우가 존재하였다.(『後漢書』「章帝紀」p.264, "其
大赦天下, 自殊死以下謀反大逆, 諸犯不當得赦者, 皆赦除之.") 또한 赦免은 일
정지역에 한정된 경우도 있었고, 徒刑에만 한정시키는 경우도 있었다. 佐竹
昭, 「中國古代における赦について」(『地域文化研究·廣大』 7, 1982), pp.5-6 참조.

게 된 것이다.[86]

필자는 이상에서 秦代 刑徒들은 刑期가 없다고 논증하였는데, 이러한 결론의 정확함이 2002년 湖南省 龍山縣 里耶鎭 里耶古城에서 발견된 『里耶秦簡』에 의해 입증되었다. 아래의 자료는 秦代 형도들에 형기가 있는지 여부를 판단할 수 있게 해주는 것이다.

> J1⑧154: (秦始皇) 33년 2月 壬寅朔 朔日에 遷陵守丞 都가 감히 말한다. 令에 "항상 매달 초하룻날에 매각한 徒隷의 數를 보고하라."라고 규정되어 있다. 令이 요구한 것에 부합하지 않은 것이 있는지 물어서 감히 고하도록 하라.(卅三年二月壬寅朔朔日, 遷陵守丞都敢言之: 令曰: 恒以朔日上所買徒隷數. 問之毋當令者, 敢言之.)

> J1⑯5·6: 현재 洞庭郡의 兵器를 內史 및 巴·南郡·蒼梧로 운반하고 있는데, 병기를 수송할 때 의당 遞送할 것이 많다. 만약 그것을 遞送한다면 a)반드시 乘城卒·隷臣妾·城旦舂·鬼薪白粲·居貲贖債·司寇·隱官·踐更縣者를 모두 우선 보내도록 하고, 농사철이므로 백성(黔首)을 동원하지 않는다. b)嘉·穀·尉는 각각 所部의 縣卒·徒隷·居貲贖債·司寇·隱官·縣의 踐更하는 자의 명부를 살펴서 가능한 자로 무기를 遞送하게 하라. 縣에서 遞送하라고 하지 않았는데 黔首를 동원하거나, 黔首를 줄일 수 있는데도 줄이지 않고 많이 동원한 자는 곧 탄핵해서 현으로 이첩하고, 현에서는 율령에 입각해 처벌하고, 그 죄에 해당하는 자는 태수부에 이름과 판결문을 보내라.(今洞庭兵輸內史及巴, 南郡, 蒼梧, 輸甲兵當傳者多.[87] 卽傳之a)必先悉行乘城卒, 隷臣妾, 城旦舂, 鬼薪

---

86) [淸] 嚴可均, 『全上古三代秦漢三國六朝文』(北京: 中華書局, 1995), p.726, 『群書治要』所引 「政論」, "宜十歲以上, 乃時壹赦"; 崔振默, 「漢魏交替期 經世論의 형성과 그 展開」(『東洋史學硏究』 37집, 1991), pp.23-24.

白粲, 居貲贖債, 司寇, 隱官, 踐更縣者. 田時也, 不欲興黔首. b)嘉,
穀, 尉各謹案所部縣卒, 徒隸, 居貲贖債, 司寇, 隱官, 踐更縣者簿,
有可令傳甲兵, 縣弗令傳之而興黔首, 興黔首可省弗省少而多興者,
輒劾移縣, 縣亟以律令具論, 當坐者言名夬(決)泰(太)守府.)[88]

위에 인용한 J1⑧154에 슦에 "항상 매달 초하룻날에 매각한 徒隸의
數를 보고하라."는 내용은 매달 정기적으로 徒隸의 매매가 이루어지
고 있음을 말해준다. "買徒隸數"는 徒隸가 매매 대상임을 보여주는 명
확한 증거이며, J1⑩5·6에는 徒隸의 내용이 자세히 설명되어 있다. 이
를 정리하면 아래와 같다.

[표 7] 徒隸

a)	乘城卒	隷臣妾, 城旦舂, 鬼薪白粲	居貲贖債	司寇	隱官	踐更縣者
b)	所部縣卒	徒隸	居貲贖債	司寇	隱官	踐更縣者

여기에서 徒隸는 隸臣妾·鬼薪白粲·城旦舂의 세 개의 刑名을 지칭하
며, 居貲贖債·司寇·隱官·踐更縣者 등은 徒隸에 포함되지 않는다. 매매
대상인 城旦舂·鬼薪白粲·隸臣妾 등의 徒隸는 인신의 자유를 상실한 존
재였다. 隸臣妾과 함께 보이는 收人도 본인이 몰수되어 道官(소수민족
이 사는 縣) 상호간에 매매되는 대상이었다.[89] 이들이 매각되어 사노

---

87) "輸甲兵當傳者多"의 의미는 『二年律令』 「均輸律」의 "船車有輸, 傳送出津關, 而
有傳嗇夫、吏, 嗇夫、吏與敦長、方長各□□而□□□□發□出□置皆如關□.(225)"
와 관련된 것이다. 『里耶秦簡』의 輸와 傳은 運輸와 遞送의 의미이다.
88) 李學勤, 「初讀里耶秦簡」(『文物』 2003-1), pp.77-78.
89) 『睡虎地秦墓竹簡』, p.110, "道官相輸隸臣妾·收人, 必署其已稟年日月, 受衣未受,
有妻無有. 受者以律續食衣之. 屬邦.";『張家山漢墓竹簡』, p.191, "縣官器敝不可
繕者, 賣之. 諸收人, 皆入以爲隸臣妾." 收人은 조만간 隸臣妾으로 몰적될 잠
정적 신분이다.

비가 되는 이상 그들은 평생 복역해야 하는, 즉 형기가 없는 존재였다.

李學勤은 "買徒隸數"의 "買"를 민간에서 매입한 것으로 이해했다. 그
것은 『封診式』 「告臣」에 있는 다음과 같은 내용에서 도출된 결론이다.[90]
甲은 국가로부터 丙을 매입해 臣(사노예)으로 삼았다. 丙이 驕悍하고 田
作을 거부하며, 甲의 명령을 듣지 않자, 甲은 재차 국가에 매각하여 斬
(斬)以爲城旦으로 삼고 그 가격을 되돌려 받으려고 하는 것이다. 李學勤
은 「告臣」에 보이는 臣(사노예)이 개인에서 국가로 반납되는 경로를 "買
徒隸數"에도 적용할 수 있다고 생각하여, 이것을 적용하여 민간으로부
터 徒隸를 매입한 숫자로 보고 있다. 그러나 국가는 徒隸의 생산지라고
할 수 있고, 민간은 그 소비지라고 할 수 있다. 민간은 국가로부터 徒隸
를 매입하여 田作에 사용하는 것이 더 보편적인 방향이라고 할 수 있
다. 따라서 "買徒隸數"는 "賣徒隸數"로 읽어서 국가가 민간에 매도한 것
으로 봐야한다. 국가가 徒隸(隸臣妾·城旦春·鬼薪白粲)를 민간에 매각하
는 것은 그들이 평생 노예주에게 복역함을 의미하고, 이것은 徒隸에게
형기가 없었다는 것을 의미하였다.

V. 결론

雲夢秦簡에는 隸臣妾 및 城旦春의 신분에 관한 상충된 사료가 혼재
되어 있다. 이 논문을 작성할 시점에서는 刑期를 알 수 있는 사료가

---

90) 『睡虎地秦墓竹簡』, p.259, "告臣 爰書 : 某里士五(伍)甲縛詣男子丙, 告曰 : 「丙,
甲臣, 橋(驕)悍, 不田作, 不聽甲令. 謁買(賣)公, 斬以爲城旦, 受買(價)錢.」 ●訊
丙, 辭曰 : 「甲臣, 誠悍, 不聽甲. 甲未賞(嘗)身免丙. 丙毋(無)病殿(也), 毋(無)它坐
罪.」 令令史某診丙, 不病. ●令少內某, 佐某以市正賈(價)賈丙丞某前, 丙中人,
賈(價)若干錢. ●丞某告某鄉主; 男子丙有鞫, 辭曰 : 「某里士五(伍)甲臣.」 其定名
事里, 所坐論云可(何), 可(何)罪赦, 或覆問毋(無)有, 甲賞(嘗)身免丙復臣之不殿
(也)? 以律封守之, 到以書言."

전무한 상태였기 때문에 무기형과 유기형을 주장하는 수많은 논고가
등장하였다. 有期刑說의 논거는 간단하게 두 가지로 요약할 수 있다.
하나는 "繫城旦六歲"와 "備繫日"을 근거로 한 것과, 다른 하나는 秦簡에
有期刑을 증명할만한 자료가 전혀 보이지 않지만 이것은 당시인에게
는 주지적 사실이므로 특별히 형기를 기록할 필요가 없었다는 것이
다. 그러나 "繫城旦六歲"를 有期刑의 자료로 이용하는 것이 잘못된 것
임은 誣告罪의 원칙에 비추어 볼 때 자명하다. 즉, 자신이 받은 本刑보
다 輕罪로써 상대를 무고하면, 이때는 "誣告反坐"의 원칙이 적용되지
않고 본래 자신이 받은 重刑을 적용하되 타인을 誣告했기 때문에 가
중처벌로서 +α하는데, +α가 바로 "繫城旦六歲"이다. 이와같이 본다면
有期刑說은 그 존립근거를 상실하게 된 것이다.

한편 無期刑說 내지 官奴婢說은 『漢書』「刑法志」에 좋은 근거자료가
있다. 緹縈이 부친 淳于公의 육형을 속면시키고자 한 상서에서 肉刑에
대해 언급한 부분과, 刑期의 문제에 대해 언급한 부분이 별도로 존재
하고 있음은 文帝시기에 형기가 확정되었음을 보여주는 것이다. 즉,
「刑法志」의 "其除肉刑, 有以易之"는 肉刑의 폐지를, "及令罪人各以輕重,
不亡逃, 有年而免, 具爲令"은 죄인의 경중에 따라서 도망치지 않은 자
에 한해 형기가 만료되면 석방시키라는 내용이다. 따라서 肉刑폐지와
刑期제정이 동시에 병행하여 추진되었음을 알 수 있다. 한편 文帝의
조서에 "具爲令"이라는 文言은 법령제정의 전문용어로서, 적용할 수
있는 관련 法條文이 기존 律에 없어 새로이 新令의 제정을 명령할 때
사용되는 것이 원칙이므로, 刑徒의 형기는 文帝 이전에 없었음을 확인
할 수 있었다. 이상과 같이 해석해야만 晁錯의 文帝 칭송에 보이는 언
급, 즉 "罪人有期"와도 모순되지 않을 것이다.

文帝의 조서는 과거 형기가 없었던 죄수들의 형기를 마련하면서
이에 대해 세부 처리규정을 마련하고 있다. "기존 육형의 대체형 신
설" 항목은 과거의 육형을 完刑 및 笞刑 등으로 대체하는 조항이기 때

문에 미결수 및 장래의 죄수들에 대한 판결 원칙이라고 할 수 있다. 이에 반해서 "신분형 대체의 형기 신설" 항목은 이미 재판이 끝나 복역하고 있는 자들에 대한 처리 조항인데, 여기에는 完刑 이하에 대한 언급만 있지 耐刑·肉刑 등에 관한 언급은 없다. 바로 아래의 "예외조항"에서 "亡逃"와 "有罪耐以上"은 이같은 조처대상에서 제외시키고 있기 때문에 당연히 完刑만이 언급되고 있는 것이다. "예외조항"에서 말하고자 하는 것은 有期刑 적용 조치를 기결수 중에서 "亡逃"와 "耐罪以上"에게는 적용하지 않는다고 하는 것이다. 亡逃의 경우는 현재 도주하여 은닉해 있기 때문에 起訴중지의 상태이므로 이같은 조처에서 제외되고, 기결수에 대한 조처는 完刑까지만 해당된다. 이것은 당연히 기존에 耐刑과 肉刑을 받은 자들이 肉刑폐지의 혜택(이미 육형을 받은 자에게는 이것은 무의미하겠지만) 및 석방의 혜택에서 배제되는 것을 의미했다. 그렇게 된다면 有期刑으로 개혁하려는 본래의 취지가 퇴색될 우려가 있으므로 肉刑을 받은 자들에게 별도의 단서를 붙여야 했을 것이다. 耐罪 以上에는 육형을 적용시키지 않는다는 단서조항은 기결수 중에서 耐刑과 肉刑을 받아 복역하는 자와 "미결수 및 장래의 죄수 처리조항"의 장차 처벌받을 자들 간에 불공평을 발생시킬 것이다. 따라서 "예외조항"에서는 또 하나의 緩和조치를 취하지 않으면 안되었다. 그것은 개정 전의 법령인 前令에 의해 刑城旦舂의 처벌을 받은 자 가운데 1년 이상 복역한 자와 禁錮가 아닌 자에 대해서는 完城旦舂의 조항, 즉 미결수에 대한 처리규정을 援用한다는 것이다.

　文帝가 이 조서를 내리기 이전에 刑城旦舂의 처벌을 받은 자에게도 개정된 刑期(完城旦舂은 개정된 형기로 4년)를 적용시켜야 하는데, 만약 刑城旦舂의 판결을 받은 자가 이미 복역한 기간이 극소, 예컨대 1년 미만의 자라면 거의 복역하지 않은 것이 되므로 이 규정의 적용에서 제외시켰다. 따라서 이 규정은 "이 개정법이 나오기 이전에 刑城旦舂의 판결을 받은 자로서 1년 복역하고 禁錮가 아닌 자"로 해석되며,

매우 용이주도하게 미결수 및 기결수에 대한 처리규정을 규정하고 있다. 이와 같이 해석한다면 이 부분은 李力의 이해와는 달리 文帝의 형법개혁 이전에는 형기가 없었던 것으로 되는 것이다. 2002년 발견된 里耶秦簡의 자료는 결정적으로 秦代의 형도들에게 형기가 없었다는 것을 입증하고 있다. 그러한 점에서 형기를 설정한 文帝의 개혁은 획기적인 것이라고 할 수 있다.

城旦舂·隸臣妾은 文帝 이전까지 형기가 없었지만, 이들의 석방이 완전히 불가능했던 것은 아니며, 군주권의 不定期的인 恩赦조치에 의하거나, 법령에 규정되어 있는 贖刑에 의해 석방될 수 있었다. 秦律에 형기가 있었다면, 봉진식에 등장하는 신원조회에서 전과범의 형기 만료 후 석방기록이 보이겠지만, 오직 사면에 의한 석방만이 보일 뿐이어서 秦律에 형기가 존재하지 않았음을 증명하고 있다. 群盜는 加重처벌이 적용되어 "斬左止爲城旦"이 부과되는데, 이러한 중형조차 庶人으로 사면될 수 있었다.

秦의 赦免제도는 秦律의 無期刑徒를 終身刑에서 不定期刑으로 전환시킨 것으로 된다. 즉, 부정기적으로 사면이 내려짐으로써 무기형은 종신토록 복역하는 것이 아니라, 그 刑期가 일정하지 않은 不定期刑으로 바뀌게 되었던 것이다. 이것은 사실상 漢代에도 동일한데 漢代에는 평균 2.5년 정도마다 한 번씩 사면령이 내려지므로, 刑期를 제대로 채우고 나오는 자가 드물었을 것이고, 刑期가 有名無實해졌을 것이다.

秦漢시대 죄수들과 차별적 控制

I. 서론

秦帝國은 매우 엄격한 법가정치를 시행한 결과로 수많은 죄수들을 보유하고 있었다. 秦漢의 죄수들은 독특한 刑名을 가지고 있어서 그 내용을 이해하는 데는 많은 시간을 필요로 한다. 예컨대 城旦舂·鬼薪白粲·隷臣妾·司寇 등과 같은 형명에 髡刑·完刑·耐刑과 같은 신체형이 복잡하게 얽혀있어서 매우 혼란스럽다. 복잡한 형명은 실상 수많은 죄수들을 통제하는 수단으로 사용되고 있었다. 그런데 이러한 형명은 前漢 文帝 13년의 刑制개혁이 시도되어 肉刑을 폐지하면서 후대의 학자들에게 보다 어려운 과제를 남겨놓게 되었다.

秦漢의 율령에서 髡刑·完刑·耐刑 상호간의 관계를 규명하기 위한 논쟁은 2천년 이상 끌어왔지만 아직도 의견이 분분하다.[1] 이러한 논

---

1) 髡刑·完刑·耐刑의 문제를 언급한 논문은 일일이 제시하기 어려울 정도로 많지만 주요한 것만을 소개하면 다음과 같다. 林炳德, 「中國古代·中世의 肉刑과 髡刑」(『魏晋隋唐史硏究』9, 2002); 林炳德, 「張家山漢墓竹簡 二年律令의 刑罰制度(I) - 肉刑과 罰金刑·贖刑」(『中國史硏究』19, 2002); 李成珪, 「秦·漢의 刑罰體系의 재검토」(『東洋史學硏究』85, 2003); 栗勁, 『秦律通論』(濟南: 山東人民出版社, 1985); 韓樹峰, 「秦漢律令中的完刑」(『中國史硏究』4, 2003); 張全民, 「髡, 耐, 完刑關系考辨」(『法律史論叢』2001-8); 王森, 「秦漢律中髡, 耐, 完刑辨析」(『法學硏究』, 1986-1); 若江賢三, 「秦漢時代の「完」刑について―漢書刑法志解読への一試論―」(『愛媛大學法文論集·文學科編』13, 1980); 若江賢三, 「秦律中の城旦舂について」(『愛媛大學人文學會創立十五周年記念論集』1991); 若江賢三, 「秦律における勞役刑の刑期再論(上)」(『愛媛大學法文學部論集文學科編』25, 1992); 若江賢三, 「秦律における勞役刑の刑期再論(下)」(『愛媛大學法文學部論集文學科編』

쟁은 이미 後漢·曹魏·西晉시대에 秦代의 법률조문에 대한 자료가 충분하지 않아 의미가 불분명해짐에 따라 이를 설명하기 위한 주석들이 나오면서 시작되었다. 그러나 이들 주석가들과 秦律과는 시간적으로 많이 멀어져있어 자료가 없기도 했지만, 그것 이외에도 髡刑·完刑·耐刑 상호간의 개념혼동을 야기한 이유로는 文帝의 형법개혁의 비체계적인 측면을 들 수 있다. 예를 들어 鬼薪白粲과 隷臣妾의 형기가 중복되는 점, 髡鉗刑의 신설과 完刑과의 중복 문제가 바로 그것이다. 문제를 더욱 복잡하게 하는 것은 주석가들의 견해가 상호 모순되어 있는 상태에서 현재의 학자들이 이러한 주석 가운데 하나에 근거하여 자신의 논지를 전개하고 있는 점이다. 魏晉시기 주석가들의 견해를 절대적 진리로 간주하는 한 이 문제의 명쾌한 해결은 용이하지 않을 것이라는 것이 필자의 생각이다. 그 이유는 魏晉 주석가들이 적어도 400여 년 전의 秦律 자료를 직접 보지 못한 상황에서 주석을 했을 가능성도 배제할 수 없기 때문이다.

그러한 예로 西晉시기의 臣瓚을 들 수 있다. 그는 자신보다 400여 년 전인 漢文帝시기의 律令개정 상황 및 그 이전의 秦律에 대해서는 정확히 모르고 있었다. 臣瓚은 文帝 改制시의 "諸當完者의 完은 髡의 잘못"이라고 주석했으나, 秦律과 文帝 개제 이후의 율령 비교를 통해 이 문제를 분석한 것이 아니라 자신의 머릿속에서 "논리적 추정"을 통해 주석하였다. 이것은 이미 臣瓚시기에 文帝 이전의 율문이 남아

27, 1994); 若江賢三, 「秦律における隷臣妾の特質とその刑期」(『古代文化』 48-6, 1997); 若江賢三, 「秦律中の隷臣妾」(『愛媛大學人文學會創立二十周年記念論集』 1996); 齋藤秀昭, 「秦漢時代における「完」の意味について」(『法史學研究』 1987); 齋藤秀昭, 「秦漢時代の身體刑と科刑手續に關する一考察」(『法史學研究』 1989); 冨谷至, 「晋泰始律令への道(第一部) 秦漢の律と令」(『東方學報』 72, 2000); 冨谷至, 「晋泰始律令への道(第二部) 魏晉の律と令」(『東方學報』 73, 2001); 瀬川敬也, 「秦漢時代の身體刑と勞役形」(『中國出土資料研究』 7, 2003); 杜正勝, 「從肉刑到徒刑」(『食貨月刊』 復刊15-5·6, 1985).

있지 않아 주석가들도 주석 작업에 어려움을 겪고 있었음을 말해준
다. 臣瓚의 오류를 모든 주석가들에게 일반화할 수는 없지만, 臣瓚처
럼 文帝 이전의 秦律에 대해 몰랐던 주석가들도 존재했을 가능성이
있으며, 한걸음 더 나아가 주석가들은 은연중에 자신들이 살았던 시
대의 관점에서 이 문제를 파악했을 가능성도 있다.

髡刑·完刑·耐刑의 문제를 분석함에 있어 연구자들이 잘 빠지는 절
묘한 함정이 있다고 생각한다. 필자도 이 문제에 접근했을 초기에 잠
시 빠졌던 함정은 髡刑·完刑·耐刑에 대한 주석가들의 주석을 논리적
으로 풀어내려는 시도였다. 이 함정에 빠지면 魏晋주석가들의 徒弟가
되어 버리고 그 주석을 맹신하게 된다. 최근 雲夢秦律 및 張家山漢墓竹
簡 二年律令의 출토로 어느 정도 이 문제를 풀 수 있는 자료가 제시되
었지만 연구자들은 계속 기존의 방법과 동일하게 髡刑·完刑·耐刑의
논리적 정합성을 찾는 것에 집중하였다. 이러한 방법론을 계속 사용
하는 한 기존에 범해왔던 논쟁의 함정에서 벗어나기 힘들다고 생각
한다.

필자는 주석의 正誤 문제는 일단 놓아둔 채 우회하여 雲夢秦律·二
年律令·문헌자료를 중심으로 하여 분석하고, 여기에 보조적으로 刑具·
刑徒墓磚 등 고고학적 유물을 이용하여 분석하고자 한다. 특히 필자
는 많은 주석가 및 학자들이 간과하고 있는 죄수의 실제 두발상태와
형구 착용 여부에 주목했다. 많은 연구들이 髡刑이라고 한다면 실제
로 죄수의 두발을 깎았는지, 完刑이라면 실제로 肉刑에서 면제되었는
지, 또한 鉗이라고 했을 때 죄수들이 형구를 차고 있었는지 등의 실제
적 상황은 고려하지 않고 髡刑·完刑·耐刑의 字句 해석에만 매달려 있
었다. 필자의 분석은 髡刑·完刑·耐刑의 실제적 상태를 분석하여 각 형
벌의 내용을 규명하는 것이다. 필자는 형도들의 囚衣·刑具·剃髮 등에
대한 분석을 하면서 부수적으로 국가권력이 형도들을 어떻게 차등적
으로 통제하고 관리하였는지에 대한 사실을 발견하게 되었다. 이 문

제를 통하여 文帝의 형법개혁을 전후하여 국가의 형도 관리방법이 크게 변화한 모습을 확인할 수 있게 될 것이며, 이를 통해 文帝의 형법 개혁의 의미가 밝혀질 수 있을 것으로 생각한다.

II. 秦律에서 髡刑의 존재 여부와 完, 耐의 의미

1. 문헌사료의 형벌 범주

秦律의 完刑에 대한 주석가들의 견해는 A) 完=耐, B) 完=髡, C) 完=身體髮膚 溫全이라는 3가지로 나뉜다. 필자는 이같은 전통적 주석의 타당성 여부를 검토하지 않고 그 중 하나에 근거하여 입론하는 것은 문제가 있다고 생각한다. 이왕의 학자들도 그러한 타당성 여부에 대해 분석했겠지만, 필자가 의도하고자 하는 것은 後漢 이래의 주석에 집착하기보다 이제까지 중시되지 않았던 문헌의 자료들을 바탕으로 刑名의 범주를 분석함으로써 주석가들의 견해가 합당한 것인지를 판단하는 것이다. 이와 같이 하는 이유는 가급적 魏晋시기 주석가들의 견해에서 자유로워질 필요가 있기 때문이다. 따라서 필자는 기존 주석가들의 견해를 본 장에서는 검토하지 않고 필자의 결론에 입각하여 V장에서 검토할 생각이다.

필자는 본 장에서 두 가지 문제를 검토할 것이다. 하나는 문헌사료에 보이는 형벌의 범주를 나타내는 자료를 분석하는 것이고, 다른 하나는 髡刑의 존재 여부를 분석하는 것이다. 이 두 가지는 完刑의 실체를 분석하기 위해서 다른 문제에 선행하여 짚고 넘어가야 할 문제들이다. 前漢부터 西晋까지 형벌의 포괄범위를 보여주는 사료를 정리한 것이 아래에 예시되어 있다.

1) 有司請令縣道, 年八十已上, 賜米人月一石, 肉二十斤, 酒五斗. 其九十已
   上, 又賜帛人二疋, 絮三斤. 賜物及當稟鬻米者, 長吏閱視, 丞若尉致. 不滿
   九十, 嗇夫·令史致. 二千石遣都吏循行, 不稱者督之. **刑者及有罪耐以上,
   不用此令.**[2]

2) 今漢道至盛, 歷世二百餘載, 考自昭·宣·元·成·哀·平六世之間, 斷獄殊死,
   率歲千餘口而一人, **耐罪**上至右止, 三倍有餘.[3]

3) 李奇曰: "**耐從司寇以上至右止, 爲千口三人刑.**"[4]

4) 耐, 輕刑之名. 前書音義曰:「一歲刑爲罰作, **二歲刑已上爲耐.**」[5]

5) 十八年春三月丁亥, 詔曰:「其令天下亡命, 自殊死已下贖: **死罪縑三十匹,
   右趾至髡鉗城旦舂十匹, 完城旦至司寇五匹;** 吏人犯罪未發覺, 詔書到自告
   者, 半入贖.」[6]

6) 永元六年, 寵代郭躬爲廷尉. (중략) 今律令**死刑六百一十, 耐罪千六百九十
   八, 贖罪以下二千六百八十一, 溢於甫刑者千九百八十九, 其四百一十大辟,
   千五百耐罪, 七十九贖罪.** 春秋保乾圖曰:『王者三百年一蠲法.』漢興以來,
   三百二年, 憲令稍增, 科條無限. 又律有三家, 其說各異. 宜令三公·廷尉平
   定律令, 應經合義者, 可使大辟二百, 而耐罪·贖罪二千八百, 并爲三千, 悉
   刪除其餘令, 與禮相應, 以易萬人視聽, 以致刑措之美, 傳之無窮.」[7]

2) 『漢書』 卷4 「文帝紀」, p.113.
3) 『漢書』 卷23 「刑法志」, p.1108.
4) 『漢書』 卷23 「刑法志」, p.1108.
5) 『後漢書』 卷1下 「光武帝紀」, p.51.
6) 『後漢書』 卷2 「顯宗孝明帝紀」, p.123.
7) 『後漢書』 卷46 「郭陳列傳(陳寵)」, p.1554.

7) 魏; 大辟有三, **髠刑有四, 完刑、 作刑各三**, 贖刑十一, 罰金六, 雜抵罪七, 凡三十七名.[8]

8) 晋: 大辟之刑有三:一曰梟, 二曰斬. 三曰棄市. **髠刑有四:一曰髠鉗五歲刑,** 笞二百; 二曰四歲刑; 三曰三歲刑; 四曰二歲刑. 贖死, 金二斤; 贖五歲刑, 金一斤十二兩; 四歲、三歲、二歲各以四兩爲差. 雜抵罪罰金十二兩、八兩、 四兩、二兩、一兩之差. **棄市以上爲死罪, 二歲刑以上爲耐罪, 罰金一兩以 上爲贖罪.**[9]

1)은 文帝 원년의 조서에 있는 내용으로 아직 육형 폐지 "이전"이기 때문에 "刑者及有罪耐以上"의 "刑"은 육형을 의미한다. 여기에서는 刑 과 罪耐以上으로 형벌개념이 이분되어 있는데, 刑이 별도로 존재하기 때문에 耐罪以上의 "以上"이 미치는 범주는 刑(肉刑)과 대비되는 完(城 旦舂)까지일 것으로 생각된다. 이년율령의 "完城旦舂以下到耐罪"라는 표현은 完城旦과 耐罪의 범주가 분명히 다른 것으로 나타나지만, 1)에 서의 "耐罪以上"이 포괄하는 범위와 같은 것이다.[10] 결론적으로 文帝 의 형법개혁 이전에는 完과 耐가 肉刑과 다른 "耐罪以上"의 범주에 속 해있고, 동시에 그 범주 속에서 재차 完과 耐가 세분되어 있다.

2)의 『漢書』 「刑法志」와 그에 대한 李奇의 주석 3)은 文帝개제 "이후" 형벌의 개념을 살피는데 중요한 자료이다. 우선 2)의 "耐罪上至右止"의 문장구조는 耐罪의 포괄범위가 위로 右止까지임을 말해준다.[11] 이는 前漢 후반(昭·宣·元·成·哀·平)에 耐罪의 범위가 위로 右趾까지를 포괄

---

8) [唐] 李林甫, 『唐六典』(北京: 中華書局, 1992), p.181.
9) 같은 책, p.181.
10) 張家山二四七號漢墓竹簡整理小組, 『張家山漢墓竹簡[二四七號墓]』(北京: 文物出 版社, 2001), p.156.
11) "耐罪上至右止"는 "耐罪以上至右止"에서 以가 빠진 채 필사되었을 가능성도 있다.

한 증거인데, 3) 李奇의 "耐從司寇以上至右止"라고 한 주석을 보면 보다 명확해진다. 즉, 耐刑은 司寇以上에서 右止까지라는 의미이다.

4)의 前書音義(漢書音義)는 東晉시기 蔡謨의 주석인데, "一歲刑爲罰作, 二歲刑己上爲耐."는 1세형은 罰作이지만, 그 이상의 2세형부터는 耐刑이라는 의미로서, 앞의 2) 3)과 함께 고려한다면 二歲刑己上의 형벌, 즉 死刑을 제외한 모든 歲刑은 耐刑에 포괄됨을 알 수 있다. 5)는 후한 明帝의 조서로서 속형을 위해 비단을 납입한 액수를 死罪, 右趾~髡鉗城旦舂, 完城旦~司寇의 3단계로 구분하였는데, 이중에서 死罪를 제외한 나머지 徒刑은 6)에서 耐罪에 포괄되어 있다. 즉, 6)의 후한 和帝시기 廷尉로 이름을 날린 陳寵의 언급에는 형벌을 死刑·耐罪·贖罪의 3단계로 구분하고 있는데, 모든 徒刑은 耐罪로 포괄되어 있다. 4) 5) 6)에는 耐罪라는 형벌 이름이 死罪와 贖 사이에 위치하는 모든 徒刑을 포괄하고 있다. 이것은 秦代에 없었던 중요한 개념변화이다.

7)魏律에서는 古制의 五刑원칙을 따라서 大辟·髡刑·完刑·作刑·贖刑·罰金·雜抵罪의 7종으로 구분했기 때문에 3구분한 後漢의 형태에서 재차 복고적 형태로 환원되었다.[12] 그러나 曹魏시기에 蘇林이 "二歲刑己上爲耐"라고 주석을 단 것은 역시 髡刑·完刑 모두가 耐罪에 포괄되고 있는 것으로 생각된다.[13] 8)晉律은 大辟, 髡刑(髡鉗五歲刑笞二百, 四歲刑, 三歲刑, 二歲刑), 贖刑, 罰金, 雜抵罪의 5종 형벌을 棄市以上의 死罪, 二歲刑以上의 耐罪, 罰金一兩以上의 贖罪로 3구분함으로써 漢律과 동일한 형태로 되었다. 晉律에서 주목되는 점은 漢律이 耐刑과 完刑을 묶어서 과거 耐刑으로 불렀던 것을 髡刑으로 고친 것이었다.(이유에 대해서는

---

12) 『晋書』 卷30 「刑法志」, p.925, "改漢舊律不行於魏者皆除之, 更依古義制爲五刑. 其死刑有三, 髡刑有四, 完刑·作刑各三, 贖刑十一, 罰金六, 雜抵罪七, 凡三十七名, 以爲律首."
13) 『史記』 卷118 「淮南衡山列傳」, p.3092, "蘇林曰: 一歲爲罰作, 二歲刑己上爲耐. 耐, 能任其罪."

후술) 이상에서 언급한 것을 표로 정리하면 아래와 같다.

[표 1] 시대별 형벌 구분

시기	死刑	徒刑				재산형		사료
文帝 이전	死刑	黥城旦舂(不完)	完	耐罪		贖刑	罰金	1)
			完城旦舂(完)	鬼薪白粲 隷臣妾 司寇				
文帝 이후	死刑	耐罪				贖刑	罰金	2)3)4)
		髡鉗城旦舂	完城旦舂	鬼薪白粲(隷臣妾)司寇				
後漢(1)	死罪	耐				贖刑	罰金	5)
		右趾~髡鉗城旦舂	完城旦舂~司寇					
後漢(2)	死刑	耐罪				贖刑	罰金	6)
曹魏	大辟	髡刑	完刑	作刑		贖刑	罰金	7)
		(? 耐罪)						
西晋	大辟	髡刑				贖刑		8)

이 표에서 보면 文帝 이전에는 肉刑인 黥城旦舂, 完城旦舂 등으로 구분되어 있다. 육형인 黥城旦舂은 完城旦舂과는 현격한 구분이 그어지고 있다. 그 후 文帝 13년의 改制 시에 髡鉗城旦舂이 제정되었지만 黥刑과 完刑이 구분된 전통을 계승하여 完城旦舂은 髡刑과 구별되어 있다. 그러나 文帝의 改制 이후 髡刑과 完刑은 모두 耐罪의 범주로 들어오고 있다. 이 사실은 후한(1)에 右趾~髡鉗城旦舂과 完城旦舂~司寇로 구분하고, 후한(2)에서는 이를 耐罪로 포괄하고 있는 것에 표현되어 있다. 이 것은 耐罪가 髡鉗 및 司寇까지의 徒刑 전체를 가리키는 것으로 생각된다. 당시인의 형벌구분이 2세형 이상은 耐刑으로 묶고, 그 내부는 髡刑과 耐刑으로 구성되어 있던 것이다.

2. 秦律에서 髡刑의 존재 여부

두 번째로 분석할 문제는 髡刑·完刑·耐刑의 개념을 분석하기 위해 秦律에 髡刑이 존재하는지 여부를 확인해야 한다. 漢文帝 13년 이후에는 髡鉗刑이 보이지만, 秦律에 과연 이것이 존재했을까? 秦律에 髡刑이 존재하느냐 그렇지 않느냐에 따라 髡刑·完刑·耐刑 상호간의 관계는 크게 달라진다. 雲夢秦簡에 髡刑은 2번 보이지만,[14] 이것들은 가부장의 자식에 대한 사적인 처벌일 뿐 국가의 공식적인 법령에서 髡刑은 확인되지 않고 있다는 주장과 그렇지 않다는 주장도 있다.[15]

文帝 이전에 髡刑이 존재한다고 처음 주장한 사람은 西晉의 臣瓚이다. 臣瓚은 文帝의 형법개정에 관해 다음과 같이 주석을 달고 있다.

9) 『漢書』「刑法志」: 丞相 張蒼과 御史大夫 馮敬이 상주하여 말하였다. 肉刑은 간사함을 금지하는 것으로 유래한 지가 오래되었습니다. 陛下께서는 조서를 내리시어, 萬民이 한번 잘못을 지어 육형을 받으면 종신토록 원래 상태로 되돌릴 수 없고, 罪人이 행실을 고쳐 선한 일을 하려해도 방법이 없음을 애처로이 여기셨습니다. 그러한 盛德은 臣들이 도저히 미치지 못하는 바입니다. 臣은 삼가 다음과 같이 律을 정할 것을 청합니다. 모든 完에 해당하는 자는 完爲城旦舂으로 한다. 黥에 해당하는 자는 髡鉗爲城旦舂으로 한다. 劓에 해당하는 자는 笞三百으로 한다. 斬左止에 해당하는 자는 笞五百으로 한다. 斬右止에 해당하거나, 殺人하고 먼저 자수한 자, 吏가 뇌물을 받고 법을 왜곡하거나, 縣官의 財物을 지키는 자가 도적질한 경우, 이미 판결 후에 추가로 犯笞했을 때는 모두 棄市에 처한다.[16]

---

14) 睡虎地秦墓竹簡整理小組, 『睡虎地秦墓竹簡』(北京: 文物出版社, 1978), p.182, "擅殺·刑·髡其後子, 獻之. ●可(何)謂「後子」? ●官其男爲爵後, 及臣邦君長所置爲後大(太)子, 皆爲「後子」"; 같은 책, p.195, "公室告 【何】殹(也)? 非公室告可(何)殹(也)? 賊殺傷、盜它人爲公室; 子盜父母, 父母擅殺、刑、髡子及奴妾, 不爲「公室告」"; 같은 책, p.196, "子告父母, 臣妾告主, 非公室告, 勿聽. ●可(何)謂非公室告? ●主擅殺·刑·髡其子臣妾, 是謂非公室告, 勿聽. 而行告, 告者罪. 告【者】罪已行, 它人有(又)襲其告之, 亦不當聽."

15) 이에 대해서는 若江賢三, 「文帝による肉刑除去の改革」(『東洋學術研究』 17-6, 1978), pp.118-119에 상세하다.

16) 『漢書』 卷23 「刑法志」, p.1099, "丞相張蒼·御史大夫馮敬奏言:「肉刑所以禁姦, 所

10) 臣瓚曰: 文帝는 肉刑을 폐지하고 바꾸도록 하라고 했다. 그러므로 完으로써 髡을 대체했고, 笞로써 劓를 대체했고, 釱左右止로써 刖을 대체하였다. 지금 完이라고 했는데, 完으로써 完을 다시 대체할 수 는 없다. 여기에서는 마땅히 髡者는 完(즉, 髡을 完으로 대체)으로 해야 한다.[17]

10)에서 臣瓚은 9)의 "諸當完者, 完爲城旦春"을 "諸當髡者, 完爲城旦春" 으로 고쳐야 한다고 주장했다. 즉, 文帝의 형법 개정 시에 完을 完으로 대체하는 것은 의미상 옳지 않고, 髡을 完으로 바꾸는 것이 문맥상 옳 다는 것이다.[18] 그런데 9)에 보이는 文帝 13년 이전의 형벌 차례는 完 → 黥 → 劓 → 斬左止 → 斬右止 → 棄市인데, 二年律令의 전체 형벌구조도 完 → 黥 → 劓 → 斬左止 → 斬右止 → 腐로서 역시 髡刑은 출현하지 않으 며,[19] 양자의 형벌순서는 정확하게 일치하고 있다. 完이 髡의 잘못이

由來者久矣. 陛下下明詔, 憐萬民之一有過被刑者終身不息, 及罪人欲改行爲善而 道亡繇至, 於盛德, 臣等所不及也. 臣謹議請定律曰:諸當完者, 完爲城旦春; 當黥 者, 髡鉗爲城旦春; 當劓者, 笞三百; 當斬左止者, 笞五百; 當斬右止, 及殺人先自 告, 及吏坐受賕枉法, 守縣官財物而卽盜之, 已論命復有笞罪者, 皆棄市.」"

17) 『漢書』 卷23 「刑法志」, p.1099, "臣瓚曰: 「文帝除肉刑, 皆有以易之, 故以完易, 以 笞代劓, 以釱左右止代刖. 今旣曰完矣, 不復云以完代完也. 此當言者完也.」"

18) 臣瓚이 完을 髡(곤)으로 바꾸려고 한 것은 臣瓚 이전의 班固와 鄭司農과 일 맥상통하는 것인데, 이러한 관념을 뒷받침할 수 있는 髡 = 完의 형벌관념 이 존재했던 것 같다.

19) 『張家山漢墓竹簡』, p.146, "有罪當黥, 故黥者劓之, 故劓者斬左止, 斬左止者斬右 止, 斬右止者府之. 女子當磔若要斬者, 棄市. 當斬爲城旦者黥爲春, 當贖斬者贖 黥, 88(C24)當耐者贖耐. 89(C25)"; 같은 책, p.147, "有罪當耐, 其法不名耐者, 庶 人以上耐爲司寇, 司寇耐爲隸臣妾. 隸臣妾及收人有耐罪, 繫城旦春六歲. 繫日未 備而復有耐罪, 完90(C26)爲城旦春. 城旦春有罪耐以上, 黥之. 告不審及有罪先自 告, 各減其罪一等, 死罪黥爲城旦春, 城旦春罪完爲城旦春, 完爲城旦春罪☐ 127(F18A, 殘8) ☐鬼薪白粲及府罪耐爲隸臣妾, 耐爲隸臣妾罪128(F殘6、8)耐爲司 寇, 司寇、(遷)及黥(顏)頯罪贖耐, 贖耐罪罰金四兩, 贖死罪贖城旦春, 贖城旦春罪 贖斬, 贖斬罪贖黥, 贖黥罪贖耐, 耐罪129(F19、殘5)"

라는 臣瓚의 주장이 설득력을 가지려면 秦律, 二年律令 단계에서 髡鉗城旦春이 존재해야 한다. 二年律令은 文帝의 형법개정 "이전"에 만들어진 것이다. 그러나 二年律令의 전체 율문에는 아예 髡이라는 용어가 한 번도 출현하지 않은 것으로 보아 이 형명은 文帝 13년에 이르러서야 비로소 출현한 것이 확실하다.

또한 이년율령의 율문과 前漢 哀帝시기 薛況의 賊傷 사건 자료를 비교해 보아도 臣瓚의 주장은 설득력이 없음을 알 수 있다. 양자를 비교하면 完城旦春이 文帝 13년을 전후하여 어떻게 변화되는지 확인할 수 있다. 薛況은 成帝 때 승상을 지낸 자신의 부친 薛宣의 불효를 탄핵한 申咸을 賊傷하여 "斷鼻脣, 身八創"의 상해를 입혔다. 이 사건은 상해의 형량이 고의성 유무, 武器소지 유무 등에 의해 달라짐을 보여준다.

먼저 御史中丞 衆 등은 薛況의 처벌을 棄市로 해야 한다고 주장했다. 이는 薛況이 조정의 신하이고 그 부친은 과거 재상이었으므로 일반인들의 爭鬪와는 다르게 처벌해야 하며, 春秋之義에 행위의 목적이 좋지 않으면 주살한다는 원칙을 적용한 것이다. 그러나 廷尉 直은 薛況의 사건이 일반인의 爭鬪와 다를 것이 없으며 살인자는 사형에, 타인을 상하게 한 자는 刑에 처한다는 고금불변의 원칙이 적용되어야 하므로, "싸울 때 刃으로써 사람을 傷하게 하면 完爲城旦이며, 그것이 고의적인 것(賊)이면 일등급을 加罪하며(즉, 髡鉗城旦春), 공모한 자는 同罪로 처벌한다."는 율문을 적용하여야 한다고 주장하였다. 薛況에 대한 최종판결은 작위에 의해 감죄되어 "完爲城旦"으로 되었지만, 원래는 賊傷의 사안이므로 髡鉗城旦에 해당하였다.[20] 여기에서 廷尉 直이 제시한 "鬪以刃傷人, 完爲城旦"은 秦律과 二年律令에도 동일한 원칙이 규정되어 있는데,[21] 양자를 비교하면 아래의 표와 같다.

---

20) 『漢書』 卷83 「薛宣朱博傳」, pp.3394-3395, "廷尉直以爲 律曰 '鬪以刃傷人, 完爲城旦, 其賊加罪一等, 與謀者同罪.'"
21) 『睡虎地秦墓竹簡』, p.188, "鬪以箴(針)、鈇、錐, 若箴(針)、鈇、錐傷人, 各可(何)論?

[표 2] 鬪傷의 형벌

	文帝 13년 이전	文帝 13년 이후
① 賊傷 + 武器	黥城旦舂	髡鉗城旦舂
② 鬪傷 + 武器	完城旦舂	完城旦舂
③ 鬪	耐刑	耐刑

이 표의 ②에 의하면 文帝 이전과 이후에도 무기를 가지고 鬪하다가
傷人하면 完城旦으로 처벌한다는 원칙에는 변함이 없는 것이다. 따라
서 完刑은 完刑으로 그대로 고정된다는 『漢書』 「刑法志」의 개정 원칙(諸
當完者, 完爲城旦舂)을 확인할 수 있었고, 臣瓚의 주석은 잘못된 것이었
다. 이로써 文帝 13년 이전의 것인 秦律과 二年律令에는 髡鉗이라는 형
벌이 존재하지 않았음을 확인할 수 있었다. 아울러 "鬪以刃傷人"보다
한 등급 무거운 ①의 賊傷의 경우 文帝 이전에는 黥城旦舂이지만,[22] 文
帝의 개정 이후에는 『漢書』 「刑法志」의 "當黥者, 髡鉗爲城旦舂"의 원칙에
따라 髡鉗城旦舂이 되는 것이다. 따라서 文帝의 改制에서는 기존의 黥城
旦舂을 髡鉗城旦舂으로 형명만 기계적으로 바꾼 것임을 알 수 있다. 다

鬪, 當貲二甲; 賊, 當黥爲城旦."; 같은 책, p.185, "律曰 : 鬪夬(決)人耳, 耐.」 今
夬(決)耳故不穿, 所夬(決)非珥所入殹(也), 可(何)論? 律所謂, 非必珥所入乃爲夬
(決), 夬(決)裂男若女耳, 皆當耐."; 같은 책, p.186, "或與人鬪, 縛而盡拔其須麋
(眉), 論可(何)殹(也)? 當完城旦."; 같은 책, pp.186-187, "或鬪, 嚙斷人鼻若耳若指
若脣, 論各可(何)殹(也)? 議皆當耐."; 『張家山漢墓竹簡』, p.138, "鬪而以釖及金鐵
銳、錘、椎傷人, 皆完爲城旦舂. 其非用此物而(眇)人, 折枳、齒、指、胅体、斷決鼻、
耳者, 27(C323)耐."
22) 『張家山漢墓竹簡』, p.137, "賊傷人, 及自賊傷以避事者, 皆黥爲城旦舂. 25(C325)."
『奏讞書』 안례 5에서 視를 賊傷시킨 행위도 劍으로써 한 것이다. 張家山二
四七號漢墓竹簡整理小組, 『張家山漢墓竹簡[二四七號墓](釋文修訂本)』(北京: 文
物出版社, 2006), pp.94-95, 『奏讞書』 5 "·十年七月辛卯朔甲寅, 江陵餘、丞鷔敢讞
之. (중략) ·問武: 士五, 年卅(三十)七歲, 診如辭. ·鞫之: 武不當復爲軍奴, 軍
以亡弩告池, 池以告與視捕武, 武格鬪, 以劍擊傷視, 視亦以劍刺傷」 捕武, 審. ·
疑武, 視罪, 敢讞之, 謁報, 署獄史膚發. ·吏當: 黥武爲城旦, 除視. ·廷以聞,」 武
當黥爲城旦, 除視."

만 完이 完으로 그대로 存置된 것은 「薛宣傳」의 자료에서 입증되었듯이 文帝 改制가 단지 肉刑(黥·劓·斬左止)에만 관련된 것이므로 신체에 손상을 입히지 않는 完刑은 변화를 줄 필요성이 없었던 것이다.

필자는 여기에서 한 가지 중요한 힌트를 얻을 수 있었다. 즉, 臣瓚은 西晉시대의 인물로, 400여 년 전의 秦律 및 文帝시의 漢律에 대해서 정확히 모르고 있었기 때문에 이러한 오해를 하였다는 점이다. 臣瓚에게 발견되는 오류가 髡刑·完刑·耐刑에 대해 주석한 주석가들 모두에게 있었다고 일반화할 수는 없지만, 적어도 臣瓚처럼 文帝 이전의 秦律에 대해 모르는 주석가들도 존재했을 가능성이 있었다. 동시에 자신들이 살았던 시대의 관점에서 髡刑·完刑·耐刑의 문제를 해석했을 가능성도 충분히 있다. 그러므로 후한 이후의 주석에만 집착해서는 髡刑·完刑·耐刑의 문제를 더욱 복잡하게 할 뿐이다. 이러한 점에서 필자는 실제로 형벌을 받은 죄수들에 가해지는 체발과 형구를 분석하는 것이 髡刑·完刑·耐刑의 실질을 분석하는 정확한 방법이라고 생각한다.

전술했듯이 文帝 13년 "이전"에 髡鉗이라는 형명이 없는 것은 확실하지만, 그렇다고 文帝 改制 이전에 죄수에게 髡鉗을 행하지 않았던 것은 아니다. 이 문제는 III장에서 율문을 가지고 본격적으로 논의하겠지만, 율문 이외의 문헌 자료에도 죄수들을 髡鉗한 자료가 보인다. 예를 들어 高祖 시 戚夫人, 貫高 등의 사료에서 보면 죄수들에게 剃髮을 행하고 있었다. 궁중에 설치된 獄인 永巷에 구금된 戚夫人은 舂의 노역에 종사했고, 髡鉗하고 赭衣를 착용했다.[23] 戚夫人이 체발하고 형

---

23) 『漢書』卷97上 「外戚傳(高祖呂皇后)」, p.3937, "高祖崩, 惠帝立, 呂后爲皇太后, 乃令永巷囚戚夫人, 髡鉗衣赭衣, 令舂. 戚夫人舂且歌曰: 「子爲王, 母爲虜, 終日舂薄暮, 常與死爲伍! 相離三千里, 當誰使告女?」"; 『史記』卷9 「呂太后本紀」, p.397, "集解如淳曰: 列女傳雲周宣王薑後脫簪珥待罪永巷, 後改爲掖庭. 索隱永巷, 別宮名, 有長巷, 故名之也. 後改爲掖庭. 按:韋昭雲以爲在掖門內, 故謂之掖庭也."; 『史記』卷79 「范雎蔡澤列傳」, p.2406, "正義永巷, 宮中獄也."

구를 찬 것은 睡虎地秦律에 보이는 城旦春의 모습과 일치한다.[24] 또한 貫高와 孟舒가 趙王의 家奴처럼 보이게 하기 위하여 髡鉗한 사실, 濮陽 周氏가 季布를 髡鉗하고 褐衣를 입혀 매각한 사실 등은 諸侯王, 私人의 노비는 모두 髡鉗하고 있음이 분명하며,[25] 이년율령에 항상 노비와 동급으로 취급되고 있는 城旦春 역시 이러했을 것이다.

　雲夢秦律에는 곤겸이 개인의 자식과 노비를 처벌하는 것과 관련되어 나타나고, 국가의 형명으로 출현하는 경우는 없다. 그런데 賈誼의 『新書』에는 "黥劓髡刖笞僇棄市之法"이라 하여 秦律에 존재하는 完刑이 없고 그 대신 髡刑이 보이고 있다.[26] 이 자료에 입각해 秦律에 髡刑이 존재했다고 보는 견해도 있을 수 있다.

　賈誼(생졸: B.C.200-168)는 형법개혁이 행해지는 文帝 13년(B.C.167)보다 1년 전인 文帝 12년 경 사망하고 있으므로 『新書』에 보이는 刑名은 형법개혁 이전의 상황을 반영한 것이다.[27] 앞서 필자의 고찰에 의하

---

24) 『睡虎地秦墓竹簡』, p.89, "城旦春衣赤衣, 冒赤氈, 枸櫝欙杕之. 仗城旦勿將司."
25) 『史記』 卷89 「張耳陳餘列傳」, p.2584, "貫高與客孟舒等十餘人, 皆自髡鉗, 爲王家奴, 從來."; 『史記』 卷100 「季布欒布列傳」, p.2729, "周氏曰: 「漢購將軍急, 跡且至臣家, 將軍能聽臣, 臣敢獻計; 即不能, 願先自剄.」 季布許之. 迺髡鉗季布, 衣褐衣, 置廣柳車中, 并與其家僮數十人, 之魯朱家所賣之."; 『史記』 卷104 「田叔列傳」, pp.2775-2776, "會事發覺, 漢下詔捕趙王及群臣反者. 於是趙午等皆自殺, 唯貫高就繫. 是時漢下詔書: 「趙有敢隨王者罪三族.」 唯孟舒·田叔等十餘人赭衣自髡鉗, 稱王家奴, 隨趙王敖至長安."
26) 賈誼, 『新書』 「階級」, 『漢魏叢書』(臺北: 新興書局, 1970), pp.1042-1043, "鄙諺曰: 「欲投鼠而忌器」, 此善喩也. 鼠近於器, 尙憚而弗投, 恐傷器也, 況乎貴大臣之近於主上乎. 廉醜禮節, 以治君子, 故有賜死而無戮辱, 是以係、縛、榜、笞、髡、刖、黥、劓之罪, 不及士大夫, 以其離主上不遠也. 禮:不敢齒君之路馬, 蹴其芻者有罪, 見君之几杖則起, 遭君之乘輿則下, 入正門則趨. 君之寵臣, 雖或有過, 刑戮不加其身, 尊君之勢也, 此則所以爲主上豫遠不敬也, 所以體貌群臣而厲其節也. 今自王侯三公之貴, 皆天子之改容而禮也, 古天子之所謂伯父伯舅也, 今與衆庶徒隷同黥劓髡刖笞僇棄市之法, 然則堂下不亡陛乎?"
27) 賈誼 사망 연대는 文帝 12년으로 추정된다. 『漢書』 卷14 「諸侯王表」, p.406, "梁懷王揖文帝子. 二年二月乙卯立, 十年薨, 亡後."; 『漢書』 卷47 「文三王傳(梁懷

면 文帝 13년 이전에는 髡刑이 존재하지 않는 것인데도 『新書』에 髡이
보이는 이유는 무엇인가? 徐世虹은 係·縛·榜·笞·僞가 범죄 후의 형벌
이 아니라, 徒隷가 된 후에 받는 굴욕적 대우를 가리키며, 그 가운데
髡은 형명임을 증명할 수 없다는 전제하에 역시 형에 복역하는 형도
의 외부 특징(두발을 깎은 것)이라고 보았다.[28] 확실히 係·縛·榜·笞·僞
가 형명으로 보기는 곤란한 측면이 있는 것도 사실이다. 賈誼의 상서
는 분명히 士大夫들에게 가해져서는 안 될 내용들을 언급한 것이기
때문이다. 그러나 "옛날에는 賜死하는 것은 있었으나 戮辱하지 않았
다. 그러므로 係·縛·榜·笞·髡·刖·黥·劓의 罪는 士大夫에까지 미치지 않
는다. 그들이 主上과의 거리가 멀지 않기 때문이다.", "지금 衆庶徒隷
와 마찬가지로 黥劓髡刖笞僞棄市의 法을 행하고 있는데, 그렇다면 堂
下에 계단이 없는 것이 아닌가?"라고 하여 罪 또는 法이라고 되어 있
어 형도의 외부 특징만으로 보기는 곤란하다. 서세홍의 주장대로 笞
僞는 태형을 맞고 욕설을 듣는 것이므로 형벌로 간주할 수 없지만, 黥
劓髡刖은 분명히 文帝 이전의 형벌 속에 포함된 것들이다. 髡이 秦律
과 二年律令에 등장하지 않아 아직 정식 형벌로서 확립되지는 않았
지만, 문제는 여기에 왜 정식 형명인 完刑 대신에 髡刑이 등장하느냐는
것이다. 아직 정식 형명으로 성립하지 않은 髡을 여기에 언급한 것은
국가의 정식 형벌인 完의 다른 이름이기 때문이며, 賈誼 당시의 사람
들에게는 양자가 置換 가능한 동일한 것이기 때문으로 생각된다.

王劉揖)」, p.2212, "梁懷王揖, 文帝少子也. 好詩書, 帝愛之, 異於他子. 五年一朝,
凡再入朝. 因墮馬死, 立十年薨. 無子, 國除. 明年, 梁孝王武徙王梁."; 『史記』卷
127 「日者列傳」, p.3220, "久之, 宋忠使匈奴, 不至而還, 抵罪. 而賈誼爲梁懷王傅,
王墮馬薨, 誼不食, 毒恨而死."
28) 徐世虹, 「秦及漢初律令中的城旦刑」, 『中原의 律令과 社會·文化』(2006년 충북
대학교 중원문화연구소 국제학술대회 발표원고), p.11.

3. 髡과 完의 관계

지금까지 賈誼 관련 자료에서 보이는 髡刑이 完刑과 동일한 것으로 추정을 했는데, 과연 完 = 髡의 관계인지 분석해보기로 하자. 秦漢의 律令에서 刑이 의미하는 것은 刖·劓·黥 등의 육체를 훼손시키는 형벌임을 가리킨다. 이것은 雲夢秦律에서 이미 명확해진 사실이다. 『漢書』 卷23 「刑法志」에는 緹縈과 文帝의 언급에 "刑"에 대한 개념이 기술되어 있다.

> 11) (文帝) 즉위 13년에 齊 太倉令 淳于公이 죄를 지어 刑에 처해지게 되어 詔獄으로 체포되어 長安에 구금되게 되었다. 淳于公은 아들이 없고 딸만 다섯이었는데 문서를 받고 체포되려고 할 때 딸들을 꾸짖었다. "자식을 낳을 때 사내아이를 낳지 않으면 급할 때 도움이 안된다!" 그 작은 딸 緹縈은 슬피 울면서 아버지를 따라 장안에 도착하여 상서하였다. "妾의 아비는 吏로 근무하면서 齊 일대에서 모두 청렴과 공평함을 칭송받았으나, 지금 법에 연좌되어 (肉)刑을 받게 되었습니다. 妾은, 죽은 자는 다시 살아날 수 없고, (肉)刑을 받은 자는 잘린 신체가 다시 붙을 수 없으며, 후일 개과천선하려 해도 방법이 없음을 슬프게 생각합니다. 원컨대 妾을 官婢로 몰수하여 대신 아비의 刑罪를 속형함으로써 새로운 생활을 할 수 있도록 하여주십시오." 문서가 천자에게 상주되자, 천자는 그 뜻을 애처로이 여겨 드디어 令을 내려 말하였다. "御史에게 制詔한다. 듣건대 有虞氏의 시절에는 특별한 衣冠과 색다른 章服으로써 모욕됨을 표시했음에도 民들이 범하지 않았으니 그 얼마나 통치가 잘 된 것이랴! 지금 법에는 肉刑이 셋이나 있음에도 범죄가 그치지 않으니 그 잘못이 어디에 있는 것인가? 짐이 박덕한 때문인지, 아니면 가르침이 밝지 않은 때문일 것이다! 나는 매우 자괴감을 느낀다. … 지금

사람들이 범죄를 저질렀을 때 교화하지 않고 刑을 가하고, 혹 개과
천선하려해도 방법이 없음을 짐은 매우 애석하게 생각한다. 무릇
형벌이 支體를 자르고, 肌膚에 새겨서 죽을 때까지 고통이 그치지
않으니, 어찌 형벌이 이렇게 고통스럽고 부덕한 것인가! 어찌 民의
부모라는 뜻과 부합하겠는가? 肉刑을 폐지하고 다른 형벌로 바꾸
도록 하라. 죄인을 각각 (범죄의) 경중에 따라 형벌을 정하고, (형
기 내에) 도망하지 않은 범인을 복역기간 만료 후 (서인으로) 사면
하도록 하라. 令으로 제정하라."[29]

　　淳于公의 딸 緹縈과 文帝가 이해한 "刑"은 "支體를 자르고, 肌膚에
새겨서 죽을 때까지 고통이 그치지 않게" 함으로써 잘못을 고치고 새
로운 삶을 살려고 하는 길이 완전히 막혀있는 肉刑이다. 전자는 支體
를 자르는 것이므로 斬左止 등을, 후자는 피부에 새기는 것이므로 黥
刑을 지칭한다. 만약 "刑"에 두발과 수염을 자르는 "髡", "耐"가 포함되
어 있다면, 신체 손상과는 무관하므로 "개과천선하려 해도 방법이 없
다.(改過自新, 其道亡繇)"고 하지 않았을 것이다. 따라서 秦漢律令에서
말하는 "刑"은 오직 刖·劓·黥 등의 육체를 손상시키는 형벌이고, 頭髮·
鬢須를 자르는 髡·耐 등은 여기의 "刑"에 포함되지 않는다.[30]
　　여기에서 完과 不完의 개념을 언급할 필요가 있다. 刑을 받은 사람
들은 신체가 손상을 받아 정상인과 쉽게 구별되는데, 이를 不完이라
고 한다. 이러한 完의 개념은 아래의 사례들에서도 입증할 수 있다.
秦律에서 完은 온전한 상태를 의미하고 있다. 田律에 禁苑지역에 들어
온 백성의 犬을 사살하고 온전한 상태로 관부에 납부하라고 규정했는
데, 온전한 상태를 "完"이라고 표현하고 있다.[31] 관리에게 태형을 수

---

29)『漢書』卷23「刑法志」, pp.1097-1098.
30) 韓樹峰,「秦漢律令中的完刑」(『中國史研究』2003-4), p.52.
31)『睡虎地秦墓竹簡』, p.26, "春二月, 毋敢伐材木山林及雍(壅)隄水. 不夏月, 毋敢夜

천 대 맞아 온몸이 성한 곳이 없었던 貫高를 표현할 때 "身無完者"라고
한 것에서의 完은 몸이 성한 것을 가리킨다.[32] 무기에도 完은 부품 모
두가 갖추어진 완벽한 상태를 가리킨다.[33]

또한 秦簡의 육형을 받아 不完이 된 자를 隱官으로 삼는 규정에서
完의 개념을 살필 수 있다.

> 12) 工隷臣이 적의 머리를 베었거나, 다른 사람이 적의 머리를 베어 工
> 隷臣의 신분을 속면하고자 할 경우 모두 工으로 삼는다. 그가 몸이
> 온전하지 않다면 隱官工으로 삼는다. 軍爵(工隷臣斬首及人爲斬首以
> 免者, 皆令爲工. 其不完者, 以爲隱官工. 軍爵)[34]

> 13) "죄수를 인솔·감시하다가 놓쳤는데, 감시자가 스스로 체포하거나
> 친지가 체포하면 무죄로 한다. 이미 육형을 받은 자는 隱官에 처한
> 다." ●어떤 죄를 "處隱官"이라고 하는가? ●群盜가 사면되어 庶人이
> 되어서, 육형 이상의 죄를 범하여 刑械를 차고 있는 죄수를 인솔하
> 던 중에 놓치면 故罪로써 논하여 斬左止爲城旦에 처한다. 후일 놓
> 친 도망자를 스스로 잡으면 이것을 "處隱官"이라고 하는 것이다. ●
> 그밖에 群盜와 같은 죄는 이에 입각하여 처리한다.(「將司人而亡, 能
> 自捕及親所智(知)爲捕, 除毋(無)罪; 已刑者處隱官.」 ●可(何)罪得「處隱

草爲灰, 取生荔·麛卵鷇, 毋□□□□□□毒魚鱉, 置穽罔(网), 到七月而縱之. 唯不
幸死而伐綰(棺)享(槨)者, 是不用時. 邑之近皁及它禁苑者, 麛時毋敢將犬以之田.
百姓犬入禁苑中而不追獸及捕獸者, 勿敢殺; 其追獸及捕獸者, 殺之. 河(呵)禁所
殺犬, 皆完入公; 其它禁苑者, 食其肉而入皮. 田律."

32) 『漢書』 卷32 「陳餘傳」, pp.1840-1841, "九年, 貫高怨家知其謀, 告之. 於是上逮捕
趙王諸反者. 趙午等十餘人皆爭自到, 貫高獨怒罵曰: 「誰令公等爲之? 今王實無
謀, 而并捕王; 公等死, 誰當白王不反者?」 乃檻車與王詣長安. 高對獄曰:「獨吾屬
爲之, 王不知也.」 吏榜笞數千, 刺爇, 身無完者, 終不復言."

33) 『居延新簡』(北京: 文物出版社, 1990), p.22, E.P.T 5: 63B "甲渠部六石具弩一完."

34) 『睡虎地秦墓竹簡』, p.93.

官」? ●群盜赦爲庶人, 將盜戒(械)囚刑罪以上, 亡, 以故罪論, 斬左止爲城
旦, 後自捕所亡, 是謂「處隱官」. ●它罪比群盜者皆如此.)[35]

14) 奴婢가 선행을 하여 그 주인이 사면하려고 한다면 그것을 허락한
다. 奴는 私屬으로 삼고, 婢는 庶人으로 삼으며, 모두 徭役 및 筭事
를 노비처럼 면제한다. 主가 사망했거나 죄가 있을 때 私屬을 庶人
으로 삼으며, 刑者는 隱官으로 삼는다. 해방된 자가 不善할 경우,
해방시켜준 주인은 재차 들여서 奴婢로 삼을 수 있다. 그가 도망했
거나 다른 죄가 있다면 奴婢律로써 論한다.(奴婢爲善而主欲免者, 許
之, 奴命曰私屬, 婢爲庶人, 皆復使及筭, 事之如奴婢. 主死若有罪, 以私
屬爲庶人, 刑者以爲隱官. 所免不善, 身免者得復入奴婢之. 其亡, 有它罪,
以奴婢律論之.)[36]

12)의 율문은 工隷臣 자신이 참수를 했거나, 다른 사람이 참수를 하
여 속면시켜 주었을 때 工의 신분으로 해방되는데, 不完한 사람은 隱
官으로 삼는다는 내용이다. 여기에서 不完의 개념은 肉刑을 받아 정상
의 신체가 아니라는 것이다. 隱官은 肉刑을 당한 죄수 가운데 방면되
었거나 무죄가 입증된 자의 신분을 가리키는 용어로서, 불구의 몸이
므로 일정한 장소에 거처하게 한다. 13)은 감시하다가 도망친 죄수를
스스로 체포하거나 친지가 체포했을 때는 죄를 없게 해주지만, 이미
육형을 받은 사람은 隱官에 처한다는 내용이다. 14)는 노비가 선행을
하여 주인이 노비신분을 면하게 했는데, 이후 주인이 사망하거나 죄
를 지었을 때는 그 私屬을 서인으로 삼고, 이미 형을 받은 자는 隱官
으로 삼는다는 내용이다.

『張家山漢墓竹簡』의 「奏讞書」 案例 4와 17에 기록된 2개 사례도 신체

---

35) 『睡虎地秦墓竹簡』, p.205.
36) 『張家山漢墓竹簡』, p.155.

의 손상을 받은 형도를 隱官에 처하고 있다.[37] 案例 4는 범죄로 인해
黥劓의 刑에 처해졌는데, 서인 신분을 회복한 후 隱官이 된 것이고, 案
例 17은 다른 사람에 의해 盜牛했다고 무고되어 黥城旦에 처해졌다가,
후에 재심을 거쳐 隱官이 되었다. 肉刑을 받은 隱官을 不完이라고 지
칭했으므로 不完 = 肉刑의 의미이고, 그 반대인 完은 肉刑을 당하지 않
은 상태를 가리킨다.

文帝의 조서에서 알 수 있듯이 두발을 자르는 것은 肉刑의 범주에
포함되지 않았다. 不完(육형)에는 耐·髡이 포함되지 않으므로, 논리적
으로 不完의 반대말인 完에는 耐·髡 등의 刑이 포함된다.[38] 이러한 의
미에서 刖·劓·黥 등의 刑과 비교하여 髡·耐의 2刑은 完刑으로 부를 수
있는 것이다. 이것은 不完의 반대말인 "完"에는 당연히 "耐", "髡" 등의
刑이 포함된다는 의미이다. 즉, 完 = 髡의 의미라고 할 수 있다. 이를
표로 표시하면 아래와 같다.

[표 3] 秦律의 不完과 完

刑(肉刑)	完刑
刖·劓·黥	耐·髡
不完	完
隱官	

---

37) 『張家山漢墓竹簡(釋文修訂本)』, p.94, "·胡丞憙敢讞(讞)之, 十二月壬申大夫葆
詣女子符, 告亡. ·符曰 : 誠亡, 詐自以爲未有名數, 以令自占」書名數, 爲大夫明
隷, 明嫁符隱官解妻, 弗告亡, 它如葆. …·明言」如符, 解. 問解故黥劓, 它如斁
(辤)."; 같은 책, pp.101-102, "·二年十月癸酉朔戊寅, 廷尉兼謂汧嗇夫 : 雍城旦講
气(乞)鞫曰 : 故樂人, 居汧酉圭中, 不盜牛, 雍以講爲」盜, 論黥爲城旦, 不當. 覆
之, 講不盜牛. 講斁(繫)子縣, 其除講以爲隱官, 令自常(尙), 畀其於於. 妻子已賣
者(此字衍)」縣官爲贖. 它收已賣, 以賈(價)畀之. 及除坐者貲, 貲已入環(還)之.
騰書雍."

38) 徐世虹은 文帝 改制 이후에 髡刑과 完刑이 동시에 보이므로 完刑에 髡이 포
함되지 않는 것으로 이해했다. 徐世虹, 위의 논문, p.10.

이와 같은 秦律체제에 결정적인 변화를 가져온 것은 文帝 13년의 改制이며, 이것은 髡刑·完刑·耐刑의 개념에도 혼동을 초래하였다. 文帝의 改制에 관련된 기술이 극히 간단하기 때문에 鬼薪白粲과 隸臣妾의 형기가 중복되고 있는 문제, 完城旦舂의 성격이 文帝의 改制 전후로 차이가 발생하였는지를 분석하는데 많은 논란이 있었다. 이 문제에 대해 韓樹峰은 "改制 이후에는 髡鉗城旦舂이 새로이 제정되어 髡에서 배제된 完城旦舂은 과거와 달리 剃髮을 하지 않게 되었다."고 주장하고 있지만, 문제는 그렇게 간단하지 않다.[39] 자세한 분석은 Ⅳ장으로 미루지만, 韓樹峰의 주장은 논리적 분석에 의한 것이고, 실제로 文帝 13년 이후 完城旦이 두발을 깎았는지 여부에 대해서는 분석하지 않았다는 문제가 있다.

4. 完과 耐의 관계

후한 이래의 주석가들의 견해를 계승하여 秦律에서의 完刑과 耐刑이 동일하다고 보는 견해가 있었다. 그것은 필자가 [표 1] 시대별 형벌 구분에서 고찰한대로, 文帝의 改制 이후 발생한 完 = 耐의 혼동 현상을 주석가들의 입장에서 피력한 것이다. 그런데 그같은 입장을 지지해줄

---

39) 韓樹峰, 「秦漢律令的完刑」(『中國史硏究』 2003-4), p.49. 韓樹峰은 "諸當完者, 完爲城旦舂; 當黥者, 髡鉗爲城旦舂."을 文帝 13년 이전의 頭髮鬢須를 깎은 "完城旦舂"에서 頭髮鬢須를 깎지 않은 "完城旦舂"으로 바뀌었다고 주장했으나, 이는 字句에만 근거해 내린 해석이다. 그가 "文帝改制 후의 完爲城旦舂의 完은 이전과 비교할 때 변화가 발생하여, 다시는 髡 또는 耐의 뜻이 없게 되고 身體髮膚는 온전히 하여 손상이 없다는 뜻으로 되었다."고 주장한 것은 필자의 견해와는 다르다. 또한 韓樹峰은 "髡刑이 秦簡에서 개인적인 私刑과의 관련에서만 나타나므로 국가의 공식적인 형벌이 아니며, 孝文帝時에 賈誼의 언급에서 '髡'이 漢初에 이미 私刑에서 公刑으로 발전했다."고 주장한다. 이로써 이 당시의 "完"에는 "耐"와 "髡"이 포함되어있다고 주장하는 것이다. 그러나 韓樹峰은 文帝시기 賈誼의 언급에 처음 나타난다고 한다면 왜 그러한 변화가 발생한 이유에 대해서는 언급하지 않았다.

수 있을 것 같은 "耐城旦舂"이라는 형명이 龍崗秦簡에 확인되고 있어 주목을 끈다.[40] 雲夢秦簡 및 二年律令 어디에도 보이지 않던 "耐城旦舂"은 完이 오직 城旦舂과만 결합한다는 그간의 지식을 일시에 부정하는 자료이다. 이것은 마치 鬼薪白粲·隸臣妾이 刑과 결합한 "刑鬼薪白粲", "刑隸臣妾"과 마찬가지로, 刑·完·耐가 城旦舂·鬼薪白粲·隸臣妾과 일일이 연계되는 것이 완전히 불가능하지 않음을 보여준다. 또한 完 = 耐이기 때문에 完城旦舂을 耐城旦舂으로 표현했을 가능성은 없는 것인가?

어떤 학자는 수염을 자르는 형벌인 耐의 무의미성을 주장하고 있는데,[41] 秦律의 단계에서는 반드시 그렇지만은 않다. 秦律에서 "行其耐"라고 하여 耐刑을 집행하게 한 자료는 실제로 耐刑을 집행하고 있는 증거이다.[42] 앞에서 고찰했듯이 完刑 = 耐刑은 文帝 改制 이후에 나타난 현상이었고, 文帝 改制 이전에는 결코 이렇게 完刑 = 耐刑으로 혼용하지 않았다. 따라서 耐城旦舂은 城旦舂에게 黥·完을 집행하지 않고 耐를 집행한 것으로 생각된다.

> 15) 貲罪를 체포하면서 의도적으로 劍과 兵刃으로 찔러 살해했다면 어떻게 논하는가? 죽였다면 完爲城旦이고, 부상을 입혔다면 耐爲隸臣이다.(捕貲罪, 即端以劍及兵刃刺殺之, 可(何)論? 殺之, 完爲城旦; 傷之, 耐爲隸臣.)[43]

---

40) 劉信芳·梁柱, 『雲夢龍崗秦簡』(北京: 科學出版社, 1997), p.22. no.226, "人及虛租希程者耐城旦舂□□囚."

41) 徐世虹은 여성의 경우 내형 적용의 난점을 들어 아예 이러한 완형·내형은 시행되지 않은 것으로 이해하고 있다. 徐世虹, 「秦及漢初律令中的城旦刑」, p.13.

42) 『睡虎地秦墓竹簡』, p.198, "【●「葆子□□未斷而誣告人, 其罪當刑城旦, 耐以爲鬼薪鋬足.」精葆子之謂毆(也).】「葆子獄未斷而誣告人, 其罪當刑爲隸臣, 勿刑, 行其耐, 有(又)殼(繫)城旦六歲."

43) 같은 책, p.204.

16) 戌의 근무에 해당하여 이미 명령을 받았지만 도망쳐서 가지 않은 것이 7일 이상 경과되었거나, 戌의 근무에 임하다가 사적으로 근무지를 이탈하거나 도망한 것이 1일에서 7일이면 贖耐에 처한다; 7일이 경과하면 耐爲隷臣이다. 3개월이 경과하면 完爲城旦이다.(當戌, 已受令而逋不行盈七日, 若戌盜去署及亡盈一日到七日, 贖耐; 過七日, 耐爲隷臣; 過三月, 完爲城旦.)[44]

17) 城旦舂이 도망가면, 黥에 처하고, 다시 城旦舂에 복역시킨다. 鬼薪白粲 역시 모두 태형 100대이다. 隷臣妾·收人이 도망할 경우, 만 1년이면 繫城旦舂 6년에 처하고, 1년 미만이면 繫(城旦舂) 3년에 처한다. 자수하면 태형 100대이다. 繫(城旦舂) 3년을 복역하던 중 도망하면 繫(城旦舂) 6년에 처하고, 繫(城旦舂) 6년을 복역하던 중 도망하면 完爲城旦舂에 처한다.(城旦舂亡, 黥, 復城旦舂. 鬼薪白粲也, 皆笞百. 隷臣妾·收人亡, 盈卒歲, 繫城旦舂六歲; 不盈卒歲, 繫三歲. 自出殹, 笞百. 其去繫三歲亡, 繫六歲; 去繫六歲亡, 完爲城旦舂.)[45]

18) 도둑질하여 취한 재물의 가치가 660전 이상이면 黥爲城旦舂이다. 660전에서 220전까지는 完爲城旦舂이다. 220전 미만에서 110전까지는 耐爲隷臣妾이다.(盜臧(贓)直(値)過六百六十錢, 黥爲城旦舂. 六百六十到二百卄錢, 完爲城旦舂. 不盈二百卄到百一十錢, 耐爲隷臣妾.)[46]

위의 자료들에서 보면 형벌계통은 完爲城旦舂과 耐爲隷臣妾이 1등급 차이를 두고 상하로 연결되었다. 15)에서 볼 때 贖罪의 범죄자를 고의로 兵刃으로 찔러 살해했다면 完城旦에, 부상을 입혔다면 耐爲隷

44) 『張家山漢墓竹簡』, p.186.
45) 같은 책, p.155.
46) 같은 책, p.141.

臣에 처벌하여 형량이 다르다. 이와 같은 증거에도 完과 耐를 아무런 차이가 없는 것으로 말살해버리기는 곤란하다. 15)와 16)에서 형벌은 贖耐→耐爲隷臣→完爲城旦春의 순서로 무거워지고 있다. 17)에서도 隷臣妾 - 繫城旦春 - 城旦春의 단계로 되어 있고, 完과 耐는 서로 호환되고 있지 않다. 18)에서는 절도가액에 따라서 黥爲城旦春, 完爲城旦春, 耐爲隷臣妾으로 구분이 지어져있다. 여기에서 黥爲城旦春은 完爲城旦春과 엄연히 다른 界限을 지니고 있고, 耐爲隷臣妾도 엄격히 界限이 다르다. 完과 耐의 등급관계는 아래 율문을 통해 비교할 수 있다.

> 19) 上造·上造妻 以上 및 內公孫·外公孫·內公耳玄孫이 罪가 있을 때 그
>   것이 刑 및 城旦春에 해당하는 자는 耐以爲鬼薪白粲에 처한다.(上造、
>   上造妻以上、及內公孫、外公孫、內公耳玄孫有罪、其當刑及當爲城旦春
>   者, 耐以爲鬼薪白粲.)[47]

> 20) 公士·公士妻 및 □□行 나이가 70세 이상, 또는 나이 17세 미만이 죄
>   가 있어 刑에 해당하는 자는 모두 完으로 한다.(公士、公士妻及□□
>   行年七十以上, 若年不盈十七歲, 有罪當刑者, 皆完之.)[48]

위의 율문은 上造와 公士의 작위에 의해 각각 감형하는 기준이다. 19)는 上造 이상의 유작자와 그 처 및 內公孫으로서 刑과 城旦春에 처해지는 자는 耐以爲鬼薪白粲으로 한다는 내용이다. 여기에서 "當爲城旦春"은 앞에 "當刑"이 병렬되어 있는 것으로 보아서 그와 대비되는 完爲城旦春으로 추정된다.[49] 上造 이상의 자에게는 이러한 처벌을 耐以

---

47) 같은 책, p.145; 『漢書』 卷2 「惠帝紀」, p.85.
48) 같은 책, p.146.
49) 「當刑及當爲城旦春者」에 대해 若江賢三은 黥城旦春과 完城旦春으로 해석하
    고 있다. 若江賢三, 「文帝による肉刑除去の改革」(『東洋學術研究』17-6, 1978),

爲鬼薪白粲으로 감형한다는 것이다. 20)을 보면 公士는 "完"으로 감형한다고 규정되어 있다. 刑을 감면하는 동일 조건하에서, 2급작 上造가 감형된 耐爲鬼薪白粲이 1급작 公士가 감형된 完보다 가벼워야 하는 것은 당연하다. 여기에서 耐와 完의 비교가 가능하다. 20)의 完은 完爲隷臣妾이 아니고 完爲城旦舂의 생략형인데, 그 이유는 2급작인 上造보다 하위의 1급작 公士가 좀더 輕刑인 完爲隷臣妾으로 될 수 없기 때문이다. 睡虎地秦簡의 "或曰完, 完之當殿(也)."의 完을 完隸妾으로 보는 整理小組의 주장도 그런 점에서 옳지 않다.[50] 그렇다면 完은 耐刑보다도 한 단계 무거운 처벌일 수밖에 없다. 이러한 것은 「奏讞書」에서도 입증할 수 있다.

「奏讞書」 21에는 남편의 빈소에서 간통한 女子 甲의 논죄에서 "敎人했으나 不孝하면, 不孝의 다음 가는 律로써 다스린다. 不孝者는 棄市에 처한다. 棄市의 다음 가는 형벌은 黥爲城旦舂이다. 公士·公士妻 以上을 黥刑에 처하는 것으로 판결이 나면, 完에 처한다. 간통한 자는 耐爲隷臣妾이다. 간통한 자를 체포할 때는 (남녀를) 반드시 현장(校上)에서 조사한다.(敎人不孝, 次不孝之律. 不孝者棄市. 棄市之次, 黥爲城旦舂. 當黥公士·公士妻以上, 完之. 奸者, 耐爲隷臣妾. 捕奸者必案之校上.)"의 조문을 적용하였다.[51] 1급작인 公士와 公士의 妻는 黥爲城旦舂에 처하는 형벌의 경우 "完之"한다는 율령조문에 입각하여, 여자 甲은 "完爲舂"에 처해지고 있다. 「奏讞書」의 이 내용에서 20)의 公士에게 적용하는 "當刑者, 皆完之"의 규정이 실제로 적용되고 있음을 확인할 수 있었다. 따라서 "完"으로만 표현해도 그것은 노역형이 붙어있는 完爲城旦舂의 생략형임을 알 수 있다. 完이 完爲城旦舂이 분명해진 이상 그것은 耐刑보다 무거운 처벌임은 분명하다. 그렇다면 육형의 처벌을 받을 때 2급

---

pp.128-129.
50) 『睡虎地秦墓竹簡』, p.225.
51) 『張家山漢墓竹簡(釋文修訂本)』, p.108.

작의 上造가 1급작 公士가 받은 完爲城旦舂보다 가벼운 처벌로 감형되어야 함은 당연한 이치이다. 그것은 19)의 "其當刑及當爲城旦舂者, 耐以爲鬼薪白粲" 규정을 적용받아 "爲城旦舂"으로 되는 자는 耐以爲鬼薪白粲으로 되는 것이다. 이것으로 본다면 完 = 耐라는 주장, 또는 完과 耐가 無用하다는 주장은 설득력이 없다.

이밖에도 「奏讞書」에는 完과 耐가 서로 다른 의미를 지니고 있는 사례들이 보인다. 「奏讞書」 21에는 公士의 작위를 가진 자의 처벌 사례가 있다. 公士 孔은 女子 婢를 칼로 찌르고 1200전을 절도한 죄로 完爲城旦에 처해졌다. 원래 장물 가액이 660전 이상이면 黥城旦舂에 처하는 것이 원칙이다.[52] 그런데 1급작인 公士 孔은 20)의 "公士·公士의 妻 및 □□行 나이 70세 이상, 또는 나이 17세 미만이 유죄로 인해 刑에 해당할 때는 모두 完之한다."는 법률을 적용받아 完爲城旦으로 감형되었다. 上造가 "當刑及當爲城旦舂者, 耐以爲鬼薪白粲"의 조항에 의하여 감형된 사례는 『奏讞書』 17에 보인다. 庫(수)라는 인물은 원래 黥城旦에 처해져야 할 것이나, "上造 이상은 耐爲鬼薪으로 되는데, 이 규정을 庫에게 적용한다.("上造以上耐爲鬼薪, 以此當庫")"라고 한 것으로 보아 上造 이상의 유작자로 추정되며, 감형되어 耐爲鬼薪이 된 것이다.[53] 이상의 「奏讞書」의 사례에서 본다면 黥 - 完 - 耐의 서열이 분명하며 完과 耐는 동일시할 수가 없다.

城旦舂과 鬼薪白粲은 贖免, 處罰, 權利의 측면에서 동일하므로 형벌의 경중이 매우 근접한 형벌이다. 이년율령의 규정에 의하면, 城旦舂과 鬼薪白粲은 모두 타인을 고발할 수 있는 권리가 없다. 또한 棄市罪

---

52) 『張家山漢墓竹簡』, p.141, "盜臧直過六百六十錢, 黥爲城旦舂; 六百六十到二百廿錢, 完爲城旦舂; 不盈二百廿到百一十錢, 耐爲隸臣妾; 盈百一十到廿二錢, 罰金四兩; 不盈廿二錢到一錢, 罰金一兩."

53) 『張家山漢墓竹簡(釋文修訂本)』, pp.104-105, "篡遂縱囚, 死罪囚, 黥爲城旦, 上造以上耐爲鬼薪, 以此當庫. ●當之: 庫當耐爲鬼薪. 庫繫."

에 해당하는 盜鑄錢과 공범자를 잡으면 그 대가로 城旦舂·鬼薪白粲 2
인을 속면한다고 하여 양자가 함께 거론되는 것으로 보아 免罪조건도
동일하다. 재범했을 때의 처벌, 가족과 재산이 몰수되는 것도 동일한
점에서 城旦舂과 鬼薪白粲은 거의 차별성을 발견하기 어렵다.[54] 예를
들어 葆子가 完爲城旦舂에서 耐以爲鬼薪鋈足으로 감형되고 있는데,[55]
完과 耐에 차이가 없다면, 城旦舂과 鬼薪白粲이 받는 복역·대우 등의
측면에서 차이가 없으므로 감형의 효과는 크지 않을 것이다.[56] 鬼薪
白粲은 범죄자가 유죄시에 부과된 규정이 하나도 없고, 오직 城旦舂의
감형에만 사용되는 것은 양자의 밀접한 관계를 보여준다. 결론적으로
刑을 받아야 할 범죄자에게 上造 이상의 작위는 耐爲鬼薪, 公士는 完城
旦으로 감형할 경우, 城旦舂과 鬼薪白粲이 대우의 측면에서 큰 차이가
없기 때문에 감형의 효과가 있으려면 完刑과 耐刑에는 분명히 차별성
이 존재해야 한다.

---

54) 韓樹峰,「秦漢徒刑散論」, pp.38-39;『張家山漢墓竹簡』, p.156, "收律 罪人完城旦
舂·鬼薪以上, 及坐奸府(腐)者, 皆收其妻·子·財·田宅. 其子有妻·夫, 若爲户·有
爵, 及年十七以上, 若爲人妻而棄·寡者, 皆勿收. 坐奸·略妻及傷其妻以收, 毋收
其妻."

55) 葆子는 秦律에서 특수한 신분(고관의 자제라고 하는 任子, 전선에 출정한
관리와 將士의 가족)으로 알려져 있다.『睡虎地秦墓竹簡』, p.198, 【●「葆子□
□未斷而誣告人, 其罪當刑城旦, 耐以爲鬼薪鋈足.」 耤葆子之謂殹(也).】「葆子獄
未斷而誣告人, 其罪當刑爲隸臣, 勿刑, 行其耐, 有(又)殼(繫)城旦六歲.」●可(何)
謂「當刑爲隸臣」?『●「葆子□□未斷而誣告人, 其罪當刑城旦, 耐以爲鬼薪而鋈足」.
耤葆子之謂殹(也).」」

56) 후술하듯이 完城旦舂과 鬼薪白粲은 형구착용에 약간의 차이가 있는 것이
유일한 차이이다.

Ⅲ. 文帝 13년 이전 죄수의 상태

기존의 연구들은 後漢 이래의 주석에 전적으로 의존하여 髡刑·完刑·耐刑의 관계를 함수적으로 풀어보려는 경향이 강했다. 대표적인 예가 完과 不完의 관계, 髡鉗刑 제정으로 인한 完의 不髡鉗化(完城旦은 髡鉗하지 않는다)와 같은 것이었다. 전장에서 필자의 고찰 역시 髡刑·完刑·耐刑의 함수관계를 풀려고 하는 점에 있어 예외는 아니었다고 생각한다. 그러나 이러한 방법만으로 이 문제를 해결하려는 것은 後漢 이래 주석가들의 방법과 조금도 차이가 없다. 따라서 기존의 髡刑·完刑·耐刑의 상관관계를 논리적으로 분석하는 것에서 벗어나, 髡鉗이 의미하는 체발과 형구착용의 실제적 자료를 검토할 필요가 있다. 이같은 시도는 형명으로서 사용된 髡鉗이 실제로 형명과 동일하게 집행되었는지 확인하는 작업이 될 것이다.

필자는 다음과 같은 몇 가지 사항을 고려해보았다.

첫째, 雲夢秦律에는 형구착용이 鬼薪白粲까지만 규정되어 있고, 그 이하의 隷臣妾과 司寇는 관련 규정이 없는 것으로 보아 형구를 차지 않는 것은 아닐까 하는 추정이다. 그런데 文帝 이후의 자료들에는 모든 죄수들에게 형구를 채우고 있음을 보여주는 자료들이 있다. 그렇다면 秦律에서 城旦舂과 鬼薪白粲에게만 차별적으로 형구를 채우는 방식이 文帝의 형법 개정 이후 모든 형도에게 형구를 채우는 것으로 개정된 것은 아닐까 하는 추정이다.

둘째, 文帝의 개정 후에 完城旦이 곤겸을 하지 않는다는 韓樹峰 등의 견해에 대한 의문이다. 韓樹峰은 髡鉗刑이 제정되었으므로 完城旦舂은 髡하지 않았다고 보는데,[57] 이 견해에 전적으로 동의하기 어려운 이유는 『急就篇』에 鬼薪白粲에게도 髡을 가하고 있는 자료가 있기

---

57) 韓樹峰, 「秦漢律令中的完刑」, p.55.

때문이다.

그러면 이제부터 秦律의 죄수들의 신분표시와 인신자유를 구속하는 방법을 통해 이 문제를 고찰하고자 한다. 전통 주석가들은 형구 및 죄수복에 대해 치욕형이라고 주장하는데, 이러한 것들이 도망을 방지하는 효과가 있었음은 분명하다. 그러나 秦代의 형도 모두가 죄수복과 체발, 형구의 측면에서 동일한 취급을 받았던 것은 아닌데, 우선 아래의 율문에서 죄수복에 대해 살펴보자.

21) 城旦舂은 赤衣를 입히고, 머리에 붉은 천(赤氈)을 씌우며, 枸櫝(목제의 칼)과 欙(목 묶는 흑색 끈), 杕(족쇄)를 채운다. 연로한 仗城旦은 감시하지 않는다. 감시하도록 지명된 자는 감시한다.(城旦舂衣赤衣, 冒赤氈, 枸櫝欙杕之. 仗城旦勿將司; 其名將司者, 將司之.)[58]

22) 公士 이하로서 贖刑罪와 贖死罪에 복역하는 자가 城旦舂에 복역하면 赤衣를 입히지 말고 枸櫝欙杕도 채우지 않는다. 鬼薪白粲, 群下吏毋耐者(사법관리에게 넘겨진 자 중에 耐刑이 아닌 자), 人奴妾으로서 城旦에 복역하며 贖貰責를 상환하고자 하는 자는 모두 赤衣를 입히고 枸櫝欙杕를 채우고 감시하며, 만약에 도주하면 有罪가 된다. 葆子 이상의 신분이 노역으로 贖刑 이상에서 贖死에 이르는 죄를 갚고자 하는 경우, 官府에서 노역에 복무하게 하고, 모두 감시하지 않는다.(公士以下居贖刑罪、死罪者, 居于城旦舂, 毋赤其衣, 勿枸櫝欙杕. 鬼薪白粲, 群下吏毋耐者, 人奴妾居贖貰責(債)于城旦, 皆赤其衣, 枸櫝欙杕, 將司之; 其或亡之, 有罪. 葆子以上居贖刑以上到贖死, 居于官府, 皆勿將司.)[59]

---

58) 『睡虎地秦墓竹簡』, p.89.
59) 같은 책, p.84.

23) 의복을 지급하는 경우는 隸臣·府隸 중 妻가 없는 자 및 城旦의 경우 옷값으로 겨울에는 110전, 여름에 55전을 납부한다. 그중 小者는 겨울에 77전, 여름에 44전을 납부한다. 春은 옷값으로 겨울에 1인당 55전, 여름에 44전을 납부한다. 그 小者는 겨울에 44전, 여름에 33전을 납부한다. 隸臣妾 중 老 및 小인 자가 의복을 스스로 마련할 수 없을 경우 春의 기준으로 의복을 지급한다. ●도망한 자, 그 주인 및 官長에 반항한 자는 의복을 隸臣妾 기준으로 지급한다. 金布(稟衣者, 隸臣·府隸之毋(無)妻者及城旦, 冬人百一十錢, 夏五十五錢; 其小者冬七十七錢, 夏卌四錢. 春冬人五十五錢, 夏卌四錢; 其小者冬卌四錢, 夏卅三錢. 隸臣妾之老及小不能自衣者, 如春衣. ●亡、不仁其主及官者, 衣如隸臣妾. 金布)[60]

24) 隸臣妾, 城旦舂이 司寇로 된 자 가운데 貲贖債에 노역하거나 繫城旦舂인 자는 衣食비용을 징수하지 않는다. 그들이 城旦舂과 함께 노역하는 자는 城旦舂의 기준에 따라 衣食을 지급한다. 隸臣에게 妻가 있는데, 그 妻가 更隸妾이거나 자유인 신분의 外妻인 경우는 (처로부터) 의복 비용을 받는다. 개인의 奴妾이 城旦舂의 노역에 繫되어 복역할 때, 관부에서 의식을 대여해줬는데 노역 일수를 채우지 못하고 죽었다면 장부에서 의식비용을 말소한다.(隸臣妾、城旦舂之司寇、居貲贖責(債)毃(繫)城旦舂者, 勿責衣食; 其與城旦舂作者, 衣食之如城旦舂. 隸臣有妻, 妻更及有外妻者, 責衣. 人奴妾毃(繫)城旦舂, 貣(貸)衣食公, 日未備而死者, 出其衣食. 司空)[61]

21)의 司空律을 보면, 城旦舂은 赤衣, 赤氈, 枸櫝欙杕의 착용이 의무화되어 있고 감시를 받도록 했다. 즉, 중죄수이므로 감시의 정도가 상

60) 같은 책, pp.67-68.
61) 같은 책, p.87.

당히 높다고 할 수 있다. 그러나 22)를 보면 公士 이하로서 贖刑·贖死
의 죄로 城旦舂의 노역에 복역하는 자는 赤衣와 枸櫝欙杕를 착용하지
않으나, 鬼薪白粲·群下吏毋耐者 및 居贖貲責(債)에 의해 城旦 노역에 복
역하는 人奴妾은 赤衣와 枸櫝欙杕, 監視를 규정하고 있다. 즉, 贖刑은
비록 성단용의 노역에 복역하더라도 속형자의 신분을 반영하여 赤衣
를 입히지 않지만, 鬼薪白粲·群下吏毋耐者와 居贖貲責(債)로 인해 城旦
에 복역하는 人奴妾의 3부류는 赤衣를 입도록 규정하고 있다.[62] 이 3
부류가 함께 언급되어 있는 것은 비슷한 등급임을 말해주는데, 특히
人奴妾이 채무적 처벌임에도 赤衣를 입히고 형구를 채우고 감시한 것
은 그들의 신분이 관노예와 동급의 것이므로 鬼薪白粲과 동일하게 赤
衣, 枸櫝欙杕를 규정하는 것이었다. 이는 公士 以下가 贖刑罪·死罪에 복
역할 때는 赤衣와 枸櫝欙杕를 채우지 않게 한 것과 대조적이다. 群下吏
는 "서인이지만 형이 확정되지 않은 미결수"이며,[63] 毋耐者는 耐罪가
아닌 자를 의미하므로 미결수인 群下吏 중에서 耐刑보다 무거운 자에
게 赤衣와 刑具를 채운다는 규정이라고 할 수 있다. 그런데 21)의 城旦

---

62) 宮宅潔은 鬼薪白粲이 城旦舂과 달리 죄수복을 착용하지 않는다고 주장했
   다. (宮宅潔, 「秦漢時代의 爵과 刑罰」(『東洋史研究』 58-4, 2000), pp.14-18.) 宮宅潔
   은 堀毅의 견해에 따라 秦律十八種의 "有罪以貲贖及有責(債)于公, 以其令日問
   之, 其弗能入及賞(償), 以令日居之, 日居八錢; 公食者, 日居六錢. 居官府公食者,
   男子參, 女子駟(四). A. 公士以下居贖刑罪、死罪者, 居于城旦舂, B. 毋赤其衣, 勿
   枸櫝欙杕. C. 鬼薪白粲, 群下吏毋耐者, D. 人奴妾居贖貲責(債)于城旦, 皆赤其衣,
   枸櫝欙杕, 將司之;"(『睡虎地秦墓竹簡』, p.84)를 ADCB로 정정한 견해를 따라서,
   城旦舂은 붉은 옷을 입고 두건을 쓰며, 鬼薪白粲은 붉은 옷을 입지 않고 두
   건을 쓰지 않는다고 해석했으나, 堀毅의 견해처럼 이 조문을 錯簡으로 볼
   수 있는지는 의문이다.
63) 李成珪, 「秦·漢의 刑罰體系의 재검토」(『東洋史學研究』. 85, 2003), p.42;『睡虎
   地秦墓竹簡』, p.73, "隷臣、下吏、城旦與工從事者冬作, 爲矢程, 賦之三日而當夏
   二日. 工人程"; 같은 책, p.107, "下吏能書者, 毋敢從史之事. 內史雜."; 같은 책,
   p.107, "侯(候)、司寇及群下吏毋敢爲官府佐、史及禁苑憲盜. 內史雜." 下吏의 행
   문 위치에서 볼 때 隷臣과 城旦의 중간 정도에 위치한 형벌로 생각된다.

春과 비교한다면 鬼薪白粲은 赤衣·枸櫝欅杖를 동일하게 적용받지만, 赤氈의 규정은 없다. 이것은 鬼薪白粲이 체발하지 않는 것과 관련이 있을 것으로 생각된다.

그런데 隷臣妾과 司寇에 관해서는 秦律에 赤衣 및 刑具와 관련된 규정이 보이지 않는다. 23)에서 보듯이 예신첩은 관부에서 의복을 제공받을 때의 가액만 나와 있지 "赤其衣"와 관련된 명확한 규정이 없다. 이에 대해 瀨川敬也는 隷臣妾·司寇도 죄수복을 입었다고 주장하고 있다.[64] 張榮芳도 위의 司空律 22)에 贖刑만 죄수복을 착용하지 않는다고 규정한 것은 역으로 司寇가 囚衣를 착용했을 가능성을 시사한다고 지적하였다.[65] 宮宅潔도 隷臣妾·司寇에 赤衣가 강제되었는가의 여부는 확실하지 않지만, 일반 서인과 다른 죄수의 복장을 하고 있었음이 틀림없다고 보면서 司寇에까지 赤衣를 착용시켰다고 보았다.[66] 대체로 이와 관련된 언급들은 司寇까지 囚衣를 입는다는 점에 동의하고 있다.

이와 관련된 직접적 자료는 없으며, 추정할 수 있는 자료들은 司寇가 囚衣를 입었는지에 대해 혼란을 주고 있다. 23)의 秦律 金布律에는 죄수들에게 의복을 지급하고 그 가액을 징수하고 있다. 형도가 입는 의복은 刑徒 스스로가 장만해야 했으며, 스스로 장만할 수 없을 때에는 관부에서 지급하는데, 무상으로 주는 것이 아니라 노역으로 의복비용을 공제하였다.[67] 23)의 내용은 城旦春과 隷臣妾이 지급받은 의복

---

64) 瀨川敬也, 「秦代刑罰の再檢討」(『鷹陵史學』 24, 1998), pp.34-36. 瀨川은 성단용을 제외하고 사료에 분명한 표식이 나타나있지 않으나, 赭衣는 모든 형도가 입었을 것이라고 추정하고 있으며, 죄수들의 赭衣와 枷의 조합을 추정하여 각 형벌마다 한 단계씩 체감되는 형태로 기술했지만 찬성하기에는 결론 도출과정이 조악하다.

65) 張榮芳·高榮, 「簡牘所見秦代刑徒的生活及服役範圍」, 『秦文化論叢』 7(西安: 西北大學出版社, 1999), pp.297-299.

66) 宮宅潔, 「有期勞役刑體系の形成」(『東方學報』 78, 2006), pp.27-28.

67) 『睡虎地秦墓竹簡』, p.85, "凡不能自衣者, 公衣之, 令居其衣如律然. 其日未備而被入錢者, 許之. 以日當刑而不能自衣食者, 亦衣食而令居之."

가격이 각각 남녀, 노소별로 규정되어 있다.

[표 4] 형도의 禀衣 규정과 가격

		冬衣	夏衣
男	隷臣, 城旦	110錢	55錢
	小者	77錢	44錢
女	舂	55錢	44錢
	小者	44錢	33錢
	隷臣妾 老小	舂衣 준용	舂衣 준용

[표 4]의 禀衣 규정에서 주목되는 것은 의복을 지급받은 것이 隷臣·府隷之毋(無)妻者·城旦이고, 司寇는 지급대상에서 제외되어 있는 점이다.[68] 만약 司寇에게도 지급했다면 분명히 지급규정이 있었을 것이다. 이 율문의 주안점은 隷臣·府隷의 妻의 유무 및 처자가 몰수된 城旦에게 의복을 지급한다는 것에 두어졌다. 司寇가 언급되지 않고 있는 것은 확실히 다른 처우를 받는 것으로 생각된다. 隷臣·府隷之毋(無)妻者·城旦은 모두 관부에 소속되었고 외부에 妻가 없어 경제적인 능력이 없기 때문에 禀衣(의복 지급)에 해당되고, 司寇는 在家 복역하는 존재이므로 禀衣할 필요가 없었던 것이다.

또한 二年律令의 金布律에도 의복의 지급은 司寇가 제외된 徒隷로만 한정되어 八稯布·七稯布라는 저급한 布가 지급되고 있다.[69] 徒隷는

---

68) 이때 鬼薪白粲도 제외되어 있는데, 이는 鬼薪白粲이 형벌체계에서 등급으로 되기는 곤란했던 때문으로 생각된다. 본 논문 注19의 90·127·128·129簡에서 보면 鬼薪白粲은 정규형벌에서는 나타나지 않고, 감형 시에만 나타난다는 특징이 있다. 그러나 司寇의 경우는 이와 다르다.

69) 『張家山漢墓竹簡』, p.189, "諸冗作縣官及徒隷, 大男, 冬禀布袍表裏七丈, 絡絮四斤, 綺二丈, 絮二斤; 大女及使小男, 冬袍五丈六尺, 絮三斤, 綺丈八尺, 絮418(F57)二斤; 未使小男及使小女, 冬袍二丈八尺, 絮一斤半斤; 未使小女, 冬袍二丈, 絮一斤. 夏皆禀禪, 各半其丈數而勿禀綺. 夏以四月盡六月, 冬419(C159) 以九月盡十一月禀之. 布皆八稯, 七稯. 以裘皮綺當袍綺, 可. 420(C164)";『睡虎地秦墓竹簡』, p.66, "受(授)衣者, 夏衣以四月盡六月禀之, 冬衣以九月盡十一月禀之, 過時者勿

里耶秦簡 및 二年律令에서 隸臣妾·城旦舂·鬼薪白粲을 지칭하며, 司寇와는 분명하게 구별되어 있다.[70] 徒隸에 해당하는 죄수만 囚衣를 입히고, 司寇는 죄수를 감시하고 토지도 지급받는 準서인에 해당하므로 囚衣를 착용하지 않은 것으로 생각된다. 또한 司寇와 마찬가지로 50畝의 토지를 지급받은 隱官은 육형을 받았다가 무죄로 풀리거나, 육형을 받은 죄수가 사면된 신분이라는 것을 고려하면 司寇도 동일한 적용을 받았을 가능성이 있다.

이같은 의문에 해결책을 제시할 것으로 생각되는 24)의 자료를 보기로 하자. 이 자료에 의하면 隸臣妾·城旦舂之司寇·居貲贖責(債)戬(繫)城旦舂者 등은 衣食 비용을 받지 않지만, 妻가 更隸妾이거나 자유인 신분의 外妻가 있으면 의복비용을 받으라고 하였다. "居貲贖責(債)戬(繫)城旦舂者"의 경우 경제적 곤란으로 貲贖債를 납부하지 못해 城旦舂의 노역에 종사하는 자이기 때문에 당연히 의식비용을 납부하지 못할 존재로 생각된다. 앞서 22)에서 보았듯이 居貲贖債로 인해 城旦舂의 노역에 종사하는 자에게는 赤衣를 착용하지 않도록 하였다. 따라서 이

粟. 後計冬衣來年. 囚有寒者爲褐衣. 爲幏布一, 用枲三斤. 爲褐以稟衣 : 大褐一, 用枲十八斤, 直(値)六十錢; 中褐一, 用枲十四斤, 直(値)卌六錢; 小褐一, 用枲十一斤, 直(値)卌六錢. 已稟衣, 有餘褐十以上, 輸大內, 與計偕. 都官有用□□□□其官, 隸臣妾, 舂城旦毋用. 在咸陽者致其衣大內, 在它縣者致衣從事之縣. 縣, 大內皆聽其官致, 以律稟衣. 金布."

70) 湖南省文物考古硏究所, 「湘西里耶秦代簡牘選釋」(『中國歷史文物』 2003-1), pp.20-21, J1(16)6 A面[24]: "廿七年二月丙子朔庚寅, 洞庭守禮謂縣嗇夫, 卒史嘉, 叚(假)卒史穀, 屬尉 : 令曰 : 傳送委, 必先悉行城旦舂, 隸臣妾, 居貲贖責(債), 急事不可留, 乃興縣(繇). 今洞庭兵輸內史及巴, 南郡蒼梧, 輸甲兵當傳者多, 節傳之, 必先悉行乘城卒, 隸臣妾, 城旦舂, 鬼薪白粲, 居貲贖責(債), 司寇, 隱官, 踐更縣者. 田時殹(也), 不欲興黔首. 嘉, 穀, 尉各謹案所部縣卒, 徒隸, 居貲贖責(債), 司寇, 隱官, 踐更縣者簿, 有可令傳甲兵, 縣弗令傳之而興黔首, [興黔首]可省少弗省少而多興者, 輒劾移縣, [縣]亟以律令具論. 當坐者言名夬(決)泰守府, 嘉, 穀, 尉在所縣上書嘉, 穀, 尉, 令人日夜端行. 它如律令."; 『張家山漢墓竹簡』, p.173, "司寇, 徒隸, 飯一斗, 肉三斤, 酒少半斗, 醬卅分升一. 293(C218)"

조항은 외부의 경제력과 관련된 것이며, 赤衣 관련 규정으로 보기는
곤란하다.

그런데 여기에 언급된 城旦舂之司寇는 城旦舂으로서 3년 이상 복역
한 자 중에서 司寇로 감형된 자인데,[71] 城旦舂이 되면 그 처자가 모두
몰수되므로 외부에 경제적인 도움을 줄 사람이 없어서 의식 비용을
받지 말라고 한 것으로 생각된다. 司寇가 稟衣의 대상도 아니므로, 司
寇의 경우는 囚衣를 착용하지 않은 것으로 결론을 내려야 할 것 같다.
특히 龍崗秦簡의 司寇를 포함한 耐罪의 죄수들이 육형을 받은 형도들
의 감시를 담당한 자료는 秦帝國의 형도 관리에 있어 司寇가 중요한
담당자였음을 보여준다.[72] 이러한 司寇들의 역할은 결국 赤衣 착용에
도 별도의 취급을 받았던 것으로 생각된다. 다만 현전하는 율문에 의

---

71) 『睡虎地秦墓竹簡』, p.89, "毋令居貲贖責(債)將城旦舂. 城旦司寇不足以將, 令隸
臣妾將. 居貲贖責(債)當與城旦舂作者, 及城旦傅堅‧城旦舂當將司者, 廿人, 城旦
司寇一人將. 司寇不足, 免城旦勞三歲以上者, 以爲城旦司寇. 司空."

72) 中國文物研究所‧湖北省文物考古研究所, 『龍崗秦簡』(北京: 中華書局, 2001),
p.91, "耐者假將司之, 令終身毋得見□□□□□□𝄀" 이 자료는 耐罪의 죄수들
이 육형을 받은 자의 감시를 담당하고 일반인과의 접촉을 제한하는 율문
으로 생각되는데, 司寇의 감옥에서 행한 보조 역할이 『新書』에 기록되어
있다. 賈誼, 『新書』, pp.1042-1043, "臣聞之曰: 履雖鮮, 弗以加枕, 冠雖弊, 弗以苴
履. 夫嘗以在貴寵之位, 天子改容而嘗體貌之矣, 吏民嘗俯伏以敬畏之矣, 今而有
過, 令廢之可也, 退之可也, 賜之死可也. 若夫束縛之, 係緤之, 輸之司空, 編之徒
官. 司寇牢正徒長小吏罵詈而榜笞之, 殆非所以令衆庶見也.";『漢書』卷48「賈誼
傳」, p.2256, "臣聞之, 履雖鮮不加於枕, 冠雖敝不以苴履. 夫嘗已在貴寵之位, 天
子改容而體貌之矣, 吏民嘗俯伏以敬畏之矣, 今而有過, 帝令廢之可也, 退之可也,
賜之死可也, 滅之可也; 若夫束縛之, 係緤之, 輸之司寇, 編之徒官, 司寇小吏詈罵
而榜笞之, 殆非所以令衆庶見也."『新書』의 "輸之司空"이 『漢書』에는 "輸之司
寇"로 바뀌었다. 司空이 죄수를 관장하는 부서이기 때문에『新書』의 기록
이 맞다. 그리고 "司寇牢正徒長小吏罵詈而榜笞之"와 "司寇小吏詈罵而榜笞之"
의 司寇는 秦律에서 죄수의 감시를 담당하고 있는 것에 비춰보면 옳다. 司
寇는 죄수이면서도 옥에서 牢正‧徒長‧小吏와 함께 다른 중죄수들을 감독했
으나 오히려 작은 권한을 가지고서 횡포를 일삼았다.

하면 城旦春·鬼薪白粲까지는 엄연히 赤衣를 입도록 규정하고 있으나, 隷臣妾 이하는 赤衣 관련 규정이 없다는 사실이다.

문제는 稟衣 규정과 赤衣 규정을 동일한 것으로 보아야 할 것인가? 여기에는 중요한 자료가 있다. 『嶽麓書院藏秦簡(參)』「奏讞狀」의 "魏盜殺安. 宜等案"에는 시신 옆 의복을 "赤帛(裙)襦, 類城旦衣"라고 기록했는데, 赤衣가 城旦만이 착용하도록 되어 있는 죄수복임을 말해준다.[73] 城旦春·鬼薪白粲·群下吏毋耐者·人奴妾居贖賞債于城旦만이 赤衣를 착용하도록 규정되었기 때문에 「奏讞狀」에서 범인의 옷이 "類城旦衣(성단의 옷 같다)"라고 단언했던 것이다. 결론적으로 城旦春·鬼薪白粲 급의 죄수들은 확실히 赤衣를 착용하였고, 隷臣妾 이하로는 赤衣를 착용하지 않는 것이었다. 그러면 [표 4]에서 본 稟衣 규정을 어떻게 이해할 것인가? 稟衣 규정은 隷臣·府隷의 처가 없는 자, 처자가 몰수된 城旦 등 경제적 능력이 없는 죄수들에게 의복을 지급하는 규정이었다. 국가만이 유일하게 의복을 지급할 수 있는 공급원이었다. 다만 이것을 赤衣라고 단정할 수는 없다. 한편 赤衣의 규정이 없는 隷臣妾은 어떠한 의복을 입었을까? 稟衣하고 있기 때문에 일정한 통일성을 가졌을 것으로 생각되지만, 정확한 것은 추후의 자료를 기다려야 한다.

---

73) 朱漢民·陳松長主編, 『嶽麓書院藏秦簡(參)』(上海: 上海辭書出版社, 2013), 「魏盜殺安. 宜等案」, pp.185-186, "廿年十一月己未, 私屬喜曰: □【……】銜(?)□妾宜, 士五(伍)安□[_____]□【…….】殘115/殘114(150) ●即令獄史彭沮, 袤往診: 安. 宜及不智(知)可(何)一女子: 死(屍)皆在内中, 頭頸有伐刑胾. 不智(知)殺者, 【□□□ □□】0511(151) 赤帛(裙)襦, 類城旦衣. ●喜曰: 嘗見死女子與安等作, 不智(知)可(何)人. ●銜曰: 宜. 安有布衣, 帛(裙)襦, 綺, 履, 皆亡不得. 0418(152) 殹(也). 即各日夜別薄譖訊都官, 旁縣縣中城旦及牒書其亡□ 0329-1(153) 不智(知)盜及死女子可(何)人. 毋(無)音(意)殹(也). ●即令獄史觸與彭沮, 【袤】求其盜. ●觸等盡別譖(潛)訊安旁田人, 皆曰: 不【智】(知)【□】0422(154)【□□】即將司寇晦, 別居千(阡)佰(陌)·鄇(徹)道, 徼(邀)迣苛視不狃狀者. 弗得. ●觸等音(意)以爲安□【死(屍)所】有赤衣, 殺安等者□【□□】 0454/殘087(155)"

[표 5] 赤衣 착용여부

城旦舂	鬼薪白粲 群下吏毋耐者, 人奴妾居贖賞債于城旦	隸臣妾	司寇	公士以下居贖刑罪· 死罪者, 居于城旦舂
赤衣	赤衣	?	?	毋赤衣

다음으로는 죄수들의 체발과 형구의 문제를 고찰해보자. 이제까지
고찰한 바에 입각하면, 한고조의 후궁인 戚夫人은 "令永巷囚戚夫人",
"髡鉗衣赭衣, 令舂"이라는 기록으로 보아 정식의 죄수 신분으로 떨어
진 것으로 보인다.[74] 즉, 永巷에 척부인을 구금했으며, 머리를 깎고 鉗
을 채웠으며, 붉은 옷을 입히고 곡식을 찧는 노역을 시켰다는 것이다.
永巷은 궁중에 설치된 옥이며, 이곳에서 戚夫人은 사죄수들과 함께 복
역했다. 戚夫人에 대한 묘사는 확실히 秦律에 규정된 城旦舂의 복장
및 형구착용의 사실과 일치한다. 秦律에 城旦舂은 黥城旦舂과 完城旦舂
을 불문하고 "赤衣, 冒赤氈, 枸櫝欙杕之"하고 있다. 秦簡의 주석에 의하
면 枸櫝은 木械로서 枷와 桎梏이며, 欙는 죄수의 목에 묶는 黑索이며,
杕는 죄수의 발목에 채우는 형구이다.[75] 이러한 城旦舂의 형태는 戚夫
人의 "髡鉗衣赭衣, 令舂"한 사실과 동일한 것이다. 또한 「奏讞書」에도
完城旦舂이 鐵䪼足하고 있는 기록이 보인다.[76] 따라서 城旦舂은 黥城旦
舂이든 完城旦舂이든 髡鉗을 하고 있음이 확실하다.[77]

---

74) 『漢書』卷97上 「外戚傳上(高祖呂皇后)」, pp.3937-3938; 『史記』卷79 「范睢蔡澤列
    傳」, p.2406, "正義永巷, 宮中獄也."
75) 『睡虎地秦墓竹簡』, pp.85-86. 다만 枸櫝에도 발에 채우는 桎이라고 주석하고,
    杕도 발목에 채운다고 주석한 것은 납득하기 어렵다.
76) 『張家山漢墓竹簡(釋文修訂本)』, p.108, 「奏讞書」21 "放悍, 完爲城旦舂, 鐵䪼其
    足, 輸巴縣鹽."
77) 『漢書』「楚元王傳」에 노비에 해당하는 胥靡에게 赭衣를 착용시키고, 杵臼雅
    舂시키고 있는 것은 노예들의 형태와 작업내용인데 이것도 戚夫人의 사례
    와 동일한 것이다. 이처럼 髡鉗한 것은 文帝 13년 이전이나 이후나 동일하
    다고 할 수 있다. 髡鉗하고 절구공이로 舂하는 것은 죄수들의 전통적인 작

그러면 城旦舂 이외의 모든 죄수에게도 髡鉗을 했을까? 이와 관련
하여 賈山의 기록이 주목된다. 죄수의 체발에 대해서, 賈山은 "(文帝가)
죄인에게 두발이 없는 것을 가엾게 여겨 巾을 내려줬고, 붉은 옷을 입
고 등에 죄수라고 쓴 것을 가엾게 여기고 부자형제가 서로 상견할 수
있게 하고 의복을 하사했다."라고 칭송하고 있다.[78] 賈山의 이 글은
文帝 元年에 작성된 것으로 추측된다.[79] 그러나 이 글에 근거해 文帝
13년의 형법개혁 이전에 모든 죄수들이 두발을 깎였는지는 판단하기

업방식이었던 것 같다. 『漢書』 卷36 「楚元王傳(楚元王劉交)」, p.1924, "王戊稍
淫暴, 二十年, 爲薄太后服私姦, 削東海·薛郡, 乃與吳通謀. 二人諫, 不聽, 胥靡
之, 衣之赭衣, 使杵臼雅春於市. 休侯使人諫王, 王曰:「季父不吾與, 我起, 先取季
父矣.」 休侯懼, 乃與母太夫人奔京師. 二十一年春, 景帝之三年也, 削書到, 遂應
吳王反. 其相張尚·太傅趙夷吾諫, 不聽. 遂殺尚·夷吾, 起兵會吳西攻梁, 破棘壁,
至昌邑南, 與漢將周亞夫戰. 漢絶吳楚糧道, 士饑, 吳王走, 戊自殺, 軍遂降漢.";
『漢書』 卷88 「儒林傳(申公)」, p.3609, "師古曰: 胥靡, 相係而作役, 解具在楚元王
傳也."; 『漢書』 卷53 「景十三王傳(江都易王劉非)」, p.2416, "宮人姬八子有過者,
輒令贏立擊鼓, 或置樹上, 久者三十日乃得衣; 或髡鉗以鈆杵舂, 不中程, 輒掠;
或縱狼令齧殺之 建觀而大笑; 或閉不食, 令餓死. 凡殺不辜三十五人. 建欲令人與
禽獸交而生子, 彊令宮人贏而四據, 與羝羊及狗交."

78) 『漢書』 卷51 「賈鄒枚路傳(賈山)」, pp.2335-2336, "陛下即位, 親自勉以厚天下, 損
食膳, 不聽樂, 減外徭衛卒, 止歲貢; (중략) 赦罪人, 憐其亡髮, 賜之巾, 憐其衣赭
書其背, 父子兄弟相見也而賜之衣. 平獄緩刑, 天下莫不說喜. 是以元年膏雨降,
五穀登, 此天之所以相陛下也. 刑輕於它時而犯法者寡, 衣食多於前年而盜賊少,
此天下之所以順陛下也."

79) 賈山은 이 조치로 인해 文帝 元年 비가 내리고 풍년이 들었음을 지적했고,
그에 연이어 文帝 5년에 있었던 盜鑄錢令 폐지를 언급한 것으로부터 알 수
있다. 『漢書』 卷51 「賈鄒枚路傳(賈山)」, pp.2337, "其後文帝除鑄錢令, 山復上書
諫, 以爲變先帝法, 非是. 又訟淮南王無大罪, 宜急令反國. 又言柴唐子爲不善, 足
以戒. 章辛詰責, 對以爲「錢者, 亡用器也, 而可以易富貴. 富貴者, 人主之操柄也,
令民爲之, 是與人主共操柄, 不可長也. 其言多激切, 善指事意, 然終不加罰, 所以
廣諫爭之路也. 其後復禁鑄錢云."; 『史記』 卷22 「漢興以來將相名臣年表」, p.1126,
"175 五 除錢律, 民得鑄錢"; 『漢書』 卷4 「文帝紀」, p.121, "五年春二月, 地震. 夏四
月, 除盜鑄錢令. 更造四銖錢."; 『漢書』 卷24下 「食貨志」, p.1153, "孝文五年, 爲錢
益多而輕, 乃更鑄四銖錢, 其文爲「半兩」. 除盜鑄錢令, 使民放鑄."

어렵다. 즉, 賈山의 기사만으로는 모든 죄수가 두발을 깎였는지, 아니면 일부의 죄수만이 깎였는지 분명하지 않기 때문이다. 한편 幪布라고 하는 것의 존재는 이 문제를 복잡하게 만든다.

> 25) 의복을 지급함에 夏衣는 4월에서 6월 말까지 지급하고, 冬衣는 9월에서 11월 말까지 지급하는데, 지급 기한을 넘기면 지급하지 않는다. 冬衣의 지급 사실은 다음해의 장부에 기록한다. 죄수가 추위를 타는 자는 褐衣로 옷을 만든다. 두건(幪布) 하나에 삼베 3근이 소요된다.(受(授)衣者, 夏衣以四月盡六月稟之, 冬衣以九月盡十一月稟之, 過時者勿稟. 後計冬衣來年. 囚有寒者爲褐衣. 爲幪布一, 用枲三斤.)[80]

雲夢秦簡整理小組는 幪布를 두건이라고 주석하면서 성년남자는 冠을 썼는데 두건을 쓰는 것은 刑辱의 일종이라는 師古의 주석을 인용하였다. 師古는 『白虎通』을 인용하여 幪布는 치욕을 의미한다고 하였는데,[81] 만약 모든 죄수들에게 幪布를 씌웠다면 죄수들은 刑名에 관계없이 모두 두발을 깎은 것으로 된다. 또한 賈山의 글에 보이는 文帝의 巾 하사도 두발을 잘린 죄수들에게 하사한 것이었다. 그렇다면 秦律에서는 이미 모든 죄수들의 두발을 깎은 것으로 되는데, 이 사실은 雲夢秦律의 조문에 보이는 城旦에게는 赤氈을 쓰게 했으나, 鬼薪白粲에게는 이러한 규정이 없는 것과 모순된다. 따라서 이 부분을 모순 없이 이해하려면 洛陽刑徒墓의 약 90%에 달한 것이 城旦 이상이라는 점을 고려할 수도 있겠지만,[82] 杜玉生도 지적했듯이 낙양형도묘에 중죄

---

80) 『睡虎地秦墓竹簡』, p.66.

81) 『漢書』 卷6 「武帝紀」, p.160, "師古曰: 白虎通云『畫象者, 其衣服象五刑也. 犯墨者蒙巾, 犯劓者以赭著其衣, 犯髕者以墨蒙其髕象而畫之, 犯宮者扉, 犯大辟者布衣無領.」"

82) 杜玉生에 의하면 洛陽刑徒磚志銘文에 刑名이 표기된 408개 중에서 髡鉗이 가장 많은 249명(61.02%). 完城旦은 117명(28.67%), 鬼薪은 27명(6.61%), 司寇는 15

수가 많은 것은 지방의 獄에서 京師로 차출되었기 때문에 이 비율을 적용할 수 없다.

모든 죄수들에게 髡을 가하지 않았다는 추정은 秦律十八種의 司空律을 보면 분명해진다. 앞에 제시한 司空律의 21)에서 城旦春에게는 赤衣·赤氈·枸櫝欙杕·監視를 규정하고 있는데, 冒赤氈은 죄수에게 붉은 두건을 쓰게 했다는 의미이다. 반면에 22)에서 鬼薪白粲의 경우는 赤衣·枸櫝欙杕·監視를 규정하고 있으나 赤氈의 기록이 없다.[83] 따라서 赤氈을 쓰지 않은 鬼薪白粲은 髡刑을 받지 않고 오직 耐刑만을 받는 것으로 생각된다.[84] 이렇게 冒赤氈의 규정이 보이지 않는 이유는 鬼薪白粲이 耐刑과 결합하고 있기 때문으로 생각된다. 이것이야말로 應劭가 "輕罪不至髡也(가벼운 죄는 머리를 깎지 않는다)"라고 한 것과 부합한다고 할 수 있다. 어떤 학자는 耐刑의 실행 가능성에 대해 부정적이지만,[85] 耐刑의 집행을 명령하는 "行其耐(耐를 집행한다)"의 존재로 보아

명(3.67%)이다. 城旦 이상이 89.69%를 차지한다. 杜玉生은 형도의 비율이 전체 형도의 비율을 반영하는 것은 아니며, 중죄수가 낙양으로 이송되어 노역에 종사한 것으로 보고 있다. 杜玉生, 「東漢刑徒墓志磚的發現與研究」(『書法雜志』, 2005-3). 그런데 中國社會科學院考古研究所의 보고서에서는 약간 숫자가 다른데, 합계 416명의 형도 가운데 髡鉗 230명(55.2%), 完城旦 139명(33.4%), 鬼薪 33명(7.9%), 司寇 14명(3.3%)이다.[『漢魏洛陽故城南郊東漢刑徒墓地』(北京: 文物出版社, 2007), p.48.]

83) 한편 幧布와 赤氈은 용어가 엄연히 다른데, 양자의 차이점도 현재는 불명이다.

84) 사실 城旦春이 감형되어 鬼薪白粲이 되었을 때 양자 사이에는 차별성이 두어져야 한다고 생각한다. 그 차별성이라는 것은 전자는 髡을 행하지만, 후자는 髡을 행하지 않고 오직 耐만을 행하는 것이다. 이 차이점이 바로 赤氈을 쓰지 않게 하는 것, 다시 말해서 두발을 체발하지 않는 것에 나타난 것으로 생각된다. 上造 이상의 유작자에게 감형하여 城旦春에서 鬼薪白粲으로 되는 것의 효과는 바로 두발을 깎는 것을 면제한 것에 있다.

85) 徐世虹, 「秦及漢初律令中的城旦刑」, p.13. 여성에게 과연 耐刑을 적용할 수 있는지의 문제가 등장한다. 현재적 관점에서 중국 고대의 두발과 수염을 체발하는 것을 이해하면 안된다. 秦人은 모두 수염을 중시했고, 병마용갱의

耐刑은 존재하며,[86] 鬼薪白粲은 두발을 깎이지 않고 오직 耐刑과만 조합을 이루는 것이다. 그렇다면 城旦春에게만 赤氈을 규정하고, 鬼薪白粲은 적용하지 않은 秦律의 규정과 賈山의 기록, 秦律의 犢布기록을 서로 모순 없이 이해하려면 모든 죄수에 犢布를 지급하는 것이 아니라 두발을 깎는 城旦 이상의 죄수들에만 지급하는 것으로 이해해야 할 것 같다.

형구에 있어 隸臣妾·司寇와 같이 자료가 불명인 경우는 분명한 결론을 내리기 어렵다. 隸臣妾·司寇에 형구 관련 언급이 없는 것이 雲夢秦律이 秦律의 일부이기 때문인지, 아니면 실제로 형구를 채우지 않았기 때문인지는 단언하기 어렵다. 里耶秦簡에 隸臣妾은 徒隸에 속하고 매매되는 존재로서 형구를 채웠을 가능성도 있지만, 隸臣妾이 행한 특수한 업무를 고려하면 형구를 채웠을 것으로는 생각되지 않는다. 예를 들어 牢隸臣으로서 범죄사건에 수사관과 함께 참여한 것이라든지, 신속이 요구되는 문서의 遞送에 동원된 것을 고려한다면 城旦春·鬼薪白粲과 달리 감시도 받지 않았으며, 枷도 채우지 않았을 것으로 생각된다. 또한 城旦春의 감시에 城旦司寇가 부족하면 隸臣妾을 투입하고 있다.[87] 형도의 인솔과 경찰업무의 보조역할을 하는 司寇에 대

병사들도 모두 수염을 기르고 있으며, 신체의 일부로 간주되고 있다. 耐隸妾의 경우, 여성에게서 수염을 깎을 수 없기 때문에 耐刑은 여성에게 적용할 수 없다. 그렇다면 여성에게 어떻게 耐刑을 적용했을까 하는 것이 중요한 문제이다. 여성에게 내형의 문제는 현재의 사료만을 가지고는 해결할 수 없다. 그러나 아래의 行其耐는 耐刑을 실시하는 유력한 증거이다. 『睡虎地秦墓竹簡』, p.199. "葆子獄未斷而誣【告人, 其罪】當刑鬼薪, 勿刑, 行其耐, 有(又)毄(繫)城旦六歲. 可(何)謂「當刑爲鬼薪」?"

86) 『睡虎地秦墓竹簡』, p.198, "【●「葆子□□未斷而誣告人, 其罪當刑城旦, 耐以爲鬼薪鋈足.」耤葆子之謂毄(也).】葆子獄未斷而誣告人, 其罪當刑爲隸臣, 勿刑, 行其耐, 有(又)毄(繫)城旦六歲."; 『張家山漢墓竹簡』, p.158, "奴取主·主之母及主妻·子以爲妻, 若與奸, 棄市, 而耐其女子以爲隸妾. 其强與奸, 除所强."

87) 『睡虎地秦墓竹簡』, p.89, "城旦司寇不足以將, 令隸臣將. 居貲贖責(債)當與城旦春作者, 及城旦傅堅, 城旦春當將司者, 廿人, 城旦司寇一人將. 司寇不足, 免城

해서도 마찬가지라고 할 수 있다.[88] 만약 城旦舂을 감시하는 司寇에게
죄수와 동일하게 형구를 채웠다면 그 임무 수행에 방해가 되었을 것
이다.

『龍崗秦簡』에서도 확인되듯이 輕刑의 耐罪囚로 肉刑을 받은 죄수들
을 감시하는 "以囚制囚"의 방식은 형도들을 차별적으로 통제하는 시
스템이다. 耐罪는 바로 그러한 형도간의 경계선이었던 것으로 생각된
다. 적어도 耐罪는 죄수라고 해도 국가권력의 협조자로서 간주했던
것 같고, 형구 측면에서 중죄수와는 다른 혜택을 받았다. 수많은 형도
를 통제·관리할 때 肉刑·完刑·耐刑에 의한 외관상 차이는 죄수들의 식
별을 용이하게 했을 것으로 생각된다. 특히 중죄수인 城旦舂까지는 髡
鉗하고 그 이하인 鬼薪白粲부터는 체발하지 않았는데, 鬼薪白粲에 耐
刑이 조합으로 나타나고 있는 것과 일치한다. 지금까지의 고찰을 종
합하면 아래의 표와 같다.

[표 6] 형도의 복장과 형구

	赭衣	髡	耐	刑具	監視
司寇	?		●		
隷臣妾	?		●		
鬼薪白粲, 群下吏毋耐者, 人奴妾	●		●	●	●
完城旦舂	●	●		●	●
髡城旦舂	●	●		●	●

旦勞三歲以上者, 以爲城旦司寇. 司空."; 같은 책, p.104, "行傳書, 受書, 必書其
起及到日月夙莫(暮), 以輒相報殹(也). 書有亡者, 亟告官. 隷臣妾老弱及不可誠仁
者勿令. 書廷辟有曰報, 宜到不來者, 追之. 行書."; 같은 책, p.263, "告子 爰書:
某里士五(伍)甲告曰: 「甲親子同里士五(伍)丙不孝, 謁殺, 敢告.」 即令令史己往
執. 令史己爰書: 與牢隷臣某執丙, 得某室. 丞某訊丙, 辭曰: 「甲親子, 誠不孝甲
所, 毋(無)它坐罪."
88) 宮宅潔, 「有期勞役刑體系の形成」(『東方學報』 78, 2006), pp.28-29.

이 표의 내용을 아래의 司馬遷의 報任少卿書에 보이는 형도의 복
장·형구·체발 등의 상황과 비교하면 양자는 대체로 합치한다. 司馬遷
은 비록 肉刑이 폐지된 武帝시대에 살았지만, 그가 언급한 것은 肉刑
을 포함한 文帝 改制 이전의 상황을 언급하고 있다. 肉刑 폐지 이후 武
帝 때에 살았던 그가 肉刑이 포함된 刑制를 언급한 것은 그 자신이 받
았던 宮刑 때문이었다. 司馬遷의 형벌 단계를 각각의 형명에 비정하는
것은 주저되기도 하지만, 필자는 4단계의 "毁肌膚斷支體"가 黥刑 이상
을, 5단계가 腐刑을 지칭하는 것은 二年律令의 형벌 단계와 일치하는
것으로 보아 나머지도 일치한다고 생각했다. 사마천이 언급한 단계를
표로 정리하면 아래와 같다.

[표 7] 司馬遷의 형도 분류

	단계	표식과 형구	刑罰에의 比定
1	易服	囚衣	隸臣妾(?)
2	關木索被箠楚	桎梏	鬼薪白粲
3	鬀毛髮嬰金鐵	髠鉗	完城旦舂
4	毁肌膚斷支體	黥劓刖	黥刑 이상
5	腐刑	宮刑	

26) 가장 좋은 것은 조상을 모욕되게 하지 않는 것이고, 그 다음은 자
신을 모욕되게 하지 않는 것이며, 그 다음은 얼굴을 욕되지 않게
하는 것, 그 다음은 언사를 욕되지 않게 하는 것이고, 그 다음은 무
릎을 꿇어 욕됨을 받는 것이고, 그 다음은 죄수복을 입어 욕을 받
는 것이고(易服), 그 다음은 木索(형구)을 차고 箠楚를 맞아 모욕을
당하는 것이고(關木索被箠楚), 그 다음은 모발을 잘리고 金鐵을 차
고 욕됨을 받는 것이며(鬀毛髮嬰金鐵), 그 다음은 肌膚를 손상당하
고 支體를 잘려 모욕을 받는 것이며(毁肌膚斷支體), 최하가 腐刑이
니 최악이다.[89]

89) 『漢書』 卷62 「司馬遷傳」, pp.2732-2733.

1단계의 易服은 囚衣를 입는 것, 2단계의 關木索被箠楚는 桎(발목), 梏(손목), 枷(목)에 목제의 형구(三木)와 繩索으로 결박하고, 刑杖을 때리는 것인데, 체발은 2단계에서는 아직 나타나지 않는다.[90] 이같은 형구는 앞에서 언급한 整理小組의 枸櫝(枷와 桎梏)欙(黑索)杖(차꼬)와 동일한 것으로 생각된다. 3단계의 鬄毛髮嬰金鐵은 두발을 깎고 金鐵로 된 형구를 채우는 것으로 보아 鬄鉗刑을 의미하는 것으로 생각된다. 2단계의 關木索과 3단계의 嬰金鐵은 차이가 존재해야 하는데, 2단계는 목재의 형구이고 3단계의 嬰金鐵은 금속의 재료로 되어 있는 것으로 생각된다.[91] 종합한다면 2단계에서는 발목(桎), 손목(梏), 목(枷)에 목

---

90) 關木索被箠楚의 木索은 枷와 桎梏, 繩索(밧줄)을, 箠楚는 刑杖을 의미한다. 일반적으로 木은 三木을 가리킨다고 보고 있다. 그런데 三木이 발목·손목·목의 3부분에 채우는 형구를 의미한다는 주장(A)과 枷는 제외하고 桎·梏·拳의 三械를 가리킨다는 주장(B)으로 나누어진다. (A)로는 『後漢書』 卷24 「馬援列傳」, p.833, "三木者, 謂桎、梏及械也, 司馬遷曰: 衣赭關三木.";『漢書』 卷62 「司馬遷傳」, p.2734, "師古曰: 三木, 在頸及手足.";『後漢書』 卷67 「黨錮列傳(范滂)」, p.2206, "三木, 項及手足皆有械, 更以物蒙覆其頭也. 前書司馬遷曰 「魏其, 大將也, 衣赭關三木」也." (B)로는 『十三經注疏·周禮注疏·秋官·掌囚』(北京: 中華書局, 1979), p.882, "上罪梏拳而桎, 中罪桎梏, 下罪桎.";『後漢書』 卷67 「黨錮列傳(范滂)」, pp.2205-2206, "桓帝使中常侍王甫以次辨詰, 滂等皆三木囊頭, 暴於階下. (중략) 甫愍然爲之改容. 乃得並解桎梏." 范滂을 취조하던 中常侍 王甫는 그의 三木을 풀어주었는데, 이 상황을 "乃得並解桎梏"이라고 한 것으로 보아 三木은 발목(桎)과 손목(梏)의 형구로 볼 수도 있다. 그러나 대부분의 주석에서는 三木이 신체의 발목·손목·목의 3곳에 형구를 채운다는 의미로 해석하고 있다.

91) 桎梏과 鉗鈦는 재료의 차이인 것으로 추정된다. 秦簡에는 杖로 되어 있지만 太平御覽 인용의 『說文』에는 鈦로 되어 있다. 다리에 차는 차꼬를 鐵鉗으로 한 것이 주목된다. 『太平御覽』(北京: 中華書局, 1985), 卷644 「刑法部10」, p.2885, "『說文』曰: 鉗, 鐵有所劫束也. 鈦, 脛鉗也.(鈦音遞.) …『晋律』曰: 鉗重二斤, 翹長一尺五寸."; [漢] 許慎(段玉裁 注), 『說文解字注(經韵樓藏版)』(臺北: 黎明文化事業公司, 1974), p.714, "鉗: 以鐵有所劫束也. 从金甘聲. 金部: 鈦: 鐵鉗也. 从金大聲." 『晋書』 「刑法志」에도 曹魏시대에 철이 부족해 목제로 대체했다는 기록이 있다. 2단계의 關과 3단계의 嬰은 원래 의미가 다른 것이었다. 關은

재로 만든 三木을 채우다가, 3단계에서는 금속제의 鉗으로 바꾼 것으로 생각된다.[92]

司馬遷이 이러한 형벌의 단계를 설정한 것은 그의 상상력에서 창조된 것이 아니라, 그가 투옥되었을 때 몸소 체험했던 형도들의 실제 상태를 묘사했다고 생각된다. 이것을 실제 형벌단계에 비정하면 1단계의 易服은 가벼운 경형의 형도들이 죄수복을 입는 단계로 생각된다. 앞서 고찰했듯이 稟衣의 대상이 아닌 司寇는 囚衣를 입지 않았을 것이므로 1단계는 隷臣妾만 해당할 것으로 추정된다. 2단계는 두발을 깎지 않았지만, 枷와 赤衣 착용이 규정되어 있는 鬼薪白粲과 일치한다.[93] 秦律十八種에 鬼薪白粲에게 두건을 씌우는 규정이 보이지 않는 것으로 보아 위의 표에서 2단계에 해당된다고 생각된다. 3단계의 髡毛髮嬰金鐵은 두발을 깎고 鉗을 채우는 중형에 해당되므로, 完城旦舂에 해당하는 것으로 추정된다. 두발을 깎는 것은 3단계에서 시작되는데, 이것 역시 秦律十八種에서 城旦舂에게 首枷, 足枷(枸櫝欙柣)가 채워지고, 赤衣와 두건의 착용이 강제되고 있는 것과 일치한다. 4단계에서 毀肌膚斷支體는 肉刑인 黥刑, 劓刑, 刖刑(斬左止)을 의미한다.

"貫"과 통하는 글자로서 貫通·貫穿의 의미를 가진다. 따라서 關木索은 桎梏에 手足을 넣는 그 모습을 표현한 것이다. 琅은 頸項鏈으로서 본래 婦女의 頸飾(목걸이)을 의미한다. 또한 繞·圍繞(두르다)의 의미를 가지고 있다. 따라서 동사의 의미로부터 추정할 때 嬰金鐵은 목에 채우는 鉗을 의미하는 것이다.(『說文解字注(經韵樓臧版)』, p.627, "嬰:繞也. 从女賏. 賏, 貝連也.";『漢書』卷48「賈誼傳」, p.2257, "師古曰 嬰, 加也.") 그러나 후일 明代의 자료는 關三木을 嬰三木이라고 기술하고 있어 關과 嬰의 원래 의미를 상실하고 통용되고 있다.(『明史』卷207「劉世龍列傳」, p.5474, "三, 慎擧動以存大體. 立國者, 在敬大臣, 不遺故舊. 蓋任之旣重, 則禮之宜優. 今或忽然去之, 忽然召之, 甚至嬰三木, 被箠楚, 何以勵臣節哉!")

92) 宋杰, 「漢朝刑具枸系制度考述」(『社會科學戰線』 2005-1), pp.142-143. 宋杰은 감옥 내에서는 木械를, 옥 밖에서 노역 시에는 鉗鈇를 찬다고 했으나, 이것은 사마천의 단계와는 맞지 않는다.

93) 宋杰, 위의 논문, p.141.

IV. 文帝 13년 이후 죄수의 상태

앞서 「薛宣傳」에서 확인했듯이, 文帝 13년의 법률 개정시 기존의 黥刑은 髡刑으로 일괄 개정되었고, 完刑의 조문은 그대로 完刑으로 계승되었기 때문에 큰 혼란은 없었다. 그렇다면 개정 이전에 체발을 했던 完刑이 새로 제정된 髡鉗城旦春과 구별의 필요상 체발하지 않은 것으로 되었을까? 이것은 韓樹峰 등의 학자들이 주장하는 중요한 논점이다.[94] 이와 같은 방식으로 이해하여 完刑이 두발을 체발하지 않게 되면 수염만 깎는 耐刑과 차이가 없게 될 것이고, 完刑은 耐刑과 중복하는 문제 때문에 후한 이래의 주석가들처럼 完 = 耐로 불리게 되거나, 耐刑의 범주에 포괄되게 되고, 그 결과는 『後漢書』에 大辟·耐罪·贖罪의 3종류로 구분되었을 가능성이 있다.[95] 이같은 방식으로 이해한다면 주석가들이 논란을 벌였던 髡·完·耐의 문제는 자연스럽게 이해될 수도 있다.[96]

그런데 과연 文帝 13년 "이후"의 完刑이 剃髮과 鉗을 하지 않는다는 해석이 옳은 것일까? 이러한 의문을 제기하는 이유는 후술할 것처럼 文帝의 형법개혁 이후에도 完城旦春·鬼薪白粲 등의 두발을 체발한 몇 가지 증거가 있기 때문이다. 지금까지의 고찰에 의하면 秦律과 二年律令의 시점에서 죄수는 신분에 따라 형구 및 죄수복·체발·감시 등에 차등을 두고 있었다. 그러나 文帝 13년 이후에는 이러한 차등적인 형도표식이 무차별적인 것으로 변화하는 상황을 鬼薪白粲으로부터 확인할 수 있다. 文帝 13년 "이전"에 鬼薪白粲은 형구(枸櫝欙杕)를 착용했지

---

94) 韓樹峰, 위의 논문, p.55.
95) 『後漢書』卷46「陳寵列傳」, p.1554, "今律令死刑六百一十, 耐罪千六百九十八, 贖罪以下二千六百八十一, 溢於甫刑者千九百八十九, 其四百一十大辟, 千五百耐罪, 七十九贖罪."
96) 韓樹峰, 위의 논문, p.54.

만, 두발은 깎이지 않았고 단지 耐刑을 받아 수염을 깎았다. 그런데
元帝 때 史游가 기술한『急就篇』에는 "鬼薪白粲鉗釱髡"이라고 하여 鬼薪
白粲도 髡鉗을 하는 것으로 변화하였다.[97] 그렇다면 鬼薪白粲보다 중
형인 完城旦이 髡鉗釱한 것은 당연하다. 鬼薪白粲이 "鉗釱髡"한 사실에
서 볼 때 文帝의 刑制 개정때 髡鉗城旦이 새로이 제정되면서 그에 대
비되는 完城旦이 두발을 깎지 않았다는 주장은 근거를 상실하게 된
다.[98] [표 1]을 보면 文帝 13년에 髡鉗城旦이 신설되었는데, 명칭상 그
것은 체발과 鉗을 채우는 것임을 알 수 있다. 그런데 秦律의 完城旦舂
은 명칭상의 변화 없이 文帝의 개제시에 승계되었다. 그 명칭이 髡鉗
城旦과 함께 나타날 경우, "完"字 때문에 체발을 하지 않는다는 선입견
을 주는 것이다. 文帝 개제 후에 나타나는 髡鉗으로 인해 完城旦이 두
발을 깎지 않고 형구도 채우지 않는 것으로 오해될 수 있지만,『急就
篇』의 鬼薪白粲도 곤겸되는 자료에 의해 그보다 무거운 完城旦이 髡鉗
되지 않는다는 韓樹峰 등의 주장이 외관상으로만 그럴듯한 추론이었
다는 것이 판명되었다. 따라서 文帝 개혁 이후의 형벌명과 실질적인
내용은 차이가 있다는 것을 알 수 있다.

한편 王充의『論衡』에는 完城旦 이하의 신체적 구속을 보여주는 자
료가 있다.

> 27) 죽은 사람을 매장할 때 선조는 고통스러워한다. 刑을 받은 사람을
> 보면 선조는 슬퍼한다. 형을 받은 사람이 시체를 매장하러 갔을 때,
> 가령 선조가 지각이 있더라도 죽은 사람과 육형을 받은 사람이 어
> 찌 부끄러울 것이 있겠는가? 만약 선조가 지각이 없다면 丘墓는 田
> 野와 마찬가지이니 어찌 부끄러울 것이 있겠는가? 조상에게 부끄러
> 운 원인은 신체가 형벌로 손상되어 다른 사람과 다르기 때문이다.

---

97) [漢] 史游,『急就篇』(長沙: 岳麓書社, 1989), p.305.
98) 이러한 주장은 韓樹峰이 대표적이다. 韓樹峰,「秦漢律令中的完刑」, p.55 참조.

옛날에는 육형을 사용하여 형체가 온전하지 못했으니 (送葬하는 것
이) 불가했지만, 지금은 象刑인데, 象刑 가운데 무거운 것이 髡鉗하
는 法이다. 完城旦 以下는 施刑하고, 綵衣를 몸에 입고 冠帶가 俗人
과 다를 뿐인데 어찌 불가하겠는가? 세속에서는 믿고서 모두 흉하
다고 하는데, 그 잘못은 鄕黨의 시신조차 조문하지 않고 타인의 무
덤에도 가지 않는 것에까지 미치고 있다. 이는 잘못된 것이다.[99]

이 글에서 王充은 肉刑 시대와 象刑시대로 구분하고 있다. 象刑은
육형을 가하는 대신에 일반인과 다른 복식을 입혀서 범인에게 욕을
보이는 것이다. 文帝 개제 이후 象刑의 시기에 髡鉗城旦舂과 달리, "完
城旦以下는 형구를 면제하고(施刑) 綵衣(囚衣)를 입히고 모자와 허리띠
를 일반인과 다르게 입힌다."는 내용이다. 여기에서 검토해야 할 것은
형구 착용을 면제한다는 施刑(弛刑)의 문제이다. 完城旦 이하에게 모
자를 씌우는 것으로 보아, 完城旦 이하의 죄수가 文帝의 개제 이후에
체발하고 赭衣를 착용하고 있음은 앞서의 필자의 고찰과 일치한다.
다만 髡鉗과 달리 完城旦以下에게는 施刑하여 형구를 착용하지 않는다
는 王充의 주장은 필자가 앞서 고찰한 『急就篇』의 기사와 상충된다.
과연 王充의 언급대로 후한시대에 髡鉗과 完 사이에는 형구 착용상의
차이가 존재하는 것일까?

王充의 주장을 검증하기 위해 施刑의 내용을 살펴볼 필요가 있다.
後漢시대에 施刑은 형도들에게 형구를 풀어주고 각종 노역에 종사시
키는 것이었다. 이러한 施刑으로 되는 자의 조건에 대해서 주석한 孟
康의 견해를 보자.

"孟康: 復의 音은 服이고, 弛刑徒를 말하는 것이다. 赦令 詔書가 내려지

99) 北京大學歷史系, 『論衡注釋』(北京: 中華書局, 1979), p.1332.

면 그 鉗釱와 赭衣를 벗긴다. 재차 범죄를 저지르면, 徒에서 가죄되는 것이 아니라, 民과 같은 例로 하므로 재차 官作하게 하고, 그 本罪의 기간을 채운다. 律名은 復作이다."[100]

孟康의 주장에 따르면, 弛刑徒는 형도가 원래 착용해야 했던 鉗釱赭衣를 詔書로 제거하는 것을 말한다. 이것은 王充의 주장과 사뭇 다르며, 오히려 鬼薪白粲이 곤겸체하고 있다는 『急就篇』과 맥락을 같이 한다. 曹魏 明帝의 景初 元年(A.D.237)에 散騎常侍를 지냈던 孟康이 王充 (A.D.27-107)보다 시기적으로 늦지만, 施刑의 내용이 크게 달라졌을 것 같지는 않고, 오히려 居延漢簡에 비추어보면 孟康의 기록이 사실에 가깝다. 施刑은 完城旦舂 이하의 죄수들에게 무조건 시행하는 것이 아니라, 형구를 해제하라는 황제의 조서가 반드시 있어야 한다는 전제조건이 있다.[101]

居延漢簡에서 볼 때 施刑은 完城旦以下에만 행해지는 것이 아니라, 그보다 중형인 髡鉗에게도 행해지고 있는 점에서 王充의 施刑 관련의 기사는 사실을 전한 것이 아니다.[102] 또한 光武帝 建武 22년 九月 戊辰

---

100) 『漢書』 卷8 「宣帝紀」, p.236, "孟康曰: 復音服, 謂弛刑徒也, 有赦令詔書去其鉗釱赭衣. 更犯事, 不從徒加, 與民爲例, 故當復爲官作, 滿其本罪年月日, 律名爲復作也. 師古曰:「孟說是也. 趙徵卿淮陽人, 胡組渭城人, 皆女徒也. 二人更遞乳養曾孫. 而邴吉傳云郭徵卿. 紀·傳不同, 未知孰是. 更音工衡反.」"

101) 吳榮曾, 『先秦兩漢史研究』(北京: 中華書局, 1995), p.280. 孟康의 주석을 분석한 吳榮曾에 따르면, 弛刑은 첫째, 반드시 황제의 赦令詔書가 있어야 하며, 둘째, 刑具와 赭衣를 解去하며, 셋째, 재차 범행시에도 평민의 신분으로 처리하고 형도로 간주하지 않았다. 넷째는 원래 판결된 형기는 불변이며 계속해서 만기가 될 때까지 복역해야 한다. 謝桂華 等, 『居延漢簡釋文合校』(北京: 文物出版社, 1987), p.652, "(552.3 + 552.4) 入南書五封 三封都尉印一詣府 一詣□□大守府六月九日責戍屬行謹□在尉所詣□壽掾革 一合渠甲塞尉印詣會水塞尉六月十一日起一□史候史印詣官六月十八日起 十六年六月十七日平旦時橐他燧長萬世受破胡弛刑孫明.";『漢書』 卷8 「宣帝紀」, pp.260-261, "(神爵元年)西姜反 發三輔、中都官徒弛刑."

日에 지진이 발생하자 민심을 안정시키기 위해 내린 조서를 보더라도 모든 죄수가 鉗을 차고 있었음을 알 수 있다. 지진이 발생한 "戊辰日 以前"에 판결을 받은 사죄수는 형벌을 1등 감하고, 그 밖의 徒는 鉗(釱) 을 면제해주고 絲絮를 입을 수 있게 하는 조치를 내리고 있다.[103] 여 기에서 언급한 徒는 사죄수 이외의 모든 형도를 의미하므로 髡鉗 이 하 모든 형도가 鉗釱되어 있다고 볼 수 있다.[104]

施刑徒의 신분 표기법은 일반 형도와 다르다. 施刑은 형기가 남아 있으나, 그 신분은 평민에 준하는 것이었다.[105] 居延漢簡에 성명 앞에 施刑徒, 施刑士五라고 하거나, "故"를 붙여서 施刑故司寇로 표시하여 현 재 형도가 아님을 표시하고, 籍貫도 원래의 郡縣里로 표시하여 復籍되 었음을 표시하고 있다.[106] 또한 施刑故司寇라는 그 용어 자체가 원래

---

102) 『居延漢簡釋文合校』, p.366, "(227.8)髡鉗城旦孫□坐賊傷人初元五年七月庚寅論 初元五年八月戊申以詔書施刑 故騎士居延廣利里　完城旦錢萬年坐蘭渡塞初元 四年十一月丙申論初元五年八月戊申以詔書施刑故戍卒居延市　　甲渠候官初元 五年□延吏□□簿　●凡□二百十里九十三步."

103) 『後漢書』卷1下 「光武帝紀」, p.74, "九月戊辰, 地震裂. 制詔曰: 「日者地震, 南陽 尤甚. 夫地者, 任物至重, 靜而不動者也. 而今震裂, 咎在君上. 鬼神不順無德, 災殃將及吏人, 朕甚懼焉. 其令南陽勿輸今年田租芻槀. 遣謁者案行, 其死罪繫 囚在戊辰以前, 減死罪一等; 徒皆弛解鉗, 衣絲絮. 賜郡中居人壓死者棺錢, 人三 千. 其口賦逋稅而廬宅尤破壞者, 勿收責. 吏人死亡, 或在壞垣毁屋之下, 而家贏 弱不能收拾者, 其以見錢穀取備, 爲尋求之."

104) 『後漢書』卷1下 「光武帝紀」, p.92, "徒皆弛解鉗 按:李慈銘謂以注文詳之, 此當 衍一「解」字, 脫一「釱」字."

105) 『後漢書』卷1下 「光武帝紀」, p.74, "弛, 解脫也. 倉頡篇曰: 「鉗, 釱也.」音奇炎 反. 前書音義曰: 釱, 足鉗也. 音徒計反, 又大蓋反. 舊法, 在徒役者不得衣絲絮, 今赦許之."; 『後漢書』卷4 「和帝紀」, p.169, "冬十月, 令郡國弛刑輸作軍營. 其徒 出塞者, 刑雖未竟, 皆免歸田里."; 『後漢書』卷4 「和帝紀」, p.173, "庚辰, 至自長 安, 減弛刑徒從駕者刑五月."; 『後漢書』卷1下 「光武帝紀」, p.78, "遣謁者分將施 刑補理城郭. 發遣邊民在中國者, 布還諸縣, 皆賜以裝錢, 轉輸給食."; 『後漢書』 卷2 「明帝紀」, p.95, "其施刑及郡國徒, 在中元元年四月己卯赦前所犯而後捕繫 者, 悉免其刑."

106) 『居延漢簡釋文合校』, p.192, "(118.17) 元康四年二月己未朔乙亥使護鄯善以西校

司寇도 형구를 채웠으나 施刑하여 형구를 풀어준 증거라고 할 수 있다.

또한 完城旦 以下의 형도에게 조건 없이 施刑했는지의 문제는 후한의 無任·五任 문제와 관련시켜 보면 보다 분명해진다. 아래 28)의 자료는 후한시대 洛陽의 형도묘에서 출토된 墓地磚의 일부이다. 前漢 景帝의 陽陵 형도묘에서 출토되었던 형구가 洛陽의 刑徒墓에서도 출현했다면 후한시대의 형구 착용 상황을 용이하게 파악할 수 있겠지만, 애석하게도 洛陽刑徒墓에서 형구가 출토했다는 보고는 없다. 비록 형구의 실물은 보이지 않으나 아래의 無任·五任과 관련시켜 본다면 이들 죄수들도 형구를 찼던 것으로 생각된다.

28) ① 無任陳留封丘髡鉗王勤元初六年閏月六日死

② 無任南陽武陰完城旦捐祖永初元年七月九日物故死在此下

③ 右部無任勉刑潁川潁陰鬼新範雍不能去留官□致醫永初元年六月廿五
日物故死在此下

④ 右部無任沛國與秋司寇周捐永初元年六月十一日物故死在此下官不負

⑤ 五任南陽魯陽鬼新胡生代路次元初/六年閏月

⑥ 右部五任下邳下相髡鉗曹福代胡非永初元年六月廿六日物□

⑦ 右部五任汝南瞿陽髡鉗馮少永初元年六月十八日物故死在此下[107]

이 자료들의 앞부분에는 모두 無任과 伍任(五任)이 보인다. 隣保조

尉吉副衛司馬富昌丞慶都尉宣建都☒ 乃元康二年五月癸未以使都護檄書遣尉丞赦將施刑士五十人送致將車□發.";같은 책, p.449, "(268.3)施刑故司寇☒";같은 책, p.530, "(337.8)施刑士左馮翊帶羽披落里上";『居延新簡』, p.349, "(E.P.T58:3)施刑屯士沛郡山倉縣里趙延年."張建國은 施刑이 형도신분에서 벗어나는 것은 아니며, 단지 형구의 착용을 면제시켜주는 것으로 이해하였다.[「漢代的罰作、復作與弛刑」(『中外法學』2006-5, pp.606-609].

107) 中國科學院考古研究所洛陽工作隊, 「東漢洛陽城南郊的刑徒墓地」(『考古』1972-4), pp.2-19.

직의 보증이 있는 五任의 경우는 髡鉗이라도 형구를 채우지 않지만, 無任의 형도는 保任을 받지 못해 형구를 차야하는 존재들이었다.[108] 이것은 師古注에도 언급된 내용이다.[109] 無任의 형도가 형구를 차는 것이 확실하다면, 洛陽의 刑徒墓磚에 司寇로부터 髡鉗까지의 죄수에 無任이 보이는 것은 모든 형도가 형구를 차고 있는 증거라고 할 수 있다.[110] 반면에 五任은 형구를 풀어주는 점에서는 같지만, 施刑과 신분은 엄연히 다르다. 五任과 無任의 경우는 현재 형도의 신분이기 때문에 完城旦·司寇 등 형명으로 표시되며, 자신의 거주지 대신에 獄名이 표시되는 것이 당연하다. 이것은 施刑이 刑名을 사용하지 않은 것과 다르다. 예를 들어 "右部無任沛國與秋司寇周捐永初元年六月十一日物故死在此下官不負"에서 "沛國與秋"는 司寇 周捐의 거주지가 아니라 낙양으로 이감되기 전에 소속되었던 감옥 소재지이다. 司寇 周捐은 無任이라서 형구를 착용하고 있어야 했다. 洛陽刑徒墓에서 형구를 착용해야 하는 無任에 髡鉗·完城旦·司寇가 모두 확인되는 것에서 볼 때, 城旦以下의 刑徒를 施刑한다는 王充의 서술은 올바른 것이 아니며, 모든 죄수

---

108) 于振波, 「無任與五任」(『華南師範大學學報』 2006-2), pp.99-101. 無任과 五任에 관해서는 胡三省의 5가지 재능이 있다는 해석이 있으나, 최근에는 연대보증을 의미하는 伍任이라는 견해가 더 설득력이 있다. 吳礽驤 等, 『敦煌漢簡釋文』(蘭州: 甘肅人民出版社, 1991), p.20, "(214)無部署須具伍任乃予符盜符者數請其罪任者皆易不從作其無任者勿予符惡子爲不從作"; 『居延漢簡釋文合校』, p.45, "(29.8)近倉穀里三銖五分五家相證任伍中□ ☑尉誼臨"

109) 『漢書』 卷8 「宣帝紀」, p.260, "李奇曰: 「弛, 廢也. 謂若今徒解鉗釱赭衣, 置任輸作也.」 師古曰: 「中都官, 京師諸官府也. 漢儀注長安中諸官獄三十六所. 弛刑, 李說是也. 若今徒囚但不枷鎖而責保散役之耳. 弛音式爾反.”

110) 中國科學院考古研究所洛陽工作隊, 「東漢洛陽城南郊的刑徒墓地」, pp.6-7, pp.18-19. 이 글의 附表에는 無任만 19건이, 본문에는 五任 해당자가 4명 보고되어 있다. 원래 五任의 숫자는 無任보다 적었기 때문에 보고된 숫자가 적은 것이다. 杜玉生, 「東漢刑徒墓志磚的發現與研究」(『書法雜志』 2005-3). 杜玉生에 의하면 磚志銘文에 刑名이 표기된 408개 중에서 無任은 291개, 五任은 겨우 8개이다.

가 형구를 착용하고 있었다고 결론을 내릴 수 있다.[111]

　無任의 형도가 형구를 착용한 것은 후대의 율령에도 나타나고 있
다. 北齊의 율령에서는 "二歲刑 이상은 鉗한다."고 규정되어 있고, 南朝
梁代에 2세형 이상의 無任者는 升(斗)械를 착용했고, 질병이 있을 때에
나 임시로 풀어주었다.[112] 이 때에 梁律에는 漢代의 전통을 계승하여
"三曰刑罪, 即耐罪也"라고 했는데, 耐罪이상이 2세형 이상 모두를 지칭
하는 용어이지만 동시에 刑罪로 지칭되기도 했다. 이상에서 분석한
것처럼 王充의 施刑 언급과 달리, 司寇로부터 髡鉗에 이르기까지 형기
에 관계없이 도주를 방지하기 위해서 刑具를 채운 漢律의 전통은 후
대에 계승되었다.[113]

　한대 죄수의 체발 상황을 보여주는 것이 山東省 諸城縣에서 출토된
후한시대의 화상석인데, 죄수들의 구체적인 형명은 알 수 없다.(羌族
포로라는 견해도 있다) 髡刑圖는 높이 152cm, 폭 76cm의 화상석 상부
에 위치해 있다. 윗편에 7인이 進賢冠을 쓰고 양손에는 笏을 잡고 앉
아 있으며 그 앞에는 식기가 놓여 있다. 笏을 들고 있는 오른쪽 5인,
왼쪽 12인의 官吏들이 둘러싸고 있는 가운데에는 髡刑이 행해지고 있
다. 刑을 집행하는 사람은 12인인데, 刀를 들고 있다. 受刑者는 모두 20

111) 施刑은 형구의 착용을 면제시켰어도 형기가 남아 있다는 점에서 형에서
　　완전히 벗어난 免刑과는 다른 것이다. 이들 죄수들은 免刑 〉 施刑 〉 五任
　　〉 無任의 서열이라고 할 수 있다.
112) [宋] 司馬光, 『資治通鑑』(北京: 中華書局, 1956), 卷159 「梁紀十五」, p.4935, "上
　　敦尚文雅, 疏簡刑法, 自公卿大臣, 咸不以鞫獄爲意. 姦吏招權弄法, 貨賂成市,
　　枉濫者多. 大率二歲刑已上歲至五千人; 徒居作者具五任, 其無任者著升械; 若疾
　　病, 權解之, 是後囚徒或有優, 劇."
113) 『隋書』卷25 「刑法志(齊)」, pp.705-706, "三曰刑罪, 即耐罪也. 有五歲、四歲、三
　　歲、二歲、一歲之差. 凡五等. 各加鞭一百. 其五歲者, 又加笞八十, 四歲者六十,
　　三歲者四十, 二歲者二十, 一歲者無笞. 並鎖輸左校而不髡. 無保者鉗之. (중략)
　　自犯流罪已下合贖者, 及婦人犯刑已下, 侏儒、篤疾、癃殘非犯死罪, 皆頌繫之.
　　罪刑年者鎖, 無鎖以枷. 流罪已上加杻械."

인으로 褐衣를 입고 있고 맨발이다. 秦漢시기 죄수의 두발 길이에 대
해서 冨谷至는 삭발형이 아니라 10cm 정도라고 주장하는데,[114] 그의
주장은 居延漢簡의 지명수배된 望□苑의 髠鉗鈦左右止 馮宣의 두발 길
이가 5-6寸(11.5~13.8cm)이라는 것에 근거한 것이다.[115]

[그림 1] 任日新, 「山東諸城漢墓畫像石」(『文物』 1981-10), p.18.

---

114) 冨谷至(임병덕·임대희 역), 『유골의 증언-古代中國의 刑罰-』(서울: 서경문
　　화사, 1999), pp.96-99.
115) 『居延漢簡釋文合校』, p.68, "(40.1) 望□苑髠鉗鈦左右止 大奴馮宣 年廿七八歲
　　中壯髮長五六寸靑黑色毋須衣皁袍白布絝履白革舄持劍亡."

[그림 2]　　　　[그림 3]　　　　[그림 4]

　　秦代 일반인들의 두발 길이는 『睡虎地秦墓竹簡』 「封診式」 "賊死 爰書"
에 보이는 屍身의 두발 길이 2尺(약 46cm) 정도였을 것으로 생각된
다.[116] 죄수의 두발 길이는 西晉시기 劉頌의 상언에 의하면 3촌(6.9cm)
이하로 유지하는 것이 원칙이었다.[117] 이렇게 볼 때 도망한 亡奴 馮宣
의 두발 길이 6촌은 규정보다 3촌이 더 자란 것이다. 여하튼 죄수의
두발 규정이 馮宣의 두발 길이인 5·6寸인지, 아니면 劉頌의 언급에 나
타난 3寸인지는 분명하지 않다. 그런데 위의 화상석에 보이는 일부
죄수의 봉두난발한 두발은 이제 막 자르려고 結髮한 것을 풀어놓은
것으로 그 길이는 馮宣의 5·6寸(11.5~13.8cm)보다 훨씬 길다.(그림 2) 더
욱이 4인의 두발이 이미 삭발 상태이기 때문에 두발을 삭발하는 것이
원칙으로 생각되며,(그림 3, 4) 두발이 자라서 일정한 길이에 도달하
면 재차 삭발하는 것으로 생각된다. 諸城 漢墓畫像石의 髡刑圖는 비록
형도의 형명이 특정되어 있지는 않지만 형도들이 체발하고 있는 자
료로 활용할 수 있을 것이다.
　　지금까지 논의한 것처럼 居延漢簡 등에는 "故司寇" 등에 施刑이 보
이고, 형구 착용의 면제를 해준 기록으로 볼 때 죄수들은 형명에 관
계없이 모두 刑具를 채웠던 것으로 보인다. 그렇다면 文帝의 개혁 이

---

116) 『睡虎地秦墓竹簡』, pp. 264-265.
117) 『晋書』 卷30 「刑法志」, p. 932, "古者用刑以止刑, 今反於此 : 諸重犯亡者, 髮過三
　　寸輒重髡之, 此以刑生刑; 加作一歲, 此以徒生徒也."

후 형구의 측면에서 볼 때 完城旦舂·耐爲鬼薪白粲은 髡鉗城旦舂과 차이
가 없어졌다.[118] 『集解漢書音義』에 인용된 漢律은 이러한 것을 확인시
켜준다.

> 29) 集解漢書音義: "일체를 모두 체포한 것이다. 律에 모든 囚徒가 사사
> 로이 桎梏鉗赭를 벗으면 一等을 加罪한다. 다른 사람을 위해 解脫하
> 면 (죄수와) 같은 죄가 된다. (義)縱은 鞫問하고 서로 음식을 보내
> 준 자 200인을 死罪를 해탈한 것으로 하여 모두 죽인 것이다."[119]

이 주석에 인용된 漢律에는 "諸囚徒가 刑具를 함부로 풀면 1등을 加
罪한다"고 규정되어 있는데, 諸囚徒는 모든 죄수를 가리키는 것이므로
囚徒 모두에게 桎梏鉗赭를 했다는 움직일 수 없는 증거로 보아야 할
것 같다. 이것은 일부 논자들이 제기한 文帝 改制시기에 髡鉗이 제정
되었고 그 대칭어로 사용된 完城旦은 剃髮과 鉗 착용을 하지 않았다는
견해가 잘못임을 말해준다.[120]

그렇다면 모든 죄수들에게 형구를 채우는 상황으로 바뀌게 된 이
유는 무엇일까? 전술한 바와 같이 秦律과 二年律令의 단계에 있어서는

---

118) 鬼薪白粲의 髡鉗은 文帝 이전과 이후에 차이가 있다. 秦律에서는 鬼薪白粲
에 髡을 하지 않고 耐만을 했으나, 文帝 개제 이후에는 髡으로 바뀌었다.

119) 『史記』卷122「酷吏列傳」, p.3146, "集解漢書音義曰: 一切皆捕之也. 律, 諸囚徒
私解脫桎梏鉗赭, 加罪一等; 爲人解脫, 與同罪. 縱鞫相贍餉者二百人爲解脫死
罪, 盡殺也." 이 율문은 嶽麓秦簡에도 확인된다. 朱漢民·陳松長, 『嶽麓書院
藏秦簡(伍)』(上海: 上海辭書出版社, 2017), p.141, "220/1922: ●諸當衣赤衣冒氈,
枸櫝杕及當鉗及當盜戒(械)而擅解衣物以上弗服者, 皆以自爵律論之, 其皐鬼 221/
1764: 薪白粲以上, 有駕(又加)皐一等."

120) 범죄자의 가족조차 형구를 채우는 것으로 보아 범죄자들은 모두 형구를
착용했을 것으로 보인다. 『後漢書』卷66「陳留列傳」, p.2171, "蕃友人陳留朱震,
時爲銍令, 聞而弃官哭之, 收葬蕃尸, 匿其子逸於甘陵界中. 事覺繫獄, 合門桎梏.
震受考掠, 誓死不言, 故逸得免. 後黃巾賊起, 大赦黨人, 乃追還逸, 官至魯相."

隷臣妾·司寇가 城旦舂·鬼薪白粲을 감시하는 위치에 있었기 때문에 囚衣의 경우 피감시자와 동일하게 착용한다고 해도(司寇는 囚衣착용 면제) 형구 착용의 측면에서 차별성이 있어야 했을 것이다. 이 당시의 형구는 일종의 고문 기구를 방불케 하는 것이다. 商代에 柳를 채운 노비의 陶俑을 보면 양손을 등 뒤로 묶고 있는데, 이같은 反接 또는 面縛 형태의 형구 착용은 그 자체로서도 도주 방지의 효과는 물론이고 엄청난 고통을 수반하는 것이다.[121] 결국 秦律은 黥·完·耐에 따라 각각의 표식과 형구를 달리하여 죄수를 식별하고 대우의 차이를 두며 상호 감시하는 시스템을 채택하고 있었던 것이다. 그러나 文帝 13년에 형기가 有期로 바뀌면서 죄수들은 감시자와 피감시자의 관계에서 5~2년의 형기 차이로 바뀌게 되었다. 文帝 13년 이전과 비교한다면 1년 복역할 때마다 다음 단계의 형명으로 바뀌는 고만고만한 죄수에 불과한 것이므로 감시자와 피감시자의 관계로 되기는 곤란했다. 특히 司寇의 경우 이년율령의 시점에서는 준서인의 신분으로서 형구를 차지 않고 50畝의 경작지를 지급받아 비교적 자유롭게 경작에 임했지만, 文帝의 형법개정 이후에는 형구를 착용하는 것으로 인신적 구속이 강화되었던 것이다.

 文帝 13년 이후에 完城旦·鬼薪白粲·司寇 등 죄수들이 髡鉗城旦舂과 동일하게 두발을 깎은 의미는 무엇인가? 文帝 13년 이전에 完城旦舂과 耐爲鬼薪白粲의 사이에 존재했던 髡刑·完刑·耐刑의 구별이 더 이상 의미가 없어졌을 뿐만 아니라 그 개념상 혼동이 발생한 것을 뜻한다. 즉, 完刑은 그 반대 개념인 不完(肉刑)의 폐지로 존재 의미가 소멸되었고, 모든 죄수들에게 髡刑을 확대한 결과 髡刑·完刑·耐刑의 형명과 실제 집행 사이에 발생한 불일치 현상이 후대의 주석을 혼란스럽게 만

---

121) 인성평, 『신권의 일천년』(서울: 시공사, 2003), pp.26-27; 宋杰, 위의 논문, p.141.

든 원인이 되었던 것이다.

이런 점에서 본다면 西晉의 율령에서 모든 徒刑을 "髡鉗○歲"와 같은 방식으로 개정한 것은 髡鉗에서 司寇에 이르는 형도들이 모두 髡鉗을 했던 실제의 상황을 반영한 것이라고 할 수 있다.[122] 즉, 文帝의 형법개정 이후에 髡鉗城旦과 完城旦이 刑具와 赭衣의 측면에서 하등의 차이가 없음에도 完城旦舂이 곤겸하지 않은 듯한 혼동을 시정한 것이기도 하다. 마찬가지로 鬼薪白粲도 赭衣를 입고 髡鉗할 뿐만 아니라, 鬼薪白粲이 본래 형명과는 상관 없는 노역에 종사하고, 형명에 형기를 알 수 있는 단서가 전혀 없었기 때문에 髡鉗 3세형으로 개정했던 것이다.[123] 이상에서 검토한 사항을 표로 정리하면 다음과 같다.

[표 8] 秦律에서 晉律까지의 형도의 상태

		黥城旦舂 → 髡鉗城旦舂	完城旦舂	鬼薪白粲	隷臣妾	司寇
秦律	赭衣	●	●	●		
	髡	●	●	●		
	鉗釱	●	●	●		
二年律令	赭衣					
	髡					
	鉗釱					
元帝(『急就篇』)	赭衣	●	●	●	소멸	○
	髡	●	●	●	소멸	○
	鉗釱	●	●	●	소멸	○
後漢(『後漢書』 및 洛陽刑徒)	赭衣	●	●	●	소멸	●
	髡	●	●	●	소멸	●
	鉗釱	●	●	●	소멸	●

---

122) 『唐六典』, p.181, "髡刑有四: 一曰髡鉗五歲刑, 笞二百; 二曰四歲刑; 三曰三歲刑; 四曰二歲刑." 여기에서 "二曰四歲刑" 이하가 마치 髡鉗하지 않은 것처럼 보이지만, 그 앞에 "髡刑有四"라고 분명히 규정하고 있으므로 二曰四歲刑은 二曰髡鉗四歲刑의 생략임이 확실하다.

123) 秦律에는 城旦舂의 고유 노역이 존재했던 것으로 생각된다. 司空律에 城旦 노역에 종사할 때는 식량지급 규정을 달리한 것이 이를 말해준다.

		黥城旦春 → 髡鉗城旦春	完城旦春	鬼薪白粲	隷臣妾	司寇
曹魏	赭衣	髡鉗	完刑3	作刑3	소멸	
	髡				소멸	
	鉗釱				소멸	
西晋 髡鉗 4종	赭衣	○	○	○	소멸	○
	髡	●	●	●	소멸	●
	鉗釱	○	○	○	소멸	○

●(확인자료) ○(추정)

V. 髡, 完, 耐에 대한 기존 해석의 검토

앞에서 언급했듯이 필자는 가급적 魏晋 주석가들의 견해와 거리를 두고 분석하려 했고, 이들 주석가들의 견해를 Ⅱ장에서 의도적으로 언급하지 않았다. 이것은 그들의 견해에서 자유로울 필요가 있었기 때문이다. 그런데 현재 우리는 魏晋시대 주석가들이 보지 못했을 秦律 및 二年律令 등을 가지고 검토한다는 점에서 그들보다 양호한 조건 하에 있다고 할 수 있다. 그들의 견해도 오류가 있을 수 있기 때문에, 지금까지 검토한 필자의 결론에 입각하여 後漢 이래의 주석들이 어떠한 입장에서 髡刑·完刑·耐刑을 분석했는지 평가하는 것도 의미 있는 것이라고 생각된다.

文帝 이전에는 黥城旦春·完城旦春 등으로 구분되어 있지만, 文帝 13년의 改制 이후 髡鉗城旦春이 출현했다. 髡鉗刑이 제정됨으로써 完城旦春은 체발하지 않았을 것으로 생각되지만, 完城旦春도 秦律에서와 마찬가지로 계속 체발하고 있기 때문에 髡鉗과 完의 구별은 아무런 의미도 갖지 못하고 기존에 존재했던 刑名의 승계에 불과하였다. 이것을 반영하여 후한시대에는 右趾~髡鉗城旦春과 完城旦春~司寇로 구분하고 있지만, 후한의 다른 자료에서는 이를 耐罪로 묶어서 부르고 있다. 이것은 耐罪가 髡鉗 및 司寇까지의 徒刑 전체를 포괄하는 것으로 생각

된다.

Ⅱ장에서 인용했던 『後漢書』「陳寵列傳」 등의 자료에 의하면 형벌의 범죄는 死罪·耐罪·贖罪의 3개 부류로 간단하게 정리되어 있다. 이것은 사형과 속죄를 제외한 有期徒刑은 모두 耐罪라고 할 수 있다. 이것은 "二歲刑 이상이면 耐罪"라고 하는 것과도 일치한다. 비록 후한시기에 일반 徒刑을 贖刑할 때 "死罪入縑二十匹, 右趾至髡鉗城旦春十匹, 完城旦至 司寇三匹"과 같이 구분하고 있지만, 여기에서 死罪를 제외한 나머지는 모두 耐罪에 해당하는 것이다. 이것은 文帝의 개제 이후에 耐罪 = 髡의 의미로 변화한 것임을 의미한다. 後漢과 西晉의 경우는 耐 = 髡으로 의 미가 굳어졌다고 생각된다. 이러한 耐罪는 晉律에서 髡鉗○歲刑의 형태 로 바뀌었음도 앞에서 고찰하였다. 결론적으로 2歲刑 이상은 耐刑으로 묶고, 그 내부는 髡刑·完刑·耐刑의 형명을 혼용하고 있었다.

後漢시대 이래 完刑·髡刑·耐刑에 관한 주석가들의 견해가 서로 모 순된 것은 방금 필자가 분석한 바와 같이 文帝의 개제 이후 형도들이 모두 유기형으로 바뀌면서 그 형벌 등급 간 존재했던 차별성이 사라 지고, 모든 형도들을 차별 없이 髡鉗하였지만 기존의 형명을 그대로 사용한 것에서 비롯된 것이다. 그 결과 後漢 이래 주석가들의 完 = 耐 라는 해석도, 耐 = 髡라는 해석도 출현했다고 생각한다. 이러한 결론 에 입각하여 後漢 이래의 주석을 검토해보기로 하자.

[표 9] 주석가의 관점 비교

주석가	시기	관점	사료
鄭司農	後漢 章帝(?-83)	髡 ≠ 完	周禮注疏 掌戮 髡者使守積 △鄭司農云髡當爲完△謂但居作三年不虧體者也玄 謂此出五刑之中而髡者必王之同族不宮者宮之爲囂 其類髡頭而已守積積在隱者宜也
班固	後漢(32-92)	髡 = 完	髡者使守積 –完者使守積

주석가	시기	관점	사료
許愼	後漢(58-147)	完 = 耐	而部: 耏. 罪不至髡也. 從而從彡.
應劭	後漢 蕭令	完 = 耐	輕罪不至於髡, 完其耏鬢, 故曰耏.
如淳	魏 陳郡丞		"律 『耐爲司寇, 耐爲鬼薪·白粲』. 耐猶任也."
孟康	魏 散騎常侍	髡 = 完	不加肉刑, 髡剃也
蘇林	魏 黃初		一歲爲罰作, 二歲刑已上爲耐. 耐, 能任其罪.
臣瓚	西晋		文帝除肉刑, 皆有以易之, 故以完易髡, 以笞代劓, 以鈦左右止代刖. 今既曰完矣, 不復雲以完代完也. 此當言髡者完也.
顔師古	唐		
李賢	唐	完 = 耐	完者, 謂不加髡鉗而築城也

이러한 주석들은 크게 A) 完 = 耐, B) 完 = 髡, C) 完 = 身體髮膚 溫全
(두발 포함)의 3가지로 정리할 수 있다. 우선 A) 完 = 耐로 보는 것은
江遂·應劭·段注에서 보이는데, 完은 수염만 깎는 것이라는 이해이다.

30) 江遂注云: "漢令稱完而不髡曰耐."[124]

31) "耐罪不至髡也", 段注, "耐 不剃其髮, 僅去須鬢"[125]

32) 應劭注 "輕罪不至于髡, 完其耏鬢, 故曰耏."[126]

---

124) 『史記』 卷81 「廉頗藺相如列傳」, p.2446, "王粲詩云「許歷爲完士, 一言猶敗秦」, 是言趙奢用其計, 遂破秦軍也. 江遂曰「漢令稱完而不髡曰耐, 是完士未免從軍也.」"

125) 『說文解字注(經韵樓臧版)』, p.458.

126) 『史記』 卷118 「淮南衡山列傳」, p.3092, "集解應劭曰: 輕罪不至於髡, 完其耏鬢, 故曰耏. 古『耏』字從『彡』, 髮膚之意. 杜林以爲法度之字皆從『寸』, 後改如是. 耏音若能.」 如淳曰:「律『耐爲司寇, 耐爲鬼薪·白粲』. 耐猶任也.」 蘇林曰:「一歲爲罰作, 二歲刑已上爲耐. 耐, 能任其罪.」; 『漢書』 卷1下 「高帝紀」, p.64, "應劭曰: 輕罪不至于髡, 完其耏鬢, 故曰耏. 古耐字從彡, 髮膚之意也. 杜林以爲法度之字皆從寸, 後改如是. 言耐罪已上, 皆當先請也. 耐音若能.」 如淳曰:「耐猶任也, 任其事也.」 師古曰:「依應氏之說, 耏當音而, 如氏之解則音乃代反, 其義亦兩通. 耏謂頰旁毛也. 彡, 毛髮貌也, 音所廉反, 又先廉反. 而功臣侯表宣曲侯通耏爲鬼薪, 則應氏之說斯爲長矣."

30)은 江遂가 "完"에 대해서 주석을 달은 것이다. 江遂의 생졸연대에 대해서는 알려진 바가 없으나, 그가 인용한 30)의 漢令은 文帝개정 이후의 자료로 생각된다. 왜냐하면 30)의 『史記』 卷81이 武帝 시기의 기사이고, 文帝 改制 이후에나 髡刑이 출현하기 때문이다. 또한 不髡曰耐라고 한 것으로 보아, 漢令에서 髡과 耐는 다른 개념으로 구별되고 있음도 분명하다.

江遂의 주석에서 完과 不髡曰耐 사이에 있는 而를 해석하는 방법에 따라 주석 내용이 달라진다. 而의 전반을 a, 후반을 b라고 했을 때, ㉠ a 즉 b의 관계(a = b), ㉡ a and b로서, 각각 별개의 사항을 설명하는 것이다.

而를 ㉠으로 해석하면, "漢令에서는 完이라 하고, 不髡하는 것을 耐라고 한다."는 의미로 되어 完 = 不髡 = 耐의 등식이 된다. 그러나 而를 ㉡으로 해석하면 "漢令에서는 完이라고 하지만, 不髡하는 것을 耐라 한다."로 해석할 수도 있다. 즉, 完 ≠ (不髡 = 耐)의 입장이다. 앞에서 입증하였듯이 漢律에서는 完 = 髡, 不髡 = 耐의 개념이었으므로 江遂의 주석은 ㉡의 관계로 해석해야 한다. 그렇다면 "漢令에는 完이라고 칭하지만, 不髡한 것을 耐라 한다."는 의미로 해석된다. 즉, 두발을 깎지 않는 것이 耐라는 것으로 完 = 髡, 不髡 = 耐의 등식관계, 즉, 完 ≠ (不髡 = 耐)가 성립한다. 따라서 江遂가 파악한 "完 ≠ (不髡 = 耐)"의 등식 관계는 文帝개혁 이전의 상황을 비교적 정확하게 지적한 것이다.[127] 이렇게 본다면 江遂는 A)의 범주는 아니라고 할 수 있다.(完 ≠ 耐의 입장) 한편 王森은 江遂의 주를 漢令稱"完而不髡"曰耐로 읽고 完 = 耐의

---

127) 신체발부가 중시된 때이지만, 完刑의 경우 두발을 잘린 마당에 수염도 당연히 모두 깎았을 가능성이 있다. 아울러 『孝經』이 漢代에 중시되었기 때문에 두발을 자르는 것이 完刑으로 간주되었을 것이라는 주장은 秦代에 이미 수염을 중시하는 풍조가 있었기 때문에 秦代 이전으로 신체발부의 중시 시점이 소급되어야 한다.

의미로 해석하고 있다.[128] 그러면 이때의 完은 두발을 깎지 않고 남겨
둔다는 의미인지? 이렇게 해석할 때는 의미가 매우 이상하게 되므로
채택하기 곤란하다.[129] 한편 江遂의 주장을 고전 한문법에서 사용하
는 "稱A曰B"의 문법에 따라 "漢令에서 육형을 가하지 않되 두발도 자
르지 않는 것(完而不髡)을 가리켜 (수염을 자르는) 耐라고 한다."는 해
석도 가능하다. 이렇게 해석할 경우 耐가 수염만을 자르는 형벌이라
고 하는 의미를 가리키는 것으로서 해석할 수 있다.

許愼과 段玉裁, 應劭는 完 = 耐의 입장이다. 『說文』에 "耐罪는 髡에는
이르지 않는다."고 했고, 段注에서는 "두발을 깎지 않고 단지 수염만
을 깎는 것을 耐"라고 하였다. 『說文』의 "耐罪는 髡에는 이르지 않는
다."는 것은 江遂가 인용한 漢令과 동일한 맥락이다. 應劭가 "輕罪는 髡
刑까지 이르지 않고, 髡鬢을 完한다. 그러므로 耏라고 한다."고 한 것
은 『說文』의 내용과 일맥상통한다. 應劭의 경우 髡과 耐는 분명히 다르
며, 完 = 耐로 간주하고 있다. 여기에서 "髡鬢을 完한다"에서의 "完"은
온전하게 둔다는 뜻이 아니라 "髡鬢을 깎는다"는 의미이다. 만약 完을
일반적인 의미에서의 "온전함"으로 해석하면 두발과 수염 모두를 깎
지 않는 것이 되어 형벌의 의미가 없으므로, 完을 "깎는 것"으로 해석
해야 한다.[130]

필자의 견해로는 許愼·應劭의 "耐罪不至于髡" 또는 "輕罪不至于髡"은
제대로 된 해석이지만, 完 = 耐는 후한시대의 입장이 반영된 것으로
생각된다. 다시 말해서 輕罪는 髡刑에까지 이르지 않는다는 것은 가
벼운 죄는 두발을 깎지 않는다는 해석인데, 이를 雲夢秦簡에 耐爲司寇

---

128) 王森, 위의 논문, p.87.
129) 杜正勝도 完과 耐는 분명히 다른 개념이라며 같은 것으로 보는 것에 반대
한다. 杜正勝, 위의 논문, p.177.
130) 韓樹峰, 「秦漢律令中的完刑」, p.51; 程樹德, 『九朝律考』(北京: 中華書局, 1963),
p.44, "按完者, 完其髮也, 謂去其鬢而完其髮, 故謂之完." 程樹德은 應劭의 주
석과는 달리 完을 남겨둔다는 의미로 해석했다.

에서 耐爲鬼薪白粲까지만 수염을 깎았던 것을 상기할 때 이들의 주석
은 秦律을 대상으로 고찰한 것이며, 그 해석은 정확한 것으로 생각된
다. 다만 完 = 耐라고 하는 입장이 옳은 것은 아니다. 秦律의 完은 髡
과 동일한 것이므로, 完 = 耐로 해석한 것은 후한시대의 관점이 반영
된 것이며 秦律과는 일치하지 않는다. 이것은 이들의 시대에 있어 完
의 개념을 제대로 이해할 수 없는 변화가 발생했기 때문이다.

　李賢이 完을 髡鉗하지 않는 것으로 이해한 것 역시 完 = 耐의 입장
이다.[131] 李賢은 完刑과 髡刑이 다른 것으로 간주하고 있음을 알 수 있
는데, 이는 필자가 고찰한 것에 따른다면 秦代의 진실이라고 하기는
곤란하다.

　B) 完 = 髡의 시각인데, 班固와 師古, 孟康이 이에 해당한다.

　　33) 墨刑을 받은 자로 하여금 門을 지키게 하고, 劓刑을 받은 자로 하여
　　　금 關을 지키게 하고, 宮刑을 받은 자로 하여금 內를 지키게 하고,
　　　刖刑을 받은 자로 하여금 園囿를 지키게 하고, 髡刑을 받은 자는 積
　　　聚物을 지키게 한다. 鄭司農注에 "髡은 당연히 完으로 해야 하며, 관
　　　부에서 3년 복역하며, 신체를 손상하지 않는 것이다."라고 하였다.
　　　(墨者使守門, 劓者使守關, 宮者使守內, 刖者使守囿, 髡者使守積. 鄭司農
　　　注云: 髡當爲完, 謂居作三年不虧體也.)[132]

　　34) 무릇 殺人한 자는 시장에서 사형에 처하고, 墨刑을 받은 자로 하여
　　　금 門을 지키게 하고, 劓刑을 받은 자로 하여금 關을 지키게 하고,
　　　宮刑을 받은 자로 하여금 內를 지키게 하고, 刖刑을 받은 자로 하여
　　　금 園囿를 지키게 하고, 完刑을 받은 자는 積聚物을 지키게 한다.

---

131)『後漢書』卷2「顯宗孝明帝紀」, p.98, "李賢注. 完者, 謂不加髡鉗而築城也. 次鬼
　　薪、白粲, 次隷臣妾, 次司寇作."
132)『十三經注疏·周禮注疏·秋官·掌囚』, p.883.

그 奴는 男子는 罪隷에 들어가며, 女子는 舂槀로 들어간다. 무릇 有
爵者는 70세와 젖니를 갈지 않은 자와 더불어 모두 奴가 되지 않는
다.(凡殺人者踣諸市, 墨者使守門, 劓者使守關, 宮者使守內, 刖者使守囿,
完者使守積. 其奴, 男子入於罪隷, 女子入舂槀. 凡有爵者, 與七十者, 與
未齔者, 皆不爲奴.)[133]

35) 師古는 "完은 그 신체를 손상하지 않는 것을 말하는 것이다. 다만
居作을 할 뿐이다. 積은 積聚한 물건이다. 이것 이상은 周禮의 掌戮
이 담당하는 것이다."라고 하였다.(師古曰:「完謂不虧其體, 但居作也.
積, 積聚之物也. 自此以上, 掌戮所職也.」)[134]

33)의 『周禮·秋官』과 34)의 『漢書』를 비교하면 "髡者使守積"이 "完者使
守積"으로 바뀌었음을 알 수 있다. 33)에 주석한 鄭司農이 "髡은 당연
히 完으로 해야 하며, 관부에서 3년 복역하며, 신체를 손상하지 않는
것이다."라고 한 것은 양자가 다르기 때문으로 해석할 수도 있다. 鄭
司農의 주석은 후한시기 주석학적인 방법으로 표현하고 있는데, "當"
이라고 한 것은 원래 잘못된 내용을 이렇게 수정해야 한다는 의미이
다.[135] 따라서 "髡은 마땅히 完으로 고쳐야 한다"는 것은 完 ≠ 髡의 입
장이라는 것을 알 수 있다.

34)의 班固(A.D.32-92)도 한서 형법지에서 『周禮』의 "髡者使守積"을
"完者使守積"으로 고쳐서 기록하고 있다.[136] 그러나 班固가 이렇게 고

---

133) 『漢書』 卷23 「刑法志」, p.1091.
134) 『漢書』 卷23 「刑法志」, p.1092.
135) 張全民, 「髡, 耐, 完刑關系考辨」(『法律史論叢』 2001-8), p.599. 이 경우도 관점
에 따라서는 完 ≠ 髡으로 볼 수 있다. 후한 주석가들의 고증방식에 따라
髡이 아니라 完이라고 한 것은 부정적 입장이다.
136) 『漢書』 卷23 「刑法志」, p.1091, "昔周之法, 建三典以刑邦國, 詰四方: 一曰, 刑新
邦用輕典; 二曰, 刑平邦用中典; 三曰, 刑亂邦用重典. 五刑, 墨罪五百, 劓罪五

친 것은 鄭司農과 달리 完과 髡을 동일한 刑名으로 이해했기 때문이다. 그런데 班固는 鄭司農보다 조금 시대가 늦으므로, 鄭司農의 주석을 따랐을 것인데, 이렇게 해석이 반대로 되어 있는 것은 의아하다.

35)의 『周禮注疏』에서 "師古注는 司農義를 따르고 있다. 살피건대 髡과 完은 聲이 서로 비슷하다. 鄭司農이 改字한 것은 班志에 따르고 있다."고 하여, 班固와 鄭司農 사이에 존재하는 미묘한 차이를 간과하고 있다.[137] 師古는 "完謂不虧其體, 但居作也."이라 하여, 完을 육체에 손상을 가하지 않는 것으로 보고 있다. 이는 肉刑을 가하지 않은 髡刑이 完刑이라는 이해방식이므로 完 = 髡의 입장이라고 할 수 있다.

班固와 鄭司農(眾)은 『周禮』에 보이는 "髡者使守積"을 "完者使守積"으로 바꾸었지만 그 입장은 차이가 있어, 班固는 髡 = 完, 鄭司農은 髡 ≠ 完의 입장이다.[138] 鄭司農이 살았던 후한시대는 물론 曹魏때까지 髡과 完이 구분되어 있기는 하지만, 이미 앞서 고찰한대로 文帝의 개제 이후에는 그 구분이 文帝 개제 시기의 흔적일 뿐 이미 髡 = 完으로 되어 있었다. 후한시기에는 髡 = 完 개념이 확립되었기 때문에 班固는 後漢의 관점으로 이해한 것으로 생각된다. 班固가 秦律에서 完刑은 실제적으로 髡鉗하고 있었으므로 내면적으로 양자가 동일한 것임을 파악한 것은 옳다고 할 수 있다.

ⓒ 完은 身體髮膚 모두를 온전하게 한다는 입장인데, 후대의 학자들이 孟康의 아래 주석을 이해하는 과정에서 비롯되었다.[139]

百, 宮罪五百, 劓罪五百, 殺罪五百, 所謂刑平邦用中典者也. 凡殺人者踣諸市, 墨者使守門, 劓者使守關, 宮者使守內, 刖者使守囿, 完者使守積. 其奴, 男子入于罪隸, 女子入舂槁. 凡有爵者, 與七十者, 與未齔者, 皆不爲奴."

137) 『周禮注疏』 卷36 "髡者使守積唐石經葉鈔釋文大字本作髡者髡字下從兀諸本作髡訛. 『漢書』「刑法志」作完者使守積師古注用司農義按髡完聲相近鄭司農改字本班志." 그런데 師古의 이 해석은 『漢書』 등에 명확하게 보이지 않는다.

138) 鄭眾, 班固, 許慎의 생졸연대는 鄭眾 ?-83, 班固 32-92, 許慎 58-147의 순서이다. 따라서 班固가 鄭眾의 견해를 받아들였을 가능성이 높다.

139) 王森, 위의 논문, pp.85-89.

36) 孟康: 完, 不加肉刑髡鬄也.[140]

　孟康注는 구두점을 찍는 방식에 따라 완전히 상반된 결론이 나올 수 있다.[141] 즉, ㉠"完, 不加肉刑, 髡剃也."와 같이 구두점을 찍으면 完은 肉刑을 하지 않고, 髡剃만 하는 것으로 해석될 수 있다. 이 해석은 완형을 髡剃만 하는 것으로 이해하는 방식이다. 이는 B의 髡 = 完의 입장이다. 반면에 ㉡"完, 不加肉刑髡剃也."와 같이 읽으면 完은 肉刑髡剃를 하지 않는 것으로 해석될 수 있다. 이 해석은 완형을 肉刑과 髡剃 모두를 행하지 않는 것으로, 그야말로 "신체를 온전히 한다"는 이해방식이다. 후대의 학자들이 말하는 C)의 입장은 바로 ㉡의 입장이며, 『孝經』의 "身體髮膚를 온전히 한다"는 관념이 반영된 것으로 해석하기도 한다.[142]

　그러나 惠帝 조서의 원래 의미가 刑者를 完으로 감형하라는 것임에 비추어볼 때[143] ㉠의 구두 방식이 타당하다. 즉, 惠帝의 조서는 文帝의 형법 개정 이전의 것이므로 二年律令 당시의 刑과 完의 관점에서 해석하는 것이 옳다고 생각하는데, 二年律令에 비추어보면 完은 肉刑 대신

140) 『漢書』 卷2 「惠帝紀」, p.88.
141) 杜正勝, 위의 논문, pp.176-177; 若江賢三, 「文帝による肉刑除去の改革」, pp.120-124.
142) 張全民, 위의 논문, pp.600-601. 한편 韓樹峰은 시간적 변화를 고려하여 耐刑도 변화하고 있다는 견해를 아래의 표와 같이 제시하고 있다. 그에 의하면 秦律에서는 完刑이 耐刑을 의미하고, 漢初에는 내형 또는 곤형을 의미하고, 漢文帝 개혁 후에는 육형을 가하지 않고 신체를 온전하게 한다는 의미로 변화하였다고 주장하였다.(「秦漢律令中的完刑」, p.55)

時期	秦	漢初			漢文帝改革後	
名稱	完(耐)	完(耐或髡)			完(完好無損)	髡鉗
復合刑	完(耐)城旦舂	完(耐)城旦舂	完(髡)城旦舂	完城旦舂		髡鉗城旦舂

143) 張全民. 위의 논문, pp.592-593; 『漢書』 卷2 「惠帝紀」, p.85, "爵五大夫, 吏六百石以上及宦皇帝而知名者有罪當盜械者, 皆頌繫. 上造以上及内外公孫耳孫有罪當刑及當爲城旦舂者, 皆耐爲鬼薪白粲. 民年七十以上若不滿十歲有罪當刑者, 皆完之."; 『漢書』 卷2 「惠帝紀」, p.88, "孟康曰:「不加肉刑髡鬄也.」 師古曰:「若, 預及之言也. 謂七十以上及不滿十歲以下, 皆完之也.」"

행해진 형벌이라고 이해해야 한다.[144] 이년율령의 完은 耐와 완전히 별개의 개념으로서 髡鬀를 행하는 것임은 앞의 "13년 이전의 죄수의 상태" 절에서 검토한 대로이다. 따라서 孟康의 해석은 惠帝 조서에서 70세 이상의 자에게 肉刑髡鬀 모두를 면제한다는 것이 아니라, 肉刑만의 면제라고 이해해야 한다. 따라서 孟康의 주석을 ⓒ의 방식으로 구두점을 찍는 것은 옳지 않다.

그렇다면 결국 孟康도 髡 = 完의 입장이다. 그러나 孟康이 살았던 曹魏시대에는 髡刑과 完刑이 별도로 존재하고 있었기 때문에 그가 髡 = 完의 입장을 가지고 있는 것은 그 자신이 살았던 시대의 시각으로 본 것이 아니라 秦律 그 자체에서 髡과 完의 의미를 분석하려고 했다고 생각된다.

ⓒ의 관점에서 完의 의미에 변화가 발생하는 원인은 신체를 온전하게 유지해야 한다는 의식에 변화가 발생했기 때문이라는 것인데, 이는 유가의 효 관념, 특히 효경의 효 관념에 의해 이루어졌다는 주장이다. 그 근거는『孝經』「開宗明義章」의 신체발부는 부모로부터 받은 것이라 훼손하지 않는 것이 효의 시작이라는 것이다.[145] 이러한 신체발부 중시의 영향으로 곤형을 받으면 부모로부터 받은 髮을 온전히 하지 못하는데, 이는 육형을 받은 자와 마찬가지이다. 앞서 예로 들은『論衡』「四諱」에 髮膚를 훼손당한 자가 조상묘에 가지 못하는 것은 바로 그러한 예이다.

---

144)『張家山漢墓竹簡』, p.146, "公士、公士妻及□□行年七十以上, 若年不盈十七歲, 有罪當刑者, 皆完之. 83(C21)"

145)『十三經注疏·孝經注疏·開宗明義』(北京: 中華書局, 1979), p.2545, "仲尼居, 曾子侍. 子曰: '先王有至德要道, 以順天下, 民用和睦, 上下無怨. 汝知之乎?' 曾子避席曰: '參不敏, 何足以知之?' 子曰: '夫孝, 德之本也, 教之所由生也. 復坐, 吾語汝. 身體髮膚, 受之父母, 不敢毁傷, 孝之始也. 立身行道, 揚名於後世, 以顯父母, 孝之終也. 夫孝, 始於事親, 中於事君, 終於立身.'『大雅』云: 無念爾祖, 聿修厥德.'"

그러나 효경의 보급이 법률개념인 完의 의미변화를 초래했다는 C)의 견해는 『孝經』의 성립과 사회 침투의 시점을 고려할 때 재고의 여지가 있다.[146] 『孝經』은 전국말·한초에 성립했고, 이후로 한제국 내에 정부의 주도하에 민간에 파급되며 전한말에는 신비적 색채를 띠기까지 한다.[147] 居延漢簡에도 효경의 관련 내용이 보이는 것으로 봐서 효경의 민간보급은 확실한 것 같다.[148] 그런데 전한시대에는 후한시대만큼 효경의 파급이 심도 있게 진행된 것 같지는 않다. 예를 들어 『史記』『漢書』『後漢書』에 기록된 양한 시대의 孝子는 110여명인데, 그중 전한은 겨우 10명이고, 후한은 1백여 명으로서 그 차이가 크다.[149] 이러한 전한과 후한의 효자의 차이에서 보면 효경의 파급이 전한시대에 完刑의 의미변화를 가져왔다고 보기는 곤란하다.

또한 효경의 사상이 법률개념을 변화시키는 정도까지 되었을까는 의문이다. 민간의 효경 보급과 이것의 법제화는 별개의 차원이라고 할 수 있다. 예를 들어, 부모와 처, 大父母와 同産兄弟의 장례 때에 관원이 사용한 휴가를 근무일수에서 공제하는 것은 국가가 효 이념을 법률에 적용하는 것에 소극적이었음을 말해준다.[150] 漢律이 曹魏·晋律로 발전하는 과정을 보면, 현실상황에 맞게 법률을 개정하는 것에 놀라울 정도로 무관심했음을 알 수 있다. 예를 들어 完爲城旦舂의 개념은 원래 노역형의 성격에서 文帝 개제 이후에 유기형 4세형으로 바뀌었던 것이지만, 完爲城旦舂의 명칭 어디에도 4세형이라는 개념은 찾아볼 수 없었고, 이것은 完을 띠고 있지만 실은 髡鉗하고 있던 것이다.

---

146) 張全民, 위의 논문, pp.597-598.
147) 李成珪, 「漢代『孝經』의 普及과 그 理念」(『韓國思想史學』 10, 1998), pp.183-191.
148) 居延漢簡에도 이러한 효경의 내용이 보인다. 이것은 前漢시대부터 효경이 보편화된 증거로 활용할 수 있다.
149) 秦進才, 「兩漢『孝經』傳播與孝行管窺」(『社會科學戰線·先秦兩漢史研究』 2005-1), p.137.
150) 李成珪, 「漢代『孝經』의 普及과 그 理念」, p.193.

그렇게 불합리한 것이 文帝 개제(B.C.167) 이후 무려 435년을 끌다가 西晋 泰始 4年(A.D.268)에 와서야 개혁되었던 것이다. 이처럼 더딘 법률반영에 비추어 볼 때 『孝經』의 이념을 수용하여 完의 개념을 개정했을 가능성은 적다. 오히려 『孝經』의 영향이라기보다는 文帝 改制에 의해 명칭은 髡刑·完刑·耐刑으로 구분되었지만, 실질적 차이가 없어지면서 이 3자가 혼합된 것에 그 원인이 있다고 생각한다.

또한 漢代에 들어와서야 『孝經』 보급으로 신체발부를 중시한 것이 아니라, 이미 秦律에도 두발과 수염을 신체발부의 일부로서 중시하고 있었다. 타인의 두발을 劍으로 자른 것은 鬪傷에서 무기를 가지고 鬪傷한 것과 동일한 처벌이므로 두발이 신체에 준하는 것임을 알 수 있다.[151] 따라서 『孝經』의 보급으로 신체발부를 중시하는 관념이 성립되어 完刑이 두발도 자르지 않는 온전형으로 된 것이 아니라, 이미 秦律 단계에서도 두발은 몸과 동일한 정도의 중시를 받고 있는 것이다.

秦律에 보이는 것처럼 『孝經』의 확산 이전에 두발에 대한 중시는 이미 존재하였지만, 두발에 대한 중국인들의 인식을 보여주는 자료는 그렇게 많지 않다. 원래 육형은 신분의 추락을 수반한다는 의미도 있지만, 피형자를 異形으로 만들어 특수한 사회로 추방한다는 것에 있었다. 일단 육형을 받아 정상인과 다른 모습으로 되면, 죄를 사면받아도 일상으로 복귀할 수 없고 隱官으로서 일정 장소에 수용되는 특수한 취급을 받았다.[152] 秦律에서 국가에 공로를 세운 有爵者에게 육형을 가하지 않는 것은 이러한 공동체로부터 추방되었어도 후일 재차 돌아올 수 있는 여지를 남긴 것이다.

---

151) 『睡虎地秦墓竹簡』, p.187, "士五(伍)甲鬪, 拔劍伐, 斬人髮結, 可(何)論? 當完爲城旦." 또한 杜正勝도 지적하듯이 秦始皇陵兵馬俑坑의 병사들의 髮髻를 보면 秦人들의 두발 중시를 알 수 있다. 杜正勝, 위의 논문, p.177.

152) 冨谷至, 『秦漢刑罰制度の硏究』(京都: 同朋社, 1998), pp.331-332; 宮宅潔, 「秦漢時代の爵と刑罰」(『東洋史硏究』 58-4, 2000), pp.6-9.

두발을 자르는 髡刑도 정도의 차이는 있지만 육형과 유사한 의미를 지녔던 것으로 생각된다.[153] 두발은 몇 가지 함의를 가지고 있다. 첫째, 팔다리와 같은 신체부위는 잃으면 재생될 수 없으나, 두발은 재생된다. 따라서 고대인들에게 두발은 재생되는 것이므로 생명과 동일한 의미가 부여되었다.[154] 그래서 두발의 광택은 젊고 건강한 것의 상징이며, 두발의 조락은 연로와 쇠약으로 간주되었다. 이러한 것은 강인한 남성적 상징으로 묘사된 樊噲의 직립한 모발에 잘 나타나 있다.[155] 『風俗通』「鬼神」에는 어떤 사람이 汝南 汝陽의 西門亭에 있는 鬼魅에게 머리칼을 잘려 죽은 사건을 기록하고 있는데, "髮을 잃으면 精을 잃는다."고 한 것은 바로 그러한 인식의 표현이다.[156] 精은 精魂(魂)을 가리킨다. 두발 자체는 인간의 생명을 활기 있게 하는 에너지가 묶는 곳이므로 잘리면 죽는다고 인식한 것이다. 이처럼 뇌에 영혼이 있다고 여겼기 때문에, 머리의 두발은 특히 중요한 의미를 가졌다. 머리카락을 통해 털끝으로부터 영혼이 밖으로 빠져버린다고 두려워했던 것이다. 그 때문에 고대의 중국인은 머리카락을 자르지 않고, 오래 기른 머리카락의 털끝을 안에 넣은 형태로 묶고, 그 위에 두건이나 冠 등으로 주도면밀하게 덮어서 영혼이 빠지지 않게 했다.[157] 그러한 점에서 『孝經』에 신체의 일부로 묘사된 두발을 자른다는 것은 비록 재생하기는 하지만 생명력의 일부를 잘라내는 準 肉刑에 해당하는 것이

---

153) 何其敏, 「頭髮的魔力與魅力」(『民間文化』 2001-1), pp.60-62.
154) 같은 논문, p.60. 曹操의 사례에도 머리를 잘라서 사형을 대신하려는 것은 생명과 관련된 것으로 보인다. 『三國志』 卷1 「魏書/武帝操」, p.54, "太祖曰: 「制法而自犯之, 何以帥下? 然孤爲軍帥, 不可自殺, 請自刑.」 因援劍割髮以置地."
155) 『史記』 卷7 「項羽本紀」, p.313, "(樊)噲遂入, 披帷西嚮立, 瞋目視項王, 頭髮上指, 目眥盡裂 項王按劍而跽曰 : 「客何爲者?」"
156) [漢] 應劭(吳樹平 校釋), 『風俗通義校釋』(天津 : 天津古籍, 1980), p.353, "汝南汝陽西門習武亭有鬼魅, 賓客宿止多死亡, 其屬獻者, 皆亡發失精, 尋問其故, 云先時頗已有怪物."
157) 大形徹, 「被髮考 - 髮型と靈魂の關聯について」(『東方宗教』 86, 1995), p.10.

었다.

둘째, 두발은 신분의 상징으로서 사회가 공인한 문화적 부호이기도 했다. 사회의 공동체적 질서를 위배하면 공동체 밖으로 방출되는데, 이때 사회적 신분을 박탈하는, 즉 문화적 부호에 위배되었다는 표시로서 두발을 깎는다.[158] 공동체 외곽으로의 방출이라는 점에서 髠刑은 육형과 동일한 의미를 지닌다고 할 수 있다. 고대 중국에서 미성년자는 머리를 垂髮하다가, 성년이 되어서야 結髮하고 冠을 쓰는 冠禮를 거행하고 이 의식을 거쳐야 비로소 사회의 일원으로 간주한다. 그러나 죄수들은 이러한 두발이라고 하는 공동부호를 제거함으로써 사회구성원에서 제외시킨다. 따라서 중국 고대사회에서 노예와 죄수의 신분은 두발을 자르는 것이 보편적인 징벌로 되었다. 다만 두발은 재차 성장한다는 점에서 육형과는 달리 공동체 성원으로의 복귀를 보장받는다는 점이 차이점이라고 할 수 있다.

지금까지의 고찰 결과를 보면 後漢 이래의 주석가들은 髠刑·完刑·耐刑은 秦代의 개념으로 이해하기도 했고, 후한시대의 시각으로 이해하기도 하는 등 방법이 일관되지 않았기 때문에 수많은 혼돈이 초래된 것이다. 궁극적으로 그 원인은 文帝의 개제 이후 肉刑(不完)폐지로 完 개념의 존재의미 상실, 髠刑과 刑具 착용의 실시 확대, 형도간의 무차별화한 통제에 있다고 할 수 있다.

VI. 결론

文帝의 형법개혁을 경계로 하여 몇 가지 주요한 변화가 있었다. 그러한 것으로는 秦律의 차별적 죄수 통제에서 무차별적 통제로 이행하

---

158) 何其敏, 위의 논문, p.62.

는 것이고, 다른 하나는 육형의 폐지로 형명과 실제의 불일치가 나타
나는 혼란상이 출현했으며, 이것이 後漢 이래의 주석에 그대로 반영
되어 있다는 점이다.

秦律에서는 형도들을 차별적으로 통제하는 시스템을 채택하고 있
다. 髡刑·完刑·耐刑은 바로 그러한 차별적 통제의 표현방식이었다. 秦
律에서는 두발·복장·두건·형구, 그리고 감시까지 형도별로 차이를 두
어 통제하였다. 秦律은 형도들 간의 신분을 엄격하게 구별하고, 輕刑
의 형도들로 하여금 重刑의 죄수들을 감시하게 하는 "以囚制囚"의 방
식을 채택하고 있었다. 수많은 형도를 통제·관리하는데 효과적인 이
방법에는 肉刑·完刑·耐刑의 외관상 구별법이 사용되었던 것으로 생각
된다. 특히 중죄수인 城旦舂까지는 髡鉗하고 그 이하인 鬼薪白粲부터
는 髡鉗하지 않았는데, 鬼薪白粲에 耐刑이 조합으로 나타나고 있는 것
과 일치한다.

그러나 文帝의 개제 이후에는 肉刑(즉, 不完)의 폐지로 인해 형벌개
념에 혼란현상이 발생하였다. 肉刑 중시의 형벌체계에서 육형폐지로
바뀌게 되면서 종래의 육형적 개념에서 비롯된 黥·髡刑·完刑·耐刑의
세분화는 무의미해졌다. 특히, 육형이 폐지되면서 不完(肉刑)과 完의
대립개념은 의미가 없어졌다. 또한 完의 개념과 髡은 본래 동일개념
이었지만, 文帝의 개제에서 髡鉗城旦舂을 신설한 때문에 나머지 형벌
과의 관계가 혼동을 초래하였다.[159] 髡鉗刑을 신설했지만, 그와는 별
도로 모든 형도들에게 무차별적으로 髡을 확대하게 되면서 髡鉗城旦
舂·完城旦舂·耐爲鬼薪白粲·耐爲隷臣妾·耐爲司寇 등의 명칭상의 구별은
의미가 없게 되었다. 예를 들어 髡鉗城旦과 完城旦이 병존하지만 양자

---

159) 杜正勝은 文帝 개제 시에 髡鉗城旦舂과 完城旦舂이 병존하는 것에서 볼 때
　　양자의 개념이 약간 다를 것이라고 지적했다.(위의 논문, p.177) 그러나 文帝
　　改制시에 이러한 개념상의 혼란 문제는 고려하지 않고 단지 黥城旦舂을 髡鉗城
　　旦舂으로 바꾸고 完城旦舂은 그대로 존치시키는 방법을 채택했다.

가 모두 髡鉗하고 있기 때문에 그 차이가 없으며, 이는 完城旦舂의 형명과 실제의 상황이 불일치하고 있음을 말해주는 것이다.

또한 不完·完의 개념이 사라지면서 그보다 輕刑이었던 耐의 개념이라는 것도 역시 비교대상의 소멸로 인해 개념의 모호성이 불가피해졌다. 5~2歲刑을 모두 耐刑으로 통괄하고 있는 後漢의 자료에서 보면 髡 = 耐로 되었다고 할 수 있다. 髡鉗城旦舂과 完城旦舂을 耐刑으로 포괄한 이유는 『睡虎地秦簡』『二年律令』에서 耐罪 以上의 명칭이 사용되었는데, 이를 改制 이후에 5~2세형 모두를 지칭하는 명칭으로 사용한 것으로 보인다. 결국 文帝의 육형 폐지와 유기형 제정으로 인해 秦律을 운용하는 핵심개념인 髡刑·完刑·耐刑의 形骸化가 나타났고, 동시에 형명과 실제 집행 사이의 괴리현상이 나타났던 것이다.

더 큰 문제는 文帝의 有期刑 제도로 전환하고 나서도 기존의 형명을 계속 사용하고 歲刑의 용어를 사용하지 않음으로써 후일 城旦舂이 몇 년 형인지도 잘 모르게 되는 상태의 출현이었다. 이러한 현상은 후한시대의 刑名과 실제의 복역 상황이 일치하지 않는 것으로, 이는 兩漢 내내 기존의 형벌체계를 묵수할 뿐이었지 체계적 정리를 하지 않은 결과라고 할 수 있다. 이러한 혼란된 형명 불일치 현상을 西晉에서는 현실에 맞게 모두 髡鉗刑으로 통일했다. 이에 따라 西晉의 泰始律에서는 모든 徒刑을 髡鉗 + ○歲의 형태로 개정함으로써 복잡하고 체계가 없던 古代 형벌의 단계를 종결시켰다.

秦漢律의 耐刑

－ 士伍로의 수렴 시스템과 관련하여 －

Ⅰ. 서론

2003년 秦始皇陵園 동쪽 약 2.5km 지점에 위치한 山任窯址에서 181구의 刑徒 人骨이 출토되었다. 인골은 대부분 남성으로서 평균 사망 연령은 24세였다. 이 뿐만이 아니라 진시황릉 서쪽 趙背戶村의 형도묘에서도 성별이 불명인 21구를 제외하고 모두 198具의 남성 인골이 출토되었다.[1] 『史記』 등에 驪山陵을 만들기 위해 동원되었다고 기록되어 있는 70만 형도 가운데 일부임이 확실하다. 秦의 위정자가 수많은 형도를 동원한 요역에서 청장년층이 사망하는 문제에 대해서 어떠한 생각을 가지고 있었는지 현재로서는 알기 불가능하다. 사실 이같은 문제점을 제대로 인식하지 못했기 때문에 결국 陳勝의 난으로 멸망한 것이기는 하지만, 그것은 人治의 잘못이고 국가를 통치하는 시스템에서조차 과연 이러한 방식을 운용했었는지는 의문이다.

진한제국의 통치 시스템이 마치 톱니바퀴처럼 상호 연계된 체계적이고 정치한 것임은 『二年律令』의 戶律·傅律·置後律 등에 잘 나타나 있다. 그것은 商鞅 이래 지향해온 軍功爵制를 중심으로 授田·徭役·治安·賞賜·養老 등이 연결된 체제였다.[2] 특히 有爵者와 徒隷로 확연히 구

---

1) 陝西省考古研究院·秦始皇兵馬俑博物館, 『秦始皇帝陵園考古報告(2001-2003)』(北京: 文物出版社, 2007), p.197; 袁仲一, 『秦始皇陵考古發現與研究』(西安: 陝西人民出版社, 2002).

2) 張鶴泉, 「≪二年律令≫所見二十等爵對西漢初年國家統治秩序的影響」(『吉林師範

분된 신분체제는 秦漢의 모든 제도의 운용에 있어 최우선 척도로 사용되었다. 이렇게 정치한 통치 시스템을 구축한 법령제정자들이 처음부터 모든 편호제민을 형도화하여 국가시스템이 왜곡되게 하는 것을 의도했던 것이었을까? 그러나 秦帝國 역시 방대한 죄수를 보유하는 것에 큰 부담을 느끼고 있었고, 이를 해결하기 위한 방법으로 민간으로의 매각이라는 방법을 채택하고 있었다.[3] 그런데 이 방법이 죄수 규모의 적정성 문제를 모두 해결할 수 있을 것인가? 徒隷를 국가소유에서 민간으로 매각시켜보았자 줄어든 편호제민의 숫자는 그대로였기 때문이다. 필자는 이같은 문제점에 대해 秦漢律의 제정자가 무지했을 리 없다고 생각한다. 국가통치에 있어 가장 중요한 것이 耕戰之民의 근간이 되는 편호제민이라고 할 때 그것을 흔드는 刑律의 운용은 결코 바람직한 것이 아니었기 때문이다. 필자가 이러한 생각을 하게 된 것은 具律 90-92簡의 "其不名耐者"라는 것을 분석하는 과정에서였다. 4개의 耐刑 가운데 구체적인 노역형이 특정되지 않은 "耐"를 司寇로 판결하는, 약간 의아하게 느껴지는 이 규정이 궁극적으로 의도하는 바는 무엇일까? 본고는 바로 이렇게 耐를 분석하는 것에서 시작되었다.

필자는 秦律이 輕刑의 耐罪로 중죄수를 감시하는 "以囚制囚"의 방식에 입각하여 형도들을 차별적으로 통제하는 시스템으로 운영되었다고 고찰한 바 있다. 그것은 黥·完·耐刑에 따라 각각의 표식과 형구를 달리하여 죄수를 식별하고 대우의 차이를 두며 감시를 하는 방법이다. 이러한 죄수통제 방식에서 보면 秦代의 죄수는 일률적으로 파악할 수 없고 중죄와 경죄로 엄격히 구분되는데, 耐罪는 바로 그러한 형도간의 경계선이었다. 耐罪는 죄수라고 해도 국가권력의 협조자로서

　　大學學報』2005-3), p.90.
3) 林炳德, 「출토문헌과 한(漢) 문제(文帝)의 형제(刑制)개혁」, 『동양사(1)』(서울: 책세상, 2007), pp.56-57.

간주했던 것 같고, 형구측면에서 중죄수와는 다른 혜택을 받았다.[4]

그러나 이 논문에서는 髡刑·完刑·耐刑의 상관관계 및 그 의미의 변화과정 등의 규명에 주력한 관계로, 耐刑 내부의 메커니즘에 대한 분석은 미진한 부분이 있더라. 耐刑도 세부적으로 들어가면 심층적으로 분석해야 할 문제들이 많다. 현재 『睡虎地秦墓竹簡』과 『二年律令』에 확인되는 내형으로는 鬼薪白粲·隷臣妾·司寇·耐爲候 등이 있다. 이러한 耐刑들의 상호 관계와 量刑의 원칙과 비율을 규명한다면 형벌의 운용방식을 규명할 수 있을 것이라는 생각이 들었다. 이러한 목적을 위해 세부적으로 다음과 같은 사항을 분석하고자 했다.

첫 번째는 4개 耐刑의 특성을 분석함으로써 동일한 耐刑에 포함되어 있더라도 성격이 판이하게 다른 이질적인 것들로 耐刑이 구성되어 있음을 분석할 것이다. 동일한 耐刑이므로 그에 속한 4개의 耐刑들이 동일할 것으로 예상하면 곤란하다. 耐刑 내부의 각 형벌들은 "매우" 큰 차이를 보이기 때문에 『睡虎地秦墓竹簡』 등에 단지 "耐"로만 과형된 형벌이 구체적으로 무엇을 지칭하는지 분석할 필요성이 대두된다.

두 번째는 耐刑체계에서 중심적인 기능을 수행하고 있는 형벌을 규명하고자 한다. 『睡虎地秦墓竹簡』 『二年律令』의 많은 과형 사례에서 형명은 黥城旦舂 - 完城旦舂 - 隷臣妾의 계열로 나타나며, 鬼薪白粲과 司寇는 제외되어 있다. 이러한 실제 과형시의 체계는 1등 감형시에 보이는 黥城旦舂 - 完城旦舂 - 鬼薪白粲 - 隷臣妾 - 司寇의 형벌체계와 차이가 있는데, 이 점을 어떻게 이해할 것인가? 왜 이러한 실제과형과 전체 형벌등급이 차이가 나며, 아울러 그렇다면 耐刑의 중심 형벌은 무엇인가 하는 문제를 고찰할 것이다.

세 번째는 具律 90-92簡(有罪當耐)에 보이는 耐刑의 원칙을 분석할

---

4) 任仲爀, 「秦漢律의 髡刑, 完刑, 耐刑」(『中國古中世史研究』 18집, 2007), pp.241-255.

것이다. 秦律 가운데 耐爲隷臣妾과 같이 형명을 특정한 조문이 있고, 반면에 耐로만 포괄적으로 科刑한 것이 병존하는 이유에 대한 분석이다. 구체적으로 말하면, 어떤 조문에서는 完城旦春 - 隷臣妾 - 贖耐로 나타나고, 어떤 곳에서는 完城旦春 - 耐 - 贖耐로 나타나는 것이다. 죄형법정주의에 입각한 진한률에서 전자와 같이 형명을 특정한 것이 있는 반면에, 후자와 같이 불특정한 형명을 사용한 배경이 무엇인지는 매우 궁금한 사항이다.

과거 耐는 노역형이 수반되지 않고 단지 수염만을 깎는 형벌로 인식하던 때도 있었지만, 90-92간에 의해 내형에는 반드시 노역형이 수반되고 있음이 밝혀졌다. 『睡虎地秦墓竹簡』『二年律令』에는 耐로만 칭했을 때 그 耐는 耐爲隷臣妾을 지칭하는 증거들이 확인된다. 바로 이 점이 90-92簡의 庶人이 "耐"를 科刑받았을 때 司寇로 처리하라는 원칙과 모순되는 것인데, 이러한 모순점을 어떻게 처리해야 할지 고민해 보아야 할 것 같다.

네 번째 문제는 불특정하게 과형된 "耐"를 耐刑의 중심형벌로 생각되는 隷臣妾으로 판정하지 않고, 司寇로 판정하도록 한 이유를 규명하는 것이다. 그 이유는 형명의 분석에서만이 아니라 당시의 전체 인구 중에서 죄수와 편호제민의 비율, 즉 노동력 편성비율의 최적성 유지라는 측면에서 찾아야 할 것이다. 이를 밝힐 수 있는 단서는 『二年律令』『里耶秦簡』에 확인되는데, 이 자료를 종합하면 具律 90-92간의 규정에는 耐刑 내부의 비율을 조절하고, 전체 인구 가운데서 徒隷와 編戶齊民의 비율을 조절하는 중요한 의미가 담겨져 있다고 생각한다.

필자가 궁극적으로 찾아보려고 하는 문제가 여기에 있었다. 不名耐者를 司寇로 판결하고 난 다음 단계가 매우 흥미로운 것인데, 司寇의 자식은 士伍로 승격한다는 것이었다. 『二年律令』의 戶律에는 신분에 따른 토지 지급액이 규정되어 있고, 형도로서 알려진 司寇에게도 토지가 지급되고 있다. 얼핏 이해하기 힘든 형도에의 토지지급 사실로부터 司寇가 매우 독특한 성격의 형도임을 알 수 있다. 또한 司寇의 아들이 자동적으로 士伍로 되는 법률상의 메커니즘을 보면서 여기에는 목적하는 바가 있음을 알게 되었다. 公卒·庶人과 함께 無爵者 그룹을 형성한 士伍는 유작자와 徒隷 사이에 介在되어 있으면서 독특한 Pool을 형성하는 신분층이라는 것을 알게 되었다. 이같은 司寇와 士伍를 분석하면서 秦漢律이 궁극적으로 어떠한 신분체제를 지향하는지에 대한 해답을 도출할 수 있을 것이다.

II. 耐罪 구성 요소의 다양성

耐는 학자들의 고증에 의하면 두발을 남겨놓고 鬢鬚를 깎는(完其髮, 去其鬢鬚) 것을 가리킨다.[5] 그러나 耐刑의 수염을 깎아서 일반인과 차별을 준다는 외형적 특성을 강조하는 것은 피상적 분석에 불과하고 그 이면에 존재하는 또 다른 의미를 찾을 필요가 있다. 肉刑은 형을 받은 사람을 사회에서 축출하는 본질적 의미가 들어있다. 이와 아울러서 耐刑·髡刑(完刑)도 신체를 훼손하는 육형에 버금가는 상징적 육형이다.[6] 육형은 신체 일부를 잘리거나 피부를 손상시킨 것이 회복되지 않는 공동체로부터의 영원한 추방이고, 髡刑은 두발이 새로이 자라나서 원형을 복원할 수 있으므로 영원한 추방은 아니었다. 중국 고대인에 있어 두발은 두뇌 속의 영혼이 나오는 출구이기도 했다.[7]

---

5) 沈家本, 『歷代刑法考』(北京: 中華書局, 1985), pp.301-303; 杜正勝, 「從肉刑到徒刑」 (『大陸雜誌』15-5·6, 1985), pp.16-18; 張晋藩, 『中國法制通史(2, 戰國秦漢)』(北京: 法律出版社, 1999), pp.155-156; 徐世虹, 「漢簡所見勞役刑名資料考釋」, 『中國古代法律文獻研究 1』(武漢: 巴蜀書社, 1999), pp.91-92.
6) 張建國, 『帝制時代的中國法』(北京: 法律出版社, 1999), pp.236-237.
7) 任仲爀, 위의 논문(2007), p.277.

두발이 잘리면 죽는다는 믿음은 그러한 관념의 반영이다. 때문에 두발과 수염을 자르는 것은 생명을 끊는 것으로 인식될 정도로 중요한 신체의 일부였다. 진시황병마용 중 하나에만 수염이 없는 것이 제작자의 실수였다고 할 정도로 병마용의 병사들이 모두 엄정하게 수염을 기르고 있는 것은 당시인에게 수염이 얼마나 중요한 의미를 지니는지 말해준다.

　형벌의 실제적 측면에서 본다면 죄수의 두발과 수염을 깎는 것은 치욕을 줌과 동시에, 죄수와 일반인을 구별 짓는 표식이었다. 漢簡에 도망한 髡鉗형도의 체포문에 두발의 길이를 적시한 것은 이러한 통제의 표현이었다. 秦律에 나타나는 죄수의 통제·관리는 肉刑·完刑·耐刑에 의한 외관상 차이에 입각하여 이루어졌다. 특히 중죄수인 城旦舂까지는 髡鉗하고 그 이하의 耐罪인 鬼薪白粲부터 체발하지 않았다. 이것은 두발과 수염을 죄수의 등급에 따라 차별화하고, 耐罪의 죄수를 이용해 城旦舂 이상의 중죄수를 감시하고 통제하고자 하는 목적이 있었다.[8] 결국 국가권력의 입장에서 볼 때 耐罪는 노동력을 획득하기도 하고, 중죄수를 통제하는데 협력할 수 있는 조력자를 의미하기도 했다.

　秦漢律에서 身體刑(耐罪·刑罪) 기준과 勞役刑(司寇·隸臣妾·城旦舂) 기준은 구분되지 않고 혼용되고 있다. "刑者及有罪耐以上, 不用此令"이라는 구절은 刑者와 罪耐以上이라는 신체형 기준이 사용되고 있지만,[9] 어떤 때는 城旦舂부터 耐罪까지라는 노역형과 신체형 기준을 혼용하고 있다. 노역형과 신체형 기준을 혼용하고 있는 것은 아직까지 양자를 구별하는 체계가 이루어지지 못하고 있음을 의미한다. 그렇지만

---

8) 같은 논문, pp.241-255.
9) 『漢書』卷4「文帝紀」, p.113, "有司請令縣道, 年八十已上, 賜米人月一石, 肉二十斤, 酒五斗. 其九十已上, 又賜帛人二疋, 絮三斤. 賜物及當稟鬻米者, 長吏閱視, 丞若尉致. 不滿九十, 嗇夫·令史致. 二千石遣都吏循行, 不稱者督之. 刑者及有罪耐以上, 不用此令."

"耐罪以上"이라는 단서조항이 많이 사용된 것은 秦漢律에서 耐罪가 형벌 구분상 중요한 경계가 되었다는 사실의 반영이다.

耐罪가 형벌 구분의 사례로 기술된 경우는 매우 많다. 郎中, 公·列侯嗣子가 罪耐以上이면 재심할 수 있는 先請할 기회를 주고 있는데,[10] 관리 및 고급 유작자에게 특혜를 준 것은 이들이 耐罪 이상의 중죄수가 되는 것을 막기 위함이었다. 耐罪 이상으로 되는 것은 바로 아래에 위치한 재산형이 신분 변화를 가져오지 않는 것과 달리 爵이 마이너스 단계로 떨어지게 만든다. 재산형인 贖罪와 벌금형은 소정의 금전을 내거나 노역으로 대체하면 자유의 몸이 될 수 있지만, "耐罪以上"은 구금되어 徒隷가 되는 처벌이다.(司寇는 제외) 徒隷가 되면 公民으로서의 제반 권리를 상실하는데, 특히 작위를 박탈당한다. 秦律에서 耐罪 이상이 爵位를 가질 수 없다는 것은 爵位와의 양립이 불가능함을 말해준다.[11] 부친의 사망으로 작위와 賞賜를 그 後子가 계승할 때 耐·遷의 죄가 있을 경우는 수여 대상이 될 수 없다.[12] 그것이 耐爲司寇인지 耐爲隷臣妾인지는 상관없이 耐罪에 속하는지 여부만이 문제가 된다.

이러한 원칙은 『二年律令』에도 그대로 계승되었다. 작위를 배수받

---

10) 『漢書』 卷1下 「高帝紀」, p.63, "春, 令郎中有罪耐以上, 請之.";『漢書』 卷1下 「高帝紀」, p.64, "言耐罪已上, 皆當先請也.";『漢書』 卷12 「平帝紀」, p.349, "公·列侯嗣子有罪, 耐以上先請.";『漢書』 卷66 「劉屈氂傳」, p.2881, "丞相欲斬仁. 御史大夫暴勝之謂丞相曰:「司直, 吏二千石, 當先請, 奈何擅斬之.」 丞相釋仁.";『史記』 卷106 「吳王濞列傳」, p.2823, "應劭曰:「冬當斷獄, 秋先請擇其輕重也.」" 應劭는 罪耐 이상은 先請할 수 있다고 했는데, 600石 이상의 관리 및 公·列侯의 嗣子가 耐罪를 범했을 때 판결과 집행 전에 반드시 황제에게 보고하게 함으로써 그 죄를 재심하게 하는 제도이다.

11) 張鶴泉, 위의 논문, p.87.

12) 睡虎地秦墓竹簡整理小組, 『睡虎地秦墓竹簡』(北京: 文物出版社, 1978), p.92, "從軍當以勞論及賜, 未拜而死, 有罪法耐遷其后; 及法耐遷者, 皆不得受其爵及賜. 其已拜, 賜未受而死及法耐遷者, 予賜. 軍爵律.";『張家山漢墓竹簡[二四七號墓]』 (北京: 文物出版社, 2001), p.185, "嘗有罪耐以上, 不得爲人爵後. 諸當拜爵爵後者, 令典若正·伍里人毋下五人任占."(이하『張家山漢墓竹簡』로 약칭)

거나 賞賜를 받아야 하지만, 아직 받기 전에 耐罪를 지은 사람에게 爵位와 賞賜를 내리지 않는다는 규정,[13] 죄를 지어 罪耐 以上이면 다른 사람의 爵後가 될 수 없다는 규정은 耐罪 이상이 爵位와 恩賜를 적용받을 수 없는 경계선임을 말해준다.[14] 뿐만 아니라 80세 이상은 賜律에 원래 국가로부터 米·肉·酒 등을 하사받는 대상으로 규정되어 있지만, 刑者 및 耐罪 이상은 恩賜대상에서 제외되기도 했다.[15]

耐罪는 관리의 근무 상 발생한 고의 혹은 과실에 대한 처벌에서도 중요한 구분선이 되고 있다. "갑이 거주지를 옮겨 관리에게 호적을 옮겨달라고 청구했는데, 관리가 거절하여 호적을 갱신할 수 없었다. 지금 甲에게는 耐·貲罪가 있는데, 관리는 어떻게 논해야 하는가? (甲의 죄가) 耐 以上이면, 관리를 貲二甲에 처한다."[16]고 했는데, 여기에 관리의 처벌이 이루어지려면 범죄자 甲의 죄가 "耐罪以上"이어야 한다는 단서가 있는 것으로 보아서 耐以上은 형벌의 등급상 중요한 경계선이라고 할 수 있다. 이밖에 범인 체포시 상금 부여의 기준으로 내죄를 거론한 것,[17] 70세 이상의 범죄시에 王杖을 받은 자의 특권을 언급하는 과정 중에 耐 이상의 범죄시에도 二尺告劾없이 함부로 徵김하여 모욕을 줄 수 없도록 한 것 등[18] "耐罪以上"으로 구분하는 개념은 秦律·

---

13) 『張家山漢墓竹簡』, p.185, "當拜爵及賜, 未拜而有罪耐者, 勿拜賜."
14) 같은 책, p.185, "嘗有罪耐以上, 不得爲人爵後. 諸當拜爵後者, 令典若正· 伍里人毋下五人任占."
15) 『漢書』卷4「文帝紀」, p.113, "有司請令縣道, 年八十已上, 賜米人月一石, 肉二十斤, 酒五斗. 其九十已上, 又賜帛人二疋, 絮三斤. 賜物及當稟鬻米者, 長吏閱視, 丞若尉致. 不滿九十, 嗇夫·令史致. 二千石遣都吏循行, 不稱者督之. 刑者及有罪耐以上, 不用此令."
16) 『睡虎地秦墓竹簡』, pp.213-214, "甲徙居, 徙數謁吏, 吏環, 弗爲更籍, 今甲有耐·貲罪, 問吏何論? 耐以上, 當貲二甲."
17) 같은 책, p.207, "捕亡, 亡人操錢 捕得取錢 所捕耐罪以上得取."
18) 李均明·何雙全, 『散見簡牘合輯』(北京: 文物出版社, 1990), p.4, "(24)制詔御史曰 年七十受王杖者比六百石入官廷不趨 犯罪耐以上毋二尺告劾有敢徵召侵辱."

漢律에 공통적으로 나타나고 있다.

그러나 "耐罪以上"이라는 용어로 포괄된 耐罪의 형벌들이 모두 균질한 성격의 형벌일까? 이제 고찰하는 것처럼 耐罪에 포함된 4개의 형벌은 동일한 耐罪라고 부를 수 없을 정도로 그것들 사이에 현격한 차이점이 존재한다.

1. 耐刑에서의 鬼薪白粲

秦律·漢律에 보이는 鬼薪白粲은 城旦春의 감형에 사용되고, 범죄에 대응해서 형벌로 과형되는 경우가 없다.[19] 鬼薪白粲이 城旦春의 감형에 주로 나타나는 현상은 이 형벌의 성격을 말해주고 있다. 아래의 것들은 모두 鬼薪白粲이 감형사례로 나타난 예들이다.

> 1) 秦人이 국경을 나가는데 도와주거나, 名籍을 없앴다면 上造 以上은 鬼薪에 처하고, 公士 以下는 刑爲城旦으로 한다.(●有爲故秦人出, 削籍, 上造以上爲鬼薪, 公士以下刑爲城旦. ●游士律.)[20]

> 2) "葆子가 ... 끝나지 않았는데, 타인을 무고하였다. 그 죄가 刑城旦이면 耐以爲鬼薪鋈足으로 한다." 葆子의 足을 자른다는 뜻이다.([●"葆子□□ 未斷而誣告人, 其罪當刑城旦, 耐以爲鬼薪鋈足." 耤葆子之謂殹(也).])[21]

> 3) "葆子가 獄이 끝나지 않았는데 타인을 무고하였다. 그 죄가 刑鬼薪

---

19) 李成珪, 「秦의 身分秩序構造」(『東洋史學研究』 23, 1986), pp.45-58; 宮宅潔, 「秦漢時代の爵と刑罰」(『東洋史研究』 58-4, 2000), p.653. 시각에 따라서는 서인에게 城旦春이 가해질 것을 上造 以上에게 鬼薪白粲으로 과형되는 것을 1차 과형으로 볼 수도 있을 것이다.

20) 『睡虎地秦墓竹簡』, p.130.

21) 같은 책, p.198.

에 해당하면 육형을 가하지 말고 耐刑을 가하고, 또한 繫城旦六歲에
처한다." 무엇을 "刑爲鬼薪에 처한다"고 하는가? ● 耐爲鬼薪의 판결
이 끝나지 않았는데, 刑隸臣 및 完城旦으로 타인을 誣告하면 이것을
"刑鬼薪"이라고 한다.("葆子獄未斷而誣【告人, 其罪】當刑鬼薪, 勿刑, 行
其耐, 有(又)毃(繫)城旦六歲." 可(何)謂"當刑爲鬼薪"? ●當耐爲鬼薪未斷,
以當刑隸臣及完城旦誣告人, 是謂"當刑鬼薪".)[22]

4) 무엇을 "贖鬼薪鋈足"이라고 하는가? 무엇을 "贖宮"이라고 하는가? ●
臣邦眞戎君長의 爵이 上造 以上인데 有罪로 贖에 처해질 자가 群盜를
했을 경우에 贖鬼薪鋈足으로 한다. 그것이 腐罪일 경우에는 贖宮으
로 한다. 그밖의 群盜와 같은 죄는 이와 같이 처리한다.(可(何)謂 "贖
鬼薪鋈足"? 可(何)謂 "贖宮"? ●臣邦眞戎君長, 爵當上造以上, 有罪當贖
者, 其爲群盜, 令贖鬼薪鋈足; 其有府(腐)罪,【贖】宮. 其它罪比群盜者亦如
此.)[23]

5) 上造·上造妻 以上 및 內公孫·外公孫·內公耳玄孫이 罪가 있을 때 그것
이 刑 및 城旦舂에 해당하는 자는 耐以爲鬼薪白粲에 처한다.(上造, 上
造妻以上, 及內公孫、外公孫、內公耳玄孫有罪, 其當刑及當爲城旦舂者,
耐以爲鬼薪白粲.)[24]

1)은 (원래 刑城旦 이상을 받은) 上造 以上을 鬼薪으로 처벌하고, 公
士 以下는 刑爲城旦으로 처벌한다는 규정이다. 2)에서 葆子의 경우도
刑城旦이면 耐以爲鬼薪鋈足으로 감형하고, 3)에서 葆子는 刑鬼薪이면
육형을 가하지 않고 耐刑을 가한 후 繫城旦六歲에 처하고 있다.[25] 4)에

22) 같은 책, p.199.
23) 같은 책, p.200.
24) 『張家山漢墓竹簡』, p.145.

서 臣邦眞戎君長의 작위가 上造 以上인데 有罪로 贖에 처해진 상황에서 群盜행위를 했을 경우 贖鬼薪鋈足으로 처리한다. 5)에서도 上造·上造妻 以上, 內公孫·外公孫·內公耳玄孫의 유죄로 인해 (肉)刑 및 城旦舂으로 처벌되는 자는 耐以爲鬼薪白粲으로 감형한다.

　이상의 사례들은 모두 刑城旦舂이 감형되어 鬼薪白粲으로 되는 것임을 보여준다. 4)는 속형의 사례이지만 귀신백찬은 속형에서도 贖鬼薪의 형태로 감형에 사용되고 있다. 그런데 鬼薪白粲이 城旦舂의 감형 사례로만 나타나는가? 鬼薪白粲의 일차적 科刑은 秦律과 二年律令 등에 사례가 없지만,[26] 문헌사료 및 출토문서에는 鬼薪白粲이 일반 科刑에도 사용된 사례가 있다.[27] 문헌사료의 이러한 鬼薪 과형 사례는 漢初 高祖의 공신들이 有爵者이기 때문에 鬼薪으로 감형되었을 가능성이 높으므로 범죄자에게 1차적으로 鬼薪白粲이 과형되었다고 단언할 수는 없다. 또한 「秦始皇本紀」에 嫪毐의 반란에 가담한 舍人 중에서 "죄가 가벼운 자"를 鬼薪으로 처벌한 사례가 있기는 하다. 그렇지만 秦律 자료에 鬼薪白粲이 城旦舂의 형을 받은 자가 上造 이상의 유작자일 경우 감형하고 있는 것으로만 나타나기 때문에 嫪毐의 舍人이 鬼薪白粲을 받은 사안도 城旦舂의 감형으로 생각된다.[28]

---

25) 刑鬼薪이라는 것을 보면 肉刑과 鬼薪의 결합이 불가능한 것이 아님을 보여주며, 耐城旦舂도 충분히 존재할 수 있다.

26) 宮宅潔, 「秦漢時代の爵と刑罰」(『東洋史研究』 58-4, 2000), p.655.

27) 『史記』 卷18 「高祖功臣侯者年表」, p.933, "六年, 侯辟彊有罪, 爲鬼薪, 國除.";『史記』 卷18 「高祖功臣侯者年表」, p.970, "建元元年, 侯信罪鬼薪, 國除.";『漢書』 卷15上 「王子侯表」, p.447, "畢梁侯嬰 廣川惠王子. 十月癸酉封, 十九年, 元封四年, 坐首匿罪人, 爲鬼薪.";『漢書』 卷15上 「王子侯表」, p.453, "離石侯綰 代共王子. 正月壬戌封, 後更爲涉侯, 坐上書譌, 耐爲鬼薪."

28) 『史記』 卷6 「秦始皇本紀」, p.227, "即令國中: 有生得毐, 賜錢百萬; 殺之, 五十萬. 盡得毐等, 衛尉竭·内史肆·佐弋竭·中大夫令齊等二十人皆梟首. 車裂以徇, 滅其宗. 及其舍人, 輕者爲鬼薪." 宮宅潔은 이 사안에 대해서 "죄가 가벼운 자, 동시에 유작자였다."고 애매하게 양자를 모두 채택하였다. 宮宅潔, 위의 논문, p.655.

　　한편 居延출토 문서에는 직접 耐爲鬼薪으로 과형하고 있는 자료가 보인다.[29] 그러나 居延지역의 문서는 文帝 개혁 이후의 자료로서 城旦春을 鬼薪白粲으로 감형한다는 원칙이 변화되었을 가능성이 있기 때문에, 漢 文帝 13년 이전 鬼薪白粲의 직접 科刑 자료로 보는 데는 주저하게 된다. 즉, 文帝 이전에는 肉刑을 上造 이상의 유작자에게 감형하여 耐爲鬼薪白粲으로 하는 것이었지만, 文帝 이후 육형이 폐지되었으므로 鬼薪白粲이 직접 과형되는 형벌로서 변화되었을 가능성이 있는 것이다.

　　그러면 鬼薪白粲이 刑爲城旦春으로부터 감형된 것이라면 양자의 형벌의 경중은 어떠할까? 아래의 율문들에서 보이는 바로는 鬼薪白粲과 城旦春은 늘 함께 언급되고 법률적 신분과 대우의 차이는 그다지 크지 않다.[30]

　　우선 양자는 재범시의 처벌에서 볼 때 동일한 지위라고 보여진다. 예를 들어, 鬼薪白粲이 서인을 구타했을 때의 처벌은 黥城旦春이고, 城旦春이 마찬가지의 범죄를 저질렀을 때도 黥城旦春에 처하는데, 양자가 동일범죄를 범했을 때의 처벌이 동일한 것으로 보아 양자의 지위는 비슷하다고 할 수 있다.[31] 비록 贖刑이기는 하지만, 贖城旦春과 贖鬼薪白粲의 속형가액이 金一斤八兩으로 동일한 것으로 보아 양자의 등급이 동일한 것의 반영이라고 생각된다.[32]

---

29) 『散見簡牘合輯』, p.33, "(291)將長及死不出營 營私卒將吏皆耐爲鬼新其."; 甘肅省考古文物研究所, 『居延新簡』(北京: 文物出版社, 1990), p.380, "(E.P.T 59: 327) □□坐留不□行滿一日耐爲鬼□⧄"

30) 韓樹峰, 「秦漢徒刑散論」(『歷史研究』 2005-3), p.41.

31) 『張家山漢墓竹簡』, p.138, "鬼薪白粲毆庶人以上, 黥以爲城旦春. 城旦春也, 黥之."

32) 같은 책, p.150, "贖死, 金二斤八兩. 贖城旦春、鬼薪白粲, 金一斤八兩. 贖斬、府, 金一斤四兩. 贖劓、黥, 金一斤. 贖耐, 金十二兩. 贖遷, 金八兩. 有罪當府者, 移內官, 內官府之. 119(C292)鬼薪白粲有耐罪到完城旦春罪, 黥以爲城旦春; 其有贖罪以下, 笞百." 흥미로운 것은 속형의 등급에 있어서 徒刑계통이 육형계통보다 무거운 것으로 나타난다는 사실이다. 사실 양자의 경중을 비교하는 것

告不孝의 면에서 양자는 동일한 적용을 받고 있다. 원래 부모를 고
발하면 告不孝로서 棄市에 처하지만, 城旦舂·鬼薪白粲·奴婢로 된 아들
을 부모가 불효죄로 고발하면 이들에 대한 소유권은 국가 및 노예주
에 있어 告不孝가 적용되지 않는다. 이때에 城旦舂 등 3자를 함께 논
하는 것으로 보아 그 신분은 동일하며, 여기에 포함되지 않은 隷臣妾
은 이들과 다른 취급을 받았다고 할 수 있다.[33]

처자·재산몰수의 측면에서도 양자는 동일한 적용을 받았다. 完城
旦·鬼薪以上은 본인만이 아니라 처자·재산·전택이 몰수되었다. 이는
본인만 몰수되고 있는 隷臣妾과 분명히 차이가 있다.[34] 속면될 때 城
旦舂과 鬼薪白粲의 가치도 동일하다. 棄市罪에 해당하는 盜鑄錢의 주
모자 및 가담자를 체포한 자에게는 자신과 관계있는 죄인을 면죄할
수 있는 혜택이 부여되었다. 이때 방면되는 숫자는 죄수의 상대적 가
치를 보여주고 있다. 그 관계는 死罪 1人 = 城旦舂·鬼薪白粲 2人 = 隷臣
妾·收人·司空(寇) 3人이다. 이때에도 城旦舂과 鬼薪白粲은 함께 언급되
고 있어서 양자의 법률적 위치가 동일함을 보여준다.[35]

告人權의 측면에서, 城旦舂·鬼薪白粲은 타인을 고발할 수 있는 권리
가 없다. 告人의 권리가 10세 미만의 어린 자, 繋者(隷臣妾보다 무거운

은 용이하지 않을 듯한데, 속형에서는 이를 금액상으로 비교하여 놓았다.
그 비교에서 보면 徒刑(종신노예)이 육형보다 무겁다. 육형도 평생 동안 지
워지지 않는 것이지만, 노비로의 신분 전락보다는 가벼운 것으로 간주되
었던 것 같다.

33) 같은 책, p.139, "其子有罪當城旦舂、鬼薪白粲以上、及爲人奴婢者, 父母告不孝,
勿聽."

34) 같은 책, p.156, "罪人完城旦、鬼薪以上、及坐奸府者, 皆收其妻、子、財、田宅. 其
子有妻、夫, 若爲人户、有爵, 及年十七以上, 若爲人妻而棄、寡者, 174(C263)皆勿收.
坐奸、略妻及傷其妻以收, 毋收其妻. 175(C262)"

35) 같은 책, p.160, "捕盜鑄錢及佐者死罪一人, 予爵一級. 其欲以免除罪人者, 許之.
捕一人, 免除死罪一人, 若城旦舂、鬼薪白粲二人, 隷臣妾、收人、204(C267)司空三
人以爲庶人. 其當刑未報者, 勿刑, 有復告者一人, 身毋有所與. 詗告吏, 吏捕得
之, 賞如律. 205(C266)"

繫城旦舂), 城旦舂, 鬼薪白粲 이상의 죄수에게는 없으며,[36] 이 규정에 언급되지 않은 隷臣妾은 告人의 권리가 있는 것으로 생각된다. 告人權이 없는 점에서 城旦舂과 鬼薪白粲은 동일한 부류라고 할 수 있다.

거주지에서도 제한을 받는 것이 동일하다. 隷臣妾·城旦舂·鬼薪白粲의 家室이 民里中에 거주하면 도망으로 論하고 있다. 본인만 몰수되는 隷臣妾은 家室이 있으므로 이 조문이 이해되지만, 본인은 물론이고 가족·토지·재산이 몰수되는 성단용과 귀신백찬의 家室이 民里 가운데 있다는 것은 이해되지 않는다. 여하튼 徒隷의 가족은 民里에 거주해서는 안된다는 규정이다. 이로써 볼 때 城旦舂과 鬼薪白粲은 동일하게 취급되고 있음을 알 수 있다.[37]

[표 1] 죄수의 몰수

죄수	본인몰수	처자·재산·전택의 몰수	告人權	死罪 1인과의 비교
城旦舂	○	○	無	2인
鬼薪白粲	○	○	無	2인
繫者	○	×	無	?
隷臣妾	○	×	有	3인
司寇	×	×	有	3인
候	×	×	有	?

이상에서 살펴본 대로 城旦舂과 鬼薪白粲은 沒收·告人權의 측면에서 그 차이를 구별할 수 없을 정도로 유사한 등급으로 나타난다. 鬼薪白粲이 城旦舂에서 감형되었다고 해도 그 차이가 별반 없다면 감형의 의미가 별로 없는 것으로 생각될 수 있다. 확인할 수 있는 유일한 차이라고 한다면 刑城旦舂이 신체와 두발을 훼손당하고, 耐爲鬼薪白粲이 수염만을 잘리는 것이다.[38] 이것이야말로 鬼薪白粲으로 감형하여준

---

36) 같은 책, p.151, "年未盈十歲及繫者、城旦舂、鬼薪白粲告人、皆勿聽. 134(C29)"
37) 같은 책, p.175, "隷臣妾、城旦舂、鬼薪白粲家室居民里中者, 以亡論之. 307(F55)"
   여기에 司寇가 제외된 것은 民里中에 家室이 있다는 증거이다.

유일한 효과라고 할 수 있다. 이것이 감형의 효과인가라고 의문을 제기할 수도 있지만, 신체 일부와 두발을 잘리는 것에서 수염을 깎는 것으로의 감형은 현대적 감각으로도 충분히 이해할 수 있다. 肉刑이 사회공동체로부터 축출되는 것이지만, 耐刑은 공동체 사회로의 재진입이 가능한 형벌이기 때문에 그 효과를 과소평가할 수는 없다.

2. 耐刑에서의 隸臣妾과 司寇

앞에서 고찰한 것처럼 鬼薪白粲은 隸臣妾·司寇와 동일한 耐刑의 범주에 속해있지만, 隸臣妾과 달리 가족과 재산이 몰수되고 있기 때문에 오히려 城旦舂에 가까운 것임을 보았다.[39] 그뿐만이 아니라 후술할 것처럼, 隸臣妾과 司寇도 서로 현격하게 다른 성격을 보이고 있다. 동일한 耐刑 사이에 이렇게 큰 차이가 있다면 耐刑의 분석에 보다 신중한 접근이 필요하다고 생각한다. 隸臣妾과 司寇의 차이는 최근 출토된 『里耶秦簡』의 徒隸 매매 자료에서 명확해졌다. 『二年律令』에도 徒隸와 司寇가 구별되어 있기는 하지만 그 차이점이 무엇인지 명쾌하게 인식되지 않았으나,[40] 『里耶秦簡』 자료의 공개로 인해 모든 의문점이 풀리게 되었다.

> 6) J1(8)154: 秦始皇 33년 2月 壬寅朔 朔日에 遷陵守丞 都가 감히 말한다. 令에 "항상 매달 초하룻날에 매입한 徒隸의 數를 보고하라."라고 규정되어 있다. 令이 요구한 것에 부합하지 않은 것이 있는지 물어서

---

38) 任仲爀, 위의 논문(2007), pp.241-255.
39) 『張家山漢墓竹簡』, p.150, "其有贖罪以下及老小不當刑·刑盡者, 皆笞百. 刑盡而賊傷人及殺人, 先自告也, 棄市. 有罪當完城旦舂·鬼薪白粲以上而亡, 以其罪命之; 耐隸臣妾罪以下, 論令出會之. 其以亡罪命, 當完城旦舂·鬼薪白粲以上不得者, 亦以其罪論命之. 庶人以上, 司寇·隸臣妾無城旦舂·鬼薪白粲罪以上, 而吏故爲不直及失刑之, 皆以爲隸官; 女子(以爲?)庶人, 毋筭(算)事其身, 令自尙."
40) 같은 책, p.173, "司寇·徒隸, 飯一斗·肉三斤·酒少半斗·醬廿分升一."

감히 고하도록 하라.(卅三年二月壬寅朔朔日, 遷陵守丞都敢言之: 令曰: 恒以朔日上所買徒隷數. 問之毋當令者, 敢言之.)

7) J1(16)5·6: 현재 洞庭郡의 兵器를 內史 및 巴·南郡·蒼梧로 운반하고 있는데, 병기를 수송할 때 의당 遞送할 것이 많다. 만약 그것을 遞送한다면 a)반드시 乘城卒·隷臣妾·城旦舂·鬼薪白粲·居貲贖債·司寇·隱官·踐更縣者를 모두 우선적으로 보내도록 하고, 농사철이므로 백성(黔首)을 동원하지 않는다. b)嘉·穀·尉는 각각 所部의 縣卒·徒隷·居貲贖債·司寇·隱官, 縣의 踐更하는 자의 명부를 살펴서 가능한 자로 무기를 遞送하게 하라. 縣에서 遞送하라고 하지 않았는데 黔首를 동원하거나, 黔首를 줄일 수 있는데도 줄이지 않고 많이 동원한 자는 곧 탄핵해서 현으로 이송하고, 현에서는 율령에 입각해 처벌하고, 그 죄에 해당하는 자는 태수부에 이름과 판결문을 보내라.(今洞庭兵輸內史及巴, 南郡, 蒼梧, 輸甲兵當傳者多.[41] 卽傳之a)必先悉行乘城卒, 隷臣妾, 城旦舂, 鬼薪白粲, 居貲贖債, 司寇, 隱官, 踐更縣者. 田時也, 不欲興黔首. b)嘉, 穀, 尉各謹案所部縣卒, 徒隷, 居貲贖債, 司寇, 隱官, 踐更縣者簿, 有可令傳甲兵, 縣弗令傳之而興黔首, 興黔首可省少弗省少而多興者, 輒劾移縣, 縣亟以律令具論, 當坐者言名夬(決)泰(太)守府.)[42]

위에 인용한 6) J1(8)154의 "買徒隷數"는 徒隷가 매매 대상임을 보여주는 명확한 증거이며, 7) J1(16)5·6에는 徒隷의 내용이 자세히 설명되어 있다. 이를 정리하면 아래와 같다.

---

41) "輸甲兵當傳者多"의 의미는 『二年律令』「均輸律」의 "船車有輸, 傳送出津關, 而有傳嗇夫, 吏, 嗇夫, 吏與敦長, 方長各□□而□□□□發□出□皆如關□. 225(C79)"와 관련된 것이다. 『里耶秦簡』의 輸와 傳은 運輸와 遞送의 의미이다.

42) 李學勤, 「初讀里耶秦簡」(『文物』 2003-1), pp.77-78.

[표 2] 徒隷

a)	乘城卒	隷臣妾, 城旦舂, 鬼薪白粲	居貲贖債	司寇	隱官	踐更縣者
b)	所部縣卒	徒隷	居貲贖債	司寇	隱官	踐更縣者

여기에서 a)와 b)를 비교해보면, 徒隷는 隷臣妾·鬼薪白粲·城旦舂의 세 개의 刑名을 지칭하며, 居貲贖債·司寇·隱官·踐更縣者 등은 徒隷에 포함되지 않음을 알 수 있다. 따라서 隷臣妾과 司寇는 같은 耐刑에 속해 있더라도 徒隷에 포함되는 것의 여부를 놓고 차원이 다른 세계에 속하였다.

매매대상이 되는 徒隷는 城旦舂·鬼薪白粲·隷臣妾이므로 이들 신분은 인신의 자유를 상실한 존재였다. 隷臣妾과 함께 보이는 收人도 본인이 몰수되어 道官 상호간에 매매되는 대상이었다.[43] 「封診式·告臣」의 甲이 자신의 노예가 驕悍하고 농사일도 하지 않으므로 국가(公)에 매입을 요청한 사실에서 볼 때 국가는 민간의 노비를 매입하고 있었다.[44] 한편 이와 반대 방향의 이동도 있었다. 「奏讞書」 案例 17에 黥城

---

43) 『睡虎地秦墓竹簡』, p.110, "道官相輸隷臣妾·收人, 必署其已稟年日月, 受衣未受, 有妻無有. 受者以律續食衣之. 屬邦."; 『張家山漢墓竹簡』, p.191, "縣官器敝不可繕者, 賣之. 諸收人, 皆入以爲隷臣妾." 收人은 조만간 隷臣妾으로 몰적될 잠정적 신분이다.

44) 『睡虎地秦墓竹簡』, p.259, "告臣 爰書 : 某里士五(伍)甲縛詣男子丙, 告曰 : 「丙, 甲臣, 橋(驕)悍, 不田作, 不聽甲令. 謁買(賣)公, 斬以爲城旦, 受賈(價)錢." 노비 매매 문제를 처음 제기한 裘錫圭는 「戰國時代社會性質試探」, 『中國古史論集』(長春 : 吉林人民出版社, 1981)에서 士伍 甲이 公家에 臣을 팔려고 한 것은 본래 公家에서 사들인 것이며, 만약 丙이 公家에서 판 노예가 아니라면 公家는 丙을 사들일 의무가 없다고 하면서 "公私之間의 노비매매"로 고찰했다. 그러나 그 후에 이러한 주장이 근거가 없다고 하여 자신의 주장을 철회하였고, 爰書의 내용은 단지 개인이 때때로 노예를 국가에 팔 수 있는 것을 말했을 뿐이라고 하였다.[『古代文史研究新探』(南京:江蘇古籍出版社, 1992), pp.393-394] 李學勤은 『里耶秦簡』의 "買徒隷數"의 買를 『睡虎地秦墓竹簡』에 노예주가 사나운 노예를 官府에서 구매해줄 것을 요청한 기록에 근거하여 매입으로 보았으며,(李學勤, 위의 논문, p.78.) 노예의 교역은 日書에서 볼

旦으로 처벌된 講의 처자가 민간에 노예로 팔린 것으로 볼 때 徒隷는 관부에서 민간으로의 매각도 이루어지고 있음을 알 수 있다. 또 惠帝시 장안성 축조에 諸侯王·列侯의 徒隷 二萬人을 징발했다는 것을 보면 漢初에는 諸侯·列侯가 보유한 徒隷가 있었던 듯하다.[45] 諸侯·列侯의 徒隷는 아마도 侯國內에서의 범죄로 인한 자들도 포함되었겠지만, 案例 17의 講의 처자가 팔린 사례로 볼 때 중앙정부로부터 매입했을 가능성도 배제할 수 없다. 이 문제는 전체 인구 중에서 編戶齊民의 비율과 관련하여 중요한데, 국가가 보유한 徒隷가 編戶齊民으로 복귀하지 않고 재차 民間의 私奴婢로 이동하기 때문이다.

동일하게 徒隷에 속하지만 隷臣妾과 城旦春의 인신권 귀속문제는 큰 차이가 존재하였다. 전술했듯이 城旦春·鬼薪白粲 以上은 자기 자신에 대한 인신 지배권이 없으며, 城旦春·鬼薪白粲의 부모라고 하더라도 역시 자식에 대한 지배권이 없다. 이때에 城旦春·鬼薪白粲 이상이라고 규정한 것으로 보아 隷臣妾 이하는 해당되지 않는 것으로 생각된다. 이것은 隷臣妾 이하의 형도에 대한 인신지배권이 국가에 속한 것이 아니라, 부모나 자신에 속해있을 가능성을 말해준다. 이 점은 상당히 중요한데, 隷臣妾이 徒隷에 속하기 때문에 인신권이 국가에 속했을 것으로 생각되지만 불효죄를 수리한다는 점에서는 城旦春·鬼薪白粲과 다른 취급을 받고 있다. 이는 鬼薪白粲과 隷臣妾이 서로 큰 차이를 보이는 죄수임을 말해준다. 鬼薪白粲의 항목에서 언급한 것처럼, 가족과 재산의 몰수는 鬼薪白粲 이상부터 적용되고, 隷臣妾의 처자는 몰수되

때 당시 흔한 현상이라고 보았다.[同氏, 『簡帛佚籍與學術史』(南昌 : 江西教育出版社, 2001, pp.136-138] 한편 李成珪는 "買徒隷數"의 買를 관부에서 매각(賣)한 것으로 이해하고 있다.[李成珪, 「秦·漢의 형벌체계의 再檢討」(『東洋史學研究』 85, 2003), p.8.] 이상의 내용과 「奏讞書」의 黥爲城旦으로 몰수된 講의 처가 민간에 매각된 사실로 볼 때 관부와 민간 사이에는 노비의 매매가 존재했다고 결론을 내릴 수 있다.

45) 『漢書』 卷2 「惠帝紀」, p.89, "六月, 發諸侯王·列侯徒隷二萬人城長安."

지 않고 자유민의 신분을 유지한다.[46]

司寇의 경우는 隷臣妾보다 훨씬 좋은 조건하에 있었다. 徒隷에 포함되지 않는 司寇가 隷臣妾과도 다른 별개의 범주에 속하고 있음은 많은 예로부터 알 수 있다. 대표적인 것이 司寇에게 토지가 지급된 사실이다. 『二年律令』의 戶律에 규정된 토지의 지급량을 보면 漢初의 죄수 신분 속에서 司寇의 위치를 쉽게 알 수 있다.[47]

城旦舂·鬼薪白粲·隷臣妾에게는 토지가 지급되지 않지만, 司寇와 隱官에게는 일반 서인의 $\frac{1}{2}$인 토지 50畝, 택지 半宅을 지급하며, 戶의 구성도 허락하고 있다. 본래 토지를 보유하려면 戶籍과 土地臺帳이 전제된다는 점에서 司寇는 호적제도에 편입된 編戶로서 간주되고 있었다. 秦代·漢初의 죄수가 무기형 노예라는 일반적 상식 하에서 司寇에의 토지지급은 상당히 놀라운 사실이다. 토지지급의 여부로 볼 때 국가는 司寇를 城旦舂·鬼薪白粲·隷臣妾과 완전히 다른 성격의 죄수로 간주하고 있음을 알 수 있다. 토지의 지급은 자신의 토지에서 노동할 시간의 존재와 재산 축적의 가능성을 의미하는 것이다. 司寇의 주요한 임무인 城旦舂의 감시는 모든 시간과 노동력을 요구하는 것은 아니었기 때문에 50무의 토지를 수전하였을 것이다.[48]

司寇와 隱官이 율령상에서도 자주 비슷한 등급으로 언급되고 있으

---

46) 『睡虎地秦墓竹簡』, p.87, "隷臣妾, 城旦舂之司寇, 居資贖債繫城旦舂者, 勿責衣食, 其與城旦舂作者, 衣食之如城旦舂. 隷臣有妻, 妻更及有外妻者, 責衣. 人奴妾繫城旦舂, 貸衣食公, 日未備而死者, 出其衣食. 司空"; 『張家山漢墓竹簡』, p.156, "罪人完城旦舂·鬼薪以上, 及坐奸府(腐)者, 皆收其妻·子·財·田宅. 其子有妻·夫, 若爲戶·有爵, 及年十七以上, 若爲人妻而棄·寡者, 皆勿收. 坐奸·略妻及傷其妻以收, 毋收其妻."

47) 『張家山漢墓竹簡』, p.176, "宅之大方卅步. 徹侯受百五宅, 關內侯九十五宅, 大庶長九十宅, …… 簪褭三宅, 上造二宅, 公士一宅半宅, 公卒·士伍·庶人各一宅, 司寇·隱官半宅. 欲爲戶者, 許之."; 같은 책, p.176, "上造二頃, 公士一頃半頃, 公卒·士伍·庶人各一頃, 司寇·隱官各五十畝."

48) 李成珪, 위의 논문(2003), p.44.

므로 隱官의 성격을 보면 司寇가 어떠한 성격의 죄수인지 짐작할 수 있다. 隱官은 재판의 잘못으로 肉刑을 받았으나 재심을 통해 무죄판결을 받은 자, 또는 肉刑을 받은 후에 범인을 체포한 공로로 사면된 신분이다.[49] 재판의 잘못으로 肉刑을 받은 隱官은 재심 후 庶人 신분으로의 회복이 당연한 것이지만, 秦律에서는 이들을 서인 신분으로 회복시켜 주지 않고 隱官으로 규정하고 있으며, 『里耶秦簡』에 보이는 것처럼 요역에 동원하고 있다.

출토자료에는 육형에 처해졌다가 隱官과 庶人이 된 사례가 각각 보이고 있다. 전자는 「奏讞書」에 牛를 훔친 죄목으로 黥城旦에 처해졌다가 재심 후에 무죄로 판명되어 隱官이 된 講의 사례이다.[50] 후자는 『龍崗秦簡』 6호묘의 묘주인 辟邪가 刑城旦(刖刑)에 처해졌으나 재심 후에 무죄로 판명되어 庶人으로 복권되었다.[51] 동일하게 육형을 받았으나 각각 隱官과 庶人으로 된 두 개의 사례 가운데 前者가 법령 규정에 맞는 것으로 생각된다. 동일하게 육형에 처해졌으나 재심을 통해 무죄로 판명된 두 사람 중에서 한 사람은 庶人이 되고 한 사람은 隱官이 된 것은 양자의 차이가 크지 않았기 때문으로 생각된다.[52] 그런데 官府佐·史 및 禁苑憲盜가 될 수 없도록 규정한 것에 候·司寇·群下吏는 포

---

49) 『睡虎地秦墓竹簡』, p.205, "將司人而亡, 能自捕及親所知爲捕, 除無罪; 已刑者處隱官. ●何罪得處隱官? ●群盜赦爲庶人, 將盜械囚刑罪以上, 亡, 以故罪論, 斬左止爲城旦, 后自捕所亡, 是謂處隱官. ●它罪比群盜者皆如此."

50) 『張家山漢墓竹簡』, pp.221-222.

51) 劉國勝, 「雲夢龍崗簡牘考釋補正及其相關問題的探討(摘要)」; 『龍崗秦簡』(北京: 文物出版社, 2001), pp.161-165, "鞠之 : 辟死論不當爲城旦, 吏論: 失者己坐以論. 九月丙申, 沙羨丞甲、史丙免辟死爲庶人, 令自尚也."

52) 후술하겠지만, 庶人은 奴婢 및 徒隷가 해방되어 형성된 신분으로서 잠정적인 해방에 불과하여 원래의 노비신분으로 되돌아갈 수도 있었다. 庶人이 1대 후에나 士伍가 될 수 있는 것은 司寇·隱官과 동일하였다. 따라서 위에서 재심을 거쳐 隱官이 된 것이나, 庶人이 된 것이나 토지 수전액을 제외하고는 큰 차이가 없다.

함되지만 隱官이 포함되지 않았는데, 이는 隱官이 佐·史 임용에 제한
이 없었던 것이 아닐까 생각한다.[53] 아마도 이것이 司寇와 隱官의 차
이라고 생각된다.

토지의 지급만이 아니라 司寇는 隷臣妾 이상의 徒隷와 죄수복 측면
에서도 큰 차이를 보이고 있다. 秦律의 司空律에 "隷臣妾, 城旦春之司寇,
居貲贖債로서 繫城旦春하는 자에게는 衣食비용을 징수하지 않는다."는
규정,[54] 隷臣·府隷 중 妻가 없는 자와 城旦에게 의복을 지급하는 규정
을 보면 隷臣妾 이상은 관부에서 의식을 지급하는 것이 확실한데, 이
때의 의복은 죄수복일 것이다.[55] 『二年律令』에도 "諸冗作縣官及徒隷"에
게 의복을 지급하는 규정이 있는데,[56] 徒隷가 아닌 司寇에 대한 언급
은 없다. 이러한 지급 대상에서 司寇가 제외되고 있는 것을 보면 죄수
복 착용은 면제되었던 것이다. 이처럼 동일한 耐刑에 속해있지만 隷臣
妾과 司寇의 성격은 근본적으로 다른 것이다.

司寇·隷臣妾의 특이한 역할은 城旦春의 감시라고 할 수 있다.[57] 司
寇는 죄수 감시의 일차적 담당자였다. 司寇의 숫자가 부족하면 城旦
중에서 3년 이상 복역한 자를 城旦司寇로 삼아 城旦春을 감시하고, 그

---

53) 『睡虎地秦墓竹簡』, p.107, "侯(候)、司寇及群下吏毋敢爲官府佐、史及禁苑憲盜.
   內史雜."

54) 같은 책, p.87, "隷臣妾·城旦春之司寇·居貲贖責(債)敫(繫)城旦春者, 勿責衣食;
   其與城旦春作者, 衣食之如城旦春. 隷臣有妻, 妻更及有外妻者, 責衣. 人奴妾敫
   (繫)城旦春, 貣(貸)衣食公, 日未備而死者, 出其衣食. 司空."

55) 같은 책, pp.67-68, "稟衣者, 隷臣·府隷之毋(無)妻者及城旦, 冬人百一十錢, 夏五
   十五錢."

56) 『張家山漢墓竹簡』, p.189, "諸冗作縣官及徒隷, 大男, 冬稟布袍表里七丈·絡絮四
   斤, 綺二丈·絮二斤; 大女及使小男, 冬袍五丈六尺·絮三斤, 綺丈八尺·絮二斤; 未
   使小男及使小女, 冬袍二丈八尺·絮一斤半斤; 未使小女, 冬袍二丈·絮一斤. 夏皆
   稟禪, 各半其丈數而勿稟綺. 夏以四月盡六月, 冬以九月盡十一月稟之."

57) 『睡虎地秦墓竹簡』, p.89, "毋令居貲贖責(債)將城旦春. 城旦司寇不足以將, 令隷
   臣妾將. 居貲贖責(債)當與城旦春作者, 及城旦傅堅·城旦春當將司者, 廿人, 城旦
   司寇一人將. 司寇不足, 免城旦勞三歲以上者, 以爲城旦司寇. 司空."

래도 城旦司寇가 부족하면 隷臣妾에게 감시를 맡기고 있다. 司寇의 숫
자 부족시 마찬가지로 耐罪囚인 隷臣妾에게 그 임무를 대행하게 했다
는 것은 輕罪인 耐罪의 죄수가 국가권력을 대신하여 중죄수를 감시할
수 있는 조력자로 간주되었던 것이다. 이같은 司寇의 죄인 감시 역할
로 인해 그들은 작은 권한을 가지고서 다른 죄수들에게 횡포를 저질
렀다.58) 다만 居貲贖債가 城旦舂을 감시할 수 없었던 것은 이들이 단
기간 동안 노역에 복역하고 자유민으로 복귀하여 근무의 연속성이
불안정하기 때문으로 생각된다.

또한 司寇를 僕·養의 천역에 종사하지 않도록 배려하고 있음도 주
목된다.59) 즉, 관부에서 수레를 모는 僕, 취사를 하는 養, 官府의 감시
등에 복역하지 못하도록 하고, 만약 상부에서 司寇를 이러한 역종에
복역하도록 명령하면 반드시 재심을 요청하도록 규정하고 있다.60) 隷
臣의 경우에는 수공업 재능이 있는 자에 한해 僕·養의 업무에서 제외
한 것으로 보아 일반 隷臣의 경우는 僕·養에 종사하였다.61) 僕·養은

---

58) 任仲爀, 위의 논문(2007), p.247 注 71.
59) 『睡虎地秦墓竹簡』에 의하면 都官有秩吏 및 離官嗇夫에는 養이 배치되어 취사
   를 담당하고 僕은 수레를 모는 역할을 담당했다. 이들의 신분은 湖北江陵鳳凰
   山漢墓竹簡과 「奏讞書」에 의하면 奴婢·徒隷였다. 『睡虎地秦墓竹簡』, p.58, "都官
   有秩吏及離官嗇夫, 養各一人, 其佐, 史與共養; 十人, 車牛一兩(輛), 見牛者一人.
   都官之佐, 史冗者, 十人, 養一人; 十五人, 車牛一兩(輛), 見牛者一人; 不盈十人者,
   各與其官長共養, 車牛, 都官佐, 史不盈."; 『張家山漢墓竹簡』 「奏讞書」, p.217, "10:
   ·· 蜀守讞 : 采鐵長山私使城旦田, 舂女爲薑(饌), 令內作, 解書廷, 佐惰等詐薄(簿)
   爲徒養, 疑罪. 廷報: 惰爲僞書也."; 李天石, 「從張家山漢簡與唐律的比較看漢唐奴
   婢的異同」(『敦煌學輯刊』 2005-2), pp.1-2; 吉林大學歷史系考古專業, 「鳳凰山一六七
   號漢墓遣策考釋」(『文物』 1976-10), p.10, "養女子二人綉衣大婢"; 金立, 「江陵鳳凰
   山八號漢墓竹簡試釋」(『文物』 1976-6, p.71), "大婢庫養"; 吳榮曾, 「試論秦漢奴隷勞
   動與農業生產的關系」, 『先秦兩漢史研究』(北京: 中華書局, 1995), p.211.
60) 『睡虎地秦墓竹簡』, p.91, "司寇勿以爲僕·養·守官府及除有爲殹(也). 有上令除之,
   必復請之. 司空"
61) 같은 책, p.76, "隷臣有巧可以爲工者, 勿以爲人僕·養. 均"

처우도 열악하여 식량도 使者의 종자가 하루에 ⅓斗를 지급받는데 비
해, 수레를 모는 僕은 ⅓斗를 지급받았다.[62] 이는 僕·養이 특별한 재능
을 요구하지 않는 직종임과 동시에 관노비들이 주로 맡는 賤役·苦役
이기 때문이다. 그 반면에 候·司寇·群下吏는 함부로 官府의 佐·史 및
禁苑憲盜에 임명할 수 없다고 규정했는데,[63] 이들이 하급관리인 佐·史
에 임용될 가능성이 있을 정도로 서인과 신분적으로 유사했다는 지
적은 타당하다.[64] 이렇게 候·司寇·群下吏가 일반 관노비들이 담당하는
僕·養에도, 그리고 하급관리인 佐·史에도 임명을 금지시키는 규정은
그들이 노비도 아니고 서인도 아닌 중간적 성격이었음을 말해준다.

그러나 같은 耐刑이라 하더라도 앞서 살핀 『里耶秦簡』에 분명하듯
이 司寇는 隸臣妾과 격을 달리하는 존재였다. 司寇가 隸臣妾과 다른 부
류로 분류되어 있는 것은 耐刑의 "不名耐者" 규정에서 庶人과 司寇가
한 그룹으로 묶여 있고, 隸臣妾은 收人과 함께 다른 그룹으로 묶여 있
는 사실에서도 재차 확인된다. 庶人과 같은 그룹으로 묶어 놓은 것은
司寇의 지위를 반영하는 것이다. 더욱이 司寇와 隱官의 자식이 庶人보
다 한 등급 위의 士伍로 된 것은 이들의 신분이 1대 후에 죄수신분에
서 벗어날 수 있다는 점에서 특기할 만하다.[65] 이것은 국가가 이들의
노동력을 계속 예속신분으로 묶어두려는 의도가 없다는 것의 반영이
다. 위에서 고찰한 내용은 아래 표에서 濃淡으로 표시할 수 있는데, 같
은 耐刑이라도 鬼薪白粲·隸臣妾·司寇는 모두 濃淡에 차이가 있다.

---

62) 같은 책, p.101, "御史卒人使者, 食粺米半斗, 醬駟(四)分升一, 采(菜)羹, 給之韭
   葱. 其有爵者, 自官士大夫以上, 爵食之. 使者之從者, 食糲米半斗; 僕, 少半斗.
   傳食律"
63) 같은 책, p.107, "候(候)·司寇及群下吏毋敢爲官府佐·史及禁苑憲盜. 內史雜"
64) 李成珪, 위의 논문(2003), pp.41-42.
65) 『張家山漢墓竹簡』, p.182, "公士·公卒及士伍·司寇·隱官子皆爲士伍. 疇官各從其
   父疇, 有學師者學之."

[표 3] 죄수들의 각종

신체형	徒隸				耐刑	耐刑
	黥刑	完刑	耐刑	耐刑		
형명	城旦舂	城旦舂	鬼薪白粲	隷臣妾	司寇	候
형구	○	○	○			
체발	○	○				
剃鬢	○	○	○	○	○	○
감시	○	○	○			
죄수복	○	○	○	?		
신분계승	○	○	○	○		

위의 표에 의하면 동일한 耐刑의 범주에 속하는 鬼薪白粲·隷臣妾·司寇는 각각 나름대로의 특성을 지니고 있음을 알 수 있었다. 鬼薪白粲은 비록 耐刑이지만 城旦舂에 가까운 처우를 받았고, 司寇는 隷臣妾과 달리 매매의 대상이 아닌 準서인에 속하는 것이었다. 이러한 점에서 본다면, 이 4개의 耐刑 가운데 전형적인 耐刑은 隷臣妾이라고 할 수 있다. 특히 隷臣妾과 司寇가 徒隸라인을 경계선으로 서로 반대편에 위치해 있다는 사실은 종래 자료의 부족으로 인식되지 못했던 점이다. 매매되는 徒隸의 범주에 司寇가 포함되지 않았다는 것은 동일한 耐刑에 속하지만 司寇와 隷臣妾을 동일선상에서 논할 수 없음을 의미한다.

III. "耐"의 분석과 耐刑의 중심형벌

지금까지 고찰한 것처럼 耐刑의 내부는 판이하게 다른 형벌들로 구성되어 있음을 알 수 있었다. 그런데 『睡虎地秦墓竹簡』과 『二年律令』에는 "耐"로만 표시된 형벌이 존재했는데, 과연 이것이 무엇을 지칭하였을까? 이를 규명하려는 이유는 앞서 고찰한 耐에 포함된 형벌들이 워낙 큰 편차를 노정하고 있기 때문이다. 完으로만 간략하게 표시한 것은 完의 경우 完爲城旦春 밖에 없기 때문에 完爲城旦春일 수밖에 없다.[66) 그러나 耐의 경우는 상황이 보다 복잡하다. "耐"와 함께 사용되는 노역형에는 鬼薪白粲·隷臣妾·司寇·候의 4개가 있는데,[67) 사법 관리들이 재판할 때마다 "耐"가 4개의 형명 중에서 어떤 것인지 지정되지 않는다면 사법관리의 弄法의 빌미를 제공할 수 있으므로 일정한 원칙이 존재했을 것으로 생각된다. 특히 隷臣妾으로 판결하는지, 아니면 司寇로 판결하는지는 죄수가 徒隷가 되어 몰적되는지 여부를 결정하기 때문에 매우 중요하다.

후술하는 『二年律令』의 90-92簡에서 입증하겠지만, 耐刑은 단독으로 사용될 수 없고 반드시 노역형과 함께 결합해 사용되므로 耐와 결합된 형벌명이 무엇인지 규명할 필요가 있다.[68) 90-92簡에 庶人 신분인 자가 耐罪를 범했을 때 司寇로 처리하라는 원칙이 있는데 굳이 耐가 무엇을 지칭하는지 규명할 필요가 있을까 하고 의문을 제기할 수도 있지만 문제는 그렇게 간단하지 않다. 耐 단독으로 표현된 것 가운데는 隷臣妾이 분명한 것이 있기 때문이다. 耐를 규명하는 작업이 90-92簡에 의해 무의미한 것으로 되는 것은 아니며, 90-92簡과의 충돌문제를 고찰하기 위해서도 반드시 필요하다.

---

66) 任仲爀, 위의 논문(2007), p.239.
67) 이 가운데 耐爲候는 『睡虎地秦墓竹簡』에 자료가 극소하여 고찰하기 어렵고, 『二年律令』 단계에는 그나마 출현하지 않은 것으로 보아 용도가 폐기된 것으로 보인다.
68) 韓樹峰, 위의 논문, pp.25-27. 耐는 독립적으로 사용될 수 없고, 반드시 徒刑과 결합해야 한다고 보았다.

1. "耐"와 隷臣妾

가) 公祠의 제물 절도 사건(8)

> 8) 公祠가 끝나지 않았는데 그 제물을 절도하면, 貲 以下는 耐爲隷臣에
> 처한다. 지금 만약에 콩팥 하나를 훔치거나, 콩팥 하나의 장물가액
> 이 一錢 미만이라면 어찌 논해야 하는가? 祠는 원래 심장·콩팥 및
> 다른 肢物로써 각각 하나의 제물을 이루므로 제물의 장물이 一錢에
> 차지 않더라도 훔치면 耐에 해당한다.(公祠未闋(闋), 盜其具, 當貲以下
> 耐爲隷臣. 今或盜一腎, 盜一腎贓, 不盈一錢, 何論? 祠固用心腎及它肢物
> 皆各爲一具, 一具之贓不盈一錢, 盜之當耐.)[69]

일단 睡虎地秦簡整理小組는 當耐를 耐爲隷臣으로 해석하고 있는데,
그 정확성에 대해 검토해보자. 이 법률답문의 내용은 "公祠의 제물을
절도했을 때 그 가액이 貲 以下에 해당하면 耐爲隷臣에 처한다."는 것이
다. 장물 가액이 220미만~110전의 절도죄는 耐爲隷臣妾이고, 110전 미
만~22전은 貲二甲, 22전 미만~1전은 貲一盾에 처하는 것이 원칙이다.[70]

따라서 위의 예문에서 말한 貲 以下의 처벌은 장물가액이 110전 미
만~1전까지일 때 내려지는 것이다. 따라서 원래 110전 미만의 절도의
경우 貲罰로 처벌해야 함에도 耐爲隷臣으로 처벌한 것은 公祠 제물의
절도라고 하는 특수범죄를 가중 처벌한 것임이 분명하다. 법률답문의
의미는 제물이 1전 미만이라 하더라도 제사에는 심장·콩팥 및 기타
肢物이 모두 갖추어져야 하나의 완전한 제물을 구성하는 것이다.(祠固
用心腎及它肢物 皆各爲一具, 一具之贓不盈一錢, 盜之當耐) 즉, 제수품에
어느 하나라도 없으면 안되는 특성상 비록 콩팥을 훔친 것이 1전 미

---

69) 『睡虎地秦墓竹簡』, p.161.
70) 任仲爀, 「秦漢律의 벌금형」(『中國古中世史研究』 15, 2006), pp.4-20.

만이더라도 1전 이상과 동일하게 처벌하라는 의미이다. 그러므로 「法律答問」의 의미는 1전 미만이라도 耐爲隸臣의 처벌을 받는다는 의미이고, 뒤에 나오는 "盜之當耐"의 "耐"는 앞의 耐爲隸臣의 생략임을 알 수 있다.[71] 이것은 耐가 耐爲隸臣을 지칭하는 명확한 사례로서 후술할 90-92簡의 不名耐者에서 서인의 경우는 耐爲司寇로 처벌한다는 원칙과 정면으로 배치된다.

나) 절도사건(9, 10)

장물가액과 관련하여 아래의 법률답문도 耐罪가 耐爲隸臣妾을 지칭하는 것임을 알 수 있다.

9) 士伍 甲이 절도를 했는데, 체포되었을 때 그 장물가치를 조사하니 장물가치가 660전을 초과했다. 吏가 가치를 산정하지 않아 獄鞫을 할 때에야 장물의 가격을 산정하니 장물가치가 110전이라서 耐에 처해지게 되었다. 질문: 甲과 吏는 어떻게 논해야 하는가? 甲은 黥爲城旦에 해당하고 吏는 失刑罪에 해당한다. 만약 고의로 그랬다면 不直이 된다.(士五(伍)甲盜 以得時值贓 贓值過六百六十 吏弗值 其獄鞫 乃值贓 贓值百一十 以論耐 問甲及吏何論? 甲當黥爲城旦 吏爲失刑罪, 或端爲, 爲不直.)[72]

10) 士伍 甲이 절도를 했는데, 체포되었을 때 그 장물가치를 조사하니 장물가치가 110전이었다. 吏가 가치를 산정하지 않아 獄鞫을 할 때에야 장물가격을 산정하니 장물가치가 660전을 초과하여 甲을 黥爲城旦에 처하였다. 질문: 甲 및 吏는 어떻게 논해야 하는가? 甲은 耐

---

71) 韓樹峰도 이곳의 耐를 耐爲隸臣妾으로 보고 있다.[「耐刑、徒刑關系考」(『史學月刊』 2007-2), pp.24-25.]
72) 『睡虎地秦墓竹簡』, p.165.

爲隷臣에 해당하고, 吏는 失刑罪에 해당한다. 甲에게 죄가 있는데, 吏가 알면서도 고의로 무겁게 하거나 가볍게 한다면 어떻게 논해야 하는가? 不直으로 논한다.(士五(伍)甲盜, 以得時直(値)臧(贓), 臧(贓)直(値)百一十, 吏弗直(値), 獄鞫乃直(値)臧(贓), 臧(贓)直(値)過六百六十, 黥甲爲城旦, 問甲及吏可(何)論? 甲當耐爲隷臣, 吏爲失刑罪. 甲有罪, 吏智(知)而端重若輕之, 論可(何)殹(也)? 爲不直.)[73]

9)는 甲이라는 자가 절도했는데 그 장물가액이 660전을 초과하여 黥爲城旦舂에 처해져야 할 것을 관리가 제때 장물가액을 조사하지 않고 獄鞫할 때서야 비로소 조사하니 110전이라서 耐에 처했다는 내용이다. 여기서 110전의 절도일 경우의 처벌인 "耐"가 무엇인지는 10)에서 알 수 있다. 10)은 士伍 甲이 절도당시의 110전에 해당하는 물건을 훔쳤으나, 관리가 제때 장물가액을 조사하지 않고 獄鞫할 때서야 비로소 조사하니 660전을 초과함으로써 黥爲城旦으로 처리했지만, 甲은 耐爲隷臣에 해당한다는 내용이다. 결국 양자를 비교한다면 9)의 耐는 耐爲隷臣妾의 생략임을 의미한다. 비록 90-92簡에 죄명을 지정하지 않은 耐를 耐爲司寇로 처리하라는 원칙을 규정하고 있지만, 9)와 10)은 분명히 耐가 耐爲隷臣妾임을 지칭하므로 90-92簡의 적용을 받지 않음을 말해준다. 이 사례에서 본다면 당시 관리들은 이때의 耐라는 것이 耐爲隷臣妾이라는 것을 명료하게 알았던 것으로 보인다.

다) 珠玉 반출사건(11)

11) 불법으로 珠玉을 邦關 밖으로 가지고 나가거나, 客에게 판 자는 珠玉을 內史에게 바치고, 內史는 가격을 계산하여 현상금을 준다. ●

---

73) 『睡虎地秦墓竹簡』, p.166.

어떻게 현상금을 주는가? 만약 체포된 범인이 耐罪 以上이면 다른 罪人을 체포한 것처럼 현상금을 주고, 체포된 범인이 貲罪일 경우에는 현상금을 주지 않는다.(盜出珠玉邦關及賣于客者, 上珠玉內史, 內史材予購. ●何以購之? 其耐罪以上, 購如捕它罪人; 貲罪, 不購.)[74]

이것은 珠玉을 邦關 밖으로 불법으로 빼돌리거나 客(외국인)에 판매했을 때, 압수한 珠玉을 內史에게 올리면 內史는 그 가액을 참작하여 현상금을 내린다는 것이다. 이때에 범인의 죄가 耐罪 이상이면 현상금을 주고, 貲罪이면 현상금을 주지 않는다는 것이다. 여기에서 耐罪와 貲罪로 구분한 것은 珠玉의 가액과 관련된 것이다. 9)와 10)에서 서술한 바와 같이 秦律에는 절도한 가액이 220전 미만~110전이면 耐爲隸臣妾으로, 110전 미만은 貲罪로 처벌했다. 따라서 이곳에서는 耐罪 以上이 耐爲隸臣妾의 생략임을 알 수 있다.

라) 鬪傷 사안(12-20)

다음으로는 아래의 鬪傷 관련 자료를 통해 耐에 대해 살펴보자.

12) 妻가 사나워서 남편이 처를 구타하여 그 귀를 찢었거나 또는 사지와 손가락을 부러뜨리거나 삐게 하면 남편을 어떻게 논하는가? 耐에 해당한다. 律에 "싸우다가 타인의 귀를 찢으면 耐이다."라고 하였다.(妻悍, 夫毆治之, 夬(決)其耳, 若折支(肢)指·胅體, 問夫可(何)論? 當耐. 律曰: 「鬪夬(決)人耳, 耐.」)[75]

---

74) 같은 책, p.211.
75) 같은 책, p.185. 秦律에서는 남편이 처를 구타하여 신체적 손상을 입히면 耐이고, 『二年律令』에서는 처가 남편을 구타한 경우 耐爲隸妾에 처한다.(『張家山漢墓竹簡』, p.139, "妻毆夫, 耐爲隸妾.")

13) 싸우다가 다른 사람의 코·귀·손가락·입술을 물어뜯으면 각각 어떻게 논하는가? 모두 耐에 처한다.(或鬪, 嚙斷人鼻若耳若指若脣, 論各可(何)殹(也)? 議皆當耐)[76]

14) 바늘·긴바늘·송곳을 가지고 싸우거나, 바늘·긴바늘·송곳으로 다른 사람에게 상처를 입혔을 때 각각 어떻게 논하는가? 싸웠으면 貲二甲에 해당하고, 상해를 입혔다면 黥爲城旦에 해당한다. 다른 사람과 싸우다가 입술을 찢었다면 어떻게 논하는가? 멍들게 한 것과 동일하게 논한다.(鬪以箴(針)·鈹·錐, 若箴(針)·鈹·錐傷人, 各可(何)論? 鬪, 當貲二甲; 賊, 當黥爲城旦. 或與人鬪, 夬(決)人脣, 論可(何)殹(也)? 比疻痏.)[77]

위의 12)~14)의 내용을 종합하면 무기를 사용치 않고 싸우다가 상대방의 코와 귀·손가락·입술을 물어뜯었을 때 耐罪를 과하는 것이 원칙이다. 또한 바늘·긴바늘·송곳을 가지고 싸우면 貲二甲이며(이 경우는 부상을 입히지 않은 것으로 생각된다), 바늘·긴바늘·송곳으로 상대방을 부상시켰을 때는 賊으로 처리하여 黥爲城旦으로 처벌한다. 이같은 秦律의 원칙은 기본적으로 『二年律令』에 계승되었는데, 14)는 법률문답이므로 아래의 『二年律令』 15)에 비해 약간 소략하다.

15) 싸움을 하는데 칼날이나 금철의 예리한 것, 추·몽둥이 등을 가지고 사람을 상하게 하면 모두 完爲城旦春이다. 이러한 물건을 사용하지 않고서 사람의 한쪽 눈을 멀게 하거나 사지·치아·손가락·뼈를 부러뜨리거나 코나 귀를 찢어버리면 耐에 처한다. 상처를 내지 않았지만 낮은 작위를 가진 자가 높은 작위를 가진 자를 때린 경우 罰

---

76) 같은 책, pp.186-187.
77) 같은 책, p.188.

金四兩이다. 같은 작위에 있는 자나 낮은 작위에 있는 자를 때렸으면 罰金二兩이다. 그 중 멍이 들게 하거나 ..... 한 경우는 罰金四兩이다.(鬪而以釰及金鐵銳·錘·椎傷人, 皆完爲城旦舂. 其非用此物而(眇)人, 折枳·齒·指, 胅體, 斷決鼻·耳者, 耐. 其毋傷也, 下爵毆上爵, 罰金四兩. 毆同死〈列〉以下, 罰金二兩. 其有疻痏及□, 罰金四兩.)[78]

15)의『二年律令』조문은 무기 등을 사용하여 상해를 입혔을 경우는 完爲城旦舂, 무기를 사용하지 않고 상해를 입히면 耐, 상처가 없으나 下爵이 上爵을 구타한 경우는 罰金四兩, 작위가 동렬일 경우는 罰金二兩, 멍이 들거나 한 경우는 罰金四兩으로 규정하고 있다. 여기에서는 完爲城旦舂 → 耐 → 罰金四兩 → 罰金二兩으로 처벌이 계열화되어 있다.

특이한 것은 다른 형벌들은 형명이 구체적으로 명시되어 있으나 耐의 경우만 구체적이지 않다. 耐를 특정형명(예를 들어 隸臣妾 또는 司寇 등)으로 구체화시키지 않은 듯이 보이지만, 구체화된 다른 형명과 비교해보면 최종 형명임이 분명하다. 秦律보다 상세하게 규정된 『二年律令』의 조문에서도 耐刑이 구체적으로 무엇을 지칭하는지 알 수 있는 직접적인 단서는 없지만 아래의『睡虎地秦墓竹簡』「法律答問」과 비교하여 실마리를 찾고자 한다.

16) 貲罪를 체포하면서 의도적으로 劍과 兵刃으로 찔러 살해했다면 어떻게 논하는가? 죽였다면 完爲城旦이고, 부상을 입혔다면 耐爲隸臣이다.(捕貲罪, 即端以劍及兵刃刺殺之, 可(何)論? 殺之, 完爲城旦; 傷之, 耐爲隸臣.)[79]

16)은『二年律令』의 15)와 조건이 다르므로 단순 비교가 곤란하다.

78)『張家山漢墓竹簡』, p.138.
79)『睡虎地秦墓竹簡』, p.204.

즉, 15)가 일반인 사이의 싸움에서 발생한 상해사건을 규정한 것이라
면, 16)은 貲罪를 체포하는 과정에서 피의자를 고의적으로 살해하고
부상을 입힌 사안이기 때문이다. 秦律과 『二年律令』에서 살인은 棄市
에 처하고, 무기를 가지고 상해를 입힌 경우는 完城旦에 처하는 것이
원칙이다. 그러나 貲罪를 범한 자를 체포하려다가 의도적으로 살해한
경우 棄市를 完城旦에, 完城旦을 耐爲隷臣로 감형한 것은 貲罪가 경범
이기는 하지만 범죄자 체포라는 점이 감안되었음을 알 수 있다. 이러
한 양자의 형벌을 아래의 표에 비교하였는데, 16)의 경우는 일반적 私
鬪 상황인 15)에 비해 형벌등급을 낮추었음을 알 수 있다.

[표 4] 鬪傷의 형벌

	殺人	賊傷＋武器	鬪傷＋武器	鬪傷(武器 無)	毋傷(上爵 구타)	毋傷(동렬 구타)
15)	(棄市)	黥城旦舂	完爲城旦舂	耐	벌금 4량	벌금 2량
16)	完爲城旦	耐爲隷臣				

이 표를 보면, 15)와 16)은 상호 2등급의 차이가 있음을 알 수 있다.
殺人의 경우, 15)에서는 棄市이나 16)에서는 바로 아래 단계인 黥城旦舂
을 건너뛰고 2단계 아래의 完爲城旦舂으로 감형되어 있다. 다음에 賊
傷＋武器의 경우, 15)에는 黥城旦舂인데, 16)에는 耐爲隷臣으로 되어 있
어 역시 2단계 아래의 형벌을 부과하고 있다.[80] 양자가 2단계의 차이
를 보이는 순서라면 15)의 耐는 16)의 耐爲隷臣일 가능성도 있다.[81] 또
한 秦律과 『二年律令』에서는 일반적으로 城旦舂 - 耐爲隷臣妾 - 贖耐 - 罰
金四兩의 형벌등급으로 과형하고 있기 때문에 15)는 그러한 순서를 따
른 것으로 생각된다.

---

80) 鬼薪白粲은 형벌등급에서 城旦舂과 동일하게 취급되어 2단계로 이해하였다.
81) 韓樹峰, 위의 논문, p.25에서 필자와 비슷한 추정을 하고 있다.

한편 아래의 조문은 耐 = 耐爲隷臣妾의 설을 간접적으로 입증할 수 있는 자료이다.

17) 형·누이, 친부모의 형제를 구타하면 耐爲隷臣妾이다. 이러한 사람들을 욕하면 贖黥이다.(毆兄·姊及親父母之同産, 耐爲隷臣妾. 其奠訽詈之, 贖黥.)[82]

17)에서는 형·누이, 친부모의 형제를 구타했을 때 耐爲隷臣妾으로 특정하고 있는데, 이 경우 왜 형벌을 특정하고 있는 것일까? 일반인 사이에 무기를 사용하지 않고 싸움 시, 하작이 상작을 구타한 경우 위의 [표 4]에 의하면 벌금 4량인데, 17)의 형·누이 등 연장자에 대한 구타는 일반인 사이의 싸움인 벌금 4량에 일등급 가중하여 耐爲隷臣妾으로 처벌한 것으로 생각된다. 이러한 것에서 유추한다면, 15)의 耐는 耐爲隷臣妾으로 추정된다. 한편 아래 18)의 조문은 위의 조문보다 한 단계 먼 친척간의 싸움에 대한 규정이다.

18) 아버지의 첩의 부모, 남자형제의 처, 조부모의 형제, 남편의 부모의 형제, 남편의 형제를 때리거나 처의 부모를 때린 경우 모두 贖耐이

---

82) 『張家山漢墓竹簡』, p.140; 胡平生·張德芳, 『敦煌懸泉漢簡釋粹』(上海: 上海古籍, 2001), p.8, "六 賊律: 毆親父母及同産, 耐爲司寇, 作如司寇. 其奠訽(詬)詈之, 罰金一斤.(II 0115(3):421)" 懸泉漢簡의 친부모를 때렸을 때의 처벌이 耐爲司寇로 되어 있는 것은 문제가 있으며, 그 처벌은 당연히 棄市에 해당한다. 따라서 이 조문의 "及"은 예문 17)과 같이 "之"의 오자로 생각된다.[冨谷至 編, 『江陵張家山二四七號墓出土漢律令の硏究(譯注篇)』(京都: 朋友書店, 2006), pp.30-31.] 그렇더라도 처벌이 17)은 耐爲隷臣妾이고, 懸泉漢簡은 耐爲司寇·作如司寇로서 차이가 있다. 이것은 懸泉漢簡시기에 처벌내용이 耐爲隷臣妾에서 耐爲司寇로 바뀌었을 가능성이 있다. 그 이유는 文帝의 개혁 이후 隷臣妾이 武帝시기를 경계로 하여 소멸됨에 따라 기존의 隷臣妾의 처벌이 司寇로 대체되었을 것인데, 懸泉漢簡의 이 조문은 바로 그러한 증거라고 할 수 있다.

다. 이러한 사람들을 욕설하면 벌금 4량이다.(毆父偏妻父母·男子同
産之妻·泰父母之同産, 及夫父母同産·夫之同産, 若毆妻之父母, 皆贖耐.
其婁詢詈之, 罰金四兩.)[83]

[표 5] 구타와 욕설의 처벌

대상	구타	욕설
17) 兄·姊, 親父母之同産	耐爲隷臣妾	贖黥
18) 父偏妻父母·男子同産之妻·泰父母之同産, 夫父母同産·夫之同産, 妻之父母,	贖耐	罰金四兩
15) 上爵(毋傷)	벌금4량	
15) 同列(毋傷)	벌금2량	

18)에서 아버지의 첩의 부모(父偏妻父母) 등의 구타행위를 贖耐로
처리한 것은 17)의 형, 누이, 친부모의 형제(耐爲隷臣妾)보다는 한 단계
먼 친척이기 때문일 것이며, 또한 일반인 사이(上爵)의 벌금 4량보다
무거운 贖耐(12량)로 처리한 것은 毆打者보다 상위의 존속 구타 책임
을 물은 것이다. 그런데 18)이 17)보다 한 단계 먼 친척이라면 17)의 耐
爲隷臣妾보다 한 단계 낮은 耐爲司寇로 처벌하지 않고 贖耐로 처벌한
것은 耐爲司寇가 형벌 등급에서 자주 누락되는 것임을 말해준다. 이
러한 예는 아래의 율문에서도 확인된다.

19) 船人이 사람을 배로 건네다가 빠져죽게 하면 耐에 처하고, 船嗇夫·
吏主者는 贖耐에 처한다.(船人渡人而流殺人, 耐之, 船嗇夫·吏主者贖
耐.)[84]

20) 戌의 근무에 해당하여 이미 명령을 받았지만 도망쳐서 가지 않은

83) 『張家山漢墓竹簡』, p.140.
84) 같은 책, p.134.

것이 7일 이상 경과되었거나, 戍의 근무에 임하다가 사적으로 근무지를 이탈하거나 도망한 것이 1일에서 7일이면 贖耐에 처한다. 7일이 경과하면 耐爲隸臣이다. 3개월이 경과하면 完爲城旦이다.(當戍, 已受令而逋不行盈七日, 若戍盜去署及亡盈一日到七日, 贖耐; 過七日, 耐爲隸臣; 過三月, 完爲城旦.)[85]

19)에서는 贖耐 - 耐의 계통을 보이고 있고, 20)에서는 도망기간이 1~7일이면 贖耐, 7일 이상은 耐爲隸臣, 3개월 이상은 完爲城旦이다. 양자의 계통을 비교하면 耐 = 耐隸臣으로 추정된다. 20)의 형벌 등급에서도 耐爲司寇는 제외되어 있는데, 耐爲隸臣이 耐爲司寇보다 형벌 계통에서 자주 나타나는 것은 분명하다. 이처럼 耐가 司寇를 지칭하는 사례가 확인되지 않고 隸臣妾만을 지칭하는 사례만 확인되는 것으로 보아 단독 사용된 耐가 耐爲隸臣妾의 생략어는 아닐까 생각된다.

마) 耐卜隸·耐史隸(21)

21) 무엇을 "耐卜隸", "耐史隸"라고 하는가? 卜·史가 耐에 처해진 자는 모두 耐하여 卜·史隸로 삼는다.(可(何)謂「耐卜隸」「耐史隸」？卜·史當耐者皆耐以爲卜·史隸.)[86]

이 자료는 耐로만 과형된 것이 어떤 신분인지를 밝힐 수 있는 자료이다. 위의 법률답문은 卜·史의 신분인 자가 "耐刑에 처해질 때 耐卜隸와 耐史隸로 삼는다."는 것인데, 그 목적은 卜·史의 특수한 기능을 가지고 있는 자를 계속 활용하고자 함이었다.[87] 耐卜隸를 "耐卜隸臣"

---

85) 같은 책, p.186.
86) 『睡虎地秦墓竹簡』, p.234.
87) 太史는 太卜·太祝과 함께 宗廟와 儀禮를 관장하는 奉常의 속관으로, 天文·曆

이라고 하지 않았지만, 耐刑과의 결합으로 볼 때 耐爲隷臣을 지칭함은 분명한 것 같다. 이처럼 耐라고 칭하면 그것이 隷臣을 지칭하는 매우 구체적인 증거라고 할 수 있다.

바) 도망 기간(22-25)

도망 기간에 관한 자료는 법률답문과 『二年律令』에 두 개가 보인다. 우선 그 자료를 제시하면 다음과 같다.

22) 大夫 甲이 鬼薪을 채찍으로 때려 鬼薪이 도망하였는데, 甲을 어떻게 논처해야 하는가? 마땅히 官府에서 종사하면서 도망자가 잡힐 때까지 기다려야 한다. ●지금 甲이 노역에 從事하다가 또 도망했는데, 1개월 만에 체포되었다. 어떻게 논처해야 하는가? 貲一盾에 처한다. 다시 종사하다가 또 도망하였는데, 1년 만에 체포되었다. 어떻게 논처해야 하는가? 耐에 처한다.(大夫甲堅鬼薪, 鬼薪亡, 問甲可(何)論? 當從事官府, 須亡者得. ●今甲從事, 有(又)去亡, 一月得, 可(何)論? 當貲一盾, 復從事. 從事有(又)亡, 卒歲得, 可(何)論? 當耐.)[88]

23) 吏民이 도망한 것이 1년 이상이면 耐이다. 1년 미만이면 繫城旦春이다. 公士·公士妻 以上은 官府에서 노역하며 도망한 기간을 채워야 한다. 그가 스스로 자수하면 笞 50이고 도망쳤던 요역에 종사시킨

法·國家祭祀·冠婚葬祭에서 擇日·禁忌·瑞祥災異의 記録을 관장하고, 또한 여러 가지 測候를 관장하는 屬官을 통할한다. 太卜은 龜卜과 易, 占夢 등 각종 占卜을 관장한다. 『漢書』 卷19 「百官公卿表上」, p.726, "奉常, 秦官. 掌宗廟·禮儀. 有丞. 景帝中六年, 更名太常. 屬官有太樂·太祝·太宰·太史·太卜·太醫六令丞.";『後漢書』「百官志二」 太常, p.3572, "太史令一人, 六百石. 本注曰 : 掌天時、星曆. 凡歲將終, 奏新年曆. 凡國祭祀、喪、娶之事, 掌奏良日及時節禁忌. 凡國有瑞應、災異, 掌記之. 丞一人. 明堂及靈臺丞一人, 二百石. 本注曰 : 二丞, 掌守明堂、靈臺. 靈臺掌候日月星氣, 皆屬太史."

88) 『睡虎地秦墓竹簡』, p.206.

다. 모두 도망간 날을 합계한 것이 1년 이상이면 역시 耐에 처한다. (吏民亡, 盈卒歲, 耐; 不盈卒歲, 繫城旦舂; 公士、公士妻以上作官府, 皆償亡日. 其自出殹, 笞五十. 給逋事, 皆籍亡日, 軱數盈卒歲而得, 亦耐之.)[89]

22)의「法律答問」에서 大夫가 도망 기간이 1년 이상일 때 耐刑을 받은 것은 23)『二年律令』의 도망 기간이 1년 이상이면 耐刑에 처한 것과 동일하다.

다만 22)와 23)에 보이는 耐가 耐爲隷臣인지 耐爲司寇인지를 판단하려면 1년 이상 도망친 자에 대한 판결 사례가 있어야 하는데,「奏讞書」를 비롯한 기록에는 이러한 자료가 없다.[90] 또한 도망 기간이 그보다 긴 2년 이상일 때도 동일하게 耐로 처벌했는지 의문이 생긴다. 또한 도망 기간이 1년 미만인 경우 23)에서는 繫城旦舂에 처했지만 만약 1개월이라면 일률적으로 繫城旦舂에 처했는지도 확실하지 않다. 그러한 예로 22)의 大夫의 사례에서 1개월 만에 잡혔을 때 貲一盾에 처한 것, 居延漢簡에 "亡滿三日五日以上"이라는 내용을 보면 세부 규정이 있었을 것으로 생각된다.[91]

한편 위의 耐가 과연 耐隷臣妾과 耐司寇 2개 가운데 어느 것을 지칭

---

89) 『張家山漢墓竹簡』, p.154.
90) 『睡虎地秦墓竹簡』, pp.163-164, "亡自出 鄕某爰書: 男子甲自詣, 辭曰:「士五(伍), 居某里, 以迺二月不識日去亡, 毋(無)它坐, 今來自出.」●問之 □名事定, 以二月丙子將陽亡, 三月中逋築宮廿日, 四年三月丁未籍一亡五月十日, 毋(無)它坐, 莫覆問. 以甲獻典乙相診, 今令乙將之詣論, 敢言之."「封診式」에 있는 기록은 도망 기간이 합계 5개월 10일이지만, 도망 기간에 대한 처벌이 무엇인지 알 수 없으며, 더욱이 1년 이상 도망친 것에 대한 판결 사례가 없다.
91) 예를 들어 居延漢簡에는 3~5일 사이의 亡罪를 논한 규정이 있고, 근무지를 벗어난 去署가 1~2일에 관한 규정도 있다. 후자는 去署의 규정이 亡과 다르기는 하지만 이러한 세분된 규정은 亡에도 있었을 가능성을 보여준다. 謝桂華 等, 『居延漢簡釋文合校』(北京: 文物出版社, 1987), p.57, "(36.2) ☑十五日令史宮移牛籍大守府求樂不得樂吏毋告劾亡滿三日五日以上"; 『居延新簡』, p.381, E.P.T 59: 337 "□□盡戊寅積二未還□倉盜去署亡過一日到二日"

하는지를 분석하기 위해 우회적인 자료를 통해 분석하고자 한다. 아래의 자료는 여자가 도망죄를 범했을 때의 감형기준이다.

> 24) 女子의 경우, 磔 또는 腰斬에 해당하는 자는 棄市로 한다. 斬爲城旦인 자는 黥爲舂으로 하고, 贖斬에 해당하는 자는 贖黥으로 하고, 耐에 해당하는 자는 贖耐로 한다.(女子當磔若要斬者, 棄市. 當斬爲城旦者黥爲舂, 當贖斬者贖黥, 當耐者贖耐.)[92]

위의 조문은 여자는 남성에 비해 형벌 등급을 낮추어 처벌하는 원칙을 제시한 것이다. 마지막 부분의 耐刑일 때는 贖耐로 처벌한다는 규정을 25)의 조문과 관련시켜보면 위의 22)의 耐가 무엇인지 추정할 수 있다. 25)의 조문은 여자가 亡罪로 坐되어 贖耐일 경우에 재차 贖耐를 범하면 耐以爲隷妾으로 처벌한다는 규정이다.

> 25) 女子가 이미 도망한 것으로 인해 贖耐에 처해졌는데, 후에 다시 도망을 쳐서 贖耐에 해당하는 자는 耐以爲隷妾으로 처벌한다. 司寇·隱官이 도망죄로 인해 隷臣以上의 처벌을 받으면 노역할 관부로 압송한다.(女子已坐亡贖耐, 後復亡當贖耐者, 耐以爲隷妾. 司寇, 隱官坐亡罪隷臣以上, 輸作所官.)158(C419)[93]

이 조문은 여성이 도망죄로 贖耐에 처해졌다가, 재차 도망하여 贖耐를 범하면 耐以爲隷妾에 처한다는 내용이다. 여성에게 贖耐가 내려진 것은 원래 耐에 처해야 할 것을 여성의 감형기준 24)에 따른 것이다. 그렇지만 두 차례에 걸쳐 범한 贖耐가 가죄되어 耐以爲隷妾에 처해진 것이다. 여성의 贖耐 - 耐以爲隷妾이라는 科刑 순서는 秦律과 『二年律令』

---

92) 『張家山漢墓竹簡』, p.146.
93) 같은 책, p.154.

의 감형규정에 城旦春 - 隷臣妾 - 贖耐로 이어지는 계통을 역순한 것으
로 보인다. 여자가 두 번 贖耐를 범했을 때 중간에 作如司寇를 거치지
않고 耐以爲隷妾으로 되는 것은 여자에게 "司寇"刑이 없기 때문이 아니
라,[94] 역시 耐刑 가운데 隷臣妾이 主刑이었기 때문이라고 생각되므로
22)와 23)에서 耐라고 지칭된 것은 耐爲隷臣妾으로 추정된다.

사) 도망 사례 出禾 사건(26-27)

이상에서 확인이 가능했던 耐는 모두 耐爲隷臣妾임을 확인할 수
있었다. 그러나 아래의 조문을 耐爲司寇로 보는 견해가 있는데 살펴
보자.[95]

---

94) 藤井律之는 여성에게 耐罪일 때 贖耐로 감형되는 이유에 대해서 "司寇가 남
자에게만 한정되는 형벌이므로 부과할 수 있는 형벌이 없어 贖耐로 되었
다."고 주장한다.[同氏, 「罪の加減と性差」, 『江陵張家山二四七號墓出土漢律令
の研究(論考篇)』(京都: 朋友書店, 2006), pp.77-78.] 그러나 여성에게는 司寇와
같은 등급의 作如司寇가 존재했기 때문에 이같은 주장은 성립할 수 없다.
그러한 예로 吳礽驤 等, 『敦煌漢簡釋文』(蘭州: 甘肅人民出版社, 1991), p.101,
"●捕律亡入匈奴外蠻夷守棄亭鄣逢者不堅守降之及從塞徼外來絳而賊殺之皆要
斬 妻子耐爲司寇作如(983)"에서 妻子는 耐爲司寇作如가 된다고 규정하였다.
『敦煌懸泉漢簡釋粹』, p.8, "賊律: 毆親父母及同產, 耐爲司寇, 作如司寇. 其臾訽
(詬)詈之, 罰金一斤.(II 0115(19):421)"; 『居延新簡』, p.557, "(E.P.S4.T2:44) 縣官直用
常徒者請丞相之當輸者給有缺補其不得以歲數免及漢諸侯侯國人有告劾罪司寇作
如司寇以" 滋賀秀三은 作如司寇가 男女同名이며, 실제의 사용은 司寇로 簡稱
했다고 주장했으며 [「前漢文帝の刑法改革をめぐつて」, 『中國法制史論集』(東
京: 創文社, 2003), p.570.], 張建國도 『後漢書』「章帝紀」에 鬼薪白粲이 1등급 감
형되어 司寇作이 된 것에 근거하여 作如司寇가 남녀 형도 모두를 포괄하는
것으로 보고 있다.(張建國, 『帝制時代的中國法』, p.200 참조) 『後漢書』「章帝
紀」, p.143, "繫囚鬼薪·白粲已上, 皆減本罪各一等, 輸司寇作." 章帝紀의 기록은
남녀의 鬼薪白粲이 司寇로 감형되었기 때문에 司寇에는 남녀 모두가 포함
됨을 알 수 있다. 따라서 여성이 耐罪에서 贖耐로 되는 것은 여성에게 司寇
가 없기 때문에 耐에서 贖耐로 건너뛴 것이 아니라 단순히 여성에 한 등급
을 감형해주는 원칙에 따른 것으로 이해해야 한다.

95) 李成珪, 위의 논문(2003), p.21. "사면 유효기간 이후인 6개월만 계산하면 吏

26) 콩과 보리를 지급해야 하는데, 응당 내주어야 할 것은 내주지 않고, 禾를 내주는 것으로 콩과 보리를 대신하였다. 콩과 보리는 가격이 낮고 禾는 비싸다면, 그것을 어떻게 논해야 하는가? 貲一甲에 해당한다. 사면을 받고 논죄하지 않았으나 또 도망하여 사면령의 기한이 이미 6개월 경과 후에 체포된 것은 耐에 해당한다.(有稟叔(菽)·麥, 當出未出, 即出禾以當叔(菽)·麥. 叔(菽)·麥賈(價)賤禾貴, 其論可(何)殹(也)? 當貲一甲. 會赦未論, 有(又)亡, 赦期已盡六月而得, 當耐.)[96]

이 율문은 秦簡整理小組에 의하면 "가격이 싼 菽·麥 대신 가격이 비싼 禾를 방출하여 관부에 손해를 끼쳐 貲一甲에 처해진 사안", 그리고 "사면을 받아 논죄되지 않았으나 또 도망을 하였다가 사면기간이 끝난 지 6개월이 되어서야 체포되어 耐에 처한 사안"의 2개의 조항으로 구성되어 있다. 문제는 후자의 조문이다. 23)의 『二年律令』에 의하면 6개월 도망은 繫城旦春, 1년 도망은 耐에 해당하는데, 26)의 秦律에서는 6개월 도망을 耐로 처리하였다. 왜 이러한 차이가 발생할까?

필자의 견해로는 26)의 내용이 2개로 구분된 것이 아니라 전자와 후자가 연결된 내용이기 때문으로 생각한다. 즉, 이 관리의 죄목은 貲一甲의 죄목에 도망죄 6개월이 추가된 것이다. 즉, 사면을 받았으나 도망하면 "以故罪論"에 해당하여 원래의 貲一甲으로 처벌하고, 여기에 6개월 도망한 것을 23)의 1년 미만일 때의 처벌인 繫城旦春을 추가하여 耐로 처리한 것이다. 이것을 분석하기 위해 아래의 故罪의 조항 원

民 망명의 규정에 따라 繫城旦에 처하고 그 일수만 복역하면 되지만, 耐로 처벌된 것은 貲1甲 죄를 지었으나 사면령으로 論罪되지 않은 前歷과 망명 중 사면령이 또 있었기 때문으로 추측되는데, 繫城旦春보다 1단계 위인 耐는 耐司寇가 분명하다."라고 하였다. 그러나 繫城旦春보다 1단계 위인 耐는 耐司寇가 분명하다는 주장은 납득하기 곤란하다. 耐司寇를 건너뛰고 耐隸臣으로 되는 경우도 매우 많기 때문이다.

96) 『睡虎地秦墓竹簡』, p.216.

칙을 잠시 참조할 필요가 있다.

> 27) "죄수를 인솔·감시하다가 놓쳤는데, 감시자가 스스로 체포하거나 친지가 체포하면 무죄로 한다. 이미 육형을 받은 자는 隱官에 처한다." ●어떤 죄를 "處隱官"이라고 하는가? ●群盜가 사면되어 庶人이 되어서, 육형 이상의 죄를 범하여 刑械를 차고 있는 죄수를 인솔하던 중에 놓치면 故罪로써 논하여 斬左止爲城旦에 처한다. 후일 놓친 도망자를 스스로 잡으면 이것을 "處隱官"이라고 하는 것이다. ● 그밖에 群盜와 같은 죄는 이에 입각하여 처리한다.(「將司人而亡, 能自捕及親所智(知)爲捕, 除毋(無)罪; 已刑者處隱官.」●可(何)罪得「處隱官」? ●群盜赦爲庶人, 將盜戒(械)囚刑罪以上, 亡, 以故罪論, 斬左止爲城旦, 後自捕所亡, 是謂「處隱官」. ●它罪比群盜者皆如此.)[97]

群盜의 경우 1전 이상을 훔친 처벌은 斬左止爲城旦이다.[98] 斬左止爲城旦에 해당하는 群盜가 일단 사면을 받아 서인이 되어 "육형 이상의 刑械를 차고 있는 죄수"를 감시하다가 그 죄수들이 도망했을 경우는 원래의 죄인 斬左止爲城旦을 적용받고, 후일 자신이 놓친 죄수를 잡으면 隱官의 신분으로 되는 것이다. 따라서 이 경우에 群盜는 죄수를 놓친 죄가 더 추가되는 것은 아니고 故罪로써 처벌되는 것이다.

이러한 원칙을 감안하여 위의 菽·麥 사안을 분석해 보자. 貲一甲은 사면을 통해 論하지 않는 것으로 되었다. 그러면 이 경우에 群盜가 사면을 받아 서인이 되어서 "육형 이상의 刑械를 차고 있는 죄수"를 감시한 것은 비록 형도 신분에서는 벗어났어도 復作의 기간을 채워야 하는 것임을 말해준다.[99] 그런데 사면되어 서인이 되었던 群盜가 감

---

97) 같은 책 p.205.
98) 같은 책 p.150, "●五人盜, 臧(贓)一錢以上, 斬左止, 有(又)黥以爲城旦."
99) 張建國, 「漢代的罰作·復作與弛刑」(『中外法學』18-5, 2006), pp.603-606. 張建國은

시하던 죄수를 놓쳐 故罪인 斬左止로 처벌된 것과 동일하게 26)의 경우에도 도망을 쳤으므로 故罪인 貲一甲의 처벌을 받았을 것이다. 다만 群盜의 경우 죄수를 놓친 죄는 추가되지 않고, 원래의 처벌인 斬左止로 처벌되었다.[100]

그러나 菽·麥의 사안은 이와 달라서 사면 기간이 6개월 경과 후 잡혔고 그 처벌은 耐로 하고 있다. 貲罪를 짓고 未論인 상태에서 도망하여 耐가 되었으므로 죄가 추가된 것이 확실하다. 사면 전의 죄는 묻지 않는다는 원칙이 존재하지만, 이는 재범하지 않았을 때에나 해당하는 것이고, 만약 재범하면 사면 이전의 범죄가 소급해서 적용된다.[101] 前罪보다 後罪가 무거우면 後罪로 처벌을 바꾸는 加罪원칙에 따라 繫城旦舂이 될 것 같은데, 26)에서는 耐에 처하고 있다.[102]

菽는 죄수의 신분이 변화되어 서인으로 되지만 그 형기는 채워야 한다고 보았다. 任仲爀, 「秦漢律의 庶人」(『中國古中世史硏究』 22, 2009), pp.186-204.

100) 『睡虎地秦墓竹簡』, p.84, "鬼薪白粲, 群下吏毋耐者, 人奴妾居贖貲責(債)於城旦, 皆赤其衣, 枸櫝欙杕, 將司之; 其或亡之, 有罪."; 같은 책, p.200, "隸臣將城旦, 亡之, 完爲城旦, 收其外妻·子. 子小未可別, 令從母爲收." 유죄가 된 경우에는 모두 동사+목적어의 형식으로 亡之라고 기술되어있다.

101) 胡平生·張德芳, 『敦煌懸泉漢簡釋粹』(上海: 上海古籍, 2001), pp.15-16, "一一 當徙邊未行, 行未到若亡勿徙, 赦前有罪, 後發覺勿治奏當當上勿上, 其當出入其□ □□在所縣爲傳, 疑者讞廷尉, 它如律令丞相御史分行詔書, 爲駕各……(II 0214 (2): 565)"; 같은 책, p.167, "二四一 ≪案歸何誣言驢掌謀反冊≫ ……年八月中徙居博望萬年亭傲外歸菽谷, 東與歸何相近, 去年九月中, 驢掌子男芒封與歸何弟封唐爭言, 封唐(124簡)以股刀刺傷芒封二所, 驢掌與弟嘉良等十餘人共奪歸何馬廿四·羊四百頭, 歸何自言官, 官爲收得馬廿匹·羊五十(26簡)九頭, 以其歸何餘馬手以使者條相犯傲外, 在赦前不治, 疑歸何怨恚, 誣言驢掌等謀反羌人逐水草移徙……(440簡)(II 0214(1): 124·II 0214(1): 26·II 0114(3): 440)"

102) 『張家山漢墓竹簡』, p.154, "吏民亡, 盈卒歲, 耐; 不盈卒歲, 繫城旦舂; 公士· 公士妻以上作官府, 皆償亡日. 其自出殹, 笞五十. 給逋事, 皆籍亡日, 軵數盈卒歲而得, 亦耐之. (157)" 『二年律令』의 157簡의 내용을 曹旅寧은 6개월이면 耐刑에, 1년이면 繫城旦舂에 처한다고 이해했으나 『張家山漢律硏究』(北京: 中華書局, 2005), p.144 『二年律令』의 해당 조문 후반부에 "軵數盈卒歲而得, 亦耐之"라고 하여 1년을 耐刑에 처한다고 했으므로 曹旅寧의 견해는 옳지 않다.

吏民의 도망 기간이 1년 이상이면 耐刑에, 1년 미만이면 繫城旦春에 처한다.[103] 따라서 禾를 방출한 관리는 도망 기간으로만 본다면 繫城旦春에 처해져야 하지만, 여기에서 6개월임에도 耐刑으로 처리된 것은 後罪의 가죄원칙이 아니라 前罪와 後罪가 병합된 것, 또는 貲罪와 繫城旦春의 두 개의 죄가 병합되어 耐가 된 것으로 생각한다. 다만 여기의 耐가 이것만으로는 隸臣妾인지 司寇인지 판명하기 곤란하지만, 바로 위에서 분석한 22)·23)의 도망사건에서 耐를 隸臣妾으로 판단한 동일한 사안이 있으므로 隸臣妾으로 추정된다.

2. "耐"의 불명 사례

아) 호적관련 사항(28)

아래는 호적과 관련된 耐罪사안이다.

> 28) 民은 모두 스스로 나이를 신고해야 한다. 어려서 스스로 신고를 하지 못하는데 父母·同産이 신고를 할 수 없는 자는 吏가 □(키?)로써 그 나이를 比定한다. 스스로 신고하거나, 子·同産의 나이를 신고한 것이 실제보다 3년 이상 차이가 나면 모두 耐이다. 아이를 낳은 자는 항상 戶時에 그 ▨를 신고한다.(諸(?)民皆自占年. 小未能自占, 而毌父母·同産爲占者, 吏以□比定其年. 自占·占子·同産年, 不以實三歲以上, 皆耐. 産子者恒以戶時占其▨)[104]

이것은 연령을 自占(스스로 신고)했으나 제대로 신고하지 않아 실제 연령과 3년 이상의 오차가 나면 耐에 처한다는 내용인데, 耐는 무

---

103) 張功, 『秦漢逃亡犯罪硏究』(武漢: 湖北人民出版社, 2006), pp.307-308. 秦代에는 1개월 이내는 貲一盾, 1년 이내는 耐刑. 漢代에는 상황에 변화가 있어서 1년 이내는 繫城旦春에, 1년 이상이라야 耐刑에 처했다고 보았다.
104) 『張家山漢墓竹簡』, p.177.

엇을 의미할까? 현재의 자료로서는 여기의 耐刑이 耐爲隷臣妾인지 耐爲司寇인지를 확인할 자료는 없다. 호적 관련의 기록으로는 아래의 「奏讞書」가 있으니 참고하기로 하자.

29) 「奏讞書」 14: 8年 10月 己未에 安陸丞 忠은 獄史 平이 名數(호적)가 없는 大男子 種을 1개월 숨겨주었다고(舍匿) 소송을 제기하였다. 平이 다음과 같이 말하였다. "種이 名數가 없는 것을 알면서도 그를 숨겨주었으니 죄를 지었고, 그밖에 다른 것은 소송을 제기한 것과 동일합니다." 種의 말도 平과 같았다. 問(訊問): 平의 爵은 五大夫이며, 安陸 和眾里에 살고 있으며, 安陸相에 소속되어 있습니다. 다른 것은 辭와 같습니다. 鞫(심리결과): 平은 種이 名數가 없는 것을 알면서도 숨겨준 것이 확실하다. 當(量刑): 平은 耐爲隷臣에 처하고, 鋼에 처하며, 爵과 賞으로써 免할 수 없다. 令에 이르기를: 名數가 없는 자는 모두 스스로 名數에 신고하게 하고, 令이 縣·道의 官에 도달한 것이 30일이 넘었는데도 名數를 스스로 신고하지 않으면 모두 耐爲隷臣妾에 처하고, 鋼에 처하며, 爵·賞으로써 죄를 면하지 못하게 한다. 숨겨준 자는 같은 죄로 처벌하는데, 이것을 平에게 적용한다. 南郡守 強, 守丞 吉, 卒史 建舍가 이 사안을 심의하였다. 8년 4월 甲辰朔 乙巳日에 南郡守 強이 삼가 七牒을 상주하여 보고합니다. 種에 대해서는 縣에서 論罪하였습니다. 판결에 대한 판단을 요청합니다.(八年十月己未, 安陸丞忠刻(劾)獄史平舍匿無名數大男子種一月, 平曰: "誠智(知)種(名)數, 舍匿之, 罪, 它如刻(劾)", 種言如平, 問: 平爵五大夫, 居安陸和眾里, 屬安陸相, 它如辭, 鞫: 平智(知)種無名數, 舍匿之, 審. 當: 平當耐爲隷臣, 鋼, 毋得以爵·當賞免. 令曰: 諸無名數者, 皆令自占書名數, 令到縣道官, 盈卅日, 不自占書名數, 皆耐爲隷臣妾, 鋼, 勿令以爵·賞免, 舍匿者與同罪, 以此當平. 南郡守強·守丞吉·卒史建舍治, 八年四月甲辰朔乙巳, 南郡守強敢言之, 上奏七牒, 謁以聞, 種縣論,

敢言之.)[105]

「奏讞書」의 내용은 獄史 平이라는 자가 호적에 등록되지 않은 大男子 種을 1개월 간 집에 숨겨준 죄로 기소된 사건이다. "名數가 없는 자는 모두 스스로 名數에 신고하게 하고, 令이 縣·道의 官에 도달한 것이 30일이 넘었는데도 名數를 스스로 신고하지 않으면 모두 耐爲隸臣妾에 처하고, 鋪에 처하여 爵·賞으로써 免罪되지 못하게 한다."는 규정에 입각해 大男子 種은 耐爲隸臣에 처해지게 되었다. 大男子 種을 숨겨준 獄史 平도 同罪인 耐爲隸臣에 처해지게 되었다.

「奏讞書」의 내용은 名數 미신고자의 처벌이 耐爲隸臣妾이며, 이는 名數가 없는 자를 은닉시켜준 자에게도 동일하게 적용되는 것이다. 이는 바꿔 말하면 名數가 없는 자의 舍匿罪 처벌규정이 없기 때문에 名數 미신고자 처벌규정을 원용한 것이다. 그러나 28) 『二年律令』의 스스로 신고한 연령오차가 3년 이상일 때 耐에 처한다는 규정과 방금 고찰한 「奏讞書」의 名數 自占 불이행 규정은 분명히 내용을 달리하므로 耐가 耐爲隸臣妾인지 耐爲司寇인지 판단을 내리는데 직접적인 근거 자료로 활용할 수는 없다.[106] 다만 은닉시켜준 자에 관한 조항이 없어 名數 미신고자의 처벌규정(耐爲隸臣妾)을 원용했듯이, 연령 오차가 3년 이상일 때의 규정도 없어서 이 조항을 인용했을 가능성만을 제기하는 것으로 그친다.

---

105) 같은 책, pp.218-219. 「奏讞書」에 사용된 재판용어는 張建國의 해석에 의거했다. 張建國, 「漢簡≪奏讞書≫和秦漢刑事訴訟程序初探」(『中外法學』 1997-2), pp.48-57.

106) 『敦煌懸泉漢簡釋粹』, p.11, "八 兵令十三: 當占緡錢, 匿不自占, 【占】不以實, 罰及家長戍邊一歲. (II 0114(3): 54)"

자) 죄수 이첩 사안(30, 31)

30) ●捕盜律: 범인을 잡아서 다른 사람에게 넘겨 爵을 받은 자는 耐에 처한다.(●捕盜律曰: 捕人相移以受爵者, 耐)[107]

31) 諸侯로부터 와서 간첩질한 자 1인을 체포하면 爵一級을 내리고, 또한 二萬錢을 상으로 준다. 爵을 받아서는 안되는 자에게는 爵당 萬錢을 내리고 또한 그 현상금을 준다. 數人이 함께 죄인을 체포하여 현상금을 받게 되었는데 다른 사람에게 넘겨주려고 한다면 허락한다.(捕從諸侯來爲間者一人, 拜爵一級, 有(又)購二萬錢. 不當拜爵者, 級賜萬錢, 有(又)行其購. 數人共捕罪人而當購賞, 欲相移者, 許之.)[108]

30) 秦律의 耐와 31) 漢律의 耐에 대하여 耐爲司寇로 보는 시각이 있다. 그 주장은 "爵을 받을 수 있는 체포 범인의 수를 채우기 위하여 각기 체포한 범인을 서로 양도한 것을 금한 것인데, 여러 사람이 공동으로 범인을 체포하여 상금을 받게 될 경우 서로 양보하여 한 사람이 상금을 타는 것을 허락한 『二年律令』 捕律을 상기하면 이 "耐"를 耐爲隷臣妾으로 보기는 너무 지나친 것 같다. 그러므로 耐 역시 서인의 耐司寇로 보는 것이 무난하다."라고 하였다.[109]

그러나 耐를 耐爲司寇로 보기에는 다음과 같은 문제점이 있다. 우선 주목되는 것은 秦律과 『二年律令』의 율문에서 相移의 대상이 다르다는 점이다. 秦律에서 범인의 相移를 통하여 받지 못하도록 한 것은 爵이지만, 『二年律令』에서 相移하여 허락한 것은 購賞이라는 점이다. 즉, 『二年律令』에서도 爵을 언급하지 않은 것은 秦律과 마찬가지로 범인을

107) 『睡虎地秦墓竹簡』, p.147.
108) 『張家山漢墓竹簡』, p.153.
109) 李成珪, 위의 논문(2003), pp.21-22.

"相移"하여 爵을 받을 수 없음을 말해준다. 또한 秦律에서 爵位는 언급하되 購賞은 언급하지 않은 것은 범인을 양도했을 경우 購賞만은 받았을 가능성을 말해준다. 秦律에서 체포한 죄인을 相移하여 작위를 받으려하는 것은 耐刑의 처벌대상이지만, 상금의 경우는 허락되었던 것이다. 이같은 원칙이 『二年律令』에도 계승되어 체포한 죄인을 相移하여 購賞을 허락하고 있는 것이지만, 爵의 相移는 역시 언급하지 않고 있다. 따라서 30) 秦律의 爵과 31)『二年律令』의 購賞이 서로 다르기 때문에 양자의 비교는 불가능하며, 이러한 상태에서 耐를 耐爲司寇로 판단할 근거는 없으므로 현재로서는 판단을 유보해야 한다고 생각한다.

차) 縣官事 구타 사건(32-34)

> 32) 縣官(官府)의 일로 관리를 때리거나 욕하면 耐이다. 때리거나 욕한 대상이 有秩 이상이거나, 관리가 縣官의 일로써 五大夫 이상을 때리거나 욕설하면 모두 黥爲城旦舂이다. 長吏가 縣官의 일로써 小吏에게 욕설하면 또한 이 律을 적용하지 않는다.(以縣官事毆若詈吏, 耐. 所毆詈有秩以上, 及吏以縣官事五大夫以上, 皆黥爲城旦舂. 長吏以縣官事詈小吏▨[者], 亦得毋用此律.)[110]

여기에서는 과형된 형벌이 耐와 黥爲城旦舂의 두 개만 나와 있다. 후자의 처벌이 중벌이기는 하지만, 등급상 전자가 한 등급 가볍다고 하면 耐爲隸臣妾이 아닐까? 즉, 만약 耐를 耐爲司寇로 본다면 양자의 형벌이 너무 떨어져 있기 때문이다. 그러나 이 추정은 근거가 없는 추정에 불과하므로 일단 분석 가능한 자료가 나올 때까지 결론을 유보해야 할 것이다.

---

110) 『張家山漢墓竹簡』, p.140.

한편 아래의 도망과 관련된 耐는 판단하기가 곤란하다.

33) 甲이 乙을 잡아와서, 縣丞의 印을 몰래 찍어 도망했다고 고발했다.
乙을 심문한 결과 도망한 기간이 일치하지 않고, 다른 것은 甲의
고발과 같았다. 이미 乙을 耐로 판결했다. 問: 甲은 購를 받을 수 있
는가? 받을 수 없다.(甲捕乙, 告盜書丞印以亡, 問亡二日, 它如甲, 已論
耐乙, 問甲當購不當? 不當.)[111]

34) 문서를 훔치거나, 문서와 관인을 파기한 것 이상은 耐이다.(盜書·棄
書官印以上, 耐(?))[112]

33)은 甲이 乙을 체포했는데 "縣丞의 印을 몰래 찍어 도망친" 죄목
으로 고발되었다. 이에 대한 질문은 乙의 도망 기간이 일치하지 않으
나 다른 사항은 모두 甲의 고발과 일치하여 乙을 耐에 처했는데, 갑에
게 현상금을 지급해야 하는지 여부를 묻고 있다.[113] 이 경우는 "盜書
丞印以亡"이라는 복합적인 죄명이므로 단순하게 도망죄를 적용하기는
곤란하다. 판단할 수 있는 자료가 전무한 현재로서는 판단을 유보해
야 할 것으로 생각된다. 다만 34)에서 볼 때 盜書·棄書官印이라고 한
것으로 본다면 그 기간은 그다지 중시되지 않는 것 같으며 官印의 절
도행위 그 자체로 耐의 처벌을 받은 것 같다.

정리한다면 몇몇 사례는 자료의 부족으로 耐가 耐爲隷臣妾인지 耐
爲司寇인지 명확한 판단을 내리기 곤란한 점도 있다. 따라서 불투명
한 자료를 가지고 耐爲司寇로 판단을 내리는 것은 위험하며, 그냥 不

---

111) 『睡虎地秦墓竹簡』, pp.209-210.
112) 『張家山漢墓竹簡』, p.141.
113) 여기에서는 問亡二日이 도망 기간이 2일이라는 의미가 아니라, 고발된 내
용과 날짜가 일치하지 않는다는 의미이다.

明인 상태로 두는 것이 옳다고 생각된다.

[표 6] 耐의 분석표

형벌종류	해당 율문
耐爲隸臣妾	8, 9, 10, 11, 12, 13, 14, 15, 16, 17, 18, 19, 20, 21, 22, 23, 26, 27
耐爲司寇	
불명	28, 30, 31, 32, 33, 34

이상의 논의를 정리한 표에서 볼 수 있는 것처럼, 耐는 분석이 불가능한 것도 있었지만, 분석이 가능한 것은 耐爲隸臣妾으로 판명되었고,[114] 보다 중요한 사실은 耐爲司寇로 간주할 수 있는 것이 하나도 없다는 사실이다. 完이 完爲城旦舂을 지칭하는 것처럼, 耐라고만 지칭했을 때 당시는 이것이 耐爲隸臣妾을 지칭하는 것임을 알고 있었던 것으로 생각된다. 장물액수에 따른 처벌규정에도 黥城旦舂·完城旦舂·隸臣妾만 포함되고, 鬼薪白粲과 司寇가 제외된 것은 城旦舂·隸臣妾이 주계열이었음을 반영한다. 특이하게도 『睡虎地秦墓竹簡』 및 『二年律令』에는 司寇의 科刑 사례가 전무하고, 단독 사용된 耐가 耐爲鬼薪白粲·耐爲司寇를 지칭하는 사례가 없다.[115] 필자의 다른 논문과 이제까지 논의한 사항을 결합시켜 본다면, 秦律 및 『二年律令』에서 주로 사용된 형벌은 아래와 같은 계통으로 요약할 수 있다.(음영부분이 主 형벌계통임)[116]

---

114) 韓樹峰, 위의 논문, p.25에서도 필자와 동일하게 耐는 대부분 耐爲隸臣妾을 지칭한나고 분석했다.
115) 司寇가 과형시 보이지 않는 이유에 대해서는 Ⅳ장에서 후술할 것이다.
116) 任仲爀, 「秦漢律의 벌금형」, p.43; 任仲爀, 「秦漢律의 贖刑」(『中國學報』 54, 2006), p.225 참조.

[표 7] 형벌계통

死刑 및 徒刑 계열			재산형 계열	
A 계열			B 계열	C 계열
主系列		副系列		
死罪	死罪			
肉刑		斬右趾		
		斬左趾		
		劓		
	黥城旦舂			
完刑	完城旦舂		贖死罪 金二斤八兩(40兩)	
耐刑	耐爲隸臣妾	鬼薪白粲·腐罪	贖城旦舂,鬼薪白粲 一斤八兩(24兩)	
			贖斬 贖腐 一斤四兩(20兩)	
		耐爲司寇·遷·黥顔頯	贖劓 贖黥 一斤(16兩)	罰金二斤(32兩)
			贖耐 十二兩(12兩)	罰金一斤(16兩)
			贖遷 八兩(8兩)	罰金八兩(8兩)
				罰金 四兩(4兩)
				罰金 二兩(2兩)
				罰金 一兩(1兩)

이 표에 보이는 死罪 → 黥城旦舂 → 完城旦舂 → 耐爲隸臣妾 → 贖耐 → 罰金四兩 등의 순서는 『二年律令』 告律 127-131簡의 순서인 死罪 → 黥爲城旦舂 → 完爲城旦舂 → 鬼薪白粲·府罪 → 耐爲隸臣妾 → 司寇·遷 → 贖耐 → 罰金四兩의 순서와 다르다.[117] 告律 127-131簡의 순서야말로 전체 형벌

---

117) 같은 책, p.151, "告不審及有罪先自告, 各減其罪一等, 死罪黥爲城旦舂, 城旦舂罪完爲城旦舂, 完城旦舂罪☒127(F18A、殘8)☒鬼薪白粲及府罪耐爲隸臣妾, 耐爲隸臣妾罪128(F殘6、8) 耐爲司寇, 司寇、遷及黥顔頯罪贖耐, 贖耐罪罰金四兩, 贖死罪贖城旦舂, 贖城旦舂罪贖斬, 贖斬罪贖黥, 贖黥罪贖耐, 耐罪129(F19、殘5)☒金四兩罪罰金二兩, 罰金二兩罪罰金一兩. 令、丞、令史或偏先自130(F32)得之, 相除. 131(F28)"

의 위계라고 할 수 있으나, 실제의 형벌 적용에서는 [표 7]과 같이 鬼
薪白粲과 司寇가 제외된 主系列 형태로 운용되었던 것이다.

그런데 이렇게 耐刑이 隷臣妾 위주로 운용된다면 새로운 문제가 발
생하게 된다. 隷臣妾이 徒隷로서 국가에 관노비로 몰수되기 때문인데,
이는 輕罪인 耐罪를 모두 隷臣妾으로 판결하여 국가에 몰수시키게 되
면 編戶齊民의 감소를 초래하게 된다. 이같은 문제점을 해결하기 위
하여 나온 방안이 "耐"로만 형명을 지정한 후에 耐爲司寇로 판결하는
것인데, 다음 장에서 이 문제를 살펴보기로 한다.

IV. "不名耐者"와 司寇의 성격

1. "不名耐者"의 의미

지금까지 분석한 바로는 耐로만 지칭한 것이 사실상 耐爲隷臣妾이
었으나, 이와 달리 『二年律令』具律 90-92簡의 "有罪當耐, 其法不名耐者"
의 조항에서는 "耐罪일 경우 庶人 以上에게는 司寇罪로 처벌하고, 司寇
에게는 隷臣妾으로 처벌"하도록 규정하고 있다. 많은 논문들이 이 조
항에 근거하여 耐는 庶人 이상일 경우 耐爲司寇로 처리되는 것으로 이
해하고 있다. 그런데 전장에서 분석한 것처럼 많은 耐가 耐爲隷臣妾인
것에 반해, 具律 90-92簡에서는 耐爲司寇로 되는 차이점이 어디에서 비
롯되는 것인지 해당 율문을 살펴보기로 하자.

35) ① 有罪로 인해 耐에 처해졌는데, 그 법에 耐를 분명하게 명시하지
않은 경우, 庶人 以上은 耐爲司寇로 하고, 司寇는 耐爲隷臣妾으로 한
다. ② 隷臣妾 및 收人이 耐罪가 있을 때는 繫城旦舂六歲에 처한다.
繫日이 다 끝나지 않았는데 또 耐罪를 지으면 完爲城旦舂으로 한다.

③城旦春이 유죄로 耐 以上이면 黥에 처한다. ④ 그것이 贖罪 以下거나, 老小라서 刑을 받을 수 없거나 刑盡者인 경우는 모두 笞百에 처한다. ⑤ 城旦이 刑盡인데 110전 이상을 훔치거나, 사람을 賊傷하거나 죽이면, 먼저 자수하더라도 모두 棄市에 처한다.(① 有罪當耐, 其法不名耐者, 庶人以上耐爲司寇, 司寇耐爲隷臣妾. ② 隷臣妾及收人有耐罪, 繫城旦春六歲. 繫日未備而復有耐罪, 完爲城旦春. ③ 城旦春有罪耐以上, 黥之. ④ 其有贖罪以下, 及老小不當刑·刑盡者, 皆笞百. ⑤ 城旦刑盡而盜臧百一十錢以上, 若賊傷人及殺人, 而先自告也, 皆棄市. 90-92簡)[118]

이 조문은 범죄자의 신분에 따라 5개 범주로 구성되어 있다. ①에서는 庶人과 司寇를 하나의 범주로 언급했고, ②에서 隷臣妾과 收人이 하나의 범주로 묶여서 耐罪를 한 차례 범하면 繫城旦春六歲에, 두 차례 범했을 때는 鬼薪白粲을 건너뛰고 完爲城旦春으로 된다.[119] ④에서는 城旦春이 贖罪 以下이거나, 老小不當刑·刑盡者가 耐罪일 때는 黥刑에 처해야 하지만 笞百에 처하고, ⑤에서는 城旦刑盡이면서 "盜臧百一十錢以上" 또는 賊傷人 및 殺人을 하면 자수하더라도 棄市에 처한다는 내용이다.

먼저 有罪當耐는 어떠한 의미를 가지는지 살펴보자. 『睡虎地秦墓竹簡』과 『二年律令』에도 "有罪當笞", "有罪當黥", "有罪當府(腐)者", "有罪當遷", "有罪當城旦春鬼薪白粲以上" 등과 같이 "有罪當 + 刑名"의 형태로 된 것은 죄가 확정된 것을 표시하고 있다.[120] 29)에 인용한 「奏讞書」의 재

118) 『張家山漢墓竹簡』, p.147.
119) 이것은 鬼薪白粲과 完爲城旦春의 등급이 거의 비슷하기 때문이다. 이처럼 형벌 등급상에 鬼薪白粲이 보이지 않는 것은 두 개 형명의 위상이 비슷하기 때문이다. 그렇다고 鬼薪白粲이 과형되지 않는 것이 아님은 출토문서에서 확인되고 있다.
120) 『張家山漢墓竹簡』, p.146, "吏、民有罪當笞, 謁罰金一兩以當笞者, 許之. 有罪年

판형식에서 當은 유죄자에 대한 量刑을 의미한다. 그렇다면 有罪當耐의 耐도 耐罪가 확정된 것으로 이해할 수 있다. 일반적으로 "有罪當○"이라고 하면 ○의 형명이 확정된 것이지만, 耐의 경우만은 독특하게 그 세부적인 형벌명이 특정되지 않은 不名耐者, 즉 耐罪를 분명하게 명시하지 않은 형태가 있는 것이다. 15)의 完爲城旦舂→耐→罰金四兩→罰金二兩의 순서에서 알 수 있듯이 대부분 형명이 구체화되어 있지만 耐의 경우만은 특정하지 않은 것이 그러한 예이다.

不名耐者를 唐律 名例律의 "斷罪無正條"의 규정과 같은 것으로 보아 마치 법률조문이 없을 때의 처벌규정으로 볼 수도 있지 않을까? 唐律에서는 죄를 주어야 하는데도 법조문이 없는 경우는 가벼운 사례를 근거로 하여 무거운 사례를 처리하도록 하고 있다.[121] 즉, 唐律은 유죄가 확실하지만 해당 조문이 없을 때 유관 사안으로 유추할 것을 언급하고 있는 것이다. 그러나 不名耐者의 경우에는 해당 조문이 없는 경우는 아니며, 다만 형벌의 세목이 없는 경우이다. 그리고 秦律과 漢律에서도 법률조문이 없을 경우 처벌을 금지하고 있다. 『漢書』「馮野王傳」의 "野王의 罪는 令을 제정하기 이전이다."라는 언급과 「孔光傳」의 "令에 犯法者는 각각 法時의 律令으로써 論한다."는 언급은 罪刑法定主

不盈十歲, 除; 其殺人, 完爲城旦舂. 86(C20)"; 같은 책, p.146, "有罪當黥, 故黥者劓之, 故劓者斬左止, 斬左止者斬右止, 斬右止者府之. 88(C24)" 이 조문은 耐罪의 가죄 원칙과 유사한 黥刑의 加罪원칙이다. 같은 책, p.150, "有罪當府(腐)者, 移内官, 内官府(腐)之. 119(C292); 같은 책, p.157, "有罪當收, 獄未決而以賞除罪者, 收之. 178(F146)"; 『睡虎地秦墓竹簡』, p.177, "廷行事有罪當遷, 已斷已令, 未行而死若亡, 其所包詣遷所."; 『張家山漢墓竹簡』, p.139, "子牧殺父母, 毆詈泰父母, 父母, 段大母, 主母, 後母, 及父母告子不孝, 皆棄市. 其子有罪當城旦舂, 鬼薪白粲以上, 及爲人奴婢者, 父母告不孝, 勿聽."; 같은 책, p.146, "公土, 公士妻及□□行年七十以上, 若年不盈十七歲, 有罪當刑者, 皆完之."

121) 金澤敏・任大熙, 『譯註唐律疏議(1)』, pp.345-346. 疏議에 따르면 "斷罪해야 하는데 그 처벌 조문이 없다는 것은 一部 律안에 범행에 대한 죄명(罪)과 그 형량(名)이 없는 경우이다."라고 하였다.

義와 형벌불소급의 원칙을 말해주는 것이다.[122] 따라서 죄형법정주의를 채택하고 있는 秦漢律에서 有罪當耐를 법조문이 없는 것으로 볼 수는 없다.

冨谷至 主編의 京都大學注釋에서는 "其法不名耐者"를 "죄를 범해 耐에 해당하고, 법에 耐의 형명이 확정되지 않은 경우"로 해석하고, "船人渡人而流殺人, 耐之"와 같이 耐隸臣妾 등의 구체적인 형명이 율문에 규정되어 있지 않은 경우를 말한다고 하였다.[123] 專修大學의 주석에서도 "그 法이 지명되지 않는 耐"로 읽어야 한다고 하였다. 즉, "통상의 형벌규정은 육형과 노역형이 조합되는 것이지만, 律에 따라서는 노역형을 규정하지 않은 조문이 존재하는 것으로 생각된다."고 해석하였다.[124] 朱紅林도 법률조문에 耐 단독으로 지칭되었을 때에 적용되는 具律의 원칙으로 이해해야 한다고 주장했다.[125]

이상의 견해는 모두 不名耐者에 대해서 "耐 단독으로 사용되어 그 구체적 형명(노역형명)이 지정되지 않은 것"으로 이해하였다. 필자도 이러한 견해에 동의하며 약간의 보완적인 설명을 덧붙이고자 한다. 사실 "不名耐者"의 용례는 생소한 것이다. 우선 名의 의미는 "指名"으로 생각되는데, 그러한 사례를 몇 개 들어보자. "仗城旦勿將司; 其名將司者, 將司之."는 "(나이가 많은) 仗城旦은 감시하지 말라. 감시하라고 지명된 자만 감시한다."는 것이므로 名은 "구체적으로 지명하는 것"임을 말해준다.[126] 또한 敦煌漢簡의 "律曰, 諸使而傳不名取卒甲兵禾稼簿者, 皆勿敢擅予(釋TH. 2325)"라는 내용은 "사신으로 파견된 자의 통행증에

---

122) 蔡萬進 「≪奏讞書≫與秦漢法律實際應用」(『南都學壇』 26-2, 2006), pp.5-6 참조. 『漢書』 卷79 「馮奉世傳(子野王)」, pp.3303-3304; 『漢書』 卷81 「孔光傳」, p.3355.
123) 冨谷至 編, 위의 책, p.63.
124) 專修大學, 「張家山漢簡『二年律令』譯注(三)--具律--」(『專修史學』 37, 2004), pp.138-139.
125) 朱紅林, 『張家山漢簡≪二年律令≫集釋』, pp.79-81.
126) 『睡虎地秦墓竹簡』, p.89.

구체적으로 병사와 무기·곡물을 취하도록 명시적으로 기록되지 않은 경우 함부로 지급하지 말라."는 것이다.[127] 또한 居延漢簡에 조서로 지명수배자의 체포를 명령한 "名捕詔書"의 "名"도 지명의 용법으로 사용된 것이다.[128] 不名은 아니지만 비슷한 용례로서 『二年律令』에 "諸亡自出, 減之; 毋名者, 皆減其罪一等."이라는 조문이 있는데,[129] 경도대 주석에서는 "무릇 도망자가 스스로 출두한다면 그 형을 감한다. 형명이 확정되어 있지 않은 경우는 모두 그 죄를 감한다."라고 해석하고 있어 형명의 미확정으로 해석하고 있다.[130] 이상의 몇 가지 名의 용례에서 볼 때 "有罪當耐, 其法不名耐者"는 죄를 지은 것이 耐罪에 해당하지만 그 법률조문에 내형의 종류를 구체적으로 적시하지 않은 것으로 해석해야 한다는 견해는 정확하다.[131]

---

127) 『敦煌漢簡釋文』, p.253, "律曰諸使而傳不名取卒甲兵 禾稼簿者皆勿敢擅予(2325)" 이것은 아래의 『二年律令』과 동일한 내용이다. 『張家山漢墓竹簡』, p.162, "官各有辨, 非其官事勿敢爲, 非所聽勿敢聽. 諸使而傳不名取卒甲兵禾稼志者, 勿敢擅予. 216(C92)"; 薛英群, 「漢代的符與傳」(『中國史研究』 1983-4); 唐曉軍, 「漢簡所見"關傳"與"所"的關係」(『西北史地』 1994-3), pp.87-90. 또한 『敦煌懸泉漢簡釋粹』, p.77, "九五『元康四年鷄出入簿』"의 "出鷄一隻(雙), 以食長史君, 一食, 東. (113簡) 出鷄一隻(雙), 以食使者王君所將客, 留宿, 再食, 東. (114簡)"도 使者의 음식지급에 관한 내용이다.

128) 『居延新簡』, p.18, "(E.P.T 5:16) 朔乙酉萬歲候長宗敢言之官下名捕詔書曰清河不知何七男子共賊燔男子李　盜兵馬及不知何男子凡六十九人黠謀更□□□怨攻盜賊燔人舍攻亭."; 『居延漢簡釋文合校』, p.33, "(20.12A)元康元年十二月辛丑朔壬寅東部候長長生敢言之候官官移大守府所移河南都尉府曰詔所名捕及鑄偽錢盜賊亡未得者牛延壽高建等廿四牒書到度"; 『居延漢簡釋文合校』, p.286, "(179.9)匿界中書到遣都吏與縣令以下逐捕搜索部界中驗亡人所隱匿處以必得爲最詔所名捕重事 當奏聞毋留如詔書律令"; 『漢書』 卷92 「遊俠列傳」, p.3719, "師古曰 指其名而捕之"; 『漢書』 卷72 「鮑宣傳」, p.3094, "時名捕隴西辛興, 興與宣女婿許紺具過宣, 一飯去, 宣不知情, 坐系獄, 自殺."

129) 『張家山漢墓竹簡』, p.155.

130) 冨谷至 編, 위의 책, p.107.

131) 李成珪, 위의 논문(2003), p.19. "어떤 죄를 耐에 처한다며 법조문이 내형을 받는 자의 신분을 명시하지 않은 경우"로 이해하여 "신분"으로 이해한 것

不名耐者의 단서조항이 만들어진 이유는 耐罪의 구성요소와 관련이 있다. 耐刑과 다른 형벌, 예를 들어 黥刑과 完刑의 경우 결합할 수 있는 노역형명이 城旦舂 하나이므로 黥 또는 完이라고만 칭해도 어느 형벌을 지칭하는지 혼동의 여지가 전혀 없다. 「奏讞書」案例 20에 完으로 나타난 것이 完舂의 생략형인 것을 쉽사리 알 수 있는 것이 그러한 예이다.[132] 그러나 耐刑의 경우에는 결합하는 노역형(신분형)이 4개(耐爲候·耐爲司寇·耐爲隷臣妾·耐爲鬼薪白粲)나 되기 때문에 이를 처리할 조문이 필요했던 것으로 생각된다.[133] 따라서 이 조문은 형벌원칙을 규정한 具律로서, 구체적인 耐刑의 세목이 정해지지 않았을 때 처리하기 위한 조문이었던 것이다.

다만 "不名耐者"를 이렇게 해석할 때 耐 단독으로 언급된 것이 耐爲隷臣妾이 분명하다는 2장에서의 결론과 정면으로 배치된다. 즉, 90-92簡의 ①에서 "耐罪를 범했을 때 庶人은 耐爲司寇로 한다"는 것에서 본다면 耐 단독으로 표시된 것을 耐爲司寇로 간주해야겠지만, 이렇게 보는 것에 주저하게 되는 것은 앞에서 검토한 바와 같이 耐가 耐爲隷臣妾을 뜻하는 사례가 압도적으로 많았기 때문이다. 따라서 耐가 耐爲隷臣妾을 지칭하는 것이 명확한 경우, 예를 들어 110~220전 미만의 절도를 耐로 표시한 경우 과연 具律의 90-92簡의 具律 원칙을 적용할 것인지, 아니면 耐爲隷臣妾으로 적용할 것인지 의문이 발생한다. 이같은 모순을 해결하기 위해서 앞서 고찰한 耐가 隷臣妾을 지칭하고 있기 때문에 不名耐者의 의미를 다음과 같이 추정하는 것은 불가능한지 검

이 다르다.

132) 『張家山漢墓竹簡』, p.227, "妻之爲後次夫, 父母, 夫, 父母死, 未葬, 奸喪旁者, 當不孝, 不孝棄市; 不孝之次, 當黥爲城旦舂 ; 敖悍, 完之. 當之, 妻尊夫, 當次父母, 而甲夫死, 不悲哀, 與男子和奸喪旁, 致之不孝, 敖悍之律二章, 捕者雖弗案校上, 甲當完爲舂. 告杜論甲."

133) 耐 단독으로만 기능할 수 없음은 90-92簡에 분명하며, 이 원칙에 의한다면 어떠한 형태로든 노역형이 반드시 부과되어야 했다.

토하기로 하자.

耐는 隸臣妾만을 의미하며, 不名耐者는 "耐(隸臣妾)라고 지정되지 않은 것"이라는 의미로 추정하는 방법이다. 다시 말해서 隸臣妾이 아닌 것, 즉 "隸臣妾以外"의 형명이라는 의미이다. "隸臣妾以外"에 해당하는 것은 鬼薪白粲과 司寇인데, 이중에서 庶人에게는 司寇로 과형한다는 의미이다. 그런데 耐罪(隸臣妾)에 해당되는데 耐(隸臣妾)라고 지명하지 않은 것이 과연 실제 형명으로 존재할 수 있을까? 그러나 耐는 이미 隸臣妾으로 가정했기 때문에, 司寇 등을 뜻하는 또다른 耐의 칭호는 찾기는 어려우므로 이 추정은 성립하기 어렵다.

또한 "不名耐者"라는 단서를 "庶人以上", "司寇"에 사용한 경우와는 달리, 隸臣妾과 收人에 붙이지 않은 것은 나름의 이유가 있다. 隸臣妾의 단계에서는 司寇이든 隸臣妾이든 상관없이 耐罪이면 繫城旦春六歲가 되기 때문이며, 결국 耐는 耐罪를 포괄적으로 지칭하는 것으로 보인다. 따라서 "其法不名耐者"는 庶人과 司寇의 경우에만 적용되는 단서이며, 이것은 ②의 "隸臣妾及收人有耐罪"에서 새로이 "有耐罪"라는 단서를 붙이고 있는 것에서 명확하게 증명된다. 이렇게 되면 耐를 隸臣妾으로 보는 추정은 불가능하며, 결국 耐는 "隸臣妾, 司寇를 구체적으로 지칭하지 않은 것"으로 이해해야 한다.

이렇게 되면 다시 원점으로 되돌아가게 되는데, 耐爲隸臣妾이 분명한 "절도 110~220전 미만"의 조문을 司寇로 판결하는 모순이 발생하게 된다. 이를 재차 검토하기 위해 90-92簡의 원칙이 司寇와 隸臣妾에 어떻게 적용되는지 법률답문을 검토해보자. 아래에 보이는 「法律答問」으로부터 前罪와 後罪의 경중에 따른 형벌원칙과 90-92簡의 耐罪원칙이 동시에 작용하고 있음을 확인할 수 있다. 즉, 前罪가 後罪보다 무거우면 前罪로 처벌함과 동시에 다른 형벌을 추가하는 흡수원칙이며(前罪 〉後罪), 前罪가 後罪보다 가벼우면 後罪로 처벌하는 가죄원칙을 적용하고 있다.(前罪 〈 後罪)[134]

36) 耐司寇의 죄로 판결되어야 할 사람이 耐隷臣의 죄로 다른 사람을 무고하면 어떻게 논처하는가? 耐爲隷臣에 처한다. 耐爲候罪의 죄로 판결될 사람이 (耐爲司寇?의) 죄로써 다른 사람을 무고하면 어떻게 논처하는가? 耐爲司寇에 처한다. (當耐司寇而以耐隷臣誣人, 可(何)論? 當耐爲隷臣. | 當耐爲侯(候)罪誣人, 可(何)論? 當耐爲司寇.)[135]

37) 耐爲隷臣의 죄로 판결되어야 할 사람이 司寇의 죄로써 타인을 무고하면 어떻게 논처해야 하는가? 耐爲隷臣에 처하고 또한 繫城旦六歲에 처한다. (當耐爲隷臣, 以司寇誣人, 可(何)論? 當耐爲隷臣, 有(又)毄(繫)城旦六歲.)[136]

[표 8] 36)·37)의 加罪, 吸收 원칙

	前罪	後罪	결과	원칙
36)	耐爲司寇 (輕)	耐爲隷臣妾(重)	耐爲隷臣妾	加罪원칙
	耐爲侯(候)(輕)	(?耐爲司寇)(重)	耐爲司寇	加罪원칙[137]
37)	耐爲隷臣 (重)	司寇(輕)	耐爲隷臣 + 繫城旦六歲	吸收원칙

[표 9] 35) 具律 90-92簡의 耐罪 원칙

不名耐者의 처벌대상		1차	2차
①	㉠ 庶人以上	耐爲司寇	
	㉡ 司寇	耐爲隷臣妾	
②	㉢ 隷臣妾 收人	繫城旦春六歲	
	㉣ (동일)	繫日未備而復有耐罪	完爲城旦春
③	㉤ 城旦春	黥之	
	㉥ (동일)	其有贖罪以下, 老小不當刑, 刑盡者, 贖罪이하	皆笞百

---

134) 韓樹峰, 위의 논문, pp.46-47.
135) 『睡虎地秦墓竹簡』, p.202. 주석에서는 候 아래에 脫文이 있다고 하였다.
136) 같은 책, p.202.
137) 36)에서 耐爲候가 (耐爲司寇?의)죄를 재범했을 때 耐爲司寇가 되는 것은 가죄원칙에 입각한 것으로 생각된다.

不名耐者의 처벌대상		1차		2차
Ⓐ	(동일)	城旦刑盡而盜臧百一十錢以上, 若賊傷人及殺人,	耐隷臣妾 이상	先自告也, 皆棄市

위의 加罪·吸收 원칙의 분석결과를 90-92簡의 耐罪 원칙과 비교하면, 정확하게 일치한다. [표 8]의 36)은 [표 9] ⓒ의 司寇 + 耐罪와 같은 내용이다. 다만 36)에서는 후죄가 耐爲隷臣妾이었지만, 90-92簡에서는 不名耐者의 포괄적인 耐라는 차이가 존재한다. [표 8] 37)의 경우는 [표 9] ⓒⓔ의 원칙에 해당한다. ⓒⓔ에서는 後罪를 "復有耐罪"라고 하였지만 37)에서는 (耐爲)司寇인 것으로 보아 耐罪에는 耐罪의 모든 항목이 포함되는 것이 분명하다. 이것은 역으로 ①의 不名耐者에서 耐罪를 구체적으로 지명하지 않은 것도 이 원칙을 따르라는 지침이었던 것이다.

그러면 ㉠의 庶人에 해당하는 사례는 과연 없는 것인가? 즉, 庶人이 耐罪를 지어서 耐爲司寇가 된 사례의 존재이다. 이에 대한 구체적 사례가 있다면 이 분석은 명쾌하게 해결될 것이지만, 앞서의 분석은 모두 隷臣妾으로 추정된다. 왜 이렇게 耐를 司寇로 판명할 수 있는 것이 보이지 않는 것인가? 후술하듯이 司寇로 과형한 것이 적어도 『睡虎地秦墓竹簡』과 『二年律令』에는 하나도 존재하지 않았다. 물론 현재 출토 자료의 한계 때문이기도 하지만 司寇의 과형조문이 없는 것에는 분명히 이유가 있을 것이다. 그 이유는 바로 90-92간의 존재로 인해 구태여 司寇로 죄목을 명문화할 필요가 없었던 것이다.

耐가 耐爲隷臣妾이냐 耐爲司寇이냐는 庶人의 경우 Ⅱ장에서 분석한 바와 같이 큰 차이가 존재하였다. 전자는 徒隷로 몰수되어 매매되는 존재이기 때문이다. 그러나 司寇 이상의 재범에는 耐를 세분화하는 것이 의미가 없다. 즉, 司寇의 경우 재범한 耐가 隷臣妾 또는 司寇인지에 관계없이 일괄적으로 90-92簡의 ⓒ을 적용하여 耐爲隷臣妾으로 하였다.[138] 이처럼 庶人에게 不名耐者를 적용할 때만 耐爲隷臣妾과 耐爲司

寇의 차이가 발생하고 그 이상의 司寇의 재범부터는 차이가 존재하지 않는다.

Ⅲ장에서 필자는 耐로 표시되어 있는 것이 과연 세부적으로 어떠한 형명인지를 분석해왔다. 그러나 그것은 불필요한 분석은 아니지만 큰 의미가 있다고 보기는 곤란하다. 90-92簡의 존재는 바로 그러한 분석이 불필요한 것임을 입증하는 것이다. 90-92簡에 있는 율문의 제정은 秦律 및 『二年律令』 시기에도 필자와 비슷한 고민이 있었음을 말해주는 것이라고 생각된다. 결론적으로 "有罪當耐, 其法不名耐者"의 존재는 耐의 구체적 형명을 언급하지 않은 채 포괄적으로 칭한 耐의 존재를 인정하고 그 처리방식을 세부적으로 규정한 것이다. "110전~220전 미만"의 절도죄와 같이 耐가 의미하는 것이 분명한 것들을 제외하고, 기타 耐로만 단독 표현된 것은 그것의 구체적 형명을 분석할 필요 없이 90-92簡의 耐罪 원칙을 적용하여 기계적으로 처리하면 되었다. 바로 이것이 "有罪當耐, 其法不名耐者"의 진정한 의미라고 할 수 있다. 또한 명확하게 지칭된 耐의 경우는 그 명확한 것을 적용하면 된다. 예를 들어 필자가 분석한 耐爲隸臣妾이 분명한 耐의 경우는 耐爲隸臣妾으로 판결하면 된다. 그럼에도 불구하고 필자가 분석한 耐爲隸臣妾이 분명한 것으로 추정됨에도 耐로만 표현된 것은 당시에도 분명히 논란이 될 수 있는 소지가 분명하였지만, 그렇게 어려운 문제가 아니었을지도 모른다.

2. "不名耐者"와 司寇

그러면 왜 4개의 내형과 특정하지 않은 耐가 동시에 사용된 것일까? 왜 耐罪에서는 "有罪當耐, 其法不名耐者"와 같이 耐 단독으로 표현

---

138) 사례는 없으나, 司寇가 司寇罪로 타인을 무고했다면, [표 9] ⓒ에 해당하며, 司寇罪는 耐罪이므로 隸臣妾이 되는 것이 원칙이다.

한 것일까? 罪刑法定主義를 채용하고 있는 秦律에서 형벌명을 모호하게 耐刑으로 규정하고, 이를 90-92簡에서 加刑의 원칙으로 조정한 이유로는 다음과 같은 것을 추정할 수 있다.

첫째, 耐刑의 세목이 4개이므로 형벌의 세목을 특정하기 어려운 경우가 있었다고 생각된다. 重罪인 黥爲城旦舂으로 처벌하기에는 조금 가벼운 죄를 이렇게 "不名耐者"로 포괄 지정한 것은 형벌을 확정할 때 유죄자의 현재 신분에 의해 세목이 결정되도록 하였다. 그러나 이렇게 포괄적으로 量刑을 한다면 鬼薪白粲·隷臣妾·司寇·候 등 현재의 죄수는 물론이고, 庶人에게도 어떠한 죄수 신분으로 바뀌게 되는지 지침이 되는 90-92簡의 내용이 필요했던 것이다. 庶人의 경우, 不名耐者의 耐罪는 司寇로 결정되기 때문에 일선 재판관에게 재량을 부여한 것이 아니라, 단지 양형상의 지침을 제공하기 위한 것으로 생각된다.

둘째, 보다 중요한 이유로는 隷臣妾과의 비율 때문에 耐를 司寇로 규정했을 것이라는 추정이다. 秦律과 『二年律令』에 보이는 耐刑의 빈출 통계를 통하여 이 문제를 고찰하기로 하자.

[표 10] 『睡虎地秦墓竹簡』 및 『二年律令』의 耐刑 통계

	非 科刑사례	科刑사례	합계
耐爲鬼薪白粲	27	5	32
耐爲隷臣妾	72	28	100
耐爲司寇	19	0	19
耐爲候	0	3	3
耐(不名耐者)	19	28	47

이 표에서 科刑사례는 『睡虎地秦墓竹簡』 및 『二年律令』에 어떤 죄목에 실제로 부과된 형벌이고, 非 科刑사례는 형벌부과와 무관하게 등장한 사례이다. 표에서 보면, 科刑사례에서 압도적으로 많은 것이 耐

爲隸臣妾(28례)과 耐(28례)라는 것을 알 수 있는데, 이것으로 본다면 隸臣妾과 耐(不名耐者)가 耐刑의 중심축을 이룬다고 할 수 있다.[139] 반면에 鬼薪白粲은 5회이지만,[140] 司寇의 경우에는 과형사례가 없다. 『睡虎地秦墓竹簡』에서 耐爲司寇로 판결된 사례는 앞서 예시한 2개 사례가 전부인데, 그것도 범죄사실이 불분명한 채 加罪와 吸收의 원칙을 설명하면서 나왔을 뿐이다.[141] 이 때문에 司寇는 과형에서 사용되지 않았다고 보는 견해도 나오는 것이다.[142] 司寇의 과형사례가 거의 전무한

139) 『睡虎地秦墓竹簡』과 『二年律令』에서 耐罪의 경우 형명이 확정된 것은 대부분 隸臣妾이다. 또한 장물의 액수에 따른 형벌명이 黥城旦春 - 完城旦春 - 隸臣妾 - 貲二甲 - 貲一盾으로 된 것을 보면 耐罪의 중심형벌은 隸臣妾임이 분명하다. 다만 90-92簡에서 不名耐者를 司寇로 하도록 한 것을 포함시킨다면 耐刑 전체에서 司寇가 점하는 숫자는 매우 많았을 것이다.

140) 앞서의 鬼薪白粲의 경우 직접 과형사례가 없다고 했는데, 이 표에서는 감형 여부에 관계없이 나타나는 숫자를 기계적으로 세었기 때문에 5회이고, 실제 건수는 3회이다. 5회의 鬼薪白粲은 모두 작위소지자, 葆子, 內公孫 등 특권층의 감형사례이다.

141) 『睡虎地秦墓竹簡』, p.202, "當耐司寇而以耐隸臣誣人, 可(何)論? 當耐爲隸臣. ｜ 當耐爲侯(候)罪誣人, 可(何)論? 當耐爲司寇."

142) 藤井律之는 耐爲司寇가 과형의 이름으로 등장하지 않는다고 했다.(藤井律之, 위의 논문, pp.83-84) 秦律 및 『二年律令』의 자료에는 司寇를 과형한 사례가 없지만, 아래에 예시한 문헌자료에는 司寇가 직접 과형된 사례가 보인다. 문헌자료에는 司寇가 보이고, 출토문헌에는 보이지 않는 이유는 계속 의문이지만, 역시 출토된 秦律 등은 율령의 일부였기 때문일 것이다. 참고로 아래의 자료는 유작자이기 때문에 耐爲司寇로 감형된 것이 아니다. 上造 이상의 유작자가 받는 특권은 黥城旦春을 耐爲鬼薪白粲으로, 公士는 完城旦으로 감형하는 것 이외에는 없기 때문이다. 『漢書』 卷16 「高惠高后文功臣表」, p.570, "後四年, 侯祿嗣, 七年, 孝景四年, 坐出界, 耐爲司寇. 戶千五百."; 『漢書』 卷16 「高惠高后文功臣表」, p.585, "深澤齊侯趙將夕 孝景三年, 侯脩嗣, 七年, 有罪, 彤爲司寇."; 『漢書』 卷16 「高惠高后文功臣表」, p.590, "孝文十三年, 侯去疾嗣, 二十五年, 孝景後三年, 有罪, 耐爲司寇."; 『漢書』 卷18 「外戚恩澤侯表」, p.694, "如淳曰: 律, 諸爲人請求於吏以枉法, 而事已行, 爲聽行者, 皆爲司寇."; 『散見簡牘合輯』, pp.16-17, "常有罪耐司寇以上廣對鄕吏趣未辨廣對質衣彊吏前鄕吏(正面) 第十四 (背面)" 이렇게 『漢書』 등에 耐爲司寇의 科刑 사례

이유는 90簡에서 耐를 司寇로 판결하므로 司寇를 구체적으로 지명할 필요가 없었던 것이다. 그러한 이유에서 『睡虎地秦墓竹簡』『二年律令』에는 단독 耐의 과형이 隷臣妾과 동수로 나타나고 있다.

앞서 『里耶秦簡』에서 살폈듯이 신분상 司寇는 隷臣妾과 현격한 차이가 있는데, 일반 서인에게 耐를 司寇로 최종 결정한 것은 형벌 과형상의 균형유지라는 목적이 있었던 것으로 생각된다. 즉, 각종 율령 조문에는 隷臣妾이 耐刑의 중심축을 이루고 있기 때문에 不名耐者를 추가로 隷臣妾으로 판결한다면 그것은 전체 人口 가운데서 編戶齊民이 감소하고 官府에서 노역하는 徒隷의 비율이 높아질 우려가 있었다.

隷臣妾·城旦舂之司寇·居貲贖債繫城旦舂은 모두 의식을 국가가 지급하는데, 국가에서 무한정 의식을 지급하는 것은 재정적 부담으로 작용했다. 예를 들어, 아직 사역연령에 도달하지 않은 隷妾이 公家의 식량만 축낼 때는 민간에 대여하여 의식비용을 해결하라는 규정, 隷臣妾이 公家의 일을 하지 않을 때는 식량을 지급하지 말라는 규정, 城旦이 편한 작업을 하는데도 식량을 규정 이상으로 주면 해당 관리를 처벌하는 규정, 隷臣에게 처가 있으면 옷값을 받으라는 규정 등은 모두 국가가 형도의 유지에 재정적 부담을 느끼고 있는 증거이다.[143] 이를 해결하기 위한 방편으로 徒隷를 민간에 매각하는 방법을 고려할 수도 있겠지만, 이같이 한다면 국가의 조세와 병역을 담당하는 編戶 규모

가 존재하는 것으로 볼 때 형벌조문에 "耐爲司寇"로 특정된 것이 존재함은 분명하다. 이것은 隷臣妾이 소멸되기 이전인 文景시기의 것이므로, 隷臣妾의 조문이 司寇로 개정된 것도 아니다. 어찌되었든 『睡虎地秦墓竹簡』과 『二年律令』에 나타난 隷臣妾 대 司寇의 비율이 양 형벌의 과형 비율의 지표라고 할 수 있다. 아무리 율령의 일부만 출토되었다고 하더라도 司寇 과형의 사례가 이렇게 보이지 않는 것은 이해하기 어렵다.

143) 『睡虎地秦墓竹簡』, p.48, "妾未使而衣食公, 百姓有欲叚(假)者, 叚(假)之, 令就衣食焉, 吏輒柀事之. 倉律"; 같은 책, p.49, "隷臣妾其從事公, 隷臣月禾二石, 隷妾一石半; 其不從事, 勿稟.(倉)"; 같은 책, p.52, "城旦爲安事而益其食, 以犯令律論吏主者."; 같은 책, p.87, "隷臣有妻, 妻更及有外妻者, 責衣."

의 축소는 자명한 것이었다.

따라서 이를 해결하기 위하여 不名耐者의 耐를 司寇로 판정하고, 아울러 추가적 조치로서 司寇의 자식을 士伍로 회귀시키는 신분회복 규정을 마련한 것이다. 不名耐者에서의 耐를 司寇로 판결할 경우, 본인은 죄수의 신분이지만 그 자식은 士伍의 신분으로 복귀하여 전체 編戶齊民 비율은 회복될 수 있었다.[144] 이 조항은 편호제민을 국가의 죄수로 편입하여 무기한 사역하는 것이 반드시 유리한 것만은 아니며, 일반 編戶齊民의 숫자도 중요하다는 판단 하에 만들어진 것으로 생각된다. 다시 말해서 不名耐者의 규정은 인구 비율상 초점을 형도에 맞추느냐 편호제민에 맞추느냐 고민한 흔적이 보인다. 이러한 조절 메커니즘의 설정은 徒隸와 編戶齊民의 비율 조정과 농업생산의 문제 등을 중시하는 秦律의 기본이념이었다고 생각된다.[145]

필자가 不名耐者의 耐를 司寇로 처리한 90-92簡의 근본적 의도가 전체 인구에서 徒隸 비중의 감경과 司寇의 농업생산에의 계속적 종사에 있다고 판단하는 근거는 『里耶秦簡』의 자료로부터 확인할 수 있다. 『里耶秦簡』의 진시황 27년 2월 洞庭守 禮가 郡 소속 縣嗇夫 등에게 하달한 문서에 洞庭郡의 병기를 內史·巴·南郡·蒼梧 등으로 수송할 때 필요한 인력의 동원순서를 언급한 것이 있다. 洞庭守 禮는 우선 명령 하달의 근거가 되는 令을 언급한 후, 이를 洞庭郡에 적합하게끔 재정리하고 있다. 令에는 "傳送과 委輸에는 반드시 우선적으로 城旦舂·隸臣妾·居貲 贖責(債)를 동원하도록 하고, 급한 사안이라서 지체할 수 없을 때에만

---

144) 이러한 점에서 최근 趙高가 환관이 아니고, 隱官의 자식이기 때문에 관직에 오를 수 있다는 논고는 司寇와 隱官이 항상 함께 나오고 있다는 점에서 시사적이다. 李開元, 「說趙高不是宦閹――補≪史記·趙高列傳≫」(『史學月刊』 2007-8).

145) 『史記』 卷68 「商君列傳」, p.2230, "僇力本業, 耕織致粟帛多者復其身. 事末利及怠而貧者, 擧以爲收孥." 耕戰之民의 확보를 위한 秦의 노력에 관해서는 尹在碩, 「秦代 士伍에 대하여」(『慶北史學』 10, 1987), pp.193-195 참조.

요역을 일으키라."고 규정되어 있다. 이 令에 근거하여 洞庭守 禮는 "乘城卒·隷臣妾·城旦舂·鬼薪白粲·居貲贖責(債)·司寇·隱官·踐更縣者"의 순서로 바꾸어서 동원령을 하달하고 있다. 원래 令의 항목에는 鬼薪白粲·司寇·隱官이 빠져있지만, 바뀐 순서에는 이를 보충하고, 맨 앞에 乘城卒·隷臣妾을 위치시키고 있다.[146]

洞庭守 禮에 의해 재조정된 徒隷 → 居貲贖債 → 司寇 → 隱官 → 踐更縣者의 순서에서 선순위로 동원된 徒隷는 몰적되어 국가의 감옥에서 기거하기 때문에 자신의 농토에서 멀어졌고 상시 동원 가능한 존재였다. 이 순서에서 司寇는 居貲贖債보다도 나은 조건 하에 있었다. 居貲贖債라는 것은 "貲贖債"에 해당하는 기일을 노역으로 복역하면 해방되는 것이지만, 진시황릉 부근 趙背戶村의 居貲들도 복역시 사망한 것을 보면 이 노역이 결코 만만한 것은 아니었다. 이러한 居貲贖債보다 司寇는 후순위로 징집되었다. 司寇보다 먼저 징발된 居貲贖債는 播種·治苗시에 각각 20일씩 귀농시켰으나, 이 규정에 司寇·隱官은 포함되어 있지 않았다.[147] 이는 이들이 그럴 필요가 없었던 때문이다. 司寇·隱官은 자신의 거주지에 살고 있기 때문에 歸田農할 필요가 없었던 것이다.

司寇가 비록 농사철의 징발대상에 포함되기는 했지만 居貲贖債보다도 후순위에 위치시킨 것은 司寇가 농번기에 자신의 토지에서 생산에 종사할 수 있도록 배려한 것이며, 이것이 바로 "令"에 규정되어 있

---

146) 王煥林, 『里耶秦簡校詁』(北京: 中國文聯出版社, 2007), pp.168-169, "(J1(16)5) A面[34] 廿七年二月丙子朔庚寅, 洞庭守禮謂縣嗇夫, 卒史嘉, 叚(假)卒史穀, 屬尉: 令曰: '傳送委輸, 必先悉行城旦舂、隷臣妾、居貲贖責(債), 急事不可留, 乃興(徭).' 今洞庭兵輸內史及巴, 南郡、蒼梧, 輸甲兵當傳者多, 節傳之, 必先悉行乘城卒、隷臣妾、城旦舂、鬼薪白粲、居貲贖責(債)、司寇、隱官、踐更縣者. 田時殹(也), 不欲興黔首. 嘉、穀、尉各謹案所部縣卒、徒隷、居貲贖責(債)、司寇、隱官、踐更縣者簿, 有可令傳甲兵, 縣弗令傳之而興黔首, [興黔首可省少弗省少而多興者, 輒劾移縣, [縣]亟以律令具論. 當坐者言名夬(決)泰守府, 嘉、穀、尉在所縣上書嘉、穀、尉, 令人日夜端行. 它如律令."

147) 『睡虎地秦墓竹簡』, p.88, "居貲贖責(債)者歸田農, 種時、治苗時各二旬. 司空"

었던 것이다. 洞庭郡 태수가 농사철에 함부로 黔首를 동원하면 처벌한
다고 천명한 것을 보더라도 농번기의 인력동원은 금지사항이었다. 마
찬가지로 50畝이기는 하지만 농사에 종사하기 때문에 司寇도 후순위
로 돌려진 것이다. 司寇는 형도로서 죄수감시를 하는 역할이 부여되
었지만, 『二年律令』에 일반 서인의 100畝의 반인 50畝의 토지 수전 사
실에서 보면 司寇는 자신의 시간의 50%는 국가에 징발되고, 50%는 자
신의 토지에 종사할 수 있도록 배려한 것이다. 그것은 가족들의 노동
력만이 아니라 司寇 본인의 노동에 의해 경작된 것으로 생각된다. 다
만 『里耶秦簡』에 보이는 司寇가 동원되었을 때 洞庭郡에서 內史·巴·南
郡·蒼梧 지역까지의 왕복거리를 고려한다면 그 농사는 司寇 본인보다
는 가족들이 담당했어야 할 것이다. 50畝라는 지급량은 바로 그러한
것을 고려한 것이다.

　徒隷 및 그 가족의 몰수는 죄수의 등급에 따라 차등적으로 이루어
졌지만 司寇가 몰수되지 않은 증거는 매우 많다. 徒隷 본인은 당연히
관부로 몰수되며, 가족의 몰수는 城旦春과 鬼薪白粲 이상부터 행한
다.[148] 반면에 司寇와 隱官은 관부에서 복역할 지언정 몰수된 것은 아
니며, 司寇는 立戶까지 허락하고 있다.[149] 立戶는 戶主가 될 수 있는
자격이 부여되었음을 말한다. 司寇와 隱官이 "亡罪隷臣以上"의 죄로 처
벌될 때에야 비로소 노역해야 할 관부로 압송되는 것(輸作所官)은 평
소 자신들의 거주지에서 생활하고 있었던 증거의 하나이다. 또한 道
官 사이에 隷臣妾·收人을 相輸하는 것에 司寇가 포함되어 있지 않은
것은 司寇가 몰수되지 않은 증거이다.[150] 또한 隷臣妾·城旦春·鬼薪白粲

---

148) 『張家山漢墓竹簡』, p.191, "諸收人, 皆入以爲隷臣妾. 435(C171)"; 같은 책, p.156,
　　"罪人完城旦·鬼薪以上, 及坐奸府者, 皆收其妻·子·財·田宅. 其子有妻·夫, 若爲
　　户·有爵, 及年十七以上, 若爲人妻而棄·寡者, 174(C263)皆勿收. 坐奸·略妻及傷
　　其妻以收, 毋收其妻. 175(C262)"; 『睡虎地秦墓竹簡』, p.201, "隷臣將城旦, 亡之,
　　完爲城旦, 收其外妻·子."
149) 『張家山漢墓竹簡』, p.176, "司寇隱官半宅. 欲爲户者, 許之. 316(F90)".

의 가족이 民里 가운데 거주하면 도망한 것으로써 論한다는 것은 이들의 가족이 일반 民里 가운데 섞여 있어서는 안됨을 의미한다. 특히 성단용·귀신백찬은 가족이 모두 몰수되어 일반 民里 가운데 존재할 수 없는데도 이러한 규정을 만든 것은 혹 몰수되지 않은 채 도망한 자를 처리하기 위하여 만든 것으로 추정된다.[151] 특히 관건이 되는 司寇의 경우는 위의 규정에서 제외되어 있는 사실로부터 司寇의 가족은 분명히 民里 가운데 존재함을 알 수 있다. 특히 司寇에게 半頃半宅의 토지와 주택을 지급하는 것은 민간에 거주하며 농사에 종사한 증거라고 할 수 있다. 秦代 兵器의 제조자로서 工城旦·工鬼薪·工隷臣은 등장하지만, 유독 司寇만 빠져있는 사실은 司寇가 몰수되지 않은 채 罪囚의 감시 임무를 맡고 지급받은 농토에서 일했던 사실과 관련이 있는 것이다.[152]

秦의 통일 직후, 동시 다발적으로 수행한 진시황릉·아방궁·極廟·馳道·萬里長城 등의 대규모 토목공사와 匈奴·南越에 대한 군사원정에 동원된 죄수와 일반민은 전체 인구 2천만 가운데 200~300만 정도라고 추정한다. 200만명은 당시 少壯남자 330만명의 약 60%에 해당한다고 추정하는 견해도 있지만, 이 견해에서는 少壯남자의 숫자를 너무 적게 잡은 것 같다.[153] 사실 이 시기 연령별 인구통계가 없는 상태에서 정

---

150) 『張家山漢墓竹簡』, p.154, "司寇·隱官坐亡罪隷臣以上, 輸作所官. 158(C43)"; 『睡虎地秦墓竹簡』, p.111, "道官相輸隷臣妾·收人, 必署其己稟年日月, 受衣未受, 有妻毋(無)有. 受者以律續食衣之. 屬邦"; 같은 책, p.123, "上節(即)發委輸, 百姓或之縣就(僦)及移輸者, 以律論之."

151) 같은 책, p.175, "隷臣妾·城旦舂·鬼薪白粲家室居民里中者, 以亡論之. 307(F55)"

152) 秦代 刑徒가 병기제조에 참여한 문제를 다룬 논고들에서는 司寇가 제조자로서 확인되지 않고 있다. 최근 발표된 李力의 논문은 기존의 모든 자료를 망라하고 있으나, 여기에도 司寇는 보이지 않는다. 李力, 「秦靑銅器銘文所見"隷臣"及"鬼薪"·"城旦"身分考」(『中國古代法律文獻硏究』 3, 2007), pp.22-82.

153) 高凱, 「從人口性比例失調看漢初的人口政策」(『學術硏究』 2007-9), p.33; 高凱, 「秦代人口比例與人口下降問題――以刑徒墓的發現爲例――」(『文史哲』 2007-5),

확한 동원 가능 인구를 추정하는 것은 어려운 일이다. 인구의 증감형태는 안정형과 증가형·감축형의 3타입이 있는데,[154] 타입에 관계없이 15~49세까지의 인구는 전체인구의 50%를 차지한다(35년간). 『二年律令』에 低爵 및 無爵의 남자는 20~66세까지 노역에 동원된다(47년간).[155] 따라서 『二年律令』의 노역기간이 12년 정도 길기 때문에 노역 동원 인구가 대략 60%를 넘는다고 보면, 秦통일 직후의 인구 2천만 가운데 1천만이 남성인구이고, 60%에 해당하는 약 600만이 노역 동원 가능 인구이며, 이 가운데 200만이 동원되었다면 33%, 300만이 동원되었다면 50%가 노역에 참여하고 있는 것이다. 남성인구의 33~50%가 동원된 것도 결코 적은 숫자는 아니며, 인구감소의 원인을 내포하고 있었다.

실제로 秦始皇陵園 동편의 山任窯址에서 출토된 人骨은 노역이 야기하는 문제의 일단을 증명하고 있다. 발견된 인골은 모두 121구로서 15~23세가 66구(54.5%), 24~35세가 37구(30.6%), 36~55세가 8구(6.6%), 56세 이상은 없었으며, 10구는 유골의 파손정도가 심해 판단이 불가했다. 인골은 평균 사망연령이 24세에 불과한 15~35세의 청장년 남성으로서, 함께 출토된 10여 건의 鉗으로 보면 이들의 신분은 형도로 추정된다.[156] 山任窯址의 사망자가 대부분 청장년층이라는 사실은 농업생산

---

pp.124-126; 高凱·李平芳, 「論中國古代人口性比例失調問題」(『史學月刊』 1998-3), pp.107-108. 高凱의 계산법은 2천만 중에 남자를 천만으로 보고, 小가 330만, 壯丁이 330만, 老가 330만이라는 계산법인데, 인구분포는 피라미드형이기 때문에 인구를 삼분하는 계산법은 옳지 않다.

154) 高大倫, 「尹灣漢墓木牘≪集簿≫中戶口統計資料研究」(『歷史研究』 1998-5), pp.115-116; 尙新麗, 『西漢人口研究』(鄭州大學博士學位論文, 2003), pp.79-82. 안정형은 1~14세 26.5%, 15~49세 50.5%, 50이상 23%이며, 증가형은 1~14세 40%, 15~49세 50%, 50이상 10%이며, 감소형은 1~14세 20%, 15~49세 50%, 50이상 30%이다.

155) 『張家山漢墓竹簡』, p.182, "不更以下子年卄歲, 大夫以上至五大夫及小爵不更以下至上造年十二歲, 卿以上子及小爵大夫以上年卄四歲, 皆傅之. 公士、364(C247)"; 같은 책, p.181, "公卒以下六十六, 皆爲免老."

156) 陝西省考古研究院·秦始皇兵馬俑博物館, 『秦始皇帝陵園考古報告(2001-2003)』, p.197.

과 가임기 남성의 부족현상을 야기했다. 그럼에도 秦帝國이 인구측면의 신중한 고려 없이 무상 노동력을 확보하려 했던 시도는 육형을 받았다가 무죄로 판명된 자도 隱官으로 삼아 노역에 동원한 것에서 잘 입증된다. 그렇지만 이러한 비정상적 인구 비율을 조금이나마 완화하려고 했던 것이 不名耐者의 耐를 司寇로 과형한 것이다. 형도이면서도 토지를 지급받고, 僕養에도 들어가지 않으며 매매되지도 않는 기이한 배려는 바로 인구 비율의 문제를 고려하지 않고는 해석할 수 없다.

결론적으로 司寇는 어디까지나 耐刑에 고유한 법률적 제재를 받아서 爵位를 받을 수 없는 죄수의 신분이었다. 그러나 그들이 마이너스 계급으로 내려갔지만 본인에게는 토지를 지급하고, 그들의 자식에게 士伍로의 복귀를 허용한 것은 編戶層의 축소를 방지하려는 배려가 포함되어 있는 것이다. 徒隷 이상의 죄수에게 비농업 분야의 노역에 종사시키는 것은 商鞅變法에서 중시한 粟帛의 생산감소를 가져오는 것이 불가피하였기 때문에 耐刑 가운데서 司寇를 확보하려는 것이었다. 이렇게 본다면 耐刑은 사회공동체로의 복귀를 거부당한 육형을 당한 죄수와 달리 신체적 훼손이 없어서 공동체로의 복귀를 보장받았다고 할 수 있다. 더욱이 司寇는 자식세대에 士伍로의 복귀에 대한 기대 심리로 인해 죄수 감시 등의 국가업무에 적극적으로 협조할 수 있는 동기가 부여되었다고 할 수 있다. 육형을 면제해줌으로써 耐刑의 사회공동체로의 복귀 가능성을 열어두고, 耐爲司寇의 자식의 士伍 복귀에 문호를 열어둔 것은 그러한 점에서 일맥상통한다고 할 수 있다.

V. 결론

필자는 지금까지 耐刑에 대해 고찰하면서 특히 司寇의 신분 상승

메커니즘에 대해 고찰하였다. 분석을 통해 秦漢의 형벌체계가 徒隷신
분만의 창출을 의도한 것이 아니라는 사실을 살펴보았다. 진한제국에
서 국가가 필요 이상으로 보유한 徒隷는 오히려 재정적 부담을 주었
음이 분명하며, 이 때문에 관부에서 민간으로의 徒隷 매각이 과다 보
유 문제를 해소하는데 일조하였다고 생각한다.[157] 다만 徒隷를 민간
에 매각하여 그 경비를 국가가 재정으로 사용했을 가능성도 충분히
예상되지만, 이러한 민간에의 매각은 編戶齊民層으로의 복귀가 아니
기 때문에 전체 인구구성 비율에는 전혀 도움이 되지 않았다. 즉, 범
죄로 인해 徒隷가 된 자들이 편호제민으로 되돌아오는 것이 아니라
재차 民間의 사노비로 이동했기 때문이다. 이 때문에 관부의 유지 부
담을 덜었을 지언정 편호로부터 징수하는 租·戶賦·芻稾 등의 수입이
줄어든 상태는 계속되었다.

　이같은 문제점을 해소하는 궁극적인 방법은 徒隷의 숫자를 과다하
게 증가시키지 않는 것이지만, 형기가 없는 秦律의 가혹성 때문에 이
러한 徒隷의 양산은 피할 수 없었다. 굳이 관부가 隷妾을 보유할 필요
가 없는데도 보유하면서 민간에 대여하여 의식비용을 스스로 해결하
게 하는 방책은 형기가 없는 秦律의 제도적 문제점을 말해준다. 또한

---

157) 林炳德, 위의 논문, pp.56-61. 이 논문에는 흥미로운 관점이 있는데, 그 요
　　점은 다음과 같다. "예신의 처가 있고 그 처가 경예첩이거나 자유민이면
　　의복을 그 처가 책임진다', '예신첩이 관부에서 복역할 경우, 성인 예신에
　　게는 매월 식량 2석을 지급하고 예첩에게는 1.5석을 지급한다. 관부에 복
　　역하지 않을 경우엔 식량을 지급하지 않는다.'는 『雲夢秦簡』의 규정은 국
　　가가 노역형도의 유지와 관리에 따르는 부담을 줄이고자 얼마나 부심했
　　는지를 보여준다. (중략) 그런데 죄인을 거의 모두 무기형도, 즉 관노비로
　　만들어버리는 진의 형벌 제도에서는 관노비가 무한정 늘어나게 되어 있
　　기 때문에 관노비의 수를 적절히 조절할 수가 없다. (중략) 이에 국가는
　　도예, 즉 예신첩, 성단용, 귀신백찬 등의 형도를 개인에게 매각하고 매각
　　한 형도의 수를 파악하는 시스템을 통해 국가가 노역형도의 수와 노동력
　　을 적절히 조절하고 있었던 것이 확인된다."

秦始皇陵園 근처 山任窯址에서 발굴된 평균 24세 남성 徒隷의 대량 사
망이라는 사례에서 볼 때 대규모 노역동원이 편호제민의 감소와 남
녀 성비의 부조화를 더욱 가속화시키는 요인임을 알 수 있다. 이것은
심각한 정치·사회적 문제가 되어 그대로 두면 팽창하여 터질 수밖에
없다. 때문에 雲夢秦律과 『二年律令』에서는 마이너스 작위자의 士伍신
분으로의 복귀에도 적지 않은 배려를 하고 있는데, 그것은 「封診式」에
자주 보이는 赦免을 통해 庶人으로 만든 기록에 입증된다.[158] 그리고
죄수의 편호제민으로의 복귀를 하나의 제도로서 확립한 것이 바로 不
名耐者의 처리방법이었다. 이 문제를 검토하기 위해 戶律·置後律·傅律
의 자료를 종합하여 [표 11]로 정리하였다.[159]

---

158) 『睡虎地秦墓竹簡』, pp.247-248, "封診式 有鞫 敢告某縣主 : 男子某有鞫, 辭曰 :
「士五(伍), 居某里.」 可定名事里, 所坐論云可(何), 可(何)罪赦, 或覆問毋(無)有,
遣識者以律封守, 當騰, 騰皆爲報, 敢告主."; 같은 책, p.250, "覆 敢告某縣主 :
男子某辭曰:「士五(伍), 居某縣某里, 去亡.」 可定名事里, 所坐論云可(何), 可
(何)罪赦, 【或】覆問毋(無)有, 幾籍亡, 亡及逋事各幾可(何)日, 遣識者當騰, 騰皆
爲報, 敢告主."; 같은 책, p.259, "告臣 爰書 : (중략) ●丞某告某鄕主; 男子丙有
鞫, 辭曰:「某里士五(伍)甲臣.」 其定名事里, 所坐論云可(何), 可(何)罪赦, 或覆
問毋(無)有, 甲賞(嘗)身免丙復臣之不殹(也)? 以律封守之, 到以書言."

159) 『張家山漢墓竹簡』, pp.175-176, "(戶律)關內侯九十五頃, 大庶長九十頃, 駟車庶長
八十八頃, 大上造八十六頃, 少上造八十四頃, 右更八十二頃, 中更八十310(F41A,
F56)頃, 左更七十八頃, 右庶長七十六頃, 左庶長七十四頃, 五大夫卄五頃, 公乘卄
頃, 公大夫九頃, 官大夫七頃, 大夫五頃, 不311(F30)更四頃, 簪裊三頃, 上造二頃,
公士一頃半頃, 公卒、士五、庶人各一頃, 司寇、隱官各五十畞. 不幸死者, 令其後先
312(C150)擇田, 乃行其余. 它子男欲爲戶, 以爲其□田予之. 其子前爲戶而毋田宅,
田宅不盈, 得以盈. 宅不比, 不得. 313(C151)"; 같은 책, p.176, "(戶律)宅之大方卅
步, 徹侯受百五宅, 關內侯九十五宅, 大庶長九十宅, 駟車庶長八十八宅, 大上造八
十六宅, 少上造八十四宅, 右314(F93)更八十二宅, 中更八十宅, 左更七十八宅, 右
庶長七十六宅, 左庶長七十四宅, 五大夫卄五宅, 公乘卄宅, 公大夫九宅, 官大夫七
宅, 大夫315(F94)五宅, 不更四宅, 簪裊三宅, 上造二宅, 公士一宅半宅, 公卒、士五、
庶人一宅, 司寇隱官半宅. 欲爲戶者, 許之. 316(F90)"; 같은 책, p.182, "(傅律)不爲
後而傅者, 關內侯子二人爲不更, 它子爲簪裊; 卿子二人爲不更, 它子爲上造; 五大
夫子二人爲簪裊, 359(F132) 它子爲上造; 公乘、公大夫子二人爲上造, 它子爲公士;

[표 11] 신분에 따른 田地와 宅地, 작위계승

작위			田(頃)	宅	後子	2·3子	4子이후
20	侯	徹侯		105	徹侯	徹侯	徹侯
19		關內侯	95	95	關內侯	不更	簪裊
18		大庶長	90	90	公乘	不更	上造
17		駟車庶長	88	88	公乘	不更	上造
16		大上造	86	86	公乘	不更	上造
15		少上造	84	84	公乘	不更	上造
14	卿	右更	82	82	公乘	不更	上造
13		中更	80	80	公乘	不更	上造
12		左更	78	78	公乘	不更	上造
11		右庶長	76	76	公乘	不更	上造
10		左庶長	74	74	公乘	不更	上造
9		五大夫	25	25	公大夫	簪裊	上造
8	大夫	公乘	20	20	官大夫	上造	公士
7		公大夫	9	9	大夫	上造	公士
6		官大夫	7	7	不更	公士	
5		大夫	5	5	簪裊	公士	
4	小爵	不更	4	4	上造	公卒	
3		簪裊	3	3	公士	公卒	
2		上造	2	2	公卒		
1		公士	1.5	1.5	士伍		
+0	無爵	公卒	1	1	士伍		
0		士伍	1	1	士伍		
-0		庶人	1	1	士伍		
-1	준서인	隱官	0.5	0.5	士伍		
-2		司寇	0.5	0.5	士伍		
-3		隸臣妾					
-4	徒隸	鬼薪白粲					
-5		城旦舂					

官大夫及大夫子爲公士; 不更至上造子爲公卒. 360(F131)"; 같은 책, p.182, "(傅律)
不更以下子年卄歲, 大夫以上至五大夫及小爵不更以下至上造年卄二歲, 卿以上
子及小爵大夫以上年卄四歲, 皆傅之. 公士, 364(C247)公卒及士五, 司寇, 隱官子,
皆爲士五. 疇官各從其父疇, 有學師者學之. 365(C246)"; 같은 책, pp.182-183, "(置
後律)疾死置後者, 徹侯後子爲徹侯, 其毋適(嫡)子, 以孺子□(子)□(良)□(人)子.
關內侯後子爲關內侯, 卿侯〈後〉子爲公乘, 五大夫後子爲公大夫, 公乘後子爲官
367(C326, C殘4, C64B)大夫, 公大夫後子爲大夫, 官大夫後子爲不更, 大夫後子爲簪
裊, 不更後子爲上造, 簪裊後子爲公士, 其毋適子, 以下妻子·偏妻子. 368(C70)"

[표 11]에 보이는『二年律令』신분제의 궁극적 지향점이 士伍 신분이
라는 사실을 쉽게 간취할 수 있다. 이것은 크게 1)高爵의 자식은 모두
公乘 이하로 낮추어 최종적으로 士伍로 귀결시키고, 2)無爵(公卒·士伍·
庶人)의 자식은 계속 士伍의 신분을 유지하게 하고, 3)마이너스의 爵의
자식은 士伍로 승급시켜주는 3가지 원칙으로 구분된다. 이같은 원칙이
야말로 「封診式」 등에 士伍를 例題로 한 사례가 많이 보이는 이유일 수
있다. 종래 「封診式」에 士伍가 많이 보이는 이유를 몰랐지만, 이제는 爵
制의 시스템이 士伍로 수렴시켜 간 결과라는 사실을 알게 되었다.

『二年律令』에는 유작자든 죄수이든 최종적으로 귀결되는 無爵者層
을 公卒·士伍·庶人으로 구분하고 있는데, 이것의 내원은 각각 다른 것
이었다.[160] 우선 公卒로 되는 과정을 살펴보자. 작위 승계법의 대원칙
은 18급 大庶長부터 1급 公士까지의 後子(상속인)는 부친의 작위보다
낮은 작위를 상속하는 것이었다. 이렇게 아래쪽으로 수렴되어 가다보
면 결국 不更·簪梟·上造가 될 것이고, 不更·簪梟의 2子, 上造의 後子는
公卒로 된다.[161]

작위상승이 없다고 가정하고 18급의 大庶長을 예로 하여 士伍가 되
는 것을 설명하자. 작위가 後子로만 이어진다고 가정할 때 公乘(8급)
→ 官大夫(6급) → 不更(4급) → 上造(2급) → 公卒 → 士伍의 6대 만에 士伍
로 떨어진다. 그러나 後子가 아닌 경우는 不更 → 公卒 → 士伍로 3대 만

---

160) 曹旅寧, 「秦漢法律簡牘中的"庶人"身份及法律地位問題」(『咸陽師範學院學報』 22-3, 2007), pp.12-14. 曹旅寧은 庶人이 奴婢와 徒隷에서 비롯된 신분이라는 중요한 지적을 하고 있다.
161)『張家山漢墓竹簡』, p.182, "不爲後而傅者, 關内侯子二人爲不更, 它子爲簪梟; 卿子二人爲不更, 它子爲上造; 五大夫子二人爲簪梟, 359(F132)它子爲上造; 公乘, 公大夫子二人爲上造, 它子爲公士; 官大夫及大夫子爲公士; 不更至上造子爲公卒. 360(F131)當士爲上造以上者, 以適子; 毋適子, 以扁妻子、孽子, 皆先以長者. 若次其父所, 所以以未傅, 須其傅, 各以其傅361(C244)時父定爵士之. 父前死者, 以死時爵. 當爲父爵後而傅者, 士之如不爲後者. 362(C243)"

에 士伍로 떨어진다. 이것은 18급 大庶長의 경우이고, 小爵의 경우는 1~3대 만에 公卒로 하락하였다. 後子만을 제외하고 나머지 아들을 士伍 신분으로 떨어뜨리는 이러한 과정은 적장자인 後子가 父의 지위를 계승하고 여타의 子는 그보다 낮은 지위를 계승하는 종법제도의 한 표현인 것 같다. 이러한 작위의 승계과정에서 자동적으로 爵減이 되면 低爵者는 국가가 有爵者에게 부여하는 각종 혜택을 享受하기 위해서 軍功을 세울 수밖에 없었다. 이것은 군공과 작위를 연계시켜 각종 수혜(토지, 감형 등)를 향유할 수 있게 한 商鞅變法의 의도가 그대로 들어 있다.[162]

高爵을 8급작 公乘 이하로 자꾸 수렴시켜서 결국 低爵이 많아지게 되면 토지지급·세금감면·恩赦 등에서 각종 혜택이 줄어드는 것은 당연하다. 여기에는 『二年律令』의 16년 전인 고조 5년(B.C.202)에 내린 조치를 조정하려는 목적도 있었을 것이다.[163] 漢初에 高爵을 사여한 증거는 「高帝五年詔」와 「奏讞書」에 확인된다. 劉邦은 軍功爵制를 통하여 대량의 식읍을 가진 군공지주를 배출시켰다. 5급 大夫 이하에게는 大夫의 작을 내렸고, 大夫 이상은 1급을 하사했고, 七大夫 이상은 식읍을 하사했다. 또한 七大夫·公乘 이상의 高爵은 각 지방장관에게 반드시 田宅과 기타 요구를 만족시켜주고 지연시키지 말 것을 언급하고 있다.[164] 「奏讞書」의 案例 16은 「高帝五年詔」와 시기적으로 바로 연결되는

---

162) 『史記』 卷68 「商君列傳」, p.2230, "宗室非有軍功論, 不得爲屬籍. 明尊卑爵秩等級, 各以差次名田宅, 臣妾衣服以家次. 有功者顯榮, 無功者雖富無所芬華."

163) 王彦輝, 「論張家山漢簡中的軍功名田宅制度」(『東北師大學報』 2004-4), p.18. 한편 朱紹侯는 呂后二年의 토지 지급량을 秦國 初期와 비교할 때 卿·大夫(前3級)는 많고, 官大夫(6급)는 동일하며, 大夫·小爵은 적었다. 이는 군공작제가 발전하면서 高爵 쪽으로 경사하여 高爵의 권리는 강화되어간 반면, 低爵은 그 권리를 상실한 결과라고 보았다.(同氏, 「商鞅變法與秦國早期軍功爵制」(『零陵學院學報』 25-5, 2004), p.71.

164) 『漢書』 卷1下 「高帝紀」, pp.54-55, "帝乃西都洛陽. 夏五月, 兵皆罷歸家. 詔曰：「諸侯子在關中者, 復之十二歲, 其歸者半之. 民前或相聚保山澤, 不書名數, 今天

高祖 6年 7月 사건기록으로서, 여기에 등장하는 蒼·信·贅·丙의 4인은 모두 關內侯의 高爵을 가지고 있었다.[165] 이처럼 漢初에는 군공에 의해 爵位를 받은 자가 많았기 때문에 爵의 인플레 현상도 나타났다.[166] 실제로 「奏讞書」에 보이는 사람의 대부분이 高爵者인 것은 楚漢戰爭에서 많은 군공작이 하사된 것과 高祖 5년 楚漢전쟁 참전자 중에서 大夫(5급) 이상에게 일괄적으로 1급씩의 작위를 하사한 결과라고 할 수 있다.[167] 그러나 7급작 公大夫에게 식읍을 하사했던 것에 상징적으로 나타나는 高祖 5년 시기의 군공자에게 대량의 토지를 지급하는 방식은 呂后 2년의 『二年律令』에서 철회되어 7頃의 토지로 조정되었다.

無爵者 가운데 두 번째인 士伍의 실체에 관해서는 기존 문헌사료 및 『睡虎地秦墓竹簡』의 자료를 근거로 하여 여러 가지로 견해가 나뉘

下已定, 令各歸其縣, 復故爵田宅, 吏以文法敎訓辨告, 勿笞辱. 民以飢餓自賣爲人奴婢者, 皆免爲庶人. 軍吏卒會赦, 其亡罪而亡爵及不滿大夫者, 皆賜爵爲大夫. 故大夫以上賜爵各一級, 其七大夫以上, 皆令食邑, 非七大夫以下, 皆復其身及戶, 勿事.」 又曰:「七大夫·公乘以上, 皆高爵也. 諸侯子及從軍歸者, 甚多高爵, 吾數詔吏先與田宅, 及所當求於吏者, 亟與. 爵或人君, 上所尊禮, 久立吏前, 曾不爲決, 甚亡謂也. 異日秦民爵公大夫以上, 令丞與亢禮. 今吾於爵非輕也, 吏獨安取此! 且法以有功勞行田宅, 今小吏未嘗從軍者多滿, 而有功者顧不得, 背公立私, 守尉長吏敎訓甚不善. 其令諸吏善遇高爵, 稱吾意. 且廉問, 有不如吾詔者, 以重論之.」

165) 朱紹侯, 「≪奏讞書≫新郪信案例爵制釋疑」(『史學月刊』 2003-12), p.117에서 작위의 획득 과정을 설명하고 있으나, 그 해석은 오류가 있다. 필자의 고찰에 의하면 漢王 3년(B.C.204) 信은 劉邦의 군대에 속하여 滎陽을 堅守한 공로로 廣武君의 爵과 五大夫라는 漢爵을 사여받았고, 나머지 3인은 非諸侯子로서 項羽 편에 섰던 자들이다. 이들 3인은 楚爵에서 漢爵으로 바꾼 후에 大庶長(18급)을 받았고, 漢 5년의 조서에서 통일전쟁에 참여한 군인에게 원래 작위가 大夫(5급) 이상인 자에게 내린 1급을 하사받아 關內侯(19급)가 된 것이다.

166) 好立隆司, 『秦漢帝國史硏究』(東京: 未來社, 1978), p.248.

167) 예컨대, 案例 6의 公大夫 昌, 案例 8의 戍卒 官大夫, 案例 11의 大夫 犬, 案例 12의 郵人 官大夫 內 등이다. 任仲爀, 「漢帝國의 성격과 高祖 功臣集團」(『淑大史論』 18, 1996), pp.67-75 참조.

어져 있지만, "服役年齡 以上에 도달한 官爵이 없는 男性公民"이라는 주장이 가장 설득력이 있다.[168] 그런데 士伍 신분 형성에 있어 유작자가 죄로 인해 奪爵되는 것이 전부인 것처럼 이해될 수도 있으나, 실은 士伍의 형성 과정 가운데 일부에 불과하다.[169] 이 점은 公士·公卒·士伍·司寇·隱官까지 5개 신분의 자식이 士伍로 된다는 [표 11]의 내용에서 확실하게 입증되었다. 이 가운데서 公士·公卒 등은 高爵이 자동적인 爵減을 통해 아래로 끌어내려져 결국 士伍로 귀착하는 것이지만, 반면에 隱官·司寇의 경우는 아래쪽으로부터 士伍로의 신분상승을 자동적으로 유도하여 편호층을 확보한 것이라고 할 수 있다. 그러나 처음부터 "耐罪"를 범한 죄수를 隸臣妾으로 판결하면 士伍로의 자동적 복귀가 불가하기 때문에 不名耐者를 耐爲司寇로 처리하는 원칙을 강구한 것인데, 이로써 본다면 인구비율을 조정하기 위해 司寇에 포커스를 맞추었던 것이다.

　　無爵者 가운데 세 번째인 庶人은 이제까지 문헌사료에 그 내원과 개념이 명확하지 않았었다. 문헌사료에는 庶人으로 되는 경로로서, 列

---

168) 지금까지 士伍에 대한 견해는 첫째 원래 爵位가 있었으나 罪로 인해 奪爵된 사람, 둘째 형벌의 명칭, 셋째 無爵位의 士兵, 넷째 無爵位의 男子라는 4개의 견해로 대별할 수 있다. 『睡虎地秦墓竹簡』에 나타나는 士伍는 1)奴隸와 資産을 가진 士伍, 2)아들의 不孝를 고발한 士伍, 3)逃亡한 士伍, 4)군대에 참여한 士伍, 5)盜賊이 된 士伍로 나타난다. 이에 근거하여 朱紹侯는 "士伍는 단순하게 원래 작위가 있다가 죄로 인해 奪爵된 사람도 아니며, 더욱이 형벌의 명칭도 아니었다. 士伍는 里伍 가운데 거주하면서 官職·爵位가 없고, 호적에 이름을 올린 成年男子로서, 현대적 용어로는 服役年齡 以上에 도달한 官爵이 없는 男性公民"이라고 결론을 내렸다. 이같은 朱紹侯의 주장은 『二年律令』에 근거할 때 가장 사실에 근접한 견해라고 할 수 있다. 다만 士伍의 내원에 대해서는 『二年律令』의 내용이 충분히 반영되어 있지 않다. 士伍의 성격에 관해서는 朱紹侯, 「秦漢簡牘與軍功爵制研究」, 『光明日報』 2002.05.22., http://jczs.news.sina.com.cn/2002-05-22/67337.html 및 尹在碩, 위의 논문, pp.151-205 참조.
169) 尹在碩, 위의 논문, p.204.

侯 등은 爵位와 封邑이 삭탈되고 庶人으로 되는 경우, 죄수·노비가 사면되어 庶人으로 되는 경우가 확인되었다.[170] 이 가운데서 죄수·노비의 사면 사례들이 『二年律令』에는 좀더 명확하게 나타나 있어서 庶人의 내원경로를 규명하는데 도움이 되고 있다.[171]

그런데 문헌에는 "奪爵"되어 士伍가 된 경우가 있고, "奪爵"되어 庶人이 된 경우도 있는데, 이에 입각하여 庶人과 士伍를 동일한 것으로 보는 견해가 있을 수도 있다. 그러나 [표 11]에서도 입증되듯이 士伍와 庶人은 같은 無爵者이기는 하지만 등급상 명백히 구별되어 있다. 이것은

---

170) 『漢書』 卷86 「王嘉列傳」, p.3501, "議郞龔等以爲「嘉言事前後相違, 無所執守, 不任宰相之職, 宜奪爵土, 免爲庶人.";『後漢書』 卷44 「胡廣列傳」, p.1509, "延熹二年, 大將軍梁冀誅, 廣與司徒韓縯, 司空孫朗坐不衛宮, 皆減死一等, 奪爵土, 免爲庶人. 後拜太中大夫, 太常. 九年, 復拜司徒.";『漢書』 卷1下 「高帝紀」, p.54, "民以飢餓自賣爲人奴婢者, 皆免爲庶人."

171) 庶人이 司寇를 비롯한 죄수와 奴婢의 속면에 의해 형성되었음을 아래의 자료에서 확인할 수 있다. 『睡虎地秦墓竹簡』, p.91, "百姓有母及同牲(生)爲隷妾, 非適(謫)罪殹(也)而欲爲冗邊五歲, 毋賞(償)興日, 以免一人爲庶人, 許之.";같은 책, p.93, "欲歸爵二級以免親父母爲隷臣妾者一人, 及隷臣斬首爲公士, 謁歸公士而免故妻隷妾一人者, 許之, 免以爲庶人.";『張家山漢墓竹簡』, p.150, "庶人以上, 司寇, 隷臣妾無城旦舂, 鬼薪白粲罪以上, 而吏故爲不直及失刑之, 皆以爲隱官; 女子庶人, 毋算事其身, 令自尚. 124(C313)";같은 책, p.154, "殺傷 152(C280)群盜命者及有罪當命未命, 能捕群盜命者若斬之一人, 免以爲庶人. 所捕過此數者, 贖如律. 153(C46)";같은 책, p.155, "奴婢爲善而主欲免者, 許之, 奴命曰私屬, 婢爲庶人, 皆復使, 及算事之如奴婢. 主死若有罪, 162(C271)以私屬爲庶人, 刑者以爲隱官. 所免不善, 身免者得復入奴婢之. 其亡, 有它罪, 以奴婢律論之. 163(F158)";같은 책, p.158, "奴與庶人奸, 有子, 子爲庶人. 189(C281)";같은 책, p.160, "捕盜鑄錢及佐者死罪一人, 予爵一級. 其欲以免除罪人者, 許之. 捕一人, 免除死罪一人, 若城旦舂, 鬼薪白粲二人, 隷臣妾, 收人, 204(C267)司空(司寇)三人以爲庶人.205(C266)";같은 책, p.184, "死毋後而有奴婢者, 免奴婢以爲庶人, 以庶人律予之其主田宅及餘財. 奴婢多, 代戶者毋過一人, 先用勞久, 有382(C137)夫(?)子若主所信使者. 383(C143).";같은 책, p.185, "□□□□長(?)次子, 畀之其財, 與中分其共爲也及息. 婢御其主而有子, 主死, 免其婢爲庶人. 385(C197A)";같은 책, p.192, "有贖買其親者, 以爲庶人, 勿得奴婢. 436(F75)"

士伍라는 것이 죄로 인해 奪爵되었지만 罪囚의 신분으로까지 떨어지지 않았음을 의미하며, 庶人의 경우는 奪爵됨과 동시에 죄수의 신분으로 떨어졌다가 赦免을 통해 庶人의 신분으로 재차 올라왔음을 의미한다. 즉, 양자의 차이를 나누는 것은 "免"이라는 점인데, 그것은 "현재의 죄수를 사면하여 庶人으로 한다."는 것이다.[172] 胡廣의 사례는 바로 奪爵되고 죄수가 되었다가 庶人이 되는 과정을 잘 보여주고 있다.

> 延熹 2년에 大將軍 梁冀가 주살되자 胡廣은 司徒 韓縯, 司空 孫朗과 함께 궁궐을 지키지 않은 죄로 모두 減死一等에 처해지고, 爵土를 빼앗기고 免되어 庶人이 되었다.[173]

胡廣은 大將軍 梁冀가 주살되었을 때 宮을 지키지 않았다는 죄목으로 減死一等에 처해졌고 爵土를 몰수당했다. 이때 그의 신분은 사형에서 1등급 감형되었기 때문에 髡鉗城旦舂이었으나 免刑되어 庶人이 된 것이다. 이로써 본다면 庶人이 되는 과정에는 죄수가 사면을 통해 "免刑"되는 과정이 반드시 필요한 것이다. 이에 반해서 士伍의 경우에는 문헌자료에 "免爲士伍"라는 기록이 없는 것으로 볼 때 유죄라고 하더라도 죄수의 신분으로 떨어지지 않았던 것이다. 이것은 奪爵하는 것으로 죄를 탕감하고 곧바로 無爵의 士伍로 된 것이다. 따라서 庶人으로 되는 것보다 士伍로 되는 것이 보다 가벼운 처벌이라고 할 수 있다.

지금까지 庶人에 대한 인식은 명확하지 못하여 秦律에서 群盜가 사면되어 庶人이 된 상태에서 감시하던 죄수가 도주했을 때 故罪인 斬左趾城旦을 받는 이유를 몰랐다. 그러나 『二年律令』의 자료를 통해 그

---

172) 『後漢書』卷1下 「光武帝紀」, p.51, "七年春正月丙申, 詔中都官·三輔·郡·國出繫囚, 非犯殊死, 皆一切勿案其罪. 見徒免爲庶人. 耐罪亡命, 吏以文除之."

173) 『後漢書』卷44 「胡廣列傳」, p.1509, "延熹二年, 大將軍梁冀誅, 廣與司徒韓縯·司空孫朗坐不衛宮, 皆減死一等, 奪爵土, 免爲庶人."

것이 私奴婢 및 罪囚가 해방된 신분이며, 본인 대까지는 서인신분을 유지하다가 자식 대에 士伍가 되어야 완전한 자유의 몸이 되는 것임을 알게 되었다. 傅律에 庶人에게 仗(杖)을 주지 않은 것은 이들 신분의 내원을 반영하는 것이라고 생각된다.[174]

다만 庶人의 자식이 士伍가 되는 문제는 약간의 고찰을 필요로 한다. 즉, 364·365간에 "公士、364(C247) 公卒及士五、司寇、隱官子、皆爲士五.365(C246)"라고 하여 士伍가 될 수 있는 신분을 열거한 것에 유독 庶人만 생략되어 있다.[175] 이에 근거하여 노비·죄수가 사면된 庶人의 경우는 子가 士伍로 되는 것을 금지하는 것이 아닐까 하는 추정도 가능하다. 이와 비슷한 예를 보이는 傅律의 月稟米·受杖(仗)·睆老 규정에서 庶人의 제외는 합당한 이유를 가지고 있는 것 같다.

月稟米는 公卒·士伍의 95세 이상자에게 매월 米를 1석 지급하고, 受杖(仗)은 公卒·士伍 75세 이상자에게 王杖을 하사하여 노인들의 권익을 상징하는 표식으로 삼는 것이고, 睆老는 有爵者가 각각의 작위에 규정된 요역의 ½만 복역하도록 하고 그 요역도 邑中의 요역에만 종사하게 하는 것이다. 노인들에게 부여되는 이러한 혜택을 庶人에게만 부여하지 않는 것이다.[176] 연로자의 月稟米·受杖(仗)·睆老의 규정에서 公卒·士伍는 포함되어 있으나 庶人이 제외된 것은 庶人이 죄수 및 노비가 사면된 존재이므로 우대 대상에서 의도적으로 배제한 것임을 말해준다.[177] 반면에 免老 규정에는 "公卒以下"로 표현되어 있어 庶人도 포함

---

174) 『張家山漢墓竹簡』, p.181, "大夫以上年七十, 不更七十一, 簪裊七十二, 上造七十三, 公士七十四, 公卒、士五七十五, 皆受杖(仗). 355(F128)"

175) 같은 책, p.182.

176) 같은 책, p.187, "睆老各半其爵徭, □入獨給邑中事."

177) 같은 책, p.181, "大夫以上[年]九十, 不更九十一, 簪裊九十二, 上造九十三, 公士九十四, 公卒、士五九十五以上者, 稟米月一石. 354(F127)"; 같은 책, p.181, "大夫以上年七十, 不更七十一, 簪裊七十二, 上造七十三, 公士七十四, 公卒、士五七十五, 皆受杖(仗). 355(F128)"; 같은 책, p.181, "不更年五十八, 簪裊五十九, 上造六十, 公士六十一, 公卒、士五六十二, 皆爲睆老. 357(F130)"

되어 있다.[178] 즉, 庶人은 노역에 징발하므로 그 免老기간을 설정해주
어야 하기 때문에 公卒 以下로 표현한 것이다. 이와 같이 본다면 傅律
의 규정은 庶人의 포함 여부가 합리적이었다고 생각된다. 이와 같이
본다면 士伍로 되는 신분 가운데 庶人이 빠져 있는 경우도 어떤 이유
가 있다고 생각되며, 단순히 기록자의 실수로 돌리기는 석연치 않은
부분이 있다. 이같은 내용은 아래 [표 12]의 ①②에 해당한다.

그렇다면 과연 庶人의 子가 士伍로 될 수 없는 것일까? 204·205簡의
盜鑄錢 범죄자를 체포하면 司寇 3인을 속면하여 庶人으로 삼을 수 있
다는 규정은 司寇 → 庶人으로 되는 경우인데(③), 이 庶人이 과연 士伍
가 될 수 있는지?[179] ①에서 司寇가 직접 士伍가 되는 것은 가능하고,
②에서 庶人이 士伍로 되는 것은 불가했다. 그러나 ①에서 司寇가 士伍
로 되는 것이 가능했는데, ③에서 司寇가 속면된 庶人이 士伍로 될 수
없다면 이것은 모순이라고 할 수밖에 없다. 따라서 이것을 모순 없이
이해하기 위해서는 364·365簡에는 庶人의 기록이 누락되었을 가능성
이 있다고 생각한다. 필자의 이러한 견해는 162·163簡의 奴가 해방된
사례에서 보다 확실하게 입증할 수 있다. 주인이 奴를 해방시켜주어
私屬이 된 상태에서 주인이 죽거나 유죄일 때는 私屬을 庶人으로 올려
주고, 刑者는 隱官으로 삼고 있다.(④)[180] 私屬이 庶人 또는 隱官으로 되
는 것은 육형을 받았는지 여부에 차이가 있을 뿐이며, 등급상 오히려
隱官이 庶人의 아래에 위치해 있다. 364·365簡에서 隱官의 자식이 士伍

---

178) 같은 책, p.181, "大夫以上年五十八, 不更六十二, 簪裊六十三, 上造六十四, 公
士六十五, 公卒以下六十六, 皆爲免老. 356(F129)"
179) 같은 책, p.160, "捕盜鑄錢及佐者死罪一人, 予爵一級. 其欲以免除罪人者, 許之.
捕一人, 免除死罪一人, 若城旦舂, 鬼薪白粲二人, 隸臣妾, 收人, 204(C267)司空
三人以爲庶人. 205(C266)"
180) 같은 책, p.155, "奴婢爲善而主欲免者, 許之, 奴命曰私屬, 婢爲庶人, 皆復使, 及
筭事之如奴婢. 主死若有罪, 162(C271) 以私屬爲庶人, 刑者以爲隱官. 所免不善,
身免者得復入奴婢. 其亡, 有它罪, 以奴婢律論之. 163(F158)"

로 될 수 있다고 했기 때문에 隱官과 동일하게 私屬에서 해방된 庶人의 자식이 士伍로 되는 것도 당연하다고 할 수 있다.

[표 12] 士伍로의 회귀

364·365簡		204·205簡	162·163簡	
士伍	士伍	士伍	士伍	士伍
	×	↑? (子)	↑? (子)	↑ (子)
↑(子)	↑(子)	庶人	庶人	隱官
		↑(속면)	↑	
司寇·隱官	庶人	司寇	私屬	
①	②	③	④	

이상의 公卒·士伍·庶人은 모두 無爵者로서 爵位가 없으므로 "0"으로 표시할 수 있겠지만, 『二年律令』에 3자를 구별해 놓은 의미를 고려할 때, 公卒은 +0, 士伍는 0, 庶人은 -0으로 표시하는 것이 적절하다고 생각한다. 有爵者 아래의 無爵者層을 굳이 구별해 놓은 이유는 3자의 내원을 본인 대까지는 구별할 필요가 있었기 때문이다. 즉, 庶人은 노비와 죄수에서 유래한 자, 士伍는 원래 士伍였던 자, 公卒은 不更·簪褭·上造 등 有爵者에서 하락한 자라는 구별이 필요했던 것이다. 만약 노예와 죄수가 사면되어 庶人이 되었더라도 문제가 발생했을 때는 群盜의 사례처럼 원래의 신분으로 복귀시키는 근거가 된다.[181]

---

181) 『睡虎地秦墓竹簡』, p.205. 群盜罪를 범했다가 사면되어 庶人의 신분으로 "盜戒(械)囚刑罪以上"을 감시하다가 놓쳤기 때문에 옛 죄로 斬左止爲城旦이 되었지만 나중에 놓친 죄수를 체포하면 隱官에 처한 규정은 庶人이 사면되어도 완전한 자유 신분이 아님을 보여준다.

[표 13] 士伍로의 收斂

	公卒 계통	士伍 계통	庶人 계통				
有爵者 ↓	有爵者 (爵減) ↓						
無爵者	公卒 ↓ 公卒의 子(자동)→	士伍	← (자동) 庶人의 子 ↑ 庶人				
↑ 罪囚		(자동) ↑司寇의 子	↑ (赦免)				
	不名耐者→耐爲司寇	耐爲司寇	耐爲隸臣妾	耐爲鬼薪白粲	完城旦舂	黥城旦舂	

이상의 논의에서 살펴본 바를 [표 13]에 정리한대로 『二年律令』의 신분제는 士伍로 자동 수렴하는 시스템임을 알 수 있었다. 이러한 爵位表를 제정한 인물이 지향한 바는, 有爵者는 士伍로 내리고, 원래 無爵者는 계속 士伍를 유지하고, 마이너스 작위인 徒隸와 奴婢는 신분해방을 통해 庶人이 되었다가 1대 후에는 士伍로의 자동 복귀를 허용하여 광범위한 士伍層, 즉 編戶를 확보하는 것이었다고 할 수 있다. 결국 士伍의 신분이라는 것은 有爵者와 徒隸層이 합류할 수 있는 지점이다. 마치 이것은 戰國時代에 士의 의미가 변질되어 종법질서에서 해체되어 나온 귀족계급의 말단인 士와 하층신분에서 상승한 士가 합류하는 지점인 것과 매우 유사한 특징을 보인다. 이러한 전체적인 구도 속에서 볼 때, 耐刑에서의 不名耐者를 司寇로 판결하여 1대 후에 士伍로 자동적으로 복귀시키는 시스템(耐 → 司寇 → 士伍)은 編戶齊民의 확보에 분명히 일조하고 있었다.

秦帝國이 官府 보유의 노예를 민간에 매각한 자료를 보면 편호제민의 확보에 큰 관심을 보이지 않은 것 같지만, 한편으로 『睡虎地秦墓竹簡』 『二年律令』 등에 庶人으로 사면한 사례 및 『里耶秦簡』의 농번기에

黔首를 함부로 징발할 경우 처벌하겠다고 경고한 것은 편호제민이 국가에서 매우 중시되고 있는 존재임을 말해준다. 또한 민간 奴婢의 소유주가 법률적 승계자 없이 사망했을 때, 그 노비를 국가에서 흡수하지 않고 免하여 庶人으로 한 것도 역시 編戶層의 확대라는 측면이 고려된 것 같다.[182] 국가의 법률을 위배한 자를 徒隷로 떨어뜨려 엄격하게 처벌하고, 한편으로는 赦免·不名耐者의 방법을 통해 編戶齊民으로 환원시키는, 이율배반처럼 보이는 이 현상은 국가통치의 양면성이라고 할 수 있을 것 같다.

---

182) 『張家山漢墓竹簡』, p.184, "死毋後而有奴婢者, 免奴婢以爲庶人, 以庶人律予之其主田宅及餘財. 奴婢多, 代户者毋過一人, 先用勞久, 有382(C137)夫(?)子若主所信使者. 383(C143)."

秦漢律의 庶人*

Ⅰ. 서론

秦漢律에 규정되어 있는 신분은 크게 유작자·무작자·죄수(노비)의 3개 유형으로 구분된다. 秦漢律의 이십등작제에서 유작자는 군공이 없으면 점차 無爵의 公卒로 떨어지고, 그 公卒의 子는 士伍로 재차 떨어지며, 죄수·노비는 사면을 통해 庶人으로 신분이 상승하였다. 公卒·士伍·庶人의 무작자는 모두 士伍의 신분으로 모이도록 의도되어 있었다.[1] 이것은 秦漢律에서 신분체제의 중심을 士伍로 귀결시키는 "士伍 수렴시스템"이라고 할 수 있다. 특히 秦漢律에서 無爵의 신분인 公卒·士伍·庶人이 각각 유작자·무작자·죄수 등으로부터 내원하고 있음을 구별하고 있다는 사실은 흥미롭다. 무작자의 내원을 구분한 목적은 그들의 과거 내력을 계속 파악하는 것에 있는데, 이는 진한시대의 신분 통제가 매우 치밀하게 운영되었음을 말해준다. 이 가운데서 "庶人"이라는 개념은 후대에 "일반인", "서민" 등으로 잘못 인식되어왔으나, 秦漢律에서는 죄수 및 노비에서 내원한 특별한 법률적 개념이었다.

죄수·노비가 赦令을 통하여 무작자인 庶人으로 상승하는 것은 적정 비율의 편호민을 확보한다는 점에서 중요한 문제이다. 秦代에는 冗邊(自願한 戍邊)·歸爵을 통하여 관노비 신분에서 해방될 수 있었지

---

* 본 연구는 숙명여자대학교 2008년도 교내연구비 지원에 의해 수행되었음.
1) 任仲爀, 「秦漢律의 耐刑 - 士伍로의 수렴 시스템과 관련하여」(『中國古中世史研究』 19, 2008), pp.164-176.

만, 그중에서도 사면은 광범위하게 그 효과가 파급된다는 점에서 편
호와 죄수의 비율을 조절할 수 있는 기능을 가졌다. 죄수가 국가의 編
戶로 재진입할 수 있는 기제로서의 赦免에 대한 연구는 沈家本의 고전
적 연구 이래 적지 않은 논고가 발표되었으나 대부분 사면의 종류를
분석하는 것에 치중한 측면이 있고, 사면 후에 편호로서 편제되는 과
정 및 수속에 대한 분석은 이루어지지 않았다.[2]

   본고의 목적이 庶人으로의 복귀과정과 그 지위를 살피는 것에 있
기 때문에 사면의 종류에 대한 나열적인 분석은 피하려고 한다. 대신
에 필자는 세 가지 문제에 집중하고자 한다. 첫째 문제는 赦令을 통해
庶人으로 복귀하는 과정을 분석할 것이다. 이를 분석하기 위해서는
復作·施刑, 그리고 罰作 등과 같은 혼동되고 있는 개념에 대한 분석이
필요하다. 그중에서도 가장 중요한 것이 復作의 개념인데, 復作에 대
한 주석가들의 견해는 일치된 것이 아니었고, 그에 따라 현재 학자들
의 견해도 나뉘어 있다. 그런데 이제까지 復作에 대한 연구가 吳榮曾
과 張建國의 연구가 전부라고 해도 과언이 아닐 정도로 본격화되지
못했다는 것은 매우 의아스러운 일이다.[3]

   復作이 그동안 주목받지 못한 이유는 사료의 부족도 원인이지만,
그간 赦免이라는 용어가 착시현상을 불러일으키는 것이 있어서 赦令
을 받으면 무조건 庶人이 되는 것으로 생각했기 때문에 復作의 존재
에 대해 소홀할 수밖에 없었다. 秦漢시대 죄수가 사면 이후 거쳐 가는
復作의 단계는 국가가 죄수의 노동력을 어떻게 간주하였는지 밝힐 수
있는 열쇠라고 할 수 있다. 復作에 대한 개념 및 복역기간, 復作제도의

---

2) 沈家本, 『歷代刑法考』(北京: 中華書局, 1985); 趙克生, 「中國古代赦免制度的演變
   及其影響」(『淮南師範學院學報』 2001-1); 鄔文玲, 『漢代赦免制度研究』(中國社會
   科學院研究生院 博士學位論文, 2003); 楊國譽, 『試論秦漢刑罰中的赦與減免』(南
   京師範大學 碩士學位論文, 2004).
3) 吳榮曾, 『先秦兩漢史研究』(北京: 中華書局, 1995); 張建國, 「漢代的罰作、復作與
   弛刑」(『中外法學』 18-5, 2006).

목적에 대한 의문은 다행히도 최근 居延 및 敦煌 지역에서 발견된 漢
簡 자료들을 통해 해소할 수 있으리라고 생각된다.

두 번째 문제는 죄수·노비에서 庶人으로 신분이 회복된 자들에 대
한 국가의 인식과 통제의 문제이다. 이 문제를 고찰할 때 赦免을 통하
여 편호로 진입한 庶人은 前科者 또는 奴婢 출신이라는 前歷 때문에
여타 百姓들과 다른 불이익을 받았을 가능성이 있다. 그러나 二年律令
에 보면 마치 庶人들이 국가로부터 토지를 지급받고도 稅役의 부담을
지지 않았다고 생각하게 만드는 자료가 있는데, 과연 죄수 출신의 서
인들에게 이러한 稅役의 혜택을 주었을지는 의문이다. 서인이 국가로
부터 토지를 받고 국가에 복역하지 않는다는 것은 이해할 수 없는 처
사이다. 예를 들어 『二年律令』에 노비에서 해방된 私屬(男)과 庶人(女)
이 계속 원래 주인에게 복역함으로써 국가의 통제에서 벗어나 있는
것은 이러한 추정을 가능하게 하지만, 자세히 고찰하면 이 문제는 이
들 노비에서 해방된 私屬(男)과 庶人(女)에게 토지가 지급되지 않은 것
과 관련된 것이다. 즉, 二年律令 戶律에는 女子庶人에게 토지지급의 규
정이 없다. 그것은 婢가 해방된 女子庶人에 한정된 규정일 뿐인데, 이
를 확대해석하여 受田한 서인 모두가 세역의 의무가 없다고 해석하는
것은 문제가 있다.

세 번째 문제는 필자가 前稿에서 고찰한 傅律 364·365간에 士伍로
되는 신분 가운데 서인의 子가 누락된 이유에 대한 것이다. 前稿에서
필자는 公士·公卒·士伍·司寇·隱官의 子가 자동으로 士伍로 되며, 庶人
은 실수로 누락되었을 것으로 추정했지만, 이 부분은 보완할 필요를
느꼈다.[4] 만약에 庶人의 子가 士伍로 올라가지 못한다면 士伍로의 수
렴이라는 것은 아래쪽으로부터의 수렴이 제한되었다는 것을 말한다.
이 문제에는 죄수 및 노비 출신자에 대한 국가의 통제 문제, 사면 후

---

4) 任仲爀, 위의 논문, p.174.

의 통제·관리 문제 등 상당히 복잡한 내용이 관련되어 있다. 또한 庶人의 子가 자동적으로 士伍로의 승급이 불가했다면 영원히 庶人으로 고착되었는지의 문제도 궁금하다. 만약에 364·365간에서 말했듯이 庶人이 士伍로 될 수 없다면 그 이유를 분석하는 것이야말로 죄수·노비에서 해방된 "庶人" 신분에 대한 秦漢제국의 인식을 엿볼 수 있는 열쇠가 될 것이다.

II. 秦漢律의 士伍 수렴시스템

清代의 錢大昕(1728-1804)은 『廿二史考異』에서 漢代 庶人에 대해 주목할 만한 결론을 내렸으나, 큰 주목을 받지는 못했다.[5] 그에 의하면 唐의 章懷태자는 『後漢書』를 주석할 때 당태종 李世民의 이름을 피휘(避諱)하기 위하여 "民"字를 모두 "人"으로 바꾸었지만, 宋 이후의 校書者는 人을 원래 상태의 民으로 되돌렸다고 한다. 그러나 그 과정에서 원래 "人"字였음에도 "民"으로 改惡한 것이 있다고 한다. 대표적인 것이 建武 7년의 "詔郡國出繫囚, 見徒免爲庶人", 11년의 "詔曰: 敢灸灼奴婢, 論如律, 免所灸灼者爲庶人."이라는 것이다. 이 부분에서 章懷태자는 庶人

---

5) 錢大昕, 『廿二史考異』(上海: 上海古籍出版社, 2004), 卷10, p.186; 『後漢書』卷1下「光武帝紀」, p.51, "七年春正月丙申, 詔中都官·三輔·郡·國出繫囚, 非犯殊死, 皆一切勿案其罪. 見徒免爲庶人. 耐罪亡命, 吏以文除之."; 『後漢書』卷1下「光武帝紀」, pp.88-89, "見徒免爲庶人 集解引錢大昕說, 謂章懷注范史, 避太宗諱, 「民」字皆改爲「人」. 今本仍有作「民」者, 則宋以後校書者回改. 然亦有不當改而妄改者. 此「庶民」本當作「庶人」, 校書者不知庶民與庶人有別, 而一例改之. 凡律言「庶人」者, 對奴婢及有罪者而言, 與它處泛稱「庶民」者不同. 今據錢說回改. 下十一年·十二年·十三年·十四年同."; 曹旅寧, 「秦漢法律簡牘中的"庶人"身份及法律地位問題」(『咸陽師範學院學報』22-3, 2007), pp.12-14. 曹旅寧은 庶人이 奴婢와 徒隷에서 비롯된 신분이라는 지적을 하고 있으며, 이것은 清代 錢大昕의 견해를 따른 것이다.

에 손을 대지 않았으나, 宋代 校書者들이 庶人도 장회태자가 바꾼 것
으로 착각하고 庶民으로 바꾼 것이다. 이것은 송대 이후의 사람들에
게 庶人과 庶民의 개념이 혼동되었음을 의미한다. 錢大昕의 지적에서
중요한 것은 율령에서 말하는 庶人이 노비 및 유죄자에서 來源한 신
분이라는 것인데, 그 주장의 정확성은 이년율령의 율문이 공개되고
나서 보다 분명하게 입증되었다. 서인이 죄수·노비에서 내원했다는
錢大昕의 지적을 확인할 수 있는 자료는 『睡虎地秦墓竹簡』의 다음 조문
일 것이다.

1) 百姓 가운데 모친 및 동생이 隷妾으로 되어 있는데, 본인이 유배죄
    (謫罪)가 아니면서 5년 간의 변경경비(冗邊)를 자원하고자 한다면,
    그 기간을 병역기간(興日)에 산입하지 않고, 1인을 庶人으로 면하게
    하는 것을 허락한다. ●혹시 贖遷의 죄를 지어 入錢하고자 하는 자
    는 하루에 8전으로 계산한다. 司空[6]

2) 爵 二級을 반납해서 隷臣妾이 된 親父母 1인을 속면하게 하거나, 隷
    臣이 斬首하여 公士가 된 자가 公士의 작을 반납하고 隷妾이 된 자
    신의 옛 妻 1인을 면하게 하려는 경우는 허락하여 庶人으로 속면해
    준다. 工隷臣이 斬首하였거나, 어떤 사람이 斬首하여 (工隷臣을) 속
    면해 주고자 하는 경우 모두 工으로 삼는다. 신체가 온전하지 않은
    자는 隱官工으로 삼는다. 軍爵[7]

---

6) 睡虎地秦墓竹簡整理小組, 『睡虎地秦墓竹簡』(北京: 文物出版社, 1978), p.91, "百
   姓有母及同牲(生)爲隷妾, 非適(謫)罪殹(也)而欲爲冗邊五歲, 毋賞(償)興日, 以免
   一人爲庶人, 許之. ●或贖遷, 欲入錢者, 日八錢. 司空."
7) 같은 책, p.93, "欲歸爵二級以免親父母爲隷臣妾者一人, 及隷臣斬首爲公士, 謁
   歸公士而免故妻隷妾一人者, 許之. 免以爲庶人. 工隷臣斬首及人爲斬首以免者,
   皆令爲工. 其不完者, 以爲隱官工. 軍爵."

3) "죄수를 인솔·감시하다가 놓쳤는데, 감시자가 스스로 체포하거나 친지가 체포하면 무죄로 한다. 이미 육형을 받은 자는 隱官에 처한다." ●어떤 죄를 "處隱官"이라고 하는가? ●群盜가 사면되어 庶人이 되어서, 육형 이상의 죄를 범하여 刑械를 차고 있는 죄수를 인솔하던 중에 놓치면 故罪로써 논하여 斬左止爲城旦에 처한다. 후일 놓친 도망자를 스스로 잡으면 이것을 "處隱官"이라고 하는 것이다. ●그 밖에 群盜와 같은 죄는 이에 입각하여 처리한다.[8]

이상 『睡虎地秦墓竹簡』의 3조문은 隷臣妾을 해방하여 庶人으로 삼거나, 群盜를 赦하여 庶人으로 삼는 것을 규정한 것이다. 따라서 이것들은 관·사노비 또는 죄수가 사면되어 서인이 되는 명백한 증거였지만, 二年律令이 발표되기 이전에 이 조문들을 활용하여 관·사노비 또는 죄수가 해방되어 서인으로 되는 메커니즘을 지적한 논고는 없었다. 그러나 이년율령의 자료가 공개됨으로써 이러한 신분 이동의 메커니즘이 보다 명백하게 드러났다.

4) 群盜로 지명수배된 자 및 罪를 짓고 당연히 지명수배되어야 하나 아직 수배되지 않은 자를 殺傷했거나, 群盜의 지명수배자를 체포했거나 1人을 참하면, 免하여 庶人으로 삼는다. 체포한 것이 숫자를 초과한 것은 律과 같이 贖한다.[9]

---

8) 같은 책, p.205, "將司人而亡, 能自捕及親所智(知)爲捕, 除毋(無)罪; 已刑者處隱官." ●可(何)罪得「處隱官」? ●群盜赦爲庶人, 將盜戒(械)囚刑罪以上, 亡, 以故罪論, 斬左止爲城旦, 後自捕所亡, 是謂「處隱官」. ●它罪比群盜者皆如此."

9) 張家山二四七號漢墓竹簡整理小組, 『張家山漢墓竹簡[二四七號墓]』(北京: 文物出版社, 2001), p.154, "殺傷152(C280)群盜命者及有罪當命未命, 能捕群盜命者若斬之一人, 免以爲庶人. 所捕過此數者, 贖如律. 153(C46)."(이하 『張家山漢墓竹簡』으로 약칭)

5) 奴婢가 선행을 하여 그 주인이 사면하려고 한다면 그것을 허락한다. 奴는 私屬으로 삼고, 婢는 庶人으로 삼으며, 모두 徭役 및 筭事를 노비처럼 면제한다. 主가 사망했거나 죄가 있을 때 私屬을 庶人으로 삼으며, 刑者는 隱官으로 삼는다. 해방된 자가 不善할 경우, 해방시켜준 주인은 재차 들여서 奴婢로 삼을 수 있다. 그가 도망했거나 다른 죄가 있다면 奴婢律로써 論한다.[10]

6) 盜鑄錢한 자 및 이를 도와준 死罪의 자를 체포한 자에게 爵 一級을 준다. 그가 작위로써 罪人을 免除하고자 한다면 허락한다. 1人을 체포했다면, 死罪 1人을 免除해주고, 城旦舂·鬼薪白粲은 2人을 免除해주고, 隸臣妾·收人·司空(司寇)은 3人을 免除하여 庶人으로 삼는다.[11]

7) 사망했는데 後(상속인)가 없고 奴婢만 있는 경우는 奴婢를 면하여 庶人으로 삼고, 庶人律로써 그 주인의 田宅 및 나머지 재산을 준다. 奴婢가 많아도 代戶者는 1인을 초과할 수 없는데, 노역한 기간이 오래되고, 夫(?)의 자식이 있거나 주인이 믿고 사용한 자를 우선으로 한다.[12]

8) 婢가 그 주인을 모셔서 子가 있는 경우, 主가 사망하면 그 婢를 면하여 庶人으로 삼는다.[13]

---

10) 같은 책, p.155, "奴婢爲善而主欲免者, 許之, 奴命曰私屬, 婢爲庶人, 皆復使及筭事之如奴婢. 主死若有罪, 162(C271)以私屬爲庶人, 刑者以爲隱官. 所免不善, 身免者得復入奴婢之. 其亡, 有它罪, 以奴婢律論之. 163(F158)"
11) 같은 책, p.160, "捕盜鑄錢及佐者死罪一人, 予爵一級. 其欲以免除罪人者, 許之. 捕一人, 免除死罪一人, 若城旦舂·鬼薪白粲二人, 隸臣妾·收人·204(C267)司空(司寇)三人以爲庶人205(C266)"
12) 같은 책, p.184, "死毋後而有奴婢者, 免奴婢以爲庶人, 以庶人律予之其主田宅及餘財. 奴婢多, 代戶者毋過一人, 先用勞久, 有382(C137)夫(?)子若主所信使者. 383(C143)."
13) 같은 책, p.185, "婢御其主而有子, 主死, 免其婢爲庶人. 385(C197A)"

9) 그 親을 贖買한 자는 庶人으로 삼고, 奴婢로 삼을 수 없다.[14]

위의 『이년율령』의 6개 조문(4~9)은 죄수와 노비가 해방되면 서인으로 되었음을 보여준다. 群盜 지명수배자가 다른 群盜 지명수배자를 포참하면 서인으로 면해주고, 주인이 노비를 해방시켜주는 경우에 庶人으로 되며, 盜鑄錢 범죄자를 체포하여 죄인을 서인으로 면제시켜주며, 주인이 법정상속인인 後가 없을 경우 노비를 면하여 서인으로 할 수 있고, 주인의 아들을 낳은 婢를 주인 사망 후 서인으로 하고, 죄인으로 된 親屬을 贖買하여 庶人으로 삼을 수 있다. 이처럼 『二年律令』에서는 秦律의 관·사노비와 죄수가 사면된 신분이 庶人이라는 사실이 보다 명확하게 입증되었다.

『睡虎地秦墓竹簡』에는 無爵의 신분구조에 대한 자료가 많지 않고, 사오와 서인의 관계도 불명확했었다. 그런데 『二年律令』에는 有爵者와 無爵者, 罪囚의 3개 부류의 전체적인 틀과 상호간의 이동원리가 언급되어 있다. 방금 언급한 죄수의 신분상승은 그러한 것 가운데 하나이다. 특히 無爵者에는 庶人과 士伍 이외에도 『睡虎地秦墓竹簡』에 보이지 않던 公卒이 확인되면서 신분체제의 메커니즘이 보다 명확해졌다.[15] 이러한 3개의 無爵신분 모두가 秦律에서부터 존재한 것이 분명하다. 최근 석문이 발표된 嶽麓秦簡의 율령에는 公卒이 몇 번 확인되고 있다.[16] 이미 秦律 단계에서 負(-)爵으로부터 상승한 庶人 및 모든 爵이

수렴하는 士伍의 두 개 신분 요소가 확인되었기 때문에, 有(+)爵者로부
터의 爵減에 의해 만들어진 公卒도 함께 설정되는 것이 전체 구조상
자연스럽다고 생각된다.[17)

[표 1] 公卒의 내원

爵位			田(頃)	宅	後子	2·3子	4子이후
4	士	不更	4	4	上造	公卒	
3		簪褭	3	3	公士	公卒	
2		上造	2	2	公卒		
1		公士	1.5	1.5	士伍		
+0	無爵	公卒	1	1	士伍		
0		士伍	1	1	士伍		
-0		庶人	1	1	?		

　　嶽麓秦簡에서 秦律 단계부터 公卒이 존재했음을 확인했는데, 원래
춘추시대의 公은 國君級의 귀족, 私는 大夫級의 귀족을 지칭하였다.[18)
『睡虎地秦墓竹簡』 「法律答問」에 인용된 公室은 秦의 칭왕 이전에 사용
되던 용어였다. 「法律答問」의 "무엇을 旬人이라고 하는가? 旬人은 孝公
과 獻公의 塚을 지키는 자이다."라는 것은 秦獻公·孝公 이후에 기록된
것이며,[19) "公祠未闋"의 律文은 秦 稱王 이전, 즉 秦惠王 13년(B.C.325)이

律曰: … 置典·老, 必里相誰(推), 以其里公卒·士五(伍)年長而毋(無)害[143/1405]
者爲典·老, 毋(無)長者令它里年長者.(144/1291)"; 같은 책, p.130, "●戍律曰: 城
塞陛郭多陕(決)壞不脩, 徒隸少不足治, 以閒時歲一興大夫以下至弟子·復子無復
不復, 各旬(188/1267)以繕之. 盡旬不足以索(索)繕之, 言不足用積徒數屬所尉, 毋
敢令公士·公卒·士五(伍)爲它事, 必與繕城塞.(189/1273)"

17) 이러한 爵減을 통한 수렴시스템은 秦國에만 보이는 것이 아니라, 楚國의 吳
起 變法에서 귀족들을 대상으로 爵減의 사례가 확인되고 있다. 『韓非子』 「喻
老」, "楚邦之法, 祿臣再世而收地.";『韓非子』 「和氏」, "昔者吳起敎楚悼王以楚國
之俗曰: 大臣太重, 封君太衆, 若此則上偪主而下虐民, 此貧國弱兵之道也. 不如
使封君之子孫三世而收爵祿, 絕滅百吏之祿秩, 損不急之枝官, 以奉選練之士."
18) 王長坤·劉寶才, 「先秦儒法公私觀簡論」(『齊魯學刊』 2004-1), p.66.
19) 『睡虎地秦墓竹簡』, p.233, "可(何)謂旬人? 旬人守孝公、瀗(獻)公塚者(也)."

전의 기록들이다.[20] 이처럼 漢代 이후까지 사용된 公의 개념은 전국 중기 稱王 이전의 제후의 公室을 지칭하는 것이었고,[21] 公과 결합된 公卒은 당연히 公室의 兵卒이라는 성격을 내포하고 있는 명칭이라고 할 수 있다.

그런 의미에서 公卒 개념의 시작은 商鞅시기까지 소급할 수 있을 것 같다. 『商君書』「境內篇」의 "爵은 1級 이하 小夫까지 校·徒·操·出이라고 命하고, 公爵은 2級 이상에서 不更까지를 卒이라고 命한다."는 자료로부터도 이같은 추정은 가능하다.[22] 公爵은 2급 上造에서 4급 不更까지로서 군대에 편입된 일반 사졸이므로 卒로 불렸다. 여기에서 卒의 범위가 2~4급인 것은 이년율령에 公卒로 爵減되는 신분이 역시 2~4급인 것과 일치하는데, 우연의 일치라고 보기에는 교묘하다.([표 1] 참조) 秦律의 제정자는 2~4급의 자식이 爵減되어 無爵者로 될 때 과연 어떠한 호칭을 붙여야 할지 고민했을 것으로 생각된다. 이때에 2~4급 신분이 『商君書』에서 卒로 불린 것에 착안하여 그 등급에서 유래한 것을 밝히기 위해서 公卒로 표현했을 가능성도 있다. 이같은 추정에 오류가 없다면 공졸개념의 출현은 『商君書』「境內篇」의 成書 시점까지로 소급될 수 있을 것이다. 高亨은 「境內篇」에 기록된 군대와 전쟁 방면의

<hr>

20) 같은 책, p.161, "公祠未闋, 盜其具, 當貲以下耐爲隸臣."
21) 『十三經注疏·論語注疏·季氏』(北京: 中華書局, 1979), p.2521, "孔子曰: 祿之去公室, 五世矣; 政逮於大夫, 四世矣; 故夫三桓之子孫, 微矣."; 『韓非子索引』, p.832, 「難三」 "或曰: 魯之公室, 三世劫於季氏, 不亦宜乎! 明君求善而賞之, 求姦而誅之, 其得一也."
22) 高亨, 『商君書注譯』(北京: 中華書局, 1974), p.147, "爵自一級已下至小夫, 命曰校, 徒、操、出, 公爵自二級已上至不更, 命曰卒." 高亨은 兪樾의 견해를 인용해 出은 士의 잘못이라고 하였다. 小夫는 군대에서 지위가 가장 낮은 자이며, 校는 敎이고, 徒는 兵衆이며, 校徒操士는 敎育操練을 받는 士兵이다. 公爵은 軍爵에 대한 것이다. 예컨대 행정관리의 작위와 관직에 임용되지 않은 사람의 작위를 가리키며, 단지 軍爵은 그 안에 포함되지 않는다. 公爵의 2·3·4급은 군대에 편입되고 모두 일반사병이므로 卒이라고 칭해진다.

제도가 모두 商鞅이 제정한 것인지는 고증할 수 없다고 하였지만,[23] 張林祥은 「境內篇」이 商鞅의 遺著일 가능성이 높다고 보았으며,[24] 高敏도 이러한 작제가 상앙변법시 시행된 것으로 보고 있는 것으로 볼 때[25] 公卒의 개념이 商鞅시기로까지 소급할 가능성도 있다.

公卒 개념의 출현을 商鞅시기로까지 소급 가능하다면 이미 상앙변법 시기부터 公卒·士伍·庶人의 수렴시스템이 존재했을 가능성도 제시해 볼 수 있다. 필자의 생각으로는 公卒·士伍의 두 명칭과 대비되는 죄수에서 상승해 온 자들을 구별하기 위한 명칭이 필요했을 것으로 생각된다. 그래서 전통적인 士庶 개념에서 庶人이 작위가 없는 신분이라는 점이 고려되어 그 명칭을 사용했을 수도 있다. 그래서 선택된 개념이 서인으로 생각되는데, 이것은 전통적으로 士庶의 대립된 개념으로서 사용된 庶人의 개념과는 전혀 이질적인 것이다. 문헌사료 가운데 춘추전국시대의 庶人이 죄수 및 노비에서 방면되었다는 증거가 없는데, 진률과 한률에서는 庶人이 죄수신분에서 상승한 것으로 되어 있다. 바로 庶人을 노비·죄수에서 신분이 해방된 존재로 규정한 것은 秦人의 발상이라고 할 수 있다.

Ⅲ. 赦令과 復作·庶人

노비·죄수로부터 해방되어 편호로 복귀할 수 있는 유동성의 측면

---

23) 같은 책, p.146.
24) 張林祥, 『商君書的成書與思想研究』(北京: 人民出版社, 2008), pp.76-77. 「境內篇」 의 爵名이 비록 사기 진본기와 한서 백관공경표의 이십등작과 차이가 있지만, 그 원칙은 상군열전의 변법령과 일치하며, 작명과 사작 대상 및 조건이 운몽진간의 기록과 일치하므로 경내 편의 작명이 변법시에 있었던 것으로 보아야 한다고 주장했다.
25) 高敏, 『睡虎地秦墓竹簡初探(增補板)』(臺北: 萬卷樓, 2000), pp.123-133.

에서 漢代는 唐代보다 훨씬 자유롭다는 평가를 받는다. 秦代에는 冗邊 (自願한 戍邊)·歸爵을 통하여 노예 신분을 해방시킬 수 있지만 唐律에 는 이러한 규정도 없고, 자유인으로써 노예를 代贖하거나 자유인과 노예의 신분을 교환한다는 것은 절대로 상상할 수 없는 것이다.[26] 漢 文帝 이전에는 赦免·冗邊·歸爵 등에 의해 신분변화가 가능한 것을 보 면 唐代보다 신분 회복의 경로가 넓었다. 그렇다고 형기가 없던 文帝 이전에 죄수가 서인으로 되는 방법이 용이했던 것만은 아니고 赦免· 冗邊·歸爵 등에 의존해야만 했다. 형기가 없었기 때문에 「封診式」에서 도 士伍에게 과거의 전과를 조회할 때 형기만료에 대한 언급은 없고 赦에 대한 언급만 있는 것이다.

기존연구에 의하면 사면의 종류는 大赦·特赦·曲赦·別赦·減等 등이 있는데,[27] 大赦는 광범한 사면령으로서 소수의 범죄 이외에는 모든 범죄가 사면될 수 있다. 特赦는 특정 대상 및 특정 범죄에 대하여 사 면을 실시하는 것이다. 特定 對象에는 개인·특정집단·특정지역도 포 함되는데, 세부적으로 曲赦·別赦의 유형이 있다. 曲赦는 대부분 군사 적으로 막 평정된 지역에 내려져서 민심을 안정시키는 것이고, 別赦 는 특정 개인, 또는 특정 사건과 관련된 집단에 사령을 내리는 것이 다. 그러나 이같은 사면의 분류는 평면적 분류에 불과하여 庶人으로 회귀시키는 赦免의 집행과정을 명쾌하게 살필 수 없다. 이같은 분류 만으로 大赦와 赦의 차이가 무엇인지도 드러나지 않으므로 사면에 대 한 분석의 방향을 전환해야 한다.

종전의 赦免 연구에서는 죄수가 사면을 받으면 곧바로 서인으로 풀려나는지 여부, 사면된 서인의 지위가 어떠했는지도 명확하지 않았 다. 예컨대 모반죄를 지은 梁王 彭越에 대해 고조는 사면하여 서인으

---

26) 李天石, 「從睡虎地秦墓竹簡看秦朝奴隸與唐代奴婢的異同」(『中國經濟史研究』 2005-3), pp.139-140.
27) 沈家本, 위의 책, pp.569-587; 鄔文玲, 위의 논문, pp.37-41.

로 삼았고 蜀의 靑衣로 遷徙했다는 내용이 있는데,[28) 曹旅寧은 이에 근
거하여 庶人이 되어도 완전한 자유인이 아니라고 하였다.[29) 실제로
서인의 지위가 불안정함을 보여주는 사례는 많다. 예컨대, 「法律答問」
에 群盜가 사면되어 서인이 된 후에 죄수를 감시하다가 놓칠 경우 故
罪로 처벌받는 것은 바로 그러한 사례라고 할 수 있다. 또한 成帝시기
에 許貴人·平阿侯王譚·成都侯王商의 婢였다가 서인으로 방면된 王業·任
孃·公孫習을 재차 詔書에 의해 趙昭儀의 私婢로 삼은 경우에서 알 수
있다.[30) 이것은 이년율령에 사노비를 방면하여 私屬과 庶人으로 했으
나, 주인이 재차 불러들일 수 있는 규정과 흡사한 것이다. 아무리 황
제의 권위라고 해도 방면된 서인을 노비로 삼으려면 합당한 규정이
존재해야 했을 것이다.[31)

　赦令을 받은 庶人의 遷徙는 그들의 불안정한 지위를 말해주지만,
그 불안정성을 보다 구체적으로 이해할 수 있게 해주는 것이 復作의
제도이다. 이 문제를 고찰함에 있어 무의식적으로 사용하고 있는 赦
와 免의 용어를 정리할 필요가 있다. 赦는 "죄를 용서하다"는 의미이
며, 免은 죄수·관노비·사노비 등이 서인의 신분을 획득하는 경우를
지칭한다. 즉, 赦와 免은 원인과 결과의 관계라고 할 수 있다.[32) 赦와

---

28) 『史記』 卷90 「彭越列傳」, p.2594, "於是上使使掩梁王, 梁王不覺, 捕梁王, 囚之雒
　　陽. 有司治反形己具, 請論如法. 上赦以爲庶人, 傳處蜀靑衣. 西至鄭, 逢呂后從長
　　安來, 欲之雒陽, 道見彭王. 彭王爲呂后泣涕, 自言無罪, 願處故昌邑. 呂后許諾,
　　與俱東至雒陽."
29) 曹旅寧, 「秦漢法律簡牘中的"庶人"身份及法律地位問題」(『咸陽師範學院學報』 2007-
　　3), p.12.
30) 『漢書』 卷97下 「外戚傳(孝成趙皇后)」, pp.3994-3995, "故長定許貴人及故成都·平
　　阿侯家婢王業·任孃·公孫習前免爲庶人, 詔召入, 屬昭儀爲私婢. 成帝崩, 未幸梓
　　宮, 倉卒悲哀之時, 昭儀自知罪惡大, 知業等故許氏·王氏婢, 恐事泄, 而以大婢羊
　　子等賜予業等各且十人, 以慰其意, 屬無道我家過失."
31) 이것은 아마도 이년율령의 163간의 "所免不善, 身免者得復入奴婢之. 其亡, 有
　　它罪, 以論之. 163(F158)"(『張家山漢墓竹簡』, p.155.) 규정을 적용한 것일 수도
　　있다.

免은 반드시 함께 내려지는 것이 아니므로 赦令의 종류는 다양하다.
赦令이 내려지면 ①곧바로 庶人으로 되는 포괄적인 赦令도 있지만(赦
令免), ②경죄수로 감면되거나(減一等), ③형기가 감소하거나 하는(減一
歲) 제한적인 赦令도 있다.[33] ②③과 같이 免이 없는 경우는 赦令이 내
려졌다고 해서 庶人으로 되는 것이 아니다. 赦令이 내려졌을 때 변화
하는 신분의 유형을 정리하면 다음과 같다.

    A) 죄수→복역완료→庶人

    B) 죄수→(赦令)→庶人→歸故郡

    C) 죄수→(赦令)→庶人→遷徙

    D) 죄수→(赦令)→復作→庶人

    E) 죄수→(赦令)→毋有復作→庶人

    F) 죄수→(赦令)→감형→경죄수→庶人

A)의 유형은 文帝 13년 이전에는 형기가 없었기 때문에 존재하지

---

32) 赦는 赦罪의 의미를 가지고 있는 법률용어로서 이 명령을 내릴 수 있는 주
체는 황제이다. 免은 신분이 바뀜을 의미하며, 赦·冗邊·歸爵 등의 원인에
의한 결과로서 예속신분에서 免脫되는 것이다. 후술할 免徒復作은 徒復作
의 신분에서 벗어나는 것이다. ①"司寇不足, 免城旦勞三歲以上者, 以爲城旦
司寇." ②"群盜赦爲庶人, 將盜戒(械)囚刑罪以上, 亡, 以故罪論, 斬左止爲城旦,
後自捕所亡, 是謂「處隱官」. ·它罪比群盜者皆如此." ③"百姓有母及同牲(生)爲
隸妾, 非適(謫)罪也. 而欲爲冗邊五歲, 毋賞(償)興日, 以免一人爲庶人, 許之. ·或
贖遷, 欲入錢者, 日八錢. 司空" ④"欲歸爵二級以免親父母爲隸臣妾者一人, 及隸
臣斬首爲公士, 謁歸公士而免故妻隸妾一人者, 許之, 免以爲庶人. 工隸臣斬首及
人爲斬首以免者, 皆令爲工. 其不完者, 以爲隱官工. 軍爵"
33) 『漢書』 卷16 「高惠高后文功臣表」, p.569, "發妻 孝文十一年, 侯通嗣, 十七年, 有
罪, 赦爲鬼薪." 이 점은 石岡浩도 「漢代刑罰制度における赦の効用——弛刑に
よる刑罰の緩和——」(『史觀』 143, 2000), p.19에서 赦 모두가 刑을 면제하는
것이 아니라, 사형에서 노역형으로의 감등과 노역형도의 노역내용 변경,
형기 단축과 같이 한정된 효용을 지향하는 赦도 존재하였음을 지적하였다.

않았다. 문제 13년 이후 형기가 제정된 이후에야 이 유형이 의미를 갖는다. A)의 유형과 관련하여, 서북 변경지역에서 출토된 자료에 각 죄수의 형기 만료로 인해 생기는 신분의 변화 수속을 언급한 문서가 남아있어 후술할 것이다. 이 자료는 髡鉗城旦春의 형기를 보완할 수 있는 새로운 자료이다.

B)의 유형은 사면되어 서인으로 된 후에 故郡으로 돌아가는 경우가 있다.[34] 귀족들이 서인으로 강등되어 免官就國하거나 歸本郡하는 것은 관직을 빼앗기고 원적이 있는 곳으로 보내지는 형벌이며 고급 관료 및 그 가속에게 전적으로 사용된다. 죄로 인하여 庶人 신분으로 떨어진 楊惲같은 사람은 산업과 室宅을 일으키고 재물로 스스로 즐길 수 있었던 듯하다. 이에 安定太守 孫會宗이 그에게 "大臣이 廢退하면 産業을 다스리거나, 賓客과 교통하지 말아야 한다."고 충고하는 것을 보면 庶人의 상태가 완전히 자유를 상실한 존재는 아니라고 보여진다.[35] 다만 이 유형은 일반 백성에 보이는 것은 아니다.

C)의 유형은 사면되어 서인으로 되었으나 遷徙되는 경우가 있는데, 앞서의 彭越의 사례가 여기에 해당된다. 秦代에는 죄인을 사면한 후에 변경 또는 신 점령지역으로 遷徙시키는 사례가 누견된다.[36] 사령

---

34) 『漢書』 卷45 「伍被傳」, p.2174, "師古曰 : 以赦令除, 謂遇赦免罪者."

35) 宋杰, 「論秦漢刑罰中的"遷", "徙"」(『北京師範學院學報 社會科學版』 1992-1), p.88; 『漢書』 卷66 「楊敞傳(子惲)」, pp.2893-2894, "上不忍加誅, 有詔皆免惲, 長樂爲庶人. 惲既失爵位, 家居治産業, 起室宅, 以財自娛. 歲餘, 其友人安定太守西河孫會宗, 知略士也, 與惲書諫戒之, 爲言大臣廢退, 當闔門惶懼, 爲可憐之意, 不當治産業, 通賓客, 有稱譽."

36) 『史記』 卷5 「秦本紀」, pp.212-213.
"(昭襄王) 二十一年, (司馬)錯攻魏河内. 魏獻安邑, 秦出其人, 募徙河東賜爵, 赦罪人遷之."
"(昭襄王) 二十六年, 赦罪人遷之穰."
"(昭襄王) 二十七年, 錯攻楚. 赦罪人遷之南陽."
"(昭襄王) 二十八年, 大良造白起攻楚, 取鄢·鄧, 赦罪人遷之."

을 받아서 죄가 없어졌음에도 京師에 머무를 수 없다는 것은 아직 徙邊이라는 죄까지 사면된 것은 아니라고 생각된다.[37] 이러한 遷徙는 변경의 방어와 개발을 위한 것으로, 표면상으로는 赦罪人이었으나 실제는 강제로 천사시키는 것이다. 그래서 이들 죄인은 遷徙刑으로 바뀌는 것이라고도 한다.[38]

D)의 유형은 서인으로 사면되지만 석방되지 못하고 復作이 되어 일정기간 복역하고 나서 서인으로 되는 경우이다.

E)의 유형은 D)와 달리 復作이 되지 않고 석방이 되어 서인이 되는 경우이다. 이 경우는 "毋有復作"의 단서가 있어야 한다.

F)의 유형은 赦令을 받아 형기가 감소하는 減一歲, 죄수 신분이 1~2등급씩 가벼운 것으로 변하는 減一等, 減二等의 경우이다.

이상의 서인이 되는 경로에서 중요한 것은 復作과 관련된 D) E)의 유형이다. 이 유형과 관련하여 우선 검토해야 할 것이 죄수가 사면을 받았을 때 즉시 庶人으로 될 수 있는지의 문제이다. 종래에는 赦令을 받으면 즉시 庶人으로 되는 것이라고 생각했으나, 곧바로 庶人이 되는 것이 아니고 復作이라는 석방유예의 기간이 존재했다. 이러한 오해가 있을 수밖에 없는 것이 "免爲庶人"으로 되어 있는데 어떻게 復作이 다음 단계로서 대기하고 있는지 알 수 있겠는가? 이 復作의 개념을 이해해야만 赦令과 免의 개념을 이해할 수 있다. 秦代 사료에는 復作이 보이지 않지만, 惠帝 4년(B.C.191)의 것이 확인되므로 文帝의 형법개혁 이전 시기인 秦律과 『二年律令』 단계에서도 復作이 존재했을 것으로 추정된다. 그러나 주석가들은 惠帝시기의 復作에 대해서는 관심을 표

---

37) 『漢書』 卷70 「陳湯傳」, p.3026, "制曰 : 廷尉增壽當是. 湯前有討郅支單于功, 其免湯爲庶人, 徙邊. 又曰 : 故將作大匠萬年佞邪不忠, 妄爲巧詐, 多賦斂, 煩繇役, 興卒暴之作, 卒徒蒙辜, 死者連屬, 毒流衆庶, 海内怨望. 雖蒙赦令, 不宜居京師. 於是湯與萬年俱徙敦煌."

38) 鄔文玲, 위의 논문, p.14.

하지 않았고, 宣帝의 유모 淮陽 趙徵卿, 渭城 胡組가 復作이었던 사실에
만 많은 관심을 표하고 있다.[39]

10) 李奇曰 : 復作은 女徒이다. 가벼운 罪의 경우 男子는 守邊 一歲를 말
하고, 女子는 頓弱하여 변경 수비를 맡을 수 없으므로, 재차(復) 官
에서 노역하는데, 역시 一歲이다. 그러므로 그것을 復作徒라고 하
는 것이다.[40]

11) 孟康曰 : 復의 音은 服이다. 弛刑徒를 말하는데, 赦令詔書가 있으면
鉗釱와 赭衣를 제거해준다. 또 범죄를 저지르면, 형도로서 加罪하는
것이 아니라, 民과 같은 것으로 한다. 그러므로 당연히 재차 官에서
복역하고 그 本罪의 年月日을 채운다. 律名은 復作이라고 한다.[41]

12) 師古曰 : 孟康의 說이 옳다. 趙徵卿은 淮陽人이고, 胡組는 渭城人인
데, 모두 女徒이다. 두 사람이 번갈아서 曾孫에게 젖을 먹여 길렀
다. 그리고 邴吉傳에는 郭徵卿이라고 하였다. 本紀와 列傳의 내용이
다른데 어떤 것이 옳은지 모르겠다. 更의 音은 工과 衡의 反이다.[42]

---

39) 『漢書』 卷8 「宣帝紀」, p.235, "曾孫雖在襁緥, 猶坐收繫郡邸獄. 而邴吉爲廷尉監,
治巫蠱於郡邸, 憐曾孫之亡辜, 使女徒復作淮陽趙徵卿·渭城胡組更乳養, 私給衣
食, 視遇甚有恩."
40) 『漢書』 卷8 「宣帝紀」, p.236, "李奇曰 : 復作者, 女徒也. 謂輕罪, 男子守邊一歲,
女子頓弱不任守, 復令作於官, 亦一歲, 故謂之復作徒也."
41) 『漢書』 卷8 「宣帝紀」, p.236, "孟康曰 : 復音服, 謂弛刑徒也, 有赦令詔書去其鉗
釱赭衣. 更犯事, 不從徒加, 與民爲例, 故當復爲官作, 滿其本罪年月日, 律名爲復
作也."
42) 『漢書』 卷8 「宣帝紀」, p.236, "師古曰 : 孟說是也. 趙徵卿淮陽人, 胡組渭城人, 皆
女徒也. 二人更遞乳養曾孫. 而邴吉傳云郭徵卿. 紀·傳不同, 未知孰是. 更音工衡
反." 孟康은 본죄의 나머지 기간을 채운다고 했으나 거연한간을 보면 남은
기간을 설정해준다. 死罪는 3년을 復作하는 것이다.

13) 張晏曰 : 罪를 짓고 自首한 民을 모집하여, 罪를 없애주고 관부로 이송시켜 노역시키는(輸作) 것으로 결정한 것이며, 復作은 徒와 같은 것이다.[43]

14) 臣瓚曰 : 有罪者 및 罪人이 사면을 받고 그 복역기간까지(其日月) 재차 복역하는 자를 모집하여, 모두 그 罰을 없애주고 복역하게 하는 것이다. 師古曰 : 臣瓚의 說이 옳다. 復의 音은 扶와 目의 反이다.[44]

10)에서 李奇는 "復作은 女徒"라고 주장했다. 沈家本도 李奇의 설을 옳다고 보았지만,[45] 여자만이 復作이 된다고 하는 李奇의 주장은 이미 많은 학자들이 증명한 것처럼 잘못된 것이다. 李奇의 주장은 『漢舊儀』에 復作을 女徒라고 한 사실과 宣帝의 유모가 復作이었던 것에 근거한 것이지만, 復作으로 된 자 가운데는 남자도 확인되기 때문에 타당하지 않다.[46]

11) 孟康은 復作 = 弛刑으로 간주했기 때문에 復作에 관한 내용은 주로 弛刑에 관한 것이 서술되어 있다. 그에 의하면 赦令으로 형구와 죄수복의 착용을 면한 상태로 복역하며, 재범시에 형도의 신분에서 가죄(加罪)하지 않고 서인 신분으로 형벌을 가한다는 것이다. 復作이라는 이름은 재범시에 형도의 신분에서 가죄(徒加)하지 않고 民으로부터 시작하며, 재차(復) 관부에서 노역(作)하기 때문에 나온 것이라고 보았다. 그러나 吳榮曾은 맹강의 주장에 대해서 弛刑의 내용을 復

---

43) 『漢書』 卷49 「鼂錯傳」, p.2287, "張晏曰 : 募民有罪自首, 除罪定輸作者也, 復作如徒也."
44) 『漢書』 卷49 「鼂錯傳」, p.2287, "臣瓚曰 : 募有罪者及罪人遇赦復作竟其日月者, 今皆除其罰, 令居之也. 師古曰 : 瓚說是也. 復音扶目反."
45) 沈家本, 위의 책, p.1535.
46) 『漢書』 「功臣侯表」에 平侯 劉遂가 會赦復爵된 것이 그 증거이며, 거연한간에도 復作은 대부분 남성이다.

作으로 착각한 것이라고 비판하였다.

12) 師古는 맹강의 주장에 찬성을 표시하였지만, 그 이유는 밝히지 않고 있다.

13) 張晏은 「鼂錯傳」의 "先爲室屋, 具田器, 乃募辠人及免徒復作令居之"의 뒷부분은 民 가운데 유죄자를 자수시키거나, 죄를 면제해주고 輸作하는 것이라고 하면서 徒(형도)처럼 복역한다고 했다.

14) 臣瓚은 「鼂錯傳」에 대한 주석에서 a) 유죄자, 그리고 b) 罪人이 사면을 받고 復作으로서 그 복역기간까지(其日月) 복역하는 자를 모집하여, 변경에 거주하면 그 벌을 면제해준다고 하였다. 臣瓚은 동사는 募이며, 목적어는 유죄자 및 復作의 두 개로 원문을 이해하였다. 臣瓚은 復作으로서 "其日月"을 마친다(竟)고 하였는데, 복역기간(其日月)이 구체적으로 무엇인지, 원래의 형기를 그대로 복역하는 弛刑과 어떤 차별성이 있는지에 대해서는 언급하지 않았다. 다만 후술하는 바와 같이 臣瓚의 문장 구조 파악은 정확하며, "竟其日月"도 필자가 후술할 復作의 복역기간과 비교한다면 상당히 정확하게 파악하고 있었던 듯하다.[47]

이상과 같은 주석가들의 復作에 관한 견해에 대해 근년의 吳榮曾·張建國 등의 연구자들은 서로 다른 견해를 피력하였다. 우선 吳榮曾은 孟康이 復作과 弛刑을 혼동하였다고 비판했고, 臣瓚의 경우는 復를 望文生意한 결과 復作을 又作(재차 복역)으로 오해하였다고 비판하였다. 吳榮曾은 復作이 감형 후에 재차 복역하는 것이 아니라, 오히려 유죄에 의해 직접 復作의 형벌을 받은 것이며 1년~3개월의 고정된 형기가 있다는 관점이다.

吳榮曾은 復作이 漢代 형도 가운데 가장 가벼운 등급으로서 刑과

---

47) 이 점은 오영증의 비판과 달리 臣瓚이 復作과 弛刑을 혼동한 것으로 보이지 않는다.

罰 사이에 끼어있는 형명의 일종으로 보았다. 그는 徒와 復作을 별개
의 것으로 구별하고 있다. 예를 들어 『居延新簡』의 "髡鉗鈦左右止城旦春
以下及復作品書到言所"(E.P.T56:280A, 281)의 品書에 "髡鉗鈦左右止城旦春
以下"와 "復作"을 及으로 분류하고 있는 것으로 보아, 城旦春以下와 復
作이 다른 부류로서 구분됨이 분명하다고 지적하였다. 이를 뒷받침하
는 증거로 衛宏의 『漢舊儀』 역시 復作을 최후에 위치시키고 "一歲到三
月"을 복역하는 것을 들고 있다. 이에 입각하여 復作의 복역기간은 城
旦·鬼薪·司寇보다 짧은 1년에서 3개월이며, 罰作은 1~3개월이라고 보
았다.[48] 다만 罰作은 죄의 대소에 따라서 복역기간의 장단이 결정되
는데 반해, 復作은 형기가 고정되어 있다는 점에서 다르다고 주장하
였다.[49] 그의 견해는 위의 『居延新簡』의 자료를 徒와 復作으로 구분했
다는 점에서 독특한데,[50] 이 설은 張建國에 의해 계승되었지만 復作을
죄수가 아닌 것으로 보는 점에서 약간의 차이가 있다.

가벼운 범죄자에게 1년~3개월의 輕刑으로서 고정된 형기를 내리는
것으로 復作을 이해한 吳榮曾과 달리, 張建國은 刑徒가 사면을 받으면
復作이 되어 규정기간 내 노역을 함으로써 자신의 죄를 贖하게 하였
다고 이해하였다.[51] 그는 『史記』「孝武本紀」의 元封 元年과 二年 두 차

48) 吳榮曾, 『先秦兩漢史研究』(北京: 中華書局, 1995), pp.267-270.
49) 吳榮曾, 위의 책, pp.269-270. 여기에서 吳榮曾의 견해는 명확하지 못하다.
『漢書』卷24下「食貨志」에 "民罰作一歲"라고 하였는데, 이 기간은 그가 말하
는 復作과 중복되므로 이것을 어떻게 설명할지 해답을 제시하지 않고 있
다. 뿐만 아니라 『漢舊儀』를 제외한 많은 주석에서는 罰作의 기간을 1년으
로 보고 있다. 『史記』卷118「淮南衡山列傳」, p.3092, "蘇林曰:一歲爲罰作, 二
歲刑已上爲耐. 耐, 能任其罪."; 『漢書』卷24下「食貨志」, p.1184, "私鑄作泉布者,
與妻子沒入爲官奴婢; 吏及比伍, 知而不擧告, 與同罪; 非沮寶貨, 民罰作一歲, 吏
免官."; 『後漢書』卷1下「光武帝紀」, p.51, "前書音義曰:一歲刑爲罰作, 二歲刑
已上爲耐."; 『漢舊儀』, 『漢官六種』(北京: 中華書局, 1990), p.85, "秦制二十爵. …
有罪, 各盡其刑……男爲戍罰作. 女爲復作. 皆一歲到三月."
50) 吳榮曾, 위의 책, pp.268-269.
51) 張建國, 「漢代的罰作、復作與弛刑」(『中外法學』18-5, 2006), p.608.

례 사면령의 "毋有復作"에 근거하여 이 단서가 명시되어 있지 않으면 비록 사면되더라도 復作해야 한다고 주장하였다.[52] 황제의 조서에 의해 사면되어 復作이 되면 司寇 이상의 형도는 "형도 신분이 免去되고", 재차 죄수복을 입지 않고 형구를 차지 않고 감시감독을 받지 않고, 단지 국가의 노역만 하면 된다는 것이다.[53] 復作으로 복역하게 한 것은 사면 후의 일종의 保安處分과 같은 것으로서 사면의 각종 폐단을 피하기 위한 일종의 완충작용을 하는 것으로 이해했다. 이에 반해서 弛刑은 司寇 이상의 형도가 황제의 弛刑 조서를 받더라도 그 신분은 전과 마찬가지로 형도라는 점이 復作과의 차이라고 보았다. 弛刑은 단지 형구를 제거하는 弛에 불과하며 赦는 아니므로 형구·죄수복을 제거하고 감시감독이 느슨해지지만 刑期를 모두 채워야 풀려난다. 弛刑은 형도신분에 변화가 없으므로 "與民爲例"할 수가 없다. 즉 일반 백성과 달리 재차 범죄를 저지르면 전과 마찬가지로 "從徒加(죄수신분에서 처벌)"한다는 것이다.

결론적으로 復作은 조건부적인 사면이며, 弛刑은 형구를 채우지 않는 관대한 조치일 뿐 사면은 아니라는 것이다. 復作은 과거 형도였으나 사면 후에는 형도 신분이 아니지만, 弛刑은 재차 "免其刑", "減刑"하고 있는 것으로 보아 형도 신분이라고 주장하였다.[54] 장건국의 견해는 "赦令"과 "毋有復作"의 관련성을 제시한 논고로서의 가치를 지니지만, 復作이 형도가 아니라고 하는 그의 주장에 대해 필자는 견해를 달리한다.

劉洋도 復作과 弛刑을 동일하게 본 孟康의 주장을 부정하였다.[55] 劉

---

52) 같은 논문, p.606.
53) 같은 논문, p.604.
54) 『後漢書』 卷2 「顯宗孝明帝紀」, p.95, "中元二年 夏四月丙辰 其施刑及郡國徒, 在中元元年四月己卯赦前所犯而後捕繫者, 悉免其刑."; 張建國, 위의 논문, p.607.
55) 劉洋, 「漢代"復作"徒考辨」(『南都學壇』 2008-4), p.32. 孟康은 형도는 황제의 赦令詔書를 받아서 재차 "復作"이 되고, 형기는 비록 불변이지만 몸에 차고 있는 형구 및 囚衣를 벗을 수 있고, 형벌은 가벼워지므로 형도에게는 일종

洋은 漢簡 등의 사료를 보면 兩者에 대한 稱謂가 서로 다르고 절대로 혼동할 수 없다고 주장한다. 예를 들어, 懸泉漢簡 T0209·③·3簡: "三月餘 復作五人", T1311·③·114簡: "八月餘施(弛)刑六人"과 같이 "復作"과 "弛刑"이 구분되어 사용되고 있다고 한다. 劉洋은 復作과 弛刑의 차이에 대해 "弛 刑徒"는 형도가 황제의 赦令詔書를 받아야만 鉗釱·赭衣를 해제할 수 있 는 반면에, "復作"徒의 경우는 처음부터 죄를 지어 復作으로 되어 1년~3 개월의 형기가 있는 것이지, 사면되어 復作으로 되는 것이 아니라고 보았다. 그가 형벌로서 이해한 점은 吳榮曾과 동일하나, 형기상으로는 차이가 있다. 그러나 劉洋이 범죄로 復作이 된다는 주장을 입증하기 위해 제시한 자료는 해석상 동의하기 어려운 점이 있다.(후술)[56]

[표 2] 復作의 성격

	徒(죄수)	비죄수	형기	弛刑과의 관계
吳榮曾	○		1년~3월	復作≠弛刑
張建國		○	소정형기	復作≠弛刑
劉洋	○		1년~3월	復作≠弛刑
필자	○		3년~1년	復作≠弛刑

이상 제설에서 검출된 문제는 다음과 같은 것들로 요약할 수 있다. 첫째, 사면을 받은 復作의 신분이 현재 죄수인지 아니면 서인인지의 문제이다. 이를 분석하기 위해서는 「鼂錯傳」, 『居延新簡』 등에 보이는 徒復作을 "徒와 復作"으로 읽을 것인지, 아니면 "徒復作"으로 읽을 것인

의 우대와 관대함을 주는 정책이라고 보았다.

56) 본문에서 소개하지는 않았지만, 石岡浩는 「漢代刑罰制度における赦の効用——弛刑による刑罰の緩和——」(『史觀』 143, 2000); 「漢代有期勞役刑制度における復作と弛刑」(『法制史研究』 50, 2001)에서 復作과 弛刑을 동일한 것으로 파악했다. 李玉福은 「論秦漢時代的謫發兵制和刑徒兵制」(『政法論叢』 2002), p.74에서 復作과 罰作을 동일한 것으로 보았다. 그런데 肩水金關漢簡에는 復作 大男 呂異人이 罰作하고 있다고 하여 양자를 혼용하고 있다.(甘肅簡牘保護研究中心 等, 『肩水金關漢簡(肆)』(上海: 中西書局 2015), p.248.)

지의 문제를 고찰해야 한다. 즉, 그들의 신분이 형도인지 서인인지의 문제이다. 둘째, 復作의 기간 문제이다. 사면의 방법을 통해 復作이 되어 복역하는 기간이 吳榮曾과 劉洋의 1년~3월이라는 견해가 옳은 것인지? 이들의 주장대로 復作의 복역기간을 1년 이하로 보는 것은 「鼂錯傳」에 "免徒復作令居之"의 사실을 이해하기 어렵게 만든다. 鼂錯은 復作을 면하여 변경의 흉노방어에 종사하게 하려했지만, 復作의 기간이 1년 이하라면 곧 방면될 터인데 굳이 변경의 위험한 상황 하로 자진하여 들어가려는 復作이 있을까 하는 의문이 제기된다.

1. 徒復作의 신분

우선 고찰해야 할 것은 復作의 신분이 무엇인지를 파악하는 것인데, 이를 파악할 수 있는 자료로는 아래의 것들을 들 수 있다.

15) ☑山𩇵得二人送囚昭武 ☐四月旦見徒復作三百七十九人, ☑卅八人署廚傳舍獄城郭官府, 六十人付肩水部, 遣吏迎受[57]

16) 甘露元年二月丁酉朔己未, 縣(懸)泉廄佐富昌敢言之, 爰書 : 使者段君所將踈(疏)勒王子橐佗三匹, 其一匹黃, 牝, 二匹黃, 乘, 皆不能行, 罷亞死. 即與假佐開·御田遂·陳……復作李則·耿癸等六人雜診橐佗丞所置前, 橐佗罷亞死. 審. 它如爰書. 敢言之.(II 0216(3):137)[58]

17) 居延復作大男王建[59]

18) 復作大男蔡市[60]

---

57) 謝桂華 等, 『居延漢簡釋文合校』(北京: 文物出版社, 1987), p.53, 34.9, 34.8A.
58) 胡平生·張德芳, 『敦煌懸泉漢簡釋粹』(上海: 上海古籍, 2001), pp.106-107.
59) 『居延漢簡釋文合校』, p.61, 37.33.

19) 詣置 一板詣酒泉太守府 八月己丑平 詣置 書一封詣廣至 受遮要嗇夫旦
懸泉復作成喜欣日中時 T0115·②·57[61]

15)에서 "見徒復作三百七十九人"이라 하여 다수인을 지칭할 때는 見
徒復作이라 하였고, 16)李則·耿癸, 17)復作大男王建, 18)復作大男蔡市, 19)
復作成喜欣과 같이 개인을 지칭할 때는 復作으로 칭하고 있다. 이것은
다수를 지칭하는 徒復作이 刑徒와 復作 모두를 포괄할 가능성이 있음
을 말해준다. 吳榮曾과 張建國이 徒와 復作으로 분리하여 읽은 것도 그
때문이다. 그러면 이제부터 이들의 주장이 타당한 것인지, 그리고 徒
復作이 하나의 熟語로서 읽을 수 있는 가능성은 없는지 검토하기로
한다.

20) 右止城旦舂以下及復作品書到言所.囗[62]

21) 孝景時, 上郡以西旱, 亦復脩賣爵令, 而賤其價以招民; 及徒復作, 得輸粟
縣官以除罪.[63]

22) 曾孫雖在襁褓, 猶坐收繫郡邸獄. 而邴吉爲廷尉監, 治巫蠱於郡邸, 憐曾孫
之亡辜, 使女徒復作淮陽趙徵卿·渭城胡組更乳養, 私給衣食, 視遇甚有
恩.[64]

23) 復博、奉高、蛇丘、歷城, 毋出今年租稅. 其赦天下, 如乙卯赦令. 行所過
毋有復作. 事在二年前, 皆勿聽治.[65]

60) 같은 책, p.106, 60.2.
61) 陳玲, 「試論漢代邊塞刑徒的工作」(『甘肅高師學報』 2004-6), p.108.
62) 甘肅省考古文物研究所, 『居延新簡』(北京: 文物出版社, 1990), p.326, E.P.T56:281.
63) 『史記』 卷30 「平準書」, p.1419.
64) 『漢書』 卷8 「宣帝紀」, p.235.

24) 夏, 有芝生殿防內中. 天子爲塞河, 興通天臺, 若有光云, 乃下詔曰 : 「甘
泉防生芝九莖, 赦天下, 毋有復作.」[66)]

25) 平侯遂 十月癸酉封, 四年, 元狩元年, 坐知人盜官母馬爲臧, 會赦, 復作.
師古曰 : 「有人盜馬, 爲藏匿之, 雖會赦, 猶復作. 復作者, 徒役也. 復音
扶目反.」[67)]

26) 陛下幸憂邊境, 遣將吏發卒以治塞, 甚大惠也. 然令遠方之卒守塞, 一歲而
更, 不知胡人之能, 不如選常居者, 家室田作, 且以備之. 以便爲之高城深
塹, 具藺石, 布渠答, 復爲一城其內, 城間百五十步. 要害之處, 通川之道,
調立城邑, 毋下千家, 爲中周虎落. 先爲室屋, 具田器, 乃募辠人及免徒復
作令居之; 不足, 募以丁奴婢贖辠及輸奴婢欲以拜爵者; 不足, 乃募民之欲
往者. 皆賜高爵, 復其家. 予冬夏衣, 廩食, 能自給而止.[68)]

　　20) 吳榮曾이 지적한 것처럼 "右止城旦舂以下及復作"에서 復作은 "右
止城旦舂以下"와 "及"으로 확실히 구별되어 있는 부류라고 할 수 있다.
오영증의 지적대로 "徒復作"의 徒가 "右止城旦舂以下"만을 지칭한다고
볼 수도 있지만, 구별이 명확하다는 사실만으로 復作이 형도가 아니
라는 증거가 될 수는 없다.
　　21)은 徒復作이 縣官에 粟을 납입하면 죄를 없애준다(除罪)는 내용
이다. 除罪의 사실로 볼 때 徒復作은 죄수로 보는 것이 타당하다. 罪라
고 하는 것은 분명 復作의 신분이 어떠했음을 반영하는 것이다. 徒復
作이 縣官에 곡물을 납입(輸粟縣官)해야만 除罪되는 것이므로 徒復作은

65) 『史記』 卷12 「孝武本紀」, p.476.
66) 『史記』 卷12 「孝武本紀」, pp.478-479.
67) 『漢書』 卷15上 「王子侯表」, p.452.
68) 『漢書』 卷49 「鼂錯傳」, p.2286.

庶人이 아니라 죄수이며, 이는 거연한간에서도 동일하게 현재 拘禁되어 복역하고 있는 囚犯의 의미인 見徒로 나타난다. 만약에 復作이 張建國의 주장처럼 서인이라면, 22)의 女徒復作 趙徵卿·胡組 등이 郡邸獄에 구금되어 있는 것은 이해하기 어렵다.[69] 이들을 徒復作으로 연칭한 이유가 여기에 있다.

22) 「宣帝紀」의 女徒復作은 徒復作과 좋은 대조를 이룬다. 만약에 女徒復作을 吳榮曾의 방식으로 읽는다면 女徒와 復作으로 읽어야 하는데, 이같은 독법은 「宣帝紀」의 사료에서는 통용되지 않는다. 어린 증손(宣帝)에게 授乳한 것이 趙(郭)徵卿과 胡組 두 사람이기 때문에 女徒와 復作으로 각각 분리시켜 전자와 후자를 지칭하는 것으로 볼 수도 있겠지만 그같은 가능성은 없다. 즉, 胡組는 女徒로 호칭하기도 하고, 復作으로 언급하기도 한 사료가 보이므로 胡組는 女徒이자 復作인 것이다.[70] 결국 胡組가 여죄수이므로 "女"가 붙은 것을 고려하면 남자죄수는 徒復作인 것이다. 이 자료는 徒와 復作이 각각 다른 것을 지칭하는 것이 아니라 숙어로 읽어야 하는 결정적 자료이다.[71]

23)은 한무제가 봉선에서 돌아와 赦令을 내렸는데, 그 행차가 지나간 곳은 復作하지 않게 하라(毋有復作)는 특전을 내렸고, 24)는 상서로

69) 『漢書』 卷8 「宣帝紀」, p.257, "又曰 :「朕微眇時, 御史大夫丙吉、中郎将史曾、史玄、長樂衛尉許舜、侍中光禄大夫許延壽皆與朕有舊恩. 及故掖庭令張賀輔導朕躬, 修文學經術, 恩惠卓異, 厥功茂焉. 詩不云乎?『無德不報.』封賀所子弟子侍中中郎将彭祖爲陽都侯, 追賜賀諡曰陽都哀侯. 吉、曾、玄、舜、延壽皆爲列侯. 故人下至郡邸獄復作嘗有阿保之功, 皆受官禄田宅財物, 各以恩深淺報之."

70) 『漢書』 卷74 「丙吉傳」, p.3142, "武帝末, 巫蠱事起, 吉以故廷尉監徵, 詔治巫蠱郡邸獄. 時宣帝生數月, 以皇曾孫坐衛太子事繋, 吉見而憐之. 又心知太子無事實, 重哀曾孫無辜, 吉擇謹厚女徒, 令保養曾孫, 置閒燥處."; 『漢書』 卷74 「丙吉傳」, pp.3148-3149, "元帝時, 長安士伍尊上書, 言「臣少時爲郡邸小吏, 竊見孝宣皇帝以皇曾孫在郡邸獄. 是時治獄使者丙吉見皇曾孫遭離無辜, 吉仁心感動, 涕泣悽惻, 選擇復作胡組養視皇孫, 吉常從.」"

71) 앞에서 장건국도 徒와 復作을 구분하고 있었지만 이 부분에서만은 女徒와 復作으로 구분하지 않고 있다.

운 靈芝가 궁전 안에 자랐다는 이유로 赦令을 내리고 특별히 毋有復作의 특전을 내렸다는 내용이다. 23)·24)에서 볼 때 毋有復作의 단서가 없으면, 사령을 받아도 곧바로 庶人으로 되는 것이 아니라 復作으로 되는 것이다.

25)는 平侯 遂가 官母馬의 절도사실을 알고도 매입한 죄로 처벌을 받았다가 會赦하여 復作이 되었다는 내용인데, 여기에서는 會赦한 후에 곧바로 庶人이 된 것이 아니라 復作으로 된 것이 주목된다. 이는 위의 23)·24)와 같이 사면을 받을 때 毋有復作의 단서가 없으면 復作으로 되는데, 25)의 平侯 遂도 赦되어 復作으로 되고 있다. 즉, 復作은 吳榮曾의 주장과 달리 赦에 의해 생겨났음을 말해준다.

26) 鼂錯의 상언은 죄수와 復作을 변경으로 옮겨서 변방의 방어를 도모하자는 내용이다. 필자는 22)에서 徒復作으로 읽어야 한다고 주장했지만, 혹시 26)의 徒復作이 復作과 서로 다른 것으로서, 전자는 형도이고, 후자는 서인으로 되는 과정에서 잠시 경유하는 존재일 가능성에 대해서 살펴보려 한다. 먼저 "乃募辠人及免徒復作令居之"와 "募以丁奴婢贖辠及輸奴婢欲以拜爵者"의 문장구조를 분석해보자. 이 문장의 구조는 다음과 같이 a와 b의 방식으로 분석할 수 있다.

① 乃募辠人及免徒復作令居之
　　a. 募와 免이 동사, 辠人과 徒復作이 목적어 [동사(募) + 목적어(辠人) [及] 동사(免) + 목적어(徒復作)]
　　b. 募가 동사, 辠人及免徒復作이 목적어 [동사(募) + 목적어(辠人) [及] 목적어(免徒復作)]

② 募以丁奴婢贖辠及輸奴婢欲以拜爵者
　　a. 募와 輸가 동사, 丁奴婢贖辠와 奴婢欲以拜爵者가 목적어 [동사(募) + 목적어(丁奴婢贖辠) [及] 동사(輸) + 목적어(奴婢欲以拜爵者)]

b. 募가 동사이고 丁奴婢贖皋及輸奴婢欲以拜爵者가 목적어 [동사(募)
+ 목적어(丁奴婢贖皋) [及] 목적어(輸奴婢欲以拜爵者)]

①과 ②의 b는 모두 동사 募가 2개의 목적어를 가지고 있는 형태로
해석하는 것이다. 그러나 b의 방식으로 읽을 경우 動詞로 사용되었을
것으로 생각되는 ①의 免과 ②의 輸의 해석이 애매하므로 a의 방식으
로 읽는 것이 타당하다고 생각된다. a의 방식에서 免을 동사로 볼 경
우 募와 대구를 이루어 각각 죄수를 모집하고 徒復作을 면하여 변경
에 거주하게 한다는 것으로 된다. 이 해석에서 徒復作도 免되는 존재
이기 때문에 속박상태에 있었음을 알 수 있다. 이는 앞에서 살펴본
22)胡組의 사례에서 입증된 徒復作이 하나의 숙어로서 사용되고 있는
것과 일치된 결론이다.

이 문장 구조를 보면 徒復作이 적어도 皋人과 구분되는 존재임을
알 수 있다. 즉, 皋人과 復作이 대구를 이루는 것이 아니라, 皋人과 徒
復作이 대구를 이루고 있는 것이다. 이것은 吳榮曾과 張建國이 『居延新
簡』의 "右止城旦舂以下及復作品書到言所(E.P.T56:281)"에서 徒가 城旦舂
이하 司寇까지의 죄수만을 지칭하는 것으로 보는 견해가 잘못임을 말
해준다. ①의 "免徒復作"을 徒와 復作으로 구분한다면 徒는 "募皋人"의
皋人과 중복되기 때문이다. 따라서 徒復作은 하나의 숙어로서 이해해
야 하며, 그것은 정규형벌과는 구분되는 또 다른 부류의 죄수이다. 결
론적으로 "免徒復作令居之"의 의미는 1차적으로 赦令을 받은 徒復作을
재차 "免"시켜서 除罪하는 것인데, 이는 徒復作이 결코 완전 해방된 신
분이 아님을 말해준다. 그리고 호칭은 徒復作 또는 復作 양자가 혼용
되었다고 생각된다.

2. 赦令免과 復作 기간

그러면 죄수들이 赦令을 받고서 어떠한 방식으로 사면되는지 한제국의 서북변경 문서자료를 통해 확인해보자. 懸泉漢簡 가운데 "罪人赦歸故郡文書"[72)는 죄수가 사면되어 서인으로 되는 과정이 명확하게 나타나 있다.

> 27)   神爵四年五月甲子朔壬申懸泉置嗇夫弘敢言之廷司空(寇)大男馬(馮)奉世
>   故魏郡内黄共里會二月丙辰赦令免爲庶人□□□□□□ 149
>   神爵四年五月甲子朔辛巳懸泉置嗇夫弘移冥安司空(寇)大男馮 198
>   奉世故魏郡内黄共里會**二月丙辰赦令免爲庶人當** 185
>   受故郡縣爲傳遣如律令 195

149 + 198 + 185 + 195는 내용상 완벽한 하나의 冊書이다. 149간은 神爵 4년 5月 壬申日 懸泉置 嗇夫 弘이 형도인 司寇 大男 馮奉世가 神爵 4年 2月 丙辰의 赦令을 받아 故郡으로 돌아가는 것을 縣廷에 보고한 것이다. 그중 馬는 馮의 잘못이고, 司空은 司寇의 잘못이다. 이 문서에 따르면 司寇 馮奉世는 赦令을 받아 죄를 사면받고 故郡으로 돌아가는데, 이때에 이들의 신분은 庶人으로 된다.

그런데 司寇 馮奉世가 서인으로 되는 경우 이해하기 곤란한 문제가 발생한다. 왜냐하면 앞에서 분석한 바와 같이 赦令을 받은 자는 "毋有復作"의 단서가 없는 한 庶人으로 되는 것이 아니라 復作으로 되었기 때문이다. 즉, 馮奉世의 경우는 罪人 → 復作 → 庶人의 순서가 아니라 罪人 → 庶人의 순서를 보이고 있다. 馮奉世가 직접 서인으로 신분이 변

---

72) 張俊民, 「敦煌懸泉置探方T0309出土簡牘槪述」, 『長沙三國吳簡暨百年來簡帛發現與研究國際學術硏討會論文集』(北京: 中華書局, 2005), p.402; 鄔文玲, 위의 논문, p.67.

한 이유가 司寇였기 때문일 가능성도 있다. 이 추정을 뒷받침해주는 아래의 罪人 → 復作 → 庶人 단계를 거치는 敦煌懸泉漢簡의 자료 615·437 은 馮奉世의 자료와 대비된다.[73]

> 28) **諸以赦令免者,** 其死罪令**作縣官**三歲, 城旦舂以上二歲, 鬼薪白粲一歲.(釋
> 粹 II 0216(2): 615)[74]

> 29) 三歲, 城旦舂二歲, 鬼新(薪)白粲一歲, 故屯作罷者, 減**後(復)作**各半, 前當
> 免, 日疑者□□……(A)
> □□宗廟□□天下非殺人、盜宗廟【服】御物, 它□告除之('它皆赦除之'), 其
> 爲令. 臣請五月乙卯以前, 諸市未……(B) (釋粹 II 0216(2):437)[75]

이 문서는 위의 馮奉世의 자료와 동일하게 "赦令免"의 자료이다. 28) 과 29)는 "三歲, 城旦舂以上二歲, 鬼薪白粲一歲"가 공통된 것으로 볼 때 상호 동일한 내용을 담고 있음이 확실하다. 28)에서 각각의 죄수는 "赦令으로 免"되었음에도 즉시 庶人이 되어 석방되는 것이 아니라 3 년~1년 동안 복역(作縣官)해야 한다. 이 자료는 赦令과 免의 개념에 대 한 종래의 해석을 재고하게 만든다. 즉, 赦令을 받으면 곧 庶人이 되는 것으로 이해했지만, 여기에서는 免되어 死罪는 3년, 城旦舂 이상은 2 년, 鬼薪白粲은 1년 동안 作縣官하는 것으로 규정되어 있다. 이것은 앞 에서 고찰한 바 있는 赦令을 받아 免爲庶人으로 되어도 "毋有復作"의 단서가 없으면 復作하였던 것을 의미한다.[76] 여기에서는 赦令이 분명

---

73) 『居延新簡』, p.25, "(E.P.T 5:105)以赦令免爲庶人名籍."
74) 『敦煌懸泉漢簡釋粹』, p.15, 注 1.
75) 같은 책, pp.14-15.
76) 張建國은 형기 제정 이전의 단계에서 復作의 복역기간이 어찌될까 의문을 제기했는데(張建國, 위의 논문, p.606), 615簡과 같은 원칙이 존재했을 것으 로 생각된다.

한데도 실제적으로 2년 減刑된 사실이 주목되며, 문헌자료에서 감형을 減一等, 또는 減六月 등으로 표시한 것과 형식이 완선히 다르다.

그런데 懸泉漢簡의 赦令에서는 위에서 살핀 馮奉世의 신분인 司寇에 대한 언급이 없는 사실이 주목된다. 28)의 끝부분에도 없으므로 斷簡된 것이 아닐까 하는 우려도 있으나, 29)도 동일한 내용을 전하고 있기 때문에 司寇는 아예 규정이 없었던 것이다. 그 이유는 무엇일까? 그 이유는 司寇의 형기가 2년인 것과 관련이 있다고 생각된다. 위의 사면에서 2년씩 형기가 줄었다면 司寇의 형기가 2년이기 때문에 석방되었을 것이고 그에 따라 作縣官에 포함될 이유가 없었던 때문이다. 이와 같은 이유에서 "赦令免爲庶人"의 사면령을 받은 司寇 馮奉世는 作縣官하지 않고 庶人으로 되었던 것이다.

여기에서 "赦令免"이 즉각 庶人으로 免된다는 의미가 아니라는 점은 중요하다. 실질적으로 그것은 2년 감형의 의미로 사용되고 있지만, 감형과는 달리 "免"의 용어가 사용되고 있음을 주목해야 한다. "諸以赦令免者"의 免은 궁극적으로 庶人으로의 免을 지향하고 있기 때문에 신분상 죄수의 신분에서 "免"된 것임을 의미하는 것이다. 그러면 作縣官은 궁극적으로 무엇을 의미할까? 이것은 29) (A)의 후반에 언급된 형도들의 사면 후 복역하는 復作을 가리킨다고 생각한다. 赦令으로 免하고 재차 作縣官한 것은 바로 復作의 의미 바로 그것이기 때문이다.

29)의 "故屯作罷者, 減後作各半"의 後作은 復作의 잘못으로서 "故屯作罷者, 減復作各半"으로 석독해야 할 것이다.[77] 29)의 전반부에 형도들의 復作을 기술한 다음, 후반부에는 과거 이미 사면되어 復作으로서 屯作을 행하고 복역기간이 남아 있는 자에 대한 형기 재감면 조치를

---

77) 張俊民은 後作을 復作으로 석독하였다. 張俊民, 「《敦煌懸泉漢簡釋粹》校讀」, "原編號十, 原簡"減後作各半", 定稿(二字下簡稱"今)作"減復作各半"; 原簡"它□告除之" 今作"它皆赦除之." 本簡出之二, 按照文義"後"字較爲恰當."(簡帛硏究網 http: www.jianbo.org admin3 2007 zhangjunmin001.htm).

기록하였다. 따라서 29)의 전반부는 사형 이하 죄수에 대한 復作으로
의 감면을, 후반부는 과거 復作으로서 屯作한 자의 재감면을 명한 赦
令이다. 懸泉置漢簡에 승상사 李尊이 神爵 6년에 南陽·穎川 등의 戍卒을
敦煌郡·酒泉郡으로 호송하고, 돌아오는 길에 근무가 끝난 罷卒을 데리
고 오라는 것에서 본다면, "故屯作罷者"는 屯作의 임무가 끝난 죄수를
가리킨다.[78]

居延·敦煌·酒泉·張掖 등지의 農官에서는 田卒로 屯作을 하기도 했지
만, 그 임무를 復作에게도 시켰던 것이다.[79] 바로 이러한 屯作이 끝난
자들에게 復作의 기간을 각각 半으로 감형한다는 것이다. 따라서 赦令
으로 면되는 것에는 死罪·城旦春·鬼薪白粲만이 아니라, 屯作하던 復作
도 포함된다. 死罪부터 鬼薪白粲까지는 각각 형기의 감소 기간이 명시
되어 있고, 故屯作罷者한 復作은 각각 1/2로 줄이라고 하고 있다. 이것
은 앞서 예들은『居延新簡』의 "徒髡鉗鈦左右止城旦春以下及復作品書到言
所"(E.P.T56:280A, 281)의 구조와 일치된 형태를 보이는 것이다. 이때 사
령을 받고나서 免되어 復作으로 복역하는 기간은 형도마다 다르지만
死罪·城旦春 등과 같은 원래의 신분이 아니라 새로이 復作 신분으로서
복역하는 것이다. 이 수순은 범죄 후, 형도 → 사면 → 復作 → 서인으로

---

78) 『敦煌懸泉置漢簡釋粹』, p.45, "四〇 神爵四年十一月癸未, 丞相史李尊, 送獲(護)
神爵六年戍卒河東、南陽、穎川、上黨、東郡、濟陰、魏郡、淮陽國詣敦煌郡、酒泉
郡.因迎罷卒送致河東、南陽、穎川、東郡、魏 郡、淮陽國并督死卒傳槽. 爲駕一封
軺傳.御史大夫望之謂高陵, 以次爲駕, 當舍傳舍, 如律令.(Ⅰ 0309(3) : 237)" 罷者의
의미는 문헌자료에서 보면 屯作의 기간이 종료된 것을 가리킨다.『史記』卷
108「韓長孺列傳」, p.2864, "衛尉安國爲材官將軍, 屯於漁陽. 安國捕生虜, 言匈奴
遠去. 即上書言方田作時, 請且罷軍屯. 罷軍屯月餘, 匈奴大入上谷·漁陽. 安國壁
乃有七百餘人, 出與戰, 不勝, 復入壁. 匈奴虜略千餘人及畜産而去. 天子聞之,
怒, 使使責讓安國.";『史記』卷110「匈奴列傳」, pp.2899-2900, "夫力耕桑以求衣食,
築城郭以自備, 故其民急則不習戰功, 緩則罷於作業. 嗟土室之人, 顧無多辭, 令
喋喋而佔佔, 冠固何當?"
79) 陳玲,「試論漢代邊塞刑徒的工作」(『甘肅高師學報』 2004-6), p.107. 復作은 屯作
이외에도 養(식사), 茭(꼴)의 수확, 문서의 傳遞 등을 담당하였다.

되는 것이다.

　필자는 이제까지 28)·29) 『敦煌懸泉漢簡釋粹』의 赦令을 復作으로 이
해했는데, 이러한 이해에 문제는 없는 것일까? 이를 판단하기 위해서
復作과 여타 형식을 비교하는 방식으로 풀어나가기로 하는데, 우선
弛刑과 비교토록 한다. 張鶴泉은 鄭吉이 渠犁에 둔전한 사실에 대해 『
史記』 「建元以來侯者年表」와 『漢書』 「西域傳」에서 각각 弛刑과 免刑으로
기술한 것으로부터 양자를 동일한 것으로 파악했다.[80] 그러나 이것은
張鶴泉의 문제라기보다는 사료상의 문제가 더 크다고 생각한다. 우선
문제의 사료를 검토해보자.

> 30) 鄭吉은 家가 會稽에 있다. 卒伍에서 從軍하여 郎이 되었고, 使護(鄯
>   善以西校尉)로서 弛刑士를 인솔하고 渠犁에서 屯田하였다.(『史記』)[81]

> 31) 地節 二年(B.C.68), 漢은 侍郎鄭吉·校尉司馬憙를 파견하여 免刑罪人을
>   거느리고 渠犁에서 둔전을 실시해 곡물을 축적하고 車師를 공격하
>   려고 하였다.(『漢書』)[82]

　『史記』에서 鄭吉은 郎이 되어 弛刑士를 인솔하고 渠犁에서 屯田했다
고 했으나, 『漢書』에서는 侍郎 鄭吉·校尉 司馬憙로 하여금 免刑罪
人을 거느리고 渠犁에서 둔전했다고 기록되어 있다. 鄭吉의 관직이 郎과 侍

---

80) 張鶴泉, 「略論漢代的弛刑徒」(『東北師大學報』 1984-4), p.107.
81) 『史記』 卷20 「建元以來侯者年表」, p.1068, "鄭吉, 家在會稽. 以卒伍起從軍爲郎,
　　使護將弛刑士田渠梨."
82) 『漢書』 卷96下 「西域傳」, p.3922, "地節二年, 漢遣侍郎鄭吉·校尉司馬憙將免刑罪
　　人田渠犁, 積穀, 欲以攻車師.";『漢書』 卷70 「鄭吉傳」, p.3005, "鄭吉, 會稽人也,
　　以卒伍從軍, 數出西域, 由是爲郎. 吉爲人彊執, 習外國事. 自張騫通西域, 李廣利
　　征伐之後, 初置校尉, 屯田渠黎.至宣帝時, 吉以侍郎田渠黎, 積穀, 因發諸國兵攻
　　破車師, 遷衛司馬, 使護鄯善以西南道."

郞으로 나타나는 것으로 보아 동일 사안을 기술한 것으로 보인다. 그
럼에도 弛刑과 免刑罪人으로 인솔대상이 다른데, 양자가 동일한 의미
라면 문제가 없지만 양자의 의미는 전혀 다르다. 위의 사안은 地節 2
年(B.C.68)에 있었던 일인데, 6년 후인 元康 4年(B.C.62)의 居延漢簡에도
鄭吉로 생각되는 자료가 보인다.

> 32) 元康 4年(B.C.62) 二月 己未朔 乙亥(17일)에 使護鄯善以西校尉 (鄭)吉,
> 副衛司馬 富昌, 丞 慶, 都尉宣 建, 都 … 이에 元康 2年(B.C.64) 5月癸
> 未에 使都護의 檄書를 尉丞에 보내 施刑士 50人을 사면하여 인솔해
> 送致하고 車□를 거느리고 發하였다.[83]

居延漢簡에 보이는 使護鄯善以西校尉 吉은 『漢書』의 鄭吉로 생각되
는데, 시기적으로 6년의 차이밖에 나지 않고 車師 일대를 무대로 활동
했기 때문이다. 그런데 비슷한 시기의 居延漢簡에 보이는 호송대상은
免刑이 아니라 施刑士였다. 免刑이 施刑의 의미로 사용된 경우는 『漢書』
의 이 사례밖에 없고, 이마저도 의문이 가는 것이다. 免刑은 모두 석
방의 의미를 갖는다.[84] 免刑이 문헌에 최초로 보이는 것은 昭帝 시기

---

83) 『居延漢簡釋文合校』, p.192, "(118.17) 元康四年二月己未朔乙亥使護鄯善以西校
尉吉副衛司馬富昌丞慶都尉宣建都☑   乃元康二年五月癸未以使都護檄書遣尉丞
赦將施刑士五十人送致將車□發."

84) 『後漢書』 卷2 「顯宗孝明帝紀」, p.96, "(永平元年) 其施刑及郡國徒, 在中元元年
(A.D.56)四月己卯赦前所犯而後捕繫者, 悉免其刑." 여기의 免其刑은 施刑 = 免
刑의 개념이 아니라, 施刑된 자를 풀어 준다는 의미이다. 또한 아래의 李章
과 曹節의 사례에 보이는 免刑은 弛刑이 아니라 석방의 의미이다. 『後漢書』
卷77 「酷吏列傳(李章)」, p.2493, "(李章)後坐度人田不實徵, 以章有功, 但司寇論.
月餘免刑歸. 復徵, 會病卒."; 『後漢書』 卷78 「宦者列傳(曹節)」, p.2525, "熹平元年,
竇太后崩, 有何人書朱雀闕, 言「天下大亂, 曹節, 王甫幽殺太后, 常侍侯覽多殺黨
人, 公卿皆尸祿, 無有忠言者.」 於是詔司隸校尉劉猛逐捕, 十日一會. 猛以誹書言
直, 不肯急捕, 月餘, 主名不立. 猛坐左轉諫議大夫, 以御史中丞段熲代猛, 乃四出
逐捕, 及太學游生, 繫者千餘人. 節等怨猛不已, 使熲以它事奏猛, 抵罪輸左校. 朝

지만,[85] 秦末에 章邯이 驪山 형도를 免한 것도 역시 免刑을 지칭한 것으로 생각된다.[86] 免刑의 사례는 洛陽 東漢刑徒墓地磚에도 보인다.

33) 故勉刑汝南新息髡鉗董買 元初六年五月卄五日物故死(P2M17:1)

34) 無任山陽昌邑 完城旦免刑顔客 元初六年 閏月十四日 □(P11M34:1)

35) 右部無任勉刑, 潁川潁陰鬼薪范雍, 不能去, 留官廟致醫. 永初元年六月卄五日物故, 死在此下(T2M19:1)

36) 右部勉刑濟陰鄄誠司寇任克 永初元年五月十二日物故死在此下(T2M60:2)[87]

洛陽의 東漢刑徒墓地 묘지명 823개 가운데 勉刑은 4개에 불과할 정도로 극소한데, 33) 故勉刑 + 髡鉗董買, 34) 完城旦免刑 + 顔客, 35) 右部無任勉刑 + 潁川潁陰鬼薪范雍, 36) 右部勉刑 + 濟陰鄄誠司寇任克과 같이 免刑 + 刑名의 형태를 띠고 있다. 33)의 사례는 앞에 "故"가 있는 "故 + 免刑 + 刑名"의 형태로서 다른 사례와 다르다. 이런 형태는 이것이 유일하므로 속단하기 어렵지만, 이곳에 묻힌 董買가 "원래" 勉刑된 汝南新息의 髡鉗이었다는 의미로 생각된다.

이들 免刑이 어떤 것인지를 풀 수 있는 것이 35) "右部無任勉刑, 潁川潁陰鬼薪范雍, 不能去, 留官廟致醫. 永初元年六月卄五日物故, 死在此下."이

臣多以爲言, 乃免刑, 復公車徵之."

85) 『漢書』卷7「昭帝紀」, p.225, "武都氏人反, 遣執金吾馬適建·龍頜侯韓增·大鴻臚廣明將三輔·太常徒, 皆免刑擊之."

86) 『史記』卷48「陳涉世家」, p.1954, "秦令少府章邯免酈山徒. 人奴産子生, 悉發以擊楚大軍, 盡敗之."

87) 中國社會科學院考古研究所, 『漢魏洛陽故城南郊東漢刑徒墓地』(北京: 文物出版社, 2007), pp.100-119.

다. 이는 潁川 潁陰의 鬼薪 范雍은 免刑되었지만 고향으로 갈 수 없어
(不能去) 官廟에 머물러 있었다. (官에서는) 醫生을 보내 치료하였으나
永初 元年 六月 卄五日에 사망했다는 내용이다. 范雍의 자료에서 볼 때
免刑은 형도가 복역기간이 만료되기 이전에 어떤 이유로 석방되는 것
이며, 이때의 "免"은 노예 또는 죄수가 서인의 신분을 획득할 때에만
사용하는 용어임을 말해준다.[88] 免刑은 형벌집행이 종료되어 귀향하
는 것이 확실하므로 『漢書』「西域傳」에 정길이 고향으로 가야 할 免刑
을 서역으로 인솔했다는 내용은 문제가 있고 그것은 施刑의 잘못이라
고 보아야 한다.

그러면 施刑은 어떤 것인가? 施刑의 구체적 과정은 아래 37)居延漢
簡 227.8에서 알 수 있다. 이 문서는 아래 부분이 보이지 않지만 죄수
의 현재 형명 + 이름 + 범죄사실 + 확정일 + 施刑 집행일 + 籍貫(故騎士居
延廣利里)으로 구성되어 있음을 확인할 수 있다.

37) ① 髡鉗城旦孫□坐賊傷人初元五年七月庚寅論 初元五年八月戊申以詔書
施刑 故騎士居延廣利里☑
② 完城旦錢萬年坐蘭渡塞初元四年十一月丙申論初元五年八月戊申以詔
書施刑 故戍卒居延市☑
③ 甲渠候官初元五年□延吏□□簿
☑ ●凡□二百十里九十三步[89]

①행은 "현재 髡鉗城旦인 孫□는 賊傷人의 죄를 범하여 初元 5年 7月
庚寅에 형이 확정되었다. 初元 5年 8月 戊申에 詔書로써 施刑되었다. 원
래 騎士로 居延 廣利里...."의 뜻이고, ②행은 "完城旦 錢萬年은 함부로
邊塞를 넘은 죄로 初元 4年 11月 丙申에 형이 확정되었다. 初元 5年 8月

88) 吳榮曾, 위의 책, p.280.
89) 『居延漢簡釋文合校』, p.366, 227.8.

戊申에 詔書로써 施刑되었다. 원래 戍卒로 居延市..."의 뜻이다.

이때 施刑을 통해 髡鉗城旦의 신분은 소멸되고 施刑으로 되는 것일까? 37)로부터 알 수 있는 것은 孫□의 신분이 騎士 - 髡鉗城旦 - 施刑으로 변화했음을 보여준다.[90] 다른 거연한간 자료에도 施刑을 받은 자의 신분은 施刑士 또는 施刑만을 사용해 호칭하고, 그들의 과거 刑名은 사용하지 않고 있다.[91] 이것은 孟康의 주석과 이를 분석하여 내린 吳榮曾의 결론 - 弛刑은 황제의 赦令詔書가 있어야 하며, 형구와 赭衣를 벗기고, 재범시에는 평민에 준해서 처리하며 형도로 가죄하지 않으며, 원래의 형기는 불변이어서 만기 때까지 복역해야 한다. -과 일치한다.[92]

지금까지 살펴온 바와 같이 28)·29)의 『敦煌懸泉漢簡釋粹』615·437簡의 "赦令免"은 위에서 예로 들은 37)의 弛刑 자료와 비교하면 차이가 있다. 37)의 자료에서 孫□은 賊傷人의 죄로 髡鉗城旦의 처벌을, 錢萬年은 蘭渡塞의 죄로 完城旦의 처벌을 받았으나 각각 初元五年八月戊申日 詔書에 의해 弛刑되었다. 두 사람의 죄수는 "以詔書施(弛)刑"되어 형구의 제거라는 특전을 받았지만, 28)의 615簡에 보이는 "以赦令免"의 형식이 없는 것으로 보아 免되는 것은 아니다.

『敦煌懸泉漢簡釋粹』의 28)·29)가 弛刑이 아니라면 이제 비교대상으로 減刑을 들 수 있는데, Ⅲ장에서 F)의 유형으로 분류한 減刑 자료를

---

90) 이 형태는 『居延漢簡釋文合校』, p.449, 268.3의 "施刑故司寇"와 다른데, 故의 위치가 籍貫이 아니라 司寇에 있다. 이것이 원래 司寇에서 施刑으로 된 것인지는 자료가 짧아서 확인하기 어렵다.

91) 『居延新簡』, p.46, "(E.P.T5:46) 永光元年四月施刑徒";『居延新簡』, p.160, E.P.T50: 135 "三石二斗二升自取 宗粟三石二斗二升忠取"(以上爲第一欄) "施刑士薛齊七月 二石九斗 施刑士薛齊八月 三石"(以上爲第二欄);『居延漢簡釋文合校』, p.530, "(337.8) 施刑士左馮翊帶羽扶落里上."

92) 『後漢書』卷1下「光武帝紀」, p.60, "施, 讀曰弛. 弛, 解也. 前書音義曰：謂有赦令去其鉗釱赭衣, 謂之弛刑."; 吳榮曾, 위의 책, p.280.

분석해보자.

38) ☑□□如詔書減刑各一歲 刑當竟七年五月八日[93]

39) 丙午, 詔郡國繫囚減死罪一等, 勿笞. 唯謀反大逆, 不用此書. 又詔曰:
「比起陵塋, 彌歷時歲, 力役旣廣, 徒隷尤勤. 頃雨澤不沾, 密雲復散, 儻或
在茲. 其令徒作陵者減刑各六月.」[94]

40) 赦隴西囚徒, 減罪一等, 勿收今年租調.[95]

　　38)은 죄수들에게 감형 1년을 명한 조서로서 형기가 끝나는 시점
까지 명시하고 있고, 39)는 陵 조영에 동원된 죄수들의 형기를 6月 감
형하고 있으며, 40)은 농서지역의 囚徒를 각각 1등급씩 감형한다는 내
용이다. 減罪一等의 형식은 예컨대 完城旦舂에서 鬼薪白粲으로 1등급
감형되는 형태이므로 28)·29)簡의 "以赦令免"의 형식과 완전히 다르다.
또한 실질적 내용도 전자는 계속 원래의 죄수 신분을 유지한 상태에
서 1등급이 감형되며, 후자의 경우는 復作으로 바뀌는 것이므로 성격
이 다르다. 결국 비교대상으로 남은 것은 復作 이외에는 없다.
　　이상의 내용을 귀납하면 赦에는 免되어 서인으로 되는 경우도 있
고, 원래의 죄보다 減等되는 경우도 있다.[96] 그러므로 赦는 원인이 되
는 赦令의 의미이며, 免은 赦의 결과로서 죄수의 신분에서 免脫된다는
의미를 가지고 있다.[97] 따라서 減刑은 죄수에서 免脫되는 것이 아니므

93) 吳礽驤 等, 『敦煌漢簡釋文』(蘭州: 甘肅人民出版社, 1991), p.252, TH.2318.
94) 『後漢書』 卷7 「孝桓帝紀」, p.290.
95) 『後漢書』 卷2 「顯宗孝明帝紀」, p.97.
96) 『漢書』 卷16 「高惠高后文功臣表」, p.569, "發婁 孝文十一年, 侯通嗣, 十七年, 有
罪, 赦爲鬼薪. 戶千一百"의 자료에서 赦되어 鬼薪으로 되는 경우 계속 죄수
의 신분으로 남아 있는 것으로 보아 免을 받은 것이 아니다.

로 당연히 免과 조합을 이루지 못하는 것이다.[98] 28)의 615簡 자료는
확실히 "諸以赦令免者"로 되어 있어 免의 자료라고 할 수 있다. 즉, 죄
수 신분에서 면탈한 이후에 행하는 作縣官은 바로 赦令을 받은 후에
복역하는 復作으로 생각된다. 바로 이것은 "復"의 "재차"의 의미를 반
영한 것이다. 또 『睡虎地秦墓竹簡』과 二年律令에는 죄수·노비에서 벗어
나 서인으로 될 때는 모두 免으로 표기한다. 적어도 復作은 庶人 신분
으로의 사면을 받은 상태에서 복역하는 것이므로 免으로 표기한 것으
로 생각된다. 615간에 "免"을 쓴 것은 庶人으로 되었지만 復作하고 있
는 상태, 즉 서인에 준하는 신분으로 간주했기 때문이다. 따라서 復作
은 일반 죄수와는 다른 경계선에 들어가 있다고 생각된다. 그럼에도
불구하고 復作은 아직은 庶人名籍이 아니라, 형도로 간주되어 "현재
죄수 명부"라는 뜻의 見徒名籍에 등록되었다.[99]

결론적으로 615간과 417간의 赦令免에 의해 死罪부터 鬼薪白粲까지
는 원래의 형기에서 2년이 감형된 기간을 復作으로서 복역하였다. 漢
代 刑徒는 賈誼가 "輸之司空, 編之徒官"이라고 말한 것처럼 刑徒를 관리
하는 司空에 편제되어 관리되었다. 復作도 刑徒와 마찬가지로 徒官의
엄밀한 감독 하에 각종 노역에 복역하였다. 다만 복역의 성격에 있어
弛刑徒가 戍卒과 田卒에 투입된 것과 달리, 徒復作은 廚房·傳舍·監獄·城
郭·官府 등 군사적 임무가 아니라 대부분 일상적 잡역에 종사했다.[100]

---

97) 『漢書』 卷76 「趙廣漢傳」, p.3202, "師古曰: 若束手自來, 雖合處牢獄, 當善處遇
   之, 或逢赦令, 則得免脱也. 脱音吐活反."
98) 이 문제는 뒤의 懸泉漢簡의 郭展奴의 자료와 『漢書』 「刑法志」의 자료를 비
   교할 때 재차 언급하기로 한다.
99) 陳玲, 「試論漢代邊塞刑徒的輸送及管理」, 『簡帛研究2001』(桂林: 廣西師範大學
   出版社, 2001), p.373, 懸泉漢簡 T0114.4.284A "入正月四日使徒復作御初麻名籍";
   p.372, T0314.2.306B "九月丙辰效穀丞光謂遮要懸泉置嗇夫吏寫移檄見徒復作名
   籍"; p.372, T0113.2.84A 簡: "二月丙辰朔甲申懸泉置嗇夫光敢言之謹移徒復作籰
   日作簿一編敢言之"
100) 劉洋, 위의 논문, p.34; 『居延漢簡釋文合校』, p.53, "(34.9, 34.8A) ☑山髊得二人

지금까지의 분석에 근거하여 좀처럼 의문이 풀리지 않았던 『睡虎
地秦墓竹簡』「法律答問」의 群盜가 庶人으로 사면된 사례를 살펴보기로
하자. 群盜는 赦免을 통해 서인이 되었으나 盜械囚刑罪以上을 감시하
다가 놓쳤기 때문에 故罪로써 論하여 斬左止城旦이 되었다.[101] 群盜가
서인으로 免되었음에도 관부에서 복역하는 이유는 무엇일까 하는 의
문은 復作의 개념을 떠올린다면 해결될 것으로 생각된다. 즉, 庶人으
로 사면되었어도 復作의 신분으로서 복역하였던 것이고 이 와중에 감
시하던 盜械囚를 놓쳤던 것이다. 만약에 庶人으로 사면되어 죄가 완전
히 없어졌다면 무죄에서 출발해야 함에도 불구하고 故罪로 처벌된 것
은 復作에 있기 때문이다. 또한 刑徒의 신분에서 徒加로 加罪된 것이
아니라 원래 故罪의 처벌만 받은 것으로 본다면 서인과 죄수의 신분
모두가 아닌 復作의 신분으로 처벌된 것이다.[102] 지금까지 復作의 결
론을 참고한다면 群盜는 庶人으로 되는 과정에서 復作이 되어 복역하
다가 재차 罪를 짓게 되어 故罪로 처벌된 것이다. 그렇다면 秦簡 시기
의 復作이 惠帝시기의 復作으로 연계되었던 것이다. 이렇게 「法律答問」
에서 庶人으로 사면한 죄수를 곧바로 歸家시키지 않고 계속 복역시킨
이유는 죄수의 석방으로 인해 초래될 무상 노동력의 감소를 우려하
고, 재범을 우려하여 전과자에 대해 석방 유예기간을 두고 감시하였

送囚昭武 □四月旦見徒復作三百七十九人 卅八人署廚傳舍獄城郭官府 六十人
付肩水部遣吏迎受"

101) 『睡虎地秦墓竹簡』, p.205, "將司人而亡, 能自捕及親所智(知)爲捕, 除毋(無)罪;
已刑者處隱官. ●可(何)罪得「處隱官」? ●群盜赦爲庶人, 將盜戒(械)囚刑罪以
上、亡, 以故罪論, 斬左止爲城旦, 後自捕所亡, 是謂「處隱官」. ●它罪比群盜者
皆如此."

102) 孟康은 復作과 施刑을 혼동한 것은 오류이지만, 復作이 재범시에 형도에
서 가죄되는 것(徒加)이 아니라 與民爲例하여 일반민의 신분을 적용받는
다는 것은 「法律答問」의 群盜 사례에서 볼 때 옳다. 다만 "滿其本罪年月日"
이라고 하여 최초에 언도된 형기를 복역하게 했다는 것은 施刑에 해당하
는 것이며, 復作은 3~1년의 복역기간이 있다.

던 것이 아닐까 한다.

復作의 형성 경위에 대해 吳榮曾과 劉洋은 범죄로 인해 復作의 처벌을 받는 것으로 이해하였다. 吳榮曾은 復作의 처벌을 받는 구체적인 사례는 제시하지 않았지만, 劉洋은 復作이 吏民의 犯罪로 인해 처벌을 받아 형성된 형도이며, 孟康이 말하는 것처럼 형도가 大赦 또는 詔書를 받아 감형된 결과는 아니라고 주장했다.[103] 劉洋이 이같은 주장을 하게 된 것은 41)의 원래 臨之燧長이었던 薛忘得이 燧卒 尹宗의 채무를 상환하지 않아서 復作이 되었다고 이해한 것에서 비롯되었다. 즉, 채무 불이행이 원인이 되어 復作의 처벌을 받았다고 해석한 것이다.

> 41) 臨之隧卒인 魏郡 内黃 宜民里의 尹宗은 과거 臨之隧長이었던 薛忘得
>   에게 錢斗 1개, 값어치 90錢, 1尺2寸의 刀 1개, 값어치 30錢, 緹績 1개,
>   값어치 25錢, 합계 145錢의 채권이 있다.
>   同 隧卒인 魏郡 内黃 城南里 吳故는 과거 臨之隧長이었던 薛忘得에
>   게 三石布橐 1개, 曼索 1具의 채권이 있다. 모두 蘭하였다. 忘得은
>   만날 수가 없다. 忘得은 현재 復作이다.(忘得見爲復作)[104]

그러나 薛忘得이 復作으로 된 것은 채무와 아무런 관련이 없다. 이 내용은 "薛忘得은 일찍이 臨之隧長이었다. 그는 2명의 戍卒로부터 物品을 借用하였으나 어떤 것은 반환하지 않았고 어떤 것은 파손되었는데도 배상하지 않았기 때문에 2명의 수졸로부터 고발당했다. 그러나 薛忘得은 현재 復作 중이어서 그들의 고소를 해결할 방법이 없다."는 내

---

103) 劉洋, 위의 논문, p.32.
104) 『居延新簡』, p.359, "(E.P.T 59:7) 臨之隧卒魏郡内黃宜民里尹宗, 責故臨之隧長薛
     忘得鐵斗一直九十, 尺二寸刀一直直卅, 緹績一直廿五, 凡直百卌五. 同隧卒魏郡
     内黃城南里吳故, 責故臨之隧長薛忘得三石布橐一, 曼索一具皆蘭. 忘得不可得.
     忘得見爲復作."

용이다.[105] 여기에서의 "見爲"는 현재의 신분 또는 직책이 무엇인지를 표시하는 형식이라고 할 수 있다. "見爲"가 현재의 신분임을 보여주는 증거는 간독자료에 많이 보이고 있다.

42) 司馬令史 騰譚이 말하기를 甲渠燧長 鮑小叔은 譚에게 갚아야 할 食粟三石이 있다고 진술하였다. 지금 현재는 甲渠燧長이다.[106]

43) …증언에서 말한 것을 받지 못했다. (그래서) 채무를 이행하지 않은 爰書(不服負爰書)에서 自證하기를, ●步光은 현재 俱南燧長이며, 執胡燧長은 아니다.[107]

위의 42)·43)의 두 자료는 모두 채무변제의 소송과 관련하여 피고 소인의 신분을 "見爲"로 표시하고 있는 것이다. 특히 "步光見爲俱南燧長不爲執胡燧長"의 경우는 "步光이 현재는 俱南燧長이지 執胡燧長이 아니다."라고 하여 과거와 현재 직책의 변화를 명확히 표시하고 있다. 이러한 분석을 통해서 보면 劉洋의 주장과 달리 薛忘得이 현재 復作으로 된 것은 2명의 수졸로부터 고발당한 때문이 아니라, 별도의 원인에 의해 현재 復作의 신분으로 있다는 내용이다. 결국 復作은 현재의 죄수가 사면을 받아 서인으로 되는 과정에서 復作이 되어 일정기간 복역하는 형태이며, 이것이 "재차"의 뜻을 가진 "復"와도 관련이 되는 것이다.

復作의 기간에 대해서 『漢舊儀』에 남자는 戍罰作, 여자는 復作으로

105) 于振波, 『秦漢法律與社會』(長沙: 湖南人民出版社, 2000), p.162.
106) 『居延新簡』, p.176, "(E.P.T 51:70) 司馬令史騰譚 自言責甲渠燧長鮑小叔負譚食粟三石. 今見爲甲渠燧長"
107) 『居延漢簡釋文合校』, p.257, "(157.12) □責不可得證所言 不服負爰書自證 ●步光見爲俱南燧長, 不爲執胡燧長"

모두 1년에서 3개월까지로 되어 있는데, 吳榮曾은 復作의 복역기간이 司寇보다 짧은 1년~3개월, 劉洋은 復作의 기간을 『漢舊儀』에 입각하여 1년-3개월로 보고 있다.[108] 그러나 필자는 앞의 "赦令免"에서 논한 바와 같이 復作의 기간은 죄수별로 3년~1년으로 각각 차이가 있다고 분석하였다. 이 견해는 「鼂錯傳」의 자료에서 입증되는데, 復作을 변경의 수졸로 흡수하려면 그들의 복역기간이 최소 1년 이상 남아 있어야 한다고 생각된다. 鼂錯이 이 상언을 올린 이유는 변경의 戍卒이 一歲마다 교체되므로 胡人의 침입에 대한 방어력에 문제가 발생하는 것을 개선하려는 데 있다. 그래서 변경에서 붙박이로 常居할 수 있는 자를 모집하고자 한 것이다. 그러나 徒復作들은 자신의 복역기간이 吳榮曾의 언급처럼 1년 이하라면 그냥 있어도 조만간 庶人으로 신분이 바뀌는데, 구태여 척박하고 위험한 변경에서 卒로 근무할 하등의 이유가 없을 것이다.

이상의 분석으로부터 『漢舊儀』의 1년~3월은 그런 점에서 復作의 기간으로 적당하지 않다고 생각하며, 죄수가 赦令을 받았을 때 "毋有復作"의 단서가 없으면 復作이 되어 길게는 3년, 짧게는 1년을 복역했다

---

108) 劉洋, 위의 논문, pp.32-33. 劉洋은 다음과 같이 주장하였다. 衛宏의 『漢舊儀』에 의하면, 漢代의 형도는 髡鉗城旦春·完城旦春·鬼薪白粲·司寇·復作이 있고, 형기는 각각 五年·四年·三年·二年·一年에서 三月이다. 『漢舊儀』의 기록에는 "復作"徒의 형기규정은 비교적 명확하여 "一歲到三月"이라고 되어 있다. 『漢舊儀』의 復作이 女徒라는 관점이 잘못된 것이지만, "復作"徒의 형기에 관한 것은 漢簡의 기록과 비교할 때 긍정적이라고 보았다. 『居延新簡』, p.326, E·P·T 56:280A、280B、281簡에 보면, "甲渠障候漢强敢言之, 府下詔書曰: 徒髡鉗鈦左右止城旦春以下及復作, 品書到言所……"라고 하여 가장 무거운 "髡鉗鈦左右止城旦"에서 가장 가벼운 "復作"이라는 의미이다. 이로 볼 때 漢簡의 기재는 『漢舊儀』와 일치하며, 髡鉗城旦은 徒刑 중에서 가장 무거운 등급이고, 復作을 최후에 배치한 상황으로 볼 때, 復作이 漢代 徒刑 가운데 가장 가벼운 등급이고, 그 형기는 최장이 1년이고, 짧은 것이 수개월이라는 것은 믿을 수 있다고 주장하였다.

고 생각한다. 또한 宣帝의 유모로 있던 趙徵卿과 胡組의 자료는 復作의 기간을 추정할 수 있는 단서가 된다.

[표 3] 太始 四年의 赦令

太始 4년(B.C.93)				5	6	7	8	9	10	11	12
征和元年(B.C.92)	1	2	3	4	5	6	7	8	9	10	11	12
征和 2년(B.C.91)	1	2	3	4	5	閏5	6	7	8			

　衛太子의 巫蠱 사건이 발생하는 征和 2년(B.C.91) 8월 이전에 최종적으로 내려진 사면은 太始 4년(B.C.93) 夏5月의 것이다.[109] 이때 내려진 赦令은 毋有復作의 단서가 없는 것으로 보아서 모두 復作을 했을 것으로 생각된다. 만약 趙徵卿 등이 이때 赦令을 받아 復作으로 되었다면 위태자 사건이 일어나는 B.C.91년 8월과는 29개월의 차이가 생기므로 2명의 여성은 적어도 復作으로서 거의 3년 가까이 복역했던 것으로 생각된다. 따라서 復作의 기간은 앞의 28)『懸泉置漢簡釋粹』615簡에 보이는 死罪가 사면되어 3년 동안 復作하게 하였던 것에 해당한다고 생각된다. 이 두 여성은 당시 중죄를 지은 자들로 생각되며, 그렇지 않고서야 이렇게 장기간 復作으로서 복역하였을 리가 없다.

　邴吉이 廷尉監으로서 衛太子가 국사범으로 몰린 巫蠱사건을 郡邸獄에서 다스릴 때, 어린 증손을 위해 유모를 외부에서 구할 처지도 아니었기 때문에 아이를 낳은 지 오래된 죄수들에게 수유를 부탁했던 것으로 생각된다. 일반적으로 산모는 출산 후 6개월이 넘었을 때 수유하지 않으면 젖이 나오지 않으나, 계속 수유하면 젖은 상당히 장기

---

109) 『漢書』卷6 「武帝紀」, p.207, "(太始)四年 春三月, 行幸泰山. 壬午, 祀高祖于明堂, 以配上帝, 因受計. 癸未, 祀孝景皇帝于明堂. 甲申, 修封. 丙戌, 禮石閭. 夏四月, 幸不其, 祠神人于交門宮, 若有鄕坐拜者. 作交門之歌. 夏五月, 還幸建章宮, 大置酒, 赦天下."

간 나온다고 한다. 이들 유모들의 모유량은 부족했던 듯한데, 淮陽 趙
徵卿과 渭城 胡組가 번갈아서 수유했다는 것은 그러한 방증이다. 이들
이 郡邸獄에 들어온 지 상당한 기간이 경과했거나 이들이 낳은 영아
들도 감옥에 들어와 있기 때문이었을 가능성도 있다.

한편 죄수가 赦免 이외에도 庶人 신분으로 되돌아갈 수 있는 길은
복역기간의 만료였다. 이것은 앞서 말한 A)의 유형에 해당한다. 『漢書』
「刑法志」에는 文帝 13년에 형기 개혁을 단행하고 1년이 경과할 때마다
黥爲城旦舂 - 完爲城旦舂 - 耐爲鬼薪白粲 - 耐爲司寇의 순서로 신분이 바
뀌게 규정을 개정하였다.(46에서 후술함) 이러한 규정과 비슷한 것이
최근 발견된 懸泉置 자료에 확인된다. 이 자료에서는 이것을 정식으로
"以律減罪"라고 부른다.

44) 神爵四年十一月辛酉朔甲戌 懸泉置嗇夫弘將徒繕置敢言之廷 髡鉗鈦左
   止徒大男 郭展奴自言作滿二歲□(二)月
   七日謹移爰書 以令獄案 展奴初論年月日 當減罪爲減 唯廷報如律令敢
   言之 (T0309・③・9)

45) 神爵四年十一月辛酉朔甲戌 懸泉置嗇夫 敢言之爰書 髡鉗鈦左止徒大男
   □□□□(張俊民: 郭展奴自言故)廣川郡廣川縣□□□□□□坐以縣官
   事擊傷北蘭亭長段間神爵二年九月庚午論廣川郡廣川縣徒敦煌效谷縣署
   作縣泉置盡神爵
   四年十一月甲戌 積勞二歲六十七日 論以來未嘗有它告劾若□□□減罪□
   □二歲(張俊民: 若系. 當以律減罪爲三歲)完城旦 它如爰書敢言之 (T0309・
   ③・276)[110]

---

110) 張俊民, 「敦煌懸泉置探方T0309出土簡牘槪述」, pp.399-400; 張俊民, 『簡牘學論
   稿』(蘭州: 甘肅教育 2014), pp.174-175; 張俊民, 『敦煌懸泉置出土文書研究』(蘭
   州: 甘肅教育, 2015), pp.420-421; 陳玲, 「試論漢代邊塞刑徒的輸送及管理」(『簡帛

44)와 45)의 문서는 懸泉置 嗇夫 弘이 髡鉗鈦左止 郭展奴의 진술에 근거하여 그의 減罪를 요청한 문서이다. 즉, "郭展奴는 髡鉗鈦左止의 신분으로서 현천치에서 복형하고 있는데, 스스로 嗇夫 弘에게 말하기를 '이미 2년 2개월 7일을 복역하였으므로 법률규정에 의거하여 의당 감죄해야 한다.'고 하였다. 嗇夫 弘은 郭展奴의 말을 기록하여 爰書를 만들어 效穀縣에 上報하고, 관련 법률규정에 의거하여 그를 감죄하도록 縣廷에 요청한다."는 내용이다. 45)의 T0309·③·276은 懸泉置 嗇夫 弘이 보고한 동일한 내용으로서 44)보다 상세하다. "감죄자의 과거 범한 죄행 및 二歲六十七日의 복형기간(積勞)을 언급하고, 판결 이후 告劾된 사실이 없어서 減罪 조건에 부합하므로 律에 의거하여 □□三歲의 完城旦으로 減罪해야 한다."는 내용이다.

아래 46) 『漢書』 「刑法志」에서 알 수 있듯이 a) "爲"로 표현되는 것은 1년마다 복역기간이 차면 순차적으로 하위 죄수의 신분으로 변경하는 형식이고, b) "免"으로 표현된 것은 마지막에 庶人으로 방면될 때로 한정하는 형식이다. 이 2개의 형식 중에서 郭展奴의 減罪 문서는 a)에 해당한다. 그러한 점에서 이 자료는 28) 615簡의 "赦令免"과 형식이 다르다고 생각된다. 免은 減罪에 의한 죄수형명의 변경에 사용되지 않고, 오직 放免되어 서인으로 되는 것에 한정한다. 45)의 "以律減罪"의 자료는 소정의 복역기간을 마칠 때마다 단계적으로 "減罪"의 수속을 통해 최종적으로 庶人으로 방면되는 과정을 보여준다. 張俊民의 "爲三歲完城旦"의 "爲"의 추정이 옳다면 곽전노는 三歲完城旦의 신분으로 감죄되는 것이다. 이러한 출토자료는 『漢書』 「刑法志」의 내용을 보충해 주는 것이다.

---

46) 罪人獄已決, 完爲城旦舂, 滿三歲爲鬼薪白粲. 鬼薪白粲一歲 [免爲庶人.

鬼薪白粲二歲], 爲隸臣妾. 隸臣妾一歲, 免爲庶人. 隸臣妾滿二歲, 爲司
寇. 司寇一歲, 及司寇作如司寇二歲, 皆免爲庶人. 其亡逃及有罪耐以上,
不用此令. 前令之刑城旦舂歲而非禁錮者, 如完爲城旦舂歲數以免.[111]

위의 문장에서 [ ]부분은 滋賀秀三이 보완한 것이다.[112] ① 完爲城旦
이 3년 복역하면 鬼薪白粲으로 되고, 鬼薪白粲에 1년 복역하고 庶人으
로 방면한다. 합계 형기가 4년이다. ② 鬼薪白粲은 2년 복역하면 隸臣妾
으로 減罪되고, 隸臣妾에 1년 복역하면 庶人으로 방면한다. 합계 형기
가 3년이다. ③ 隸臣妾은 2년 복역하면 司寇(또는 作如司寇)로 하고, 司
寇(또는 作如司寇)에 1년 복역시켜 방면한다. 합계 형기가 3년이다. ④
司寇·作如司寇는 2년 복역하면 방면한다. 즉 형기 2년이다.

『漢書』「刑法志」를 보면, 각 형기가 만료되어 한 등급 가벼운 죄수
로 되는 "以律減罪"의 경우 "免"으로 표현하지 않고 "爲"로 하였으며,
최종적으로 庶人이 될 때에만 "免"으로 표현하고 있다. 그렇다면 이같
은 『漢書』「刑法志」의 내용에 근거하여 郭展奴는 2년을 복역한 후 髠鉗
釱左止에서 完城旦으로 신분이 바뀐 것이다. 이 내용은 복역기간이 차
면 한 등급 가벼운 죄수로 신분이 바뀌는 것이므로, 앞에서의 "以赦令
免"과는 근본적으로 다른 것이다. 이러한 죄수의 단계별 복역 만료로
인한 減罪사례가 많았기 때문에 관리들은 표준 문건인 模本을 마련해
두고 書寫에 사용하였다.

47) 神爵二年某月某日朔某日, 某官佐甲将徒作某事敢言之. 某縣髠鉗城旦大
男王乙自言. 作满若干歲謹移爰書謁令獄. 案乙初論年月日當減罪为減.
報如律令敢言之 (I T0309③:128)

---

111) 『漢書』 卷23 「刑法志」, p.1099.

112) 滋賀秀三, 「前漢文帝の刑制改革をめぐって」(『東方學報』 79, 1990), p.42.

48) 神爵二年某月某日朔某日, 某官佐甲敢言之爰書. 髡鉗城旦大男王乙自言.
故某县某里坐云云某年某月某 (I T0309③:231)

日论. 某縣署作某官盡神爵二年某月某日, 積滿若干歲, 論以来未嘗有它
告劾若系. <u>當以律減罪.</u> (I T0309③:56)

<u>为某罪,</u> 它如書敢言之 (I T0309③:57)[113]

47)은 위의 44)와 동일한 유형이며, 48)의 231 + 56 + 57간은 위의 45)
와 동일한 유형이다. 이러한 문서형식은 "自言"이라고 한 것으로 볼
때, 형도 자신이 율령 규정의 감죄 요건(積滿若干歲)을 갖추면 주관부
서에 감죄 요청을 하는 것이며, 주관부서는 해당 형도의 상황을 상급
기구에 신청하여 비준을 받으면 해당 형도는 최종적으로 감죄를 받
는다.[114] 이것은 『漢書』「刑法志」의 내용과 일치하는 것이다.

흥미로운 것은 髡鉗鈦左止에서 完城旦으로 되는데 소요되는 기간
의 새로운 발견이다. 文帝 13년 5월 刑制개혁 이후 아래의 [표 4]와 같
이 형기가 조정되었다는 것이 종래의 설이었다.[115] 冨谷至는 『晉書』
「刑法志」의 "髡刑有四"의 형벌명에 대해서 ① 髡鉗城旦舂 ② 髡鉗城旦舂鈦
左趾 ③ 髡鉗城旦舂鈦右趾 ④ 髡鉗城旦舂鈦左右趾로 주장하고,[116] 이 4종
의 곤겸형 형기가 모두 5년으로 동일하고 단지 착용하는 형구의 차이

---

113) 張俊民, 「敦煌懸泉置探方T0309出土簡牘概述」, p.400; 張俊民, 『敦煌懸泉置出土
文書研究』, pp.419-420.

114) 張俊民, 「敦煌懸泉置探方T0309出土簡牘概述」, p.400.

115) 張建國, 「西漢刑制改革新探」(『歷史研究』 1996-6), p.23.

116) 濱口重國은 ①髡鉗城旦 ②髡鉗城旦 + 笞一百 ③髡鉗城旦 + 笞二百 ④鈦左止 +
笞二百 ⑤鈦右止 + 笞二百의 5개를 들고, 이 가운데 하나가 제외된다고 했
다. 冨谷至는 ①髡鉗城旦舂 ②髡鉗城旦舂鈦左止 ③髡鉗城旦舂鈦右止 ④髡鉗
城旦舂鈦左右止라고 했고, 張建國은 ①髡鉗城旦舂 ②髡鉗城旦舂 + 笞二百 ③
髡鉗鈦左止 + 笞二百(左止) ④髡鉗鈦右止 + 笞二百(약칭 右止)라고 했다. 자
세한 것은 임병덕의 「中國古代·中世의 肉刑과 髡刑」(『魏晉隋唐史研究』 9집,
2002) 참조.

가 있을 뿐이라고 하였다.[117] 그러나 『唐六典』에 보면 "髡刑有四 : 一曰
髡鉗五歲刑, 笞二百; 二曰四歲刑; 三曰三歲刑; 四曰二歲刑."이라고 되어
있어 晋書의 歲刑 5, 4, 3, 2년형을 언급한 것이고, 문제의 개제 이후 髡
鉗刑 내부의 세부형을 가리키는 것은 아니었다.[118] 따라서 『晋書』「刑
法志」의 "髡刑有四"와 漢文帝의 刑制改革 당시 신설된 髡鉗刑 4개와는
완전히 별개의 것이다.

45)의 『敦煌懸泉置漢簡』 석문에서 "二歲"를 "三歲"로 보아야 하는지
해석상에 차이가 있다. "四年十一月甲戌積滿二歲六十七日論以來未嘗有它
告劾若□□□減罪□□三歲完城旦它如爰書敢言之(ⅠT0309③:276)"에 대해서, 張
俊民은 과거 원고(簡牘學論稿, 敦煌懸泉置探方T0309出土簡牘槪述)에서
는 "二歲"라고 하였다. 그후 『敦煌懸泉置出土文書硏究』에서는 "若系. 當
以律減罪爲三歲"라고 하여 "二歲"를 "三歲"로 수정하였다.[119] 그 결과
"論以來未嘗有它告劾若系. 當以律減罪爲三歲完城旦"과 같이 되었다. 陳玲
은 시종일관 "二歲"로 석문하였다. 이것은 刑期와 관련하여 중요한 부
분이다.

48)의 "論以來未嘗有它告劾若系. 當以律減罪爲某罪, 它如書敢言之(Ⅰ
T0309③:57)"라고 한 것은 형식상 45)의 T0309·③·276과 동일하다. 그래
서 이를 해석한다면, "처음 판결 이래로 또다른 告劾 또는 系(繫: 구금)
된 바가 없었다. 따라서 律에 입각해 減罪하여 某罪로 한다는 것이다."
그러면 三歲完城旦이 다음 형벌로 되는 것이다.

만약에 "三歲"가 정확하다면, 完城旦의 刑期 4歲와는 불일치한다.
그리고 "三歲"는 鬼薪의 刑期라서 "三歲完城旦"이라고 하는 것도 전체
맥락에서 옳지 않다. 이에 대해 張俊民은 "등급에 따라서 五年刑은 減
해져 四年完城旦으로 될 수 있다. 때문에 郭展奴는 만 2년을 服役해서

---

117) 冨谷至, 『秦漢刑罰制度の硏究』(京都: 同朋社, 1998), p.137.

118) 『唐六典』 卷 6 「尙書刑部」(北京: 中華書局, 1992), p.181.

119) 張俊民, 『簡牘學論稿』, p.175; 張俊民, 『敦煌懸泉置出土文書硏究』, pp.420-421.

직접 3年의 鬼薪으로 될 수 있다. 즉, 減罪爲三歲의 某某"라고 서술하였다.[120] 그러나 문제는 "三歲完城旦"이라는 기록에서 完城旦의 형기가 4년이라는 점과 일치하지 않는다. 이 점을 어떻게 해석해야 하는가?

郭展奴가 髡鉗釱左止에서 完城旦으로 감죄하는데 2년이 소요된 것을 보면, 張建國·冨谷至 등이 곤겸형 4개가 모두 5년형이라고 주장한 것에 의문을 갖게 된다. 이들의 견해대로라면 각 髡刑이 모두 5년이므로 髡鉗釱左止에서 完城旦이 되는데 1년이 걸려야 한다.(곤형5년 - 완성단4년 = 1년)

郭展奴가 髡鉗釱左止에서 完城旦으로 되는데 2년이 소요된 것을 본다면 [표 4]와 같이 髡鉗城旦舂釱左趾는 6년형이 될 가능성이 있고(2년 + 완성단4년), 각 髡刑 사이에도 1년씩의 차이가 있을 가능성도 있다. 흥미롭게도 감죄 후에 성단용의 복역기간을 말한 45)의 "當以律減罪爲三歲完城旦"(懸泉置漢簡)과 46)의 "完爲城旦舂, 滿三歲爲鬼薪白粲"(刑法志)는 일치한다. 따라서 完城旦으로서 3년 복역 후에 鬼薪으로 되는 것이다. 즉, 「刑法志」에서 언급한 것처럼, 3년의 完城旦을 마치면 곧바로 庶人이 되는 것이 아니다. 즉, 完爲城旦이 3년 복역하면 鬼薪으로 되고, 鬼薪白粲에 1년 복역하고 庶人으로 방면한다. 처음의 곤겸체좌지 2년을 포함하면, 모두 6년형으로 된다.

[표 4] 文帝 이후의 형기

『漢書』「刑法志」		張建國			冨谷至		필자
		文帝13年-武帝太初元年		武帝太初元年			
斬右趾	棄市	髡鉗城旦舂	6年	髡鉗城旦舂	5年	髡鉗城旦舂釱左右趾	5年	棄市
斬左趾	髡鉗城旦舂 + 笞五百					髡鉗城旦舂釱右趾	5年	7年
劓	髡鉗城旦舂 +					髡鉗城旦舂	5年	6年

120) 張俊民, 『敦煌懸泉置出土文書研究』, p.422.

『漢書』「刑法志」		張建國		冨谷至		필자
		文帝13年-武帝太初元年	武帝太初元年			
	笞三百			鈦左趾		
髡鉗城旦舂	髡鉗城旦舂			髡鉗城旦舂	5年	5年
完城旦舂		5年	4年	4年		4年
鬼薪白粲		4年	3年	3年		3年
隷臣妾		3年	소멸	소멸		소멸
司寇		2年	2年	2年		2年

또한 [표 4]에서 의문인 것은 곽전노가 왜 髡鉗城旦鈦左止에서 1년 복역 후 바로 아래의 등급인 髡鉗城旦으로 "減罪"를 신청하지 않고, 2년 여가 경과된 후에 完城旦으로의 "減罪"를 신청했을까 하는 것이다. 이것은 髡鉗刑 내부의 4개 형명은 상호간 등급으로 간주하지 않고 加罪의 관계로 인식한 때문인 것 같다. 그러한 예로 髡鉗刑 내부는 無等級이므로 死罪에서 감일등할 때는 髡鉗城旦舂鈦左右止로 되는 것이 아니라 髡鉗城旦舂이 되는 것과 동일한 이치이다.[121] 이 내원은 秦律에 있다. 秦律의 黥城旦舂에서 범죄가 가중되면 劓刑 → 斬左止 → 斬右止의 순서대로 加罪되지만, 이 3개의 형벌 사이는 형벌등급으로 간주하지 않는 것과 동일한 것이며, 死罪로부터 1등급 감형되면 斬右止가 아니라 黥城旦舂으로 되는 것과 동일한 이치이다.

---

121) 『漢書』卷72 「鮑宣傳」, p.3094, "上遂抵宣罪減死一等, 髡鉗. 宣既被刑, 乃徙之上黨, 以爲其地宜田牧, 又少豪俊, 易長雄, 遂家于長子."; 『後漢書』卷60下 「蔡邕列傳」, p.2002, "於是下邑, 質於洛陽獄, 劾以仇怨奉公, 議害大臣, 大不敬, 弃市. 事奏, 中常侍呂强愍邕無罪, 請之, 帝亦更思其章, 有詔減死一等, 與家屬髡鉗徙朔方, 不得以赦令除."

IV. 庶人의 稅役과 신분상승

1. 庶人의 徭役

지금까지 赦令을 통해 免爲庶人되는 과정을 살펴보았는데, 빈번하게 赦令을 반포한 것은 漢代 정치의 큰 특징이다. 통계에 의하면 兩漢 400여 년 간 大赦만 140여 차례 반포되었고, 여기에 曲赦·減等·贖罪 등의 각종 사면을 포함하면 480여 차례라고 한다.[122] 與民更始를 표방하는 사면은 士伍 및 庶人 체제의 재정비를 위한 조치였다고 생각된다. 秦漢의 법률이 更始를 표방하고 사면령을 통해 죄수를 사회로 복귀시켰지만, 해방되어 서인이 된 이들에 대한 처우가 어떠했는지는 전과자에 대한 秦漢 국가의 인식을 엿본다는 점에서 흥미롭다. 이를 분석할 수 있는 주제가 서인의 세역 문제와 서인 신분으로부터 상위 신분으로의 이동 문제이다. 특히 후자는 해방한 죄수를 계속 서인의 위치에 둘 것인지, 아니면 士伍로 상승시킬 것인지의 문제이다.

필자는 전고에서 서인으로부터 사오로의 신분상승이 가능하다고 지적하였는데,[123] 林炳德은 필자가 고려하지 못했던 두 가지 문제를 지적하였다. 첫째, 林炳德은, 椎名一雄의 『二年律令』 傅律의 규정에서 庶人만이 보이지 않고 있는 점에 동의하여 庶人을 傅(요역·병역의 의무)에서 제외된 신분층으로 파악하고 있다.[124] 椎名一雄은 『二年律令』에 규정된 庶人이 요역과 병역의 의무에서 제외되었던 七科謫과 유사

---

122) 鄔文玲, 「赦令與漢代政治的良性運行」(『河北學刊』 2007-5), p.76.

123) 任仲爀, 위의 논문, pp.164-176.

124) 林炳德, 「秦·漢시대의 士伍와 庶人」(『中國古中世史硏究』 20, 2008), pp.330-335; 椎名一雄, 「張家山漢簡二年律令に見える爵制 - 庶人の理解を中心として」(『鴨台史學』 6, 2006), pp.75-84; 『張家山漢墓竹簡』, p.181, "大夫以上年五十八, 不更六十二, 簪裊六十三, 上造六十四, 公士六十五, 公卒以下六十六, 皆爲免老. 356(F129)"

하다고 주장한 반면에, 林炳德은 七科謫보다는 오히려 『商君書』 「境內篇」에 "有爵者가 無爵者를 그의 庶子로 해줄 것을 청구할 수 있는데 爵 1級 當 1인을 청구할 수 있다. 그 유작자는 일반의 노역에 복역하지 아니하고, 그 庶子는 그 大夫에게 매월 6일간 복역해야 한다."고 규정된 庶子에 가깝다고 주장했다.[125] 임병덕은 『二年律令』의 公卒·士伍·庶人 가운데 公卒·士伍는 국가의 公民으로 병역과 요역의 대상이었고, 傅律에 기록되지 않은 庶人은 요역과 병역의 의무에서 제외된 대신에 어떠한 의무를 부담해야 하는데, 그것이 『商君書』 「境內篇」의 有爵者에게 복역하는 無爵 신분의 庶子였다고 주장한다.

임병덕의 두 번째 지적은 다음과 같은 것이다. 『二年律令』에서 私奴婢가 庶人으로 해방되어도 여전히 원래의 주인에게 강하게 예속되었다는 점은 관노비와 유사한 것으로 파악하고 있다. 특히 노비에서 해방되어 私屬 혹은 庶人이 되면 모두 노역과 인두세가 면제되는 점은 傅律에서 庶人이 傅(요역·병역의 의무)에서 제외된 것과 일치한다고 주장했다. 그리고 요역 동원의 실태와 관련, 『里耶秦簡』에 요역 동원의 대상으로 乘城卒·隸臣妾·城旦舂·鬼薪白粲·居貲贖債·司寇·隱官·踐更縣者가 열거되었는데, 군역에 동원된 士伍(乘城卒)가 제일 먼저 동원령의 대상이고, 그 다음에 徒隸·居貲贖債·司寇·隱官의 순서로 그 대상이 되다가, 마지막에 踐更縣者, 즉 縣內의 徭役에 해당하는 士伍가 동원되며, 庶人은 동원 대상에 포함되지 않았다고 주장한다.[126]

이상과 같은 논지에는 경청할 만한 것이 있지만, 의문점이 없는 것은 아니다. 兩漢代에 大赦만 140여 차례 내려진 사면령에 의해 庶人의 숫자는 계속 증가 추세일 것이며, 이들 서인이 계속 국가요역을 부담하지 않는다면 국가의 요역수급에 심각한 영향을 미칠 것이다.

---

125) 高亨, 『商君書注譯』(北京: 中華書局, 1974), p.145, "其有爵者乞無爵者以爲庶子, 級乞一人. 其無役事也, 其庶子役其大夫, 月六日; 其役事也, 隨而養之."
126) 林炳德은 士伍와 乘城卒을 등치시키고 있다.

서인이 국가로부터 100무의 토지를 지급받고 "庶子" 또는 "庶人"으로서
유작자에게만 전적으로 복역하게 하였다면 국가 측의 자원낭비일 것
이다. 또한 『商君書』의 원문인 "其有爵者乞無爵者以爲庶子, 級乞一人. 其
無役事也, 其庶子役其大夫, 月六日; 其役事也, 隨而養之"를 자세히 검토하
더라도, 庶子가 大夫에게 매월 6일 간 복역하는 것은 "役事가 없을 때"
이므로 庶子는 평소 국가에 요역의 부담을 가지고 있었다.

또한 『商君書』의 무작자를 庶子로 삼아 유작자에게 한 달에 6일 간
노역하게 했다는 사실과 『法律答問』에 보이는 群盜의 사면시에 국가가
계속 범인감시 등의 업무에 종사하게 하고 유죄시 故罪로 처벌하는
사실이 일치하는지 검토하면, 전자는 私家의 노동력으로 동원하는 것
임에 비해 후자는 국가가 계속 통제 관리한다는 점에서 차이가 있다.
따라서 庶라는 글자 이외에는 동일한 요소를 찾기 힘들다. 또한 필자
는 群盜에서 사면되어 庶人이 된 자를 계속 국가에서 동원한 것은 앞
서 분석한 것처럼 서인이 아니라 復作 신분이었다고 보기 때문에 공
통의 비교대상으로 보기 어렵다.[127]

庶人의 세역이 면제되는가의 문제는 『이년율령』을 분석한 결과 두
가지로 구분해 설명할 수 있었다. 하나는 사면된 庶人이 公家에 세역
의 의무를 부담하는 문제, 다른 하나는 『이년율령』의 노비에서 庶人으
로 免된 자가 私家에서 노비처럼 사역되고 있는 문제이다. 전자의 庶

---

127) 해방노비를 주인이 계속 소유하는 전통은 北周 시기에도 이어지고 있다.
北周에서 양민층의 분해를 막기 위해 노비를 해방하면서 舊주인과 함께
사는 자를 部曲과 客女로 인정하였다. 이때에 만일 구주인이 해방된 노비
와 동거하기를 원하면 부곡 및 객녀로 하는 것을 허락하는 것인데, 이는
실상 진한시대의 해방된 私屬과 庶人이 노예주와 함께 살고 있고 그 지시
를 받는 것과 유사한데, 그 전통이 계승된 것인지도 모른다. 원래 방면되
면 서인으로 해야 할 것이지만, 여기서는 부곡 및 객녀로 하고 있다. 『周
書』卷6「武帝下」, p.104, "(建德六年條) 詔自永熙三年七月已來, 去年十月已前,
東土之民, 被抄略在化內爲奴婢者; 及平江陵之後, 良人沒爲奴婢者: 並宜放免.
所在附籍, 一同民伍. 若舊主人猶須共居, 聽留爲部曲及客女."

人이 병역의 의무를 부담하는지 여부를 확인하기 위해 아래의 「貢禹傳」의 기록을 살펴보자.

> 49) 또한 諸官奴婢 10만여명이 놀면서 하는 일이 없는데도, 良民에게 稅를 거둬 비용을 지급하였습니다. 한해 비용이 五六鉅萬이니, 마땅히 免하여 庶人으로 삼아, 식량을 지급하고, 그들로 하여금 關東戍卒을 대신하여, 北邊의 亭塞에 올라 候望하게 해야 합니다(乘北邊亭塞候望).128)

이것은 貢禹가 주장한 諸官奴婢 10만 여 명을 庶人으로 免하여 關東戍卒 대신 北邊亭塞에 올라가 수비하게 한다는 관노비 해방령이다.129) 이 사료는 서인이 변경수비에 종사하고 있음을 보여준다. 사실 庶人이 변경수비에서 제외되었다고 하는 것이 이해되지 않음은 형도 및 七科謫도 수졸로 근무하는 자료가 보이는데, 그보다 신분이 높은 庶人이 변경근무에 복역하지 않았을 리가 없다.130) 위 사료의 "乘北邊亭塞候望"은 아래의 秦始皇 27年(B.C.220)의 里耶秦簡에 보이는 乘城卒과 동일한 것이다. 즉, 양자는 城과 亭塞에 오른다는 점에서 동일한 사실을 표현하고 있는 것이다.

> 50) 秦始皇 27年 2月 15日, 洞庭守 禮는 縣嗇夫·卒史嘉·假卒史穀·屬尉 등에게 통지하였다. ① 令 규정에 "무릇 傳送運輸의 임무에는 반드시 우선적으로 城旦舂·隷臣妾·居貲贖債 등의 신분을 파견하며, 긴급한 임

---

128) 『漢書』 卷72 「貢禹傳」, p.3076, "又諸官奴婢十萬餘人戲遊亡事, 稅良民以給之, 歲費五六鉅萬, 宜免爲庶人, 廩食, 令代關東戍卒, 乘北邊亭塞候望."
129) 이때 해방된 官奴婢는 復作으로 되지 않는데, 그 이유는 刑徒가 아니기 때문이다. 復作으로 되는 것은 刑徒의 경우로 한정된다.
130) 陳直, 『居延漢簡硏究』(天津: 天津古籍出版社, 1986), pp.15-20.

무를 지연시킬 수 없을 때라야 비로소 黔首를 징발한다."라고 하였
다. ②지금 洞庭郡의 병기를 內史(關中) 및 巴郡·南郡·蒼梧 등지로 수
송해야 하는데, 무기 수송에 필요한 노동력이 매우 많다. 만약 傳送
運輸가 필요하다면, 반드시 우선적으로 乘城卒·隷臣妾·城旦春·鬼薪
白粲·居貲贖債·司寇·隱官·縣의 踐更者를 파견한다. 농번기에는 黔首
를 징발하지 않으려 한다. ③卒史嘉·假卒史穀·屬尉 등은 각각 담당
하고 있는 縣卒·徒隷·居貲贖債·司寇·隱官·踐更縣者의 명부를 살펴
서 가능한 자에게는 무기를 수송하게 한다. 縣에서 수송하지 않게
했는데도 黔首를 동원하거나, 동원하는 黔首를 줄일 수 있는데도 많
이 동원한 자는 즉시 고발하여 縣으로 이첩한다. 縣에서는 즉시 律
令에 따라 논처하고, 죄에 저촉된 자는 이름과 판결문을 郡太守府에
보내라. 卒史嘉·假卒史穀·屬尉 등은 각자 소재한 縣에서 상황을 보
고하고, 卒史嘉·假卒史穀·屬尉 등은 吏員에게 고하여 낮밤으로 올바
로 행하도록 한다. 다른 것은 율령과 같이 한다.[131]

①의 令에 규정된 傳送委輸의 요역 징발 순서는 매우 간단하게 城旦
春·隷臣妾·居貲贖債로만 되어 있으나, ②에서는 이 令에 추가하여 乘城
卒·隷臣妾·城旦春·鬼薪白粲·居貲贖責(債)·司寇·隱官·踐更縣者로 되어 있
다. 여기의 乘城卒에 庶人이 포함된 것은 방금 「貢禹傳」에서 검토한 바

---

131) 王煥林, 『里耶秦簡校詁』(北京: 中国文聯出版社, 2007), p.112, "J1(16)6 A面[24] :
廿七年二月丙子朔庚寅, 洞庭守禮謂縣嗇夫·卒史嘉·叚(假)卒史穀·屬尉 : ①令曰 :
"傳送委, 必先悉行城旦春·隷臣妾·居貲贖責(債), 急事不可留, 乃興(徭)." 今洞庭
兵輸內史及巴·南郡蒼梧, 輸甲兵當傳者多, 節傳之, ②必先悉行乘城卒·隷臣妾·
城旦春·鬼薪白粲·居貲贖責(債)·司寇·隱官·踐更縣者. 田時殹(也), 不欲興黔首.
③嘉·穀·尉各謹案所部縣卒·徒隷·居貲贖責(債)·司寇·隱官·踐更縣者簿,   有可令
傳甲兵, 縣弗令傳之而興黔首, [興黔首]可省少弗省少而多興者, 輒劾移縣, [縣]亟
以律令具論. 當坐者言名夬(決)泰守府, 嘉·穀·尉在所縣上書嘉·穀·尉, 令人日夜
端行.它如律令."

와 같다. 庶人 이외에도 隷臣妾·城旦舂·鬼薪白粲과 같은 죄수들도 興徭
에 동원되고 있다. 이렇게 죄수와 서인이 모두 興徭에 동원되었는데,
다만 黔首의 경우에는 농사와 관련하여 징발을 나중으로 돌리고 있
다. ③에서 최종적으로 동원하기로 결정된 것은 縣卒·徒隷·居貲贖責
(債)·司寇·隱官·踐更縣者의 순서로 되어 있다.[132] 縣卒의 다음에는 죄
질이 무거운 죄수부터 우선적으로 징발하고, 최종적으로 踐更縣者를
동원했다.

　踐更縣者의 다음에는 농사일 때문에 징발을 뒤로 미룬 黔首가 동원
되었다. 위의 洞庭守 禮 문서에는 司寇·隱官까지는 언급하고 있으나,
별도로 "庶人·士伍·公卒"을 언급하지는 않고 있다. 대신에 黔首를 언급
하고 있다. 따라서 이 문서에서의 黔首는 『이년율령』의 신분 등급에서
司寇·隱官의 바로 위에 위치한 "庶人·士伍·公卒 이상"의 신분이라고 생
각된다. 혹자는 黔首가 無爵者를 지칭한다고 했지만,[133] 黔首가 노비·

---

132) 所部縣卒은 행문의 위치상 乘城卒에 해당하지만, 전자는 縣 소속의 병졸이
며, 乘城卒은 성을 수비하는 병사들이어서 의미상 차이가 있다. http: www.
jianbo.org admin3 list.asp?id=1039 于振波, 「走馬樓吳簡中的限米與屯田(下)」에서
州卒·郡卒·縣卒은 『三国志』等의 文献에 "州兵", "郡兵", "縣兵"으로 칭해지고
있다. 『漢書』卷4「文帝紀」, p.131, "郎中令張武爲復土將軍, 發近縣卒萬六千人,
發內史卒萬五千人, 臧郭穿復土屬將軍武."

133) 李解民에 의하면, 黔首는 무작자층을 지칭한다고 보았다. 이때 유사한 개
념인 黔首와 民은 완전히 동일하지 않다고 보았다. 그는 劉劭의 爵制에 1
급부터 4급까지가 士라고 하는 사실, 儀禮의 "士는 冠을 쓰고, 庶人은 巾
(幘)을 쓴다."는 내용, 孔穎達의 "백성은 黑巾으로 머리를 싸기 때문에 黔首
로 부른다."는 해석, 『呂氏春秋』「懷寵」에 "士民黔首益行矣"로 士와 民과 黔
首를 구분하고 있는 사실에 입각하여, 民에는 不更 이하의 低爵과 無爵의
士伍가 포함되며, 黔首는 無爵의 平民(士伍)과 徒役(監門逆旅, 庶子, 餘子, 弟
子)이 포함된다고 하였다. 한편 노예와 형도는 黑巾이 아니라 赭色으로 하
여 구분하였다. 이 견해에 따르면, 黔首는 有爵者를 포함하지 않는 무작자
로만 제한되므로 이년율령의 公卒·士伍·庶人에만 한정된다. 또한 徒役과
庶人을 등치시킬지는 좀 더 고민해야할 과제이다. 李解民, 「民和黔首 ― 兼
評秦始皇"更名民曰黔首"」(『文史』 23輯, 1985), pp.61-69.

죄수와 같은 자를 제외한 無爵 이상의 신분으로서 유작자까지도 지칭하는 자료가 있다.[134] 無爵 이상의 黔首가 요역에 동원되면 庶人이 여기에 포함됨은 당연하다.

이러한 庶人의 요역 동원에 대한 필자의 견해는 아래의 傅律 자료에서 보다 확실하게 입증된다. 免老는 국가의 요역 및 병역의 의무에서 벗어나는 것을 의미한다.

> 51) 大夫以上[年九十, 不更九十一, 簪裊九十二, 上造九十三, 公士九十四, 公卒、士五九十五以上者, 稟米月一石. 354(F127)大夫以上年七十, 不更七十一, 簪裊七十二, 上造七十三, 公士七十四, 公卒、士五七十五, 皆受杖(杖).

不更 이하의 低爵 + 無爵의 士伍				無爵의 平民(士伍) + 徒役	
不更	簪裊	上造	公士	士伍	徒役
民					
					黔　首

<hr/>

134) 黔首의 범위와 관련하여, 진시황이 民을 黔首로 대체했으므로 民 = 黔首인 것은 부정할 수 없는 사실이다. 그랬을 때 아래의 賜爵이 李解民의 분석처럼 民 = 黔首 = 無爵에게만 내려진다고 보는 것은 문제가 있다. 즉, 高帝二年의 "二月癸未, 令民除秦社稷, 立漢社稷. 施恩德, 賜民爵.", 惠帝元年冬十二月의 "賜民爵, 戶一級", 漢章帝 즉위후의 "大赦天下, 賜民爵人二級" 등의 賜爵이 無爵者에게만 해당된다고 볼 수는 없다. 劉敏의 연구에 의하면 民爵이라는 개념은 잘못된 것이며, 문장구조는 "賜(동사) + 民(補語) + 爵(목적어), 戶一級"이므로 民으로서 작위를 받는 범위가 무작자만으로 국한되는 것은 아니다. 劉敏, 「從居延三簡檔案史料論"民爵"」(『歷史檔案』 2007-01), pp.49-52. 또한 『史記』 卷6 「秦始皇本紀」, p.251, "集解徐廣曰 : 使黔首自實田也."와 관련해 黔首를 無爵者 및 徒役으로 보기보다는 국가로부터 토지를 받는 광범위한 民을 의미하는 것으로 보아야 한다. 『秦讞書』 案例 18과 22에 보이는 黔首는 유작자도 포함되어 있다. 18: "庫曰: 聞(?)等上論奪爵令戍, 今新黔首實不安輯, 上書以聞, 欲陛下幸詔庫以撫定之, 不敢擇(釋)縱罪人, 毋它解」, 22: 「其時吏悉令黔首之田救蝱, 邑中少人." 18안례에서 패전한 新黔首를 奪爵하고 戍하게 해서 新黔首가 安輯하지 않은 사실, 22안례에서 黔首로 하여금 누리를 잡게 하여 邑에 사람이 없었다는 사실로부터 邑中의 黔首에는 당연히 유작자가 포함되었을 것임을 추정할 수 있다.

355(F128)大夫以上年五十八, 不更六十二, 簪褭六十三, 上造六十四, 公士 六十五, **公卒以下六十六, 皆爲免老**. 356(F129)不更年五十八, 簪褭五十 九, 上造六十, 公士六十一, 公卒、士五六十二, 皆爲睆老. 357(F130)民産 子五人以上, 男傅. 女十二歲, 以父爲免囗者; 其父大夫也, 以爲免老. 358(F134A、B)

[표 5] 庶人의 稟米·受杖·睆老·免老 연령

爵位	月稟米(1石)	受杖	睆老	免老
大夫 이상	90세	70세		58세
不更	91세	71세	58세	62세
簪褭	92세	72세	59세	63세
上造	93세	73세	60세	64세
公士	94세	74세	61세	65세
公卒·士伍	95세	75세	公卒、士伍 62세	公卒以下 66세
庶人	×	×	×	○

위의 율문은 稟米·受杖·睆老·免老의 4가지 사항을 규정하고 있는데, 각 부문에서 庶人의 규정은 출입이 있다. 우선 受杖과 稟米를 보면 그 시간차는 20년이다. 受杖(지팡이 지급)하고 나서 20년이 경과하면 月一 石을 받는 稟米의 자격이 부여되고 있다. 그런데 稟米와 受杖을 논하 는 두 개의 사안에서 庶人이 제외되어 있는 것이 눈에 뜨인다. 稟米의 경우에 公卒·士伍(95세 이상)까지만 해당되고, 서인은 해당되지 않는 다. 受杖의 경우에도 公卒·士伍(75세 이상)까지만 해당되고 庶人은 해 당되지 않는다. 혹시 稟米 부문에서 서인이 잘못 누락한 것이 아닐까 하는 의심을 할 수 있지만, 受杖에서도 庶人이 제외되고 있으므로 誤 脫이 아닌 것은 확실한 것 같다.

睆老의 경우는 公卒·士伍로 명확히 대상을 밝히고 있으나, 免老의 경우에는 특이하게 "公卒以下"와 같이 포괄적인 형태로 표현하고 있 다. 睆老는 免老하기 4년 전부터 爵級에 따른 요역을 1/2로 줄여주는 것인데, 士伍까지는 晥老의 혜택을 받지만, 죄수와 노비 출신의 庶人은 晥老의 혜택 대상에서 제외되고 있다. 免老 대상은 "公卒以下"로 표현하고 있어서 公卒 아래의 無爵者가 모두 포괄되고 있음을 말해준다. 이것은 매우 의도적인 표현이었다고 생각된다. 이것은 庶人이 公卒·士伍와 달리 月稟米·受杖의 賜與와 晥老에서 아예 배제되는 불이익을 받고 있었던 것이다. 이 점이야말로 죄수와 노비 출신의 庶人 신분에 대한 국가권력의 시각을 반영하는 것이다. 傅律에 서인이 보이지 않으므로 서인이 요역에 포함되지 않았다고 하는 주장은 "公卒以下"라는 표현을 잘못 이해한 것에서 생긴 오류이다. 결국 庶人은 晥老의 대상으로는 되지 않지만, 66세에 이르면 免老시켜주고 있는 것으로 볼 때 庶人에게는 병역과 요역의 각종 부담이 있었다. 여기에서 "公卒以下"라고 하는 것은 무작자 층만이 아니라 隸臣도 免老되고 있기 때문에 모두 해당된다고 볼 수 있다.[135]

2. 庶人의 算賦

앞의 51)에서 免老 대상을 "公卒以下六十六"으로 기술한 것은 아래쪽에 있는 庶人도 포함된다는 것을 의미하는 것이다. 免老란 무엇인가? 일정한 연령에 도달하면 국가의 요역 징발에서 제외되는 것을 말한다. 『二年律令』에는 서인의 徭役·算賦 부담과 관련된 규정이 있는데, 이것을 마치 庶人이 이러한 의무를 부담하지 않는 것으로 이해하는 견해가 다수 있다. 하나는 52)의 亡律 162-163간이고, 다른 하나는 53)의 具律 124간이다. 이 자료들에 근거해 서인에게 算賦·徭役의 부담이 없다고 주장하는 견해가 있으나, 이해를 돕기 위해 결론을 미리 말하

---

135) 『睡虎地秦墓竹簡』, p.50, "小隸臣妾以八月傅爲大隸臣妾, 以十月益食. 倉."; 같은 책, pp.53-54, "隸臣欲以人丁粼者二人贖, 許之. 其老當免老, 小高五尺以下及隸妾欲以丁粼者一人贖, 許之. 贖皆以男子, 以其贖爲隸臣. 女子操敃紅及服者, 不得贖. 邊縣者, 復數其縣. 倉."

면 이 자료들은 庶人 일반을 대상으로 한 것이 아니라, 일부의 여자 庶人에게 적용된 특별한 케이스이다.

> 52) 奴婢가 선행을 하여 그 주인이 사면하려고 한다면 그것을 허락한
> 다. 奴는 私屬으로 삼고, 婢는 庶人으로 하며, 모두 徭役 및 筭事를
> 노비처럼 면제한다. 主가 사망했거나 죄가 있을 때 私屬을 庶人으
> 로 삼으며, 刑者는 隱官으로 삼는다. 해방된 자가 不善할 경우, 해
> 방시켜준 주인은 재차 들여서 奴婢로 삼을 수 있다. 그가 도망했거
> 나 다른 죄가 있다면 奴婢律로써 論한다.(奴婢爲善而主欲免者, 許之,
> 奴命曰私屬, 婢爲庶人, 皆復使及筭, 事之如奴婢. 主死若有罪, 162(C271)
> 以私屬爲庶人, 刑者以爲隱官. 所免不善, 身免者得復入奴婢之. 其亡, 有
> 它罪, 以奴婢律論之. 163(F158) 亡律)[136]

> 53) 庶人以上·司寇·隸臣妾이 城旦舂·鬼薪白粲罪 以上의 죄가 없는데, 吏
> 가 고의로 不直하거나 失刑하였다면, 모두 隱官으로 삼으며, 女子인
> 경우는 庶人으로 삼고, 그 자에게 筭事를 하지 않고, 스스로 自尚하
> 게 한다.(庶人以上·司寇·隸臣妾無城旦舂、鬼薪白粲罪以上, 而吏故爲
> 不直及失刑之, 皆以爲隱官; 女子庶人, 毋筭事其身, 令自尚. 124(C313)
> 具律)[137]

52)의 亡律 162-163간은 난해하여 해석이 다양하다. 첫째, 京都大 주석에서는 서인의 算賦에 대한 이해가 부족하기 때문에 결론을 유보하였다. 조금 길지만 그 분석을 인용하면 다음과 같다. "筭事로 熟한 예가 121-124簡에 보인다. 주석 12(124簡, 필자)에는 無實의 죄로 형에 처해진 女子庶人에게는 毋筭事其身(算賦·徭役을 면제한다고)하였다. 다만

---

136) 『張家山漢墓竹簡』, p.155.
137) 같은 책, p.150.

본 조문을 '노비와 같이 使와 算賦·徭役을 면제한다'고 해석하는 案은 취하지 않았다. 使와 算事를 병렬할 경우 使와 事의 의미내용이 중복된다는 것이 한 가지 이유이다. 이 부분의 읽는 방법에 대해서는 復을 면제의 의미로 하는 것의 當否도 포함하여 여러 가지 가능성이 있다. 그러나 노비의 세역 부담에 대해서 현재로서는 충분한 지식이 없어서 해석을 확정하기 어렵다."고 하였다.[138] 문제의 부분에서 노비에게 산부의 부과 여부에 판단을 유보함으로써, 서인에 대한 것도 역시 유보되었다.

둘째, 張榮强은, 서인은 자유인과 달라서 算賦와 徭役을 징수하지 않는다고 보았다.[139] 張榮强은 "皆復使及筭, 事之如奴婢"로 읽어서 "使及筭"이 徭役과 算賦를 가리키는 것으로 보았다. 노비에서 해방된 庶人은 주인의 방면을 거친 후에도 자유인과 달라서 주인이 계속 노비와 같이 사역하며, 국가 역시 算賦와 徭役을 징수하지 않는다고 하여 復을 筭까지 걸리는 것으로 해석하였다.[140] 袁延勝과 王彦輝는 "皆復使及筭, 事之如奴婢"를 노비를 해방한 주인에게 산부와 요역의 부담을 줄

---

138) 「江陵張家山漢墓出土二年律令譯注稿(2)」(『東方學報』 77, 2004), p.10; 『漢書』 卷8 「宣帝紀」, p.249, "又詔: 「池藂未御幸者, 假與貧民. 郡國宮館, 勿復修治. 流民還歸者, 假公田, 貸種·食, 且勿算事.」" 師古는 算事에 대해서 산부와 요역을 지칭한다고 하였다. 만약 事가 요역을 가리킨다면 "復使及算事之"의 使와 중복된다. 때문에 정리소조에서는 "復使及算, 事之如奴婢"로 방점을 찍은 것이다. 그러나 많은 자료에는 算事가 함께 나오는 경우가 많기 때문에 이렇게 분리해서 읽는 것이 옳은지는 판단하기 어렵다. 한편 노비에 대해서는 산부가 있었다고 생각되는데, 아래의 율문 참조. 『史記』 卷122 「酷吏列傳」, p.3141, "正義緡音岷, 錢貫也. 武帝伐四夷, 國用不足, 故稅民田宅船乘畜産奴婢等, 皆平作錢數, 每千錢一算, 出一等, 賈人倍之; 若隱不稅, 有告之, 半與告人, 餘半入官, 謂緡. 出此令, 用鋤築豪强兼并富商大賈之家也. 一算, 百二十文也."

139) 張榮强, 「二年律令與漢代課役身分」(『中國史研究』 2005-2), pp.33-34; 彭浩 等, 『二年律令與奏讞書』(上海: 上海古籍, 2007), p.156.

140) 張榮强, 위의 논문, pp.33-34.

여주는 것으로 이해했다.[141]

셋째, 『二年律令與奏讞書』에서는 『張家山漢墓竹簡』이 "筭, 事"로 끊어 읽는 것과 달리, 筭事를 연결시켜 "皆復使及筭事之如奴婢"로 읽음으로써 算賦로 해석했다.[142] 따라서 이 부분을 "노비와 마찬가지로 요역과 산부를 면제한다."로 해석하였다. 끊어 읽는 것이 다르기는 하지만 庶人의 算賦·徭役의 면제에 대해서는 앞의 견해와 차이가 없다.

이상과 같은 몇 가지 설에 대해 일일이 검토할 여유는 없지만, 대부분 서인의 산부와 요역의 면제에 찬성하고 있는 입장이다. 그러나 필자의 견해로는 이들의 견해가 이 조문을 정확하게 이해했다고 생각하지 않는다. 여기에서의 "庶人"은 남자를 가리키는 것이 아니라, 여자를 가리킨다. 즉, 남자의 奴는 해방되어 私屬이 되고, 여자 婢는 庶人이 되었다. 이들을 奴婢와 마찬가지로 使 및 筭事를 면제해준다는 것이다. 따라서 "여자 서인"으로 국한된 조문을 가지고 서인 일반이 산부와 요역을 부담하지 않는다고 보는 것은 논리의 비약이다. 戶律의 토지 지급 규정에는 私屬과 庶人(女子)을 대상으로 한 항목이 없다. 토지를 지급하지 않았는데, 이러한 부담을 가할 수 있는가? 따라서 52)의 조항은 특별한 단서 조항이지 庶人 일반에 적용되는 규정이 아니다.

과연 서인에게 算賦·徭役이 면제되었을까? 이를 분석하기 위해 우선 52)의 162-163간을 검토하자.

A) 奴命曰私屬, 婢爲庶人, 皆復使及筭, 事之如奴婢(二年律令, 京都大, 張榮强)

---

141) 袁延勝, 「天長紀莊木牘《算簿》與漢代算賦問題」(『中國史研究』 2008-2), pp.111-112 ; 王彦輝, 「從張家山漢簡看西漢時期私奴婢的社會地位」(『東北師大學報』 2003-2), p.18. 王彦輝는 노비의 주인에게 노비해방의 혜택을 주었다고 이해했다. 그러나 "皆"는 문장구조로 보아서 노비의 주인으로 이해하는 것은 무리가 따르며, 사속과 서인으로 이해해야 한다.
142) 彭浩 等, 위의 책, p.155.

B) 奴命曰私屬, 婢爲庶人, 皆復使及筭事之如奴婢(二年律令與奏讞書)

우선 독법이 타당한지 살펴보기로 하자. A) 방식으로 읽을 때, 私屬(남자)과 庶人(여자) 모두가 算賦부담에서 제외되었을까? A) 방식으로 읽으면 私屬(남자)과 庶人(여자)은 使 및 筭을 면제하고, 奴婢와 같이 부린다는 것으로 해석된다. B)의 『二年律令與奏讞書』는 "奴命曰私屬, 婢爲庶人, 皆復使及筭事之如奴婢"와 같이 구두점을 찍었다. 復의 대상은 使와 筭이다. 이러한 구독방식은 "노비와 마찬가지로 使 및 筭事를 면제한다."로 해석된다. A)와 B) 어떤 방식으로 읽든 간에 男子私屬과 女子庶人은 모두 使 및 筭事가 면제되는 것으로 해석된다.

53) 124간에서도 女子庶人은 요역과 산부의 대상에서 제외되었음을 알 수 있다. 이를 문장 그대로 해석하면 "庶人以上·司寇·隸臣妾이 城旦舂·鬼薪白粲罪以上의 죄가 없는데, 재판을 맡은 吏의 고의 또는 과실로 인해 육형을 받았을 때에 隱官으로 삼는 것이다. 남자는 隱官, 여자는 庶人으로 삼되 그들에게는 국가의 잘못을 인정하고, 그 신체에 算賦와 徭役을 부과하지 않고 自尙하게 한다."로 할 수 있다. 여기에서 女子庶人은 算賦와 徭役이 면제되었는데, 이것이 일반적인 여성에게도 동일하였는지 검토하기로 하자.

부녀자에게 병역의무가 없다는 점에 대해서는 견해가 일치하고 있다. 秦의 사료에는 여성의 군역종사에 관한 기록이 없다. 한대인들이 진시황을 비판할 때 "丁男은 갑옷을 입고, 丁女는 물자를 운반하는 轉輸에 동원되고, 그 괴로움을 견딜 수 없어 스스로 길가의 나무에 목매어 죽은 자가 끊이지 않았다."라고 하여 남성은 병역에, 여성은 수송에 각각 동원되었음을 지적하고 있다.[143] 楚漢전쟁 시기에 유방이

---

143) 『史記』 卷112 「平津侯主父列傳」, p.2958, "丁男被甲, 丁女轉輸, 苦不聊生, 自經於道樹, 死者相望."

밤에 여자 2천 명을 楚兵과 교전하는 곳에 보낸 것은 탈출하기 위한
일시적인 계책에 불과하므로 여성이 병역에 동원되었다고 보기는 어
렵다.

비록 여성이 병역과 무관하다고는 해도 요역 동원은 존재하였다.
漢代에 여자가 복역하는지의 문제는 논쟁이 있는데,[144] 여자가 요역에
복역하였다는 사실을 대체로 인정하는 입장이다. 한초 여성에 대한
요역이 집행되었는지를 확인하려면 傅籍의 문제를 고찰해야 한다. 復
律에는 "丁女子"라고 하였는데, 이는 요역 해당자이다.[145] 요역 復除에
서 丁女子가 면제되고 있는 것은 이년율령 시기에 女性에게 요역 의무
가 있었다는 증거이다. 또한 이년율령 徭律에는 여자의 重役을 免除시
켜주고 있다. 주의할 것은 重役의 면제이지, 輕役의 면제는 아니었다.

> 54) 물자를 傳送하는데 縣官에 수레와 소가 부족하면, 大夫 이하 가운
> 데서 자산이 있는 자에게 자산에 따라서 공동으로 수레와 소를 내
> 게 한다. 더 필요하면 자산이 없는 자에게 소의 사료, 끈, 싣는 도
> 구를 내도록 한다. 吏와 황제를 모시는 자는 傳送하는 일에 참여하
> 지 않는다. 委輸·傳送을 할 때 무거운 수레와 짐은 하루에 50리를

---

144) 張榮强, 위의 논문, p.31에서 다음과 같이 정리하고 있다. 鄭學檬은 한대에
남녀를 막론하고 "始傅"의 연령에 도달한 후에 군현에서 一月을 복역해야
한다고 주장하며, 施偉青은 여자는 십오세에 요역에 복역해야 하며, 錢劍夫
역시 "부녀가 요역에 종사하는 것은 兩漢의 通制"라고 했다. 부정적인 주장
은 馬怡인데, "여자는 일반적인 상황에서는 常規性의 요역에 복역하지 않는
다."며 "漢代의 여자가 복역하는 것은 常例가 아니다."라고 주장했다. 高敏은
"요역과 병역에 복역하는 것은 원래 부녀자에게 미치지 않았으나, 단지 특수
한 시기에만 여자가 복역했다."고 주장했다.

145) 『張家山漢墓竹簡』, p.171, "□□工事縣官者復其戶而各其工. 大數率取上手什三
人爲復, 丁女子各二人, 它各一人, 勿筭徭賦. 家毋當278(C191)徭者, 得復縣中它
人. 縣復而毋復者, 得復官在所縣人. 新學盈一歲, 乃爲復, 各如其手次. 盈二歲
而巧不成279(F85)者, 勿爲復. 280(F86)"

가고 빈 수레인 경우 70리를 가며 걸어서 가는 경우 80리를 간다. 免老나 어려서 아직 傳籍에 오르지 않은 자, 여자와 모든 요역 면제자들은 縣·道에서 함부로 徭使에 부려서는 안 된다.[146]

이 徭律에서 免老·小未傅者·女子는 委輸·傳送의 일에 役使할 수 없다고 규정한 것은 여자가 요역의 부담이 없다는 것이 아니라 장거리의 委輸傳送은 매우 힘든 요역이므로 신체적으로 감당하기 어려운 자들을 징발대상에 포함시키지 않은 것이다. 律文에서 힘든 요역에 女子를 징발하지 않는다고 특별히 규정한 것은 여자의 복역에 대한 배려이지만, 다른 일반적 요역에는 징발한 증거라고 할 수 있다. 문헌자료에도 여성이 요역에 동원되었음을 보여주는 자료는 많다. 惠帝 시기 장안성 축조에 여성을 징발했고,[147] 武帝 시기 朱買臣이 會稽太守가 되어 부임할 때 과거 그를 버렸던 故妻와 그 남편이 도로 수리를 위해 요역에 동원된 것을 보았다는 기록은 여성이 지방 雜徭의 일종인 除道에 징발되었음을 말해준다.[148]

---

146) 같은 책, p.188, "發傳送, 縣官車牛不足, 令大夫以下有訾(貲)者以訾共出車牛, 及益, 令其毋訾(貲)者與共出牛食, 約, 載具, 吏及宦皇帝者不411(C71)與給傳送. 事委輸, 傳送重車重負日行五十里, 空車七十里, 徒行八十里. 免老、小未傅者、女子及諸有除者, 縣道勿412(C83)敢徭使."

147) 『漢書』卷2「惠帝紀」, p.89, "三年春, 發長安六百里内男女十四萬六千人城長安, 三十日罷.";『漢書』卷2「惠帝紀」, p.90, "春正月, 復發長安六百里内男女十四萬五千人城長安, 三十日罷."

148) 『漢書』卷64上「朱買臣傳」, p.2793, "入吳界, 見其故妻、妻夫治道";『史記』卷112「平津侯主父列傳」, p.2958, "行十餘年, 丁男被甲, 丁女轉輸, 苦不聊生, 自經於道樹, 死者相望. 及秦皇帝崩, 天下大叛."『漢書』卷64下「賈捐之傳」, p.2832, "軍旅數發, 父戰死於前, 子鬪傷於後, 女子乘亭鄣, 孤兒號於道, 老母寡婦飲泣巷哭, 遙設虛祭, 想魂乎萬里之外." 또한 여자가 算賦를 내었던 증거도 있다. 『漢書』卷2「惠帝紀」, p.91, "令民得賣爵. 女子年十五以上至三十不嫁, 五算." 예를 들어 李均明, 『散見簡牘合輯』(北京: 文物出版社, 1990), p.72, "(837)鄧得二 任甲二 宋則二 野人四 ●凡十算徙一男一女 ●男野人 女惠"에는 鄧得 任甲

이상의 기록은 여성이 요역 및 산부의 대상임을 보여주는데, 53)의 124簡에서는 반대로 "隱官이 女子인 경우 庶人으로 삼고 그 신체에 算賦와 徭役을 부과하지 않는다."고 한 이유는 무엇일까? 124간은 庶人의 算賦 부담에 대한 일반적 규정이 아니라는 점을 알아야 한다. 남자는 隱官이고, 여자만이 庶人인 것이다.

은관이 되어야 할 女子의 경우 庶人으로 삼고 산부와 요역을 면제해준 이유는 관리가 이들에게 "不直"과 "失刑"으로 육형을 잘못 부과했기 때문이다.[149] 국가는 잘못 집행한 육형에 대한 반대급부로 그들을 隱官으로 삼되 요역과 산부를 면제한 것이다. 보다 구체적으로 말하면, 庶人以上·司寇·隷臣妾이 城旦舂·鬼薪白粲罪以上의 죄가 없는데도, 재판을 맡은 吏의 고의 또는 과실로 인해 육형을 받았을 때에 隱官으로 삼는 것이다. 남자는 隱官, 여자는 庶人으로 삼되 그들에게는 국가의 잘못을 인정하고, "毋算事其身, 令自尙"의 혜택을 주었던 것이다. 여성에게 재판의 잘못을 인정하고 산부 부담을 면제한 것은 "원래" 여자에게 算賦의 부담이 있었다는 반증이다.

[표 6] 女子庶人

簡	男	女	
162-163	私屬	庶人	復使及筭, 事之如奴婢
124	隱官	庶人	毋筭事其身, 令自尙

재차 52)의 162-163간으로 되돌아가서, 私屬(남자)과 庶人(여자)가 요

宋則 野人의 4명이 戶主이며 각각 算賦를 내야하는 숫자이다. 여기에서 女惠도 算賦의 대상이다. 『散見簡牘合輯』, p.72, "(838)寄三□一□一張母三夏幸一徒一男一女●男毋邝女□□"; "(839)□□一姚□三□□三□三●凡十算徒一男一女 ●男孝女 掾"; "(840)晨一說一不害二□□三□三●凡十算 徒一男一女 ●男□女辯"; "(841)四倀伯三翁□一楊□二●凡十算徒一男一女●男慶女□"

149) 『張家山漢墓竹簡』, p.149, "劾人不審爲失; 其輕罪也而故以重罪劾之, 爲不直."

역과 算賦의 면제대상이 된 이유를 살펴보자. [표 6]과 같이, 일단 방면된 여자 婢는 庶人으로 되며, 남자 奴는 私屬이 되는데 주인의 사망 또는 유죄시라야 男子私屬은 비로소 庶人이 되어 토지를 수전할 수 있는 국가 공민으로서의 자격을 획득한다. 주인이 사망하기 전까지는 사속과 서인이 원주인의 감독을 받고 원주인과 役使의 관계를 유지하며, 원주인에 대한 행실이 不善하다면 재차 원주인의 노비로 떨어질 위험이 있다.[150] 비록 이들이 해방되었다고 하더라도 "그들이 도망하거나 다른 죄가 있으면 奴婢律로써 논한다(其亡, 有它罪, 以奴婢律論之)"고 한 것은 여전히 奴婢 신분에서 깨끗하게 벗어나지 못했음을 말해준다.[151]

결국 53)의 124간은 국가의 잘못된 형벌 적용으로 육형을 받아 隱官이 된 남자, 庶人이 된 여자의 경우에만 算賦를 면제해준다는 의미이다. 124간의 자료는 龍崗秦簡의 辟死의 경우와 상관성을 가지고 있다. 辟死는 失刑으로 육형을 받은 성단이 되었으나, 재심을 통해 庶人이 되고 "毋算事其身"하고 令自尚하게 되었다. 이때의 自尚은 自奉養의 의미로서 庶人이 되어 스스로의 생계를 꾸려나가게 하는, 또는 독립적인 경제주체로 삼는 것이다.[152]

이러한 결론은 53)의 124간에서는 庶人(여자)이 독립의 경제주체가 되게 하였으나, 52)의 162-163간에서는 반대로 庶人(여자)이 노비와 같은 처우를 받으며 경제주체로 되지 못하게 하는 것으로 되어 모순처럼 보인다. 즉, 124간은 庶人(여자)이 算賦를 면제받고 독립된 경제주체임을, 162간은 庶人(女子 婢)이 노비처럼 算賦를 면제받고 계속 주인에게 예속되어 있는 정반대의 사실을 언급하고 있다. 그러면 162-163

---

150) 王愛淸·王光偉, 「試論張家山漢簡中的"私屬"」(『烏魯木齊職業大學學報』13-2, 2004), p.57.

151) 같은 논문, p.58.

152) 戴世君, 「"自尚"·"纂遂"義解」, "『龍崗秦簡』鞫之 : 辟死, 論不當爲城旦. 吏論 : 失者, 已坐以論. 九月丙申, 沙羨丞甲、史丙, 免辟死爲庶人. 令自尚也." 簡帛網, http: www.bsm.org.cn show_article.php?id=807.

간에서 私屬(남자)과 庶人(여자)에게 算事를 면제한 이유는 무엇일까? 그 이유는 노비에서 해방된 이들은 경제적 근거가 되는 토지 수급의 대상이 아니기 때문이다.[153]

戶律에 의하면 男奴는 비록 방면되어 私屬이 되었더라도 受田權이 없어서 원주인의 토지에 의존하여 생활해야 하며, 때문에 그들은 농업사회에서 빼놓을 수 없는 생산자료를 가지고 있지 못하는 것이다.[154] 戶律에는 여성에게 給田하지 않으므로 婢에서 해방된 女子의 庶人도 경제능력이 없다고 할 수 있다. 결국 남녀노비가 해방되어 私屬과 庶人으로 되었더라도 모두 토지를 지급받지 못해 경제적 자립능력이 없는 상태이므로 使와 算 모두 면제할 수밖에 없는 것이다.

유의해야 할 것은 124간에 입증되었듯이 100무의 토지를 받는 모든 庶人(남성 戶主의 경우)에게 役使와 算賦가 면제되는 것이 아니라, 162간의 女婢에서 해방된 庶人(여자)으로만 국한한다는 사실이다. 즉, 토지를 지급받지 못한 庶人(여자)에게만 算賦와 徭役이 면제된 것이다. 162간을 이렇게 해석해야만 124간의 무죄임에도 육형을 받은 女子의 庶人이 使와 算을 면제받는 규정과 모순되지 않는다. 즉, 육형을 받은 女子에게 算賦를 면제한다고 특필한 것(女子, 庶人, 毋算事其身, 令自尙)은 원래 算賦의 부담이 있었다는 반증인 것이다. 원래 女子庶人에게 算賦의 부담이 없었다면 굳이 이러한 규정을 둘 필요도 없는 것이다. 男子庶人의 경우도 여자와 동일하게 평소 算賦의 부과대상이었던 것이다.

지금까지 고찰한대로 二年律令의 庶人 신분은 算賦와 徭役의 면제 대상이 아니었다. 庶人은 국가로부터 100畝의 토지를 지급받는 공민으로서 국가에 제공해야 할 모든 부담을 졌다. 국가는 무작자 중에서 제일 낮은 서인에게 최저의 대우를 했다. 月稟米·受杖의 특권은 아예

---

153) 王煥林, 위의 책, pp.112-113.
154) 王愛淸·王光偉, 위의 논문, pp.58-59.

주지도 않으며, 免老도 가장 늦게 허용하였다. 그러면서도 서인은 사면되어 復作을 하고 있는 중에도 늘 故罪의 위협이 상존할 정도로 前科에서 자유롭지 못하게 하였다. 『睡虎地秦墓竹簡』 「法律答問」의 자료에 보이는 庶人(실제로는 復作)으로 사면된 群盜의 범죄시 故罪로 처벌되는 것이나, 二年律令 162-163간의 노비가 주인에 의해 방면되어 사속과 서인이 되었더라도 주인이 생존하는 상황 하에서 도망하거나 다른 범죄를 저지르면 奴婢律, 즉 노비의 신분으로서 처벌하는 것은 바로 그러한 증거이다. 이것은 노비가 원래 죄수였다고 하는 노비 = 죄수의 동급 차원이므로 동일하게 과거의 신분으로서 처벌한 것이다.[155] 그러나 이러한 유예기간이 끝나면 이러한 위험도 끝난다.

3. 庶人의 신분 상승

지금까지 죄수가 사면을 통해, 노비가 주인의 해방을 통해 서인으로 되는 과정을 분석했는데, 이렇게 서인으로 해방된 자들의 사회 복귀는 과연 순조로웠을까 하는 문제를 고찰하기로 한다. 이 문제를 고찰함에 있어 庶人이 죄수와 노비로부터 내원한 신분이었다는 사실을 상기할 필요가 있다. 과연 전과자 출신인 서인의 子가 士伍로 신분 상승할 때 사회적 저항의 존재를 생각하지 않을 수 없다. 이것은 秦漢律의 신분질서의 메커니즘을 살필 수 있는 중요한 문제가 될 것이다.

A) 庶人의 士伍로의 상승 가능성
前稿에서 필자는 庶人이 士伍로의 상승이 가능했다고 분석한 바 있다.[156] 아래 55)의 364·365간에 열거된 士伍가 될 수 있는 신분은 公士·

---

155) [漢] 許愼(段玉裁 注), 『說文解字注(經韵樓臧版)』(臺北: 黎明文化事業公司, 1974), p.622, "奴婢, 皆古之辠人也. 『周禮』曰: 其奴, 男子入于辠隷, 女子入于舂藁. 从女从又."

公卒·士伍·司寇·隱官의 子이다.[157] 여기에서 이상한 것은 유독 庶人의 子만 제외되어 있고, 庶人보다 낮은 司寇와 隱官의 子도 士伍가 될 수 있었던 점이다.

55) 不更 이하의 子는 나이 22세, 大夫 이상에서 五大夫까지 및 小爵 不 更 이하에서 上造까지는 나이 22세, 卿 以上의 子 및 小爵 大夫以上 은 나이 24세에 모두 傅한다. 公士·公卒 및 士五·司寇·隱官의 子는 모두 士五가 된다.(364·365簡)[158]

56) 盜鑄錢한 자 및 이를 도와준 死罪의 자를 체포한 자에게 爵 一級을 준다. 그가 작위로써 罪人을 免除하고자 한다면 허락한다. 1人을 체포했다면, 死罪 1人을 免除해주고, 城旦舂·鬼薪白粲은 2人을 免除 해주고, 隸臣妾·收人·司空(司寇)은 3人을 免除하여 庶人으로 삼는 다.(204·205簡)[159]

---

156) 任仲爀, 위의 논문, pp.164-176.
157) 趙高가 환관이 아니고, 隱官의 자식이기 때문에 관직에 오를 수 있었다는 주장은 365간에 隱官의 자식이 士伍로 될 수 있음을 보면 충분히 납득이 간다. 李開元, 「說趙高不是宦閹――補≪『史記』·趙高列傳≫」(『史學月刊』 2007-8); 『史記』 卷88 「蒙恬列傳」, p.2566, "趙高者, 諸趙疏遠屬也. 趙高昆弟數人, 皆生隱 宮, 其母被刑僇, 世世卑賤. 秦王聞高彊力, 通於獄法, 擧以爲中車府令."
158) 『張家山漢墓竹簡』, p.182, "不更以下子年廿歲, 大夫以上至五大夫及小爵不更以 下至上造年廿二歲, 卿以上子及小爵大夫以上年廿四歲, 皆傅之. 公士·364(C247) 公卒及士五·司寇·隱官子, 皆爲士五. 365(C246)"
159) 같은 책, p.160, "捕盜鑄錢及佐者死罪一人, 予爵一級. 其欲以免除罪人者, 許之. 捕一人, 免除死罪一人, 若城旦舂·鬼薪白粲二人, 隸臣妾·收人·204(C267)司空三 人以爲庶人.205(C266)"

[표 7] 庶人의 子의 신분 상승

364·365簡		204·205簡
士伍	士伍	士伍
○	×	?
↑	↑	↑
(子)	(子)	(子)
		庶人
公士·公卒·士伍·**司寇**·隱官	庶人	↑(免)
		死罪·城旦舂·鬼薪白粲·隸臣妾·收人·**司寇**
①	②	③

위의 조문을 분석해보면 庶人을 士伍로 상승시키지 않는 것에는 모순이 존재한다. 즉, 204·205簡의 盜鑄錢 범죄자를 체포하면 司寇 3인을 속면하여 庶人으로 삼을 수 있다는 규정은 司寇→庶人이 되는 경우인데(③), 이렇게 司寇에서 속면된 庶人의 子가 과연 士伍가 될 수 있을까? 364·365簡을 그대로 따른다면 司寇의 子가 士伍로 되는 것은 가능하고(①), 항목에 없는 庶人의 子가 士伍로 되는 것은 불가했다(②) ([표 7] 참조). 司寇의 자식이 士伍로 되는 것은 가능하고, 司寇가 사면되어 庶人이 되면 그 자식이 士伍로 될 수 없는 것은 모순이라고 할 수밖에 없다. 이것을 모순 없이 이해하기 위해서는 364·365簡에 庶人의 항목이 오탈되었다고 보아야 한다. 이같은 추정을 보완하는 자료로서 「封診式」의 사면 관련 자료를 들 수 있다.

57) 有鞫: 감히 某縣의 책임자에게 고합니다 : 男子 某를 鞫問하였는데, 辭에 말하기를 : 士伍로서, 某里에 거주합니다. 그의 성명·신분·籍貫을 확정하기를 청합니다. 과거 어떤 죄를 범했으며, 어떤 죄를 사면받았는지, 어떤 다른 문제가 있는지 재차 묻기 위해서 상황을 아는 사람을 파견하여 법률에 의거해 조사하여 封守하고, 확실하게 기록하며, 기록을 전부 보고할 것을 감히 책임자에게 고합니다.[160]

58) 覆: 감히 某縣主에게 고합니다 : 男子 某가 말하기를 士伍로서 某縣
某里에 거주하다가, 도망했습니다. 그 성명·신분·籍貫의 확정, 과
거 어떤 죄를 범했으며, 어떤 죄를 사면받았는지, 어떤 다른 문제
가 있는지, 簿籍에 몇 차례 도망했는지를 기록했는지, 逃亡과 逋事
가 각각 며칠인지 사정을 잘 아는 사람을 파견하여 확실하게 기록
하고, 기록을 전부 보고할 것을 감히 책임자에게 고합니다.[161]

59) 告臣 爰書 : 某里의 士伍 甲이 男子 丙을 묶어가지고 와서 고하여 말
하였다 : "丙은 甲의 노예였는데, 驕悍하여 田作을 하지 않고, 甲의
명령을 듣지 않습니다. 관부에 매각하고, 斬하여 城旦으로 만들고,
그 값을 받을 것을 청구합니다." ●丙을 심문하였는데, 그 供辭는
다음과 같다 : "甲은 노예인데, 진짜로 사나워서 甲의 말을 듣지 않
았다. 甲은 丙의 노예 신분을 해방시킨 적이 없다. 丙은 病이 없으
며, 다른 범죄는 없다." 令史 某로 하여금 丙을 진단하였는데 병은
없었다. ●少内 某, 佐 某로 하여금 시장표준가격으로 丙을 丞 某의
앞전에서 팔았는데, 丙은 일반적 노예로서 몸값으로 若干의 錢을
받았다. ●丞 某가 某鄕主에게 고했다: 男子 丙을 국문하였는데 供
辭는 다음과 같다 : "某里의 士伍 甲의 노비이다." 그 성명·신분·籍
貫을 확정하기를 청합니다. 과거에 어떤 죄를 범했는데, 어떤 형벌
또는 사면을 받았는지를 청합니다. 또한 어떤 문제가 있었는지, 甲
이 과거 丙을 해방시켜주었다가 재차 노비로 삼았는지 재조사하기
를 청합니다. 律에 근거하여 封守하고, 이 문서가 도착하면 문서로

---

160) 『睡虎地秦墓竹簡』, pp.247-248, "有鞫 敢告某縣主 : 男子某有鞫, 辭曰 : 「士五
(伍), 居某里.」 可定名事里, 所坐論云可(何), 可(何)罪赦, 或覆問毋(無)有, 遺識
者以律封守, 當騰, 騰皆爲報, 敢告主."

161) 같은 책, p.250, "覆 敢告某縣主 : 男子某辭曰 : 「士五(伍), 居某縣某里, 去亡.」
可定名事里, 所坐論云可(何), 可(何)罪赦, 【或】覆問毋(無)有, 幾籍亡, 亡及逋事
各幾可(何)日, 遺識者當騰, 騰皆爲報, 敢告主."

써 회신하도록 합니다.[162]

위의 「封診式」에는 공통적으로 "士五(伍), 居某縣某里, 去亡. 可定名事里, 所坐論云可(何), 可(何)罪赦, 【或】覆問毋(無)有"의 내용이 보이는데, 士伍에게 과거 사면을 받았는지 여부를 묻고 있다. 만약 죄수에서 士伍로의 신분상승이 원천적으로 불가능했다면, 이같은 前科조회를 할 필요가 있을까? 그것은 죄수에서 사오로의 신분상승이 전제되었기 때문에 전과조회를 했을 것이다. 그 죄수와 사오의 중간에는 당연히 庶人의 단계를 경과했을 것으로 생각된다.

賜爵시에 庶人에게도 작위가 주어진다면 그들의 신분이 상승하는 것은 당연하다. 漢代의 赦免과 賜爵이 죄수를 포함한 전 백성에게 동시에 행해진 것은 동등한 신분상승을 통하여 更始의 목적을 실현하기 위한 것이다. 즉, 죄수는 사면을 통하여, 무작자 및 유작자는 작위 하사를 통해 균일하게 작위상승을 꾀했던 것이다. 이 과정에서 庶人에게도 賜爵했을 것이고 그들은 서인에서 1급 公士로의 신분상승도 가능했던 것이다. 유작자로의 상승도 가능한데 하물며 庶人子의 士伍로의 상승을 막았을 리가 없다. 따라서 「封診式」의 자료에서 士伍에게 과거의 전과를 묻는 것은 큰 문제가 없다고 보인다. 이상은 前稿에서 필자가 주장한 내용으로 [표 8]에 정리되어 있다.

---

162) 같은 책, p.259, "告臣 爰書：某里士五(伍)甲縛詣男子丙, 告曰：「丙, 甲臣, 橋(驕)悍, 不田作, 不聽甲令. 謁賣(賣)公, 斬以爲城旦, 受賈(價)錢.」 ●訊丙, 辭曰：「甲臣, 誠悍, 不聽甲. 甲未賞(嘗)身免丙. 丙毋(無)病殹(也), 毋(無)它坐罪.」 令令史某診丙, 不病. ●令少內某‧佐某以市正賈(價)賈丙丞某前, 丙中人, 賈(價)若干錢. ●丞某告某鄉主；男子丙有鞠, 辭曰：「某里士五(伍)甲臣」其定名事里, 所坐論云可(何), 可(何)罪赦, 或覆問毋(無)有, 甲賞(嘗)身免丙復臣之不殹(也)? 以律封守之, 到以書言."

[표 8] 서인의 士伍 상승 가능성

	公卒 계통	司寇 계통	庶人 계통						
有爵者 ↓	有爵者 (爵減) ↓								
	公士➡	士伍							
無爵者	公卒의 子(자동)➡	士伍	← (자동)庶人의 子 ↑						
			庶人						
↑ 罪囚	(자동) ↑司寇의 子		↑ (赦免)						
	不名耐者➡耐爲司寇	耐爲司寇	耐爲隷臣妾	耐爲鬼薪白粲	完	黥	劓	斬左止	
					城旦舂				

B) 庶人의 士伍로의 상승 불가

두 번째 가능성은 364·365간에 "庶人의 子"가 없는 것은 타당하며 그로 인해 204·205간에 司寇가 庶人으로 사면되었을 경우 士伍로 상승할 수 없는 모순은 법률 제정자가 이 조문을 제정할 때 미처 고려하지 못했던 문제점으로 이해하는 것이다.

앞서의 추정은 364·365簡에 庶人의 오탈 가능성을 언급한 것이지만, 동일한 傅律의 月稟米·受杖(仗)·睆老 규정에서 庶人의 제외는 합당한 이유를 가지고 있으므로 단순한 誤脫로 보는 것이 석연치 않은 것도 사실이다.[163] 즉, [표 5]에서 제시한 바와 같이 月稟米는 公卒·士伍의 95세 이상자에게 매월 米를 1석 지급하고, 受杖(仗)은 公卒·士伍 75세 이상자에게 王杖을 하사하여 노인 공경을 상징하는 표식으로 삼는 것이고, 睆老는 有爵者가 각각의 작위에 규정된 요역의 1/2만 복역하도록 하고 그 요역도 邑中의 요역에만 종사하게 하는 것이다. 이러한 노인들에게 부여되는 혜택을 죄수 및 노비에서 내원한 庶人에게만은

---

163) 林炳德, 위의 논문, pp.330-335; 박건주, 「秦漢 법제상의 刑盡者·免隷臣妾과 公卒·士伍·庶人」(『중국학보』 58, 2008), p.216. 위의 두 논문은 誤脫로 보는 필자의 견해를 부정하고 있다.

불허한 것이다.[164] 연로자의 月稟米·受杖(仗)·睆老의 규정에서 公卒·士伍는 포함되어 있으나 庶人이 제외된 것은 庶人이 죄수 및 노비가 사면된 존재이므로 우대 대상에서 의도적으로 배제한 것임을 말해준다.[165] 반면에 免老 규정에는 "公卒以下"로 표현되어 있어 庶人도 포함되어 있다.[166] 즉, 庶人은 노역에 징발하므로 그 免老기간을 설정해주어야 하기 때문에 "公卒以下"로 표현한 것이다. 이와 같이 본다면 傅律의 364·365간에 士伍로 되는 신분 가운데 庶人이 빠져있는 것을 단순히 기록자의 실수로 돌리는 것은 어딘가 석연치 않다.

『이년율령』의 신분규정을 보면 정교하고 주도면밀하다. 公卒·士伍·庶人은 모두 爵位가 없으므로 "0"으로 표시할 수 있지만, 내원상으로 볼 때 公卒은 +0, 士伍는 0, 庶人은 -0으로 세분된다. 無爵者層을 굳이 구별해 놓은 이유는 3자의 내원을 본인 대까지는 구별할 필요가 있었기 때문이다. 이렇게 주도면밀한 율령제정자들이 司寇의 子가 士伍로 되는 것이 가능했는데, 司寇가 속면되어 庶人으로 된 자의 子가 士伍로 될 수 없게 막았다면 잘 이해가 되지 않는다.

필자는 『二年律令』의 내용이 매우 용의주도했기 때문에 당시 법률을 제정한 사람들이 傅律의 내용에 존재하는 모순을 알았을 가능성도 생각해보았다. 司寇들에게 계속 司寇로서 국가에 복역하게 하기 위해서 이러한 조항을 만들었을 것이라는 추정이다. 司寇가 전문적으로 죄수 감시자의 역할을 맡는 등 여러모로 국가통치에 유용한 존재였

---

164) 『張家山漢墓竹簡』, p.187, "睆老各半其爵徭, □入獨給邑中事."
165) 같은 책, p.181, "大夫以上[年]九十, 不更九十一, 簪裊九十二, 上造九十三, 公士九十四, 公卒、士五九十五以上者, 稟米月一石. 354(F127)"; 같은 책, p.181, "大夫以上年七十, 不更七十一, 簪裊七十二, 上造七十三, 公士七十四, 公卒、士五七十五, 皆受杖(仗). 355(F128)"; 같은 책, p.181, "不更年五十八, 簪裊五十九, 上造六十, 公士六十一, 公卒、士五六十二, 皆爲睆老. 357(F130)"
166) 같은 책, p.181, "大夫以上年五十八, 不更六十二, 簪裊六十三, 上造六十四, 公士六十五, 公卒以下六十六, 皆爲免老. 356(F129)"

기 때문에 庶人으로 赦免해도 그들이 계속 司寇로서의 복역을 선호하게 하는 방법이 아닐까 하는 것이다. 법률제정자는 司寇들에게 "司寇로서 평생 복역하라. 그러면 364·365簡에 입각하여 너희들의 자식은 士伍가 될 수 있다. 그러나 다른 죄수(城旦舂·鬼薪白粲·隸臣妾) 및 노비들이 사면되어 庶人이 된 경우 그들의 자식은 자동으로 士伍가 될 수 없다. 그들은 중죄를 저지른 자의 자식이기 때문이다. 다만 가벼운 범죄자인 너희 司寇들이 [표 7]의 ①코스를 따라서 복역하면 자식이 士伍로 될 수 있으나, 그렇지 않고 ③의 코스를 따라서 庶人으로 사면될 경우, 너희의 자식은 '자동으로' 士伍가 될 수 없다. 우선 편한 길을 선택하면 나중에 너희 자식들은 士伍가 될 수 없음을 알아라."라는 경고 메시지를 넌지시 넣어 놓았는지도 모른다. 그러나 죄수인 司寇의 입장에서 赦免令이 내려졌을 때 계속 司寇로서 복역할 것인지, 아니면 庶人으로 사면될 것인지를 선택할 수 있는 권한이 없으므로 이러한 추정의 타당성은 많아 보이지 않는다. 또한 생각해보라. 『二年律令』시기에는 형기가 없는데, 누가 자식을 위해서 평생 죄수의 신분인 司寇로 남으려 했겠는가?

그렇다면 율령제정자들이 司寇에 보이는 모순을 몰랐던 이유는 무엇일까? 만약에 364·365簡에 庶人이 없는 것이 정확한 것이라면 이것은 율령을 제정한 자들이 미처 고려하지 못한 착오였을 것이다. 司寇는 제국통치에 유용한 협조자이고, 隱官은 吏의 잘못된 재판으로 인한 피해자이므로 그들의 子가 士伍로 되는 것을 허용한 것은 이치적으로 충분히 납득이 간다. 그러나 司寇에서 사면되어 庶人이 되면 그 자식이 士伍로 될 수 없으나, 그냥 司寇로 남아 있으면 그 자식은 士伍가 될 수 있다는 것의 미묘한 차이점을 법률제정자들이 미처 고려하지 못하고 해당 조문을 만들었을 가능성이다. 그리고 庶人은 죄인 및 노비 출신이므로 그들의 子가 士伍로 신분 상승하는 것을 막으려 이 규정을 만들었다고 추정할 수 있다.

이러한 추정을 따른다면, 庶人의 子의 자동적인 士伍로의 상승을 막았다는 것은 매우 상징적인 의미를 지녔다고 생각된다. 司寇는 비교적 경죄수이면서 사법행정에 조력한 점이 고려되었고, 隱官은 吏의 고의적 또는 과실에 의해 육형을 받은, 즉 官의 재판 오류에 의한 희생자라는 점이 고려되어 그들의 자식이 士伍로의 상승이 허용된 것으로 생각된다. 반면에 司寇를 제외한 耐刑 이상의 중죄수(死罪·城旦舂·鬼薪白粲·隷臣妾)는 비록 사면에 의해 庶人이 되더라도 그들의 자식이 자동으로 士伍에 진입할 수 없도록 차단조항을 설정했다는 의미이다. 庶人의 子가 士伍로 될 수 없다는 것은 戰士인 동시에 하층지배귀족에서 연원한 士伍의 대열에 죄수와 노비 출신의 진입을 불허했다는 것이 된다.[167] 범죄를 저지른 자들은 사면되더라도 庶人에 머물러야 하고 재차 士伍로의 자동적인 진입은 불가했다. 이러한 추정이 맞는다면 士伍라는 경계선은 결국 죄수 출신의 庶人이 넘을 수 없는 한계선으로 간주되는 결론이 도출될 수 있다. 이러한 내용을 표시하면 [표 9]와 같다.

[표 9] 서인의 士伍 상승 불허 가능성

	公卒 계통	司寇 계통	庶人 계통
有爵者 ⬇	有爵者 (爵減) ⬇		
	公士➡	士伍	
無爵者	公卒의 子(자동)➡	士伍	⬅ (차단) 庶人의 子 ⬆
			庶人
		(자동) ⬆司寇의 子	⬆ (赦免)

---

167) 尹在碩, 위의 논문, p.158.

	公卒 계통	司寇 계통	庶人 계통						
罪囚		不名耐者➡耐爲司寇	耐爲司寇	耐爲隷臣妾	耐爲鬼薪白粲	完	黥	劓	斬左止
						城旦舂			

　지금까지 두 가지 가능성을 제시했는데, 이를 정리하면 다음과 같다. 첫째 가능성은 앞서 설명한대로 간단하게 庶人 항목이 誤脫된 것으로 이해하여 庶人의 子도 자동으로 士伍로 승급할 수 있다고 보는 것이다. 그러나 傅律의 관련 조항에 "庶人"의 유무가 모두 합리적이기 때문에 이러한 추정이 과연 타당할지는 의문이다. 두 번째 가능성은 364·365간의 "庶人의 子의 누락"은 타당하며, 그로 인해 야기되는 문제, 즉 司寇가 사면되어 庶人이 되었을 때 그들의 子가 士伍로 될 수 없는 것은 당시의 율령제정자들이 미처 고려하지 못했던 "死角"으로 인식하는 것이다.

　이제 위의 두 가지 가능성에 대해서 분석할 것인데, 高祖 10년 7월 24일, 江陵縣의 장관인 餘와 丞 鷔가 올린 「奏讞書」 案例 5의 大奴 武가 士伍로 된 사례는 庶人에서 士伍로 되는 경로의 유무를 판단할 수 있게 하는 점에서 중요하다. 士伍 軍의 노예였던 武는 項羽의 西楚시기에 도망해서 漢에 투항하여 호적에 편입, 그 신분이 士伍로 되었다. 이 사례는 奴婢가 免되면 본인 대에서 庶人은 물론이고 그 이상의 士伍로도 될 수 있었던 증거이다.[168] 그렇다면 奴婢 → 庶人 → 士伍로 이어지는 신분상승의 문호가 노비에게 열려있는 사실을 부정할 필요는 없을 것 같다.

　다음으로는 庶人과 隱官의 위치를 비교하는 것이 위의 의문을 해소하는데 유용하리라 생각한다.

　　60)　●群盜가 사면되어 庶人이 되어서, 육형 이상의 죄를 범하여 刑械를

---

168) 『張家山漢墓竹簡』, p.216, "武 : 士五(伍), 年卅七歲."

차고 있는 죄수를 인솔하던 중에 놓치면 故罪로써 논하여 斬左止爲城旦에 처한다. 후일 놓친 도망자를 스스로 잡으면 이것을 "處隱官"이라고 하는 것이다.(群盜赦爲庶人, 將盜戒(械)囚刑罪以上, 亡, 以故罪論, 斬左止爲城旦, 後自捕所亡, 是謂「處隱官」.)[169]

(61) 工隷臣이 적의 머리를 베었거나, 다른 사람이 적의 머리를 베어 工隷臣의 신분을 속면하고자 할 경우 모두 工으로 삼는다. 그가 몸이 온전하지 않다면 隱官工으로 삼는다. 軍爵(工隷臣斬首及人爲斬首以免者, 皆令爲工. 其不完者, 以爲隱官工. 軍爵)[170]

(62) 奴婢가 선행을 하여 그 주인이 사면하려고 한다면 그것을 허락한다. 奴는 私屬으로 삼고, 婢는 庶人으로 삼으며, 모두 徭役 및 筭事를 노비처럼 면제한다. 主가 사망했거나 죄가 있을 때 私屬을 庶人으로 삼으며, 刑者는 隱官으로 삼는다.(奴婢爲善而主欲免者, 許之, 奴命曰私屬, 婢爲庶人, 皆復使及筭, 事之如奴婢. 主死若有罪, 162(C271)以私屬爲庶人, 刑者以爲隱官.163(F158) 亡律)[171]

(63) 庶人以上·司寇·隷臣妾이 城旦春·鬼薪白粲罪 以上의 죄가 없는데, 吏가 고의로 不直하거나 失刑하였다면, 모두 隱官으로 삼으며, 女子인 경우는 庶人으로 삼고, 그 자에게 筭事를 하지 않고, 스스로 自尚하게 한다.(庶人以上·司寇·隷臣妾無城旦春·鬼薪白粲罪以上, 而吏故爲不直及失刑之, 皆以爲隱官; 女子庶人, 毋筭事其身, 令自尚. 124(C313)具律)[172]

---

169) 『睡虎地秦墓竹簡』, p.205.
170) 같은 책, p.93.
171) 『張家山漢墓竹簡』, p.155.
172) 같은 책, p.150.

444 고대 중국의 통치메커니즘과 그 설계자들 2

위의 4개의 자료는 庶人과 隱官이 매우 근접한 신분임을 말해주는데, 그 경로를 표시하면 다음과 같다. 60)은 죄수(斬左止爲城旦)가 사면되어 庶人이 되었으나 재차 盜械囚刑罪以上을 감시하다가 놓친 죄로 인해 원래의 처벌인 斬左止爲城旦의 육형을 받았는데, 그 후 스스로 도망친 자를 체포하여 隱官이 된 것이다. 61)은 工隸臣이 斬首하거나 또는 다른 사람의 斬首의 공으로 工隸臣에서 면된 자는 工으로 삼고, 다만 육형을 받아 신체가 불완전한 자는 隱官工으로 삼는 것인데, 工의 신분은 다른 사례와 비교할 때 庶人일 것이다. 62)는 주인이 해방시킨 奴는 일단 私屬으로 삼아 사역하다가, 주인의 사망·유죄 시에 庶人으로 해방되는데, 다만 과거 肉刑을 받은 적이 있는 奴의 경우는 隱官으로 삼는다. 63)은 庶人以上·司寇·隸臣妾이 城旦舂·鬼薪白粲罪 以上의 죄가 없는데, 재판을 맡은 吏의 고의 또는 과실로 인해 육형을 받았을 때에 隱官으로 삼는 것이다. 여기에서 隱官이 된 자들은 斬左止城旦·工隸臣·奴로서 黥刑 이상을 받은 자, 庶人에서 隸臣妾까지의 신분이 관리의 고의 또는 과실에 의해 육형을 받은 자 등이다. 이 중에서 육형을 받은 중죄수도 위에서 언급한 여러 가지 이유로 隱官이 되면 그들의 자식은 士伍가 될 수 있었다.

여기에서 잘못된 재판으로 隱官이 출현한 경우는 63)뿐인데, 이에 입각하여 隱官이 모두 억울한 冤罪者가 사면된 존재로 간주하는 것은 隱官의 본질을 잘못 인식한 것이다. 오히려 60-62)의 경우는 모두 범죄에 의해 육형을 받은 경우라서 재판상의 억울함은 없다. 즉, 60)은 과거 群盜罪를 범했던 것이고, 61)은 工隸臣이 육형을 받은 것이고,[173] 62)는 범죄에 의해 육형을 받았던 奴婢가 주인의 사망·유죄 등으로 인해 隱官으로 신분이 바뀐 것이다. 따라서 隱官이 吏의 고의 및 과실

---

173) 隸臣이 육형을 받은 경우도 있다. 『睡虎地秦墓竹簡』, p.198, "有收當耐未斷, 以當刑隸臣罪誣告人, 是謂當刑隸臣."

재판으로 생성되는 冤罪者는 아니다. 때문에 그들의 범죄 정도는 오히려 육형을 받지 않아 庶人으로 사면된 자보다도 重한 것이다.

이처럼 庶人과 隱官은 동일하게 사면조치를 통해 형성되는 신분인데, 庶人 쪽이 육형을 받지 않았다는 점에서 본다면, 隱官보다 신분이 높다고 할 수 있다. 이때의 庶人은 토지 100畝를 받지만, 隱官은 50畝를 받는 등 차별적 대우가 주어진다. 61)에서 볼 때도 工隷臣이 참수의 공로로 해방되어 工이 되면 庶人 신분이며, 그들은 육형을 받아 신체가 불완전하여 隱官工이 된 경우보다도 한 단계 높다고 생각된다. 62)에서 육형을 받지 않은 奴가 庶人으로 되면 그 자식이 士伍가 되지 못하고, 육형을 받은 奴가 해방되어 隱官이 되면 그들의 자식이 士伍가 될 수 있다는 것은 너무나도 불합리하다. 동일한 조문 내에서 육형을 받은 것의 유무에 의해 庶人과 隱官으로 나뉘는데, 육형을 받지 않은 범죄자(完刑·耐刑) 출신인 庶人이 士伍가 될 수 없고, 黥刑 이상의 육형을 받은 隱官만 士伍가 될 수 있다면 이는 경중이 뒤바뀐 것이다.

실례로 『張家山漢墓竹簡』「奏讞書」案例 4의 隱官 解는 과거에 黥刑과 劓刑을 받았던 중죄수였는데, 사면을 받아 隱官으로 되어 있다. 그가 隱官으로 된 것은 위의 60-63)의 경로 가운데 어느 경로를 통했는지 모르겠지만, 도망자인 符를 妻로 삼은 것에 의해 斬左止爲城旦으로 加刑되는 것으로 보아 기존의 재판이 잘못되어 黥劓의 肉刑을 받은 冤獄은 아닌 것 같다. 解는 원래 黥刑을 받은 상태에서 재차 범죄에 의해 加刑되어 劓刑을 받았기 때문이다. 이처럼 육형을 두 차례나 받은 解와 같은 중범죄자 출신의 隱官의 자식은 士伍가 될 수 있고 나중에 관리로도 될 수 있는 반면에,[174] 육형을 받지 않은 죄수 출신에서 비롯된 庶人의 자식이 士伍가 될 수 없게 한다면 큰 모순이다.

육형에 처해졌다가 再審을 통해 隱官과 庶人이 된 출토자료의 사례

174) 隱官 출신의 子가 고관으로 된 趙高의 경우가 대표적인 예이다.

를 비교해보더라도, 隱官의 子는 士伍가 될 수 있고, 庶人의 子는 士伍
가 될 수 없다는 364·365簡의 모순을 알 수 있다. 우선 隱官이 된 사례
는 「奏讞書」案例 17에 牛를 훔친 죄목으로 黥城旦에 처해진 講의 경우
이다. 講은 牛의 절도자인 毛가 고문 통증을 이겨내지 못하고 공범자
라고 허위 자백한 것이 밝혀져 무죄로 판명되었으나, 이미 黥刑에 처
해졌기 때문에 隱官으로 되었다.[175] 둘째로, 庶人이 된 사례는 雲夢龍
崗六號秦墓의 墓主인 辟死가 刑城旦(刖刑)에 처해졌으나 재심 후에 무
죄로 판명되어 庶人으로 복권된 경우이다.[176]

　두 개의 사례는 잘못된 재판에 의해 육형을 받았다는 공통점이 있
으나, 再審에 의해 회복된 신분은 隱官과 庶人으로서 각각 차이가 있
다. 秦漢律의 규정에 의한다면 隱官이 되는 것이 타당함에도 불구하고
肉刑을 받았던 죄수가 재심을 통해 庶人의 신분을 회복하였다는 사실
은 조금 놀랍다. 이것은 後者의 사례가 告地策이라서 실제로는 隱官이
되어야 함에도 庶人의 신분을 회복하고자 하는 死者의 염원을 담았을
가능성도 있지만, 劉國勝에 의해 입증되었듯이 辟死의 문서가 告地策
이라기보다는 실제 재판 판결문일 가능성이 높다.[177] 또한 二年律令
364·365簡을 그대로 적용하더라도 庶人이 되었을 경우 그 자식이 士伍

---

175) 『張家山漢墓竹簡』, pp.221-222, "·鞫之; 講不與毛謀盜牛, 吏笞諒(掠)毛, 毛不能
　　支疾痛, 而誣講, 昭·銚·敢·賜論失之, 皆審. ·二年十月癸酉朔戊寅, 廷尉兼謂
　　汧嗇夫：雍城旦講乞鞫曰：故樂人, 居汧醅中, 不盜牛, 雍以講爲盜, 論黥爲城
　　旦, 不當. 覆之, 講不盜牛. 講鬶(繫)子縣, 其除講以爲隱官, 令自常, 畀其於於.
　　妻子已賣者, 縣官爲贖. 它收已賣, 以賈(價)畀之. 及除坐者賞, 賞己人環(還)之.
　　騰書雍."
176) 劉國勝, 「雲夢龍崗簡牘考釋補正及其相關問題的探討(摘要)」, 『龍崗睡虎地秦墓
　　秦簡』(北京：文物出版社, 2001), pp.163-165, "鞫之：辟死論不當爲城旦, 吏論失
　　者已坐以論. 九月丙申, 沙羨丞甲·史丙免辟死爲庶人. 令自尙也." 龍崗六號秦
　　墓의 墓主는 腿骨이 보이지 않는 것으로 보아서 刖刑을 받은 것으로 생각
　　된다. 胡平生, 「雲夢龍崗六號秦墓墓主考」, 『龍崗睡虎地秦墓秦簡』(北京：文物
　　出版社, 2001), pp.157-158.
177) 劉國勝, 위의 논문, pp.165-166.

로 될 수 없기 때문에 굳이 庶人이 될 필요도 없다. 이러한 논리대로
라면 辟死는 斬趾刑을 받았다가 庶人으로 신분이 회복된 자이다. 이렇
게 육형을 받은 자가 재심을 통해 隱官만이 아니라 庶人으로 되는 경
우도 확인되고 있기 때문에, 동일한 肉刑 受刑者 출신 중에서 庶人의
子만 士伍로 되는 것을 제한할 특별한 이유가 없다. 육형을 받았으나
再審을 통해 隱官이 되기도 하고, 庶人이 되기도 하는데 隱官의 子만
士伍가 될 수 있고, 庶人의 子만 士伍가 될 수 없다면 이것은 모순일
수밖에 없다.

　이상의 분석에 의해서 肉刑을 받은 隱官의 子가 士伍로 될 수 있다
는 것은 과거 중죄수였던 자조차도 士伍로 신분 상승하는데 제한을 두
지 않았으며, 隱官보다 높은 신분인 庶人의 子가 士伍로 상승하는 것은
당연한 것으로 생각된다. 따라서 364·365간에 庶人이 빠진 것은 문서를
베끼는 과정에서 발생한 오탈로 생각된다. 그렇다면 庶人은 본인에 한
해서 月稟米·受杖·晥老의 優免은 받지 못하는데, 그것은 그들의 과거
출신이 죄수와 노비였음을 고려한 것이다. 그러나 서인의 자식이 士伍
로 상승하게 되면서 이러한 불이익은 해소된다고 할 수 있다.

V. 결론

　본고는 죄수로부터 庶人으로 회복되는 과정 및 신분이 회복된 서
인의 국가에 대한 세역 부담, 상위 신분으로의 상승 문제에 대해 고
찰한 것이다. 이 문제는 진한시대의 죄수에 대한 국가의 인식과 태도
가 제도적으로 어떻게 표현되었는지를 고찰하고자 한 것이다.

　종전에는 赦令을 받으면 곧바로 囹圄의 몸에서 풀려나 庶人이 되어
귀가할 수 있는 것으로 착각했다. 그러나 赦令은 그렇게 단순하지 않

고 복잡한 내용을 포함하고 있어서 庶人으로의 사면도 있지만, 復作이
되는 경우도 있고 감형되는 경우도 있었다. 赦令이 내려졌을 때는 반
드시 "免"이 있어야만 庶人으로 될 수 있었는데, 당시의 문서에는 "以
赦令免"으로 표현했다. 이렇게 된 죄수를 "免刑"이라고 한다.

그러나 庶人으로 免된다고 해도 곧바로 석방하지 않는 것이 秦漢의
독특한 죄수 관리법이다. 그 방법은 바로 復作을 통하여 이루어지는
데, 반드시 "毋有復作"의 단서조항이 있어야만 서인으로 방면될 수 있
었다. 漢簡의 자료를 보면 復作은 원래의 형기에서 2년을 감하고 남은
형기를 복역하는 것으로 생각된다. 결과적으로 死罪는 3년, 城旦舂 以
上은 2년, 鬼薪白粲은 1년 동안 作縣官, 즉 復作을 해야했다. 復作은 사
면을 통해 갑자기 부족해질 수 있는 노동력의 계속적인 확보를 위한
것으로 생각된다.

『睡虎地秦墓竹簡』「法律答問」에서 사면된 庶人이 계속 국가의 특별
한 요역에 동원된 것의 이유도 이러한 復作과 관계가 있는 것으로 생
각되며, 추가 범죄시 故罪로 논한 것은 이들이 徒加로 취급받은 것이
아님을 의미한다. 만약 徒加였다면 가중되었을 것이기 때문이다. 그렇
지만 復作은 "除罪"라는 표현이 사용되는 것으로 보아 罪에서 완전히
벗어난 것은 아니었다. 復作은 서인으로 되는 과정 중의 단계로서 설
정한 유예기간이다. 그렇다면 秦律에서 사면되어 죄수를 감시하던 庶
人과 復作은 일치하는 존재가 아니라, 일단 復作이 되어 복역하다가 庶
人으로 되는 것이다. 이러한 復作의 복역 조건에 대해서는 많이 알려
져 있지는 않지만, 계속 감옥에 수감되어 생활했으나 변경의 문서수
발 등에 복역한 것으로 보아 형구는 제거된 상태였던 것으로 보인다.

한편 죄수가 赦免 이외에 庶人 신분으로 되돌아가는 경로는 복역
기간의 만료를 들 수 있다. 『漢書』「刑法志」의 1년이 경과할 때마다 하
위 죄수의 단계로 신분이 바뀌게 하는 규정이 최근 발견된 懸泉置 자
료에서 확인되었으며, 이것의 공식적인 명칭은 "以律減罪"라고 부른

다. "以律減罪"는 관부에서 알아서 해주는 것이 아니라, 죄수가 "減罪"를 신청해야 비로소 허락하는 것이다. 『漢書』 「刑法志」를 보면, 각 형기가 만료되어 한 등급 가벼운 죄수로 되는 "以律減罪"의 경우 免으로 표현하지 않고 "爲"로 하였으며, 최종적으로 庶人이 될 때에만 "免"으로 표현하고 있다. 특히 髡鉗左止에서 完城旦으로 되는 기간이 2년인 것에서 미루어 볼 때 髡鉗左止는 6년형이며, 이는 髡鉗刑이 모두 5년형이라는 기존의 견해는 재고되어야 한다.

사면 이후에 토지를 지급받은 서인은 국가에 산부와 요역의 부담을 지고 있었다. 『二年律令』의 일부 조문이 마치 이러한 부담이 없는 것처럼 보이는 것은 오해일 뿐이고, 傅律의 356簡에 "公卒以下六十六, 皆爲免老"라고 하여 庶人도 免老되고 있음이 분명한 것으로 보아 傅律에 규정된 요역과 병역의 부담을 지고 있었다. 국가로부터 100무의 토지를 지급받고 국가에 복역하지 않는 것은 상상하기 어렵다.

한편 庶人의 子가 사오로 신분상승하는 문제를 고찰함에 있어 364·356簡에 "庶人" 항목이 없는 것에 대해서는 두 가지 가능성을 제시하였다. 하나는 傅律 규정에 오류가 있어 서인 항목이 빠졌을 가능성과 다른 하나는 명확한 의도를 가지고서 죄수에서 내원한 庶人의 子의 신분상승을 억제하기 위해 배제했을 가능성이다. 후자는 『이년율령』의 다른 조문에서 庶人에 대한 月稟米·受杖 등 각종 혜택에서 제외된 것과 연계시켜 볼 때 합당해 보이기도 하지만, 필자는 庶人과 隱官과의 비교를 통하여 庶人의 자식의 士伍 상승은 가능하다고 결론을 내렸다. 결국 죄수·노비에서 免된 庶人은 100畝의 토지를 받고 국가에 대한 세역의 의무를 부담함으로써 완전히 公民의 자격을 획득하였다. 다만 庶人은 죄수 출신이라는 점 때문에 月稟米로 대표되는 賜與대상에서의 배제, 公卒·士伍와 달리 晥老에서 아예 배제되는 불이익을 받았다. 그리고 이러한 불이익을 받는 것은 庶人 본인의 시기로 한정되고, 그 子가 士伍로 상승하면서 해소된 것으로 생각된다.

秦漢律에 보이는 庶人의 개념과 존재

— 陶安, 呂利, 椎名一雄의 견해와 관련하여 —

I. 서론

필자는 秦漢의 庶人문제에 대해 고찰한 바 있는데,[1] 몇 가지 점에서 의문이 완전히 해소된 것은 아니다. 『二年律令』「傅律」364-365簡에 士伍로 될 수 있는 신분 가운데 庶人子의 항목이 보이지 않는 점,[2] 漢代 서북 변경 지역에서 출토한 居延漢簡 등의 문서에 庶人 신분이 보이지 않는 문제, 庶人의 인신 자유는 어느 정도였는지의 문제 등에 관하여 보완할 필요성이 느껴졌다. 그러던 차에 陶安 등 3인의 주목할 만한 논문이 발표되면서 이 글을 준비하게 되었다.[3]

陶安이 필자의 논점에 대해 지적한 점은 크게 두 가지이다. 첫째, 秦漢의 庶人은 죄수·노비가 사면되어 형성된 것(專稱說: 특수개념)이 아니라, 여러 가지의 신분을 포괄하는 개념(汎稱說: 포괄개념)이라고

---

1) 任仲爀, 「秦漢律의 耐刑 - 士伍로의 수렴 시스템과 관련하여」(『中國古中世史研究』 19, 2008), pp.103-178; 任仲爀, 「秦漢律의 庶人」(『中國古中世史研究』 22, 2009), pp.163-234.(이 논문은 「秦漢律中的庶人」, 卜憲群·楊振紅 主編, 『簡帛研究』(桂林: 廣西師範大學出版社, 2009), pp.274-314에도 게재되었다.)

2) 彭浩·陳偉·工藤元男, 『二年律令與奏讞書』(上海: 上海古籍出版社, 2007), pp.230-234, "公士(364)公卒及士五, 司寇, 隱官子, 皆爲士五. 疇官各從其父疇, 有學師者學之.(365)"

3) [獨] 陶安, 「秦漢律"庶人"概念辨證」(『簡帛』 7輯, 2012), pp.265-275; 呂利, 「"庶人"考論」(『社會科學家』 2010-10), pp.37-44; [日] 椎名一雄, 「辺境漢簡にみられる爵位事例への一考察」(『大正大學大學院研究論集』 第34號, 2010), pp.1-9.

주장하였다. 둘째, 庶人의 자유 문제와 관련하여, 서인은 가족이 많은 대가를 지불하고 해방시켰기 때문에 자유인의 성격을 가지고 있다는 것이다.

첫 번째 문제와 관련하여, 陶安은 庶人을 專稱說의 입장에서 보는 3개의 新學說을 적시하고, 필자의 연구는 "庶人" 신분이 赦免된 刑徒·奴婢에서 유래한 것이고, 赦免 이후에 庶人이 "엄밀한 감시를 받고 있고, 교류에 있어서 제한을 받았다(受到嚴密的監視, 出行與交流均受限制)"는 "賤民"으로 본 것으로 파악했다. 또한 椎名一雄의 논고를 "七科謫" 등의 身分과 유사한 것에 比擬하기도 하고, 林炳德의 견해를 진일보하여 "庶奴制"에서 "良奴制"로의 社會體制의 大轉向이라고 파악하였다.[4]

두 번째는 서인 신분의 "自由" 문제에 대한 의문 제기이다. 陶安은 필자가 庶人을 賤民으로 간주했다고 주장했지만(比如五大夫等有爵者之妻被平反之後, 何故要將其降至"受到嚴密的監視, 出行與交流均受限制"的"賤民"身份呢), 필자는 庶人을 "賤民"으로 부른 적이 없다. 오히려 庶人이 자유인적 성격을 가지고 있고, 다만 죄수·노비 출신이기 때문에 士伍 등과는 차별을 받았다는 입장이다. 한편 呂利는 庶人 신분의 자유 문제를 논할 때 거론되는 "令自尙"과의 관계를 분석하고, 이 용어가 庶人과 관련이 있는 것이 아니고 隱官과 관련된 것임을 주장하였다.

庶人과 관련해 呂利가 제안한 秦漢시기 庶人의 존재 유무에 관한 의문 제기는 매우 중요한 것이었다. 『二年律令』「戶律」에는 庶人이 보이지만, 「傅律」 364-365簡에 "庶人子" 항목이 없는 이유를 통해서 秦漢시대 庶人의 존재 유무에 의문을 제기하였다.[5] 그는 "庶人子" 항목의 부재는 庶人 신분이 보편적으로 존재하는 "典型的 사회관계"가 아니기 때문에 法律에 명확하게 규정할 필요가 없다고 주장하였다. 漢代 서북지역 문서에조차 庶人이 보이지 않는 것은 漢代 사회에 서인의 존

---

4) 陶安, 위의 논문, p.265.
5) 呂利, 위의 논문, p.37.

재를 부정하는 논의로까지 확대되었던 것이다.

　사실 秦代의 『里耶秦簡[壹]』과 『里耶秦簡[貳]』에는 庶人이 한차례도 등장하지 않는다.[6] 이 뿐만이 아니라 漢代의 서북변경 문서에도 王莽시기의 "男庶人吉"이라는 것 하나를 제외하고는 庶人의 인명이 보이지 않는다.[7] 이처럼 문헌자료와 출토문헌 가운데에서 庶人 + 人名의 자료가 발견되지 않는 이유로 인하여 漢代에 庶人이 존재하지 않은 것은 아닐까 하는 의문을 자아내게 한다. 『睡虎地秦墓竹簡』과 『張家山漢墓竹簡』 등 율령에는 다수의 庶人 관련 법령 조문이 있는 것과 비교하면 매우 의아한 현상이라고 할 수 있다.[8] 秦漢의 律令에서 "免爲庶人"하여 끊임없이 배출된 庶人은 어디로 간 것일까? 법령 규정은 있는데, 그 실체가 없는 모순이 발생하는 것이다.

　더욱이 『二年律令』 「傅律」의 364-365簡에 "庶人子"의 항목이 부재하는 것은 실제로 庶人이 존재하지 않았기 때문에 이렇게 규정되었다는 呂利의 주장도 나온 것인데, 後漢의 "長沙尙德街東漢簡牘"의 한 詔書를 보면 타당성이 있어 보인다.[9] 이러한 자료들을 검토하여 秦漢시대에 庶人은 어디로 갔을까 하는 의문을 밝혀볼 것이다.

　呂利의 주장과는 반대의 입장에서 실제로 庶人은 존재했다는 椎名一雄의 견해도 보인다. 庶人의 존재 유무와 관련하여, 椎名一雄이 제기한 아이디어는 유익한 부분이 있었다. 그는 居延漢簡 등에 爵稱이 보이지 않은 戍卒 등이 庶人일 가능성이 있다는 것이다.[10] 실제로 居延

---

6) 湖南省文物考古研究所, 『里耶秦簡[壹]』(北京: 文物出版社, 2010); 湖南省文物考古研究所, 『里耶秦簡[貳]』(北京: 文物出版社, 2017).

7) 吳礽驤 等, 『敦煌漢簡釋文』(蘭州: 甘肅人民出版社, 1991), p.20, "助茂. 秉刃傷大君頭一所. 男庶人吉助茂縛秉. 元夫與吉共撆殺秉, 并使從兄梁殺秉子小男毋重, 砍殺秉妻.(222)"

8) 『睡虎地秦墓竹簡』(北京: 文物出版社, 1978); 『張家山漢墓竹簡』(北京: 文物出版社, 2006).

9) 長沙市文物考古研究所, 『長沙尙德街東漢簡牘』(長沙: 嶽麓書社, 2016), p.220, "詔書: 庶人不與父母居者, 爲仕伍, 罰作官寺一年."

漢簡을 비롯한 西北邊境지역의 목간에 보이는 戍卒·田卒의 경우 名縣
爵里 가운데에서 爵稱만 기록하지 않은 사례가 확인된다. 예컨대 李均
明의 『秦漢簡牘文書分類輯解』의 卒名籍에는 작칭이 없는 戍卒을 예시하
고 있다.[11] 椎名一雄의 지적과 같이 爵稱이 보이지 않는 戍卒 등이 庶
人인지를 확인하여 漢代의 庶人 행방을 추적하고자 한다.

II. 陶安의 庶人 汎稱說

陶安의 분석에 따르면, 新學說이 근거로 삼고 있는 것의 하나는 錢
大昕 『廿二史考異』의 庶人槪念 分析이고,[12] 다른 하나는 『二年律令』「戶
律」의 "田", "宅" 分配 규정이다. 陶安은 二年律令 등의 "律文에서 말하는
'庶人'은 의심할 나위 없이 刑徒와 奴婢身分에서 면제된 사람을 가리킨
다. 錢氏가 '律에서 말하는 庶人은 奴婢 및 有罪者에 대해서 말한 것(律
言庶人者, 對奴婢及有罪者而言)'이라고 한 것이 실제와 부합한다고 생
각된다."고 말했지만, 자신의 논문 후반부에 가서는 이 언급을 번복하
고 庶人은 보편적인 개념이라는 汎稱說을 주장한다.

陶安이 지적한 新學說의 두 번째 근거는 『二年律令』「戶律」 규정이
다. "庶人"은 "公卒", "士伍"와 병렬되어 사용된다. "庶人"이 "公卒", "士伍"
와 마찬가지로 身分의 專稱이며, "有爵"과 "無爵"계급에서 온 "公卒", "士
伍"와 다른 것은 "庶人"이 刑徒와 奴婢에서 왔다는 것이다.(專稱說)

陶安은 律文에서 刑徒와 奴婢身分을 면제시키는 것을 "免爲庶人"이
라고 하지만, 그렇다고 하여 모든 "庶人"이 일찍이 刑徒 또는 奴婢身分

---

10) 椎名一雄, 위의 논문, pp.5-7.
11) 李均明, 『秦漢簡牘文書分類輯解』(北京: 文物出版社, 2009), pp.350-352.
12) 錢大昕, 『廿二史考異』(上海: 上海古籍出版社, 2004), p.186, "光武帝紀下(卷十)
凡律言庶人者, 對奴婢及有罪者而言."

을 가졌다는 것에 대해서는 부정적이다. 동시에 錢大昕도 그렇게 주장하지 않았다고 말한다. 예컨대, 『史記』「五帝本紀」 "自從窮蟬以至帝舜, 皆微爲庶人"의 庶人은 刑徒·奴婢 등과 무관하며, 그것은 泛稱으로서 보통의 百姓이라고 주장하였다. 그러면서 法律條文의 "庶人"槪念이 普通 語言에서 늘상 보이는 泛稱이라고 주장하였다.

陶安의 주장에 따르면, 庶人이 범칭인 이유는 刑徒·奴婢가 赦免·放免된 후에 具體的인 處境이 크게 차이가 있기 때문에 이를 개인의 구체상황에 따라 변화되는 신분을 포괄할 수 있어야 했다고 주장한다. 예컨대 男刑徒는 傅籍하여 "士伍"가 될 수 있고, 女刑徒는 그렇지 않다. 特殊技能을 보유한 刑徒가 赦免後에 官方에서 "工" 또는는 「奏讞書」 099-123簡의 "樂人" 등 상응하는 여러 가지 特殊身分을 安排하는데, 庶人이 泛稱으로 使用되어야만 이러한 여러 가지 다른 상황을 모두 개괄할 수 있다는 것이다.[13] 陶安은 『二年律令』「戶律」의 律文에서 "公卒", "士伍"의 2개 專稱 뒤에 "庶人"이라는 槪念을 사용한 이유에 대해, 일일이 열거할 수 없는 매우 많은 신분이 존재했기 때문에 泛稱인 "庶人"을 사용해야만 그 전체를 개괄할 수 있었다는 것이다.

陶安은 "專稱說"이 「亡律」(簡162-163)의 "主死若有罪, 以私屬爲庶人, 刑者以爲隱官" 解讀에 모순을 일으키고 있다고 다음과 같이 비판하였다. 「傅律」에서 "隱官"의 子는 "士伍" 신분으로 傅籍하고, 庶人에 대해서는 관련된 규정이 없다. 兩者(은관과 서인)의 출신은 동일하게 "선행을 하여", "免"된 奴婢인데, 어떻게 이러한 자식의 대우에 차이를 낳게 되었는가? 만약에 "庶人"이 泛稱이라고 한다면, 바꿔 말한다면 만약에 "庶人"이라는 특수한 신분이 아니라면(沒有稱爲"庶人"的特殊身分的話),

---

13) 奏讞書의 자료에 보면, 陶安이 예로 든 "樂人" 講은 覆審 후에 庶人으로 된 것이 아니라, 隱官으로 되었다.[其除講以爲隱官, 令自常(尙)] 따라서 陶安이 庶人의 범주에 "樂人" 등이 포함된다고 한 것은 잘못 이해한 것이므로 "樂人" 講의 사례는 그의 범칭설의 논지에 도움이 안되는 자료이다.

"私屬"은 "主死"之後에 "士伍" 등의 신분으로 立戶하고, 法律規定에 입각하여 徭役 등의 義務를 부담했을 것인데, 이는 "隱官"과 본질적 차이가 없다.[14] 따라서 범칭으로 보아야만 위의 율문을 제대로 해석할 수 있다는 것이다. 陶安은 秦漢律에 보이는 서인을 모두 "汎稱"으로 보아야 한다고 주장하면서 庶人汎稱說을 다음과 같이 결론지었다.

> 이상의 여러 분석으로부터 어렵지 않게 알 수 있었던 것은 新"專稱說"은 터무니없이 구상된 것이므로 믿기 어렵다는 사실이다. "庶人"은 泛稱이며, 과거와 같이 "百姓", "平民" 등으로 번역될 수 있는 것이다. 언어환경의 변화에 따라서 그것이 표시하는 구체적 신분은 차이가 있는데, "公卒", "士伍" 등의 特定身分으로 "傅籍"에 오르지 않은 자, 예컨대 "妻", "子", "免妾" 등과 같이 타인 호적에 依附하는 자를 가리킬 수도 있고, 또한 "工", "樂人" 등 特殊身分者를 포괄할 수도 있는데, 심지어 "公士" 以上의 有爵身分者 역시 배제되지 않는다.[15]

이상과 같은 陶安의 결론은 戰國秦시기에 발생한 庶人 용어의 의미 변화를 간과하고 있기 때문에 비롯된 것이다. 陶安이 말하는 汎稱은 周代의 신분제도인 公 - 卿大夫 - 士 - 庶人의 개념에서 비롯된 것이다. 반면에 商鞅變法 이래의 庶人은 새로운 의미를 띠고서 출현했는데, 이것이 秦漢律에 보이는 서인이다. 그는 전통적 庶人(汎稱) 개념과 商鞅變法에서 처음 출현했을 것으로 생각되는 庶人(專稱) 개념이 별도로 존재한 사실을 모르고 있는 듯하다. 필자는 이를 입증하기 위해 『睡虎地秦簡』 및 『二年律令』에서 庶人이 전적으로 奴婢·罪囚에서 사면된 존재임을 입증할 것이다.

陶安은 "法律術語는 당연히 普通語言의 字詞·詞義를 沿用한다."라고

---

14) 陶安, 위의 논문, p.271.
15) 같은 논문, p.275.

하여 일반적으로 사용되는 언어가 법률용어로도 사용되었다고 주장한
다.[16] 즉, 先秦시대 서인의 개념이 그대로 秦漢시기까지 법률용어로서
사용되었다는 의미이다. 그러나 인간이 사용하는 언어가 변화하지 않
고 계속 원래의 의미를 고수했는지는 의문이다. "庶人"이라는 용어도
초기의 의미와 商鞅變法 이후의 의미가 다를 수 있다는 가능성을 열어
두고 봐야 한다. 결론부터 말하면, 文獻資料에는 범칭과 전칭이 섞여있
는 반면, 秦漢의 律令條文에는 새로운 개념인 專稱만이 존재한다.

"庶人"에 대한 학계의 연구 결론은 아래와 같은 것이다. 이것은 소
위 汎稱論에 해당하는 결론이라고 할 수 있다. 周代 庶人은 인신의 자
유가 있어서 귀족과 직접적인 臣僕관계가 없었고, 농업생산에 종사함
으로써 기타 전문기예가 있는 皂隷牧圉 등과도 달랐다. 따라서 周代
庶人은 절대로 노예가 아니며 平民으로 간주할 수 있는 것이다.[17] 전
국후기의 문헌에도 서인은 결코 노예로 나타나지 않았다. 그러한 증
거들은 『管子』 등에 庶人이 농업에 종사하는 존재로 나타나거나,[18] 백
성과 서인을 동등하게 병렬하거나,[19] 大夫와 對語 관계를 형성하는 無
爵의 사람들을 지칭하는 사례들에서 충분히 입증되고 있다.[20] 특히

---

16) 같은 논문, p.269.
17) 王鳳, 『秦漢簡帛文獻文化詞語匯釋與研究』(東北師範大學博士論文, 2014), pp.59-
61에 서주와 춘추시대의 서인 신분에 대한 연구사가 정리되어 있다.
18) 『管子纂詁』(東京: 富山房, 1972), 卷10「君臣上」, p.28, "時省者相也, 月稽者官也,
務四支之力, 修耕農之業以待令者, 庶人也. 是故百姓量其力於父兄之間, 聽其言
於君臣之義, 而官論其德能而待之, 大夫比官中之事, 不言其外.";『國語正義』(成
都: 巴蜀書社, 1985),「晋語四」, p.815, "庶人食力". 庶人은 농업에 종사하는 노
동자이다.
19) 『戰國策』(上海: 上海古籍, 1985),「趙策二」, p.653, "敵弱者用力少而功多, 可以無
盡百姓之勞, 而享往古之勳. 夫有高世之功者, 必負遺俗之累; 有獨知之慮者, 必
被庶人之恐."
20) 『史記』卷44「魏世家」, p.1847, "惠王數被於軍旅, 卑禮厚幣以招賢者. 鄒衍·淳于
髡·孟軻皆至梁. 梁惠王曰:「寡人不佞, 兵三折於外, 太子虜, 上將死, 國以空虛,
以羞先君宗廟社稷, 寡人甚醜之, 叟不遠千里, 辱幸至獘邑之廷, 將何利吾國?」孟

『漢書』「杜延年傳」에는 3백석 관리의 對語로서 庶人을 사용했는데, 이는 일반민을 지칭하는 것이다.[21] 이처럼 陶安이 말하는 일반인의 의미인 汎稱으로서의 庶人은 문헌자료에 많이 보이고 있다. 有爵者(또는 有官者) 對 無爵者(또는 無官者)의 구도가 『秦簡』 및 『二年律令』에서의 庶人 개념에도 영향을 미쳐서 庶人에는 무작자의 개념이 남아있다.

그런데 周代의 전통적인 서인 개념과는 다른, 즉 노비와 죄수 출신에서 해방된 존재라고 하는 개념이 秦漢律에 나타나고 있다. 『二年律令』의 二十等爵制를 侯·卿·大夫·士로 구분한 것으로 보면 周制의 영향을 받은 것이다.[22] 전통적인 周의 爵制와 秦의 爵制의 연계에 대해서는 于振波의 분석이 있다. 于振波는 劉劭의 『後漢書』 주석에 있는 「爵制」를 분석하고, 秦爵이 周朝 等級制度를 승계한 것이라고 하였다. 즉, "爵制는 商鞅變法 가운데 중요한 내용이다. 秦爵은 周朝 等級制度의 기초 위에서 발전해온 것이다. 그 20급 작위를 4개로 나누어 周制의 士·大夫·卿·侯와 4개 등급을 서로 대응시킨 기초 위에서 발전해온 것이다. 이러한 대응관계는 劉劭의 「爵制」에서 언급했을 뿐만 아니라, 張家山 漢簡에서 검증할 수 있는데, 周制와 밀접한 관계를 나타낸다."는 것이다.[23] 劉劭의 「爵制」에서 볼 때 二十等爵의 侯로부터 士에 이르기까지의 구분이 周制와 관련을 가지는 것은 확실하다. 庶人이 爵制의 외곽

軻曰 : 「君不可以言利若是. 夫君欲利則大夫欲利, 大夫欲利則庶人欲利, 上下爭利, 國則危矣. 爲人君, 仁義而已矣, 何以利爲!」; 『史記』 卷74 「孟子荀卿列傳」, p.2343, "太史公曰 : 余讀孟子書, 至梁惠王問 「何以利吾國」, 未嘗不廢書而歎也. 曰 : 嗟乎, 利誠亂之始也! 夫子罕言利者, 常防其原也. 故曰 「放於利而行, 多怨」. 自天子至於庶人, 好利之弊何以異哉!」

21) 『漢書』 卷60 「杜周傳(子 延年)」, p.2662, "侯史吳故三百石吏, 首匿遷, 不與庶人匿隨從者等, 吳不得赦."

22) 李學勤, 『東周與秦代社會文明』(北京: 文物出版社, 2007), p.162; 閻步克, 『品位與職位－秦漢魏晋南北朝官階制度研究』(北京: 中華書局, 2002), p.88.

23) 于振波, 「簡牘所見秦名田制蠡測」(『湖南大學學報』 18-2, 2004), p.7; 『後漢書』 第28 「百官志五」, p.3631.

- 작위를 가지지 못한 - 에 있다는 점에서 周爵과 秦爵 모두 동일한 특징을 가지고 있고, 이 점이 秦代 庶人의 의미 형성에 일조했을 것으로 추정되지만, 秦爵의 庶人은 그러한 것을 뛰어넘어 새로운 의미가 추가되었다.

秦漢律에서는 이십등작제의 외곽에 있는 무작층을 세분하였다. "公卒"은 부친이 不更에서 上造의 有爵계층에서 군공을 수립하지 못하여 작위가 떨어진 것에서 형성된 것이고, "士伍"는 부친이 公士·公卒·士伍 및 司寇·隱官에서 온 것이며, "庶人"은 刑徒와 奴婢에서 사면된 자들이었다. 동일한 무작층이라고 해도, 그 이름에서 신분의 내원을 알 수 있도록 한 것이다. 秦漢律의 庶人은 周代 서인과 마찬가지로 무작자이기는 하되, 전통적 無爵者·非官人의 개념에서 크게 바뀐 죄수·노비에서 사면된 자들이라는 것으로 변모하였다.

이렇게 상앙변법에서 爵制를 재편할 때에 새로운 개념을 추가했기 때문에『史記』에는 전통적 庶人(周制)과 상앙변법의 庶人(秦制)이 섞인 채로 서술되어 있다. 그러나 자세히 관찰하지 않더라도 양자는 용이하게 구별해낼 수 있다. 陶安이 언급한 일반평민을 의미하는 汎稱으로 사용되는 경우는 상앙변법 이전의 역사기록에서 주로 나타나며(예컨대, 陶安 논문 p.269 인용의「五帝本紀」"自從窮蟬以至帝舜, 皆微爲庶人"), 상앙변법 이후에 庶人이 汎稱으로 사용된 것은 역시 天子 - 公 - 卿大夫 - 士 - 庶人이라는 전통적인 신분관계를 언급할 때였다. 앞서 언급한『漢書』「杜延年傳」의 庶人이 바로 그것이다. 그런데 주목할 것은 상앙변법 이전의 역사기록에는 죄수·노비 내원의 庶人 사례가 확인되지 않는다는 사실이다. 그 사례가『史記』에서 가장 빠른 것은 二世皇帝시기의 것이지만,[24]『睡虎地秦簡』의 秦律에는 죄수·노비 내원의

---

24)『史記』卷37「衛康叔世家」, p.1605, "君角九年, 秦并天下, 立爲始皇帝. 二十一年, 二世廢 君角爲庶人, 衛絶祀.";『史記』卷15「六國年表」, p.758, "二世元年 十月戊寅, 大赦罪人. 十一月, 爲兔園. 十二月, 就阿房宮. 其九月, 郡縣皆反. 楚兵至戲,

庶人이 다수 출현한다. 秦律에 庶人의 기원이 죄수·노비에 있는 자료
가 다수 보이는 것은 이러한 율령의 기원이 상앙변법에 있기 때문이
다. 필자는 위의 주장을 입증하기 위하여 『秦簡』과 『二年律令』의 庶人
사례를 분석하여 다음과 같은 결과를 얻었다(숫자는 부록의 번호).

[표 1]

죄수(7)	노비(3)	庶人(1)	서인의 내원과 무관(7)
1,2,3,4,5,7,10	6,8,9	11	12,13,14,15,16,17,18

『睡虎地秦墓竹簡』과 『張家山漢墓竹簡』의 二年律令에는 모두 18개의
庶人 자료가 검색되는데 이중에서 庶人의 내원과 무관한 7개를 제외
한 11개 사례에서 庶人의 출신을 확인할 수 있다. 庶人이 죄수에서 기
원한 사례가 7개, 노비에서 기원한 사례가 3개, 서인에서 기원한 사례
가 1개이다. 이것은 적어도 "秦漢律令"으로만 범위를 국한했을 때, 서
인의 내원이 모두 사면된 죄수·노비에 있다고 하는 움직일 수 없는
증거이다.

율령의 자료만이 아니라, 아래의 서북변경에서 출토된 庶人 자료
들도 한결같이 죄수들이 赦令을 통해 免된 것들이었다. 肩水金關漢簡
의 王禁이라는 자가 居延에서 戍하던 중 犯法으로 처벌을 받았으나, 正
月甲子赦令에 의해 免爲庶人되었고,[25] 復作大男 呂異人이 縣官에서 1년
3개월 29일간 復作하도록 명을 받고 1년 1개월 18일 복역했는데, 2개월
11일이 남은 상태에서 二年二月에 甲辰赦令이 내려졌는데, 詔書에 入錢

___

章邯擊卻之. 出衛君角爲庶人."
25) 甘肅簡牘保護研究中心等, 『肩水金關漢簡(壹)』(中)(上海: 中西书局, 2011), p.67;
張俊民, 「肩水金關漢簡札記二則」, http://www.bsm.org.cn/show_article.php?id=1558
"河平四年二月甲申朔丙午, 倉嗇夫望敢言之. 故魏郡原城陽宜里王禁自言, 二年
戍屬居延. 犯法論. 會正月甲子赦令, 免爲庶人. 願歸故縣. 謹案, 律曰, 徒事已,
毋糧, 謹故官爲封倨檢, 縣次續食, 給法所當得.(73EJT3:55)"

贖罪하고 免爲庶人하게 하였다.[26] 刑徒가 復作의 기간이 종료되면 免爲
庶人하는 경우도 있다. 宣帝 五鳳三年 十二月 癸卯朔 庚申일에 보고된
문서로서, 大男 彭千秋가 傷人한 죄로 처벌을 받았는데, 神爵四年 三月
丙辰의 敕令에 의하여 1년 10개월 10일 縣官에서 復作하도록 했는데,
이제 그 기간을 모두 복역하여 免爲庶人하였다.[27] 穎川郡 陽翟 宜昌里
출신의 陳犬이 永光三年 12月에 傷人하여 鬼薪의 처벌을 받았는데, 二
月 乙丑일에 敕令을 받아서 免罪하여 復作이 되고, 詔書에 의해 贖免하
여 庶人으로 되었다.[28] 이상의 『肩水金關漢簡(肆)』의 자료도 율령의 자
료와 동일하게 庶人이 죄수에서 사면된 것임을 보여주고 있다. 그것
은 당연한 것이었다. 율령의 규정에 입각하여 시행한 결과가 나타난
것이 서북지역 출토 자료이기 때문이다.

앞에서 언급한 대로, 陶安은 『二年律令』 「戶律」의 律文에서 "公卒",
"士伍" 다음에 "庶人"이 나온 이유를 "일일이 열거할 수 없는 매우 많
은 신분이 존재했기 때문에 泛稱인 庶人을 사용해야만 그 전체를 개
괄할 수 있다."고 주장한다. 예컨대 "樂人" 등 상응하는 여러 가지 特殊
身分을 포괄할 수 있는 기타 신분으로서 庶人이 필요했다는 것이다.

---

26) 甘肅簡牘保護研究中心等, 『肩水金關漢簡(肆)』(下)(上海: 中西書局, 2015), p.125,
"神爵三年六月己巳朔乙亥, 司空佐安世敢言之: 復作大男呂異人, 故魏郡繁陽明
里. 迺神爵元年十一月庚午坐傷人論, 會二年二月甲辰敕令, 復作縣官一歲三月廿
九日. 三月辛未初作盡神爵三年四月丁亥, 凡己作一歲一月十八日, 未備二月十一
日, 以詔書入錢贖罪免爲庶人. 謹爲偃檢□□居延……謁移過所.(73EJH1：3A)"
27) 『肩水金關漢簡(肆)』(下), p.9, "五鳳三年十二月癸卯朔庚申, 守令史安世敢言之.
復作大男彭千秋故陳留郡陳留高里, 坐傷人, 論. 會神爵四年三月丙辰敕令. 復作
縣官一歲十月十日作日備, 免爲庶人, 道自致. 謁移陳留過所縣道河津函谷關, 毋
苛留止, 如律令, 敢言之. 十二月庚申, 居延令弘, 守丞安世移過所縣道河津函谷
關, 毋苛留止, 如律令. 掾守令史安世. 章曰居令延印.(73EJT34:6A, 73EJT34:6B)"
28) 『肩水金關漢簡(肆)』(下), p.49, "永光四年六月己酉朔癸丑, 倉嗇夫勃敢言之. 徒故
穎川郡陽翟宜昌里陳犬, 永光三年十二月中, 坐傷人論鬼新. 會二月乙丑赦令, 免
罪復作, 以詔書贖免爲庶人. 歸故縣. 謁移過所河津關, 毋苛留止. 縣次贖食.
(73EJT37:526)"

그러나 그러한 주장은 秦漢律을 제대로 이해하지 못한 것이다. 『嶽麓書院藏秦簡(伍)』의 한 조문은 隷臣妾 - 司寇 - 庶人이 등급관계이며, 庶人이 여러 신분을 포괄하는 것이 아님을 보여준다.[29] 즉, 외국의 간첩을 포획한 사람이 隷臣이라면 司寇로 免하고, 司寇의 신분이라면 司寇보다도 한 단계 높은 신분인 庶人으로 면해준다는 것인데, 이러한 서술 관계는 3개의 신분이 등급관계임을 말해준다. 司寇가 간첩을 잡았을 때 면해주는 신분이 陶安의 주장처럼 작급의 범위가 무엇인지도 모르는 - "樂人" 등을 포괄하는 식으로 표현한 - 불확실한 작급 개념인 庶人일 수는 없다. 더구나 陶安이 인용한 "樂人" 讞은 覆審 후에 庶人의 신분으로 사면된 것이 아니라, 隱官으로 되어 있기 때문에 사실관계를 제대로 파악하지 못한 부적절한 예증이라고 할 수 있다.

이상에서 분석한 『睡虎地秦簡』 및 『張家山漢簡』 二年律令을 분석한 결과는 "律令"에 규정된 庶人이 汎稱이라고 하는 기존의 庶人 개념과는 다른 새로운 개념의 專稱이었음을 말해준다. 陶安의 문제점은 西周시대의 庶人 개념과는 다른 商鞅 변법시기의 庶人 개념이 출현한 것을 간과하고, 전통적 개념에 입각하여 秦漢 이래의 庶人 개념을 설명하려는 것에 있었다. 陶安이 錢大昕의 서술에 이러한 내용이 없다고 주장한 것은 錢大昕의 "무릇 律에서 말하는 庶人이라는 것은 노비 및 죄수에 대해 말한 것이다.(凡律言庶人者, 對奴婢及有罪者而言)"라는 부분을 제대로 이해하지 못한 것이다.

---

29) 朱漢民·陳松長, 『嶽麓書院藏秦簡(伍)』(上海: 上海辭書出版社, 2017), pp. 126-127, "1596 •吏捕告道徼外來爲間及來盜略人謀反及舍者, 皆勿賞. •隷臣捕道徼外來爲間者一人, 免爲司寇, 司寇爲庶人. 道(導)故塞徼外蠻夷來盜略人而得者, 黥劓斬其左止以爲城旦. 前令獄未報者, 以此令論之 ㄴ. 斬爲城1166 旦者, 過百日而不死, 乃行捕者賞. 縣道人不用此令. •廷卒乙卅一(176-178簡)"

Ⅲ. 庶人의 自由人的 性格

1. 令自尚과 庶人 및 隱官

庶人의 자유인적 성격에 대하여 필자도 죄수가 免爲庶人된 이후에는 국가로부터 受田하고 인신적 제약을 받지 않고 생활하고 있다는 점에서 동의한다. 그렇다고 하여 庶人이 다른 무작자인 公卒·士伍와 동일한 대우를 받았던 것은 아니고 상당한 정도의 차별대우를 받고 있다. 그런데 陶安은 「秦漢律"庶人"概念辨證」에서 필자가 서인을 마치 예속민처럼 이해한 것으로 이해했다. 그것은 필자가 인용한 楊惲의 사례 분석을 오해한 것으로 보인다.(후술)

庶人의 自由·自主의 관점과 관련해서 자주 인용되는 용어가 "自尚"이다. 그 이유는 秦漢의 簡牘 가운데 庶人과 관련하여 몇 개의 "自尚"이 사용된 사례가 있기 때문이다.

　　1) 「二年律令·具律」
　　庶人以上·司寇·隸臣妾이 城旦舂·鬼薪白粲罪 以上의 죄가 없는데, 吏가 고의로 不直하거나 失刑하였다면, 모두 隱官으로 삼으며, 女子인 경우는 庶人으로 삼고, 그 자에게 筭事를 하지 않고, 스스로 自尚하게 한다.(124)[30]

　　2) 「奏讞書」"黥城旦气(乞)鞠"
　　講을 면죄하여 隱官으로 삼고, 스스로 自尚하게 한다. 講이 그대의 縣에 구금되어 있는데, 講을 면죄하여 隱官으로 삼고, 스스로 自尚하게 하며, 於縣으로 보낸다. 妻子가 이미 팔린 자는 縣官에서 贖하도록 하라.[31]

---

30) 『二年律令與奏讞書』, p.141, "庶人以上, 司寇, 隸臣妾無城旦舂, 鬼薪白粲罪以上, 而吏故爲不直及失刑之, 皆以爲隱官, 女子庶人, 毋筭事其身, 令自尚(124)"
31) 같은 책, p.360, "除講以爲隱官, 令自常(尚). 講繫子縣, 其除講以爲隱官, 令自常, 畀其於於. 妻子已賣者, 縣官爲贖."

3) 「龍崗秦簡」

鞫하였다: 辟死의 재판결론은 城旦으로 되는 것이 부당하다. 재판을 잘
못한 자는 坐하는 것으로 論되었다. 九月 丙申에, 沙羨丞 甲, 史 丙이 辟死
를 免하여 庶人으로 삼고, 自尙하게 하였다.[32]

"自尙"에 대해서 張家山漢墓竹簡 整理小組가 「爾雅釋詁」를 인용하여
"主也"라고 주석한 이래,[33] 이에 대한 해석은 『二年律令與奏讞書』에 열
거된 諸家의 해석처럼 매우 다기하다.[34] 그 해석들을 일일이 살펴볼
수는 없지만, 戴世君이 "尙"을 "奉"으로 주석한 韋昭의 古注에 근거하여
"自奉養"이라고 해석한 것은 漢代의 언어적 관점에서 볼 때 타당성이
있다.[35] 戴世君은 "自奉"으로써 "自尙"을 置換하면 어렵지 않게 그 의미

---

32) 中國文物研究所·湖北省文物考古研究所, 『龍崗秦簡』(北京: 中華書局, 2001), p.144,
"鞫之: 辟死論不當爲城旦, 失者已坐以論. 九月丙申, 沙羨丞甲, 史丙, 免辟死爲庶人,
令自尙也."

33) 『張家山漢墓竹簡』(北京: 文物出版社, 2006), p.26.

34) 『二年律令與奏讞書』, p.143. 黃盛璋은 自己로 하여금 文書를 上送하라는 뜻으
로 해석했고, 劉國勝은 法令으로 직업을 自謀할 수 있도록 허락하는 것으
로 이해했다. 李學勤은 令自尙이 自主하게 한다는 뜻이며, 奴役을 하지 않
는 자유인의 뜻이라 해석했다. 蔣非非는 國家가 隱官을 自由民의 行列에서
배제하여 그 政治權力을 제한하여 단지 부분적인 經濟權力을 향유하게 하
는 것으로 해석했다. 專修大學《二年律令》研究會는 財産·家族·生活을 判決前
의 상태로 회복한다는 뜻으로 해석했다. 曹旅寧은 執行에 착오가 생겼을
때, 집행전의 財産·人身狀況을 회복하는 救濟방법을 법률로 규정한 것이라
고 해석했다. 曹旅寧, 「《二年律令·具律》"庶人以上"條中"自尙"解」, http://www.
bsm.org.cn/show_article.php?id=794.

35) 『史記』 卷57 「絳侯周勃世家」, p.2072, "公主者, 孝文帝女也, 勃太子勝之尙之. 裴
駰集解: 韋昭曰: '尙, 奉也. 不敢言娶.';『史記』 卷89 「張耳陳餘列傳」, p.2585,
"張敖已出, 以尙魯元公主故, 封爲宣平侯. 司馬貞索隱: 韋昭曰: '尙, 奉也, 不敢
言取.' 崔浩云: '奉事公主.'";『後漢書』 志26 「百官志」, p.3597, "成帝初置尙書三
人", 劉昭注: 韋昭曰: "尙, 奉也. 『釋名疏證補·釋名補遺』附韋昭『辨釋名』: "尙
書: 尙, 猶奉也. 百官言事, 當省案平處奉之, 故曰尙書. 尙食, 尙方亦然. 韋昭爲
三國時吳太史令, 會注『孝經』, 『論語』及『國語』, 又著『官職訓』, 『辯釋名』等, 其以

를 이해할 수 있다고 하였다. 漢代 사람들의 관습어 가운데는 "自奉"과 뜻이 완전히 같고, 단지 글자상에서 "養"의 한 글자가 많은 "自奉養"이라는 관습어도 있다. "毋算事其身"의 부분은 억울한 재판으로 해를 받은 사람에 대해 國家가 賦稅義務를 免除하고, 自養할 수 있게 해준다는 의미라고 해석하였다.[36] 이밖에도 令自尙의 의미를 부연 설명할 수 있는 유사한 용어로 嶽麓秦簡의 구절을 들 수 있다.[37] "黔首居貲贖責(債), 其父母妻子同【居責】, (284/0528)□□許之. 不可貲, 令自衣食, 亦許."에서 "令自衣食"의 부분이다. 뜻은 스스로 衣食을 조달하게 한다는 의미이다. "令自尙"과 약간 의미는 다르지만, "스스로에게 ○○을 하게 한다."는 의미로 사용된 것이다. 따라서 戴世君의 견해처럼 "尙"을 "奉", "奉養"의 의미로 해석하는 것이 옳다고 한다면, 서인은 스스로 경제를 책임지는 주체적인 존재로 되는 것이다. 동시에 隱官과 庶人이 동일하게 노비에서 해방된 신분이기 때문에 隱官에 주어진 自尙이 서인에게도 부여되었을 것으로 생각된다.

위의 1) 『二年律令』「具律」과 3) 『龍崗秦簡』에는 自尙이 庶人과 관련되어 있다. 그러나 呂利는 3개의 사례가 庶人과 무관하고, 隱官 관련의 것이므로 "令自尙"이 서인의 특성을 설명하기는 곤란하다고 보았다.[38] 그런데 1)의 경우 여자 서인에게도 해당되지 않는다고 할 수 없다. 즉,

---

'奉'釋'尙', 當于秦漢時'尙'的用法有所會心."; 戴世君, 「"自尙", "篡遂"義解」, http://www.bsm.org.cn/show_article.php?id=807

36) 戴世君, 「"自尙", "篡遂"義解」, http://www.bsm.org.cn/show_article.php?id=807 注(8) 湘西里耶秦簡中에 隱官이 輪甲兵事에 徵發되었기 때문에 "毋算事其身"은 隱官의 賦稅義務를 免除시켜주었을 가능성이 있다고 하였다.

37) 朱漢民·陳松長, 『嶽麓書院藏秦簡(肆)』(上海: 上海辭書出版社, 2015), p.189, "黔首居貲贖責(債), 其父母妻子同【居責】, (284/0528) ☑□□許之. 不可貲, 令自衣食, 亦許. 隷臣妾老, 病, 擊, 毋疪, 睆, 毋(無)賴, 縣官(285/0527(0)) ☑□□□□爲隷臣妾而皆老, 毋(無)賴, 縣官□☑(286/0467-1)"

38) 呂利, 위의 논문, p.37. 呂利는 두 곳의 "自尙"이 모두 "隱官"과 관련되었다고 하였다.

庶人 以上이 不直 및 失刑으로 肉刑을 받았으나 재심에 의해 그것이 잘
못되었으면 남자는 隱官, 女子는 庶人으로 삼고 自尙하게 한다는 내용
이다. 그렇다면 "令自尙"이 남자는 隱官, 여자는 서인에 대해 사용된
것이다. 2)는 隱官에 대해서, 3)은 辟死라는 사람이 城旦으로 처벌되었
으나, 覆審에서 실형죄로 판결을 내리고, 억울한 처벌을 받은 그는 庶
人으로 삼고 "令自尙"했다는 내용이다. 3)에서의 庶人은 관련된 율령
규정에서 볼 때 隱官의 잘못이다. 따라서 "令自尙"이 隱官을 대상으로
한 것은 분명해 보인다. 그러나 1)에서 보면 육형을 받았다가 풀려나
庶人이 된 여성에게 사용된 것도 분명해 보인다. 다만 1)은 원래대로
라면 隱官으로 삼아야겠지만, 여성이기 때문에 庶人으로 삼은 것이다.
그렇다고 하더라도 "令自尙"의 지위를 부여받아 스스로 경제주체가
되는 隱官보다 상위에 위치하는 庶人의 존재는 隱官보다 안정적이라
고 해도 무리가 없을 것이다. 隱官에 "令自尙"을 설정한 이유는 冤獄에
의해 육형을 받은 자들(여자서인 포함)에 대한 보상이라는 점이다. 동
시에 隱官은 전택지급의 최하급인 50畝 50宅을 받는, 다시 말해서 隱官
부터 경제적 주체가 될 수 있는 경계선에 있기 때문에 "令自尙"이라는
표현을 사용한 것으로 생각된다.

2. 庶人 신분의 자유와 차별

陶安은 필자가 서인을 비자유인, 관부에 예속된 존재로 보았다고 주
장한다. 陶安이 문제 삼은 필자의 분석을 다시 인용하면 다음과 같다.

 II)의 유형은 사면되어 서인으로 된 후에 故郡으로 돌아가는 경우가
있다. 귀족들이 서인으로 강등되어 免官就國하거나 歸本郡하는 것은 관직
을 빼앗기고 원적이 있는 곳으로 보내지는 형벌이며 고급 관료 및 그 가

속에게 전적으로 사용된다. 이러한 사람들은 비록 髡鉗徒作의 고통은 면했지만, 封國과 故郡으로 돌아가 엄밀한 감시를 받고 마음대로 외출과 교류를 할 수 없다. 이 유형은 일반 백성에 보이는 것은 아니다.[39]

위에 인용한 바와 같이, 필자는 서인의 사회적 교류의 통제 정도를 말했을 뿐이지, 형도와 같은 예속관계에 빠졌다고 언급한 적이 없다.[40] 그러한 결론은 楊惲이 爵位를 잃고 家居하며 産業을 일으키고, 室宅을 지으면서 재물로 스스로 즐기고 있을 때, 友人 安定太守 孫會宗이 편지를 보내서 충고한 내용에 입각하여 도출한 것이었다. 즉, 大臣이 물러나면 문을 닫고 두려운 모습을 보여 사람들에게 애처로운 마음이 들게 해야 하며, 産業을 일으키고 賓客과 교통하면서 사람들에게 칭송받아서는 안된다는 내용이었다. 또한 "이 유형은 일반 백성에 보이는 것은 아니다."라고 한 것처럼 일반인 출신의 庶人이 아니라, 大臣들이 庶人으로 전락했을 때 隱忍自重해야 하는 모습을 언급한 것이었다. 楊惲이 "家居하며 産業을 일으키고, 室宅을 지으면서 재물을 즐기고 있는 것"에서 알 수 있듯이 庶人은 죄수처럼 구속상태에 있는 것이 아니다. 陶安은 마치 庶人이 감옥에 수감된 것처럼 확대해석하고, 심지어 "賤民"이라고까지 주장했다고 한 것은 필자의 의도와는 전혀 다른 해석이다.(이 문제는 呂利의 서인의 自由 문제를 언급할 때 후술함.) 또한 陶安은 다음과 같이 언급하고 있다.

刑徒·奴婢신분을 免除시키기 위해서는 일정한 대가를 지불해야 한다.

---

39) 任仲爀, 「秦漢律의 庶人」, p.175.
40) 宋杰, 「論秦漢刑罰中的"遷", "徙"」(『北京師範學院學報』 1992-1), p.88; 『漢書』 卷66 「楊敞傳(子惲)」, pp.2893-2894, "上不忍加誅, 有詔皆免惲, 長樂爲庶人. 惲既失爵位, 家居治産業, 起室宅, 以財自娛. 歲餘, 其友人安定太守西河孫會宗, 知略士也, 與惲書諫戒之, 爲言大臣廢退, 當闔門惶懼, 爲可憐之意, 不當治産業, 通賓客, 有稱(擧)[譽]."

『二年律令』「金布律」에 "有贖買其親者, 以爲庶人, 勿得奴婢."에서, 奴婢가 된 父母를 贖하여 그 신분이 庶人으로 되면, 自己의 奴婢로 삼을 수 없다는 것이다. 주의해야 할 것은 奴婢와 奴主의 사이에는 단지 私人의 隸屬關係가 있을 뿐이고, 奴婢의 待遇 등의 문제는 國家의 통제를 받지 않아서 쌍방 당사자의 자유결정에 의하는 것이고, 단지 자녀는 奴主에게 어떤 경제적 이익을 제공하면 부모는 많은 고통을 받지 않는다. 그런데 "專稱說"이 구상하고 있는 庶人 신분은 국가의 신분이며, 법률의 제한을 받는다. 子女는 많은 돈을 들여서 그 부모를 이러한 法定의 예속 관계에 빠뜨리는가? 만약에 "庶人"이 어떤 자유신분이 아니라면, 이러한 조문은 이해할 수가 없다.[41]

도대체 무엇에 근거하여 필자가 서인 신분이 "국가의 신분"이라고 주장했다고 하는지 알 수가 없다. 필자는 서인의 인신적 처우가 외부 출입을 자중하는 정도의 상황을 언급했을 뿐인데, 이것은 진한대에 형도가 받았던 처우와 비교할 필요가 있다. 형도가 국가의 감옥에 수감되어 어떠한 고통을 받았는지는 司馬遷의 언급에 잘 나타나 있다.

가장 좋은 것은 조상을 모욕되게 하지 않는 것이고, 그 다음은 자신을 모욕되게 하지 않는 것이며, 그 다음은 얼굴을 욕되지 않게 하는 것, 그 다음은 언사를 욕되지 않게 하는 것이고, 그 다음은 무릎을 꿇어 욕됨을 받는 것이고, 그 다음은 죄수복을 입어 욕을 받는 것이고(易服), 그 다음은 木索(형구)를 차고 箠楚를 맞아 모욕을 당하는 것이고(關木索被箠楚), 그 다음은 모발을 잘리고 金鐵을 차고 욕됨을 받는 것이며(髡毛髮嬰金鐵), 그 다음은 肌膚를 손상당하고 支體를 잘려 모욕을 받는 것이며(毁肌膚斷支體), 최하가 腐刑이니 최악이다.[42]

---

41) 陶安, 위의 논문, p.273.
42) 『漢書』 卷62 「司馬遷傳」, pp.2732-2733.

위와 같은 처우를 받은 형도를 서인의 처우와 비교하는 것은 형도
가 받는 처우의 심각성을 제대로 이해하지 못한 것이다. 또한 陶安은
『二年律令』 가운데 어떤 "庶人"의 用例는 분명히 刑徒·奴婢와 무관하기
때문에 專稱說을 믿을 수 없다고 주장하면서,[43] 전절에서 예로 들은
「具律」 124簡을 예로 들고 있다.

그는 다음과 같이 말하고 있다. "이 律文의 124簡에서 중점을 둘 것
은 冤案이 뒤집혀진 후의 뒤처리 문제이다. '庶人以上' 등 신분의 사람
이 만약 非法 또는 착오로 육형을 받았을 때 재심 후의 남자는 隱官이
되고, 女子는 庶人이 된다.[44] 아울러 그 자신의 '算事'를 면제해주는 것
이다. 이곳의 소위 '庶人以上'에는 당연히 높은 신분까지 미칠 수 있
다. 즉, 高爵者 및 그 배우자까지 포함된다.[45] 이러한 사람들이 冤案이
뒤집혀진 후에, 어떤 이유로 刑徒·奴婢의 특수신분에서 온 것(庶人)에
처해지는가? 예컨대 五大夫 등 有爵者의 妻가 재심 후에 왜 엄밀한 감
시와 교류에 제한을 받는('受到嚴密的監視, 出行與交流均受限制') '賤民'
신분으로 떨어지는가? 따라서 이곳의 '庶人'은 泛稱이라야만 한다. 男
子의 隱官과 상대적으로, '庶人'은 普通人을 뜻하고, 非隱官의 뜻"이라
는 것이다.

陶安은 五大夫 등 유작자가 왜 엄밀한 감시와 교류에 제한을 받는

---

43) 陶安, 위의 논문, p.271.
44) 같은 논문, p.271. 陶安은 이 율문을 다음처럼 해석하였다. "'庶人以上'等身份
的人如果非法或錯誤地被叛爲肉刑, 平反後男子爲隱官, 女子爲庶人." 非法(불법)
의 원문은 不直인데, 이것을 현대 중국어로 번역하면 원의와 멀어진다. 그
뜻은 "고의"이다. 錯誤의 원문은 失刑인데, 이것도 원래의 의미와 멀어진
해석이다. 그 뜻은 고의가 아닌 "실수"이다
45) 같은 논문, p.272. 陶安이 "即擁有高爵者及其配偶"라고 하여 배우자를 언급한
것은 이해할 수 없다. 여기에서의 女子는 유작자의 부인을 가리키는 것이
아니라, 冤案으로 육형을 받은 사람이 여성인 경우 庶人으로 된다는 것이기
때문이다. 이렇게 여성이 남성과 달리 庶人의 신분을 받는 것은 노비가 해
방될 때도 奴는 사속으로, 婢는 庶人으로 되는 것과 같은 이치로 생각된다.

"賤民" - 은관과 서인 - 신분으로 떨어지는가라고 했는데, 그는 隱官의 의미를 잘 모르고 있다.[46] 冤案을 覆審하여 잘못 재판한 것임이 드러나거나, 육형을 받은 자가 사면되면, 남자는 隱官으로 된다. 무죄자의 입장에서 볼 때 물론 억울하기는 할 것이지만, 秦律에 隱官은 "죄의 유무와 관계없이" 육형을 받은 자가 사면을 받거나 覆審 후 얻는 신분이다. 奏讞書의 樂人 講은 陶安의 주장처럼 여러 신분을 포괄한다고 하는 庶人으로 되는 것이 아니라 隱官으로 되고 있다. 바로 이 사실은 육형을 받기 이전의 신분이 어떠했든 간에 육형을 받고나서 사면을 받으면 隱官으로 되는 것임을 말해준다.[47]

필자는 庶人이 예속신분이 아니라는 입장을 가지고 있지만, 그렇다고 就官·福祉 등의 측면에서 완전히 復權되었는지에 대해서는 부정적인 입장이다. 呂利에 의하면, "서인은 완전한 자유인이 아니다(庶人非完全自由人)"라는 입장에 선 학자들은 다음 두 가지에 근거하고 있다고 한다.[48] 하나는『史記』『漢書』의 彭越에 관한 기록이고,[49] 다른 하

---

46) 같은 논문, p272.

47) 呂利, 위의 논문, p.37. 呂利는 隱官으로 처리하는 것을 다음과 같이 설명하고 있다.『二年律令』「具律」의 규정에 의하면, 肉刑을 받은 자가 覆審에 의해 획득할 수 있는 신분은 단지 "隱官"밖에는 없다. 隱官은 官府에서 어떤 고정된 직역에 종사해야 했기 때문에 人身自由는 어떤 제한을 받는 것을 면할 수 없었다. 과연 이렇다면, 무고하게 형을 받아 재심으로 무죄가 된 사람에게 공정성을 잃었다고 할 수 있다. 立法者의 각도에서 말한다면, 재심하여 무죄가 된 사람에게 "處隱官"한 것은 일종의 부득이한 처분이었다. 실제로는 직업 안배의 성질이지 처벌은 아니었다. 隱官은 "家室居民里中"할 수 있고, 立戶受田(減半)할 수 있으며, 직업을 맡은 것은 살아갈 수 있게 한 고려였다. 이러한 상황 하에서 法律은 특별히 그들에게 인신 자주권을 주어서 기타 관부에서 천역에 종사하는 자와 구별하고 있는 것은 이치에 맞는다.

48) 같은 논문, p.38. 다만 "非自由"의 입장에 있는 연구자가 누구인지에 대해서는 언급하지 않았다.

49)『史記』卷90「魏豹彭越列傳」, p.2594, "有司治反形己具, 請論如法. 上赦(梁王彭越)爲庶人, 傳處青衣";『漢書』卷34「韓彭英盧吳傳」, p.1880, "徙蜀青衣".

나는 『睡虎地秦簡』「法律答問」의 "群盜赦爲庶人"이다. 彭越의 자료를 "非自由"의 관점에서 활용하는 시각은 彭越의 死罪를 赦免하여 庶人으로 삼은 이후, 遷刑에 처하는 신분상의 변화가 발생했다고 보는 입장에서 나온 것이다. 그러나 呂利는 秦漢法律에 의하면, 遷刑은 원래 일종의 형벌로서, 耐 以下에 속하는 輕刑이므로 신분의 변화를 가져오는 결과는 발생하지 않는다고 주장하였다.[50] 呂利의 주장대로 耐刑 이상이라야 신분변화가 발생하지, 庶人이 되면 遷刑이라는 신분변화가 따르는 것은 아니다. 다만 대신들이 庶人으로 추락하면 별도의 장소로 遷되는 사례가 많이 출현하는 것도 사실이다. 두 번째 근거는 「法律答問」의 기사이다.

●어떤 죄를 "處隱官"이라고 하는가? ●群盜가 사면되어 庶人이 되어서, 육형 이상의 죄를 범하여 刑械를 차고 있는 죄수를 인솔하던 중에 놓치면 故罪로써 논하여 斬左止爲城旦에 처한다. 후일 놓친 도망자를 스스로 잡으면 이것을 "處隱官"이라고 하는 것이다. ●그밖에 群盜와 같은 죄는 이에 입각하여 처리한다.[51]

이것은 "群盜赦爲庶人"된 이후에 重刑의 죄수를 감독하는 일이 "비자유"라고 보는 것이다. 呂利는 "群盜赦爲庶人"된 이후에 重刑의 죄수를 감독하는 일("司寇"와 유사함)에 동원된 이유를 알 수 없지만, 이것을 庶人에게 사회적 불안정 요소가 있어서 부가적인 保安처분조치라고 주장하였다.[52] 즉, 부가적인 것이지 원래 庶人에게는 "非自由"라는

---

50) 呂利, 위의 논문, p.38.
51) 『睡虎地秦墓竹簡』, p.205, "可(何)罪得'處隱官'? 群盜赦爲庶人, 將盜戒(械)囚刑罪以上, 亡, 以故罪論, 斬左止爲城旦, 後自捕所亡, 是謂'處隱官'. 它罪比群盜者皆如此."
52) 呂利, 위의 논문, p.38.

것이 없다는 주장을 하였다. 결국 呂利는 庶人이 법률상 천시를 받지 않는 正身分으로 이해하였다. 正身分이라는 표현은 형도와 같은 負(-)身分과 반대되는 개념으로 사용된 것으로 생각된다. 그러나 群盜가 사면된 후에 盜戒(械)囚刑罪以上을 인솔한 것에서 볼 때, 庶人으로 사면후 일정기간 복역하는 復作 신분이었을 가능성이 있다.

앞서 陶安이 필자가 "庶人이 감시대상"이었다고 결론 내린 것을 비판한 문제는 復作과 관련하여 고찰해야 한다. 필자의 견해는 『睡虎地秦墓竹簡』 「法律答問」에 "群盜가 赦免을 통해 서인이 되었으나 盜械囚刑罪以上을 감시하다가 놓쳤기 때문에 故罪로써 論하여 斬左止城旦이 되었다."는 사실에 근거한 것이다.[53] 群盜가 서인으로 免되었음에도 관부에서 복역하는 이유는 復作에 의한 것이다. 후술하는 바와 같이, 肩水金關漢簡에 누견하는 것처럼, 서인으로 사면되면 復作으로 복역하다가 방면된다. 즉, 庶人으로 사면되었어도 復作의 신분으로서 복역하였던 것이고 이 와중에 감시하던 盜械囚를 놓쳤던 것이다.[54]

일반적으로 형도·노비에서 해방되면 庶人은 곧바로 자유인의 신분으로 되는 것으로 생각할 수 있다. 그러나 庶人은 사면되고 나서도 復作의 단계를 거쳐야 했다. 復作은 죄수가 사면되고 나서 별도의 단서가 없을 때는 반드시 복역해야 해야 하는 기간이었다. 『睡虎地秦簡』 「法律答問」의 庶人은 바로 그러한 기간에 盜戒(械)囚刑罪以上을 인솔하는 復作으로 복역했고, 이들 "庶人"의 재범은 常人과 달리, 故罪에 입각하여 重罪로 처벌하였다. 陶安은 필자가 서인이 "항상 국가에 예속"되어있다고 주장했으나, 필자는 사면되어도 復作으로 복역해야 했으며, 庶人이 재범하면 故罪로 처벌되었음을 주장한 것이다.

---

53) 『睡虎地秦墓竹簡』, p.205, 「將司人而亡, 能自捕及親所智(知)爲捕, 除毋(無)罪; 已刑者處隱官.」 ●可(何)罪得「處隱官」? ●群盜赦爲庶人, 將盜戒(械)囚刑罪以上, 亡, 以故罪論, 斬左止爲城旦, 後自捕所亡, 是謂「處隱官」. ●它罪比群盜者皆如此."
54) 任仲爀, 「秦漢律의 庶人」, pp.195-196.

寺車府·少府·中府·中車府·泰官·御府·特庫·私官의 隷臣으로 士五(伍)·隱
官으로 면해진 자 및 隷妾이 기술과 勞績을 통하여 庶人으로 면해진 자가
그 官에 復屬된 경우로서, 이들이 혹 3개월 이상을 도망쳤다가 사로잡히
거나 자수하면 耐하여 隷臣妾에 처하고, 3개월 이하로 도망쳤다가 사로잡
거나 자수하면 笞 50대에 처하고 3개월 이하로 도망친 날짜수를 籍에 기
입한다. 후에 다시 도망치면 3개월 이상 도망쳤다가 사로잡히거나 자수한
것으로 加算하여 역시 耐하여 隷臣妾에 처하고, 모두 그 官에 다시 보낸
다.(嶽麓 033-035簡)[55]

佐弋의 隷臣, 湯 家臣이 사면되어 士伍가 되어 佐弋에 속하게 된 자가
도망한 경우의 논죄는 寺車府에 비한다. 內官·中官의 隷臣妾·白粲으로 그
기술(巧) 및 勞積으로 士伍·庶人·工·工隷隱官으로 사면되어 內官·中官에
다시 復屬하게 된 자가 혹시 도망한 경우… …論하고, 寺車府에 견준다.(嶽
麓 007-008簡)[56]

『嶽麓書院藏秦簡(肆)』 033-035簡의 내용에 따르면 隷臣과 隷妾이 士
伍·隱官·庶人으로 免해져도 재차 원래 소속되었던 관부로 復屬되고 있
다. 또한 007-008簡의 경우를 보면 사면되어도 모두 원래의 관부에 復
屬되고 있다.

이렇게 庶人만이 아니라 士伍·隱官도 사면되고 나서 원래의 관부

---

55) 『嶽麓書院藏秦簡(肆)』, pp.49-50, "寺車府, 少府, 中府, 中車府, 泰官, 御府, 特庫,
私官隷臣, 免爲士五(伍), 隱官, 及隷妾(033)以巧及勞免爲庶人, 復屬其官者, 其或
亡盈三月以上而得及自出, 耐以爲隷(034)臣妾, 亡不盈三月以下而得及自出, 笞五
十, 籍亡不盈三月者日數, 後復亡, 輒[035]數盈三月以上得及自出, 亦耐以爲隷臣
妾, 皆復付其官.(036)"
56) 같은 책, p.41, "佐弋隷臣, 湯家臣, 免爲士五(伍), 屬佐弋而亡者, 論之, 比寺車府.
內官, 中官隷臣(007)妾, 白粲以巧及勞免爲士五(伍), 庶人, 工, 工隷隱官而復屬內
官, 中官者, 其或亡(008)□……□□論之, 比寺車府."

에 계속 소속되고, 3개월 이상을 도망치면 耐爲隷臣妾에 처한다. 이것
은 吏民의 도망시에 1년 이상이라야 耐에 처한 것과 비교하면[57] 士伍·
庶人으로 사면된 자들이 원래의 신분에 준해서 처벌받은 것임을 알 수
있다. 이러한 사실들은 『睡虎地秦墓竹簡』의 群盜가 庶人으로 사면된 후
에 계속해서 盜戒(械)囚刑罪以上을 인솔하는 復作으로 복역하다가 도
망가면 故罪로 처벌되는 것과 동일하다. 이러한 측면은 형도에서 사
면되어 庶人이 되더라도 일정한 제약을 받았음을 말해주는 것이다.

   『二年律令』에는 형도만이 아니라 私奴婢의 경우에도 동일하게 사면
후 계속 주인에 예속된 내용이 보인다. 사노비를 해방할 때, 奴는 私
屬으로, 婢는 庶人으로 된다. 이때에 이들은 "皆復使及筭(算)事之如奴婢"
라고 되어 있어서 徭役과 算事의 측면에서 奴婢와 동일한 취급을 받고
있다. 그리고 주인이 변심하면 재차 노비로 되고 있다.[58] 이것은 庶人
의 자유인적 성격이 매우 위태로움을 보여준다.

   이처럼 庶人 신분이 불안정성을 띠고 있기 때문에 呂利가 말하는
"正身分"의 개념과도 차이가 있다. 呂利는 「戶律」의 "庶人以上"이라는
말에는 庶人·士伍·公卒 및 公士 以上의 有爵者를 포함한다고 보았다.[59]
庶人은 그 위의 신분들과 同列로 나타나기 때문에 어떠한 법률상의
천시도 받지 않고, 어떤 공통성을 향유하며, 관념상 천민과 구별된다
고 보았다. "庶人以上"은 司寇·隷臣妾에 비하면 상대적으로 "正身分"에
속한다고 주장하였다.[60] 필자의 견해는 이와 다른데, 庶人이 司寇·隷

---

57) 『二年律令與奏讞書』, p.153, "吏民亡, 盈卒歲, 耐; 不盈卒歲, 繫城旦春.(157)"
58) 같은 책, p.155, "奴婢爲善而主欲免者, 許之, 奴命曰私屬, 婢爲庶人, 皆復使, 及
    筭事之如奴婢. 主死若有罪,(162) 以私屬爲庶人, 刑者以爲隱官. 所免不善, 身免
    者得復入奴婢之. 其亡, 有它罪, 以奴婢律論之.(163)"
59) 呂利, 위의 논문, p.38.
60) 『二年律令與奏讞書』, pp.101-102, "鬼薪白粲毆庶人以上, 黥以爲城旦春. 城旦春
    也, 黥之.(29) 奴婢毆庶人以上, 黥頯, 畀主.(30)"; 같은 책, p.127, "有罪當耐, 其法
    不名耐者, 庶人以上耐爲司寇, 司寇耐爲隷臣妾. 隷臣妾及收人有耐罪, 繫城旦春
    六歲, 繫日未備而複有耐罪, 完(90)爲城旦春. 城旦春有罪耐以上, 黥之.(92)"

臣妾에 비하면 상대적으로 "正身分"일지도 모르나, 公士·公卒에 비하면 많은 차별을 받고 있다.

　필자도 서인은 죄수 신분에서 벗어났기 때문에 속박에서 벗어난 자유인의 신분이라고 이해한다. 그러나 이러한 자유인 성격과는 별도로, 과거 죄수였기 때문에 庶人이 재범할 시에는 故罪에 의해 처벌을 받는 존재였다. 사면되었다고 하여 일반민과 동일한 취급을 하는 것은 아니다. 이것은 현대에도 마찬가지라고 할 수 있다. 범죄자가 집행유예시에 재범하면 가중처벌하는 것과 상통한다고 할 수 있다. 이 때문에 庶人은 관부의 감시 시선에서 벗어날 수 없는 존재였던 것이다. 물론 이러한 감시는 아마도 復作의 단계에 있을 때 받았던 것으로 생각된다. 陶安은 많은 돈을 지불하고 庶人으로 사면시켰는데, 이러한 감시와 행동의 자유를 받는 것이 어떠한 의미가 있는지 의문을 제기했지만,[61] 가혹한 노역에 종사하는 형도·노비가 받는 처우보다는 훨씬 형편이 나았다고 할 수 있다.

　庶人이 罪囚·奴婢의 신분에 비하면 "正身分"이지만, 庶人에게 완전히 "權利"가 회복되었을까? 서인은 비록 자유인의 신분이지만, 그들은 전과자·노비 출신이기 때문에 여러 가지 제약을 받을 수밖에 없었다. 傅律에 규정된 庶人의 불이익은 일반인이라면 절대로 받을 이유가 없는 내용들이다. 庶人은 심지어 士伍보다도 못한 차별대우를 받고 있었다. 陶安이 말하는 庶人에 여러 가지 신분이 섞여있는 포괄적 개념(汎稱)이라면 이러한 차별대우를 설명할 방법이 없다. 傅律에는 士伍와 庶人 사이에 존재하는 차별이 아래와 같이 규정되어 있다.

　　① ■傅律(366)
　　② 大夫以上(年)九十, 不更九十一, 簪裹九十二, 上造九十三, 公士九十四, 公

---

61) 陶安, 위의 논문, pp.265, 273.

卒, 士五九十五以上者, 稟米月一石.(354)

③大夫以上年七十, 不更七十一, 簪褭七十二, 上造七十三, 公士七十四, 公卒, 士五七十五, 皆受杖(仗).(355)

④大夫以上年五十八, 不更六十二, 簪褭六十三, 上造六十四, 公士六十五, 公卒以下六十六, 皆爲免老.(356)

⑤不更年五十八, 簪褭五十九, 上造六十, 公士六十一, 公卒, 士五六十二, 皆爲睆老.(357)

⑥民産子五人以上, 男傅. 女十二歳, 以父爲免☒者; 其父大夫也, 以爲免老.(358)

⑦不爲後而傅者, 關内侯子二人爲不更, 它子爲簪褭; 卿子二人爲不更, 它子爲上造; 五大夫子二人爲簪褭,(359) 它子爲上造; 公乘, 公大夫子二人爲上造, 它子爲公士; 官大夫及大夫子爲公士; 不更至上造子爲公卒.(360)

⑧當士爲上造以上者, 以適(嫡)子; 毋適(嫡)子, 以扁(偏)妻子, 孽子, 皆先以長者. 若次其父所以, 所以未傅, 須其傅, 各以其傅(361)時父定爵士之. 父前死者, 以死時爵. 當爲父爵後而傅者, 士之如不爲後者.(362)

⑨不更以下子年廿歳, 大夫以上至五大夫及小爵不更以下至上造年廿二歳, 卿以上子及小爵大夫以上年廿四歳, 皆傅之. 公士(364)公卒及士五, 司寇, 隱官子, 皆爲士五. 疇官各從其父疇, 有學師者學之.(365)

⑩當傅, 高不盈六尺二寸以下, 及天烏, 皆以爲罷 (癃).(363)[62]

[표 2] 유작자의 혜택

	爵	始傅	免老	睆老	受仗	稟米		爵	始傅	免老	睆老	受仗	稟米
20	徹侯	24	58		70	90	6	官大夫	22	58		70	90
19	關内侯	24	58		70	90	5	大夫	22	58		70	90
18	大庶長	24	58		70	90	4	不更	20	62	58	71	91
17	駟車庶長	24	58		70	90	3	簪褭	20	63	59	72	92

---

62) 『二年律令與奏讞書』, pp.230-234.

	爵	始傅	免老	睆老	受仗	稟米		爵	始傅	免老	睆老	受仗	稟米
16	大上造	24	58		70	90	2	上造	20	64	60	73	93
15	少上造	24	58		70	90	1	公士	20	65	61	74	94
14	右更	24	58		70	90	+0	公卒	20	66	62	75	95
13	中更	24	58		70	90	0	士伍	20	66	62	75	95
12	左更	24	58		70	90	-0	庶人	20	66	■	■	■
11	右庶長	24	58		70	90	-1	隱官	20	66	■	■	■
10	左庶長	24	58		70	90	-2	司寇	20	66	■	■	■
9	五大夫	22	58		70	90	-3	隷臣妾	20	66	■	■	■
8	公乘	22	58		70	90	-4	鬼薪白粲	20	66	■	■	■
7	公大夫	22	58		70	90	-5	城旦舂	20	66	■	■	■

(■는 해당사항 없음)

傅律에 규정된 ② 90세 이상의 노인에게 月 1石의 米를 지급하는 稟米, ③ 70세 이상에게 養老·敬老의 상징으로 鳩飾의 지팡이를 지급하는 受仗은 公卒·士五까지만 해당한다. 그런데 ④ 일정한 연령이 되면 傅籍에서 제외되어 요역 징발에서 해제되는 免老에서 "公卒以下"의 "以下"라는 말에는 士伍·庶人·隱官·司寇·隷臣 등도 당연히 포함되었을 것이다. 그 이유는 "不更以下"의 子가 始傅하는 것(⑨)은 20세로 규정되어 있는데, 始傅 즉 요역의 시작이 있으면 당연히 요역이 끝나는 免老도 있어야 한다. "不更以下"로 되어있고, 下限에 대한 규정이 없어 그 이하의 신분이 모두 傅籍에 등록했을 것이다. 『漢書』「景帝紀」에 "令天下男子二十始傅"라는 것을 상기한다면, 유작자는 물론이고 형도까지도 포함되었을 가능성이 있다. 실제로 예속신분인 隷臣도 免老하는 자료가 있기 때문이다.[63] 즉, "隷臣이 人丁粦者(동일 伍의 丁壯) 2人으로 贖할 것을 요청하면 허락하고, 丁粦者 1인으로써 免老에 해당하는 隷臣,

---

63) 城旦의 免老 기록은 미확인이나 仗城旦, 丈城旦일 가능성도 있다. 『睡虎地秦墓竹簡』, pp.53-54, "隷臣欲以人丁粦者二人贖, 許之. 其者當免老, 小高五尺以下及隷妾欲以丁粦者一人贖, 許之. 贖者皆以男子, 以其贖爲隷臣. 女子操敄紅及服者, 不得贖. 邊縣者, 復數其縣. 倉"

또는 五尺 以下의 小隷臣, 隷妾을 贖할 것을 요청하면 허락한다."는 것을 보면, 刑徒들에게도 免老 개념이 적용되는 것이다. 隷臣까지 면로하는 것에서 볼 때, 庶人이 요역에 포함되는 것은 당연하며, 66세가 되면 免老의 대상이 된다.

⑤睆老는 일정 연령에 도달하면 그 爵에 해당하는 요역의 ½만 복역하면 된다.[64] 大夫는 睆老의 혜택을 줄 필요가 없다. 睆老의 최초연령이 58세에 시작되기 때문인데, 58세부터 免老가 시작되는 大夫는 睆老를 시켜줄 필요가 없다. 睆老의 혜택은 "公卒·士五"까지만 주어지고, "庶人以下"에 대해서는 규정이 없다. 睆老의 혜택에서 제외된 것은 庶人이 죄수 출신인 것과 관련이 있었을 것이다.

⑨는 傅籍에 처음으로 등록해야 하는 연령을 규정하고 있다. "不更以下子年卄歲, 大夫以上至五大夫及小爵不更以下至上造年卄二歲, 卿以上子及小爵大夫以上年卄四歲, 皆傅之."와 같이 爵級에 따른 연령이 표시되어 있다. 그런데 "公士, 公卒及士五, 司寇, 隱官子, 皆爲士五."의 부분에서 庶人이 보이지 않는데, 필자는 이전의 글에서 庶人의 子만이 士伍로 될 수 없다는 것이 모순이며, 그것은 抄寫者가 잘못 누락시켰을 가능성을 지적하였다.[65]

庶人은 士伍와 비교할 때 始傅·免老의 연령은 동일하지만, 稟米·受仗·睆老에서 혜택을 받지 못하고 있다. 陶安의 주장처럼 庶人이 여러 가지 신분이 포함된 汎稱이라면, 사오와 서인 사이에 보이는 혜택상의 차이는 설명할 방법이 없다. 이는 庶人이 奴婢·刑徒 출신이기 때문에 받는 불이익이라고 할 수 있다. 庶人에 여러 가지 신분이 포함되었

---

64) 『二年律令與奏讞書』, p.246, "睆老各半其爵徭員, 入獨給邑中事.·當徭戍而病盈卒歲及毄(繫), 勿聶(攝).(407)"

65) 任仲爀, 「秦漢律의 庶人」, pp.224-233. 필자는 庶人子가 없는 이유를 書寫할 때 누락된 것이라고 보았다. 庶人으로 된 자와 隱官으로 된 자는 모두 동일한 노비출신이고, 오히려 肉刑을 받았던 隱官이 더 무거운 죄수 출신이기 때문에 隱官子만 士伍로 되는 것이 불합리하다.

다면, 왜 士伍보다도 못한 불이익을 주겠는가? 士伍와 庶人 사이에 큰
차별대우(呂利의 표현에 의하면 鴻溝)가 존재함을 말해준다.

士伍와 庶人 사이의 또다른 경계선은 『嶽麓書院藏秦簡(肆)』「尉卒律」
에서도 확인할 수 있다. 士伍 이상의 신분은 里典·父老에 임명될 수
있지만, 庶人은 그 임명 후보군에서 배제되었다.

> 「尉卒律」: 里에는 30戶 이상부터 里典과 父老 각각 1인을 두며, 30戶 미
> 만인 경우 편의에 따라서 旁里와 里典·父老를 공유한다. 그것이 불편한 경
> 우 里典을 줄 수 있지만, 父老를 주어서는 안된다. 公大夫 이상의 사람이
> 里門을 마음대로 설치해 그 旁里에 붙이면, 그 旁里의 里典과 父老는 연좌
> 된다. 里典과 父老를 둘 때에는 반드시 里人이 서로 추천하게 해야 하며,
> 그 里의 公卒·士伍 가운데 연장자이면서 毋害한 자를 里典과 父老로 삼는
> 다. 연장자가 없을 경우 다른 里의 연장자로 임명한다. 旁里의 里典과 父
> 老가 될 때는 公士로 해서도 안되고, 감히 丁者로 해서도 안된다. 丁者를
> 里典과 父老로 한 경우 尉·尉史·士吏主者는 각각 貲1甲에 처하고 丞·令·令
> 史는 각각 貲1盾에 처한다. 無爵者가 부족한 경우 公士를 임명하며, 縣이
> 里典과 父老를 임명할 때는 不更 이하로서 하되, 下爵부터 임명한다. (임명
> 받을 자가) 혹시 요역을 면제받았거나, 戍役 복무자에 해당하지 않거나,
> 요역을 면제받지 않은 자라고 하더라도 自給할 수 없는 자인 경우, 不更
> 이하로서 요역을 면제받지 않았거나 요역 면제 사실이 없는 자로 하여금
> 다시 里典과 父老로 (임명)한다.[66]

---

66) 『嶽麓書院藏秦簡(肆)』, pp.115-116, "●尉卒律曰: 里自卅戶以上置典·老各一人,
不盈卅戶以下, 便利, 令與其旁里共典·老, 其不便者, 予之典(142) 而勿予老. 公
大夫以上擅啓門者附其旁里, 旁里典·老坐之. 置典·老, 必里相誰(推), 以其里公
卒·士五(伍)年長而毋(無)害(143)者爲典·老, 毋(無)長者令它里年長者. 爲它里典·
老, 毋以公士及毋敢以丁者, 丁者爲典·老, 貲尉·尉史·士吏主(144)者各一甲, 丞·
令·令史各一盾. 毋(無)爵者不足, 以公士, 縣毋(衍字)命爲典·老者, 以不更以下,
先以下爵. 其或復, 未當事(145)成, 不復而不能自給者, 令不更以下無復不復, 更

위의 尉卒律의 내용을 정리하면 里典과 父老의 임명 조건은 다음과 같다. 1) 무작자인 公卒·士伍 연장자 가운데서 毋害한 자를 임명한다. 2) 다른 里의 사람일 경우, 1급작인 公士, 그리고 丁者를 임명해서는 안된다. 3) 無爵者 부족 시, 公士에서 임명하며, 縣이 里典과 父老를 임명할 때는 不更 이하로서 임명하되, 下爵부터 公士 → 上造 → 簪裏 → 不更의 순서로 임명한다.

위의 율문에서는 里典·父老에 가급적 유작자 대신 무작자를 임명함으로써 公士 이상 유작자에게 苦役을 주지 않으려는 취지가 보인다. 때문에 下爵 우선 임명의 원칙을 취해 公卒·士伍의 무작자를 우선 임명하고, 그 다음에 不更 以下의 유작자로 임명하였던 것이다. 주목할 것은 庶人이 里典·父老의 임명 대상에서 제외되었다는 사실이다. 公卒·士伍가 없을 때 역시 무작자인 庶人이 그 다음 임명대상이 될 것으로 예상됐지만, 庶人을 제외시키고 유작자로 옮겨가고 있다. 그 이유로 상정할 수 있는 것은 庶人이 죄수·노비에서 사면된 신분이라는 것 이외에는 없다.

또 『嶽麓書院藏秦簡(肆)』에도 縣少吏 임용에 庶人이 배제되고 있음을 말해주는 자료가 있다. "縣에서 小佐 가운데 無秩者를 임용할 때에는 모두 不更 以下에서 士伍까지의 史에서 골라 임용하며 佐로 삼는다. 부족하면 君子의 子, 大夫의 子, 小爵 및 公卒·士伍의 子로서 18세 이상으로 관원이 될 수 있는 자격을 갖춘 자에서 추가로 임용한다."고 규정되어 있다.[67] 이상에서 고찰한 바와 같이, 里典·父老, 小佐에 庶人을 임명하지 않는다는 사실은 앞에서 언급한 睆老·受杖·稟米에서 庶人이

爲典·老.(146)"
67) 같은 책, pp.137-138, "置吏律曰: 縣除小佐毋(無)秩者, 各除其縣中, 皆擇除不更以下到士五(伍)史者, 爲佐, 不足, 益除君子子·大夫子·小爵(210)及公卒·士五(伍)子年十八歲以上備員, 其新黔首勿强, 年過六十者勿以爲佐. 人屬弟·人復子欲爲佐吏.(211)"

배제된 것과 동일한 이유이며, 이러한 사실에서 본다면 동일한 무작
자라고 하더라도 庶人과 公卒·士伍 사이에는 큰 차이가 존재한다는 사
실을 알 수 있다. 庶人이 임명대상에서 제외된 이유를 庶人이 존재하
지 않기 때문이라는 것에서 찾는 것은 居延漢簡 등에 庶人名籍도 있고,
庶人의 인명도 확인되기 때문에 성립하기 곤란하다.

Ⅳ. 傅律의 庶人子와 尚德街詔書

傅籍制度는 天下 男子를 傅籍에 등록시켜 國家에 兵役·徭役을 부담
시키고, 일정 연령에 달하면 징발을 면하게 하는 제도이며, 『二年律令』
의 傅律에 그 내용을 규정하고 있다. 顔師古가 "傅籍"에 대하여 "傅, 著
也, 給公家徭役也."라고 주석한 것은 公家, 즉 국가의 요역에 참여하는
의무를 지적한 것이다.[68] 또한 앞서 언급한 景帝 二年令의 "令天下男子
二十始傅"에서 "傅"의 대상으로 된 것은 "天下男子"이다. 그런데 전절에
서 인용한 「傅律」 ⑨에 士伍로 되는 신분에서 유독 "庶人" 신분만이 제
외되어 있는데, 戶律의 전택 지급규정에 庶人이 포함되어 있는 것과
대조가 된다. 이 문제에 대해서는 많은 논자들의 언급이 있었으나 그
해결이 용이하지 않다.

二十等爵制의 제 19급 關內侯에서 司寇·隱官之子에 이르기까지, 모
두 일정한 연령(24~20세)이 되면 傅籍에 등록하게 되어 있다. 그런데
문제는 "公士·公卒·士五·司寇·隱官子"의 신분 가운데, 의당 중간에 위
치해야할 "庶人子"가 보이지 않는다는 것이다. 呂利는 그 이유를 1) 입
법 기술상의 결함, 2) "庶人" 자체의 속성에서 비롯되었을 것으로 추정
하였다. 1)의 경우 『二年律令』 「傅律」의 章은 立法工整이 엄밀하여, 庶人

---

68) 『漢書』 卷1上 「高帝紀」, p.37.

이 "빠진 것"을 記述上의 누락으로 귀결시키기는 어렵다고 하였다. 2)
의 "庶人" 본래의 속성과 관련하여 두 가지 가능성을 제시하였다. 하
나는 "庶人子"는 不傅籍한다는 것이고, 다른 하나는 "庶人子"가 일종의
典型的 사회관계가 아니어서, 法律에 명확하게 규정할 필요가 없을 가
능성이다.

呂利는 첫 번째 가능성에 대해서 景帝 二年에 "令天下男子二十始傅"
라고 하여 "傅"의 대상이 "天下男子"이고, 위로는 關內侯子로부터 아래
로는 司寇·隱官子까지 미치는데, 庶人의 법률지위가 司寇·隱官보다 낮
지 않는데도 庶人子가 배제되는 것은 논리에 맞지 않는다며 그 가능
성을 배제하였다. 그러면서 두 번째 가능성이 높다고 하였다. 庶人이
현실사회 속에서 存在하지 않거나, 또는 "庶人子"가 매우 적은 이유 때
문이라고 주장하였다. 呂利는 그러한 근거를 「傅律」에서 "庶人子"가 보
이지 않을 뿐만 아니라, 秦漢 시기의 재판사례에서도 庶人이 보이지
않는 것에서 찾고 있다. 즉, 『睡虎地秦墓竹簡』「封診式」과 『張家山247號
墓漢簡』의 「奏讞書」 45개 案例에 일부분의 신분이 불분명한 것(예컨대
「奏讞書」 案例2 "大女子媚去亡"案에서 媚의 신분이 "庶人"인지 "婢"인지
가 논쟁의 초점)을 제외하고, "庶人" 신분이 당사자로 나온 것이 없는
사실을 들고 있다. 만약 당사자가 官吏·史佐도 아니고, 또 有爵者·士伍
·奴婢·刑徒, 혹은 신분불명이 아니면, 직접 성별로써 표시를 하였다.
즉, 男子某·女子某라고 칭하였다. 이밖에도 女子는 "士伍妻"라고 칭한
것이 있었으나 "庶人某"라고 칭한 것은 하나도 없었다는 것이다. 呂利
는 이처럼 현실생활과 재판에서 남녀를 물론하고 "庶人"이라고 칭한
경우가 없는 현상은 현실생활 속 또는 자신의 각종 사회활동에 참여
하는 사람 가운데에서 "庶人" 신분으로 출현한 주체가 많이 보이지 않
기 때문이라는 것이다.[69] "庶人子"가 일종의 典型的 사회관계가 아니

---

69) 呂利, 위의 논문, p.40.

어서, 法律에 명확하게 규정할 필요가 없다는 것이라고 주장하였다.

呂利는 「奏讞書」의 士伍 武의 사례를 들어 庶人이 士伍로 되는 사례라고 주장하고 있다. 庶人이 傅籍에 등록하면 자동으로 士伍로 등록된다는 것이다. 따라서 庶人이 士伍로 등록된 결과 庶人이 존재하지 않기 때문에 傅律에서 "庶人子"의 항목을 제외시켰다는 것이다. 전한 왕조 초인 高祖 五年의 詔書에서 질서를 회복하기 위하여 流亡한 人口에 故里로 돌아오도록 요구하고, 戶籍에 등록하고, 원래의 爵位田宅을 회복하게 한다. 원래의 신분이 民이었으나, 기아 때문에 몸을 팔아 奴婢가 된 자는 放免하고, 庶人의 신분을 준다.[70] 五年詔書에 명확하게 언급된 사람은 1) 山澤에 숨어 있으면서 名數에 등록하지 않은 자가 歸縣하여 故爵田宅을 회복하게 된 民(民前或相聚保山澤, 不書名數而有故爵田宅的民), 2) 과거에 民이었던 사람이 기아 때문에 自賣하여 노비가 된 자(因饑餓自賣爲奴婢者)이다.

呂利는 高祖 五年詔書와 관련하여 「奏讞書」 案例 5에서 軍의 奴였던 士伍 武의 사례를 주목했다. 高祖 五年 詔書에 입각해 이때 해방된 奴婢는 庶人으로 되었다가 후일 士伍가 된 것이라고 추정했다. 이 당시 高祖 十年이고, "武"의 나이는 37세이며, 신분은 "士伍"이다. 呂利는 「傅律」에 의하면 "士伍"가 名數에 自占書를 통해 획득할 수 있는 신분이 아니라 "傅籍"을 경과해야 얻는 신분이라고 주장하고 있다. 바꿔 말하면, 武가 名數에 등록하는 것을 경유하여 획득한 신분은 "庶人"이어야 하며, 그후 "傅"를 경과하고 나서야 비로소 士伍가 된다고 주장하였다.[71] 呂利는 이렇게 庶人에서 士伍로 되는 것이 용이했기 때문에 "庶

---

70) 『漢書』卷1下 「高帝紀」, p.54, "民前或相聚保山澤, 不書名數, 今天下已定, 令各歸其縣, 復故爵田宅, 吏以文法教訓辨告, 勿笞辱. 民以飢餓自賣爲人奴婢者, 皆免爲庶人."

71) "武"의 신분이 어떻게 士伍가 되어있을까? 呂利의 이 주장은 율문을 잘못 해석한 것이다. 傅律은 "公士, (364)公卒及士五, 司寇, 隐官子, 皆爲士五."라고 되어 있어서 傅籍에 등록한다고 해서 士伍로 되는 내용은 없다. "武"는

人과 士伍 사이에는 절대적 경계선(鴻溝)이 없다. 庶人 역시 반드시 傅籍해야 하고, 아울러 傅籍을 통하여 士伍 신분을 취득한다."고 주장하였다.[72]

呂利의 주장은 "書名數"를 하면 "庶人"의 신분이 되고, "傅"를 하면 士伍로 된다는 것이다. 결국 士伍 "武"의 경우를 통해서 보면, 해방된 庶人은 그 자신의 대에 傅를 통해서 士伍로 되었다는 것이다. 呂利는 傅律에 등록을 함으로써 庶人이 士伍로 되고 그 결과 庶人이 존재하지 않기 때문에 傅律에서 "庶人子"의 항목을 제외시켰다는 것이다. 庶人이 없는 상황에서 庶人子가 士伍로 될 수 있는 규정을 굳이 만들 필요가 없다는 것이다. 그러나 傅律 규정을 살펴보아도, 庶人 본인이 "傅"를 경유하고 나서 士伍의 신분을 획득하는 규정은 없다.[73] 그것은 본인대에 士伍가 되는 것이 아니라, "公士·公卒·士五·司寇·隱官"의 子가 士伍로 되는 것이다. 오히려 傅律의 규정은 각 작위 및 신분에 해당자가 일정 연령에 도달하면 신고해서 국가의 公役에 종사해야 하는 것으로 해석해야 한다.

한편 武가 庶人에서 士伍가 되어 있는 사례는 오히려 庶人과 隱官·司寇의 형평성의 문제를 해결하는데 일조하였다. 즉, 隱官·司寇보다 높은 신분의 庶人이 士伍로 될 수 없다는 모순이다. 二年律令 364-365簡의 "公士, 公卒及士五, 司寇, 隱官子, 皆爲士五."에서 庶人의 항목이 없다면, 庶人子와 隱官子 간에 형평 문제가 있을 수 있다. 즉, 노비가 면되어 私屬으로 된 후에 주인이 사망하거나 유죄시 私屬을 庶人으로 삼

원래 庶人으로 사면되었을 것이다. 傅律에는 庶人의 규정이 없기 때문에 士伍로 되는 방법을 확인할 수 없다. 한편 『嶽麓書院藏秦簡(肆)』에 의하면, 해방의 경우 庶人으로만 사면되는 것이 아니라, 士伍로 되는 경우도 확인된다.

72) 呂利, 위의 논문, p.40.
73) 후술하겠지만, 後漢 尙德街詔書에는 庶人 본인이 士伍로 되는 규정이 존재했던 것으로 추정된다.

고, 육형을 받았던 私屬은 隱官으로 하는 규정이 있다.[74] 이때에 庶人
으로 된 자나 隱官으로 된 자는 모두 같은 奴에서 출발한 것이다. 그
럼에도 庶人子는 士伍로 되지 못하고, 隱官子만이 士伍로 된다는 것은
큰 모순에 빠지는 것이다. 隱官·司寇의 子가 庶人으로 될 수 있다면,
庶人의 子도 당연히 士伍가 될 수 있는 것임을 士伍 武의 사례는 말해
준 것이다. 따라서 364-365簡에 庶人子의 누락은 抄寫과정에서의 실수
였다고 생각한다. 士伍 武의 경우를 보면, 서인에서 사오로의 통로가
봉쇄된 것이 아님을 말해준다. 이러한 결론이 맞는다면, 庶人에서 끊
임없이 士伍로 수렴되는 것이다. 그래서 서인이 많이 안보일 수도 있
다. 이제 언급할 것은 「奏讞書」의 士伍 武가 庶人에서 신분이 상승한
것과 밀접한 관련을 가지고 있을 것으로 생각되는 후한시대의 尙德街
詔書를 살펴보고자 한다.

  많은 논고에서 『睡虎地秦簡』「封診式」 및 『張家山漢簡』「奏讞書」에 庶
人이 보이지 않는 문제와 관련하여 庶人의 존재를 부정하고 있는데,
秦漢의 출토문서에 庶人이 많이 보이지 않는 이유는 무엇일까? 後漢시
대의 長沙尙德街東漢簡牘의 詔書에는 그 이유를 해명할 수 있는 단서
가 보인다.

  詔書: 庶人不與父母居者, 爲仕(士)伍, 罰作官寺一年.[75]

  위의 조서 내용은 ① "父母와 同居하고 있지 않는 庶人"이 대상이고,
② 그 庶人이 士伍의 신분으로 된 것, ③ 罰作 1년을 부과했다는 것이 중
심 내용이다. 위의 조서는 다음과 같은 2가지 방식으로 해석할 수 있

---

74) 『二年律令與奏讞書』, p.155, "奴婢爲善而主欲免者, 許之, 奴命曰私屬, 婢爲庶人,
  皆復使, 及筭事之如奴婢. 主死若有罪, (162) 以私屬爲庶人, 刑者以爲隱官. 所免
  不善, 身免者得復入奴婢之. 其亡, 有它罪, 以奴婢律論之.(163)"
75) 長沙市文物考古研究所, 『長沙尙德街東漢簡牘』, p.220.

을 것이다.

1) 庶人이 父母와 함께 同居하고 있지 않는 자가 仕伍(士伍)가 되어 있으면, 官寺에서 1年간 罰作을 한다.

2) 庶人이 父母와 함께 同居하고 있지 않는 자는 仕伍(士伍)로 삼고, 官寺에서 1年간 罰作을 한다.

1)은 처벌의 관점에서, 부모와 동거하지 않는 서인이 士伍가 되어 있으면 罰作으로 처벌하는 것이다. 이러한 관점에서 본다면 서인은 부모와 동거하지 않을 경우 사오가 되어서는 안되는 것이다.

2)는 비처벌의 관점에서, 서인이 부모와 동거하지 않는 자의 경우, 士伍로 신분을 올려준다는 해석이다. 진한시대에는 分異之法이 존재하고 있었기 때문에 父母에게 효도하기 위해 동거를 강요하지 않았고,[76] 異居를 하였다고 처벌되는 것이 아니었다는 점을 염두에 두면 2)의 관점도 이해되는 점이 있다. 그러나 이같이 해석하는 것은 문장 내에서 모순 - 士伍로 승격하는 것을 허용하고 처벌을 내린다는 모순 - 이 있으므로 올바른 해석은 아니다. 더구나 罰作의 의미를 생각한다면 2)의 해석은 올바른 것이 아니다. 罰作은 漢代에는 輕罪 또는 모종의 잘못에 대하여 輕罰을 내리는 것이다.[77] 따라서 위의 조서는 처

---

76) 아래의 二年律令은 부모 재산의 分異를 허락하고 있다. 굳이 동거를 권장하는 것이 아니다. 『二年律令與奏讞書』, p.225, "民大父母, 父母, 子, 孫, 同産, 同産子, 欲相分予奴婢, 馬牛羊, 它財物者, 皆許之, 輒爲定籍. 孫爲戶, 與大父母居, 養之不(337)善, 令孫且外居, 令大父母居其室, 食其田, 使其奴婢, 勿貿賣. 孫死, 其母而代爲戶, 令勿敢逐(逐)夫父母及入贅(338)及道外取其子財.(339)"

77) 罰作은 勞役刑이라고 할 수는 없지만, 勞役罰로 부를 수 있는 것이다. 被罰者의 신분에도 변화가 없어서 계속 民의 신분이며 형도에 속하지 않았다. 남녀 모두에게 적용되며, 『漢舊儀』를 제외한 많은 주석에서는 罰作의 기간을 1년

벌을 규정한 내용인 점을 염두에 둔다면, 1)처럼 부모와 동거하지 않는 庶人이 士伍로 되어있을 경우 罰作에 처하는 것이다. 이것을 역으로 해석하면 尙德街詔書에는 庶人이 부모와 동거할 경우 士伍로 승격되는 것을 허락한다고 해석할 수 있다. 養老와 孝行의 관점에서 부모와 동거하는 庶人은 벌작을 시키지 않고 士伍로 했을 가능성이 있는 것이다.

尙德街의 庶人 조서는 현실적으로 庶人이 존재함을 보여주며, 동시에 자동으로 士伍로 전환되는 메커니즘을 보여주고 있다. 『張家山漢簡』「奏讞書」 案例 5의 "武"가 士伍의 신분인 것은 바로 이 조서와 관련이 있을 수 있다. 士伍 武의 경우 "(高祖)十年七月辛卯朔甲寅"의 시점은 고조 5년 조서가 내려진 시점으로부터 약 5년이 경과해 있었다. 이 기간 동안 그가 서인에서 사오로 신분이 변화해 있을 가능성은 충분하다고 할 수 있다. "武"가 士伍로 된 것과 庶人의 사례가 많이 보이지 않는 것은 동전의 양면과도 같아서, 庶人이 士伍로 되는 길이 열려 있었기 때문에 출토자료에 많이 보이지 않을 가능성도 있다.

父母와 동거하는 庶人을 士伍로 삼았다는 이 추정이 옳다면 漢代에 서인 신분이 戶籍에 많이 보이지 않는 이유에 대한 약간의 해답이 되

<hr>

으로 보고 있으나, 1년 미만인 경우도 있었다. 그런데 본고에서 서술한 肩水金關漢簡의 呂異人의 경우 復作되었으나 같은 문서에서 罰作으로 표현하고 있다. 이것으로 봐서 양자는 같은 것일 가능성도 있다. 張建國, 「漢代的罰作, 復作與弛刑」(『中外法學』 18-5, 2006), p.599; 李永增, 『東漢刑徒磚相關問題研究』(華東政法大學碩士論文, 2014), p.52; 『漢書』卷4 「文帝本紀」, p.113, "蘇林曰：「一歲爲罰作, 二歲刑以上爲耐. 耐, 能任其罪也.」"; 『後漢書』卷1下 「光武帝紀」, p.51, "前書音義曰：一歲刑爲罰作, 二歲刑已上爲耐."; 『漢舊儀』, 『漢官六種』(北京: 中華書局, 1990), p.85, "秦制二十爵. … 有罪, 各盡其刑……男爲戍罰作. 女爲復作. 皆一歲到三月."; 『漢書』卷24下 「食貨志」, p.1184, "私鑄作泉布者, 與妻子沒入爲官奴婢; 吏及比伍, 知而不擧告, 與同罪; 非沮寶貨, 民罰作一歲, 吏免官."; 甘肅省考古文物研究所, 『居延新簡』(北京: 文物出版社, 1990), p.29, E.P.T 5:194 "罰作治一月□☑"; 『後漢書』志第二 「律曆志」 p.3042, "(宗)整適作左校二月."

리라고 생각된다. 傅律 364·365簡에 庶人子의 항목이 보이지 않는 것은 庶人이 사면된 후 얼마 안되어 士伍로의 신분 변화가 있기 때문에 굳이 그 항목을 포함시킬 필요가 없었기 때문일 수도 있다. 그러나 "以赦令免爲庶人名籍"을 본다면,[78] 赦令에 의해 庶人이 된 자들의 숫자가 상당수 존재했을 것이다. 문제는 庶人으로 된 자 가운데 士伍로 되기 위하여 부모와 동거하는 자식이 많이 생겼을 가능성이다. 물론 한 가정에 여러 명의 자식이 사면되어 庶人으로 되는 경우가 흔한 것이 아니므로 그 아들은 부모와 동거하면 士伍로 될 수 있었다. 이러한 분석은 중요한 의미를 지닌다. 즉, 秦漢시기에 庶人의 숫자가 적은 사유가 되는 것이다.

다만 이러한 분석이 가능하다고 하더라도, 庶人 신분이 秦漢시기에 전무한 것은 아니므로, 필자는 庶人子의 항목이 없는 것은 抄寫者의 누락 가능성이라는 종전의 견해를 계속 유지하고 싶다. 그 이유는 庶人보다 더 낮은 신분인 隱官·司寇의 子들도 士伍가 될 수 있는데, 庶人의 子가 士伍로 될 수 없다는 것은 모순이기 때문이다. 실제로 출토자료에는 庶人들이 존재한 증거가 꽤나 존재했다.

여기에서 문제가 되는 것은 尙德街 조서의 시점 문제이다. 함께 출토된 자료에는 "光和四年十一月卄八日"(084簡), "熹平二年七月十七日"(152簡)이라는 연대가 보이는데 모두 後漢 靈帝의 연호이다.[79] 또한 簡牘이 출토한 尙德街의 우물은 출토 器物로 추정하건대 後漢 중후기부터 孫吳시기까지에 속한다.[80] 때문에 尙德街 자료에 포함된 해당 조서가 秦·漢初의 것이 아니라 後漢시기의 것이었다는 반론이 있을 수 있다. 그러나 後漢의 古人堤律令目錄에 秦·漢初의 율문목록이 포함되어 있는 것에서 유추할 때 尙德街東漢簡牘의 아래 조서들이 모두 후한시대에

---

78) 『居延新簡』, p.25.
79) 長沙市文物考古研究所, 『長沙尙德街東漢簡牘』, pp.116, 120.
80) 같은 책, pp.80-81.

반포된 것이라고 예단할 수는 없다. 아래는 尙德街 조서들이다.

084簡 정면

① 詔書: 庶人不與父母居者, 爲仕伍, 罰作官寺一年.

② 詔書: 九十以上, 爲復子若孫一人.

③ 詔書: 民□産滿五, 毋復卒一人, □無所復得□□□.

④ 詔書: 民大父母物故, 與母出居, 當合誓□上從(?)所俾孫得(?)出.

⑤ 詔書: 故事年九十, 九十有子, 雖免老不得□復.[81]

　　조서 ①은 위에서 논의했던 庶人 관련의 조서이고, ②의 "復子若孫"
은 90세 이상의 노인의 경우 아들 또는 손자 1인의 요역을 면제해준
다는 것이다. 동일한 내용은 이미 前漢 武帝의 建元 元年 조서에 보이
고 있으므로, 이 조서에 기록된 내용이 후한시대의 것이 아님을 알
수 있다. 武帝의 조서에 "과거 90세 이상은 受鬻法이 있어서, 아들 또
는 손자의 요역을 면제(復子若孫)하였다."고 한 것은 바로 尙德街 084簡
의 내용과 일치한다.[82] 즉, 90세 이상의 경우 受鬻法의 적용을 받아 그
가족에게 徭役賦稅를 면제시켜주고 노인을 공양할 수 있도록 한 것이
다. 그런데 武帝 조서의 내용도 그 이전부터 존재했을 가능성이 있는
데, 王杖十簡 詔令에는 "高皇帝以來"로 高年者에게 王杖을 지급하고 요
역을 면제해 참여하지 않는다는(復毋所與) 우대조치를 취하고 있다.[83]

---

81) 같은 책, p.115.

82) 『漢書』 卷6 「武帝本紀」, p.156, "夏四月己巳, 詔曰:「古之立教, 鄕里以齒, 朝廷以爵,
　　扶世導民, 莫善於德. 然則於鄕里先耆艾, 奉高年, 古之道也. 今天下孝子順孫願自竭
　　盡以承其親, 外迫公事, 內乏資財, 是以孝心闕焉. 朕甚哀之. 民年九十以上, 已有受
　　鬻法, 爲復子若孫, 令得身帥妻妾遂其供養之事.」"
　　胡平生 「謝家橋漢簡《告地書》釋解」, http://www.bsm.org.cn/show_article.php?id=1025

83) 甘肅省博物館·中國科學院編著, 『武威漢簡』(北京: 文物出版社, 1964), pp.140-148,
　　"王杖十簡: 制詔御史曰:年七十受王杖者比六百石, 入官廷不趨, 犯罪耐二尺以上毋
　　二尺告劾, 有敢徵召侵辱者比大逆不道. 建始二年九月甲辰下. 制詔丞相, 御史:

따라서 ②의 復除정책이 武帝시기에 처음 출현된 것이 아니라 이미 漢高祖시기부터 실행되었음을 알 수 있다. ③은 缺字가 있어 의미가 명확하지는 않다. "民이 자식 낳은 것이 5명에 미달하면(?) 卒一人을 復하지말라."는 내용으로 추정된다. 이것은 『二年律令』의 "民이 자식을 5인 이상 낳으면 남자가 傅籍할 때, 여자가 12살 때 아들을 면로하게 하고, …의 자는 그 아버지가 대부이면 면로하게 한다.(民産子五人以上, 男傅. 女十二歲, 以父爲免◻者; 其父大夫也, 以爲免老.358)"와 유사한 내용을 전하고 있는 것으로 생각된다.[84] 그렇다면 ③의 조서는 漢初 『二年律令』 시기에 반포되었을 가능성이 있다고 생각된다.

이러한 분석 결과를 볼 때, 尙德街東漢簡牘의 조서목록은 후한시기에 비로소 발표된 것이 아님을 알 수 있으며, 조서 ①의 "庶人不與父母居者"도 동일한 결론을 적용할 수 있다. 이러한 尙德街詔書의 내용을 士伍 武의 사례와 관련시키면, 이미 漢初로부터 庶人이 부모와 동거하면 士伍로 될 수 있는 길이 존재했고, 그 결과 庶人의 숫자는 감소했을 것이다. 庶人을 士伍로 자동 수렴시키기는 루트가 확인되었지만, 그렇다고 하여 庶人이 漢代사회에 완전히 존재하지 않았던 것이 아님을 다음 장에서 고찰하고자 한다.

高皇帝以來至本【始】二年, 勝(朕)其哀老小, 高年受王杖, 上有鳩, 使百姓望見之, 比於節, 有敢妄罵毆之者比逆不道, 得出入官府郎弟, 行弛(馳)道旁道, 市賣, 復毋所與, 如山東復, 有旁人養謹者, 常養扶持, 復除之, 明在蘭臺, 石室之中. 王杖不鮮明, 得更繕治之. ● 蘭臺令第卅三, 御史令第卌三, 尙書令減受在金."

84) 懸泉漢簡에도 多子女에 대한 우대조치를 규정한 것이 있는데, 자식을 5명 이상 낳으면 그 부모는 모두 免爲庶人하게 한다는 내용이다. 張俊民, 「懸泉漢簡所見赦令文書初探」, 卜憲群·楊振紅主編, 『簡帛研究』(桂林: 廣西師範大學出版社, 2011), p.116, "◻□癃不任事者諸産子五人以上在三月丁亥前父母皆免爲庶人 VT1618②:4"

V. 秦漢시기 庶人의 존재

위에서 고찰한 것처럼, 呂利는 傅律에 庶人子의 항목이 없는 것이 실생활에서 庶人이 보이지 않는 것과 관계있다고 주장했다. 그러나 秦律과 漢律에 많은 庶人 관련 규정이 존재하는 것으로 볼 때 呂利의 주장이 과연 옳은 것일까 하는 의문이 발생한다. 대표적인 실례로 『二年律令』의 田宅 지급 항목에 庶人이 존재하는데, 呂利의 논리대로라면 이 조항도 "庶人子"처럼 필요하지 않기 때문에 삭제하는 것이 맞다.

秦漢의 율령에는 일일이 예를 들기 곤란할 정도로 庶人 관련 규정이 많다. 睡虎地秦簡의 법률답문에는 庶人이 "盜戒(械)囚刑罪以上을 감시하고" 있고,[85] 鬼薪白粲과 奴婢가 庶人 以上을 구타한 사례,[86] 耐罪를 범했을 때 庶人 이상은 耐爲司寇에 처해진다는 규정,[87] 婢가 주인의 아들을 낳으면 주인이 죽었을 때 그 婢를 사면하여 庶人으로 삼는 규정,[88] 그 부모를 贖買하면 庶人으로 삼고, 奴婢로 삼지 말라는 규정,[89] 群盜 중 지명 수배된 자를 체포하거나 한 사람을 참했을 때 庶人으로 면한다는 규정,[90] 盜鑄錢한 자와 그 방조자 한 사람을 체포하면 庶人으로 면해주는 규정 등이 있다.[91]

---

85) 『睡虎地秦墓竹簡』, p.205, "「將司人而亡, 能自捕及親所智(知)爲捕, 除毋(無)罪; 已刑者處隱官.」 ●可(何)罪得「處隱官」? ●群盜救爲庶人, 將盜戒(械)囚刑罪以上, 亡, 以故罪論, 斬左止爲城旦, 後自捕所亡, 是謂「處隱官」. ●它罪比群盜者皆如此."

86) 『二年律令與奏讞書』, pp.101-102, "鬼薪白粲毆庶人以上, 黥以爲城旦舂. 城旦舂也, 黥之. 29(C321)奴婢毆庶人以上, 黥顏, 畀主. 30(C320)"

87) 같은 책, p.127, "有罪當耐, 其法不名耐者, 庶人以上耐爲司寇, 司寇耐爲隸臣妾. (90)"

88) 같은 책, p.240, "婢御其主而有子, 主死, 免其婢爲庶人.(385)"

89) 같은 책, p.256, "有贖買其親者, 以爲庶人, 勿得奴婢. 諸私爲鹵(鹵)鹽煮濟漢, 及有私鹽井煮者, 稅之, 縣官取一, 主取五.(436)"

90) 같은 책, p.152, "群盜, 命者及有罪當命未命, 能捕群盜, 命者若斬之一人, 免以爲庶人. 所捕過此數者, 贖如律.(153)"

91) 같은 책, p.171, "捕盜鑄錢及佐者死罪一人, 予爵一級. 其欲以免除罪人者, 許之.

또한 실제의 재판 문서인 『嶽麓書院藏秦簡(參)』「奏讞狀」과 『張家山漢墓竹簡』「奏讞書」 등에도 庶人이 확인된다. 『嶽麓書院藏秦簡(參)』「奏讞狀」 "○三 猩, 敞知盜分贓案"에는 "猩이 黥城旦의 처벌을 받았다가, 戊午의 사면에 의해 庶人"으로 免되어 있다.[92] 흥미로운 것은 黥城旦을 받았음에도 隱官으로 되지 않았다는 사실이다. 여기에서 龍崗秦簡 木牘의 "免辟死爲庶人"이라 한 것이 상기될 것인데, 일부 논자는 辟死가 庶人이 아니라 隱官의 잘못이었다고 주장했지만, 猩이 庶人이 된 것은 육형을 받은 자도 庶人이 될 수 있는 사례라고 할 수 있다. 『嶽麓書院藏秦簡(參)』의 "○七 識劫婗案"에는 沛가 婗을 免하여 庶人으로 삼았고,[93] 또 『張家山漢墓竹簡』「奏讞書」 案例 2에 "吏가 媚를 黥顔頯하고 주인인 祿에게 넘기라고 판결했으나, 소수 의견에는 庶人으로 판결한 사실",[94] 『居延新簡』 E.P.T 5:105에는 "☑以赦令免爲庶人名籍"이라 하여 赦令으로 해방된 庶人의 名籍이 존재하고 있는 사실 등이 보인다.[95] 현실적으로 庶人이 존재하지 않았다면 이렇게 많은 庶人 관련 규정 및 재판 사례가 나오기 어려웠을 것이며, 『史記』『漢書』 등의 수많은 "免爲庶人"의 기록을 해석할 방법이 없다.

이 문제와 관련하여 居延漢簡 등에서 庶人의 존재를 확인하는 것은 흥미롭다. 庶人은 傅籍에 등록되기 때문에 戌卒로서 복역했을 것이

捕一人, 免除死罪一人, 若城旦春, 鬼薪白粲二人, 隷臣妾, 收人, (204)司空三人以爲庶人. 其當刑未報者, 勿刑, 有復告者一人, 身毋有所與. 詗告吏, 吏捕得之, 賞如律.(205)"

92) 朱漢民·陳松長, 『嶽麓書院藏秦簡(參)』(上海: 上海辭書出版社, 2013), p.119, "○三 猩, 敞知盜分贓案 ●廿(二十)三月四月, 江陵丞文敢讞(讞)之 : 廿(二十)三[二]年九月庚子, 令下, 劾 : 掾(錄)江陵獄 : 上造敞, 士五(伍) (044正) 猩智(知)人盜塚冢, 分臧(贓). 得. 敞當耐鬼薪, 猩黥城旦. 遝戊午赦(赦), 爲庶人."

93) 같은 책, p.154, "○七 識劫婗案 沛妻危以十歲時死, 沛不取(娶)妻. 居可二 (112正)歲, 沛免婗爲庶人."

94) 『二年律令與奏讞書』, p.337, "·吏當 : 黥媚顔頯, 畀祿, 或曰當爲庶人."

95) 『居延新簡』, p.25.

다. 傅律에 "不更以下의 子는 나이 20세 ··· 모두 傅한다."는 규정, "公卒
以下는 66세에 免老한다"는 규정, 景帝의 조서에 "天下의 男子는 20세에
처음으로 傅한다."라고 한 것은 그 범위에 포함된 庶人이 傅籍에 등록
해야 함을 의미한다. 이 규정에 입각하여 서인은 公家의 요역과 병역
의 의무를 지고 있다. 실제로 傅律의 "公卒 以下"가 免老 대상인 것을
반영하여 士伍가 병역에 동원된 사례가 확인된다. 『里耶秦簡[壹]』에 일
반 무작자인 士伍가 병역에 징집된 乘城卒로서 등장하는 것이 그것이
다.[96] 그런데 『里耶秦簡[壹]』과 『里耶秦簡[貳]』에는 庶人이 한 차례도 확
인되지 않는다. 그래서 필자는 『居延漢簡』 등 서북한간의 戍卒名籍에
서 庶人의 존재를 확인했으나, 역시 庶人의 이름을 가진 자가 확인되
지 않고, 다만 『敦煌漢簡』에만 한 차례 확인된다.

　秦漢시대에 노비와 죄수를 사면하여 전선에 투입하는 것은 매우
흔한 사례이다. 李恒全은 아래에 예시한 사례들이 죄수·노비가 군대
에 투입된 증거로 보았다.[97] 『睡虎地秦簡』 「軍爵律」의 隸臣이 敵의 수급
을 베어서 받은 公士의 작위를 반납해 隸妾이 되어 있는 처를 속면하
기로 한다는 내용,[98] 『文獻通考』 卷一四九 「兵考一」 山齋易氏의 설에 보
이는 七科謫을 동원한 내용,[99] 秦二世가 少府 章邯으로 하여금 驪山徒·

---

96) 湖南省文物考古研究所, 『里耶秦简(壹)』, p.71, "廿六年十二月癸丑朔己卯倉守敬
　　敢言之出西癰稻五十┘ □石六斗少半斗輸棸粟二石以稟乘城卒夷陵士五陽┘ □
　　五□□□出中辨券廿九敢言之 □手(正)□申水十一刻=下三令走屈行 操手(背)(8-
　　14 52)"; 같은 책, p.74, "廿六年十二月癸丑朔庚申遷陵守祿敢言之沮守瘳言課廿
　　四年畜┘息子得錢殿沮守周主爲新地吏令縣論言夬·問之, 周不在┘遷陵敢言之·
　　以荊山道丞印行□(正)丙寅水下三刻啓陵乘城卒秭歸□里士五順行□旁 壬手(背)(8-
　　1516)"

97) 李恒全, 「漢代限田制說」(『史學月刊』 2007-9), pp.32-33.

98) 『睡虎地秦墓竹簡』, p.93, "隸臣斬首爲公士, 謁歸公士而免故妻隸妾一人者, 許
　　之, 免以爲庶人."

99) [元] 馬端臨, 『文獻通考』(北京: 中華書局, 1986) 卷一四九 「兵考一」, p.1307, "始
　　皇既並天下, 先發弛刑之類, 次發賈人之類, 次發治獄不直者之類, 次以隱官刑徒
　　者, 次以嘗有市籍者, 又其次則大父母, 父母嘗有市籍者."

人奴産子를 사면하여 楚軍을 공격하여 대패시킨 것,[100] 漢高帝 11년 淮南王 黥布가 반란을 일으키자 天下死罪以下를 사면하여 從軍시킨 사례,[101] 武帝 元封六年 京師亡命者를 사면하여 從軍시킨 사례는 모두 죄수·노비·庶人의 종군 사례이다.[102] 이밖에도 『嶽麓書院藏秦簡(參)』 "07, 識劫婉案"에 公士 識이 원래 大夫 沛의 隸였었는데, 종군한 기록이 있다.[103] 鼂錯이 죄인을 모집하거나 徒復作을 면하여 변방수비를 하고자 했을 때, "免徒復作令居之"의 의미는 1차적으로 赦令을 받은 徒復作을 재차 "免"시켜서 除罪하여 居할 때의 신분은 庶人이다.[104] 『漢書』 「貢禹傳」의 諸官奴婢 10여 만을 庶人으로 해방하여 關東戍卒을 대신하게 한다는 내용은 秦漢軍隊에 庶人이 있었다고 하는 확실한 증거이다.[105]

---

100) 『漢書』 卷31 「陳勝項籍傳」, p.1790, "令少府章邯免驪山徒, 人奴産子, 悉發以擊楚軍, 大敗之."

101) 『漢書』 卷1下 「高帝紀」, p.73, "秋七月, 淮南王布反. … 上赦天下死罪以下, 皆令從軍; 徵諸侯兵, 上自將以擊布."

102) 『漢書』 卷6 「武帝紀」, p.198, "益州, 昆明反, 赦京師亡命令從軍, 遣拔胡將軍郭昌將以擊之."

103) 『嶽麓書院藏秦簡(參)』, p.153, "【敢瀻(讞)】之: 十八年八月丙戌, 大女子婉自告曰: 七月爲子小走馬羛(義)占家訾(貲). 羛(義)當□大夫建, 公卒昌, 士五(伍)積, 喜, 遺錢六萬八千三百, 有券. 婉匿不占吏爲訾(貲). 婉有市布肆一, 舍客室一, 公士識劫婉曰: 以肆室鼠(予)識. 不鼠(予)識, 識且告婉匿訾(貲). 婉恐, 即以肆, 室鼠(予)識; 爲建等折棄券, 弗責. 先自告, 告識劫婉. 婉曰: 與羛(義)同居, 故大夫沛妾. 沛御婉, 婉産羛(義), 女姎, 沛妻危以十歲時死, 沛不取(娶)妻. 居可二歲, 沛免婉爲庶人, 妻婉. … 識故爲沛隷, 同居. 沛以三歲時爲識取(娶)妻; 居一歲爲識買室, 賈(價)五千錢, 分馬一匹, 稻田廿畞, 異識. 識從軍, 沛死."

104) 『漢書』 卷49 「鼂錯傳」, p.2286, "陛下幸憂邊境, 遣將吏發卒以治塞, 甚大惠也. 然令遠方之卒守塞, 一歲而更, 不知胡人之能, 不如選常居者, 家室田作, 且以備之. … 先爲室屋, 具田器, 乃募罪人及免徒復作令居之; 不足, 募以丁奴婢贖辠及輸奴婢欲以拜爵者; 不足, 乃募民之欲往者. 皆賜高爵, 復其家. 予冬夏衣, 廩食, 能自給而止."

105) 『漢書』 卷72 「貢禹傳」, p.3076, "又言諸離宮及長樂宮衛可減其太半, 以寬繇役. 又諸官奴婢十萬餘人戲遊亡事, 稅良民以給之, 歲費五六鉅萬, 宜免爲庶人, 廩食, 令代關東戍卒, 乘北邊亭塞候望."

그렇다면 변경문서인 居延漢簡·敦煌漢簡·肩水金關漢簡 등에 庶人 +
人名의 사례가 보여야 하지 않을까? 里耶秦簡 등을 포함한 출토문서에
庶人이 보이지 않는 것이 우연의 일치는 아닌 듯하며, 특별한 이유가
있을 것으로 생각된다. 庶人이 보이지 않음에도, 赦令으로 "免爲庶人"
하여 庶人을 배출하는 자료가 보인다고 하는 모순현상이 보이고 있
다. 庶人 인명을 확인할 수 없는 이유는 무엇일까에 대해 필자는 두
가지 추정을 해보았다. 첫째, 尙德街詔書에 보이는 것처럼 동거하는
庶人을 士伍로 삼음으로써 庶人이 존재하지 않았을 가능성, 둘째, 居延
漢簡 등에 작칭이 없는 戍卒이 庶人일 가능성을 상정하였다. 庶人에게
는 아예 작위가 없기 때문에 庶人이라는 칭호 자체도 사용하지 않았
을 가능성은 없을까? 이 문제를 살핌에 있어서 椎名一雄도 필자와 동
일한 고민을 했는데, 그는 서북변경의 漢簡에서 戍卒名籍에 작칭이 보
이지 않는 병사들이 庶人일 것으로 추정했다.[106]

戍卒名籍에 爵稱이 없는 문제에 대해서 주목한 학자들이 없는 것은
아니다. 위에 언급한 椎名一雄 이전에 陳直은 疏勒河流域出土漢簡: 955:
羅 32의 "小卷里王護"에 대하여 爵名이 없으므로 無爵인 사람이라고 보
았다.[107] 陳直은 無爵이라고만 했을 뿐, 구체적으로 무엇인지에 대해
서는 언급하지 않았다. 王玉喜도 居延漢簡의 많은 戍卒 심지어는 隧長
도 작위가 없는 점에 대하여 주목하였다. 일반적으로 居延漢簡의 형
식에는 爵位가 있을 경우 반드시 名縣爵里를 기록하지만, 작칭을 사용
하지 않은 경우는 無爵이라고 보았다.[108]

李均明의 『秦漢簡牘文書分類輯解』의 卒名籍에는 작칭이 없는 戍卒이

---

106) 椎名一雄, 위의 논문, pp.5-7.
107) 陳直, 『居延漢簡研究』(北京: 中華書局, 2009), p.540, "小卷里上應有縣名, 因原
　　簡上端已缺, 故無可考. 王護未書爵名, 蓋無爵之人也."
108) 王玉喜, 『爵制與秦漢社會硏究』(山東大學博士學位論文, 2014), p.134, "襄澤隧長
　　昭武宜眾里閻樂成本始三年九月辛酉除(簡10.36) 戍卒穎川郡陝翟里成適年卅二
　　爲步卒取私囊(簡32.7)" 隧長 閻樂成과 戍卒 成適은 爵位가 없다고 하였다.

많이 보이고 있고, 李蘭芳은『西漢兵役制度的幾個問題--以西北漢簡爲考
察對象』에서 戍卒爵位에 관한 통계를 "戍卒이 有爵者 및 無爵의 士五가
모두 155人인데, 그 가운데 無爵의 士五 8人, 公士 29人, 上造 11人, 簪裹
4人, 不更 11人, 大夫 35人, 官大夫 3人, 公大夫 3人, 公乘 51人"이라고 분
석했다.[109] 여기에서 "無爵의 士五 8人"은 바로 士伍로 표시된 戍卒을
말하는 것이지만, 정작 李蘭芳은 자신이 예시한 표에 보이는 516人 가
운데 爵稱이 없는 무수한 戍卒에 대해서는 인식하지 못하고 있다.[110]
이를 해명할 수 있는 단서가 陳公柔·徐苹芳이 인용한 居延漢簡에 들어
있다.[111]

1. 田卒昌邑國湖陵治昌里士五李□年廿四 (501.1)

2. 田卒昌邑國西邡高□　(514.42)

3. 田卒昌邑國方☒ (90.53)

4. 田卒昌邑國東緝宜禾里 (513.20)

5. 田卒大河郡東平陸常昌里公士吳虜年三十四 (509.1)

6. 田卒大河郡任城□昌里公士莊延年□□□□年廿四 (497.21)

7. 田卒大河瑕丘邑廣昌里張☒ (515.42)

8. 田卒汝南郡西平當☒ (523.10)

9. 田卒汝南郡☒ (523.11)

10. 田卒汝南郡平輿百祿里黃何人　三☒ (504.6)

11. 田卒汝南郡平輿大□里☒ (512.4)

12. 田卒汝南郡平輿臨□☒ (120.25)

13. 田卒汝南郡吳☒ (120.32)

---

109) 王耀輝,『居延漢簡所見戍, 田卒服役制度研究』(西北師範大學碩士學位論文, 2016),
　　　p.46; 李蘭芳,『西漢兵役制度的幾個問題--以西北漢簡爲考察對象』(北京師範大
　　　學碩士學位論文, 2013), p.52.
110) 李蘭芳, 위의 논문, pp.8-43.
111) 陳公柔·徐苹芳,「大灣出土的西漢田卒簿籍」(『考古』1963-3), p.156.

    14. 田卒汝南郡☒ (516.12)

    15. 田卒淮陽郡扶溝反里公士張誤年廿七 (514.31)

    16. 田卒大河郡瑕丘襄成里王勝年卅八 (498.11)

    17. 田卒大河郡平富西里公士昭遂年卅九庸舉里嚴德年卅九 (303.13)[112]

    陳公柔·徐苹芳이 제시한 田卒簡은 모두 40개이다.(편의상 17까지만
인용) 陳公柔 등에 따르면 40개 簡의 形式과 字迹 및 내용에서 볼 때,
2개의 서로 다른 田卒의 簿이다. 1-17簡은 田卒의 名籍簿이고, 18-40簡은
田卒의 衣物簿이다. 중요한 점은 1-15簡이 원래 하나의 册으로 이루어
진 것인데, 田卒의 名籍 가운데 일부는 士伍와 公士의 爵稱이 보이고,
일부는 殘簡이라서 爵稱이 안보이는 경우도 있지만, 7·10·16의 경우 里
와 姓名 사이에 爵稱이 없다. 한 사람의 관리가 抄寫한 1-15簡의 册書에
서 無爵인 士伍와 1급작 公士까지도 명시했는데, 아무런 爵稱도 표기
하지 않은 것은 그들이 士伍도 아니었기 때문일 것이다. 그 신분이 무
엇인지는 알 수 없지만, 이들의 작칭이 없기 때문에 작성자가 이들의
작위를 빈칸으로 둘 수밖에 없던 것일까?
    『睡虎地秦簡』「封診式」의 "定名事里"는 當事人의 姓名·年齡·籍貫 등의
기본 사항을 確定하는 것이다. 秦代에는 "定名事爵里"를 안건 심문할
때 확정하는 한 가지 항목이었다. 때문에 『睡虎地秦簡』「封診式」에는
"定名事里"를 조사의 기본항목으로 하고 있다. 秦代에는 단지 當事人의
姓名, 職業, 籍貫만을 물었지만, 漢代에는 "名, 爵, 縣里, 年, 姓, 官, 祿"
등의 항목을 물어야 했다.[113]
    孟凡人에 의하면 이러한 원칙에 입각해 戍卒名籍에는 "戍卒張掖郡居

---

112) 謝桂華 等, 『居延漢簡釋文合校』(北京: 文物出版社, 1987), pp.598, 626, 160, 623,
    614, 596, 629, 642, 642, 602, 621, 196, 197, 630, 626, 597, 497. 석문의 일부 오류
    는 『居延漢簡釋文合校』에 의거해 바로 잡았다.
113) 高恆, 『秦漢簡牘中法制文書輯考』(北京: 社會科學文獻出版社, 2008), p.445.

延廣都里大夫虞世年卅四"(居延漢簡甲乙編: 5071: 220.10)와 같이, 戍(田)卒,
郡國(或不書郡名), 縣, 里, 爵位(或不書), 姓名, 年齡(或不書)을 기입하고
있다고 한다.[114] 孟凡人은 여기에서 "爵位(或不書)", "年齡(或不書)"라고
하여 작위와 연령을 기입하지 않은 경우를 언급했다. 名, 縣, 爵, 里의
항목은 名藉에서 빼놓을 수 없는 것인데,[115] 孟凡人의 언급처럼 "或不
書"라고 해도 되는 것인지 모르겠다.

변경에 복역하는 卒들은 名縣爵里가 기록되어 있는 七策을 패용하
게 되어있다. 『散見簡牘合輯』 417簡에 "●卒皆佩七菲(策)署縣爵里"라고
있는데, 胡平生·徐剛은 이 條에 대해 "參戰士卒의 몸에 패용하는 名牌標
誌를 말하는데, 자신의 爵級·居住하는 縣里 등의 자료이다. '七菲'는 어
떤 물건인지 모르겠으나, 整理者의 釋文에 잘못이 있는 것 같다."고 하
였다.[116] "七菲"를 『散見簡牘合輯』에서는 "七策"으로 석문하고 있는
데,[117] 그 내용은 아마도 "七"에서 추정할 때, 戍(田)卒, 郡国, 縣, 里, 爵,
姓名, 年齡(名, 爵, 縣, 里, 年, 姓, 官祿各如律)의 7가지 항목을 가리키는
것으로 추정된다. 따라서 戍(田)卒은 늘 자신의 인식표와 같은 "七策"
을 패용하고, 이에 근거하여 縣爵里를 署名해야 한다는 내용이다. 이
에 따른다면 戍卒名簿에서 수졸의 작칭은 空欄으로 남겨둘 수는 없다.
공란으로 남겨 놓은 것은 爵稱으로 쓸 내용이 없다는 것이 된다. 물론

---

114) 謝桂華 等, 『居延漢簡釋文合校』, p.497, "(303.15, 513.17) 馬長吏即有吏卒民屯士
亡者, 具署郡, 縣, 里, 名, 姓, 年, 長, 物色, 所衣服 操, 初亡年月日人數白報與
病已·謹案居延始元二年戍田卒千五百人爲騂馬田官穿涇渠. 乃正月己酉淮陽郡";
甘肅簡牘保護研究中心 等, 『肩水金關漢簡(伍)』(上海: 中西書局 2016), p.212,
"戍卒魏郡梁期來趙里不更王□年卅五(竹簡) 73EJC：322); 孟凡人, 「羅布淖爾土
垠遺址試析」(『考古學報』 1990-2), p.172.

115) 高敏, 「秦漢的戶籍制度」(『求索』 1987-1), pp.79-80.

116) 中國簡牘集成編輯委員會編, 初師賓主編, 『中國簡牘集成(17册)--湖南省(散簡),
廣西壯族自治區, 江西省, 青海省, 陝西省卷』(蘭州: 敦煌文藝出版社, 2005),
pp.1343-1344.

117) 李均明·何雙全, 『散見簡牘合輯』(北京: 文物出版社, 1990), p.39.

문서를 기록할 때, 실수로 빠뜨리는 경우도 있을 수는 있다. 그런데 아래의 동일인의 문서에는 모두 爵稱이 없다.

1) 居延新簡: E.P.T.59: 368A (破城子探方59)

　　　　　戍卒宋里卜憙
　　　廩囗
　　　　　衣裝橐

2) 居延漢簡: 214.31 (A8破城子)

　　戍卒南陽☑

　　宋里卜憙☑　　　(乙壹伍肆版)

　　위의 宋里 卜憙라는 戍卒의 이름은 각각 『居延新簡』과 『居延漢簡』에 게재된 것인데,[118] 모두 破城子에서 출토한 것이다. 동일한 지점에서 출토된 문서가 名縣爵里까지도 동일한 것으로 보아 동일 인물의 것으로 생각된다. 두 문서 모두 爵稱이 없는 것으로 보아 無爵일 가능성이 있다. 여기에서 일반민이 士伍 이상의 작칭을 가지는 漢代에 작칭이 없는 "無爵稱者"가 존재했는데, 그것이 庶人과 관련성을 가졌다고 하는 椎名一雄의 지적은 중요하다고 생각한다. 또한 里耶秦簡, 居延漢簡 등에 오직 왕망시기의 한 사례를 제외하고 庶人 + 名이 보이지 않는 이유에 대해 생각해봐야 할 것이다. 무수히 많은 庶人 赦免이 있었음에도 庶人 + 名의 사례가 보이지 않는 이유는 庶人이 아무런 작위가 없는 것이기 때문에 空欄으로 남긴 것이 아닐까 한다. 그러한 사례는 아래의 "趙良蘭越塞狀辭"에도 보인다.

　　甲渠守候長 昌林의 탄핵 문서(劾狀)
　　建武 六年 四月 己巳朔 戊子(20일), 甲渠守候長 昌林이 감히 말씀드립니

---

118) 『居延新簡』, p.383; 『居延漢簡釋文合校』, p.337.

다. 삼가 탄핵문서 1編을 이송하여 감히 말씀드립니다. 建武 六年 四月 己
巳朔 己丑(21일), 甲渠候長 昌林은 (趙)良을 劾하고, 인솔해 居延獄에 도달해
律令에 입각해 처리했습니다. 四月 己丑, 甲渠守候는 居延으로 이동해 율령
에 입각해 문서를 베껴 이송했습니다.

●탄핵문서(狀辭)는 모두 이렇게 말하고 있습니다. 名, 爵, 縣, 里, 年,
姓, 官祿을 각각 律과 같이 하라. 모두 □跡候, 盜賊의 寇虜에 대비하는 것
을 職으로 하고 있습니다. 지난 丁亥(19)일 新占民 居延 臨仁里의 趙良이 함
부로 越塞하였습니다. (趙)良을 驗問한 供辭입니다. "이번 달 18일 먹을 것
이 없어서 居延 博望亭部에 가서 胡于(물품)를 채집했습니다. 그날 저녁
해가 떨어진 후에 邑中으로 돌아오려고 하였으나, 夜行에 河에서 길을 잃
어, 河에서 甲渠를 무단으로 넘어 燧北塞의 天田으로 들어가서 나오게 되
었습니다. 살피건대 (趙)良은 함부로 塞의 天田을 넘어 出入했는데, 이를
알고서 탄핵했습니다. 탄핵할 長吏가 없어 劾者로 하여금 이 문서를 갖추
게 되었습니다. 建武 六年 四月 己巳朔 己丑 令□☒, 1編을 갖추어 감히 말
합니다."

●탄핵문서(狀辭)는 모두 이렇게 말하고 있습니다. "公乘 居延 宿中里☒
令史는 主領吏로써 침입자에 대비하고☒, 燧長 杜詡는 借當休第卅一隧☒,
지난 四月 戊子에 新占民 居延 臨仁里□☒ 食, 居延 博望亭部에 가서 胡于를
채집했습니다. 그 □☒(邑中으로 돌아오려고 하였으나) 夜行에 길을 잃고
강을 건너☒ 나왔습니다. 살피건대 (趙)良은☒ 사사로이 근무지를 벗어나
邑中의 舍로 갔습니다. 그로 인해 □☒ 四兩이고, 이 사실을 알고 탄핵하려
했으나 長吏가 없어 (저로 하여금) 탄핵하게☒ 律令으로 입각해 처리했습
니다."

甲渠守候長昌林劾狀

建武六年四月己巳朔戊子, 甲渠守候長昌林敢言之, 謹移劾狀一編敢言之. 建
武六年四月己巳朔己丑, 甲渠候長昌林劾, 將良詣居延獄, 以律令從事. 四月己丑,

甲渠守候移居延寫移如律令.

●狀辭皆曰: 名, 爵, 縣, 里, 年, 姓, 官祿各如律. 皆□跡候, 備盜賊寇虜爲職.
迺丁亥新占民居延臨仁里趙良蘭越塞. 驗問良辭曰: "今月十八日毋所食, 之居延
博望亭部采胡于, 其莫日入後, 欲還歸邑中, 夜行迷河河, 蘭越甲渠却適燧北塞天
田出. 案良蘭越塞天田出入以此知而劾, 無長吏使劾者. 狀具此. 建武六年四月己
巳朔己丑令□☑, 一編敢言之."

四月己丑, 甲渠守候移居延☑

●狀辭曰, 公乘居延宿中里☑ 令史以主領吏備寇☑, 燧長杜詡借當休第卅一
燧☑, 迺四月戊子新占民居延臨仁里□☑ 食, 之居延博望亭部采胡于, 其□☑ 中
夜行迷渡河☑出. 案良☑ 私去署之邑中舍因詣□☑ 四兩, 以此知而劾無長吏, 使
劾☑ 以律令從事.[119]

위의 재판문서에는 建武 六年 四月 己巳朔 己丑日에 甲渠守候長 昌林
이 蘭越塞(함부로 塞를 넘음)의 죄목으로 新占民 居延 臨仁里에 거주하
는 趙良을 居延獄으로 이송하고 탄핵한 내용이 보인다. 居延 宿中里에
거주하는 公乘 ☑(인명 불상)는 이 사안에서 어떠한 역할을 했는지 알
수는 없지만, 다만 趙良과 爵稱이 대비되고 있는 점이 주목된다. 趙良
은 "新占民"으로 새로이 當地에서 籍에 등록한 자이다.[120] "狀辭皆曰:名,
爵, 縣, 里, 年, 姓, 官祿各如律."이라고 하여 7개 사항을 정확히 표기하
였는데, 만약에 趙良이 士伍였다면 다른 사례처럼 士伍로 기록했을 것
이지만, 趙良의 경우는 아무런 작칭도 남기지 않았다. 필자는 그것이
庶人이라고 주장하고 싶지만 그렇게 볼 수 있는 증거가 부재한 상태
이다. 그러나 그렇더라도 爵稱을 쓰지 않고 비워둔 것은 士伍와 구분

119) 『居延新簡』, pp.457-459, E.P.T68:29-53; 王旺祥, 『西北出土漢簡中漢代津令佚文
分類整理研究』(西北師範大學博士學位論文, 2009), pp.71-72.
120) 于振波, 「從糴粟記錄看漢代對西北邊塞的經營」, http://www.bsm.org.cn/show_articl
e.php?id=294

할 필요가 있었기 때문이라고 생각한다. 아래의 것은 『肩水金關漢簡 (壹)』에서 발췌한 無爵 士伍에서 8급 公乘까지의 작위를 가지고 있는 수졸명부이다.

戌卒梁國睢陽華里士五袁豹年廿四 (73EJT5:14)

田卒平干國南和□里公士李未年卅二 (73EJT2:14)

戌卒梁國甾亭陵上造陳充年廿四 ☑ (73EJT9:39)

田卒平干國張楡里簪裹呂儋年卌二 (73EJT1:5)

戌卒梁國睢陽曲陽里不更李終人年廿四☑ (73EJT2:43)

☑魏郡平恩侯國平曲里大夫石賜年廿五☑ (73EJT2:77)

田卒東郡東阿增野里官大夫驕明年 ☑ (73EJT5:19)

長安新里公大夫張駿年卅五長七尺三寸黑色　　五月壬子出 (73EJT9:98)

卒南陽杜衍利陽里公乘陳副年卅五長七尺二寸　　出 (73EJT3:49)[121]

위의 자료를 보면 里와 名 사이에 1급부터 8급까지의 작칭이 보이 는데, 심지어 無爵인 士伍까지도 표시되어 있다. 또한 아래의 『肩水金 關漢簡(伍)』의 자료들은 郡·縣·里·爵·名·年·皮膚·長을 표기하도록 한 소위 七策에 입각한 名籍인데, 연령(年)과 신장(長)까지도 기록되어 있 다. 그런데 이상하게도 작위만이 생략되어 있는데, 개인 명부에서 작 위가 없다는 것은 기록할만한 爵稱이 없었기 때문으로 생각된다.

☑□陽東鄕東樂里郭敞年五十長☑　　　　　　73EJD : 173

☑□倉里于盖衆年五十長☑　　　　　　　　　　73EJD : 174

田卒東郡畔昌里孟惡年卅一長七尺☑　　　　　73EJD : 191

安定郡安武宜陽里司馬明年卅七黑色長七尺二寸出入丿　72EJC : 19

---

121) 甘肅簡牘保護研究中心 等, 『肩水金關漢簡(壹)』(上海: 中西書局 2011), pp.105, 41, 201, 3, 47, 53, 106, 209, 66.

필자는 무작의 庶人이 작칭을 사용하지 않았을 가능성을 확인하기
위하여 肩水金關漢簡에 庶人으로 사면된 자들의 사례에서 신분을 庶人
이라고 칭했는지 여부를 확인해보았다. 만약에 免爲庶人된 자가 庶人
이라고 칭하지 않았다면 위의 필자의 추정은 옳다고 봐야 한다.

1) 永光 四年 六月 己酉朔 癸丑, 倉嗇夫 勃이 감히 말합니다. 徒故穎川郡
   陽翟 宜昌里의 陳犬은 永光 三年 十二月中에 다른 사람에게 부상을 입
   혀 鬼新(薪)으로 처벌되었습니다. 二月 乙丑日에 赦令으로 免罪되어
   復作이 되었습니다. 詔書로써 贖免하여 庶人이 되어 故縣으로 돌아갑
   니다. 謁(名謁: 신분표지물)을 過所와 河津關으로 이첩하니 가혹하게
   잡아두지 말고, 縣의 차례대로 식량을 계속 지급합니다.(永光四年六月
   己酉朔癸丑, 倉嗇夫勃敢言之. 徒故穎川郡陽翟宜昌里陳犬永光三年十二月
   中坐傷人論鬼新, 會二月乙丑赦令免罪復作. 以詔書贖免爲庶人歸故縣. 謁
   移過所河津關毋苛留止縣次贖食 73EJT37:526)[122]

2) 神爵 三年 六月 己巳朔 乙亥日, 司空佐 安世가 감히 말합니다. 復作 大
   男 呂異人은 故魏郡 繁陽 明里에 사는 사람입니다. 지난 神爵 元年 十
   一月 庚午日에 다른 사람에게 부상을 입혀 처벌되었습니다. 二年 二
   月 甲辰日에 赦令으로 縣官에서 復作으로 1년 3개월 29일 동안 복역
   했습니다. ·三月 辛未日, 神爵 三年 四月 丁亥까지 이미 합계 1년 1개
   월 18일을 罰作했고, 2개월 11일을 채우지 못했습니다. 二月 十一日
   에 詔書로써 돈을 납입하면 贖罪하게 하여 免爲庶人하게 했습니다.
   삼가 偃檢(통행증)을 만들어 居延에 봉하여 넣고, 謁을 過所로 이첩
   합니다.(神爵三年六月己巳朔乙亥司空佐安世敢言之復作大男呂異人故魏
   郡繁陽明里延神爵元年=十一月庚午坐傷人論會二年二月甲辰赦令復作縣

---

122) 甘肅簡牘保護研究中心 等, 『肩水金關漢簡(肆)』(上海: 中西書局 2015), p.86.

官一歲三月廿九日·三月辛未罰作盡神爵三年四月丁亥凡已作一歲一月十
八日未備二月十一日以詔書入錢贖罪免爲庶人謹爲偃檢封入居延謁移過所
73EJH1:3A)[123]

3) 五鳳 三年 十二月 癸卯朔 庚申日, 守令史 安世가 감히 말합니다. 復作인
大男 彭千秋는 陳留 高里 사람으로, 사람을 부상시킨 것으로 처벌되
었습니다. 神爵 四年 三月 丙辰日에 赦令으로 縣官에서 復作으로 1년
10개월 10일 동안 노역일을 채워 免爲庶人으로 되었습니다. 行程은
스스로 도착하도록 되어 있습니다. 陳留의 過所와 縣·道의 河津과 函
谷關으로 이첩하니 律令과 같이 가혹하게 잡아두지 않도록 할 것을
감히 말합니다. 十二月 庚申 居延令 弘과 守丞 安世가 過所와 縣·道의
河津과 函谷關으로 이첩하니 율령과 같이 가혹하게 잡아두지 않도록
합니다. 掾 守令史 安世 (五鳳三年十二月癸卯朔庚申守令史安世敢言之
復作大男彭千秋陳留高里坐傷人論會神爵四年三月丙辰赦令復作縣官一歲
十月十日作日備免爲庶人道自致移陳留過所縣道河津函谷關毋苛留止如律
令敢言之　十二月庚申居延令弘守丞安世移過所縣道河津函谷關毋苛留止
如律令　掾 守令史安世　B面"章曰居令延印"73EJT34:6A)[124]

4) 神爵 四年 五月 甲子朔 壬申日, 縣泉置 嗇夫 弘이 감히 말합니다. 廷司
寇 大男 馮奉世는 故魏郡 内黃 共里 사람으로, 二月 丙辰日에 赦令으
로 免爲庶人□□□□□ (149) 神爵 四年 五月 甲子朔 辛巳日, 縣泉置
嗇夫 弘이 冥安 司空 大男 馬(馮)(198)奉世는 故魏郡 内黃 共里 사람입
니다. 二月 丙辰에 赦令으로 免爲庶人되어 마땅히(185) 故郡縣의 통행
증을 받아 보내는 것을 律令과 같이 합니다.(195)(神爵四年五月甲子朔
壬申縣泉置嗇夫弘敢言之廷司寇大男馮奉世故魏郡内黃共里會二月丙辰赦

---

123) 같은 책, p.248.
124) 같은 책, p.19.

令免爲庶人□□□□□149　神爵四年五月甲子朔辛巳縣泉置嗇夫弘移冥
安司空大男馬198　奉世故魏郡内黃共里会二月丙辰赦令免爲庶人當185　受
故郡縣爲傳遣如律令195)[125)]

5) 河平 四年 二月 甲申朔 丙午日, 倉嗇夫 望이 감히 말합니다. 故魏郡 原
城 陽宜里의 王禁이 스스로 말하기를, 二年에 居延에 소속되어 戍邊
하다가 犯法하여 처벌되었습니다. 正月 甲子日에 赦令을 받아 免爲庶
人되었습니다. 故縣으로 돌아갈 것을 희망합니다. 삼가 律을 살피니,
형도가 복역을 마치면 식량이 없다고 되어 있습니다. 삼가 故官에서
는 封偃檢을 만들어 縣의 차례대로 음식을 공급하는 것이 법에서 마
땅히 해야 할 바입니다. 謁을 過所津關으로 이첩하니 가혹하게 잡아
두지 않도록 합니다. 原城에서는 賦稅를 수취하고 요역을 징발하도
록 할 것을 감히 말합니다. 二月 丙午일 居(延)令 博은 율령에 따라
過所로 이첩한다. 掾宣嗇夫望, 佐忠 (河平四年二月甲申朔丙午倉嗇夫望
敢言之故魏郡原城陽宜里王禁自言二年戍屬居延犯法論. 會正月甲子赦令
免爲庶人. 願歸故縣. 謹案律曰徒事已毋糧. 謹故官爲封偃檢縣次續食給法
所當得謁移過所津關毋苟留止原城收事敢言之. 二月丙午居令博移過所如
律令　掾宣嗇夫望佐忠 73EJT3:55)[126)]

1)은 徒인 穎川郡 陽翟 宜昌里 陳犬이 永光 三年 十二月에 傷人의 죄목
으로 坐되어 鬼新으로 처벌되었다가, 그해 二月 乙丑日의 赦令으로 免
罪되어 復作으로 되었다. 그리고 詔書에 의해 庶人으로 贖免되어 故縣
으로 간다는 것이다. 陳犬의 신분인 徒는 徒復作의 생략으로 생각된다.

2)의 復作大男 呂異人은 魏郡 繁陽縣 明里 사람이다. 神爵 元年 十一

---

125) 張俊民, 『簡牘學論稿――聚沙篇書名:簡牘學論稿――聚沙篇』(蘭州: 甘肅教育出
版社, 2014), pp.177-178.
126) 『肩水金關漢簡(壹)』, p.67.

月 庚午日에 傷人의 죄목으로 坐되어 論되었다가, 二年 二月 甲辰日에 赦令으로 縣官에 1년 3개월 29일을 復作하게 되었다. (二年) 三月 辛未에 罰作을 시작하였다. 神爵 三年 四月 丁亥까지 총 1년 1개월 18일을 이미 노역했고, 2개월 11일을 채우지 못한 상태였다. 詔書로 入錢贖罪하여 免爲庶人하게 하였다. 여기에서 呂異人의 신분은 復作大男으로 표시되어 있다.

3) 復作大男 彭千秋는 陳留 高里 사람인데, 傷人에 坐되어 처벌받았다. 神爵 四年 三月 丙辰日의 赦令에 의해 縣官에서 復作으로 1년 10개월 10일을 노역하도록 했고, 복역날짜를 모두 채워 免爲庶人하였다. 彭千秋의 신분도 역시 復作大男이다.

4) 司寇大男 馮奉世는 魏郡 内黃縣 共里 출신으로서 神爵 四年 二月 丙辰日의 赦令을 받아 免爲庶人되었다. 그럼에도 神爵 四年 五月 甲子朔 壬申日에 내려진 문서는 당시의 신분을 사용하여 "司寇大男"으로 표기하고 있다. 司寇는 復作의 과정을 경유하지 않고 곧바로 免爲庶人되는 것이다.

5)의 魏郡 原城 陽宜里 사람인 王禁의 신분은 표시되어 있지 않다. 표기되어 있지 않기 때문에 이것이 "庶人"일 가능성이 있을지 모르지만, 4)와 비교할 때 조건이 동일하다. 王禁은 戍卒로서 居延에 속해 있다가 犯法으로 論罪되었다가 (二年) 正月 甲子赦令으로 免爲庶人되었다. 王禁이 復作을 거치지 않고 곧바로 免爲庶人되는 것으로 봐서 현재 신분은 司寇였을 것으로 추정된다. 그럼에도 이를 기록하지 않은 것은 생략이었다고 생각된다.

이상의 방식에 의해 많은 죄수들이 庶人의 신분을 획득했을 것이다. 여기에서 얻을 수 있는 결론은 죄수들이 庶人으로 사면되었을 때 復作을 하지 않을 경우는 司寇의 신분이고, 그 이상의 중죄로서 처벌받은 자들이 사면되었을 때는 復作으로 표기되었다는 것이다. 그리고 復作은 재차 "以詔書贖免爲庶人", "入錢贖罪免爲庶人", "作日備免爲庶人",

"赦令免爲庶人"의 여러 가지 방식에 의해 庶人으로 신분이 바뀌게 된다. 따라서 이상과 같은 免爲庶人의 문서에는 사면 시점에서의 신분 + 성명으로 표기된다는 결론을 얻을 수 있었다. 따라서 위의 사례들은 庶人 + 姓名의 사례는 아니라고 할 수 있다.

張忠煒가 복원한 居延漢簡의 "捕斬匈奴反羌購償科別"을 보면 官奴婢에서 庶人으로 해방되었던 자들의 기록이 존재한다.

> (1) 月 甲午朔 己未日, 行河西大將軍事涼州牧守張掖属国都尉 (竇)融은 部에 告하여 ☑(金?)城·武威·張掖·酒泉·敦煌의 大守, 張掖·酒泉의 農都尉에게 從事하게 하였다. 武威大守가 말하기를, 官大奴 許岑 (825A) [月甲午朔己未, 行河西大將軍事涼州牧守張掖属国都尉融, 使告部從事☑城·武威·張掖·酒泉·敦煌大守, 張掖·酒泉農都尉. 武威大守言官大奴許岑 (825A)☑]
>
> ☑祭酒□從事主事術令史霸 (825B)
> [☑祭酒□從事主事術令史霸 (825B)]
>
> (2) 등 3인은 羌族 포로를 잡아서 각각 2級씩 斬首하였다. 당연히 免하여 庶人으로 되어야 하는데, (근거한) 書가 있다. 현재 舊制 律令에 근거해, 匈奴를 捕斬하고 反羌을 포로로 잡은 것에 대해 각각 牒과 같이 購賞하였다. 이전에 諸郡은 西州書에 근거해 劉玄·王便 등을 면하여 民으로 삼았는데, 모두 행해서는 안되는 것이었다. 이 문서가 도착하면 (購賞)科別에 근거하여 從事하도록 하라. 玄·便 등과 같은 官奴婢를 西州(221) [等三人捕羌虜斬首各二級, 當免爲庶人, 有書. 今以舊制律令, 爲捕斬匈奴虜反羌購賞各如牒. 前諸郡以西州書免劉玄及王便等爲民, 皆不當行. 書到以科別從事. 官奴婢以西州(221)]
>
> (3) 書에 의해, 또는 郡農에서 反羌을 捕斬한 것으로 免한 것은 法令에

맞지 않는다. 모두 玄·便 등과 그 妻子를 그 本官으로 환수하도록 한다. 이미 (다른 관부로) 보냈다면, 보낸 곳의 官名, 年籍을 말하도록 하고, 빠뜨리는 바가 없도록 하며, 기한은 5월 초하루까지이다. 律令과 같이 시행하고 督察하도록 하라.(691) [書若郡農如玄·便等捕斬反羌免者, 不應法令, 皆收還玄, 便等及其妻子其本官. 已畀, 言所畀官名, 年籍, 毋有所遺脫, 會五月朔. 從事督察如律令.(691)]

(4) · 匈奴를 捕斬하고 反羌을 虜한 購償科別(222) [·捕斬匈奴虜反羌購償科別(222)]

(5) ·酋豪·王侯·君長·將率 1인을 生捕한 ☑ 吏는 2등급을 增秩하고, 隨從한 奴에게 購를 주는 것은 比와 같이 한다(223) [·其生捕得酋豪, 王侯, 君長, 將率者一人 ☑吏增秩二等, 從奴與購如比(223)]

(6) 匈奴將率者로서 100人 以上을 지휘하는 1인을 참하는 자는 購錢이 10萬이며, 吏는 2등급을 增秩하고, 원치 않으면☑(224) [其斬匈奴將率者, 將百人以上一人購錢十萬, 吏增秩二等; 不欲爲☑(224)

(7) 匈奴閒候 1인을 生捕하면, 吏는 2등급을 增秩하고, 民은 購錢을 10☑ ☑人命者는 그 罪를 면제하고(225) [有能生捕得匈奴閒候一人, 吏增秩二等;民與購錢十☑☑人命者, 除其罪(225)]

(8) 능히 眾兵과 함께 추격하여 먼저 陣에 올라 무너뜨리고 斬首 1급하면 比와 같이 購錢 5萬을 지급한다.(226) [能與眾兵俱追, 先登陷陣斬首一級, 購錢五萬如比(226)]

(9) ☑吏에게 알려서 吏가 그 말에 의해 체포하면 半을 購賞으로 지급

한다.(227) [☒有能謁言吏, 吏以其言捕得之, 半與購賞(227)]

(10) ☒추격하여 격투에 공이 있으면 畜을 몰던 사람에게 2/3를 주고, 1/3을 축생의 주인에게 준다.(228) [☒追逐格鬥有功, 還畜參分, 以其一還歸本主(228)]

(11) ☒ … …能持□奴에게는 半功을 준다.(229) [☒ … …能持□奴與半功(229)]

(12) 모든 유공자는, 대조할 때 모두 信驗이 있어야 購賞을 행한다.(230) [諸有功, 校皆有信驗, 乃行購賞(230)]

(13) •오른 쪽 捕匈奴虜購科 賞(231) [•右捕匈奴虜購科 賞(231)]

(14) (賞)錢은 3萬이며, 吏는 2등급을 增秩한다. 관리가 되기를 원하지 않는 자는 購를 比와 같이 준다.(232) [錢三萬, 吏增秩二等;不欲爲官者, 與購如比(232)]

(15) •능히 反羌이 徼外에서 들어와 中國兵의 動靜을 살피거나, 寇盜하거나, 人民을 죽이고 약탈한 자를 생포하면, 吏는 2등을 增秩한다. 民에게는 購錢 5萬을 지급하고, 수종한 노예와 기타의 것은 比와 같이 購를 지급한다.(233) [•有能生捕得反羌從徼外來爲間候動靜中國兵, 欲寇盜, 殺略人民, 吏增秩二等; 民與購錢五萬, 從奴它與購如比(233)]

(16) ☒吏에게 알려서 吏가 그 말에 의해 체포하면 購錢은 5萬이다. 무리와 함께 추격하여 먼저 登하면□☒(234) [☒言吏, 吏以其言捕得之, 購錢五萬;與眾俱追, 先登□☒(234)]

(17) • 모든 유공자는, 대조할 때 모두 信驗이 있어야 購賞을 행할 수
　　　있다(692) [• 諸有功, 校皆有信驗, 乃行購賞(692)]

(18) • 오른 쪽 捕反羌科賞(235) [• 右捕反羌科賞(235)][127]

　　(1)-(4)는 羌虜를 捕斬하여 功勞를 수립한 관노비를 사면하여 庶人으
로 삼는 규정에 입각해 서인으로 사면했다가 관련 규정에 문제가 있
어 사면을 취소한 내용이 기록되어 있다. 武威太守가 河西大將軍 竇融
에게 官大奴 許岑 등 3인이 "捕羌虜斬首各二級"한 공로에 따라 "免爲庶
人"해야 한다고 보고하자, 竇融은 "西州書"의 舊規定을 폐지하고 새로
이 "購償科別"의 법규를 제정하여 敦煌 등 河西五郡 및 張掖·酒泉 등의
農都尉에 발송하였다. 제 (2)간에 보이는 "劉玄", "王便" 2인은 과거 官奴
婢였던 자들로서, 羌虜를 捕斬하여 功勞를 수립하였기 때문에 "西州書"
의 규정에 따라서 免爲庶人되었던 것이다. 그러나 이러한 "西州書"의
규정은 법령에 어긋나는 것이 되었기 때문에, 諸郡 官府에 새로이 반
행된 "捕斬匈奴虜反羌購賞"의 규정에 의거할 것을 요구하고, 과거 "西州
書" 규정에 의거해 立功한 官奴婢의 庶人 赦免을 새로운 규정에 입각해
바로 잡으라는 것이다. 새로 頒行된 新法令 규정에 의해, 王便·劉玄 및
그 처자와 자녀 등을 재차 本官으로 收孥하여 官奴婢로 삼았다. 동시
에 재차 收孥된 官奴婢가 소속된 官名, 年籍의 자료를 요구하였고, 五月
朔까지 빠짐없이 보고하도록 하고, 그 집행상황을 督察할 것을 요구
하였다.[128]
　　이 居延漢簡의 기록은 비록 "捕羌虜斬首"한 관노비를 庶人으로 사면
하였다가 취소하기는 했지만, 취소하지 않았다면 王便·劉玄은 庶人의

---

127) 『居延新簡』, pp.492, 521, 529.
128) 張忠煒, 「《居延新簡》所見"購償科別"冊書複原及相關問題之研究–––以《額濟納
　　　漢簡》"購賞科條"爲切入點」(『文史哲』2007-6), pp.55-56.

신분으로서 살아갔을 것이다. 그렇다면 赦免을 받아 현재 庶人으로 되어있는 王便·劉玄의 신분은 어떻게 표기되고 있을까? "官大奴許岑"의 경우에는 분명히 "官大奴"로 신분을 표현했지만, 서인으로 된 劉玄·王便의 이름에는 아무런 표기도 없는 것이 대조를 이룬다. 이전에 잘못된 규정에 의해 입각한 행정 처리이기는 하지만, 어쨌든 劉玄·王便은 民의 신분으로 되었다. 그들의 현재 신분이 庶人임에도 그들의 이름에는 "庶人"이라고 표현하지 않았다. 이것은 庶人의 경우 아무런 표기도 하지 않는 증거라고 할 수 있다. 출토문헌에 庶人이 된 사례 가운데 人名이 표기된 경우는 劉玄·王便의 사례밖에 없는 것이 아쉽지만, 앞으로의 새로운 자료의 출토를 기대한다.

居延漢簡 등에 보이는 罪囚는 사면령을 받아 復作이 되고, 재차 赦令에 의해 庶人으로 된다. 이들이야말로 "免爲庶人名籍"에 등록되는 자들일 것이다. 이렇게 赦免에 의해 배출된 庶人들은 출토 문헌에 많이 보여야 할 것이다. 그럼에도 많은 사례가 보이지 않은 이유는 다음과 같은 몇 가지 추정으로 정리할 수 있다.

첫 번째는 尙德街詔書에 의해 부모와 동거한 庶人이 士伍로 자동 전환되는 것에 의해 庶人의 숫자가 적어진 때문일 가능성이다. 모든 庶人이 士伍로 전환되는 것은 아니기 때문에 敦煌漢簡에 보이는 庶人(男庶人吉)도 있다고 생각한다. 두 번째는 居延漢簡 및 肩水金關漢簡 등에 爵稱을 기록하지 않은 많은 戍卒들이 庶人이었을 가능성이다. 庶人에게 爵稱을 기록하지 않는 것은 당시의 관행일 가능성이 있다. 陳公柔·徐苹芳이 제시한 田卒簡은 동일인이 抄寫한 冊書이다. 이 冊書에는 無爵의 士伍와 1급의 公士까지도 명시했으나, 爵稱이 비어 있는 田卒도 존재했다. 이는 기록해야 할 작칭이 없었기 때문으로 추정된다. 변경에 복역하는 卒들은 七策을 패용하여 名縣爵里의 신분을 확인할 수 있으므로 작칭을 몰라서 기록하지 않은 것으로는 생각되지 않는다. 또한 居延漢簡의 "捕羌虜斬首"의 공로로 관노비에서 庶人으로 사면되었

던 王便·劉玄의 신분도 역시 아무런 기록이 없다. 이것은 동일 문서내
에 "官大奴許岑"이라고 하여 "官大奴"로 신분을 표시한 것과 명확한 대
조를 이룬다. 필자는 이상의 漢代 출토자료에 근거하여 名縣爵里를 표
시할 때 "庶人"은 아무런 爵稱도 기록하지 않았다고 추정하는 것이다.

그렇다면 왜 庶人에게는 爵稱을 붙이지 않는 것일까? 漢代의 자료
에 "爵土를 빼앗고 庶人으로 면한다."는 것은 爵과 庶人이 서로 대척점
에 있다는 것이다.[129] 庶人은 爵을 빼앗겨 아무런 爵稱도 남아 있지
않은 것이다. 즉, 爵을 빼앗겼다는 것은 庶人에게 쓸 "爵稱"이 없는 것
이고, 그 때문에 秦漢의 문서에서는 庶人앞에 아무런 작칭도 기입하지
않는 것이다.

VI. 결론

庶人의 개념을 논의할 때, 西周시대의 기존 서인 개념에 상앙변법
시기 만들어진 專稱개념이 추가되었다는 사실을 반드시 고려해야 한
다. 『睡虎地秦簡』과 『二年律令』의 庶人 사례를 확인한 결과, 秦漢율령에
보이는 庶人은 예외 없이 罪囚·奴婢가 해방된 것에서 유래하였다. 이
뿐만이 아니라, 居延漢簡 등 서북변경 출토의 출토자료에서도 庶人은
罪囚·奴婢가 사면된 것이었다.

다음으로 庶人의 자유인적 성격과 관련하여 필자는 庶人이 자유인
의 신분임을 부정하지 않는다. 다만 그들은 罪囚·奴婢 출신임을 반영
하여, 士伍 以上의 신분과 다른 차별을 규정하고 있다. 免老의 연령은

---

129) 『漢書』卷86 「王嘉傳」, p.3501, "議郎龔等以爲「嘉言事前後相違, 無所執守, 不任
宰相之職, 宜奪爵土, 免爲庶人.」";『後漢書』卷44 「胡廣列傳」, p.1509, "(桓帝)延
熹二年, 大將軍梁冀誅, 廣與司徒韓縯, 司空孫朗坐不衛宮, 皆減死一等, 奪爵土,
免爲庶人."

66세로 다른 신분과 동일하지만, 睆老·受仗·稟米의 혜택에서 배제되어 있다. 그리고 庶人은 "縣에서 小佐 가운데 無秩者를 임용할 때에는 不更 以下로부터 士伍까지의 史에서 골라 임용하며 佐로 삼는다."는 규정에 의해 縣의 小佐에 임명될 수 없다. 이러한 차별은 비록 庶人이 자유인이고 成戶를 허락받은 편호민이지만 그 출신 때문에 士伍 이상과 다른 차별대우를 받았음을 말해준다.

傅律 364·365簡에 庶人子가 보이지 않는 이유에 대해서 특별히 庶人子만을 배제할 특별한 이유를 발견하기 어려웠다. 동일하게 奴에서 해방된 庶人과 隱官 가운데 隱官子만 士伍로 삼는 것은 분명한 모순이기 때문에 傅律 364·365簡에 庶人子가 없는 것은 抄寫과정의 오류라고 생각된다. 呂利는 "'庶人子'가 일종의 典型的 사회관계가 아니어서, 法律에 명확하게 규정할 필요가 없을 가능성"을 언급했으나, 庶人名籍 등의 존재로 볼 때 庶人이 없다고 할 수는 없다. 다만 尙德街詔書에서 보듯이 庶人이 士伍로 되는 길이 열려있기 때문에 庶人子가 많지 않을 가능성도 있다. 그러나 실제의 출토자료에는 庶人들이 존재한 증거가 꽤나 많이 존재했다. 현실적으로 庶人이 존재하지 않았다면 이렇게 많은 庶人 관련 규정 및 재판 사례가 나오기 어려웠을 것이다. 만약에 庶人이 실재하지 않는다고 한다면, 『史記』『漢書』등의 수많은 "免爲庶人"의 기록을 해석할 방법이 없다.

官奴婢 10여 만을 해방해 庶人으로 삼고 關東戍卒을 대신하게 한다는 내용 등을 보면 秦漢軍隊에 庶人이 있었음은 확실하다. 그렇다면 변경문서인 居延漢簡, 敦煌漢簡, 肩水金關漢簡 등에 庶人 + 人名의 사례가 보여야 한다. 그러나 里耶秦簡[壹]·[貳], 居延漢簡, 肩水金關漢簡에도 역시 庶人의 이름을 가진 자가 확인되지 않고, 다만 敦煌漢簡에만 한 차례 확인되는데 戍卒은 아니었다. 이렇게 庶人의 이름이 보이지 않는 것은 나름대로 이유가 있었다고 생각한다. 戍卒名籍에 爵稱을 기록하지 않은 경우의 일부가 庶人일 가능성이 있다고 생각한다. 그러한 증거로는 居延漢簡의 "捕斬匈奴反羌購償科別"의 官奴婢에서 庶人으로 해방되었던 "劉玄", "王便"을 들 수 있다. 새로 頒行된 新法令 규정에 의해, 王便·劉玄 및 그 처자 자녀 등을 재차 本官으로 收孥하여 官奴婢로 삼았다. 동시에 재차 收孥된 官奴婢가 소속된 官名, 年籍의 자료를 요구하였고, 五月朔까지 빠짐없이 보고하도록 하고, 그 집행상황을 督察할 것을 요구하였다. "許岑"의 경우에는 분명히 "官大奴"로 신분을 표현했지만, 劉玄·王便의 이름에는 아무런 표기도 없는 것이 대조를 이룬다. 현재 신분이 庶人임에도 그들의 이름에는 "庶人"이라고 표현하지 않았다. 이것은 庶人의 경우 아무런 표기도 하지 않는 증거라고 할 수 있다. 출토문헌에 庶人으로 해방된 사례 가운데 人名이 표기된 경우는 劉玄·王便의 사례밖에 없는 것이 아쉽지만, 서북한간 등에 爵稱이 없는 수많은 戍卒·田卒 가운데 일부는 庶人 신분이었을 가능성을 시사한다. 庶人에게 작칭을 붙이지 않는 이유는 "爵土를 빼앗고 庶人으로 면한다."는 것은 庶人에게는 기술할 爵稱이 없다는 것이다.

〈附錄〉

1. 百姓有母及同牲(生)爲隷妾, 非適(謫)罪殴(也)而欲爲冗邊五歲, 毋賞(償)興日, 以免一人爲庶人, 許之. ●或贖耇(遷), 欲入錢者, 日八錢. 司空[130]

2. 欲歸爵二級以免親父母爲隷臣妾者一人, 及隷臣斬首爲公士, 謁歸公士而免故妻隷妾一人者, 許之, 免以爲庶人. 工隷臣斬首及人爲斬首以免者, 皆令爲工. 其不完者, 以爲隱官工. 軍爵[131]

3. 「將司人而亡, 能自捕及親所智(知)爲捕, 除毋(無)罪; 已刑者處隱官.」●可(何)罪得「處隱官」? ●群盜赦爲庶人, 將盜戒(械)囚刑罪以上, 亡, 以故罪論, 斬左止爲城旦, 後自捕所亡, 是謂「處隱官」.●它罪比群盜者皆如此.[132]

4. 庶人以上, 司寇, 隷臣妾無城旦舂, 鬼薪白粲罪以上, 而吏故爲不直及失刑之, 皆以爲隱官; 女子庶人, 毋筭事其身, 令自尚.(124)[133]

5. 群盜, 命者及有罪當命未命, 能捕群盜, 命者若斬之一人, 免以爲庶人. 所捕過此數者, 贖如律.(153)[134]

6. 奴婢爲善而主欲免者, 許之, 奴命曰私屬, 婢爲庶人, 皆復使, 及筭事之如奴婢. 主死若有罪,(162)以私屬爲庶人, 刑者以爲隱官. 所免不善, 身免者得復入奴婢之. 其亡, 有它罪, 以奴婢律論之.(163)[135]

7. 捕盜鑄錢及佐者死罪一人, 予爵一級. 其欲以免除罪人者, 許之. 捕一人, 免除死罪一人, 若城旦舂, 鬼薪白粲二人, 隷臣妾, 收人, (204)司空三人以爲庶人. 其當刑未報者, 勿刑, 有復告者一人, 身毋有所與. 詗

---

130) 『睡虎地秦墓竹簡』, p.91.
131) 같은 책, p.93.
132) 같은 책, p.205.
133) 『二年律令與奏讞書』, p.141.
134) 같은 책, p.152.
135) 같은 책, p.155.

告吏, 吏捕得之, 賞如律.(205)[136]

8. 死毋後而有奴婢者, 免奴婢以爲庶人, 以庶人律予之其主田宅及餘財. 奴婢多, 代戶者毋過一人, 先用勞久, 有(382)夫(?)子若主所信使者.(383)[137]

9. □□□□長(?)次子, 畀之其財, 與中分其共爲也及息. 婢御其主而有子, 主死, 免其婢爲庶人.(385)[138]

10. 有贖買其親者, 以爲庶人, 勿得奴婢.(436)[139]

11. 奴與庶人奸, 有子, 子爲庶人.(189)[140]

12. 鬼薪白粲毆庶人以上, 黥以爲城旦舂. 城旦舂也, 黥之.(29)[141]

13. 奴婢毆庶人以上, 黥顙, 畀主.(30)[142]

14. 有罪當耐, 其法不名耐者, 庶人以上耐爲司寇, 司寇耐爲隷臣妾. 隷臣妾及收人有耐罪, 繫城旦舂六歲. 繫日未備而復有耐罪, 完(90)爲城旦舂. 城旦舂有罪耐以上, 黥之. 其有贖罪以下, 及老小不當刑, 刑盡者, 皆笞百. 城旦刑盡而盜臧百一十錢以上, 若賊傷人及殺人, 而先(91)自告也, 皆棄市.(92)[143]

15. 關內侯九十五頃, 大庶長九十頃, 駟車庶長八十八頃, 大上造八十六頃, 少上造八十四頃, 右更八十二頃, 中更八十(310)頃, 左更七十八頃, 右庶長七十六頃, 左庶長七十四頃, 五大夫廿五頃, 公乘廿頃, 公大夫九頃, 官大夫七頃, 大夫五頃, 不(311)更四頃, 簪裹三頃, 上造二頃, 公士一頃半頃, 公卒, 士五, 庶人各一頃, 司寇, 隱官各五十畝. 不幸死者, 令其後先(312)擇田, 乃行其餘. 它子男欲爲戶, 以受其殺田予之. 其已

---

136) 같은 책, p.171.
137) 같은 책, p.239.
138) 같은 책, p.240.
139) 같은 책, p.256.
140) 같은 책, p.166.
141) 같은 책, p.101.
142) 같은 책, p.102.
143) 같은 책, p.127.

前爲戶而毋田宅, 田宅不盈, 得以盈. 宅不比, 不得.(313)[144]

16. 宅之大方卅步, 徹侯受百五宅, 關內侯九十五宅, 大庶長九十宅, 駟車庶長八十八宅, 大上造八十六宅, 少上造八十四宅, 右(314)更八十二宅, 中更八十宅, 左更七十八宅, 右庶長七十六宅, 左庶長七十四宅, 五大夫卅五宅, 公乘卄宅, 公大夫九宅, 官大夫七宅, 大夫(315)五宅, 不更四宅, 簪裏三宅, 上造二宅, 公士一宅半宅, 公卒, 士五, 庶人一宅, 司寇隱官半宅. 欲爲戶者, 許之.(316)[145]

17. 亡盈(?)卒歲不得以庶人律代戶□□□□x 一[146]

18. 寡爲戶後, 予田宅, 比子爲後者爵. 其不當爲戶後, 而欲爲戶以受殺田宅, 許以庶人予田宅. 毋子, 其夫;(386)[147]

144) 같은 책, pp.216-217.
145) 같은 책, p.218.
146) 같은 책, p.325.
147) 같은 책, p.240.

中國 古代 庶人개념의 변화

- 賜民爵과 관련하여 -

I. 서론

漢代 庶人에 관하여 가장 뛰어난 탁견을 제시한 사람은 淸代의 錢
大昕(1728-1804)이었다. 춘추전국시대의 전통적인 개념과는 다른 庶人
의 개념이 秦漢代에 존재했다는 것이다. 그에 따르면 司馬遷은『史記』
를 기술할 때 庶人으로 기술했으나, 章懷太子가『後漢書』를 주석할 때
唐太宗 李世民의 이름을 避諱하기 위하여 "民"字를 모두 "人"으로 바꾸
었다. 宋 이후의 校書者가 人을 원래의 民으로 되돌리는 과정에서 바
꾸지 않아도 되는 庶人까지도 庶民으로 잘못 고친 것이 있다고 한다.
잘못 고친 대표적인 사례가 建武 7년의 "詔郡國出繫囚, 見徒免爲庶民
[人]", 11년의 "詔曰: 敢炙灼奴婢, 論如律, 免所炙灼者爲庶民[人]."인데, 校
書者는 서인의 정확한 의미를 모르고 일괄해서 庶民으로 바꾸었다는
것이다. 이때 錢大昕은 율령에서 서인이라고 한 것은 노비 및 유죄자
에 대한 것이며, 다른 곳에서 庶民으로 범칭한 것과는 다르다는 정확
한 견해를 제시하였다.[1] 이것은 宋代 이후의 학자들에게 庶人과 庶民

---

1) [淸] 錢大昕,『廿二史考異』(上海: 上海古籍出版社, 2004), p.186;『後漢書』卷1下
「光武帝紀」p.51, "七年春正月丙申, 詔中都官·三輔·郡·國出繫囚, 非犯殊死, 皆一
切勿案其罪. 見徒免爲庶民[人], 耐罪亡命, 吏以文除之.";『後漢書』卷1下「光武帝
紀」, pp.88-89, "五一頁 三行 見徒免爲庶人 集解引錢大昕說, 謂章懷注範史, 避太
宗諱, 「民」字皆改爲「人」. 今本仍有作「民」者, 則宋以後校書者回改. 然亦有不當改
而妄改者. 此「庶民」本當作「庶人」, 校書者不知庶民與庶人有別, 而一例改之. 凡

의 개념이 혼동되었음을 의미한다. 錢大昕의 주석은 크게 주목받지 못했지만, 二年律令이 출토되고 나서 비로소 그 정확성이 입증되었다.

錢大昕의 영향을 받은 庶人 연구로는 好並隆司·尾形勇·冨谷至의 것이 있고, 『二年律令』이 공개된 이후로는 曹旅寧·椎名一雄·王彦輝·王愛清·王光偉 등의 연구가 있다.[2] 그러나 好並隆司는 주석에서 잠시 언급한 정도에 불과했고, 尾形勇도 양천제의 각도에서 고찰을 하였으나 역시 庶人이 秦漢의 이십등작제 속에서 어떠한 위치에 있는지 제대로 파악하지 못하였다. 기존의 庶人 연구는 庶人의 개념이 시대별로 어떠한 변화가 있었는지를 파악하지 못했다는 문제가 있었다. 그러한 문제를 낳은 궁극적 원인은 『二年律令』이 발견되기 전까지 庶人의 개념이 무엇인지를 알 수 있는 자료가 없었기 때문이다. 그러한 의미에서 서인이 노비와 형도가 사면되어 형성된 신분이었음을 밝힐 수 있는 『二年律令』의 자료는 획기적인 것이었다. 사실 이러한 자료는 『雲夢睡虎地秦簡』에도 있었지만, 간과된 측면이 있었다.

필자는 秦漢의 爵制 질서 속에서 죄수 및 노비로부터 신분상승한 자들의 신분이 庶人이며, 유작자로부터 내원한 無爵의 公卒이 +0의 개념을 가지고 있는 것에 비교할 때 庶人은 -0의 개념을 가지고 있다고

律言「庶人」者, 對奴婢及有罪者而言, 與它處泛稱「庶民」者不同. 今據錢說回改. 下十一年·十二年·十三年·十四年同."

2) 好並隆司, 「漢代下層庶人の存在形態」(二)(『史學雜誌』 82-2), 1973, pp.168-170; 尾形勇, 『中國古代の「家」と國家』(東京: 岁波書店, 1979), pp.330-333; 冨谷至, 「秦漢における庶人と士伍·覺書」, 谷川道雄外編, 「中國士大夫階級と地域社會との關係についての總合的研究」(『史學雜誌』 1983); 曹旅寧, 「秦漢法律簡牘中的"庶人"身分及法律地位問題」(『咸陽師範學院學報』 22-3, 2007), pp.12-14; 椎名一雄, 「張家山漢簡二年律令に見える爵制 - 庶人の理解を中心として」(『鴨台史學』 6, 2006); 王彦輝, 「從張家山漢簡看西漢時期私奴婢的社會地位」(『東北師大學報』 2003-2); 王愛清·王光偉, 「試論張家山漢簡中的"私屬"」(『烏魯木齊職業大學學報』 13-2, 2004); 王愛清, 「"私屬"新探」(『史學月刊』 2007-2); 任仲爀, 「秦漢律의 耐刑 - 士伍로의 수렴시스템과 관련하여」(『中國古中世史研究』 19, 2008); 任仲爀, 「秦漢律의 庶人」(『中國古中世史研究』 22, 2009).

분석한 바 있다.[3] 이러한 庶人 개념이 秦漢律에서 爵制와 불가분의 관
계를 가지고 있기 때문에 二十等爵制가 形骸化되는 後漢 이후에 그 개
념과 기능에 변화가 있었을 것으로 생각된다.

朱紹侯 등 많은 연구자들은 後漢 이후에 二十等爵制가 그 기능을 상
실했고 위진남북조시대에는 사라진 것으로 이해하고 있다. 그러나 최
근 발견된 長沙走馬樓吳簡에서도 公乘의 작위가 기록되어 있는 竹簡들
이 확인되고 있을 뿐만 아니라, 위진남북조시대까지도 民爵이 사라진
것이 아니라 계속 나타난다는 점은 과거의 이해방식에 문제가 있었
음을 말해준다. 만약 魏晋南北朝시대에 漢代의 爵制 시스템이 미약하
나마 명맥을 유지하고 있었다면, 秦漢의 신분체제 내에서 기능하고
있던 庶人의 개념은 어떤 형태로든 남아있을 것이다. 필자는 이러한
의문을 가지고 다음과 같은 사항들을 살펴볼 것이다.

첫째, 二十等爵制의 소멸 시기는 과연 언제인가? 朱紹侯 등은 二十
等爵制가 後漢 이후 그 기능을 상실했다고 하였다. 그러나 최근 走馬
樓吳簡의 자료에 비록 形骸化된 것일지라도 계속 民爵이 나타나고 있
고, 문헌사료에 확인되는 남북조의 계속적인 民爵 사여의 사실은 주
소후의 견해가 과연 옳은 것인지에 대하여 의문을 제기하게 된다. 魏
晋南北朝시대에 행해진 활발한 賜爵에서 二十等爵制의 잔존 형태를 규
명하고, 이를 통하여 秦漢의 신분제 내에서 중요한 일익을 담당했던
庶人의 의미가 어떠한 형태로 남아 있는지 규명하고자 한다.

둘째, 庶人은 三國時代 이후 良人과 유사한 개념으로 사용되고 있
는데, 과연 양자를 등치시켜도 좋을 것인가? 원래 良人은 이십등작제
의 개념에 없던 용어였다. 『二年律令』에 죄수·관노비를 해방하면 免爲
庶人이라고 하였는데, 삼국시기부터는 免爲良人과 혼용하고 있다. 문
헌 가운데는 같은 문단 내에서 庶人과 良人을 병치시킨 사례가 있는

---

3) 任仲爀, 위의 논문(2008), p.175.

데, 이 사례에서 양자는 분명히 다른 의미로 사용되고 있다. 이러한 점을 어떻게 이해해야 할 것인가?

셋째, 위의 문제를 검토하기 위해서 『唐六典』 등에 서인이 어떤 의미로 존재하는지? 또한 진한시대에 노비를 면했을 때 庶人으로 삼았던 원칙이 良人으로 되는 이유는 무엇인지를 확인해볼 것이다. 그리고 최종적으로 唐律에 죄수와 노비로부터 免되었을 때 免爲庶人의 사례가 나타나지 않는 이유는 무엇일까 하는 점을 분석해보기로 한다.

넷째, 죄수·官奴婢가 신분 상승하는 免爲庶人이 唐代에 보이지 않는 것과 거의 동시에 賜民爵이 사라지고 勳官체제로 바뀌는 문제에 대해서도 고찰하고자 한다. 그리고 賜民爵과 賜勳官은 어떠한 관련성이 있는지도 고찰해보고자 한다.

II. 秦漢律의 庶人 개념

周代 庶人에 대한 학계의 연구는 다음과 같이 정리하고 있다. 첫째, 周族과 姓이 다른 異姓 씨족의 후예, 둘째 夏商시대에 피통치자의 후예 및 夏商 통치자의 후예 중 귀족 신분을 상실한 자, 셋째 先周시기에 周族 중 하층민의 후예, 넷째, 周代의 士에서 파생된 庶人 등으로 요약할 수 있다.[4] 서인의 성격에 대해서는 많은 논란이 있었으나, 서인에게는 인신의 자유가 있어서 귀족과 직접적인 臣僕관계가 없었고, 농업생산에 종사했는데, 기타 전문기예가 있는 皀隸牧圉 등과는 달랐다. 따라서 周代 庶人은 절대로 노예가 아니며 平民으로 간주할 수 있는 것이다. 전국 후기의 문헌에도 서인은 결코 노예가 아니었다. 그러

---

4) 楊英, 「試論周代庶人的社會身份和社會地位」(『中國歷史博物館館刊』 1996-2), pp.15-16.

한 증거들은 『管子』 등에 庶人이 농업에 종사하는 존재로 나타나거나,[5] 백성과 서인을 동등하게 병렬하거나,[6] 大夫와 對句 관계를 형성하는 無爵의 사람들을 지칭하는 사례들에서 충분히 입증되고 있다.[7]

그런데 춘추전국시대의 전통적인 서인 개념과는 완전히 다른 庶人의 개념, 즉 노비와 죄수 출신에서 해방된 존재라고 하는 개념이 秦漢律에서 나타나고 있다. 秦漢의 爵制는 중원적 요소와 秦的 요소를 모두 가지고 있다. 『二年律令』에 二十等爵制를 侯·卿·大夫·士로 구분한 것으로 보면 중원의 영향을 받은 부분도 있다.[8] 그러나 중원국가와 다른 秦爵 명칭의 독자성, 庶人이 죄수·노비 출신임을 입증하는 자료가 秦漢律 이전에는 확인되지 않는 점에서 볼 때 秦人만의 독창성이 엿보인다.

---

5) 『管子纂詁』(東京: 富山房, 1972) 卷10 「君臣上」, p.28, "時省者相也, 月稽者官也, 務四支之力, 修耕農之業以待令者, 庶人也. 是故百姓量其力於父兄之間, 聽其言於君臣之義, 而官論其德能而待之, 大夫比官中之事, 不言其外."; 『國語』 「晋語四」 "庶人食力"에서 庶人은 농업에 종사하는 노동자였다.

6) 『戰國策』(上海: 上海古籍, 1985) 「趙策二」, p.653, "敵弱者用力少而功多, 可以無盡百姓之勞, 而享往古之勳. 夫有高世之功者, 必負遺俗之累; 有獨知之慮者, 必被庶人之恐."

7) 『史記』 卷44 「魏世家」, p.1847, "惠王數被於軍旅, 卑禮厚幣以招賢者, 鄒衍·淳于髡·孟軻皆至梁. 梁惠王曰:「寡人不佞, 兵三折于外, 太子虜, 上將死, 國以空虛, 以羞先君宗廟社稷, 寡人甚醜之, 叟不遠千里, 辱幸至獘邑之廷, 將何利吾國?」 孟軻曰:「君不可以言利若是. 夫君欲利則大夫欲利, 大夫欲利則庶人欲利, 上下爭利, 國則危矣. 爲人君, 仁義而已矣, 何以利爲!」"; 『史記』 卷74 「孟子荀卿列傳」, p.2343, "太史公曰:餘讀孟子書, 至梁惠王問「何以利吾國」, 未嘗不廢書而歎也. 曰:嗟乎, 利誠亂之始也! 夫子罕言利者, 常防其原也. 故曰「放於利而行, 多怨」. 自天子至於庶人, 好利之獘何以異哉!"

8) 李學勤, 『東周與秦代社會文明』(北京: 文物出版社, 2007), p.162; 閻步克, 『品位與職位 - 秦漢魏晋南北朝官階制度研究』(北京: 中華書局, 2002), p.88.

[표 1] 신분에 따른 田地와 宅地, 작위계승

작위			田(頃)	宅	後子	2·3子	4子이후
20	侯	徹侯		105	徹侯	徹侯	徹侯
19		關內侯	95	95	關內侯	不更	簪裊
18		大庶長	90	90	公乘	不更	上造
17		駟車庶長	88	88	公乘	不更	上造
16		大上造	86	86	公乘	不更	上造
15		少上造	84	84	公乘	不更	上造
14	卿	右更	82	82	公乘	不更	上造
13		中更	80	80	公乘	不更	上造
12		左更	78	78	公乘	不更	上造
11		右庶長	76	76	公乘	不更	上造
10		左庶長	74	74	公乘	不更	上造
9		五大夫	25	25	公大夫	簪裊	上造
8		公乘	20	20	官大夫	上造	公士
7	大夫	公大夫	9	9	大夫	上造	公士
6		官大夫	7	7	不更	公士	
5		大夫	5	5	簪裊	公士	
4		不更	4	4	上造	公卒	
3	士	簪裊	3	3	公士	公卒	
2		上造	2	2	公卒		
1		公士	1.5	1.5	士伍		
+0		公卒	1	1	士伍		
0	無爵	士伍	1	1	士伍		
-0		庶人	1	1	士伍		
-1	준	隱官	0.5	0.5	士伍		
-2	서인	司寇	0.5	0.5	士伍		
-3		隸臣妾					
-4	徒隸	鬼薪白粲					
-5		城旦舂					

無爵者 가운데 庶人은 이제까지 문헌사료에 그 내원과 개념이 명확하지 않았었다. 문헌사료에는 庶人으로 되는 경로로서, 列侯 등이 爵位와 封邑을 삭탈당하고 庶人으로 되는 경우, 죄수·노비가 사면되어 庶人으로 되는 경우(免爲庶人)가 있다. [9] 후자의 경로가 『二年律令』에는

---

9) 『漢書』 卷86 「王嘉列傳」, p.3501, "議郞龔等以爲「嘉言事前後相違, 無所執守, 不

좀더 명확하게 나타나 있다.[10]

이십등작제의 신분체제는 군공을 수립하지 못하면 유작자는 그 후대에 爵減되어 士伍로 떨어지고, 죄수와 노비는 사면을 통하여 庶人이 되었다가 그 자식 대에 가서 士伍로 상승하는, 달리 말하면 士伍로 수렴하는 체제라고 할 수 있다. 작위도 없는 無爵者層을 굳이 구별해 놓은 이유는 3자(庶人·士伍·庶人)의 내원을 본인 대까지는 구별할 필요가 있었기 때문이다. 즉, 庶人은 노비와 죄수에서 유래한 자, 士伍는 원래 士伍였던 자, 公卒은 不更·簪裊·上造 등 有爵者에서 하강한 자라는 구별이 필요했던 것이다. 만약 노예와 죄수가 사면되어 庶人이 되었더라도 문제가 발생했을 때는 群盜의 사례처럼 원래의 신분으로 복귀시키는 근거가 된다.[11] 庶人이 이십등작제 체제 내에서 負(-)신분인 죄수와 노비들의 신분 상승을 통해 형성되는 법제적 신분이기 때문에 결국 免爲庶人은 이십등작제 체제 및 士伍로의 수렴체제와 불가분의 관계에 있다고 할 수 있다.

漢代의 爵制가 기능을 상실하기 시작한 것은 惠帝 이후에 軍功과 무관한 民爵을 하사함으로써 시작되었다. 군공작제는 전택의 지급과 밀접한 관련을 가지고 있었으나, 惠帝시기부터 전국에 보편적으로 하사하는 民爵으로 인해 토지와 작위는 불일치하게 되었고, 民爵은 賣爵시 경제적 이익을 주는 것으로 기능이 변질되어갔다.[12] 前漢 중후기부터는 朝廷에서 군공작을 사여하거나 매매하는 것이 더욱 많아져서

任宰相之職, 宜奪爵土, 免爲庶人.";『後漢書』卷44「胡廣列傳」, p.1509, "延熹二年, 大將軍梁冀誅, 廣與司徒韓縯·司空孫朗坐不衛宮, 皆減死一等, 奪爵土, 免爲庶人. 後拜太中大夫·太常. 九年, 復拜司徒.";『漢書』卷1下「高帝紀」, p.54, "民以飢餓自賣爲人奴婢者, 皆免爲庶人."

10) 庶人이 司寇를 비롯한 죄수와 奴婢의 贖免에 의해 형성되었음은 任仲爀,「秦漢律의 庶人」(『中國古中世史研究』22, 2009) 참조.

11) 任仲爀, 위의 논문(2009), p.173.

12) 任仲爀,「漢初의 田宅 制度와 그 시행」(『中國古中世史研究』27, 2012), pp.220-230.

작위의 가치하락 및 軍功과의 무관성이 두드러졌다. 전한 54회, 후한 36회의 賜爵은 도저히 국가가 작위에 상응하는 토지를 지급하기 불가능할 정도로 작위가 남발되었음을 보여준다.[13] 西嶋定生이 분석한 居延漢簡의 자료는 昭帝 始元 5년(B.C.82)에서 宣帝의 元康 4년(B.C.62)까지 魏郡 郪縣에서 20년간 8차례의 賜爵이 있었음을 보여준다.[14] 평균 2.5년마다 한 차례씩 賜爵이 있고, 그때마다 토지를 지급하는 것은 불가능했을 것임은 분명하다.

이처럼 빈번한 사작행위는 작제질서를 심각하게 와해시켰는데, 그 같은 와해 현상은 後漢시대에 명백하게 나타난다. 필자가 특히 後漢 이후 爵制의 존속 여부에 주목하는 이유는 二十等爵制를 중심한 漢代의 신분질서 내에서 죄수·관노비가 해방되면 庶人의 신분으로 되는 메커니즘이 있었기 때문이다. 즉, 漢文帝의 형법개혁 이후에는 刑期가 존재하게 되어 秦代의 죄수를 관노비로 삼는 신분형이 사라졌다. 즉, 晋律에서 개혁되는 歲刑의 단초가 漢文帝 때에 나타나게 되는 것이다. 漢文帝 이전에 있었던 "免爲庶人"이 漢文帝의 형법개혁 이후에도 계속되었음은 宣帝 神爵 4년(B.C.58)의 자료인 懸泉漢簡의 "罪人赦歸故郡文書"[15]에 명확하게 나타나 있다.[16] 晋代의 歲刑이 도입된 것은 단지 漢文帝 이후의 형명만을 바꾼 것이므로, 최종적인 신분이 庶人이 되는 漢文帝 이후의 전통은 기계적으로 수용되었다. 이러한 歲刑의 형태는 계속하여 魏晉南北朝에 계속되므로 죄수가 사면된 이후의 신분은 庶人이라고 할 수 있다. 魏晉 이후에는 사면을 받으면, 범죄로 인하여 관직과

---

13) 西嶋定生,『中國古代帝國の形成と構造』(東京: 東京大學出版會, 1976), pp.160-191. 두 차례는 吏爵만 있다.

14) 같은 책, pp.204-234.

15) 張俊民,「敦煌懸泉置T0309出土簡牘概述」,『長沙三國吳簡暨百年來簡帛發現與研究國際學術研討會論文集』(北京: 中華書局, 2005), p.402; 鄔文玲,『漢代赦免制度研究』(中國社會科學院研究生院 博士學位論文), p.67.

16) 任仲爀, 위의 논문(2009), pp.186-187.

爵位를 박탈당한 것, 禁錮되어 빼앗긴 功勞를 과거의 규정에 의거하여 회복하도록 하고 있다.[17] 이는 범죄를 저지른 죄수가 無爵의 상태만이 아니라 無爵 이하의 마이너스(-)身分으로 되었다가, 사면을 통해 신분을 회복할 때 "免爲庶人"으로 되는 것이라고 생각한다.

後漢 이후는 二十等爵制가 형해화되고 역사무대에서 사라지게 되었다고 하는 것이 종래의 통설이었다. 그렇다면 작제가 사라졌기 때문에 작제와 함께 출현한 庶人의 개념도 사라진 것일까?

후한시대의 잦은 賜爵으로 인해 和帝 이전부터 작위가 기능을 하지 못한 증거들이 나타났는데, 『論衡』의 "民爵 八級을 하사한 것은 어떠한 법에 근거한 것인가? 簪裊·上造라고 이름을 지은 것은 무슨 뜻인가?"라고 한 것이 그러한 예이다.[18] 民爵을 내리는 것이 어떠한 법률적 근거에 의한 것인지, 爵位 명칭이 갖는 의미 등은 後漢人에게 더 이상 관심의 대상이 아니었다. 二十等爵制는 後漢末 王粲(A.D.177 - 217) 시기에 이르러 더 이상 기능할 수 없음이 분명해졌다.

王粲의 爵論에 말하기를, 律에 의하여 爵을 삭탈하는 法이 있었는데, 이것은 과거에 爵이 행해질 때의 것일 뿐이다. 民은 賜爵하면 기뻐하고, 爵을 빼앗으면 두려워했으므로 뺏고 하사할 수 있는 법이 있었던 것이다.

---

17) 『南齊書』卷2 「高帝下」, p.32, "寶祚初啟, 洪慶惟新, 思俾利澤, 宣被億兆, 可大赦天下. 改昇明三年爲建元元年. 賜民爵二級, 文武進位二等, 鰥寡孤獨不能自存者穀人五斛. 逋租宿債勿復收. 有犯鄉論清議, 贓汙淫盜, 一皆蕩滌, 洗除先注, 與之更始. 長徒救繫之囚, 特皆原遣. 亡官失爵, 禁錮奪勞, 一依舊典."; 『北史·齊本紀』卷7 「廢帝高殷」, p.264, "十年十月, 文宣崩, 癸卯, 太子即帝位於晉陽宣德殿, 大赦, 內外百官普加汎級, 亡官失爵, 聽復資品."; 『晉書』卷3 「世祖武帝炎」, p.50, "於是大赦, 改元. 賜天下爵, 人五級; 鰥寡孤獨不能自存者穀, 人五斛. 復天下租賦及關市之稅一年, 逋債宿負皆勿收. 除舊嫌, 解禁錮, 亡官失爵者悉復之."

18) 『論衡全譯』(貴陽: 貴州人民, 1990), 「謝短篇」第三十六, p.789, "賜民爵八級, 何法? 名曰簪裊·上造, 何謂? 吏上功曰伐閱, 名籍墨(狀), 何指? 七十賜王杖, 何起? 著鳩於杖末, 不著爵, 何杖? 苟以鳩爲善, 不賜而賜鳩杖, 而不爵, 何說?"

지금에는 爵과 관련된 사항들은 없어져버렸다. 民은 爵이라는 것이 무엇 인지를 모른다. 民으로부터 爵을 빼앗아도 두려워하지 않고, 하사하여도 기뻐하지 않으니 이는 헛되이 문서를 만들어놓고 쓰임이 없는 것이다.[19]

후한말 曹操가 북방에서 할거하던 시기에 賜吏爵의 경우도 分封制 와 합병되었기 때문에 二年律令의 단계에서 확인했던 民爵은 옛날의 형식조차 남아있지 않게 되었다.[20] 이처럼 後漢시대에는 爵制가 붕괴 하기 때문에 "士伍로의 수렴시스템"도 동반하여 없어졌을 것으로 생 각된다. 그러나 후한시대에 二十等爵制의 형해화가 진행되었지만, 속 면된 죄수·노비를 庶人으로 삼는 사례는 여전히 확인되고 있다. "免爲 庶人"의 사례는 三國 이후에도 계속하여 보이기 때문에 "免爲庶人"이 후한시대에 소멸한 것은 아니다. 결국, 후한시대에 빈번한 賜民爵으로 인하여 爵位의 가치가 하락되었음에도 죄수를 사면하여 서인으로 삼 는 체제는 계속 존속하는 것이다.

Ⅲ. 魏晋南北朝의 賜民爵

三國·兩晋·南北朝時期에 행해졌던 賜民爵의 조치가 後漢의 二十等爵 制가 붕괴된 상황 하에서 무의미한 것이라는 주장도 있지만,[21] 이러 한 주장은 과거 三國吳簡이 출토되기 이전에 後漢시대 二十等爵制의

---

19) 王粲(177-217年)의 字는 仲宣이며, 後漢 山陽 高平(지금의 山東 鄒縣)사람으로 서 漢末에 魏의 侍中이 되었다. 『藝文類聚』(上海: 上海古籍, 1965) 卷51 「封爵 部」, p.916, "【論】後魏王粲爵論曰 : 依律有奪爵之法, 此謂古者爵行之時, 民賜爵 則喜, 奪爵則懼, 故可以奪賜而法也, 今爵事廢矣, 民不知爵者何也, 奪之民亦不 懼, 賜之民亦不喜, 是空設文書而無用也."
20) 高敏, 『秦漢史論集』(鄭州: 中州書畵社, 1982), p.55.
21) 같은 책, pp.55-56.

소멸을 강조한 때문으로 생각된다.

　그러한 주장을 무색하게 할 만큼 三國 이후의 자료에도 매우 활발한 賜爵의 기록이 남아 있다. [표 2]에 정리한 것처럼, 曹魏 6회, 西晉 1회, 東晉 4회, 劉宋 12회, 南齊 6회, 梁 20회, 陳 16회나 된다. 특히 남조에서의 民爵 사여는 169년 동안 54회로서 평균 3.12년마다 한 차례씩 행해지고 있다. 梁朝(A.D.502-557年)는 55년간 20회로서 2.75년마다 행해졌고, 陳朝(A.D.557-589年)는 33년간 賜民爵은 16회로서 2.06년마다 행해지고 있다. 이러한 빈도를 "가끔" 사여되었다고 표현할 수는 없다.[22] 이에 반해 民爵이 비교적 잘 시행되었다는 漢代에는 422년 동안 民爵이 90회로서 평균 4.68년마다 한 차례씩 사여되고 있다.(왕망의 新 포함)[23] 결국 민작 사여의 비율에서 본다면 오히려 南朝 쪽이 漢代보다 활성화된 것처럼 보인다. 後漢시대에 民爵이 종언을 고했다거나, 三國 吳簡에서 賜民爵 제도가 이미 지리멸렬했다는 시각과는 달리, 이러한 빈도는 매우 놀라운 것이다. 또한 남북조 시기의 賜爵을 내리는 이유도 왕조의 교체, 황후책봉, 개원 등으로서 漢代의 사례와 차이가 없다. 그러한 民爵 賜予기록은 唐 武德 元年(618年)까지 이어지고 이후로는 賜勳官 제도로 전환되었다.[24] 이제 시대별로 분석을 해나가기로 한다.

---

22) 戸川貴行, 「魏晋南朝の民爵賜與について」(『東洋史論集(九州大學)』 30, 2002), pp.61-85.

23) 宣帝시기 魏郡 鄴縣에 2.5년마다 賜爵이 있었던 것과 비교하면 문헌자료에 누락이 있었을 가능성도 있다.

24) 『舊唐書』 卷1 「高祖李淵本紀」(武德元年), p.6, "甲子, 高祖即皇帝位於太極殿, 命刑部尚書蕭造兼太尉, 告於南郊, 大赦天下, 改隋義寧二年爲唐武德元年. 官人百姓, 賜爵一級."

[표 2] 魏晉南北朝 民爵 사여 횟수

시기	賜爵 횟수		
曹魏	6		
西晋	1		
東晋	4	五胡十六國	6
劉宋	12	北魏	14
南齊	6	東西魏	
梁	20	北齊 北周	3
陳	16	隋	
합계	65	합계	23

1. 三國六朝의 賜爵

後漢말 獻帝의 建安 20년(A.D.215)에 曹操가 爵制를 개혁할 때 18급 名號侯, 17급 關中侯, 16급 關內外侯, 15급 五大夫를 신설하여 기존의 列侯·關內侯와 합쳐서 모두 6등의 체제를 마련했다.([표 3] 참조)[25] 朱紹侯는 이 자료에 근거하여 曹魏시대에 9급(五大夫)에서 18급(大庶長)까지의 작급은 전부 취소되었고, 民爵은 비록 자주 사여되었으나 거의 의미가 없었다고 주장했다.[26] 曹魏는 민작을 하사한 적은 있으나, 중시한 것은 建安 20년 曹操가 제정한 軍功爵이다. 이것은 이십등작과는 무관하였고, 孫吳 및 蜀漢에서는 아예 二十等爵의 흔적을 찾을 수 없다.[27]

---

25) 『三國志』卷1 「魏書/武帝操」, p.46, "『魏書』曰 : 置名號侯爵十八級, 關中侯爵十七級, 皆金印紫綬; 又置關內外侯十六級, 銅印龜紐墨綬; 五大夫十五級, 銅印環紐, 亦墨綬, 皆不食租, 與舊列侯關內侯凡六等. 臣松之以爲今之虛封蓋自此始."; 『三國志』卷1 「魏書/武帝操」, p.46, 「冬十月, 始置名號侯至五大夫, 與舊列侯·關內侯凡六等, 以賞軍功."
26) 朱紹侯, 『軍功爵制研究』(上海: 上海人民, 1990), pp.92-94.
27) 康樂, 「民爵與民望」(『漢學研究』4-1, 1986), pp.32-33.

[표 3] 曹魏의 6등작

등급	작위	비고
20	列侯	
19	關内侯	
18	名號侯	
17	關中侯	
16	關内外侯	
15	五大夫	秦漢의 9급작과 名同實異

　曹魏에서 중시한 것은 당연히 6등의 高級爵이겠지만, 9급에서 18급
까지의 작급이 없어졌다고 한 朱紹侯의 견해는 정확한 이해라고 할
수 없다. 『三國志』의 기사가 합계 6등이라고 한 것으로 보아 朱紹侯의
견해는 일견 타당한 것처럼 보인다. 그러나 曹魏의 작제가 6급만으로
이루어졌다는 견해에 동의하기 어려운 것은 1~14급까지 존재하지 않
았다면 『三國志』에서 名號侯를 18級, 關中侯를 17級, 關内外侯를 16級, 五
大夫를 15級이라고 등급을 붙일 수 없기 때문이다. 또한 曹魏에서 행
해진 1, 2급의 民爵 사여는 6차례나 되므로,[28] 작급이 누적되었다면 6
급작까지 올라간 자도 있었을 것이다. 비록 後漢말 王粲이 爵論에서
지적한 바와 같이 民爵 제도가 당시인에게 어떠한 주목도 받지 못한
것이 사실이더라도 民爵의 존재 그 자체까지 부정할 수는 없다.

---

28) ①『三國志』卷2 「魏書/文帝丕」, p.76, "黃初元年十一月癸酉, …… 追尊皇祖太王
　　曰太皇帝, 考武王曰武皇帝, 尊王太后曰皇太后. 賜男子爵人一級, 爲父後及孝悌
　　力田人二級."; ②『三國志』卷2 「魏書/文帝丕」, p.80, "(黃初3년)庚子, 立皇后郭
　　氏. 賜天下男子爵人二級; 鰥寡篤癃及貧不能自存者賜穀."; ③『三國志』卷3 「魏
　　書/明帝叡」, p.92, "(太和元年)十一月, 立皇后毛氏. 賜天下男子爵人二級, 鰥寡孤
　　獨不能自存者賜穀."; ④『三國志』卷3 「魏書/明帝叡」, p.99, "青龍元年春正月甲
　　申, 青龍見郊之摩陂井中. 二月丁酉, 幸摩陂觀龍, 於是改年; 改摩陂爲龍陂, 賜男
　　子爵人二級, 鰥寡孤獨無出今年租賦."; ⑤『三國志』卷3 「魏書/明帝叡」, p.113,
　　"十二月乙丑, 帝寢疾不豫. 辛巳, 立皇后. 賜天下男子爵人二級, 鰥寡孤獨穀."; ⑥
　　『三國志』卷4 「魏書/陳留王奐」, p.147, "六月甲寅, 入於洛陽, 見皇太后, 是日即
　　皇帝位於太極前殿, 大赦, 改年, 賜民爵及穀帛各有差."

문헌사료에 賜民爵이 확인되지 않았던 孫吳의 경우도 長沙走馬樓吳
簡의 출토에 의해 民爵이 계속 시행되고 있었음이 확인되었다.

> 公乘奴年卅 腹心病(2-953)
>
> 富貴里戶人公乘李平年卅□ 算一盲右目復(9-3048)
>
> 子公乘客年卅八 算一苦腹心病復(9-3075)
>
> 高平里戶人公乘魯開, 年卅二, 算一, 刑左手, 復(9-3017)
>
> 常遷里戶人公乘何著, 年五十四, 算一, 刑兩足, 復(9-2950)[29]
>
> 戎里戶人公乘何欽, 年五十五, 算一, 刑兩足[30]

위에 제시한 吳簡의 戶人名籍에는 里名·戶人(戶主)·爵位·人名·年齡
등의 내용을 기록하고 있다. 戶人名籍의 절대다수는 戶主의 爵位를 기
록하고 있는데, 宜陽里의 戶人名籍 47枚 중에서 46枚의 戶人은 公乘이
며, 특기할 만한 것은 1歲·5歲·7歲 또는 10歲의 미성년자도 작위가 公
乘(9-3321, 9-2937, 9-3319, 9-2922)이란 사실이다.[31] 이러한 사실에 근거하
여 高敏은 기존의 견해를 수정하여, 孫吳시기에 賜民爵 제도가 계속
시행되고 있다고 하였지만 孫吳政權의 賜爵制度가 사라지는 운명을
막을 수는 없었다고 부언하고 있다. 즉, 民爵名은 吳簡 가운데서 단지
8級爵의 公乘만이 남았고, 나머지 1~7급까지의 爵名은 하나도 보이지
않았다는 것이다.[32]

---

29) 이상은 王素·宋少華·羅新, 「長沙走馬樓簡牘整理的新收獲」(『文物』1999-5), pp.33-
34.

30) 長沙市文物工作隊·長沙市文物考古研究所, 「長沙走馬樓J22發掘簡報」(『文物』1999-
5), p.19.

31) 侯旭東 『讀"長沙三國吳簡"劄記』, "吳簡研究" 論壇, 2003年5月20日.
http://xiangyata.net/data/articles/e01/21.html

32) 高敏, 「從『長沙走馬樓三國吳簡·竹簡·壹』看孫權時期的賜爵制度實況」(『中州學刊』
2005-4), p.164.

　　高敏의 주장대로 이년율령에 보이는 漢代의 爵制 원칙은 삼국시대
의 吳簡에서 깨어지고 변질되었음이 확인되고 있다. 1774簡의 「莨子公
乘興年十 莉右足 興弟仕伍巡年六歲踵(腫)□□」에서 公乘 興은 부친의 지
위를 계승한 後子로 생각된다.[33] 이년율령의 원칙에서는 公乘의 작위
를 가지고 있는 자의 동생들은 不更과 上造의 작위를 갖도록 되어 있
지만 興의 弟인 仕伍 巡은 士伍로 되어 있는 것으로 보아 이년율령의
원칙은 이제 준수되지 않은 것으로 생각된다. 혹 公乘이 군공의 수립
에 의한 것은 아닐까 하는 생각도 할 수 있지만 나이가 10세이므로 그
러한 추정도 불가능하다. 따라서 이것은 국가가 내려준 작위에 불과
한 것으로 생각된다. 또한 走馬樓吳簡의 戶主簡에는 민간의 부녀자가
작위를 받은 상황이 기술되어 있다.[34] 女性이 公乘의 작위를 갖는 것
은 吳簡이 최초의 자료인데, 이것 역시 작제가 변질되어 가는 현상일
것이다. 그러나 吳簡에는 士伍라는 명칭이 보이는 것으로 보아 작위
의 질서가 아직은 남아 있는 것으로 생각된다.[35] 이처럼 二十等爵制가
후한 이후 사라진 것으로 인식해왔지만 吳簡에서는 변질된 상태로 남
아있었다.

　　晉代에 民爵 사여가 활성화되지 않았다며 부정적인 입장을 취한 것
은 康樂이다. 그는 280년 晉武帝가 孫吳를 평정하여 통일하였을 때 과
거 秦漢 같으면 이같이 중요한 大事에 반드시 천하인에게 民爵을 내리
고 民과 함께 更始하는 것이 전례였으나, 晉武帝의 조서에는 단지 "大
酺, 將吏渡江復十年, 百姓及百工復二十年"으로 그치고 말았다며 賜民爵

---

33) 黎石生, 「走馬樓吳簡所見"士伍"、"歲伍"、"月伍"考」(『史學月刊』 2008-6), p.94.

34) 趙寵亮, 「走馬樓吳簡所見"女戶"」(『石家莊學院學報』 18-5, 2016), p.27, "(13-8500),
　　"曼涏里戶人公乘大女黃客年五十箅一"; 같은 논문, p.31, "(13-8517)[戶]人公乘大
　　女朱妾年五十二"

35) 黎石生, 「走馬樓吳簡所見"士伍"、"歲伍"、"月伍"考」(『史學月刊』 2008-6), p.94.
　　"☐金弟士伍濟年二歲 2602", "陽弟仕伍惕年四歲 惕弟仕伍□年二歲 1607", "莨子
　　公乘興年十 莉右足 興弟仕伍巡年六年踵(腫)□□ 1774"

에 등한했다고 하였다.[36) 이러한 주장은 그가 魏晉 교체기에는 五等爵
·封建制·三年喪 등 일계열의 古禮를 회복하고 周制로 되돌아가려는 경
향이 존재했으므로,[37) 秦漢의 제도인 二十等爵制는 중시되지 못했을
것으로 예단한 때문으로 생각된다. 그러나 실제로는 그렇지 않았다.
아래 [표 4]에 예시했듯이 曹丕는 黃初 元年(A.D.220) 漢魏 교체를 축하
하는 의미에서 "賜男子爵人一級, 爲父後及孝悌力田人二級"이라고 하여 1
급, 2급의 작위를 내린 것에 불과했지만, 晉武帝는 泰始로 개원하고 백
성에게 5급을 내려주고 있다.[38) 이렇게 한 번에 5급을 내려주는 경우
는 전례가 없을 정도로 파격적인 것이다. 다만 그 이후로 西晉에서는
민작을 내린 사례가 없다.

  그후 東晉 元帝가 황제에 오르기 전 자신에게 명함을 건네고 뵙기
를 요청하고 제위에 오르도록 권한 사람들에게 작위를 1등 올려주고,
백성에게는 司徒吏를 내려주려 했다. 그러나 熊遠은 "秦漢에서 사면할
때에 賜爵한 것은 장구한 제도는 아니다. 지금 명함을 건네고 만나려
한 사람 가운데는 사이가 가까워 정이 깊은 사람도 있지만, 사이가 멀
어 정이 깊지 않은 사람도 있다. 漢法의 例에 근거하여, 天下에 爵을
내리면, 보편되게 은혜를 내리는 것이고, 편파적이라는 실수도 없으

---

36) 康樂, 위의 논문, p.32;『晋書』卷3「武帝紀炎」, p.56, "丙戌, 律令成, 封爵賜帛各
    有差. 有星孛於軫. 丁亥, 帝耕於藉田. 戊子, 詔曰: '古設象刑而衆不犯, 今雖參
    夷而姦不絕, 何德刑相去之遠哉! 先帝深湣黎元, 哀矜庶獄, 乃命羣後, 考正典刑.
    朕守遺業, 永惟保乂皇基, 思與萬國以無爲爲政. 方今陽春養物, 東作始興, 朕親
    率王公卿士耕藉田千畝. 又律令既就, 班之天下, 將以簡法務本, 惠育海內. 宜寬
    有罪, 使得自新, 其大赦天下. 長吏, 郡丞, 長史各賜馬一匹.'";『晋書』卷3「世祖
    武帝炎紀」, p.72, "孫氏大將戰亡之家徙於壽陽, 將吏渡江復十年, 百姓及百工復二
    十年."
37) 閻步克,『品位與職位 - 秦漢魏晉南北朝官階制度研究』(北京: 中華書局, 2002), p.259;
   『晋書』卷2「太祖文帝昭帝紀」, p.44, "秋七月, 帝奏司空荀顗定禮儀, 中護軍賈充正
    法律, 尚書僕射裴秀議官制, 太保鄭沖總而裁焉. 始建五等爵."
38)『晋書』卷3「武帝紀炎」, p.50, "於是大赦, 改元, 賜天下爵, 人五級."

며, 그들을 심사해야 하는 번거로움이 없고, 교묘하게 나쁜 일을 하는 근원을 막을 수 있다."고 하면서 漢代의 제도를 본받아 천하에 작을 내리자고 건의했으나, 元帝는 따르지 않았다.[39] 이것은 元帝가 官位를 내려주려 한 것을 熊遠이 漢代의 民爵으로 대신하려 한 것이었다. 元帝의 입장에서는 漢代의 爵位가 이 시점에 報酬 또는 謝禮의 가치가 있는 것으로 간주되지 않았으므로 熊遠의 말을 따르지 않은 것이다.[40]

그러나 東晋시기에도 賜民爵의 전통은 계속 남아 있었다. 예를 들어 東晋 安帝 元興 2년(403) 12월 桓玄이 帝位를 찬탈하고 개원한 후에 비록 賞賜는 空文에 불과했지만, 漢代와 동일한 賜爵을 하고 있다.[41] 그리고 2년 후인 安帝 義熙 元年(405) 春正月에 桓玄의 반란을 진압하고 내린 조서에서도 백성에게 賜民爵하고 있다.[42] 中華書局本에는 賜百官爵二級이라고 하여 "百官"으로 되어 있으나 宋本 및 『通志』에는 百官이 아니라 百姓으로 되어 있다.[43]

필자의 견해로는 전체적인 형식으로 보아 百姓이 옳다고 생각된다. 백관에게 내려주는 것은 賜位제도이지 여기에서처럼 "賜百官爵二級"으로 하지 않는다.[44] 兩晋南朝 문헌에 보이는 많은 賜位의 기록은

---

39) 『晋書』 卷71 「熊遠列傳」, pp.1886-1887, "及中興建, 帝欲賜諸吏投刺勸進者加位一等, 百姓投刺者賜司徒吏, 凡二十餘萬. 遠以爲「秦漢因赦賜爵, 非長制也. 今案投刺者不獨近者情重, 遠者情輕, 可依漢法例, 賜天下爵, 於恩爲普, 無偏頗之失. 可以息檢覈之煩, 塞巧偽之端」. 帝不從."

40) 康樂, 위의 논문, p.33.

41) 『晋書』 卷99 「桓玄列傳」, p.2594, "於是大赦, 改元永始, 賜天下爵二級, 孝悌力田人三級, 鰥寡孤獨不能自存者穀人五斛. 其賞賜之制, 徒設空文, 無其實也."

42) 『晋書』 卷10 「安帝紀」, pp.257-258, "安帝 義熙元年(405)春正月, 帝在江陵. 南陽太守魯宗之起義兵, ... 斯實宗廟之靈, 勤王之勳. 豈朕一人, 獨享伊祜, 思與億兆, 幸茲更始. 其大赦, 改元, 唯玄振一祖及同黨不在原例. 賜百官爵二級, 鰥寡孤獨穀人五斛, 大酺五日."

43) 『晋書』, p.273, 「校勘記」.

44) 陳長琦, 「兩晋南朝的賜位制度」(『史學月刊』 2009-3) 참조. 『南史(陳本紀)』 第9 「武帝本紀」, p.272, "先是氛霧雨雪, 晝夜晦冥, 至是日, 景氣清晏. 禮畢, 輿駕還

아래의 [표 4]에서 보이는 바와 같이, 皇帝即位·皇帝冠禮·立皇戶·立太子 등과 같이 국경일을 경축하는 특징을 가지고 있다. 품관에게 내리는 것은 賜位이고, 백성들에게 내려지는 것은 賜爵이었다. 따라서 여기에서의 "賜百官爵二級"은 "賜百姓爵二級"이라고 해야 옳다.

西晋과 東晋 시대의 民爵 사여 횟수가 많지 않은 것과 달리, 南朝 宋 때부터 賜民爵이 빈번하게 행해지고 있다. 그 원인에 대하여 戸川 貴行은 兵制와의 관련에서 원인을 찾고 있다. 즉, "西晋과 東晋시기에 民爵이 폐기된 이유에 대하여, 國軍의 주력을 서민에게 구하는 병제의 붕괴와 그것에 대신하는 兵戸制의 성립에 의해 백성이 병사로 되어 전쟁에 참가할 기회가 적게 되고, 군공에 의해 포상될 기회를 잃어버린 것이 원인 가운데 하나였다. 북조와의 전쟁에 의해 재정난에 빠진 남조의 諸國家는 그 팽창한 군사비를 줄일 목적에서 서민의 군공에 대한 포상으로서 민작 사여를 행하게 되었다."고 주장한다.[45] 그러나 兵戸의 消長과 民爵이 인과관계를 가지는 것은 아니다. 남조에서의 賜爵은 軍功에 대한 것이 아니라 국경일에 내린 民爵인 이상 이러한 주장은 설득력이 없다.

물론 戸川貴行의 주장과 같이 曹魏 시기에 兵戸가 출현하여 백성이 전쟁에 참여할 기회가 감소한 것은 사실이다. 그러나 남조에서 世兵 (兵戸)은 그 지위가 비천하고 전투력도 쇠약하여 군대에서의 역할은 중요하지 않았다. 남조정권은 渡江 이후에 병호제가 점차 붕괴되자 새롭게 徵兵制와 募兵制를 주요한 군사제도로 삼았다. 自耕農戸를 주요 징발대상으로 하는 징병제는 고역에 도망하는 소농민의 감소로

宮, 臨太極前殿, 大赦, 改元. 賜百姓爵二級, 文武二等. 鰥寡孤獨不能自存者, 人穀五斛. 逋租宿責, 皆勿復收."

45) 戸川貴行의 이러한 주장은 『藝文類聚』 卷51, p.916의 王粲의 『爵論』에 인용되어 있는 復除로 상을 주면 징수하는 조세가 줄어들고, 爵으로 賞을 주면 경비가 줄어든다는 것에 근거한 것이다.

유지하기가 곤란했다. 반면에 모병은 자원하여 응모하는 것이라서 비
교적 강한 전투력을 가지고 있었고, 동진의 北府兵이 그러한 典型이었
다.[46] 南朝 陳에 이르러 용병제도는 "廣募英奇"라고 했으며, 재차 징병
과 發丁이 언급되지 않은 것은 징병제가 기능하지 못했음을 말해주는
것이다.[47]

결국 南朝는 주로 募兵制에 의한 것이지 徵兵制에 입각한 것이 아
니었다. 때문에, "북조와의 전쟁에 의해 재정난에 빠진 남조의 諸國家
가 그 팽대한 군사비를 줄일 목적에서 서민의 군공에 대한 포상으로
서 민작사여를 행하게 되었다."는 논리는 성립하기 곤란하다. 戶川貴
行의 이러한 이해방식은 南朝에서의 賜民爵을 秦 상앙변법에 보이는
군공작제와 같은 형태로 이해한 것이지만, 南朝에서의 民爵 사여는 軍
功과 무관하고 황제즉위, 황태자 책봉, 南郊祭天, 太子成年儀禮 등의 국
경행사와 관련된 것이다.

또한 戶川貴行은 民爵과 孝悌力田, 籍田儀禮를 관련지으려 하고 있
다. 지역의 유력자를 三老 이하의 鄕官에 임명하고, 民爵을 일반 서민
남자보다 많이 2급 내지 3급씩 사여한 것은 그것에 의하여 향리사회
의 농경의례에 중요한 역할을 수행하는 유력자를 흡수하고, 민간의
농경의례를 국가제사의 체계·질서에 재편하려고 하는 목적이 있었다
고 한다.[48] 확실히 漢代의 賜爵이 孝悌力田과 관련이 있고 이들 鄕官에
게 賜爵한 것은 戶川貴行이 언급한 것과 맞다. 그러나 南朝에서의 賜民
爵이 황태자의 冠禮, 冊封 등의 國慶 사안에 父後者를 대상으로 한 것
도 존재하기 때문에, 籍田 의례시의 孝悌力田만을 대상으로 賜爵한 것
처럼 이해하는 것은 옳지 않다. 이러한 원칙은 魏晉南朝에서 처음 만
들어진 것이 아니라 漢代의 원칙을 계승한 것에 불과하다.

46) 陳玉屛·陳玉屛, 『魏晉南北朝兵戶制度研究』(成都: 巴蜀書社, 1988), pp.162-166.
47) 같은 책, p.167-168,
48) 戶川貴行, 위의 논문, p.72.

漢代 賜爵의 원칙은 前漢 전반까지는 세분되어 있지 않은 상태에 있었으나 前漢 成帝 경부터 원칙이 만들어지기 시작하여 사안과 대상에 따라 크게 3가지로 구분된다. 황제즉위·禪讓·祥瑞·황제사망 시에 男(百姓)을 대상으로 하여 賜爵하는 형식, 황태자冊封·冠禮·皇子출생 시에는 황태자 관계의 연장선상에서 父後者를 대상으로 賜爵하는 형식, 南郊祭天·籍田禮에는 孝悌力田을 대상으로 하는 형식이다. 孝悌力田에 대한 賜爵은 前漢시대에는 많지 않았지만 後漢시대에 많아지기 시작했다.[49] 이러한 원칙은 魏晋南朝에서도 그대로 계승되고 있다. 따라서 戶川貴行과 같이 賜民爵이 군사비를 減輕시킬 목적을 가지고 있다든가, 지역 유력자를 흡수하고 국가 제사에 편입시키려 한다는 논리만을 강조해서는 안될 것이다. 특히 후자의 경우는 賜爵 행위가 孝悌力田만을 대상으로 한 것이 아니기 때문에 이것만을 위하여 賜爵했다고 강조한 것은 지나친 감이 있다.

[표 4] 三國六朝의 賜爵

① 男子, ② 爲父後者, ③ 孝悌力田, ④ 孝悌力田三老, ⑤ 孝悌力田爲父後者, ⑥ 孝子順系義夫悌弟

	시점	이유	사작 대상 및 작급
1	曹魏文帝黃初元年 11월(220)	追尊皇祖	①1級 ②2級. ③2級
2	曹魏文帝黃初3년 9월(222)	立皇后	①2級
3	曹魏明帝太和元年(227)11月	立皇后	①2級
4	曹魏明帝靑龍元年(223)2월	靑龍출현	①2級
5	曹魏明帝景初元年(239)	立皇后	①2級
6	曹魏陳留王奐景元年(260) 6월	卽位	民
7	西晉武帝泰始元年(266)12월	魏晉禪讓革命	①天下(5級)
8	東晉康帝建元元年(343) 九月	帝崩, 太子立, 大赦	①賜爵
9	東晉穆帝升平5년(361)五月	帝崩, 哀帝立, 大赦	①賜爵
10	東晉安帝元興2년 12월(403)	桓玄簒位, 改元永始	①天下2급 ③3級
11	東晉安帝義熙元年(405)	討滅桓玄	①百姓爵二級
12	劉宋武帝永初元年(420)6월	晉宋禪讓	①民2급
13	劉宋孝武帝孝建元年	立皇太子	②1級

---

49) 高敏, 「論兩漢賜爵制度的歷史演變」, 『秦漢史論集』, p.52.

	시점	이유	사작 대상 및 작급
	정월(454)		
14	劉宋孝武帝大明2년 정월(458)	元兇토벌후 즉위	①吏1級
15	劉宋孝武帝大明4년正月(460)	籍田	⑥ 1級
16	劉宋孝武帝大明6년정월(462)	南郊祭天	⑥ 1級
17	劉宋孝武帝大明7년2월(463)	巡幸	①民1級
18	劉宋前廢帝景和元年11월(464)	皇子生, 大赦	②1級
19	劉宋明帝泰始원년(466)	卽位	①民2급
20	劉宋明帝泰始2년9월(467)	六軍解嚴	①民1급
21	劉宋明帝泰始5년정월(469)	籍田	⑤力田1급
22	劉宋後廢帝元徽2년11월(474)	御加元服, 大赦	①1級 ②2級 ②2級(三老)
23	劉宋後廢帝元徽4년정월(476)	籍田	⑤力田1급
24	南齊高帝 건원원년4월(479)	宋齊 선양	①民2급
25	南齊武帝永明4년윤정월(486)	籍田	③2급
26	南齊武帝永明11년4월(493)	立皇太孫	②1級
27	南齊明帝建武元年11월(494)	立皇太子	②1級
28	南齊明帝建武3년윤12월(497)	皇太子冠	②1級
29	南齊東昏侯永元원년(499)	立皇太子 大赦	②1級
30	梁武帝天監원년4월(502)	齊梁선양	①民2級
31	梁武帝天監원년11월(502)	皇太子冠, 赦天下	②1級
32	梁武帝天監13년2월(514)	籍田	③1급
33	梁武帝天監14정월(515)	皇太子元服	②1級
34	梁武帝天監18(519)	南郊祭天	③1급
35	梁武帝普通원년정월(520)	改元	③1급
36	梁武帝普通4년2월(524)	籍田	③1급
37	梁武帝普通8년정월(527)	南郊祭天	③1급
38	梁武帝大通3년정월(529)	南郊祭天	③1급
39	梁武帝中大通3년정월(531)	南郊祭天	③1급
40	梁武帝中大通3년7월(531)	立皇太子	②1級, 忠孝文武淸勤1급
41	梁武帝中大通5년정월(533)	南郊祭天	③1급
42	梁武帝中大通6년2월(534)	籍田	③1급
43	梁武帝大同3년정월(537)	南郊祭天	③1급
44	梁武帝大同5년(539)	南郊祭天	③州閭鄕黨爲人善者1급
45	梁武帝中大同원년4월(546)	開元	⑤1級
46	梁武帝中大同2년정월(547)	南郊祭天	③1급
47	梁武帝太淸원년4월(547)	개원	⑤1級
48	梁元帝承聖元年11월(552)	즉위	⑥孝子義孫
49	梁敬帝太平원년9월(556)	개원	③1급
50	陳武帝永定원년10월(557)	梁陳선양	①民2급
51	陳文帝永定3년6월(559)	즉위	⑤1級

	시점	이유	사작 대상 및 작급
52	陳文帝永定3년10월(559)	伯茂의 始興王계승	②1급
53	陳文帝天嘉원년정월(560)	개원	③殊行異等1급
54	陳文帝天嘉원년정월(560)	南郊祭天	①民1급
55	陳文帝天嘉3년정월(562)	南郊祭天	①民1급
56	陳文帝天嘉3년7월(562)	皇太子納妃	⑤2級
57	陳文帝天嘉6년정월(565)	皇太子加元服	⑤1級
58	陳文帝天康원년4월(566)	皇孫至澤生	②1級
59	陳廢帝光大원년정월(567)	개원	③1급
60	陳廢帝光大원년7월(567)	立皇太子	②1級
61	陳宣帝太建元年(569)	改元 大赦	②1級, ①1級
62	陳宣帝太建5년3월(573)	皇孫胤生	②1級
63	陳後主太建14년정월(582)	즉위	⑤1級(在位文武)
64	陳後主太建14년4월(582)	立皇太子	②1級
65	陳後主至德2년7월(584)	太子加元服	⑤1級

2. 북방의 賜民爵

이상에서 南朝시기의 賜民爵의 횟수가 漢代보다도 빈번했음을 고찰했는데, 五胡·北朝시기의 賜爵 횟수는 東晉南朝와 비교되지 않을 정도로 적었다. 그러나 賜爵의 전통이 완전히 단절된 것은 아니고 永嘉의 난 이후 북방지역에서 흥성한 왕조에서도 간헐적으로 賜爵이 나타나고 있다. 石勒의 前趙에서 "農桑最修者賜爵五大夫"의 기사는 農桑의 성적이 가장 우수한 자에게 五大夫의 작위를 내린 것으로 군사적 공로와는 무관하지만 爵位가 공로를 포상하는 도구로 사용되었음을 알 수 있다.[50] 그러나 五大夫는 二十等爵制의 오대부가 아니라 조조가 建安 20년(A.D.215) 수립한 軍功爵에도 五大夫가 있기 때문에 그것일 가능성도 있다. 前秦의 苻堅 때에도 두 차례 "爲父後者賜爵一級, 孝悌力田

---

50) 『晉書』 卷105 「石勒載記下」, p.2741, "以右常侍霍皓爲勸課大夫, 與典農使者朱表·典勸都尉陸充等循行州郡, 核定戶籍, 勸課農桑. 農桑最修者賜爵五大夫."

爵二級"의 賜爵이 행해지고 있는데, 이러한 형식은 漢代의 賜民爵과 동일한 것이다.[51]

拓跋族 爵制의 기원은 매우 빨라서, 西晋 말년에 해당하는 猗盧 시기에 中原의 漢制를 모방하여 亭侯·關內侯 등의 爵을 설치했고, 건국 이후에는 爵制를 개혁하기 시작했다. 登國 元年(386), 拓跋珪(道武帝)가 代王의 지위에 오르고 나서 "班爵敍勳, 各有差"하게 하였고, 天興 元年(398) 11月에는 "詔吏部郎鄧淵典官制, 立爵品"하였다.[52] 天賜 元年(404) 9月에 五等爵을 줄여 伯·男을 폐지하고 王·公·侯·子의 四等爵을 제정하였다.[53] 明元帝 拓跋嗣 시기에는 崔浩가 五等爵의 회복을 건의하였고,[54] 이후 男爵이 보편적으로 회복되었다.[55]

그러나 拓跋珪가 제정한 五等爵制는 貴族 및 官僚들을 대상으로 한 것이고, 北魏가 일반 백성을 대상으로 한 民爵 사여는 6대 孝文帝 때에 가서야 비로소 나타났다. 어려서부터 유가교육을 받아 儒學의 조예가 깊었던 孝文帝는 孝悌가 社會에 끼치는 기능과 의의에 대한 의식이 뚜렷했다.[56] 효문제가 내린 조서를 보면 조정의 질서가 작위와 형벌로

51) 『晉書』卷113「苻堅載記上」, p.2885, "堅大悅, 乃還長安. 賜爲父後者爵一級, 鰥寡高年穀帛有差, 丏所過田租之半. 是秋, 大旱, 堅減膳徹懸, 金玉綺繡皆散之戎士, 後宮悉去羅紈, 衣不曳地. 開山澤之利, 公私共之, 偃甲息兵, 與境內休息.";『晉書』卷113「苻堅載記上」, p.2899, "以涼州新附, 復租賦一年. 爲父後者賜爵一級, 孝悌力田爵二級, 孤寡高年穀帛有差, 女子百戶牛酒, 大酺三日."
52) 『魏書』卷113「官氏志」, p.2972.
53) 『魏書』卷113「官氏志」, p.2973, "九月, 減五等之爵, 始分爲四, 曰王、公、侯、子, 除伯、男二號. 皇子及異姓元功上勳者封王, 宗室及始蕃王皆降爲公, 諸公降爲侯, 侯、子亦以此爲差. 於是封王者十人, 公者二十二人, 侯者七十九人, 子者一百三人. 王封大郡, 公封小郡, 侯封大縣, 子封小縣. 王第一品, 公第二品, 侯第三品, 子第四品."
54) 『魏書』卷35「崔浩列傳」, p.815, "浩乃著書二十餘篇, 上推太初, 下盡秦漢變弊之跡, 大旨先以復五等爲本."
55) 翟桂金, 「北魏爵祿制度研究」(『許昌學院學報』23-6, 2004), p.50.
56) 高賢棟, 「論孝悌觀念在北魏的確立」(『遼寧大學學報』33-4, 2005), p.80.

유지되어야 한다는 信賞必罰의 관점을 가지고 있는데, 이러한 그의 爵位 중시 의지가 반영된 것이 賜民爵이었을 것으로 생각된다.[57] 孝文帝 시기에는 太和 17年(493) 4次, 18年 3次, 19年 3次, 21年(497) 3次, 5년 사이에 모두 13次나 되는 빈번한 賜爵을 하고 있다. 그 가운데 2차례(493, 497)는 태자를 세울 때 人後者를 대상으로 한 전국적인 賜爵이었다.

北魏 孝文帝의 民爵이 秦漢의 이십등작제를 계승한 것으로 보는 이유는 "詔賜民爲人後者爵一級, 爲公士; 曾爲吏屬者爵二級, 爲上造"와 같이 秦漢의 1급·2급의 爵名과 일치하며, "賜爲人後者爵一級"이라는 것도 기본적으로 漢帝國에서 태자를 세울 때 賜爵하는 방식과 부합하기 때문이다.[58] 황태자 책봉과 관련하여 人後者(상속인)에게 민작을 1급씩 하사하는 방식은 漢代『二年律令』에서 後子에게 작위를 상속하는 법적 수속과 정확하게 일치하고 있다. 이러한 관련성에도 불구하고 진한의 이십등작은 1급 公士에서 20등 列侯까지가 동일한 爵制系統에 속해있는 것이지만, 孝文帝의 賜爵이 과연 秦漢의 이십등작제를 그대로 재현하여 일반 백성이 고작까지 상승하게 할 의도가 있었는지도 불명이고, 민작제도를 원래의 오등작제와 서로 연결시킬 의도도 없었던 것 같다.[59]

그렇다면 효문제가 民爵제도를 실시한 목적은 어디에 있을까? 康樂은 北魏 孝文帝 시기에는 民爵제도가 商鞅의 상벌 도구로서의 效用을 상실했고, 심지어 사회 신분을 구별하는 기능조차 더 이상 할 수 없었다고 하지만,[60] 孝文帝가 縣令의 喪에 비단 200여필을 출연하여

---

57)『魏書』卷7上「高祖孝文帝宏帝紀」, p.146, "十有一月庚戌, 詔曰 : 「懸爵於朝, 而有功者必麋其賞; 懸刑於市, 而有罪者必罹其辜. 斯乃古今之成典, 治道之實要." 孝文帝의 조서에 보이는 내용은 전통적인 신상필벌의 내용이다.『白虎通疏證』(北京: 中華書局, 1994),「五刑篇」, pp.437-438, "聖人治天下, 必有刑罰何? 所以佐德助治, 順天之度也. 故懸爵賞者, 示有所勸也; 設刑罰者, 明有所懼也."

58) 康樂, 위의 논문, p.35.

59) 같은 논문, pp.34-35.

도운 石祖興에게 2級爵 上造를 내린 경우를 보면 작위가 포상의 기능
도 있음을 알 수 있다.[61] 또한 孝文帝가 북위 이전 북방민족 국가들에
서 시행이 부진했던 賜民爵을 재차 시행한 의도는 姓族分定을 통하여
사대부의 官爵에 황권이 적극 개입하려는 시도와 함께 일반평민도
3~4등의 작위를 통해 사회신분으로 구분하려고 했다고 생각된다. 효
문제는 太和 19년 군자와 소인의 구별이 필요하다고 생각하여, 성족분
정한 8족 이상은 사인의 9개 품제로 하며, 9품 이외는 소인의 관으로
하고 7등으로 구분하도록 하였다.[62] 이처럼 士庶를 구별하여 각각의
관직을 구별했으므로 작위에서도 일반민에게는 그에 맞는 소인의 작
제가 필요했을 것인데, 그것이 이십등작의 하위 爵이었던 것으로 생
각된다.[63] 원래 한문화에 조예가 깊은 효문제였기 때문에 이러한 주
장은 상당히 설득력이 있다. 한편 孝文帝의 賜民爵이 太和 17년에서 21
년에 걸쳐 집중된 것은 약간의 설명을 필요로 한다.

　孝文帝의 賜爵이 전국을 대상으로 한 것임에서 볼 때 중국적 작제
질서 복원을 통해 漢化를 시도하고자 하는 그의 욕망을 보여주지만,
한편으로 假官과 爵을 내린 지역이 낙양천도와 관련이 있다는 사실도
주목해야 한다. 北魏의 馮太后 세력 등 北方 保守派는 孝文帝의 한화와
천도를 지지하지 않았기 때문에 효문제는 부득불 천도하지 않을 수
없었다.[64] 馮太后가 사망하는 太和 14年(490)까지 효문제는 확실하게

---

60) 같은 논문, p.36.
61) 『魏書』卷87 「補 節義列傳 石祖興」, p.1894, "石祖興, 常山九門人也. 太守田文彪,
　　縣令和眞等喪亡, 祖興自出家絹二百餘匹, 營護喪事. 州郡表列, 高祖(孝文帝宏)
　　嘉之, 賜爵二級, 爲上造. 後拜寧陵令, 卒."
62) 『北史』卷29 「劉昶列傳」, p.1048, "(太和)十九年, 昶朝京師. 孝文臨光極堂大選,
　　曰：「國家昔在恒代, 隨時制宜, 非通世之長法. 或言, 唯能是寄, 不必拘門. 朕以
　　爲不然, 何者? 淸濁同流, 混齊一等, 君子小人, 名品無別, 此殊爲不可. 我今八族
　　以上, 士人品有九；九品之外, 小人之官, 復有七等.…"
63) 康樂, 위의 논문, p.39.
64) 何德章, 「論北魏孝文帝遷都事件」(『魏晉南北朝隋唐史資料』 1997-01), p.79; 陳英, 「政

국정을 장악하지 못했다. 그는 구세력의 거점인 平城을 벗어나 새로운 곳으로 천도하기 위하어 2차에 걸쳐서 낙양에 행차했다. 太和 17年 南伐을 핑계로 平城(山西省 大同) → 朔州−肆州(山西省 忻州) → 並州(山西省 太原) → 上黨郡(山西省 長治) → 長平郡(山西省 高平) → 高都郡(山西省 晋城) → 懷州(河南省 沁陽) → 黃河 → 洛州를 경유해 洛陽에 도달했고, 太和 18年에는 낙양천도를 위해 平城(山西省 大同) → 渾源 → 靈丘 → 定州(河北省 定縣) → 中山郡唐湖(河北省 唐縣) → 冀州(河北省 冀縣) → 鄴(河北省 臨漳縣) → 汲郡(河南省 衛輝市) → 黃河 → 洛陽郡을 거쳐 洛陽에 도착하였다.[65] 孝文帝는 南伐과 遷都의 도중에 경유한 懷·並·肆·相·兗·豫·鄆·定·徐·冀·汾·雍·濟·洛의 14州 및 東郡·滎陽·河南 諸縣에는 假官과 爵을 내렸고, 그 중 豫州가 假·賜가 가장 많아서 전후 3차에 걸쳐있다.[66]

孝文帝의 賜爵 13차 가운데서 2차의 전국적인 賜爵을 제외하면, 나머지는 대부분 낙양 행차시 孝文帝가 경유한 지역에 집중된 것으로 보아 천도와 관련된 민심 획득을 목적으로 했을 가능성이 있다. 특히 구귀족의 낙양천도 반대 여론이 있는 상황에서 화북지역의 민심 획득은 중요한 것이었다. 賜爵은 천도 직후 巡幸한 지역에 대해서도 지속되고 있다.(아래 [표 5]의 ⑧, ⑨, ⑩, ⑫, ⑬의 경우)[67] 이렇게 황제의 行幸지역과 賜爵이 연계된 것은 北魏 孝文帝시기에 처음 나타난 것이 아니라, 前漢의 皇帝가 行幸한 지역에 賜爵하고 있는 전통을 계승한

治威勢的強大北魏孝文帝遷都洛陽及漢化心理剖析」(『甘肅社會科學』 2005-2), p.141.
65) 白豔芳, 「試探魏孝文帝遷洛之動機及所走的路線」(『中原文物』 1997-1), p.84.
66) 高賢棟, 위의 논문, pp.81-82; 李書吉, 『北朝禮制法系研究』(北京: 人民出版社, 2002), p.98.
67) 章義和·洪吉, 「北魏諸帝巡行的歷史意義」(『文化學刊』 2008-1), p.38. 북위 황제들의 순행 방향은 정치적 관심의 변화를 보여주는데, 그 방향은 北에서 南으로, 먼 곳에서 가까운 곳으로 바뀌는 변화과정을 거쳤다. 道武帝·明元帝·太武帝의 巡行의 주요 목적지는 陰山 南北地區에 집중되어 있었고, 文成帝·獻文帝 시기에는 서서히 中原地區로 바뀌었으며, 孝文帝시기 낙양으로 천도한 이후에는 완전히 中原地區에 집중되었다.

것이기도 하다.[68]

　낙양 천도 이후에도 계속하여 太和 19년(495)~21년(497)의 行幸과 賜
爵의 행위를 보면 효문제가 禮敎文化, 특히 先賢·廟宇陵墓 또는 名山大
川의 祭祀에 대한 관심을 파악할 수 있다. 太和 21年 4월, 孝文帝는 龍
門에 使者를 파견하여 "太牢로써 夏禹를 제사지내고", 蒲阪에는 使者를
파견하여 "太牢로써 虞舜을 제사지내고", 3차에 걸쳐서 사자를 파견해
比干墓를 太牢之禮로써 제사지냈다. 이러한 것은 통치자가 百姓에 대
한 관심을 표현한 것이고, 황제의 은혜를 宣揚하고 仁孝의 예교를 宣
揚하는 목적을 가지고 있었다.[69]

　효문제가 한 문화에 조예가 있었다는 점에서 볼 때, 그는 중국적
질서 형성에 필요한 예교문화의 달성을 위해 孝悌力田·三老등과 같은
민간질서 유지자에게 賜爵하였다고 생각된다. 효문제 시기에 民爵이
어떠한 기능을 하였는지는 알기 곤란하지만 賜爵의 원칙 가운데서 父
後者에 대한 賜爵, 孝悌力田에 대한 賜爵은 모두 漢代 이래의 종법질서
의 중시와 향리에서의 孝悌와 농업을 중시한 교화의 개념이 내포되어
있었던 것이다.[70] 三老의 출현은 다소간 자발적인 것으로서 民間社會
의 지도자가 향촌질서 유지의 기능을 하도록 한 것이다. 戰國말에서
秦漢 교체기에 三老는 민간질서의 대변인으로서 출현했고, 漢代에 縣·
鄕三老 제도가 정식으로 출현했다.[71] 이러한 효문제 시기의 賜爵횟수

────────────

68) 『漢書』卷8「宣帝紀」, p.243, "武帝巡狩所幸之郡國, 皆立廟. 賜民爵一級, 女子百
　　戶牛酒.";『漢書』卷9「元帝紀」, p.281, "二年春正月, 行幸甘泉, 郊泰畤. 賜雲陽
　　民爵一級, 女子百戶牛酒.";『漢書』卷9「元帝紀」, p.285, "四年春正月, 行幸甘泉,
　　郊泰畤. 三月, 行幸河東, 祠後土. 赦汾陰徒. 賜民爵一級, 女子百戶牛酒, 鰥寡高
　　年帛. 行所過無出租賦.";『漢書』卷9「元帝紀」, p.287, "永光元年春正月, 行幸甘
　　泉, 郊泰畤. 赦雲陽徒. 賜民爵一級, 女子百戶牛酒, 高年帛. 行所過毋出租賦."
69) 章義和·洪吉, 위의 논문, p.43.
70) 萬義廣, 「漢代"孝悌力田"述論」(『農業考古』2007-4), pp.60-64.
71) 王雪岩, 「漢代"三老"的兩種制度系統 −從先秦秦漢的社會變遷談起」(『中國社會
　　經濟史研究』2009-2), p.18.

라든가, 기타 漢化정책을 보면 중국적인 爵制의 부활을 시도한 것이라고 생각된다.

그런데 康樂은 효문제의 賜民爵이 작위에 대응하는 특권을 부여하지 않았고, 이러한 작위는 虛爵일 뿐이므로 당시인의 중시를 받지 못했다고 주장한다. "효문제가 내린 민작에는 부대된 실질적 이익이 없어서 사람들의 중시를 받지 못했다. 이 시기에 능력과 수단이 있는 사람들이 구하려 한 것은 望이다. 民望, 즉 士籍에 들어가야만 여러 가지 徵調를 면할 수 있고, 入仕에 이익이 있다."고 주장한다.[72] 그러나 자료가 없어서 漢代의 民爵과 같은 형벌상의 감면 효과가 있었는지는 판단하기 이르다. 사실 民爵은 漢代에도 刑罰減免과 賣爵이라는 효과 이외에는 없었다. 그중에서 賣爵의 경제적 이득은 漢代에도 매우 중요한 것이었다. 과연 北魏의 작위는 어떠한 가치가 있었을까? 賣爵은 남북조시기에도 가치가 있음을 알 수 있다. 남조의 『宋書』에 賣爵의 기록이 보이며,[73] 北魏에도 賣爵이 실제로 행해졌다.

　　北魏시기에 王叡가 太和之初에 총애를 받았고, 鄭儼은 孝昌之季에 총애를 받았으며, 宗愛는 帝王을 弑害하였고, 劉騰은 황후를 廢하고 재상을 죽였는데, 이것들은 그 폐해가 심한 경우들이다. 그 중간에 盜官賣爵하고, 궁정을 汙辱하게 한 것들이 많았는데 어찌 일일이 들 수 있으랴. 이는 王者가 마땅히 깊이 경계해야 할 바이다.[74]

---

72) 康樂, 위의 논문, pp.39, 42-43.
73) 『宋書』 卷83 「吳喜列傳」, p.2117, "南賊未平, 唯以軍糧爲急, 西南及北道斷不通, 東土新平, 商運稀簡, 朝廷乃至鬻官賣爵, 以救災困, 鬥斛收斂, 猶有不充. 喜在赭圻, 軍主者頓偸一百三十斛米, 初不問罪, 諸軍主皆雲宜治, 喜不獲己, 止與三十鞭, 又不責備, 凡所曲意, 類皆如此."
74) 『北史』 卷92 「恩幸列傳」(序言), pp.3017-3018, "魏世王叡幸於太和之初, 鄭儼寵於孝昌之季, 宗愛之弑帝害王, 劉騰之廢後戮相, 此蓋其甚者爾. 其間盜官賣爵, 汙辱宮闈者多矣, 亦何可枚擧哉. 斯乃王者所宜深誡."

孝明帝의 孝昌(525-527)시기에 행해졌다는 賣爵은 民爵을 의미하는
것일까? 盜官賣爵은 宣武帝 景明 元年(500) 職守 혹은 封邑이 없는 爵으
로서 11등의 작을 설치했는데, 이러한 爵位를 매각한 것으로 생각된
다. 孝明帝 이후에 국고가 비어서 輸粟을 장려했는데,[75] 상으로 내려
진 것은 賜階授官이거나, 散侯·散伯 등의 爵을 봉하고 있으므로 民爵은
아니라고 생각된다.[76] 그 때문에 民爵이 어떠한 효과를 지녔는지는
현재의 사료로서 파악하기 곤란하다.

효문제 이후에 北魏에서 민작을 하사한 것은 宣武帝 延昌 元年(512)
10月 皇太子 책봉시에 한 차례 있었다. 이것은 孝文帝와 그 아들 宣武
帝 시기에 民爵 사여가 존재하였음을 말해준다. 한편 北齊에는 3차례
의 賜爵사례가 있다. 文宣帝 天保 元年(550) 魏齊 혁명시 天下에 大赦하
고, 男子에게 賜爵을 내렸고, 昭帝 皇建 원년(560)에 元氏를 皇后로 삼
고, 皇太子를 책봉하면서 父後者에게 1級을 내렸으며, 武成帝 河清 元年
(562)에 역시 胡氏를 皇后로 삼고, 子 緯를 皇太子로 삼으면서 大赦를
내리고 父後에게 1級을 내리고 있다.

---

75) 『魏書』卷9「肅宗孝明帝詔帝紀」, p.246, "二月丁酉, 詔曰: '關隴遭罹寇難, 燕趙賊
逆憑陵, 蒼生波流, 耕農廢業, 加諸轉運, 勞役已甚, 州倉儲實, 無宜懸匱, 自非開輸
賞之格, 何以息漕運之煩. 凡有能輸粟入瀛, 定, 岐, 雍四州者, 官鬥二百斛賞一階;
入二華州者, 五百石賞一階. 不限多少, 粟畢授官.'";『魏書』卷110「食貨志」,
p.2861, "莊帝初, 承喪亂之後, 倉廩虛罄, 遂班入粟之制. 輸粟八千石, 賞散侯; 六
千石, 散伯; 四千石, 散子; 三千石, 散男. 職人輸七百石, 賞一大階, 授以實官. 白
民輸五百石, 聽依第出身, 一千石, 加一大階; 無第者輸五百石, 聽正九品出身, 一
千石, 加一大階. 諸沙門有輸粟四千石入京倉者, 授本州統, 若無本州者, 授大州
都; 若不入京倉, 入外州郡倉者, 三千石, 畿郡都統, 依州格; 若輸五百石入京倉者,
授本郡維那, 其無本郡者, 授以外郡; 粟入外州郡倉七百石者, 京倉三百石者, 授縣
維那."
76) [唐] 杜佑, 『通典』(北京: 中華書局, 1988), p.488, "封爵, 後魏有王, 開國郡公, 散公,
侯, 散侯, 伯, 散伯, 子, 散子, 男, 散男, 凡十一等, 王食半, 公三分食一, 侯伯四分
食一, 子男五分食一." 이것은 北魏 宣武帝 景明元年(500년)에 제정된 것이다.

[표 5] 五胡 및 北朝의 賜民爵

❶ 男子, ❷ 爲父後者, ❸ 孝弟力田

北朝	시점	이유	대상 및 작급
1	後趙330~333 경	勸課農桑	農桑最修者賜爵五大夫
2	後趙建武二年(336)	洛陽鍾虡, 運至鄴	❶百姓爵一級
3	前秦永興二年(358)	苻堅還長安	❷1級
4	前秦建元12년(376)	涼州新附	❷1級 ❸2級
5	後秦弘始4年(402)	立皇太子, 大赦	❷1級
6	南燕太上元年(405)	立皇太子, 大赦	❷2級
7	北魏孝文帝宏 太和17년(493)	①秋七月癸丑, 以皇太子立	❷1級, 爲公士; 曾爲吏屬者爵二級, 爲上造
		②壬寅, 車駕至肆州	民年七十已上, 賜爵一級.
		③詔洛、懷、並、肆 所過四州之民	百年以上假縣令, 九十以上賜爵三級, 八十以上賜爵二級, 七十以上賜爵一級
		④詔京師及諸州	從戎者賜爵一級, 應募者加二級, 主將加三級
8	太和18년(494)	⑤詔相、兗、豫三州	百年以上假縣令, 九十以上賜爵二級, 七十以上賜爵一級;
		⑥詔冀、定二州民: 上賜爵一級	百年以上假以縣令, 九十以上賜爵三級, 八十以上賜爵二級, 七十以
		⑦詔鄆豫二州之民	百齡以上假縣令, 九十以上賜爵三級, 八十以上賜爵二級, 七十以上賜爵一級
9	太和19년(495)	⑧丁未, 曲赦徐豫二州, 其運漕之士, 復租賦三年. 辛亥	賜百歲以上假縣令, 九十以上賜爵三級, 八十以上賜爵二級, 七十以上賜爵一級;
		⑨又詔賜兗州民	爵及粟帛如徐州.
		⑩詔濟州、東郡、滎 陽及河南諸縣車駕所 經者	百年以上假縣令, 九十以上賜爵三級, 八十以上賜爵二級, 七十以上賜爵一級
10	太和21년(497)	⑪立皇子恪爲皇太子	❷1級
		⑫詔汾州	民百年以上假縣令, 九十以上賜爵三級, 八十以上賜爵二級, 七十以上賜爵一級
		⑬詔雍州士人	百年以上假華郡太守, 九十以上假荒郡, 八十以上假華縣令, 七十以上假荒縣; 庶老以年各減一等, 七十以上賜爵三級; 其營船之夫, 賜爵一級;
11	北魏宣武帝延昌元 年(512) 十月	詔以東宮建(立詡爲 皇太子)	❷1級

北朝	시점	이유	대상 및 작급
12	北齊文宣帝天保元年(550년).	魏齊혁명, 其大赦天下	男子賜爵
13	北齊昭帝皇建원 년(560)	立妃元氏爲皇后, 世子百年爲皇太子.	❷1級
14	北齊武成帝河清元年(562)	立妃胡氏爲皇后, 子緯爲皇太子. 大赦	❷1級
15	唐高祖李淵武德元年(618)	高祖卽皇帝位 大赦天下	官人百姓, 賜爵一級

이상의 분석을 통하여 南朝의 경우에는 賜民爵의 사례가 오히려 漢代보다 빈번했고, 北朝의 경우 횟수가 많지 않지만 賜爵의 형식도 漢代와 동일하므로 賜民爵의 전통이 계속 계승된 것을 확인할 수 있었다. 이러한 결론을 통해서 볼 때, 後漢시대에 賜爵의 남발로 이십등작제가 붕괴되었다는 기존의 통설과 달리 秦漢의 작제 질서가 위진남북조 내내 계승되었음을 알 수 있다. 한걸음 더 나아가 漢代의 爵制 속에서 존재하였던 庶人의 개념도 계속 계승되었을 가능성이 있는데, 그렇다면 漢代의 신분체제에서 죄수와 노비로부터 신분상승하는 "免爲庶人"의 시스템도 계속 남아 있을 가능성도 있다고 생각된다. 이를 입증하듯이 三國 이후에도 노비와 죄수를 "免爲庶人"하는 사료는 계속 확인된다. 그러나 노비와 죄수를 서인으로 해방하는 "免爲庶人"의 사료는 北齊까지만 나타나며, 唐初부터는 보이지 않고 그 대신에 "免爲良人"으로 대체되고 있다. "免爲庶人"이 사료상 사라지는 이유는 Ⅳ장에서 良賤制의 발전과 관련하여 분석하고, 唐初 賜民爵 폐지에 따라 나타난 賜勳官은 Ⅴ장에서 분석한다.

Ⅳ. 良賤제도의 성립과 庶人·良人의 분화

1. 官品과 庶人

후술할 것처럼, 三國시대부터 庶人과 良人을 동일한 것으로 이해하고 있지만, 양자는 효문제 시기에 개념이 구별되기 시작하여 唐代에는 엄격하게 구분되었다. 그 결과 賤人 신분이 해방되면 진한시대에는 庶人이 되었으나, 이제 良人으로 되었다. 즉, 良人은 賤人과 대비되지만, 庶人은 賤人과 대비되는 개념이 없다.[77] 이것은 양자의 사용 영역이 달랐음을 말해주는 것이다. 만약 庶人이 賤人의 對語로서 나타났다면, 庶人과 良人이 동일한 개념이라고 할 수 있지만 그렇게 나온 사례는 없다. 원래 庶人은 秦漢의 爵·秩체제에서 爵位와 함께 나타나던 것이며 남조까지도 無爵의 개념으로서 출현했는데,[78] 魏晋이후 品級체제로 이행하는 과정 속에서 庶人은 官品과 함께 나타난다. 그렇지만 문헌사료에 庶人이 品級 체제와 함께 본격적으로 나타난 것은 아래 ②의 자료인 北魏 孝莊帝 시기였다. 이것은 北魏의 효문제 시기에 관품의 정리와 관련이 있다.

> ① 四品 以下의 관원은 비단 옷을 입을 수 없도록 금지했고, 庶人은 奴婢를 소유할 수 없고, 車馬를 탈 수 없도록 하였다.[79] (『魏書』)

> ② 壬寅日에 爾朱榮이 無上王을 추존하여 無上皇帝로 할 것을 表를 올려

---

77) 林炳德, 위의 논문, p.200.

78) 『宋書』 卷18 「禮志五」, p.520, "徐爰曰：「帽名猶冠也. 義取於蒙覆其首. 其本纚也. 古者有冠無幘, 冠下有纚, 以繒爲之. 後世施幘於冠, 因裁纚爲帽. 自乘輿宴居, 下至庶人無爵者, 皆服之."

79) 『魏書』 卷99 「張寔列傳/附祚」, p.2196, "廢諸神祀, 山川枯竭. 置五都尉, 司人姦過. 禁四品以下不得衣繒帛, 庶人不得畜奴婢、乘車馬."

요청하였다. 그 나머지 河陰에서 죽은 자 가운데 王 및 刺史에 속한 관원은 三公을 추증하고, 三品 官階에 속한 자는 尚書令 僕射를 추증하며, 五品에 속한 자는 刺史를 추증하며, 七品 己下 및 庶人에게는 郡守·鎭將을 추증한다. 죽은 자의 子孫은 後嗣를 세우는 것을 허락하고, 封爵을 수여한다. 詔書로 그것을 따랐다.[80] (『北史』 「魏孝莊帝紀」)

③ 職事官 및 百姓이 田地를 경작하겠다고 요청한 것은 永業田이라고 부른다. 奴婢가 田地를 받는 것은 親王은 三百人, 嗣王은 二百人, 第二品 嗣王 이하 및 庶姓王은 一百五十人, 正三品 이상 및 황제의 종실은 一百人, 七品 이상의 관원은 八十人으로, 八品 이하 관원에서 庶人까지는 六十人으로 제한한다. 奴婢가 제한액 이외로 전지를 받지 않는 자는 조세를 납부하지 않는다. 京城 百里 밖 및 各 州의 人戶는 一夫는 露田 八十畝를, 婦女는 四十畝를 받는다. 奴婢는 良人에 의거하며, 제한액은 京城의 百官과 동일하다.[81] (『隋書』)

④ 官爵이 二品 이상이면 四廟를 제사하고, 五品 이상은 三廟를 제사하고, 六品 이하 庶人까지는 父祖만을 제사지낸다.[82] (『舊唐書』)

⑤ 公文이 시행된 것이 아닌 것, 有品 己上의 公文은 모두 牒이라 하고,

---

80) 『北史』 卷5 「魏敬宗孝莊帝紀」, p.162, "壬寅, 榮表請追謚無上王爲皇帝; 餘死河陰者, 諸王, 刺史贈三司, 三品者令僕, 五品者刺史, 七品己下及庶人, 郡, 鎭, 諸死者子孫, 聽立後, 授封爵. 詔從之."

81) 『隋書』 卷24 「食貨志」, p.677, "職事及百姓請墾田者, 名爲永業田. 奴婢受田者, 親王止三百人; 嗣王止二百人; 第二品嗣王己下及庶姓王, 止一百五十人; 正三品己上及皇宗, 止一百人; 七品己上, 限止八十人; 八品己下至庶人, 限止六十人. 奴婢限外不給田者, 皆不輸. 其方百里外及州人, 一夫受露田八十畝, 婦四十畝. 奴婢依良人, 限數與在京百官同."

82) 『舊唐書』 卷43 「職官二」(尚書都省 禮部尚書), pp.1830-1831, "凡官爵二品己上, 祠四廟. 五品己上, 祠三廟. 六品己下達於庶人, 祭祖禰而已."

庶人이 말한 바는 辭라고 한다.[83] (『舊唐書』)

⑥ 博士는 文武官 八品己下 및 庶人의 子 출신으로서 학생이 된 자를 가르치는 것을 담당한다. 律令을 전문적으로 수학하고, 格式法例 역시 兼習시킨다.[84] (『舊唐書』)

⑦ 疑罪란 사안에 혐의가 있지만 그 처리와 판결을 명확히 하기 어려운 것을 말한다. "각각 범한 죄에 따라 收贖으로 논한다."는 것은 혐의가 가는 죄에 따라 贖法으로 收贖하는 것을 말한다. 注에 이르기를 "疑는 虛·實의 증인 수가 같다"라고 하는 것은 8품 이하나 庶人(의 사안)에서 1인은 (혐의를) 부정하는 증언을 하고, 1인은 (혐의를) 긍정하는 증언을 하거나, 2인 이상의 경우 (혐의를) 부정하고 긍정하는 증인의 수가 각각 같거나, 혹은 7품 이상(의 사안)에서 각각 衆證에 근거하여 죄를 정하는데 역시 각각 (혐의를) 부정하고 긍정하는 (증인의) 수가 같음을 말한다.[85] (『唐律疏議』)

⑧ 다른 조문에서는 "비록 더하더라도 死罪에까지 이를 수 없다."는 것은 가령 部曲이 良人 9품 이상을 고의로 구타하여 一支를 부러뜨렸다면 일반인끼리의 구타에 의해 一支를 부러뜨린 罪가 도형 3년인데 9품 이상이므로 일반인끼리의 구타죄에 2등을 더하여 유형 2천5

---

83) 『舊唐書』卷43 「職官二」(尚書都省 禮部尚書), p.1817, "非公文所施, 有品己上公文, 皆曰牒. 庶人言曰辭也."

84) 『舊唐書』卷44 「職官三」(國子監), p.1892, "博士掌教文武官八品己下及庶人子爲生者. 以律令爲專業, 格式法例亦兼習之."

85) 錢大群, 『唐律疏議新注』(南京: 南京師範大學出版社, 2007), pp.1010-1011, "(502) 疑罪: 【疏】議曰: 疑罪, 謂事有疑似, 處斷難明. 各依所犯, 以贖論, 謂依所犯之罪, 用贖法收贖. 注云'疑, 謂虛實之證等', 謂八品以下及庶人, 一人證虛, 一人證實, 二人以上, 虛實之證其數各等; 或七品以上, 各據衆證定罪, 亦各虛實之數等." 번역은 任大熙·金鐸敏, 『譯註 唐律疏議』(서울: 한국법제연구원, 1997)에 의거.

백리에 처하고, 고의로 구타하였으므로 또 1등을 더하여 유형 3천리
에 처하며, 또 部曲이 구타하였으므로 1등을 더하면 死刑에 처해야
하지만 死刑에 처하지는 않고 다만 유형 3천리에 처한다. 이것이
"다른 조문에서는 死罪에까지 이를 수 없다."고 한 것과 같은 경우이
다.[86] (『唐律疏議』)

　　우선 ①은 五胡十六國시기 前涼의 和平 元年(354) 張祚가 涼王을 自稱
할 때의 일인데, 四品 以下의 관원이 언급되고, 서인의 비단 옷 착용금
지가 언급되고 있다. 이렇게 품계와 서인이 오호시대에 동시에 공존
했을 가능성도 있으나, 이 자료 이외에는 확인할 수 있는 것이 없어
서 더 이상의 언급은 곤란하다. ②의 北魏 孝莊帝 시기에 "七品已下及庶
人"이라는 것을 보면 庶人이 처음으로 관품과 함께 언급되고 있음을
알 수 있다. 北魏에서 관품과 서인이 함께 등장하는 것은 孝文帝의 관
품 제정과 관련이 있다. 그 이전까지는 曹魏 - 晋 - 南朝로만 관품이 내
려오고, 오호십육국 시기는 언급할 만한 것이 없었다. 그러므로 효문
제 이전까지는 庶人이 관품체제 내에 어떻게 규정되어 있는지 확인할
수 없었다. 庶人이 官品과 관련되어 나타나는 사례가 균전제 규정에
서 확인된다.
　　孝文帝 太和 9년, 『魏書』「食貨志」에 수록된 균전제의 授田 규정에는
良人·奴婢만 있고 서인·관품의 규정은 없다.[87] 그러나 ③『隋書』「食貨志」
에서는 良人과 奴婢가 대귀를 이루고, 庶人은 官品과 함께 언급되어 있다.

---

86) 같은 책, p.691, "(316) 「流外官殿議貴」. 別條雖加, 不入於死: 設有部曲, 故殿良
人九品以上一支折, 凡鬪折一支徒三年, 九品以上加凡鬪二等, 流二千五百里, 故
殿又加一等, 流三千里, 部曲殿又加一等, 即不合入死, 亦止流三千里, 此名'餘條
不加入死'之類."
87) 『魏書』 卷110 「食貨志」, p.2853, "(太和)九年, 下詔均給天下民田 : 諸男夫十五以
上, 受露田四十畝, 婦人二十畝, 奴婢依良. 丁牛一頭受田三十畝, 限四牛. 所授之
田率倍之, 三易之田再倍之, 以供耕作及還受之盈縮."

『魏書』「食貨志」에 庶人 규정이 없는 이유는 太和 9年에 "下詔均給天下民田"의 均田令을 내릴 때에는 관품이 아직 제정되지 않았기 때문이었다.

효문제는 太和 15년(491)에 가서야 "大定官品"하여 正·從·上·中·下로 모두 54급의 관품을 제정하였다. 이것은 『魏書』「官氏志」에 상세하다.[88] 또한 太和 23년(499)에 職令을 내려서, 1~3품은 正·從으로 4~9품은 正·從·上·下로 하여 모두 9품, 18등, 30급으로 조정하였으며, 宣武帝景明 원년(500)에 정식으로 반포 사용하게 되었다.[89] 이처럼 北魏 효문제 시기에 官品이 확정되고 그 안에 庶人을 규정한 이후에, 庶人은 관품과 함께 출현하는 사례가 증가되었다. 이것이 이 주제에 있어 가장 중요한 변곡점이 되었다.

良賤制가 활성화되고 나서의 자료인 ③ 이하의 자료에서는 庶人과 良人의 의미가 확연히 구분되어 사용되고 있음을 알 수 있다. ③의 『隋書』「食貨志」의 균전제 규정에서도 "八品己下至庶人"이라고 하여 庶人이 官品과 관련되어 서술되고 있다. 특히 주목되는 점은 균전제의 규정에 庶人과 良人이 함께 기록되어 있지만, 전자는 官品에 대하여, 후자는 賤人에 대하여 사용되고 있다. 동일 조항에서 庶人과 良人이 각각 다른 對語와 기록된 것은 양자의 의미가 법률적으로 다른 것임을 알 수 있다. 균전의 永業田과 露田을 표로 정리하면 다음과 같다.

---

88) 『魏書』卷113「官氏志」, pp.2976-2977, "太和中高祖詔群僚議定百官, 著於令, 今列於左, 勳品·流外位卑而不載矣."; 『魏書』卷7下「高祖孝文帝宏」, p.168, "(太和15年)冬十月庚寅, 車駕謁永固陵. 是月, 明堂·太廟成. 十有一月丁卯, 遷七廟神主於新廟. 乙亥, 大定官品."

89) 『魏書』卷113「官氏志」, p.2993, "二十三年, 高祖復次職令, 及帝崩, 世宗初班行之, 以爲永制."; 閻步克, 『品位與職位』, p.380. 梁武帝의 天監 7년(508)의 관제 개혁은 북위의 것을 모방한 것이다.

[표 6] 永業田의 奴婢 受田

A) 永業田의 奴婢 受田	노비 숫자의 제한
親王	300人
嗣王	200人
第二品嗣王己下及庶姓王	150人
正三品己上及皇宗	100人
七品己上	80人
八品己下至庶人	60人
B) 方百里外 및 州人의 露田	지급규정
良人	一夫 80畝, 婦 40畝
奴婢依良人	限數與在京百官同

　A) 永業田을 奴婢가 受田하는 경우, 표에서 분명하게 알 수 있듯이 庶人은 品階와 관련이 있다. 奴婢의 受田은 主人의 官品에 입각하여 차등적으로 규정하였는데, 7품 이상은 노비 80인까지 토지지급을 허용하고, 8품 이하에서 庶人까지는 토지지급을 노비 60인으로 한정하였다. 즉, 庶人은 품계와 관련된 것이다. B) 露田에서 노비의 경우는 "奴婢依良人"이라고 하여 良人의 규정에 의거한다고 하여 奴婢 - 良人이 대비되고 있음을 알 수 있다. 즉, 良人의 관품에 따라서 정 3품 이상, 7품 이상, 8품 이하의 등급으로 구분하여 노비의 人數를 제한한 것이다. 결과적으로 良人과 庶人은 그 범주가 다른 것이라고 할 수 있다.

　④에서는 "官爵이 二品 이상이면 四廟를 제사하고, 五品 이상은 三廟를 제사하고, 六品 이하 庶人까지는 父祖만을 제사지낸다."고 하여 官爵을 2품 이상, 5품 이상, 6품 이하 庶人까지의 3개 등급으로 분류하고 있다. 여기에서도 庶人은 官品과 관련되어 언급되고 있다. ⑤는 "有品己上의 公文은 牒이라 하고, 庶人의 말한 바는 辭라고 한다."고 하여 庶人과 有品(九品, 流內官)을 직접 비교하고 있는데, 이는 庶人이 관품이 없는 신분임을 말해주고 있다. ⑥의 내용은 "博士는 文武官八品己下 및 庶人의 子로서 학생이 된 자를 가르치는 것을 담당한다. 律令을 전문적으

로 수학하고, 格式法例 역시 兼習시킨다."고 했는데, 여기에서도 문무관 8품 이하와 서인을 구분하고 있음을 알 수 있다. ⑦의 『唐律疏議』에서도 "謂八品以下及庶人"이라 하여 庶人이 八品以下와 함께 보인다.

⑧은 良人과 官品 사이의 관계에서 어느 것이 더 큰 범주인지 분석할 수 있는 자료이다. "設有部曲, 故毆良人九品以上一支折"는 部曲이 고의로 良人九品을 구타한 내용이다. 良人 중에서 九品이라고 했는데, 品階에 들어간 사람은 良人의 범주에 속하는 것이다. 良人이 일반 서인 이상을 의미하는 것이라고 할 때 위의 경우도 충분히 이해할 수 있다. 『唐律疏議』 316 「流外官毆議貴」의 "【疏】議曰 : 流外官, 謂勳品以下, 爰及庶人."에서 보면 庶人이 官品과의 관련 속에서 無官을 지칭하는 것임을 알 수 있다.

필자는 전장에서 魏晉南北朝까지 二十等爵이 계속 존재하였음을 증명하였는데, 庶人이 爵과 함께 출현하지 않고, 品과 대비되는 이유는 孝文帝의 官品 정비에 있었다. 즉, 이십등작제가 점차 기능하지 않게 되어가면서 爵과 대비할 수 없고, 대신에 官品과 함께 나타난다. 즉, 秦漢의 爵·秩체제가 魏晉 이후의 爵·品체제로 바뀌면서 秦漢의 無爵에서 魏晉 이후의 無官의 의미로 변화된 것이다. 관품이 二十等爵制를 대체하면서 관품에 들지 못하는 자를 庶人이라고 하는 것이다. 보다 정확히 말하면, 庶人은 流內品과 대비된 無品을 지칭하는 것이다.

한편 다음 절에서 고찰하는 것처럼, 良人은 庶人을 포함하는 더 큰 범주로서 奴婢·部曲의 대칭어, 즉 良賤制의 개념으로 사용되어 있음을 알 수 있었다. 庶人과 良人의 개념은 이러한 원칙에서 벗어난 예가 없다. 이렇게 庶가 官品과 대립된 개념으로서 인식된 것은 西周 봉건체제 하의 士庶관념에 영향을 받은 것인데, 당시에는 公卿大夫士의 爵에 포함되지 못한 것이었다. 이때의 庶人은 無爵의 개념이었고, 이것이 후대 庶人의 개념을 존속시켜왔다.

[표 7] 漢唐간의 庶人의 위치

	官爵	庶人	負(−)신분
漢律	有爵者	庶人(無爵者)	죄수 및 관노비
唐律	官品(流內)	庶人(無官者)	관노비 등 천인
	良人		

2. 良人의 개념

三國 이후에 노비가 방면된 신분은 庶人으로 표현하기도 하고 良人으로 표현하기도 했는데, 양자의 비율은 3 : 7이었다. [표 8]에서 알 수 있듯이, 秦漢시기에 노비가 免되어 庶人이 되는 형식(免奴婢爲庶人)이 三國 이후 六朝 시기에 들어와 良人으로 되는 형식(免奴婢爲良人)으로 변화하기 시작했다. 이러한 사실은 秦漢시기에 예외 없이 庶人으로 되었다는 사실에 비춰보면 형식상 커다란 변화였다.[90]

[표 8] 노비를 방면했을 때 되는 신분

前漢	서인	
後漢	서인	
三國	서인	양인
南北朝	서인	양인
隋		양인

奴婢가 해방된 신분이 庶人에서 良人으로 되는 것과 관련하여 尾形勇의 견해가 주목된다. 그는 두 가지 결론을 내리고 있다. 첫째, 僮·隷·僕·虜·臣·妾·奴·婢 등을 통합하여 身分으로서의 "노비"가 성립한 秦漢시대에 身分으로서의 良民이라는 語句는 존재하지 않았다는 것과, 이와 동시에 罪人·盜賊의 類와 대비되는 개념으로서의 "良民"이 한편으로 존재하고 있었다는 것이다.[91] 둘째는 신분으로서의 良民의 용어

---

90) 尾形勇, 「良賤制の形成とその展開」(『岩波講座 世界歷史』 5), pp.354-355; 林炳德, 「魏晉南北朝의 良賤制」(『歷史學報』 142輯, 1994), p.197.

는 삼국시기에 출현하여 남북조시기, 특히 北魏 균전제의 성립기에
정식으로 등장한다는 것이다. 특히 漢代에는 예외 없이 노비가 免되
면 庶人·庶民으로 되고 良民으로 되는 사례는 없지만, 三國 이후에는
良民이 많이 사용되고 있다고 주장하였다.[92]

　반면에 堀敏一은 "良奴制가 北魏 均田制의 성립기에 등장했다"는 尾
形勇의 주장에 대해서, 良賤의 신분제도는 후한말·삼국시대부터 나타
났다고 주장한다. 즉, 두 사람의 견해는 良賤의 성립이 후한말·삼국시
대인지, 北魏 균전제 성립 시기인지에 견해 차이가 있는 것이다. 두
사람의 논쟁에서 확실한 것처럼, 後漢末까지는 노비를 해방하였을 때
"免爲庶人"으로 되는 것에 예외가 없었으며, 三國 이후에 "免爲良人"이
나타나는 것이다.

　良人의 최초 의미가 무엇인지 분석하기 위해서 良人과 대비되는
용어를 검토해보았다. 後漢 이전까지 良人과 대척점에 있는 개념은
"盜賊"이었다. 그것은 피상적으로 생각하는 "도적"이 아니었다. 그 후
後漢시대에 良人과 대비되는 개념은 점차 "奴婢" 등으로 바뀌게 되어
갔다. 『大戴禮記』「千乘」에 따르면, 良民의 개념은 政으로써 교화되고,
착한 것(嘉善)으로써 齊一된 존재이며, 사악함(蠱佞)이 없는 존재였
다.[93] 이렇게 법에 교화되고 착한 존재로서의 양민은 도적과 대비시
킨 것으로 보아 국가의 체제 내에서 지배에 순응하는 존재로 해석된
다. 이 지배질서를 거부하거나 이탈하는 존재는 범죄자·노비·도적인
것이다. 또한 殘簡으로 인하여 명확하지는 않지만 漢代 서북변경에서
출토된 자료에도 良民과 盜賊은 대조를 이루고 있다.[94] 이처럼 漢代에

---

91) 이것은 良民이라는 말은 존재했으나 아직 신분으로서의 良民은 미성립이
　　라는 의미이다.
92) 尾形勇, 위의 논문, pp.354-355.
93) 黃懷信 主撰, 『大戴禮記彙校集注』(西安: 三秦出版社, 2005), 卷9「千乘」p.943,
　　"夫政以敎百姓, 百姓敎以嘉善, 故蠱佞不生, 此之謂良民."
94) 李均明 編, 『散見簡牘合輯』(北京: 文物出版社, 1990), p.97, no.1047.

는 良民이 盜賊 또는 官吏에 의하여 핍박을 받거나 위협당하는 존재로
서 표현되는 사례가 많다.

그 후 前漢말에 이르면 "諸官奴婢 10만여 명이 놀면서 일을 하지 않
고 있는데, 良民에게 세금을 부과해 (관노비들에게) 비용을 지급하고
있다. 해마다 비용이 五六鉅萬이나 되니 마땅히 免하여 庶人으로 해야
한다."는 것에서 보이듯이 良人을 奴婢와 대비시키는 기록이 나타나기
시작하고 있다.[95] 盜賊과의 관련성은 後漢에 들어오면 사라지고 良人
은 대부분 被略되어 노비로 된 존재로 서술되고 있다. 즉, 良과 奴가
대비되는 형태로 변모하게 된 것이다. 따라서 「貢禹傳」의 "稅良民"에
근거하여 양민을 국가에 조세를 납부한다는 의미에서 善良한 民이란
의미도 타당성은 있지만,[96] 국가의 편호체제 내에서 이탈하지 않은
존재로 보아야 할 것이다. 盜賊은 국가의 편호체제에서 벗어난 존재
이며, 관노비와 사노비도 역시 몰수되어 편호체제에서 탈락한 존재들
로 이해해야 할 것이다.

[표 9] 良人의 사례

출전	자료	비교 대상
『大戴禮記』 千乘	夫政以敎百姓, 百姓齊以嘉善, 故蠱佞不生, 此之謂良民.	蠱佞
『管子』 明法解	草茅弗去, 則害禾穀. 盜賊弗誅, 則傷良民.	盜賊

　　　　☑令長相對☑
　　　　☑□曰大邦新至☑
　　　　☑巳□曰聞者卒卒縣賦☑
　　　　☑未府曰□□(黑+去)犯□至不☑
　　　　☑□□曰吏驗事不□人☑
　　　　☑□良民□盜賊

95) 『漢書』 卷72 「貢禹傳」, p.3076, "又諸官奴婢十萬餘人戲遊亡事, 稅良民以給之, 歲
　　費五六鉅萬, 宜免爲庶人."

96) 林炳德, 위의 논문, p.198.

출전	자료	비교대상
『鹽鐵論』 箴石	語曰:"五盜執一良人, 枉木惡直繩." 今欲下箴石, 通關鬲, 則恐有盛, 胡之累, 懷箴橐艾, 則被不工之名.	盜
『漢書』 霍光傳	而幽良人婢妾守之	婢妾
『漢書』 于定國傳	惡吏負賊, 妄意良民, 至亡辜死. 或盜賊發, 吏不亟追而反繫亡家, 後不敢復告, 以故寖廣.	惡吏, 盜賊
『漢書』 貢禹傳	又諸官奴婢十萬餘人戲遊亡事, 稅良民以給之, 歲費五六鉅萬, 宜免爲庶人	官奴婢
『漢書』 王尊傳	往者南山盜賊阻山橫行, 剽劫良民, 殺奉法吏	盜賊
『漢書』 蕭望之傳	漢但令皋人出財減皋以誅之, 其名賢於煩擾良民橫興賦斂也.	皋人
『漢書』 翟方進傳	吏民殘賊, 毆殺良民	吏民
『漢書』 循吏傳(龔遂)	諸持鉏鉤田器者皆爲良民, 吏無得問, 持兵者乃爲盜賊.	盜賊
『中論』佚文	夫奴婢雖賤, 俱含五常, 本帝王良民, 而使編戶小人爲己役, 哀窮失所, 猶無告訴, 豈不枉哉?	奴婢
『後漢書』 梁統列傳	或取良人, 悉爲奴婢	奴婢
『後漢書』 鍾離意列傳	吏殺良人, 繼踵不絕.	吏
『後漢書』 酷吏列傳	陛下聖德中興, 而縱奴殺良人	奴
『後漢書』 宦者列傳(侯覽)	(宦者 侯覽)破人居室, 發掘墳墓. 虜奪良人, 妻略婦子, 及諸罪釁, 請誅之.	宦者
『後漢書』 宋均傳	自今以後, 爲山娶者皆娶巫家, 勿擾良民.	巫家
『後漢書』 王符列傳	今日賊良民之甚者, 莫大於數赦贖. 赦贖數, 則惡人昌而善人傷矣.	惡人 (죄인)
『三國志』魏書·齊王芳	詔曰:「屬到市觀見所斥賣官奴婢, 年皆七十, 或癃疾殘病, 所謂天民之窮者也. 且官以其力竭而復鬻之, 進退無謂, 其悉遣爲良民. 若有不能自存者, 郡縣振給之.」	官奴婢
『三國志』魏書·毛玠	今真奴婢祖先有罪, 雖歷百世, 猶有黥面供官, 一以寬良民之命, 二以宥幷罪之辜.	노비 죄인
『三國志』吳書·鍾離牧	又揭陽縣賊率曾夏等衆數千人, 歷十餘年, 以侯爵雜繒千匹, 下書購募, 絕不可得. 牧遣使慰譬, 登皆首服, 自改爲良民.	賊
『三國志』魏書·齊王芳	官奴婢六十已上, 免爲良人.	官奴婢

출전	자료	비교대상
『晋書』中宗元帝睿	「昔漢二祖及魏武皆免良人, 武帝時, 涼州覆敗, 諸爲奴婢亦皆復籍, 此累代成規也. 其免中州良人遭難爲揚州諸郡僮客者, 以備征役.」	奴婢, 僮客
『晋書』王敦列傳	賦役不均, 百姓嗟怨; 免良人奴, 自爲惠澤.	奴
『晋書』姚興載記上	班命郡國, 百姓因荒自賣爲奴婢者, 悉免爲良人.	奴婢
『魏書』江陽王繼列傳	又以良人爲婢, 爲御史所彈, 坐免官爵.	婢
『魏書』邢巒	亮於是奏劾巒在漢中掠良人爲奴婢.	奴婢
『北史』周高祖武帝本紀	詔自永熙三年七月以來, 去年十月以前, 東土人被鈔在化內爲奴婢者; 及平江陵日, 良人沒爲奴婢者 : 並免同人伍.	奴婢

표에서 알 수 있듯이 後漢시대에는 前漢시대에 비하여 良人과 奴婢의 대비가 빈번해졌다. 전한과 후한시대에 良人의 대칭어가 국가의 지배에 저항하는 盜賊에서 국가의 보호 불능으로 인하여 略賣된 奴婢로 이행한 것은 중요한 변화라고 할 수 있다. 즉, 후한시대에는 노비가 범죄행위를 통하여 발생된 것이 아니라 인신매매를 통하여 생겨났다는 인식을 위정자들이 가지게 됨에 따라 노비의 대칭적인 표현으로서의 良人이 출현한 것이다.[97] 노비에 대한 해방 조치가 秦·漢代의 免爲庶人의 형식에서 魏晋代의 免爲良人으로 변화한 것이 바로 노비가 양인에서 비롯되었다는 사실과 밀접한 관련을 가지고 있다는 林炳德의 지적은 示唆하는 점이 있다.

그러나 庶人과 良人의 개념상에 혼란이 나타나기 시작했는데, 바로 그러한 증거가 『晋書』「元帝紀」의 기록이다.

5月에 가뭄이 들었다. 庚申日에 조서에서 말하기를, "옛날 漢의 二祖(高祖, 光武帝) 및 魏武帝는 모두 (노비를) 免하여 良人으로 삼았다. 武帝時 涼

---

97) 같은 논문, p.200.

州가 覆敗하였을 때 奴婢가 된 모든 자들 역시 復籍하였다. 이것은 累代 동안 이루어진 원칙이다. 中州의 良人 가운데 난을 만나서 揚州 諸郡에 僮 客이 된 자를 면하여 征役에 대비하게 하라."[98]

「元帝紀」의 "옛날 漢의 二祖(高祖, 光武帝) 및 魏武帝는 모두 (노비를) 免하여 良人으로 삼았다."는 것은 漢高祖 5년에 飢餓로 自賣한 자들을 해방하여 庶人으로 삼았던 사실과 光武帝의 수차에 걸친 노비 해방령 을 통해 庶人으로 삼고 있는 사실을 말한다.(魏武의 기사는 확인되지 않음)[99] 그런데 『漢書』와 『後漢書』의 원래 기록이 庶人으로 되어있음에 도 『晋書』 「元帝紀」의 조서에서 良人으로 표현한 것은 이 시기에 庶人 과 良人의 개념이 혼동되었음을 말해주는 것이다. 東晋 元帝의 조서는 庶人과 良人을 동일한 개념으로서 혼동했지만, 그 효시를 이룬 것은 삼국시대 曹魏의 齊王 芳의 즉위 조서에 보이는 官奴婢 해방령이다.

"궁실을 흥건하는 각종 노역은 모두 遺詔의 명의에 입각하여 중단하 라. 官奴婢 중에서 60세 이상은 免하여 良人으로 삼으라."[100]

齊王 芳은 황제에 즉위하고 나서 관노비 60세 이상을 良人으로 赦 免했는데, 이는 노비를 해방하여 良人으로 삼은 최초의 기록이다. 漢 代까지는 사면하면 庶人으로 방면하던 것을 良人으로 하는 용어상의

---

98) 『晋書』 卷6 「元帝紀」, p.154, "五月, 旱. 庚申, 詔曰 : '昔漢二祖及魏武皆免良人, 武帝時, 涼州覆敗, 諸爲奴婢者亦皆復籍, 此累代成規也. 其免中州良人遭難爲揚州 諸郡僮客者, 以備征役.'"

99) 『漢書』 卷1下 「高帝紀」, p.54, "民以飢餓自賣爲人奴婢者, 皆免爲庶人.";『後漢書』 卷1下 「光武帝紀」, p.51, "七年春正月丙申, 詔中都官·三輔·郡·國出繫囚, 非犯殊 死, 皆一切勿案其罪. 見徒免爲庶人. 耐罪亡命, 吏以文除之.";『後漢書』 卷1下 「光 武帝紀」, p.58, "癸亥, 詔曰 : 「敢炙灼奴婢, 論如律, 免所炙灼者爲庶人."

100) 『三國志』 卷4 「魏書/齊王芳」, p.117.

큰 변화이다. 이것은 이 시기에 庶人과 良人이 혼동되고 있었을 가능성을 보여준다.

免爲庶人에서 免爲良人으로 이행한 원인은 무엇일까? 그에 대하여 확실한 해답을 찾아내는 것은 어렵지만, 堀敏一은 노예제의 발전이 서인층의 분해를 촉진하여 전제국가의 소농민 지배 체제를 동요시켰던 것이 원인이라고 지적한다.[101] 필자는 앞에서 良人의 對語로서 처음에는 盜賊이 나왔으나, 이후에는 奴婢가 등장했음을 지적했는데, 바로 良人의 붕괴와 소농민의 붕괴는 같은 의미이다. 그러나 堀敏一 등의 연구는 庶人의 개념에 대해서 크게 주목하지 않았으므로 良人과 庶人을 비교하는 논리가 명확하지 않다.

3. 北魏 孝文帝 시기 良賤制 확립

免爲庶人이 免爲良人으로 바뀌게 되는 데는 良賤制의 발전에 힘입었다고 생각된다. 秦漢律에서 처음 사용된 免爲庶人을 魏晉南北朝 시기 내내 免爲良人과 구별 없이 혼용해왔다. 그것을 배후적으로 가능하게 했던 것은 魏晉南北朝까지 免爲庶人의 근거가 되어왔던 二十等爵制 가운데 하급작이 폐지됨이 없이 계속 집행되어온 것도 이유였다. 즉, 秦漢律의 遺制가 위진남북조까지 남아 있었던 것이다. 그런데 北魏의 孝文帝시기부터 良賤制가 법률적으로 뿌리를 내리기 시작했다. 중국의 문화에 심취한 孝文帝는 중국의 신분질서도 수용하여 문벌사족 제도와 양천제도를 확립하는데 큰 역할을 하였다.[102] 효문제가 즉위

---

101) 堀敏一, 위의 논문, pp.371-372. 堀敏一은 "晋代에는 현재 官에 있던지 여부에 관계없는 士의 고정된 신분이 성립하여 士·庶의 구별이 엄중하게 되었다. 이러한 신분의 고정화는 사회의 변화에 대응한 것인데, 이와 동시에 노비와 그렇지 않은 신분과의 차이도 한층 명확하게 되어 '帝王의 良民'을 확보해두려는 필요가 나타났다고 생각한다. 여기에 소위 귀족정치와 이윽고 균전제가 생겨나는 것은 아닐까 생각한다."고 주장하였다.

102)『魏書』卷7下「高祖孝文帝宏帝紀」, p.187, "雅好讀書, 手不釋卷. 五經之義, 覽

할 무렵에 良賤의 신분제도는 명확하지 않았는데, 효문제는 이러한
상황을 비판하고 명확한 신분질서를 확립하도록 명령했다.

> (太和 元年, 477년) 八月 壬子日에 天下에 大赦를 내렸다. 丙子日에 詔書
> 를 내려 말하였다 : "工商奴隷는 각각 그 본분이 있는데, 有司들이 방종하
> 고 雜濫하여 어떤 工商奴隷는 淸高流한 士大夫 가운데 섞여 들어가기도 한
> 다. 지금부터 戶內에 工匠僕役에 종사하는 사람이 있으면 단지 本部의 丞
> 을 할 뿐이고, 丞 이하는 차례에 따라서 관직을 제수한다. 만약 官階가 특
> 수한 功勳에 의거한 것이거나, 勞績이 국가를 안정시킨 사람은 이 제도를
> 따르지 않는다."[103]

   孝文帝의 이러한 명령은 太和 원년 시기의 신분계급의 경계가 명확
하지 않았음을 말해주는 것이다. 효문제가 발포한 일련의 조령은 북
위 사회의 존비귀천 등급관념을 강화시키고, 양천신분제도의 계통화
와 제도화하는 데 결정적 역할을 했다.[104]
   우선 太和 9年(485) 均田制는 良人과 賤人 모두에게 授田하는 규정을
둠으로써 良奴신분제의 확립에 큰 영향을 미치고 있다. 『魏書』 「食貨
志」에는 균전제에 노비와 관련된 내용이 있음을 볼 수 있다.[105] 그 중

   之便講, 學不師受, 探其精奧.";李天石, 『中國中古良賤身份制度硏究』(南京: 南
   京師大出版社, 2004), p.205.
103) 『魏書』 卷7上 「高祖孝文帝宏帝紀」, p.144, "(太和元年)八月壬子, 大赦天下. 丙
   子, 詔曰 : 「工商皂隷, 各有厥分, 而有司縱濫, 或染淸流. 自今戶內有工役者, 推
   上本部丞, 已下準次而授. 若階藉元勳、以勞定國者不從此制.」"
104) 李天石, 위의 책, p.210.
105) 『魏書』 卷110 「食貨志」, pp.2853-2855, "(太和)九年, 下詔均給天下民田 : ①諸男
   夫十五以上, 受露田四十畝, 婦人二十畝, 奴婢依良. 丁牛一頭受田三十畝, 限四
   牛. 所授之田率倍之, 三易之田再倍之, 以供耕作及還受之盈縮. ②諸民年及課則
   受田, 老免及身沒則還田. 奴婢,牛隨有無以還受. ③諸初受田者, 男夫一人給田
   二十畝, 課蒔餘, 種桑五十樹, 棗五株, 楡三根. 非桑之土, 夫給一畝, 依法課蒔楡.

에서 "諸男夫十五以上, 受露田四十畝, 婦人二十畝, 奴婢依良."은 노비에 대한 토지 지급이 良人의 신분에 입각한다고 한 것으로, 이는 호적에 양인과 노비의 신분이 구별되어 있어야 가능한 것이다.

또한 太和 17年(493)의 조서에는 "奴僕之家(廝養之戶)는 士人平民과 혼인을 할 수 없고, 文武의 재간이 있고, 勞績을 누적하여 승진한 자는 庶族과 같은 예로 하여 통혼을 허락한다."고 하였다.[106] 良賤의 통혼을 불허하는 이 조서가 良賤制의 확립에 영향을 끼쳤음은 분명하다. 이 조서는 앞서 언급한 [표 5]의 孝文帝 太和 17年의 賜民爵 사례 중 ③과 연속되어 있는 것인데, 그렇다면 孝文帝는 良賤制와 民爵 모두를 채택하여 漢族의 사회신분질서를 수용하고자 한 것이다. 이 조치는 太和 19年 定姓族을 시행하기 이전에 효문제가 사회의 귀천존비등급을 강화하는 整地작업의 하나로서 이해된다. 그러나 孝文帝가 賜民爵과 良賤制를 모두 채용했지만 의도하지 않은 결과를 낳게 되었다. 즉, 良賤制의 강화로 良人의 개념이 부각되어 庶人과 모호하게 혼용되던 것에서 탈피하고, 드디어는 "免爲庶人"을 "免爲良人"으로 대체하게 되었다.

太和 원년(477) 존비귀천의 구분, 太和 9년의 균전제 시행에서 양인과 노비의 구분, 太和 17年의 양천의 통혼 불허 등과 같은 일련의 조치에 의해 양천제도가 자리를 잡아가게 되었다. 그런데 균전제를 시행한 이후에 良奴에 관련된 소송 안건이 크게 증가하였다.[107] 노비를 점유하면 소유 토지에 제한을 받지 않으므로 어떤 지주는 양인을 노비

棗. 奴各依良. 限三年種畢, 不畢, 奪其不畢之地. 於桑楡地分離蒔餘果及多種桑楡者不禁. ④諸麻布之土, 男夫及課, 別給麻田十畝, 婦人五畝, 奴婢依良. 皆從還受之法. ⑤諸還受民田, 恒以正月. 若始受田而身亡, 及賣買奴婢牛者, 皆至明年正月乃得還受. ⑥諸民有新居者, 三口給地一畝, 以爲居室, 奴婢五口給一畝. 男女十五以上, 因其地分, 口課種菜五分畝之一."

106) 『魏書』卷7下 「高祖孝文帝宏」, p.173, "(太和17年)又詔廝養之戶不得與士民婚; 有文武之才, 積勞應進者同庶族例, 聽之."

107) 李天石, 위의 책, p.212.

로 삼아서 토지를 요구했다. 孝文帝에 의해 양천제가 자리를 잡았다
고는 하지만, 太和 17年(493)으로부터 20년이 경과된 延昌 2년(513)의 시
점까지도 양천소송이 빈발하고 오랫동안 해결되지 않자 李平은 景明
(宣武帝 500-503) 이전으로 경계를 삼을 것을 상주하였고, 孝文帝의 아
들 宣武帝는 延昌 2월 2월 癸卯에, "定奴良之制, 以景明爲斷"하였다.[108]
景明年을 경계로 하여, 진위를 불문하고 이 이전에 노비인 자는 계속
노비로 하였고, 이후에 양인이 노비가 되는 것과 노비에서 양인이 된
것은 일률적으로 무효로 하였다. 이 조서에 의해 諍訟이 그쳤다는 것
을 보면 良賤의 제도가 자리를 잡았고, 호적상에 명확하게 표현되었
음을 알 수 있다.[109]

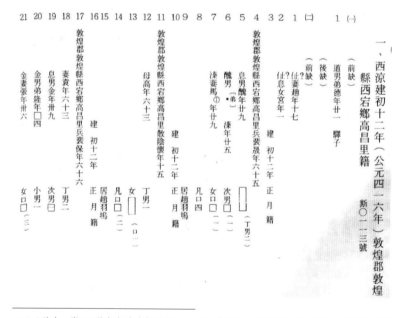

---

108) 『魏書』卷8 「世宗宣武帝恪帝紀」, p.213, "(延昌二年) 閏二月辛丑, 以苑牧之地賜
代遷民無田者. 癸卯, 定奴良之制, 以景明爲斷."
109) 『魏書』卷65 「李平列傳」, p.1453, "延昌初, 詔復官爵, 除其定冀之勳. 前來良賤
之訟, 多有積年不決, 平奏不問眞僞, 一以景明年前爲限, 於是諍訟止息."

秦漢시기의 노비는 일반 상황 하에서는 단지 家産과 함께 등기되고, 良과 賤이 표시되는 등급상의 대응관계는 없었으며, 위의 西涼 建初 十二年(416)의 戸籍에서도 역시 양천신분의 구별이 없다.[110]

그러나 북위에서 均田制와 "定奴良之制"를 시행한 이후에 良賤신분은 戸籍과 計帳에 반영되기 시작했다. 景明의 조치 이후 34년이 경과된 西魏 大統 13년(547)의 「西魏大統十三年瓜州效穀郡計賬」의 7~12행에는 戸籍을 良賤으로 구분하고, 13~18행에는 布麻징수와 受田을 良과 賤으로 구별하고 있다.[111]

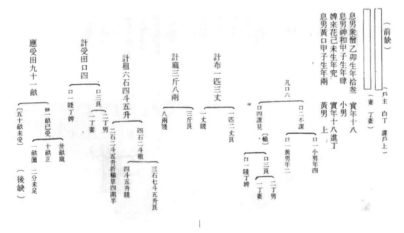

이러한 良賤의 구별은 북위 효문제 태화 9년 실행한 균전제 및 延昌 2년의 "定奴良之制" 이후에 시작되었다. 이 조치가 내려진 이후에 북위의 良賤 신분제도가 엄격해져 良人을 불법으로 賤人으로 삼으면

---

110) 唐耕耦·陸宏基, 『敦煌社會經濟文獻眞蹟釋錄(第一輯)』(北京: 書目文獻出版社, 1986), p.109.
111) 같은 책, p.120; 李天石, 위의 책, p.233.

처벌되는 사례가 확인된다.[112]

北魏의 孝文帝·宣武帝 때부터 양천 신분제도에서 채택된 戶籍計帳의 기입방법은 隋唐에 의해 계승되었는데, 敦煌 吐魯番에서 출토된 唐代 문서에는 양천신분의 등록법이 西魏 大統十三年의 計帳과 동일하다.[113] 이로부터 北朝 양천제는 隋唐의 양천신분에 대하여 영향을 미쳤음을 알 수 있다.[114]

北魏의 율령은 北齊·隋·唐의 계통으로 이어지고 있으므로,[115] 良賤制도 北齊로 계승되었다고 생각된다. 良賤制의 개념이 北魏에서 이미 확립되어 "良人"이라는 용어가 호적에 들어간 정식 법률 용어이기 때문에 免爲庶人 대신 免爲良人으로 바뀌었어야 할 것으로 생각되지만, 北齊와 北周에서는 계속 免爲庶人을 사용하고 있다.[116] 北齊는 皇建 원년(560) 60세 이상의 관노비를 庶人으로 삼았고, 北周 武帝 保定 5년(565)에서는 公私奴婢 중에서 70세 이상을 속면하였는데, 해방된 신분

---

112) 『魏書』 卷77 「高崇列傳附謙之」, p.1712, "初, 謙之弟道穆, 正光中爲御史, 糾相州刺史李世哲事, 大相挫辱, 其家恒以爲憾. 至是, 世哲弟神軌爲靈太后深所寵任, 直謙之家僮訴良, 神軌左右之, 入諷尚書, 判禁謙之於廷尉. 時將赦, 神軌乃啓靈太后發詔, 於獄賜死, 時年四十二. 朝士莫不哀之."; 『魏書』 卷14 「河間公齊傳附孫志」, pp.363-364, "世宗時, 除荊州刺史, 還朝, 御史中尉王顯奏志在州日, 抑買良人爲婢, 兼剩請供. 會赦免."; 『魏書』 卷16 「京兆王黎子根列傳附江陽王繼」, p.402, "世宗時, 除征虜將軍, 靑州刺史, 轉平北將軍, 恒州刺史, 入爲度支尙書. 繼在靑州之日, 民飢餒, 爲家僮取民女爲婦妾, 又以良人爲婢, 爲御史所彈, 坐免官爵." 이 문제는 李天石, 『中國中古良賤身份制度研究』, p.212에 잘 지적되어 있다.

113) 國家文物局古文獻研究室等, 『吐魯番出土文書(錄文本)(第4冊)』(北京: 文物出版社, 1984), pp.12-14, 「唐西州高沙彌等戶家口籍」.

114) 李天石, 위의 책, p.234.

115) 陳寅恪, 『隋唐制度淵源略論稿』(北京: 三聯書店, 2001), pp.111-112.

116) 免爲庶人이 최종적으로 보이는 것은 아래의 자료이다. 『北史』 卷10 「周本紀下」(高祖武帝宇文邕), p.352, "辛未, 詔江陵人年六十五已上爲官奴婢者, 已令放免, 其公私奴婢年七十以外者, 所在官私宜贖爲庶人."; 『北齊書』 卷6 「孝昭帝紀」, p.82, "其官奴婢年六十已上免爲庶人."

을 양인이라 하지 않고, 庶人으로 표현하고 있다. 이것은 서인으로 칭했던 전대의 영향이 남았던 것으로 생각된다.

北魏 孝文帝의 太和 9년에 良賤制가 확립되었다면 東魏를 계승한 北齊에서도 「西魏大統十三年瓜州效穀郡計賬」처럼 戶籍에 良賤의 신분이 구별되어 있었을 것이다. 그럼에도 불구하고 北齊 皇建 원년까지 75년간 습관적으로 免爲庶人이라고 표현하고 있는 것이다. 北齊에서 官奴婢 해방을 免爲庶人으로 표현한 이유는 법령 전체의 체계에서 양인과 천인의 개념이 완벽하게 자리를 잡지 못했던 때문으로 생각된다. 양인의 신분이 명확하게 자리를 잡은 것은 역시 唐律에서라고 생각된다.

北齊 皇建 元年 이후 노비를 해방할 때 "免爲庶人"으로 표현한 사례가 나타나지 않는 것은 唐律에 관노비 → 잡호 → 관호 → 양인으로 되는 메커니즘이 나타난 것과 관련이 있다고 생각된다. 그러면 3차의 방면을 통해 최종적으로 良人이 되는 과정에서 천인들의 서열이 확정된 시점을 파악하는 것이야말로 免爲庶人에서 免爲良人으로 바뀌는 시점을 확정하는 방법일 것이다. 이러한 3免이 확인되는 것은 『唐六典』과 『舊唐書』인데, 唐代 이전에는 과연 존재하지 않았는지를 확인해야 할 것이다.

4. 사면 및 복역 후의 신분

唐律에서는 죄수에서 免되었을 때 어느 신분으로 되는지에 대해 규정이 보이지 않으며, 반면에 관노비가 免되면 官戶와 雜戶를 거쳐 良人으로 되는데, 이때에 庶人이라 하지 않는다. 唐代에 免爲庶人이 보이지 않는 것은 良賤制의 발전 결과이며, 그러한 결과가 唐代의 자료에 어떻게 나타나는지 확인할 것이다. 그 분석 대상은 고급관료를 대상으로 하는 것이 아니라, 관노비·사노비·죄수를 대상으로 하는 것이다. 唐 이전에 고급관료가 관직을 상실하면 庶人의 신분으로 되지만,[117] 廢爲良人으로 되는 경우가 없는 것은 庶人과 良人의 개념이 다르다는 것을 말해준다. 이 문제를 아래의 관노비·사노비·죄수의 세 방향으로 검토하기로 하겠다.

1) 관노비의 사면

唐代에는 免爲庶人의 형식이 보이지 않고 官奴婢는 해방되면 番戶(官戶) - 再免爲雜(戶) - 三免爲良人의 순서를 통하여 궁극적으로 良人으로 된다.[118]

관노비의 방면시, 1免 되면 官戶(番戶)가 되고, 2免 되면 雜戶, 3免 되면 良人이 되는 계통은 隋唐 이전에 확인되지 않는다. 三免 제도의 성립시기를 보려면, 雜戶·官戶의 출현 시기를 확인하는 것만으로는 불충분하고 雜戶와 官戶의 서열화가 이루어진 시점을 확인해야만 한다. 雜戶·官戶의 출현 및 그 서열화가 이루어진 것과 免爲良人 제도의 확립은 때를 함께 한다고 생각된다.

官戶의 기원은 남북조시대의 官口(관노비)를 모태로 隋代에 신설된 것이다.[119] 그 내원은 "前代 以來 관부에 종속되어 낳은" 경우, "今朝에

---

117) 『北史』卷7 「齊本紀中」(文宣帝高洋), p.251, "三月, 蠕蠕菴羅辰叛, 帝親討大破之, 辰父子北遁. **太保賀拔仁坐違緩, 拔其髮, 免爲庶人**, 使負炭輪晋陽宮."

118) 王溥, 『唐會要』(北京: 中華書局, 1955) 卷86 「奴婢」, p.1569, "舊制, 凡反逆相坐, 沒其家爲官奴婢. 反逆家男女及奴婢沒官, 皆謂之官奴婢. 男年十四已下者配司農, 十五已上者, 以其年長, 令遠京邑, 配嶺南爲城奴也. 一免爲番戶, 再免爲雜戶, 三免爲良人, 皆因赦宥所及, 則免之. 凡免, 皆因恩言之, 得降一等二等, 或直入良人. 諸律令格式有言官戶者, 是番戶之總號, 非謂別有一色.";『新唐書』卷46 「百官志一」(尚書省 刑部), p.1200, "都官郎中·員外郎, 各一人, 掌俘隸簿錄, 給衣糧醫藥, 而理其訴免. 凡反逆相坐, 沒其家配官曹, 長役爲官奴婢. **一免者, 一歲三番役, 再免爲雜戶, 亦曰官戶, 二歲五番役, 每番皆一月. 三免爲良人, 六十以上及廢疾者, 爲官戶; 七十爲良人.**";『舊唐書』卷43 「職官志二」(尚書都省 刑部尚書), pp.1838-1839, "**凡反逆相坐, 沒其家爲官奴婢. 一免爲番戶, 再免爲雜戶, 三免爲良民, 皆因赦宥所及則免之. 年六十及廢疾, 雖赦令不該, 亦並免爲蕃戶, 七十則免爲良人**, 任所樂處而編附之."

서 몰적"된 경우, 放免된 官奴婢의 3종류이다.[120] 唐代 雜戶의 내원도 官戶와 유사하여 일부분이 唐 이전의 것이 계승된 것 이외에 일부분은 俘虜와 범죄자를 沒官하여 諸司에 配隸한 人戶이다.[121] 唐代 이전이라면 어느 시기일까? 雜戶는 太和 5年의 "班乞養雜戶及戶籍之制五條"에 의해 천민으로 된 것으로 보이는데,[122] 五條의 상세한 내용은 알 수 없으나, 工樂 및 諸雜戶 신분의 제한, 전문 호적을 만드는 규정임은 분명하다.[123] 이러한 점에서 볼 때 雜戶는 북위에 정식으로 천민이 되었다.[124]

雜戶는 北魏에 천민이 되었으나, 官戶는 隋代에 신설된 것이므로 그 서열화는 隋代 이후라고 생각되지만, 隋代에 서열화가 있었는지 확인할 수 있는 자료는 없다. 그렇다면, 관노비가 3免 되어 良人이 되는 것은 현재의 자료로서는 唐代에 들어가서 비로소 출현한다고 말할 수 있다.[125] 이처럼 隋唐시기에 설치된 官戶와 雜戶이기 때문에 3단계 방면

---

119) 辛聖坤, 「雜戶 身分의 變遷과 그 性格」(『歷史學報』 115, 1987), p.176.

120) 錢大群, 『唐律疏議新注』 卷3 「名例律」, p.89, "(20)官戶者, 亦謂前代以來, 配隸相生, 或有今朝配沒, 州縣無貫, 唯屬本司." 配隸는 隸屬의 의미. 같은 책, 卷12 「戶婚律」, p.404, "(159)官戶亦是配隸沒官, 唯屬諸司, 州縣無貫.";『唐六典』卷6 「尙書刑部」(北京: 中華書局, 1992), p.193, "凡反逆相坐, 沒其家爲官奴婢. ……一免爲番戶, 再免爲雜戶, 三免爲良人, 皆因赦宥所及則免之." 番戶는 실제적으로 官戶이다. 『唐六典 刑部都官』"注"에 "諸律令格式有言官戶者, 是番戶之總稱, 非謂別有一色"이라고 있다.

121) 같은 책, 卷3 「名例律」, p.89, "(20)雜戶者, 謂前代以來, 配隸諸司職掌, 課役不同百姓, 依令'老免·進丁·受田, 依百姓例', 各於本司上下.";같은 책, 卷12 「戶婚律」, p.404, "(159)雜戶者, 前代犯罪沒官, 散配諸司驅使, 亦附州縣戶貫, 賦役不同白丁." 雜戶는 南北朝時期에 출현하였다. 鮮卑 拓跋部가 북중국을 통일하는 과정에서 俘虜를 官府에 役使하는 각종의 特殊戶口로 삼았는데, 예컨대 工匠·樂人·屯·牧 등 雜役人이다. 名色이 번다했기 때문에 百雜之戶, 즉 雜戶라고 칭했다.

122) 『魏書』 卷7上 「高祖孝文帝宏帝紀」, p.151, "(太和5年)甲戌, 班乞養雜戶及戶籍之制五條."

123) 李天石, 위의 책, p.216.

124) 같은 책, p.216.

125) 『新唐書』 卷46 「百官志一」(尙書省 刑部), p.1200, "都官郎中·員外郎, 各一人,

후 良人이 되는 것은 唐代에 새로 만들어진 규정이라고 할 수 있다.

『唐會要』의 기사대로 관노비의 해방 단계는 1단계와 2단계를 거칠 수도 있고, 직접 良人으로 될 수도 있었다. 그런데 관노비에서 해방된 자들은 無品이므로 결국 庶人이겠지만 良賤制에서는 이들을 賤人과 대비되는 良人으로 기술하고 있다. 이는 良賤制의 개념이 보다 확실하게 자리잡은 결과로 생각된다. 한편 庶人이라는 용어가 소멸되어가기 때문에 良人이라는 용어가 사용된 것이 아닐까 하는 견해도 있을 수 있다. 그러나 『唐律疏議』의 百姓과 庶人의 사용 사례를 비교해보면, 庶人은 사멸되어 가는 용어가 아니다. 백성은 20회, 서인은 9회인데, 庶人의 용례가 줄어드는 것이 아니라 庶人의 용례는 官品에 대비되는 無品의 개념으로서 사용되고 있다.

2) 사노비의 사면

唐律에 의하면, 私賤이 良人으로 해방되기 위해서는 主人의 동의가 있어야 하며, 長子 이하가 連署해야 했고, 반드시 官府의 批准이 있어야 한다. 또한 私奴婢는 自贖에 의해서도 免賤할 수 있다.[126] 이 때에 해방된 私奴婢는 部曲·客女로 되거나, 良人으로 되는 과정을 거친다.[127] 천인이 해방된 이후에 각종 권리는 양인과 동일하며 삼년 賦稅

掌俘隸簿錄, 給衣糧醫藥, 而理其訴免. 凡反逆相坐, 沒其家配官曹, 長役爲官奴婢. 一免者, 一歲三番役. 再免爲雜戶, 亦曰官戶, 二歲五番役. 每番皆一月. 三免爲良人. 六十以上及廢疾者, 爲官戶; 七十爲良人."

126) 錢大群, 위의 책, 卷12 「戶婚律」, p.407, "(160)自贖免賤, 本主不留爲部曲者, 任其所樂."

127) 같은 책, 卷12 「戶婚律」, pp.406-407. "(160)【疏】議曰 : 依《戶令》: '放奴婢爲良及部曲, 客女者, 並聽之, 皆由家長給手書, 長子以下連署, 仍經本屬申牒除附.' 若放部曲, 客女爲良, 壓爲賤者, 徒二年. '若壓爲部曲者', 謂放部曲, 客女爲良, 還壓爲部曲, 客女; 及放奴婢爲良, 還壓爲賤 : 各減一等, 合徒一年半. '即壓爲部曲者', 謂放奴婢爲良, 壓爲部曲, 客女; '及放爲部曲者', 謂放奴婢爲部曲, 客女, 而壓爲賤者 : 又各減一等, 合徒一年. 仍並改正, 從其本色, 故雲 '各還正之'. 此文

를 免除받는 우대를 향유할 수 있다. 다만, 이들이 해방된 이후에 有品일 수가 없으므로 庶人에 해당함에도 불구하고 唐律에서는 이들을 良人이라고 표현하고 있는 것이다.

3) 관노비·죄수의 형기 복역 후 신분

唐代에 관노비·사노비가 해방되면 명확하게 良人이라고 밝힌 것과 달리, 죄를 지어 罪囚가 된 자가 사면되거나 복역을 마친 경우에는 명확하지 않으며, 秦漢시기의 죄수 사면처럼 免爲庶人이라고 하지도 않는다. 죄수의 경우는 다음 두 가지로 나누어 분석할 것인데, 1) 官奴婢가 죄를 범하고 복역 중에 사면을 받는 경우, 2) 일반인, 즉 良人의 범죄시 형기를 마치거나 사면을 받았을 때의 신분에 관한 것이다.

우선 1)의 경우이다. 살인을 저지른 犯罪者가 赦免을 만났을 때 被殺者의 親屬이 復仇하는 것을 避免하기 위해 강제로 移鄕하여 千里之外의 戶가 되더라도 각각 本色을 따라야(各從本色) 하는데, 이때 官賤과 私賤 모두가 해당된다. 移鄕된 이들은 원래의 일에 종사해야 하고 원래의 신분을 유지해야 한다.[128] 工·樂·雜戶·官戶·奴의 경우에는 移鄕하더라도 本色을 따라야 한다고 하였는데, 특히 樂戶와 太常音聲人의 신분은 세습성을 띠고 있고 마음대로 변경될 수 없었다. 本色은 "受刑前의 身分地位"이다.[129] 部曲 등도 本色을 언급하므로 형을 받기 이전

不言客女者, 名例律 '稱部曲者, 客女同', 故解同部曲之例."

128) 같은 책, 卷18「賊盜律」, pp.587-588, "(265)殺人移鄕. 諸殺人應死會赦免者, 移鄕千里外. 其工·樂·雜戶及官戶·奴, 並太常音聲人, 雖移鄕, 各從本色. (部曲及奴, 出賣及轉配事千里外人.)【疏】議曰: 殺人應死, 會赦免罪, 而死家有期以上親者, 移鄕千里外爲戶. 其有特赦免死者, 亦依會赦例移鄕. 工·樂及官戶·奴, 並謂不屬縣貫. 其雜戶·太常音聲人, 有縣貫, 仍各於本司上下, 不從州縣賦役者. 此等殺人, 會赦雖合移鄕, '各從本色', 謂移鄕避讎, 並從本色驅使. 謂私奴出賣, 部曲將轉事人, 各於千里之外."

129) 같은 책, p.97.

의 신분이라고 할 수 있다. 노비가 형기를 끝냈을 때 各從本色은 貴賤身分의 불변을 유지하기 위한 조치이다.[130] 결론적으로 범죄를 저지른 工·樂·雜戶·官戶·奴 등에게 죄를 사면받더라도 "受刑前의 身分地位"를 유지시키는 것은 그들을 본래의 신분에 입각하여 계속 驅使할 수 있도록 한 것이다.

다음은 2)의 일반인의 경우이다. 『唐律疏議』에 일반인이 살인죄를 사면 받았을 때는 千里外로 移鄕하는 것만 언급했을 뿐, 사면 후의 신분에 대해서는 언급하지 않았다. 일반 양인의 경우에 규정이 없는 것은 唐律이 官人 위주의 규정을 했기 때문이다. 일반백성들은 서인이므로 원래의 신분으로 되돌아갈 것이다.

이러한 것을 추정할 수 있는 근거가 戶籍의 附載地이다. 일반 범죄자 가운데 살인죄에서 사면된 자가 천리 밖으로 移鄕되어 "爲戶"한다는 것은 그들의 縣貫이 있는 것을 말한다. [표 10]에 의하면 일반인의 附載戶籍은 州縣에 있다. 반면에 천인 가운데 工·樂·官戶·奴는 州縣에 호적이 없고 官司에 소속되어 있으며, 雜戶·太常音聲人은 州縣에 호적이 등재되었다. 따라서 일반인이 천리 밖으로 移鄕되었을 때에 "各從本色"한다고 되어 있으므로 원래의 良人 신분을 회복한다고 생각된다.

[표 10] 唐代 身分 體系表[131]

身分		附載戶籍	負擔	備考
良	皇親	宗正寺	課役免除	
	二王子孫	鴻臚寺典客署	課役免除	周宇文氏·隋楊氏子孫
	官人	州　縣	課役免除	爵位·職事·散官·勳官
	僧尼	州縣·禮部祠部	課役免除	
	道士女冠	州縣·宗正寺崇玄署	課役免除	

---

130) 陳戌國, 「從《唐律疏議》看唐禮及相關問題」(『湖南大學學報』 13-1, 1999), p.53.
131) 渡邊信一郞, 「古代中国の身分制と土地所有: 唐開元二十五年田令からの試み」(『中國古中世史研究』 24, 2010), p.326.

身分			附載戸籍	負擔	備 考
		百姓	州 県	州県課役負擔	士·農·工·商戸籍
賤	官賤人	太常音聲人	州 県	太常寺配隷駆使	受田·進丁·老免은 百
		雑戸	州 県	諸司配隷駆使	姓과 동일
		番戸 官戸	官 司	司農寺·諸司配隷	家를 形成한다
		工戸	官 司	少府監配隷駆使	
		楽戸	官 司	太常寺配隷駆使	
		官奴婢	官 司	司農寺·諸司配隷	家를 形成하지 못함
	私賤人	部曲客女	州県百姓戸籍	家内駆使	家를 形成한다
		奴 婢	州県百姓戸籍	家内駆使	家를 形成하지 못함

V. 唐代의 賜爵과 勳官

魏晋南北朝까지 秦漢의 二十等爵制 가운데 일부의 民爵이 온존되어 있었다. 그러나 唐代에 들어가면 유공자에 대한 포상은 賜爵에서 賜勳 으로 이행되었다. 唐代에는 賜官이 대량으로 출현하여, 賜官이 기본적 인 褒賞형식이 되었다. 爵位를 내려 포상하는 賜爵제도는 秦漢時代에 형성된 이래 魏晋南北朝시대에 이르기까지 기본적인 포상형식이었다. 그 후 北周에서 勳官제도가 출현하여 隋唐을 거쳐 그 포상의 형식이 변화하기 시작했다. 이것은 필자가 궁극적으로 고찰하고자 하는 爵制 의 종말과도 깊은 관련이 있다.

勳官은 원래 北周·北齊가 전쟁을 할 때에 戰士를 포상하면서 출현 한 것이었다. 그 후에 점차 朝流(朝臣)들에게도 내려지게 되어, 官階와 爵位 이외에 또 하나의 등급(節級)으로 기능하게 되었다. 北周의 勳官 은 上開府儀同三司·開府儀同三司·上儀同三司·儀同三司 등 11號를 설치하 였다.[132] 그 후 隋文帝시기에는 11號(上柱國·柱國·上大將軍·大將軍·大開

---

132) 『舊唐書』卷42「職官一(勳官)」, p.1807, "勳官者, 出於周·齊交戰之際. 本以酬戰 士, 其後漸及朝流. 階爵之外, 更爲節級. 周置上開府儀同三司、開府儀同三司、

府儀同三司·開府儀同三司·上儀同三司·儀同三司·大都督·帥都督·都督)를
설치했다.

隋朝에서는 賜官(賜勳)이 증가하기 시작하였는데, 賜官은 勳官을 주
로 하사했고 職事官을 내리는 것은 비교적 적었다.[133] 隋煬帝는 大業
三年에 文帝시의 特進·八郎·八尉·十一等勳官 등을 폐지하고, 散官과 勳
官을 합병하여 재차 정한 散職을 종1품에서 종9품까지로 하였다. 그
결과 수양제 시기에는 17號가 있었다.[134]

『舊唐書』 「職官志」에 의하면, 唐代 勳官의 변화는 3단계로 되어 있
다.[135] 武德初에는 隋朝의 제도를 잡용했다고 했으며, 武德 7年에 令을
반포하여 12등의 훈관을 사용했고, 貞觀 11年에는 단지 大將軍을 上護
軍으로, 大將軍을 護軍으로 명칭만 바꾼 12등의 勳官제도를 사용했다
고 한다. 勳官은 규정에 따라 정치와 경제적 우대가 있었다. 勳官은
일정 수량의 勳田이 있고, 課役을 면제받을 수 있으며, 入仕하면 出身
이 있을 수 있고, 騎都尉(勳級五轉)이상은 그 成丁의 子를 蔭할 수 있
다.[136] 勳官은 다수의 백성을 사여대상으로 하며, 贖刑 특권과 役制 우
대의 특징을 가지고 있었다.[137]

上儀同三司、儀同三司等十一號."

133) 彭炳金, 「唐代賜官制度述論」(『人文雜志』 1999-1), pp.107-108, p.108에는 郡公·
縣公·縣子·縣男을 내려준 사례가 있다. 隋書의 열전의 통계에는 賜爵된 자
가 16명, 賜官된 자가 17명(그중 勳官이 9명)이다.

134) 金錫佑, 「唐代百姓勳官考論」(『東方論壇』 2004-6), p.90, "光祿大夫, 從一品; 左
光祿大夫, 正二品; 右光祿大夫, 從二品; 金紫光祿大夫, 正三品; 銀青光祿大夫,
從三品; 正議大夫, 正四品; 通議大夫, 從四品; 朝請大夫, 正五品; 朝散大夫, 從
五品. 建節尉, 正六品; 奮武尉, 從六品; 宣惠尉, 正七品; 綏德尉, 從七品; 懷仁
尉, 正八品; 守義尉, 從八品; 奉誠尉, 正九品; 立信尉, 從九品."

135) 『舊唐書』 卷42 「職官志一 勳官」, p.1808, "武德初, 雜用隋制, 至七年頒令, 定用
上柱國、柱國、上大將軍、大將軍、上輕車都尉、輕車都尉、上騎都尉、騎都尉、驍
騎尉、飛騎尉、雲騎尉、武騎尉, 凡十二等, 起正二品, 至從七品. 貞觀十一年, 改
上大將軍爲上護軍, 大將軍爲護軍, 自外不改, 行之至今."

136) 余新忠, 「唐代勳官的實際依倚」(『鐵道師院學報』 1996-2), p.33.

위진남북조까지 일반 백성을 대상으로 해왔던 賜爵의 사례는 唐代
에 점차 賜勳이 대신하고 있다. 唐代의 高祖와 太宗시기까지는 隋朝와
마찬가지로 賜官과 賜爵을 병용하고 있다. 그러나 아래 [표 11]의 22)와
29)를 제외하고, 中宗 이후에는 일반 백성을 대상으로 한 賜爵 기록이
보이지 않고,[138] 賜勳官이 賜爵을 대신하여 기본적인 포상형식이 되었
다. 이러한 賜勳官은 원래 기능이 달랐던 官과 爵을 뒤섞어놓았다.[139]

[표 11] 唐代의 賜爵과 賜勳

唐	시점	이유	爵	勳
1	隋恭帝 義寧원년 (617)	李淵代隋前夕	賜民子孫承後者爵一 級[140]	
2	高祖武德元 年(618)	高祖即位	有官及庶人賜爵一級.	
3	高祖武德 9年(626)	立秦王世民爲皇太子	賜爲父後者襲勳、爵	
4	太宗 貞觀 8年 (634)	皇太子加元服	賜五品以上子爲父後 者爵一級	
5	太宗貞觀 17年(643)	立晋王治爲皇太子	賜文武官及五品以上 子爲父後者爵一級	
6	太宗貞觀 20年(646)	從伐高麗無功者		賜勳一轉
7	高宗永徽 7年(656)	立代王弘爲皇太子		文武九品已上及五品已下子 爲父後者, 賜勳官一轉.
8	高宗乾封 원년(666)	高宗封禪	賜粟帛天下百姓年二 十以上八十以下賜爵 一級[141]	
9	武后永昌 원년(689)	武周代唐前夕	天下百姓, 年二十一爲戶頭者, 其各賜爵一級[142]	

---

137) 金錫佑, 위의 논문, p.89.
138) 彭炳金,「唐代賜官制度述論」, pp.107-108.
139) 같은 논문, p.108.

唐	시점	이유	爵	勳
10	武后神龍元年(701)	祀天地於明堂	民爲父後者古爵一級	
11	武后神龍3年(703)	大赦天下, 改元爲景龍.		兩京文武官, 三品己上賜爵一級, 四品己下加一階, 外官賜勳一轉.
12	武后神龍5년(705)	神龍政變, 中宗複位	天下百姓爲父後者, 各賜官爵一級[143]	
13	睿宗景雲元年以前(710)			內外文武官三品己上賜爵一級, 四品己下加一階, 親皇三等已上加兩階, 四等已下及諸親賜勳三轉,
14	睿宗景雲元年(710)	冊平王爲皇太子. 大赦天下, 改元爲景雲.		內外官九品已上及子爲父後者各加勳一轉.
15	睿宗景雲2年(711)	大赦天下	京官四品己下加一階, 外官賜勳一轉, 三品己上各賜爵一級.	
16	睿宗先天元年(712)	大赦, 改元	賜內外官及五品以上子爲父後者勳、爵	
17	玄宗開元元年(713)	大赦天下, 改元爲開元,		內外官賜勳一轉.
18	玄宗開元11년(723年)			磧西鎮人, 途路懸遠, 特宜賜一轉[144]
19	玄宗開元11年(723)	玄宗巡幸天下(祠後土於汾陰之脽上)	昇壇行事官三品己上加一爵, 四品己上加一階, 陪位官賜勳一轉.	
20	玄宗開元23年(735)	大赦天下.		京文武官及朝集採訪使三品己下加一爵, 四品己下加一階, 外官賜勳一轉.
21	玄宗開元26年(738)	冊皇太子, 大赦天下		內外文武官及五品己上爲父後者各賜勳一轉
22	玄宗天寶8년(749)	加尊號	天下百姓大夫戶頭者宜各賜爵一級[145](賜文武官階、爵,	

唐	시점	이유	爵	勳
			民爲戶者古爵)	
23	玄宗天寶 8년(749)		天下侍老, 並量賜爵一級[146]	
24	玄宗天寶 13년(754)			斯在其士庶間, 眾推孝弟……委采訪使, 博訪聞薦其孝義之人……各 賜勳兩轉[147]
25	肅宗乾元元 年(758)	立成王俶爲皇太子. 大赦.		賜文武官階、爵, 五品以上子爲父後者勳兩轉.
26	肅宗上元 2년(761)			百姓中有勤勞稼穡……仍令 有司第高下量酬, 五品以上官勳[148]
27	代宗 寶應원년 (762)	代宗即位		天下爲父後者各賜勳一轉. [149]
28	代宗廣德二 年(764)	大赦.		賜內外官階、爵; 武德功臣子孫予一人官; 成都、 靈武元從三品以上加賜爵一 級, 餘加一階; 寶應功臣三品以上官一子, 仍賜爵一級, 餘加階、勳兩轉, 五品以上爲父後者勳兩轉.
29	代宗大曆 14년(779)	德宗即位	天下百姓爲戶者, 賜古爵一級[150](賜文 武官階、爵, 民爲戶者古爵一級)	
30	德宗建中元 年(780)	有事於南郊, 大赦.		賜文武官階、勳、爵, 遣黜陟使於天下, 賜子爲父後者勳兩轉.
31	順宗永貞以 前(805)	冊皇太子, 降死罪以下,		賜文武官子爲父後者勳兩轉.
32	憲宗元和 4年(809)	冊儲		文武常參官、 外州府長官子爲父後者, 賜勳兩轉.
33	憲宗元和	庚戌, 降死罪以下,		賜文武官子爲父後者勳兩轉.

唐	시점	이유	爵	勳
	7年(812)			
34	穆宗長慶元年(821)	大赦天下. 改元長慶.	內外文武及致仕官三品己上賜爵一級, 四品己下加一階,	
35	穆宗長慶2年(822)	立景王湛爲皇太子.		賜文武常參及州府長官子爲父後者勳兩轉, 宗子諸親一轉.
36	文宗大和7年(833)	冊皇太子永		文武常參官及諸州府長官子爲父後者, 賜勳兩轉
37	高宗中宗諸子 燕王忠	立忠爲皇太子, 大赦天下,		五品己上子爲父後者賜勳一級

위의 표에 열거된 民爵은 다음과 같다. 1) 李淵이 隋를 대신하기 직전(617), 9) 武周가 唐을 대신하기 직전(689), 2) 高祖의 卽位(618), 27) 代宗卽位(762), 29) 德宗卽位(779), 8) 高宗封禪(666), 12) 神龍政變으로 中宗복위(705), 18) 玄宗의 天下巡幸(723), 23) 加尊號(749)와 관련된 賜爵이다.[151] 이것들은 1)의 "賜民子孫承後者爵一級" 12)의 "天下百姓爲父後者, 各賜官爵一級"과 같이 천하백성의 父後者를 대상으로 한 것들로서 漢代 이래의 民爵 전통을 계승한 것이다. 이러한 賜民爵은 唐의 前期에 주로 출현하고, 王朝교체·新帝즉위, 皇室의 중요한 정치사건 시에 보

---

140) 『大唐創業起居注』(上海: 上海古籍出版社, 1983), p.38.
141) [北宋] 王欽若 等, 『冊府元龜』(北京: 中華書局, 1982) 卷 86 「帝王部·赦宥」, p.993.
142) 『唐大詔令集』(上海: 學林出版社, 1992), p.17.
143) 같은 책, p.373.
144) 같은 책, p.347.
145) 같은 책, p.48.
146) 『冊府元龜』, p.1025.
147) 같은 책, p.1028.
148) 『唐大詔令集』, p.436.
149) 같은 책, p.7.
150) 『冊府元龜』, p.1057.
151) 張曉·田晶, 「唐代賜民爵制度初探」(『吉林省教育學院學報』 2019-4), p.132.

편적으로 賜爵한 것이다. 秦漢의 皇室大婚·太子冊立·軍功·祥瑞出現 등
에 民爵을 天下에 보편적으로 하사한 것과 비교하면, 唐代에는 皇室의
慶事에 내린 것이 특징이다. 사작의 대상은 주로 戶主와 長子이다.[152]

이것은 같은 賜爵이라고 해도 15)의 "京官四品己下加一階, 外官賜勳
一轉, 三品己上各賜爵一級."의 三品己上을 대상으로 한 賜爵과 구별해야
한다. 그 賜爵은 일반인을 대상으로 하는 것이 아니며, 國王·郡王·國公
·郡公·縣公·縣侯·縣伯·縣子·縣男의 九等의 爵級이다. 본고에서 다루고
자 하는 것은 천하백성을 대상으로 하는 보편적 賜爵이다.

太宗 이후의 자료 중에는 계속하여 天下百姓을 대상으로 한 賜爵의
자료가 보인다. 10)과 29)에 보이는 "古爵"은 15)의 九等의 爵級과 구별
되는 것으로 秦漢 이래의 二十等爵으로 생각된다. 金錫佑는 唐代에 民
爵을 사여했다면 敦煌 差科簿에 작위가 보여야 함에도 보이지 않음을
지적하였다.[153] 敦煌 差科簿는 天寶 3년에서 12년의 것이므로 22)·23)의
天寶 8년(749년)의 賜爵시점과 중복된다.[154] 때문에 差科簿에 爵位가 보
여야 하겠지만 확인되지 않는다는 것이다. 때문에 金錫佑는 敦煌의 差
科簿에서 단지 百姓의 勳官 기록만을 찾을 수 있으므로, 唐代에 百姓에
게 賜予한 民爵은 실제로는 勳官을 의미한다고 결론을 내렸다. 그렇다
면 唐代의 詔令에 보이는 賜爵이 실제로는 賜勳을 지칭한 것일까?

김석우가 찾지 못한 賜爵의 흔적은 浙江大學의 中國歷代墓志數據庫
와 『唐代墓志彙編』의 墓志銘에서 찾을 수 있었다.[155] 여기에서는 1급작
"公士"의 기록이 16개가 보이며,[156] 그 자료는 문헌의 賜爵 사료와 일
일이 대응관계를 보이고 있다. 다만 漢代에 民爵이 8급작인 公乘이 대

---

152) 같은 논문, pp.132-135.
153) 金錫佑, 위의 논문, p.96.
154) 西村元佑, 「唐代敦煌差科簿を通じてみた唐均田制時代の徭役制度」, 『中國經濟
　　　史研究』(京都: 京都大學 1968), pp.47-472.
155) 周紹良, 『唐代墓志彙編』(上海: 上海古籍出版社, 1992).
156) 張曉·田晶, 위의 논문, p.134.

부분이었던 것에 비하면, 唐代에는 1급작인 公士만이 확인되는 것으로 보아 賜爵의 回數가 많지 않았다고 생각된다.

唐初에는 賜勳의 사례가 많지 않다. 高祖 李淵시기에는 3)의 武德 9년 사례를 제외하고는 賜勳의 예를 찾을 수 없다. 그 까닭은 고조 치세의 말기인 武德 7년의 令에 의하여 勳官제도가 정비되는 것과 관련이 있을 것이다. 국가 행사시 사면과 함께 병행되는 賜勳은 武德令의 반포 이후 등장하기 시작했다.[157] 爵制에서 勳官으로 이행되기 시작한 것은 결국 太宗 이후였고, 22)와 29)의 사례를 제외하고 玄宗 天寶 13년(754) 이후로는 賜勳 밖에 없다.

魏晉南北朝까지의 賜民爵이 내려진 것과 마찬가지로, 勳官의 사여도 赦免令·德音詔書·卽位·改元·上尊號·立皇后·立皇太子·南郊祭禮 시 행해졌다. 賜勳의 대상은 官僚·色役人·軍人·百姓·賤人 등 다양한데, 위진남북조까지 행해졌던 賜民爵과 다르다.[158] 『新唐書』『舊唐書』에 보이는 賜勳은 "天下子爲父後者賜勳兩轉"[159]과 같이 일반 백성을 대상으로 한 사례는 많지 않고, 오히려 流內官을 대상으로 한 것이 일반적이다.[160] 『唐大詔令集』에도 賜爵은 3품관 이상에게 주로 내려지며,[161] 賜勳의 경우도 대부분 문무관 9품 이상을 대상으로 한 것이고 일반백성을 대상으로 내려지는 경우는 많이 확인되지 않는다. 또한 魏晉南北朝의 사례에서 많이 확인되었던 孝悌·力田·三老 등을 대상으로 한 賜爵과 견줄 수 있는 賜勳의 사례는 존재하지 않는다. 賜勳은 魏晉南北朝시대까지의 賜

---

157) 金錫佑, 「唐代의 百姓勳官」(西江大學校碩士學位論文, 1994), p.37.
158) 같은 논문, pp.36-37.
159) 『舊唐書』 卷12 「德宗李適上」 (建中元年), p.324.
160) 金錫佑, 위의 논문(1994), pp.31-36. [표 2]에 있는 賜勳 기사 중에서 太宗의 646년 2월, 代宗의 762년 4월의 것을 제외하고는 천하의 백성을 대상으로 한 것은 없다. 대부분이 內外官, 扈從官 등을 대상으로 하고 있다.
161) 金錫佑, 위의 논문(1994), p.63. 唐代의 爵은 그 최저 視品階가 종5품으로 소수의 상층 신분에게만 의미있는 것이었다.

爵과 대상의 측면에서 큰 차이가 있다.

앞서 唐代 賜爵의 증거는 『唐代墓志彙編』의 墓誌銘에서 찾을 수 있었으므로, 이를 金錫佑처럼 勳官과 연결시키는 것은 옳지 않았다. 그러나 唐代에 勳 = 爵의 개념이 없었던 것은 아니다. 金錫佑는 勳爵이라는 용어는 勳官과 爵을 通稱한 것이 아니라, 勳官의 異稱, 즉, 勳 = 爵의 개념으로 이해했다. 勳官과 爵의 혼동은 勳官을 爵의 범주로 파악하는 唐代人의 관념이라는 것이다. 실제로 爵과 勳官을 혼동하는 唐代의 사례들이 있었는데, 기록에서는 賜爵하였지만 실제로는 賜勳이라는 것이다.[162] 그러한 증거는 唐代 墓誌인 "龍朔 017 大唐故王君墓誌之銘"에서 확인할 수 있다.

> 王植, 龍朔二年, 頻奉國慶, 累爵級至上騎都尉.[163]

이 내용은 王植이라는 인물이 龍朔二年(高宗, 662년) "國慶日"에 누차 爵을 받아서 上騎都尉까지 이르렀다는 것이다. 그런데 이 묘지명에서 爵이라고 했지만, 上騎都尉는 정5품상의 勳官이다. 이 사례는 唐代人들이 爵과 勳官을 互用하고 있었던 결정적 사례이다. 이러한 결론에 입각한다면 金錫佑의 지적은 정확하다고 생각된다. 唐代의 賜勳은 일반 백성을 대상으로 한 사례가 많지 않고 대부분 流內官을 대상으로 하였다. 漢代의 경우는 국가에 대한 봉사와 무관하게 국경절 등에 천하의 백성을 대상으로 賜爵했으나, 唐代의 賜勳은 국가에 대한 봉사 등이 전제되어 있다.

王植이 勳官을 國慶日에 누차 받았다고 하는 것은 종전의 賜爵의 원칙과 동일한 것이다. 勳官의 사여는 赦免令, 德音詔書를 통하여 실행된다. 皇帝卽位·改元·上尊號·立皇后·立皇太子 등 국가대사와 南郊祭禮

---

162) 같은 논문, pp.64-66.
163) 周紹良·趙超 主編, 『唐代墓志彙編續集』(上海: 上海古籍出版社, 2001), p.129.

시에 사면의 은전과 함께 勳官을 사여하고 있다.[164] 바로 王植의 사례에서 알 수 있듯이 사료에서 많이 보이지 않지만 국경일에 "頻賜"한 勳官이 존재했음을 알 수 있다. 王植의 예에서 본다면 「劉季述列傳」에 보이는 父後者에게 賜爵한 것도 賜勳일 가능성이 있다.[165]

唐代에 賜爵에서 賜勳으로 이행하게 된 계기는 무엇일까? 이와 관련하여 주목되는 것이 『資治通鑑』의 "古制" 기사이다. "古制"는 앞의 표에서 보았던 "古爵"과 관련이 있다.

> 上(肅宗)이 李泌에게 말하였다. "지금 郭子儀와 李光弼이 宰相이 되었는데, 만약 兩京(장안과 낙양)을 획득하고 四海를 평정하면 (조정에) 상으로 줄만한 官職이 없다. 어찌 해야 하는가?"(李泌이) 대답하기를 "옛날에 官은 능력 있는 자에게 주고, 爵은 功이 있는 자에게 주었습니다. 漢魏 이래로 비록 郡縣(制)으로써 治民했으나, 功이 있으면 茅土를 하사하여 그것을 자손에게 전하도록 했는데 周(北周)·隋도 모두 그러했습니다. 唐初에 아직 關東을 얻지 못했으므로 封爵은 모두 虛名으로 개설했고, 實封을 食하는 자도 繒布를 주었을 뿐입니다. 貞觀 연간에 太宗이 古制를 복구하고자 했으나, 大臣들의 議論이 일치되지 않아 중지했습니다. 이로 인해 功을 賞주는 것은 대부분 官으로써 했습니다. 대체로 官으로 功을 賞주는 것은 두 가지 害가 있는데, 재능이 없으면 事를 망치고, 권력이 무거우면 통제하기 어렵습니다. 그러므로 功臣이 大官에 앉아있는 자는 모두 자손을 위해 먼 훗날을 도모하지 않고, 한 때의 권력에 올라타기를 힘써서 사리를 찾으려고 하지 않음이 없습니다. 만약에 안록산에게 백리의 國을 가지게 했더라면 그 역시 그 땅을 자손에게 전하는 것에만 힘쓰고 반란을 일으키지 않

---

164) 金錫佑, 위의 논문(2004-6), p.93.

165) 『新唐書』 卷208 「宦者列傳下(劉季述)」, p.5894, "太子即位於武德殿, 帝號太上皇, 皇后爲太上皇后, 大赦天下, 東宮官屬三品賜爵一級, 四品以下一階, 天下爲父後者爵一級, 羣臣加爵秩厚賜, 欲媚附上下."

앉을 것입니다. 현재를 위한 계책으로는 천하가 평정되기를 기다려 爵土
를 賞으로 공신들에게 나누어주는 것이 좋습니다. 그렇게 되면 비록 大國
이라도 2~3백리에 불과하고, 지금의 小郡에 비견되니 어찌 제압하는 것이
어렵겠습니까! 人臣에게는 오래도록 갈 수 있는 이득입니다." 上이 말하기
를 "좋다!"[166]

위의 기사에는 肅宗이 安史亂의 와중인 至德 2年(757) 李泌(722-789)
과의 대화 속에서 唐太宗시기에 賜勳으로 이행하는 계기가 설명되어
있다. 唐 초기 통일이 완료되기 전에는 封爵을 내렸으나 虛名에 불과
했고, 太宗시기에 古制를 회복하려 했으나 일치된 의견이 없어서 賜官
으로 전환했다는 것이다. "唐初에 아직 關東을 얻지 못했으므로 封爵
은 모두 虛名으로 개설했고"의 시점은 武德 6년 이전이다.[167] 武德 7년
에는 唐朝에서 勳官令이 확정되고 있다. 이 당시에는 唐初의 9등 封爵
은 모두 虛封이며, 작위는 實封에서 벗어나 있었다.[168] 그 후 태종시기
에 들어와 隋代까지 준수되어 온 官爵의 원리가 官으로써 포상하는
"賞功者多以官"의 새로운 방식으로 전환했다는 李泌의 언급은 주목할

---

166) 『資治通鑑』(北京: 中華書局, 1956) 卷第219, 「唐紀35」, pp.7013-7014, "上謂泌
曰：'今郭子儀, 李光弼已爲宰相, 若克兩京, 平四海, 則無官以賞之, 奈何?' 對
曰：'古者官以任能, 爵以酬功. 漢 · 魏以來, 雖以郡縣治民, 然有功則錫以茅土,
傳之子孫, 至於周, 隋皆然. 唐初, 未得關東, 故封爵皆設虛名, 其食實封者, 給繒
布而已. 貞觀中, 太宗欲復古制, 大臣議論不同而止. 由是賞功者多以官. 夫以官
賞功有二害, 非才則廢事, 權重則難制. 是以功臣居大官者, 皆不爲子孫之遠圖,
務乘一時之權以邀利, 無所不爲. 向使祿山有百里之國, 則亦惜之以傳子孫, 不反
矣. 爲今之計, 俟天下既平, 莫若疏爵土以賞功臣, 則雖大國, 不過二三百里, 可
比今之小郡, 豈難制哉! 於人臣乃萬世之利也.' 上曰：'善!'"
167) 金錫佑, 위의 논문(1994), p.67. 산동지방의 반란을 최종적으로 평정하고 통
일을 완수한 것은 武德 6년 정월의 일이다.
168) 彭炳金, 위의 논문, p.108. 唐代의 봉작 9등급은 嗣王 · 郡王 · 親王子封郡王者 ·
國公 · 開國郡公 · 開國縣公 · 開國侯 · 開國伯 · 開國子 · 開國男이다. 이것은 전통적
이십등작과는 완전히 다르다.

만하다.[169] 『冊府元龜』에 의하면, 李泌의 언급 속에 나오는 당태종의 古制 복구 실패와 官으로 상을 주었던 것은 貞觀 19년 경으로 추정된다.[170] 당태종이 勳官으로 상을 포상했다는 내용은 『唐會要』에 구체적으로 貞觀十九年四月九日의 사실이라고 기록하고 있다.[171]

李泌의 언급에서 古制가 의미하는 것은 무엇일까? 원래 공을 세운 자에게는 爵을 주는 것이 원칙인데, 이 원칙과 달리 官(勳官)을 주었다는 것이므로, 古制라는 것은 군공을 세운 자에게 내려지는 爵을 지칭하는 것이 된다. 古制라는 것에서 볼 때, 전통의 군공작인 二十等爵制의 실시를 의도했던 것으로 생각된다. 그 이유는 태종 이후에도 賜爵은 계속 존재하지만 그것은 고급관료를 대상으로 하는 것이고, 古爵 대신에 새로이 만들어진 賜勳은 하급관원 이하를 대상으로 하기 때문에 태종이 회복하려는 古爵의 대상은 하급관원 및 그 이하였을 것이다. 즉, "三品已上賜爵一級, 四品已下加一階, 外官賜勳一", "文武官五品已上先無爵者賜爵一級, 六品已下加勳一轉"이라 하여 三品 또는 五品 이상에게 내린 것은 唐代의 爵이며, 6품 이하는 勳을 내리고 있다.[172] 결국

---

169) 金錫佑, 위의 논문(1994), p.67.

170) 『冊府元龜』卷六十三 「帝王部・發號令第二」, p.706, "(太宗)十九年九月, 以舊制勳官十二等, 有戰功者, 隨高下以授之. 帝欲隆渡遼之賞, 因下詔曰 : 授以勳級, 本據有功. 若不優異無緣勸獎, 今討高麗, 其從駕爰及水陸諸軍, 戰陣有功者, 並聽從高品上累加, 六軍大悅."

171) [宋] 王溥, 『唐會要』(北京: 中華書局, 1955) 卷81 p.1491, "勳. 舊制. 勳官上柱國已下. 至武騎尉爲十二等. 有戰功者. 各隨高下以授. 岑文本謂資高而勳卑者. 皆從卑敍. 至貞觀十九年四月九日, 太宗欲重征遼之賞. 因下制, 授以勳級. 本據有功. 若不優異. 無由勸獎. 今討高麗. 其從駕爰及水陸諸軍. 戰陣有功者. 並特聽從高品上累加. 六軍大悅."

172) 『舊唐書』卷2 「太宗李世民本紀上(貞觀元年以前)」, p.30, "八月癸亥, 高祖傳位於皇太子, 太宗卽位於東宮顯德殿. 遣司空, 魏國公裴寂柴告於南郊. 大赦天下. 武德元年以來責情流配者並放還. 文武官五品已上先無爵者賜爵一級. 六品已下加勳一轉. 天下給復一年." 『冊府元龜』에는 3품관 이상에게 爵을 1급 내린다는 수많은 기록이 있다. 唐代의 작위는 王・國公・開國郡公・開國縣公・開國

唐代의 爵은 기존의 이십등작제의 民爵과는 달리 고관을 대상으로 한
것이며, 賜勳은 하급관인과 백성을 대상으로 하였다. 즉, 爵(高官) + 勳
官(하급관 + 일반백성)의 형태였다. 그러면 고관에 주는 爵, 하급관 및
일반백성에게 주는 勳官과도 다른 古爵은 무엇인가?

앞서 언급한 古制(이십등작)와 관련된 것으로 생각되는 몇몇 古爵
의 자료가 주목된다. 비교의 필요상 원문을 그대로 적시한다.

8) 高宗 乾封元年(666)

① 『舊唐書』: <u>乾封元年正月五日已前, 大赦天下</u>, 賜酺七日. 癸酉, 宴群臣, 陳
九部樂, 賜物有差, 日昳而罷. 丙子, 皇太子弘設會. 丁丑, 以前恩薄, <u>普進
爵及階勳等</u>, <u>男子賜古爵</u>.[173]

② 『新唐書』: 乾封元年正3月戊辰, 封於泰山. 庚午, 禪於社首, 以皇后爲亞獻.
壬申, 大赦, 改元. 賜文武官<u>階, 勳, 爵</u>. 民年八十以上版授下州刺史, 司馬,
縣令, 婦人郡, 縣君; <u>七十以上至八十, 賜古爵一級</u>. 民酺七日, 女子百戶牛
酒.[174]

10) 中宗 神龍元年(武后 神龍元年)(701)

① 『新唐書』

九月壬午, 祀天地於明堂. 大赦, 賜文武官勳, 爵, <u>民爲父後者古爵一級</u>, 酺三日.[175]

② 『唐大詔令集』 神龍元年九月

五品已上官子孫 亦宜準此. 天下百姓爲父後者各賜右(古)爵一級, 大酺三日[176]

侯·開國伯·開國子·開國男이다.

173) 『舊唐書』 卷5 「高宗本紀下(麟德三年) 乾封元年」, p.90.
174) 『新唐書』 卷3 「高宗皇帝李治(乾封元年)」, p.65.
175) 『新唐書』 卷4 「中宗皇帝李顯(神龍元年)」, p.107.
176) 『唐大詔令集』(商務印書館), 「親祀明堂赦」, p.459.

③『冊府元龜』中宗神龍元年

原宥京文武三品以上<u>賜爵一級</u>, 四品以上, 各加一階, 外文武官九品以上<u>賜爵一轉</u> … 自今以後, 宜即懲革自弘道以前經任相三年以上及秦府晉府寮佐四品以上, 並食實封. 功臣雖經罪責不至破家子孫無任京官者, 特宜優. 與一官英府周府舊寮五品已上子孫亦宜准此. <u>天下百姓爲父後者, 各賜古爵一級大酺三日.</u>[177]

29) 德宗 建中以前(779 또는 780)

①『舊唐書』

六月己亥朔, 御丹鳳樓, 大赦天下, 罪無輕重, 咸赦除之. <u>內外文武三品已上賜爵一級, 四品已下加一階, 致仕官同見任, 百姓爲戶者賜古爵一級.</u>[178]

②『新唐書』

六月己亥, 大赦. <u>賜文武官階、　爵, 民爲戶者古爵一級.</u> 減乘輿服御.[179]

③『冊府元龜』

唐德宗以大曆十四年五月癸亥即位. **六月己亥朔御丹鳳樓**, 大赦天下, 自大曆十四年六月一日已前, 罪無輕重常赦不原者咸赦除之. 實應元年以後痕累禁錮及反逆緣坐等一切洗滌內外文武官三品已上, **賜爵一級**, 四品已下, 加階致仕官同見任. <u>天下百姓爲戶者賜古爵一級.</u>[180]

④『舊唐書』建中元年

建中元年春正月丁卯朔, 御含元殿, 改元建中, 群臣上尊號曰聖神文武皇帝. 己巳, 上朝太淸宮. 庚午, 謁太廟. 辛未, 有事於郊丘. 是日還宮, 御丹鳳門, 大赦

---

177) 『冊府元龜』卷84「帝王部·赦宥第三」, pp.995-996.
178) 『舊唐書』卷12「德宗李適上(建中以前)」, p.321.
179) 『新唐書』卷7「德宗皇帝李適(建中以前)」, p.184.
180) 『冊府元龜』卷89「帝王部·赦宥第八」, p.1057.

天下. 自艱難以來, 徵賦名目頗多, 今後除兩稅外, 輒率一錢, 以枉法論. 常參官, 諸道節度觀察防御等使, 都知兵馬使, 刺史, 少尹, 畿赤令, 大理司直評事等, 授訖三日內, 於四方館上表讓一人以自代. 其外官委長吏附送其表, 付中書門下. 每官闕, 以擧多者授之. 王府六品以上官及諸州縣有司可併省及諸官減者, 量事廢省. 天下子爲父後者賜勳兩轉.[181]

위의 [표 11]에서 예시한 8) 高宗 乾封元年의 "賜古爵一級", 10) 中宗 神龍元年의 民爲父後者古爵一級, 22) 『新唐書』 玄宗 天寶八載의 "民爲戶者古爵", 29) 德宗 建中以前(大曆14년)의 "百姓爲戶者賜(古)爵一級"은 모두 古爵을 내린 것들이다.

중요한 것은 동일한 사료에 爵, 勳, 古爵을 구분하고 있다는 사실이다. 우선 8)의 高宗 乾封元年의 "賜古爵一級"에 대한 것을 살펴보자. 8)-②의 기술을 보면 "賜文武官階, 勳, 爵"과 "民年八十以上版授下州刺史, 司馬, 縣令, 婦人郡, 縣君; 七十以上至八十, 賜古爵一級"이라 하여 하사의 대상이 달랐다. 즉, 文武官에게는 階, 勳, 爵을, 民年七十以上至八十에게는 古爵을 내리고 있다. 다만 8)-①의 『舊唐書』에서는 『新唐書』의 대상이 七十以上至八十인 것에 비해서 "男子賜古爵"이라고 하여 사작의 대상이 男子였다는 것이 다르다.

10)의 中宗 神龍 元年의 賜爵기록은 10)-① 『新唐書』의 기록에 보면 "賜文武官勳, 爵, 民爲父後者古爵一級, 酺三日."이라 하여 爵과 古爵이 대상을 달리하여 내려지고 있다. 이것은 10)-③의 『冊府元龜』에 보다 자세하다. 京文武三品以上에게는 賜爵一級, 四品以上에게는 一階를, 外文武官九品以上에게는 爵一轉을 각각 하사하였고, 또한 天下百姓爲父後者에게는 古爵一級을 하사하여 대상에 따라 爵, 階, 爵(실제로는 勳), 古爵으로 구분된 것이다. 天下百姓爲父後者에게 내린 古爵은 二十等爵制를 의

---

181) 『舊唐書』 卷12 「德宗李適上(建中元年)」, p.324.

미하는 것이었다.

29) 德宗 建中以前의 기록은 『舊唐書』와 『冊府元龜』가 대동소이한데, 內外文武三品已上에게는 賜爵一級을, 四品已下에게는 一階를 加하고, 百姓爲戶者에게는 古爵一級을 賜하고 있다. 이 자료들에서는 爵과 古爵을 구분하고 있는데, 唐代의 爵에 대비된 古爵은 二十等爵이라고 생각된다.

이상의 기록을 통하여 볼 때, 勳官의 사여와 함께 일반백성들에게는 古爵으로 구분되는 爵이 지급되고 있음을 알 수 있다. 差科簿에 古爵이 보이지 않는 이유는 무엇일까? 그것은 이러한 古爵이 정기적으로 하사하는 것이 아니었기 때문일 것이다. 그야말로 간헐적으로 내리는 것이었기 때문일 것이다.

이상에서 北朝까지는 賜民爵의 제도가 면면이 이어져 내려왔지만, 唐朝에 들어 賜勳으로 바뀌면서 명맥이 끊어졌음을 고찰했다. 그렇더라도 賜勳官의 형태는 二十等爵制의 형태를 많이 수용한 것이었음을 알 수 있었다. 다만 賜勳의 형식이 賜民爵과 유사하고 唐代人들에게 勳이 爵으로 인식되었다고 하더라도 과거와 차이점이 없는 것도 아니었다. 예를 들어 천하백성들에게 내리는 賜爵과 달리 賜勳은 流內官을 중심으로 운용되었고, 일반백성의 경우라도 국가에 대한 服役 등의 반대급부로서 내려지고 있는 것이다. 반면에 二十等爵制는 唐代에 들어 古爵이라는 명칭으로서 唐朝의 爵制와 대비되는 이름으로 몇 차례 행해졌으나, 그것은 흔적만 남은 것으로 생각된다.

따라서 唐代에는 民爵이 사라졌기 때문에 작제 시스템에 변화가 발생했다고 생각되며, 그 시스템 상에서 존재했던 免爲庶人 역시 영향을 받았다고 보인다. 古爵은 唐의 3급작 이상에게 하사하는 고급작과 "對比"되는 개념으로 사용된 것이다. 또한 古爵의 명칭은 현재 통용되는 爵에 대비되는 과거의 爵이기 때문에 "古"라는 칭호를 붙인 것이다. 그 용어 자체가 현재 통용이 되지 않는 의미를 함유하고 있다. 따라서 唐代에는 古爵을 하사함으로써 이십등작의 개념이 약간 남아 있지만, 魏晉南北朝까지 면면이 계승된 賜爵의 기능은 勳官으로 넘어갔다고 봐야 한다. 즉, 당태종 시기를 경계로 하여 二十等爵制의 흐름은 사실상 종료되고, 그것은 과거의 제도인 古制, 古爵으로서 인식되었던 것이다. 한편 宋代에는 賜爵에서 公士 등이 내려진 것으로 보아 秦漢律의 이십등작의 흔적은 계속 남아있었다.[182] 이것은 唐代에 일단 賜爵의 전통이 끊어졌지만, 宋代 초기에 재차 秦漢의 이십등작의 작명이 출현하고 있다는 것은 古爵制의 개념이 끊임없이 유지되고 있음을 반영하는 것이다. 그러나 宋代의 賜勳체제는 계속하여 唐代의 것을 계승하고 있다.

VI. 결론

필자는 본고에서 秦漢代의 죄수·노비에서 해방된 존재로서의 서인

---

182) 『宋史』卷170「職官十雜制(使職)」, p.4079, "又詔: '古之勳爵, 悉有職奉之蔭贖, 宜以今之所授與散官等, 不得用以蔭勳.' 封爵之差, 唐制: 王, 食邑五千戶; 郡王·國公, 三千戶; 開國郡公, 二千戶; 縣公, 千五百戶; 縣侯, 千戶; 伯, 七百戶; 子, 五百戶; 男, 三百戶. 又有食實封者, 戶給縑帛, 每賜爵, 遞加一級. **唐末及五代始有加邑特戶**, 而罷去實封之給, 又去縣公之名, 封侯以郡. 宋初沿其制, 文臣少監·少卿以上, 武臣副率已上, 內職崇班以上, 有封爵; 丞·郎·學士·刺史·大將軍·諸司使以上, 有實封. 但以增戶數爲差, 不係爵級. 邑過其實, 則幷進爵焉, 止於郡公. 每加食邑, 自千戶至二百戶, 實封自六百戶至百戶. 親王·重臣或特加, 有踰千戶者. 郡公食邑有累加至萬餘, 實封至數千戶者. 皇屬特封郡公·縣公或贈侯者, 無「開國」字. 侯亦在開國郡公之上. 又采秦制賜爵曰「公士」, 端拱二年, 賜諸州高年一百二十七人爵公士, 景德中, 福建民有擒獲強盜者, 當授鎭將, 以遠俗非所樂, 並賜公士, 自後率昪爲例."; 『宋史』卷457「隱逸上(陳摶)」, p.13422, "是時, 澶密齊沂萊江吉萬州·江陰梁山軍, 各奏八十已上呂繼美等二十九人, 並賜爵公士. 真宗時, 凡老人年百歲已上者, 州縣以名聞, 皆詔賜衣帛·米麥, 長吏存撫之." 端拱(988-989年)은 宋 太宗의 연호. 景德(1004-1007年)은 宋 真宗의 연호.

개념이 魏晉南北朝를 거쳐 唐代까지 변화되는 과정을 고찰하고자 하였다. 특히 이러한 주제에 관심을 가지게 된 이유는 위진남북조까지 존재하던 "免爲庶人"이 보이지 않고 唐代에 "免爲良人"으로 고착되었기 때문이다. 필자의 생각으로는 北齊시기까지 관노비에서 免爲庶人되는 것이 확인되므로 秦漢代의 賜爵시스템에서 庶人으로 신분 상승한다는 원칙은 계속되었을 것으로 생각했기 때문이다. 북조까지 "免爲庶人"이 사용되었던 것이 唐代에 "免爲良人"으로 바뀐 것은 庶人과 良人의 개념에 변화가 발생했을 것이라고 생각하여 본고를 시작한 것이다.

秦漢代의 士伍로 수렴하는 신분체제에서 "免爲庶人"의 형태는 상이한 두 종류가 있었다. 하나는 고급관료에서 庶人으로 廢爲되는 형태가 있었고(A타입: 하강의 개념), 다른 하나는 죄수에서 庶人으로 신분이 상승되는 형태(B타입: 상승의 개념)가 있었다. 필자는 秦漢律에서 서인 개념이 이십등작제와 밀접한 관련을 갖고 있으므로 爵制가 유지된다면 서인의 기능도 유지될 것으로 판단하여 魏晉南北朝, 隋唐시대의 爵制 및 庶人의 개념문제를 분석하였다. 그 결과 후한시대에 이십등작제가 소멸하였다는 기존 연구와 달리, 南朝시대가 漢代보다도 훨씬 빈번하게 賜民爵이 행해졌다는 결론을 도출할 수 있었다. 北朝에서도 北魏 효문제가 漢化정책을 추진하는 과정에서 民爵을 13차례나 사여하고 있음도 확인되었다. 당시 民爵의 기능을 의심한다고 하더라도 위진남북조의 賜民爵의 횟수 및 죄수·관노비에서 해방되는 免爲庶人의 존재(B타입)로 볼 때 漢代의 庶人이 無爵者라고 하는 관념이 그대로 온존되어 있었을 가능성이 충분하다고 생각된다. 위진남북조시대까지 庶人에는 無爵의 개념이 있었다. 이는『宋書』「禮志」에서 庶人無爵者라는 것이 사용되고 있는 것에서도 여실히 증명되었다. 다른 한편으로 서인은 無品으로서 관품들과 함께 나타나기도 하였다. 즉, 無爵에서 無品으로 이행하기 시작했는데, 이는 진한의 官秩체제에서 官品체제로 이행하면서 나타나는 자연스러운 변화라고 생각한다.

그런데 唐太宗 시기에 賜民爵이 賜勳官으로 변경되는 시점을 전후로 하여 B타입의 免爲庶人은 나타나지 않는다. 官爵이 삭탈되어 서인이 되는 A타입의 免爲庶人이 계속 존속하는 것으로 보아서 庶人은 계속 無官無爵의 의미를 지니고 있었을 것이다. 즉, 唐代의 庶人에는 無品無官의 의미만 있을 뿐 秦律의 죄수·관노비 출신이라는 개념은 없다. 이것은 秦律的 要素가 퇴색하고 周代의 士庶관념으로 회복한 것으로 생각된다. 二十等爵制가 唐代에 들어와 勳官으로 바뀐 것은 爵制的 庶人이 官品과 관련된 庶人으로 변화시키는데 일조하였다. 庶人은 원래의 無爵에서 無品으로 변화하면서 양인의 범주 안에 포함되고, 양인 내에서 有品과 대비되는 無品의 자들이 서인이었던 것이다.

唐代에 들어서 B타입의 免爲庶人이 보이지 않게 된 이유는 무엇일까?

免爲庶人이 보이지 않는 첫 번째 이유는 남북조까지의 民爵체제가 종언을 고하고 官品체제가 정착했기 때문이다. 이로써 죄수·노비가 사면을 통하여 신분 상승하는 庶人은 없어지고 그를 대신해 良人이 등장한다. 북위시기에 庶人은 無爵의 개념이 아니라 無官無品의 개념으로 변모하고 있다. 爵制에서 官品으로의 이행은 唐代에 갑작스럽게 이루어진 것이 아니라 위진남북조 기간에 서서히 이루어지고 있다. 그것은 서인이 관품과 함께 나타나는 과정을 보면 알 수 있다. 사실 서인이 王公 등의 爵과 함께 나오는 것은 晋代이지만, 그것은 王公侯伯子男의 전통적인 개념이었다.[183] 魏晋시기에 구품중정제가 출현하고 나서 품관이 나왔지만, 史書에 品과 庶人을 함께 언급한 최초의 사례는 北魏시기의 것이었다. 이것은 『宋書』의 "下至庶人無爵者"와 같이 南朝宋시기 庶人을 爵制 속에서 언급한 것으로부터 北魏시기 庶人을 官品 속에서 언급한 것으로의 변화였다고 할 수 있다. 그후 唐代에는 서

---

183) 『晋書』 卷45 「劉毅列傳」, p.1275, "陛下踐阼, 開天地之德, 弘不諱之詔, 納忠直之言, 以覽天下之情, 太平之基, 不世之法也. 然賞罰, 自王公以至於庶人, 無不加法."

인이 官品과 대비된 개념으로만 나타난다.

免爲庶人이 보이지 않는 두 번째 이유는 孝文帝 이래로 良賤 신분 제도의 발전에 따라 良人과 庶人 개념이 명확해졌기 때문이다. 良賤制의 효시는 後漢시대였지만, 법적으로 확립된 것은 景明시기(北魏 宣武帝 500-504年) 李平에 의해서였다. 北魏부터 庶人은 官品과 함께 사용되고, 良人은 賤人의 對語로서만 사용되는 것이다. 北齊까지는 그러한 良과 賤이 구분되어 있었어도 官奴婢 해방을 免爲庶人으로 한 것은 良人과 庶人의 개념이 분화되지 않았던 탓도 있었을 것이다. 이러한 良과 賤이 호적에 명확히 나타나면서, 관노비였던 자가 해방되면 良人의 신분으로 되는 것이 당연한 것이다.

그 후 唐代에 들어와 三免제도가 확정되면서 免爲良人으로 바뀌었던 것이다. 죄수가 복역기간을 끝내고 신분의 변화과정은 서인 → 죄수 → 본색(원래의 양인)으로 되었기 때문에 죄수에서 庶人으로 될 수 있는 여지가 없고, 그 결과 免爲庶人의 용어는 더 이상 적합한 용어가 아니었던 것이다. 즉, 良人으로 가는데 굳이 免爲庶人이라는 용어를 쓸 필요는 없었던 것이다. 그 결과 唐代에는 官奴婢에서 해방되면 免爲庶人으로 된다는 용어가 소멸되었던 것이다.

끝으로 唐代에서의 免爲良人·勳官체제가 위진남북조까지의 免爲庶人·賜爵체제를 대체하는 것에 대한 이해의 문제가 남아 있다. 죄수·관노비 등 아래쪽에서 상승하는 免爲庶人이 사라진 대신에 免爲良人이 나타났으나, 이것과 賜勳과의 관계는 대응관계는 아니다. 그렇지만 賜爵의 전통이 賜勳으로 계승된다는 점을 고려한다면, 庶人에서 良人으로 이행되는 과정은 이해가 된다. 비록 唐代 이후의 賜勳과 良人이 직접적인 대응관계는 없더라도 그것은 賜爵 및 免爲庶人을 계승하고 생겨난 체제로서 이해할 수 있다.

찾아보기—사실

[자]

찾아보기-인명

임중혁

고려대학교 사학과 문학박사
숙명여자대학교 역사문화학과 교수 역임
현재 숙명여자대학교 역사문화학과 명예교수

전공: 중국 고대사

■ 저술 및 번역

스무날 동안의 황토기행(소나무 출판사)

미야자키 이치사다(宮崎市定), 중국중세사(신서원, 임중혁 공역)

마크 엘빈, 중국 역사의 발전법칙(신서원, 공역)

고대 중국의 통치메커니즘과 그 설계자들 2

초판 인쇄 2021년 10월 27일
초판 발행 2021년 11월 12일 [전체 644쪽(pages)]

저   자 임중혁
펴 낸 이 한정희
펴 낸 곳 경인문화사
편   집 박지현 김지선 유지혜 한주연 이다빈
마 케 팅 전병관 하재일 유인순
등   록 제406-19736-000003호
주   소 경기도 파주시 회동길 445-1 경인빌딩 B동 4층
전   화 (031) 955-9300 팩 스 (031) 955-9310
홈페이지 http://www.kyunginp.co.kr
이 메 일 kyungin@kyunginp.co.kr

ISBN 978-89-499-4965-9 94910
      978-89-499-4999-4 (세트)

정가 45,000원

ⓒ 임중혁, 2021